Zarathustra-Tribunal
für einen Dialog der Kulturen

Der Dritten Welt

Zarathustra-Tribunal
für einen Dialog der Kulturen

Autor: Prof. Dr. med Hassan Ardjah
Geboren in Teheran/Iran. Studium der Medizin und Philosophie
in Heidelberg. Neben medizinischen Publikationen versucht er
sich kosmopolitisch für den Frieden und für eine humanere Welt
einzusetzen.

Die Deutsche Bibliothek – CIP-Einheitsaufnahme

Ardjah, Hassan
Zarathustra-Tribunal – für einen Dialog der Kulturen
  ISBN 3-936834-01-6

© 2002 SUSA Verlagsgesellschaft mbH, Birenbach
Printed in Germany
Umschlaggestaltung und Layout: Melanie Ardjah
Farbbilder: J.D. Griemsmann, Burgwedel
Konzeption, Gestaltung und technische Herstellung:
Mediendesign Späth GmbH, Birenbach

INHALT

EINFÜHRUNG

D as Überleben der Menschheit hängt davon ab, ob der Mensch fähig sein wird, eine Lösung gegen Rassismus, Armut und Krieg zu finden. *Die Lösung dieser Probleme wiederum hängt davon ab, ob der wissenschaftliche Fortschritt von einem moralischen Fortschritt begleitet wird und ob der Mensch die praktische Kunst des harmonischen Zusammenlebens erlernt.* (Martin Luther King)

Die Propheten in diesem Buch nehmen es, stellvertretend für die Menschheit, unerschrocken mit den großen Fragen auf, vor denen die Menschen ängstlich und hilflos zurückschrecken. Kein religiöser Erleuchtungszauber, der die Menschen klitzeklein erscheinen lässt. Nein, ein Dialog, bei dem der Mensch die zentrale Stellung einnimmt.

Jede Tugend hat ihre Zeit. Die Tugend unserer Zeit wird die Redlichkeit sein. Friedrich Nietzsche hat die Hoffnung nicht aufgegeben. Und wir stellen uns die Frage: Kann der moderne Mensch mit der Tugend der Redlichkeit zu einem vernünftigen Konsens finden?
In diesem Sinne wird fiktiv Zarathustras Tribunal für einen Dialog zwischen Kulturen inszeniert.

Wohin geht nun die Reise der modernen Zivilisation, die von multimedialen Zukunftvisionen geprägt ist? Wie wird die Welt in der nächsten Generation aussehen, wenn unsere Kinder sie übernehmen, um sie zu bewohnen und zu kultivieren?

Noch nie waren die Menschen in den Industrieländern einem solch manipulierenden Wohlstand ausgesetzt wie heute.
Einige Aspekte, mit denen die Gegenwart gekennzeichnet ist lassen unsere Zukunft nicht gerade rosig erscheinen: Kriege, Terrorismus, natürliche und von menschlicher Hand herbeigeführte Katastrophen, Modernisierung, Globalisierung, Steigerung des Bruttosozialproduktes, Fortschritt um jeden Preis, Beschleunigung und ständige Steigerung der Produktivität in allen Bereichen der Industriegesellschaft ohne Rücksicht auf geistige und moralische Inhalte und Bedürfnisse, Zunahme der Kluft zwischen der

Industriewelt und der Dritten Welt, zwischen Reich und Arm, Abschaffung von Gott und Glaube, die formelle Akzeptanz der kirchlichen Institutionen als Bestandteil der zivilisierten Gesellschaft.

Die Industrie schreibt vor, wohin es geht, und sie diktiert das Tempo. Zeit und Geld sind zu maßgeblichen elementaren Faktoren des *Fortschritts* instrumentalisiert.

Time is money. Der Mensch als Individuum ist ruhelos und hyperaktiv; er will mit seiner Zeit mehr *Gewinn machen.* Was er aber aus seinem Leben und Dasein gewinnt, ist ihm nicht bewusst. Er sieht in der Überwindung aller materiellen Dinge die Erfüllung seines Lebens. Er nimmt nicht mehr wahr, dass die technisierte Zeit ihn zu einem erfolgreichen Bestandteil des maschinisierten Systems der Produktivität, ohne Rücksicht auf moralische Individualität, programmiert hat. Goethe hat vor übereifrigen Aktivitäten gewarnt: *Unbedingte Tätigkeit macht zuletzt bankrott.*

Erstaunlicherweise ist die Hyperaktivität in der Industriewelt so etabliert, dass die Menschen viele Probleme der Zeit entweder nicht wahrnehmen oder verdrängen. Freiheit und Demokratie haben, trotz aller Macken und Tücken, in der Wohlstandsgesellschaft eine individuelle Sicherheit gebracht, was die Menschen dieser Generation zu den größten Egoisten der Menschheitsgeschichte gemacht hat.

Im nächsten Jahrhundert wird ein Punkt erreicht werden, an dem die Fähigkeiten eines Durchschnittsmenschen nicht mehr ausreichen. Wer dann am Wirtschaftsleben teilnehmen will, wird sein Gehirn mit künstlicher Intelligenz aufrüsten müssen, so prophezeit Ray Kurzweil.

Der mit Geist und Visionen ausgestattete Mensch macht sich selbst überflüssig. Seine Vision von einer mit Computer beherrschten kreativen Vorstellung geht so weit, dass eines Tages die Kopie seines Gehirns in einem Computer heruntergeladen wird, wobei Emotionen und Gefühle, wie Trauer, Wut, Freude, Leidenschaft, Heimweh und andere sinnliche Eigenschaften des Menschen, auf der Strecke bleiben werden.

Also, was will der moderne Mensch wirklich?

Sechs Milliarden Erdbewohner heute, fast neun Milliarden in fünfzig Jahren. In einem Zeitraum von knapp dreißig Jahren hat sich die

Menschheit verdoppelt. Das Dilemma ist, dass die Menschen in der Industriewelt immer älter werden und dass sie, berauscht vom Wohlstand, die Probleme der Bevölkerungsexplosion in der Dritten Welt nicht ernst nehmen. Das Bevölkerungswachstum jedoch schafft permanente Probleme, wie Armut, Elend, Diskriminierung, Apartheid und kriegerische Auseinandersetzungen in der Welt. Es gibt keinen Tag auf dieser Welt ohne Krieg und Katastrophen. Der moderne *zivilisierte* Mensch darf das alles nicht zulassen.

Rückständigkeit und Armut lösen Lethargie, Frustration und Aggressivität aus. Die Aggressivität kann sich ihrerseits in kriminelle Energie umwandeln und zu zerstörerischen Handlungen führen. Weder Terrorismus noch irgendeine Gewalttat gegen Unrecht sind angeborene Phänomene; vielmehr sind das erworbene soziopathologische Entgleisungen, Reflexionen auf unsere durch und durch manipulierte und moralisch unsaubere *moderne* Epoche.

Die Menschen in vielen Teilen der Erde haben ihren Glauben an eine gerechte Weltordnung verloren; und in der Industriewelt glauben die Menschen nur an ihre eigene produktive Macht und an die potenzielle Kraft ihrer fortschrittlichen Gesellschaft.

Während Glaube und Gott in ärmeren Regionen der Welt immer noch Bedeutung haben, ist der moderne Mensch in der Industriewelt dabei, sich nicht nur von Gott und Glaube zu befreien, sondern ihn durch Wissenschaft und Erfindergeist zu ersetzen.

Unzufriedenheit und passives Verhalten der Bürger gegenüber der Politik und opportunistischen Politikern führt zu Politikverdrossenheit. Populistische Gruppierungen führen zu Entgleisungen der humanen Gesellschaft in Form von Intoleranz und Fremdenhass. Die neonationalistischen und faschistischen Bewegungen in Europa erschüttern nicht nur die Nichteuropäer, sondern auch die Mehrheit der demokratisch gesinnten Bürger Europas selbst.

Wir beobachten einen Aufbruch der Rechtspopulisten in Europa von Norwegen bis Portugal. Die Ermordung von Pim Fortyn weist auf die explosive politische Stimmung in Europa hin und ist eine Herausforderung für die Demokratie.

Der Terrorismus ist kein neuentstandener Konflikt der modernen Zeit, sondern er ist eine elementare Bedrohung für die Menschen, seit Menschengedenken und seitdem es auf dieser Welt Unrecht und Elend gibt. Die Missachtung der Menschenrechte, die Unterdrückung der Völker in der Dritten Welt, die ungleiche Verteilung der Lebensgüter, Analphabetismus, Hungersnot, Kriege, Kindesmissbrauch, Kinderarbeit und Infektionskrankheiten prägen das Bild der modernen Zeit in vielen Teilen der Welt.

Wer mit Waffengewalt in der Dritten Welt Ordnung schaffen will, muss mit einer Gegengewalt rechnen, die unberechenbar und brutal sein kann. Die Angst vor Terror ist berechtigt und sie muss und kann präventiert werden, aber nicht mit Gewalt.

Laut den Vereinten Nationen benötigt der Mensch zum Glücklichsein neben dem Notwendigsten, wie Nahrung, Kleidung und Unterkunft, ein Radio, ein Fahrrad und eine Kücheneinrichtung. Viele Menschen in der Dritten Welt wären allein mit Nahrung und sauberem Trinkwasser zufrieden.

Unter dem derzeit am meisten diskutierten Begriff der *Globalisierung* ist eigentlich die Verteilung der Arbeit und die damit verbundene Erfüllung der für das Leben des Menschen notwendigen Bedingungen rund um den Globus gemeint. Wenn der Prozess der Globalisierung auf ehrliche Weise praktiziert werden würde, dann müsste auch zwangsläufig ein Teil des materiellen Wohlstandes mit allen sozioökonomischen Vorteilen und mit einem gewissen Anteil an know how exportiert werden. Oder anders ausgedrückt: Die Wohlstandsgesellschaft der Industrienationen müsste bereit sein, die bisher gewohnte steile Wachstumkurve der Wirtschaft zu Gunsten der ärmeren Nationen etwas zu verlangsamen, ohne jedoch den eigenen Wohlstand zu beeinträchtigen.

Will die westliche Welt eine wirkliche und gerechte Globalisierung? Bisher sieht es nicht so aus, denn sonst wären wir im 21. Jahrhundert nicht mit so viel Elend, Leid und Kriegen auf dieser immer noch in Arm und Reich geteilten Welt konfrontiert.

Der Zusammenbruch der kommunistischen Weltordnung müsste für die Industriewelt nicht nur ein Grund zur Freude sondern auch ein Anlass zum Nachdenken sein. Ohne eine globale Humanisierung der Welt kann es auf Dauer keinen Frieden geben. Der kapitalistische, nur auf sich und seine Welt konzipierte Westen hat auf die Dauer keine Existenzberechtigung.

Die Industriewelt hat sich schon nach dem Ersten Weltkrieg vieles vorgenommen. Was damals als Visionen und als utopisch galt, das ist heute Realität. Was damals gedacht wurde, ist heute Wirklichkeit. Noch nie war der Mensch auf fast allen Ebenen des *Fortschritts* so erfolgreich wie im 21. Jahrhundert.

Warum soll die Vision von einer globalisierten humanen Welt nicht verwirklicht werden können? Wo Wille ist, da finden sich auch Wege!

Aus ökologischer Sicht und nach materiellen Maßstäben ist der Mensch das erfolgreichste Lebewesen überhaupt. Der Herr der kulturellen Revolution wird aber nicht unbegrenzt wissen können, und solange er forscht, wird er erfahren, dass er im Grunde immer weniger weiß. Er weiß zum Beispiel immer noch nicht, warum die Welt so ist, wie sie ist.

Mit dem immer umfangreicher werdenden wissenschaftlichen Fortschritt sind aber auch unübersehbare Phänomene verbunden.

Bis zum Abwurf der Atombombe auf Hiroshima war der Mensch neugierig. Doch als er sah, was er anrichten kann, wurde er vorsichtiger. Ihm wurde bewusst, dass das Schicksal der Menschheit an einem sehr dünnen Faden hängt, der von ihm selbst gesponnen wird. Er hat aber diese Angst, ja er hat die Unschuld seines humanen Affekthaushaltes längst verloren. Er verhandelt bis heute noch darüber, über wie viele und über welche atomaren Sprengköpfe die eine oder die andere Nation verfügen darf. Und er entwickelt immer neuere Waffen.

Wenn die Menschheit alle Krisen und Katastrophen die täglich das Leben und die Existenz der Menschen bedrohen, überleben will, dann muss er sich etwas anderes einfallen lassen, als zum Beispiel die Milchstraße zu besiedeln. Oder nach einem Beweis für die Existenz anderer belebter Planeten suchen.

Giordano Bruno hat im Mittelalter für seine Vision (Wir sind nicht allein im Universum) mit dem Leben bezahlen müssen. Der moderne Mensch braucht keine Angst vor solchen Repressalien zu haben. Im Gegenteil: er wird für seine Visionen und Entdeckungen mit Preisen belohnt. Wenn er danach fahndet, ob wir allein und einzigartig im Universum sind oder nicht, ob unser Planet in fünftausend Jahren oder in fünfzig Milliarden Jahren von einem Meteoriten getroffen wird, der alles Leben auf der Erde zerstören wird oder nicht, dann ist das für das derzeitige, mit Katastrophen ausreichend konfrontierte Leben auf der Erde unwichtig und irrelevant. Es ist viel wichtiger, dass der Mensch verantwortungsvoller mit der ihm gegebenen Lebenszeit und mit seiner Umwelt umgeht. Und es ist wichtig, dass er hier auf der Erde ehrlich und global die Krisen und Kriege präventiert und bekämpft, um sich erst einmal hier auf der Erde eine lebenswerte Welt zu schaffen. Weitsicht bedeutet nicht, dass der moderne Mensch mit einer Raumstation beginnt, im Universum Raumkolonien zu errichten, damit für die Privilegierten ein Fluchtweg offen bleibt. Weitsicht sollte eigentlich heißen, dass der intelligente Mensch aus seiner Lebensgeschichte etwas lernt, und dass er sich endlich entscheidet, ob er die Welt von heute und morgen in Ordnung bringen will, oder ob er, wie bisher, an einem globalen Untergang weiterarbeitet.

Das beste und im Grunde einfachste Instrument für die Industriewelt ist die Solidarität und Fairness gegenüber der Dritten Welt und damit die Bekämpfung von Armut und Rückständigkeit.

Es ist höchste Zeit Misstrauen abzubauen, miteinander zu reden, füreinander zu handeln. Es ist höchste Zeit, ohne Rechthaberei zu verhandeln, zu verzeihen und zu vergessen; es ist höchste Zeit, neue Hoffnungen entstehen zu lassen, beharrlich und ehrlich zu arbeiten für eine moderne humane Welt, geprägt von menschlichem Geist und Liebe zu sich und zu den Mitmenschen.

Dialog tut Not in unserer Welt. Kosmopolitisch denken und global handeln, um die Konfliktherde auf der Welt zu beseitigen.
Im Nahen Osten der Krieg zwischen Israel und Palästina; der Krieg zwischen Indien und Pakistan um Kaschmir; die Kurdenfrage im Irak, in der Türkei und im Iran; die katastrophale Lage nach dem Krieg in Afghanistan; die Krisenherde im Kaukasus und Tschetschenien; die Krisenherde und Konflikte in Ostasien: auf den Philipinen, in Indonesien und in Myanmar; Elend, Katastrophen und Kriege in Afrika: in Algerien, in Tunesien, im Sudan, in Ägypten, in Somalia, in Eritrea, in Nigeria, an der Elfenbeinküste und in einigen zentralafrikanischen Staaten; Konflikte, Unruhen

und Kriege in Mittel- und Südamerika; Terror und separatistische Bewegungen in Europa: in Irland, in Spanien, auf Korsika und auf Zypern. Weder Panzer noch elektrische Zäune und vor allem nicht die kriegerischen Methoden der Supermacht USA werden die Probleme und Krisen entschärfen. Aufgrund eines einfachen Prinzips: Gewalt löst Gewalt aus.

Einige US-amerikanische Präsidenten, von J.F. Kennedy über Jimmy Carter bis Bill Clinton, haben auch auf das Instrument *Dialog* gesetzt. Ihre Initiativen haben sich gelohnt. John F. Kennedy und Nikita Chruschtschow meisterten mit Verhandlungen die Kubakrise, die Nahostinitiativen von Carter und Clinton haben funktioniert.

Doch dann kam es zu einer Regierung in den USA, die sich geweigert hat, die bisherige Strategie des vernünftigen Dialoges fortzusetzen, die dreißig Jahre lang effizient war.

Jeder Staat und jeder Politiker in der Welt kann heute sicher sein, in Washington ein offenes Ohr zu finden, wenn es darum geht vermeintliche Terroristen zu bekämpfen. Seitdem der Kommunismus keine Gefahr mehr für die *freie Welt* darstellt, hat die amerikanische Außenpolitik dafür einen Ersatz gefunden: der Terrorismus und die Terroristen.

Das Dilemma vom 11. September hat in Amerika eine paranoide Verzweiflung und Unsicherheit ausgelöst. Seit diesem Tag sind die antiterroristischen Maßnahmen zum Hauptakt der amerikanischen Außenpolitik geworden. Das Handeln der Weltmacht ist eher von Irrationalität als von einer sachlich konsequenten Haltung gegenüber dem Terrorismus bestimmt. Mit Waffengewalt sollen alle *terroristischen Netzwerke* in der Welt zerstört werden. Und Ariel Scharon hat das *terroristische Netzwerk* Jassir Arafats mit Zustimmung und Unterstützung Amerikas brutal ins Visier genommen.

In Europa breitet sich ein Gefühl der Ratlosigkeit aus. Die Europäische Union gelangt, trotz wirtschaftlicher Potenz, nicht zu gemeinsamem wirkungsvollem Handeln. Das Gewicht, das Europa in die Weltpolitik einbringt, ist bescheiden. Die Vereinigten Staaten von Amerika nutzen diese Situation aus und nehmen, trotz ihres Lippenbekenntnisses für die Partnerschaft, die EU nicht ernst. Scharon lehnt sogar jede politische Einmischung Europas ab. Aber Scharon ist nicht das israelische Volk.

Wer die Existenz der beiden Staaten Israel und Palästina in Frage stellt, wer das Recht des jüdischen und palästenensischen Volkes auf eigene Souveränität und Sicherheit aufs Spiel setzt, der hat kein ernstes Interesse am Frieden und spielt mit dem Feuer. Das sollten vor allem die Politiker wissen, die in dieser Region Macht und Einfluss haben.

Ein Dialog tut Not: Zwanzig Jahre lang hat die IRA mit ihren terroristischen Aktionen das Inselreich in Unruhe und Panik versetzt. Protestanten wurden vor den Augen ihrer Kinder ermordet und Protestanten haben aus Rache und Hass dasselbe mit den Katholiken getan. Ein Friedensdialog hat am Ende die Lage entschärft. Solange die USA ihre Weltpolitik darauf konzentrieren, den Terrorismus mit Krieg zu bekämpfen, bleiben die Ursachen unbeachtet; und solange eine Krankheit nicht präventiert wird, bleibt der Erreger virulent und gefährlich.

Doch welche Ursachen sollten bekämpft werden. Einige Beispiele: An Unterernährung und an vermeidbaren Krankheiten sterben 15 Millionen Kinder unter fünf Jahren in einem Jahr, mehr als 40 000 an einem Tag, 28 Kinder in jeder Minute, wie dies im UNICEF-Bericht von 1990 nachzulesen ist.

Die weltweiten Militärausgaben eines halben Tages würden ausreichen, das Programm der WHO zur Ausrottung der Malaria zu finanzieren. Und die andere Hälfte der Militärausgaben eines Tages würden für die Prävention und die Behandlung vieler Infektionskrankheiten wie AIDS (die Pest der heutigen Zeit), Ebola, Gelbfieber und vieler anderer Erkrankungen ausreichen, die nicht nur die Existenz der Menschen auf dem schwarzen Kontinent bedrohen. Epidemiologen berichten in der Welt-Aids-Konferenz 2002 in Barcelona, dass in den kommenden zwanzig Jahren 68 Millionen Menschen weltweit an den Folgen von AIDS sterben werden. Bis heute sind seit Beginn der Pandemie zwanzig Millionen Menschen, vorwiegend auf dem Schwarzen Kontinent, an dieser Krankheit gestorben. Inzwischen sind neue, noch wirksamere Medikamente entwickelt worden, aber die Pharmaindustrie sieht darin nur neue Chancen für ihren Profit. Die armen Völker unserer Welt können sich diese teuren Medikamente nicht leisten. Die vierzig Millionen HIV-infizierten Menschen warten entweder auf ihren leidvollen Tod oder das Erbarmen der Industriewelt.

Mit dem Gegenwert eines Kampfflugzeuges ließen sich 40 000 Dorfapotheken einrichten. Das Geld, das ein moderner Panzer kostet, würde genügen, um tausend Klassenräume für 30 000 Schulkinder zu schaffen.

Für jeden Euro Entwicklungshilfe aus dem Westen fließt fasst das Zweifache an exportierende Unternehmen in der Industriewelt zurück.

Willy Brandt hat sich bei seinen Begegnungen mit John F. Kennedy einmal über die Politik des Westens gegenüber der kommunistischen Welt geäußert: *Die Völker bleiben nicht stehen, und die Verteidiger des gesellschaftlichen Status Quo geraten in die Defensive, gesellschaftliche, machtpolitische und ideologische Entwicklungen von weitreichender Bedeutung vollziehen sich auch in der kommunistischen Welt. Und es erscheint nicht hoffnungslos, sie ein wenig zu beeinflussen.*

Diese Vision der sechziger Jahre hat sich in Realität verwandelt. Die politische Weitsicht hat sich gelohnt. Warum soll es, mit ein wenig mehr Solidarität und Zusammenarbeit, nicht möglich sein, der Dritten Welt aus der Not des Status quo herauszuhelfen? *Gibst Du einem Mann einen Fisch, nährt er sich einmal. Lehrst Du ihn das Fischen, nährt er sich sein ganzes Leben. (Kuant-Tzu)*

In Persepolis bittet Zarathustra die Propheten Abraham, Buddha, Moses, Jesus und Mohammed zu einem Gespräch. In dem virtuellen *Tribunal* wird aber nicht nur Rotwein getrunken; nein, hier wird fiktiv der Versuch unternommen, über die Sorgen der Menschen und der Religionen zu debattieren. Religionen sollen Frieden und Freiheit vermitteln. Sie sind aber oftmals Unruhestifter. Die bitteren Erfahrungen der Menschheit in der vergangenen und in der heutigen Zeit geben Anlass zu überlegen: Braucht der Mensch eigentlich eine Religion?

Aber es stellen sich auf andere Fragen: Wer waren wir? Was sind wir geworden? Wohin eilen wir? Wovon sind wir befreit? Was haben wir erreicht? Was ist Geburt? Was ist Wiedergeburt? Was hat der Herrgott mit uns gemeint? Was ist der Sinn der Schöpfung? Was haben die Propheten erreicht? Haben sie versagt, haben die Menschen versagt, oder haben gar beide Seiten versagt?

Zarathustra greift die Themen nicht als Schiedrichter sondern als Vermittler auf. Um die Probleme des modernen und postmodernen Menschen zu verstehen, wird aus der Geschichte, vor allem des Mittelalters und der Renaissance berichtet.
Es wird ausgedehnt über die Rolle des Christentums und des Vatikans gesprochen, zum Beispiel im Dreißigjährigen Krieg. Gleichzeitig wird auch über den Einfluss des Islams im Mittelalter und auf die Weltpolitik von heute diskutiert.
Ein anderes Kapitel ist den Berührungsängsten zwischen Christen und Moslems vom Mittelalter bis in die heutige Zeit gewidmet.
Mit Zitaten und Fakten wird der Versuch unternommen, dem Leser auf einfache Art etwas von der Geschichte und ihrer Bedeutung für die heutige Zeit zu vermitteln.
Ein Kapitel befasst sich mit den Sorgen und Belangen der Dritten Welt, wobei hier die politischen Themen Kolonialismus, Neokolonialismus, Kommunismus, Kapitalismus und Imperialismus besprochen und diskutiert werden.

Ein zentrales Thema ist auch der Faschismus. Moses greift das Thema auf, nach den Erläuterungen von Abraham, dass das jüdische Volk in seiner Geschichte immer verfolgt und diskriminiert wurde. Über das Dritte Reich wird diskutiert, und wie so etwas im Land der Dichter und Denker passieren konnte.

Im Ganzen geht es jedoch immer wieder um den Menschen von heute. Der Mensch, der *Übermensch,* der nihilistische Mensch, der Atheist aus der nihilistischen Welt von Nietzsche.
Mit dem Erscheinen Nietzsches im letzten Kapitel wird eine Bestandsaufnahme der Lebensphilosophie der modernen Zeit realisiert. Als Philosoph der modernen Zeit wird er von Zarathustra triumphal empfangen und zum Propheten der modernen Zeit berufen.
Denn der moderne Mensch, dieser *Übermensch,* ist zu einem einzigartigen Punkt in der Geschichte der Menschheit gelangt: er hat, wie er glaubt, das Rätsel der Schöpfungsgeschichte gelöst. Er

greift, nach all seinen Entdeckungen in der Embryonalbiologie, zu Stammzellen und spielt den lieben Gott.

Doch wie ist diesem Geschöpf Mensch, das den Schöpfer mimt, wirklich zumute? Wie verarbeitet er das in geistig-moralischer Hinsicht? Wie steht er diese Phase der grenzenlosen Machenschaften der Technologie und des Biotransfers durch? Was wird aus einer Welt, die von gottlosen Übermenschen belebt und beherrscht wird?

Über alle diese Fragen wird hier diskutiert. Es geht dabei aber nicht um eine Rückkehr zu religiöser *Tugend;* nein, es geht um den Menschen und um seine humane Welt selbst.

Es ist niemals zu spät, um vernünftig und weise zu werden, mit diesem Satz von Kant scheint Zarathustras Tribunal zu Ende zu gehen. Denn der Mensch ist ein Visionär. Und daher bleibt ihm die Chance, seine Vision von einer friedlichen Welt zu realisieren. Und der Schlüssel für die Lösung der Probleme der Menschheit liegt in einer gerechteren Verteilung der Güter, in der Verankerung der Demokratie überall in der Welt, in der Durchsetzung der Menschenrechte, im Kampf für Fairness und ehrliches Miteinander, in der Vision einer friedfertigen und friedlichen Welt.

Hannover, im Juli 2002

ZARATHUSTRAS PHANTASIEN ÜBER VERGANGENHEIT, GEGENWART UND ZUKUNFT

WIR LERNEN AUS
DER GESCHICHTE NICHT

Es ist Spätnachmittag in Persepolis und Zarathustra schreitet in Gedanken versunken, von den Sorgen um die Menschheit und von den Schandtaten der Despoten erschüttert, die breite Treppe empor, die zur Terrasse hinauf führt. Vorbei an den Wächtertieren, den menschen- und tierköpfigen Flügeltieren, die das große Tor des Xerxes bewachen. Diese ehrfurchtgebietenden Wesen, Nachfahren der assyrischen Ungetüme, sind hier an diesem Ort nicht mehr dazu bestimmt, die Andersdenkenden zu vernichten oder die Untertanen des Königs in ständiger Furcht zu halten. Sie waren Symbole der Macht und Großartigkeit des Reiches. Gerechtigkeit war das eigentliche und vorbildliche Ethos dieser Zeit.

„Nicht länger kann ich so viel Elend und Unrecht auf der Erde ertragen," murmelt er vor sich hin. „Wie lange wird diese Erde das Blut ihrer eigenen Kinder fließen lassen, wie lange duldet der Himmel die Flammen der Kriege, die die Felder der gutmütigen und besonnenen Menschen verbrennen? Warum diese schändliche und menschenunwürdige Klassifikation der Weltordnung? Wozu der Lärm um diese moderne Zeit, in der die Mehrheit der Menschen barbarisch regiert wird und unmenschlich dahin vegetiert? Muss Chaos ein Bestandteil der menschlichen Existenz sein? Warum so viele Katastrophen aus menschlicher Hand?"

Mit diesen Gedanken durchquert Zarathustra die Propyläen des Xerxes bis zu dem Vorhof, auf dem sich einst das Apadana, eine getreue Nachbildung des Apadana von Susa, öffnete. „Was für eine Kälte in dieser glühenden Hitze ich heute spüre! Todeskälte, die von nichts anderem herrührt als der Angst um die Zukunft der Menschheit."

Um 520 vor der modernen Zeitrechnung hatte sich Dareios I. dafür entschieden, hier ein Zentrum der Zivilisation zu erbauen. Sein Sohn Xerxes führte die Bauarbeiten fort. Diese Bauwerke sollten beeindrucken und den Menschen Würde und ein Gefühl der Erhabenheit geben. Die zwei Audienzsäle und eine Schatzkammer, die Gemächer des Großkönigs und die mit Bronze gepanzerten Tore, von alledem ist heute nichts mehr übrig geblieben. „Adelige Meder und Perser erklommen einst diese Treppen. Aber ich, als nicht adeliger und einfacher Mensch, steige die gleichen Stufen hinauf und habe weder Lotosblumen noch Lilien in den Händen. Noch trage ich eine Bibel oder einen Koran mit mir, nur das eine Buch, ein wahrhaft menschliches Buch – *Also sprach Zarathustra*. Hier im großen Saal spricht nicht der König. Hier und heute, für alle und für immer, spricht Zarathustra.

Dieses Land Persien, das Gott dem Dareios I. verliehen hat, schön, menschen- und rosenreich nach dem Willen Gottes gemacht. Diese Land zittert vor keinem Feinde. Dareios I. und Xerxes mögen mir verzeihen. Warum diese Beteuerung und Warnung? Haben sie beide die Feindseligkeiten geahnt? Haben sie gewusst, dass mit dem Untergang ihres Reiches ein Fluch der Götter die Menschen bis in die Ewigkeit verfolgen wird? Und haben sie daher den Menschen aller Völker zur Verbrüderung geraten? Hier denke ich an die Worte des Großkönigs Dareios und trauere um den Geist und die Kultur, die nach dem Zusammenbruch dieses Machtzentrums verloren gingen, und die der Menschheit große Dienste geleistet hätten. Aber der Makedonier musste ja beweisen, dass er als Feldherr größer war als die Nachfolger Dareios I. und des Xerxes.

Im Januar 330 vor unserer Zeitrechnung geschah das, was Dareios III. nicht verhindern konnte. Der Makedonierkönig Alexander rückte mit einem Heer von sechzigtausend Mann heran und vernichtete alles, was ihm als neue Zivilisation außerhalb des griechischen Reiches begegnete. Um Rache zu nehmen an den Nachfolgern des Großkönig Xerxes, der im Jahre 480 vor unser Zeitrechnung Athen zerstört hatte, schwor Alexander seine Generäle darauf ein, dass keine Stadt eine größere Feindin Griechenlands sei, als die Residenz der Perserkönige, Persepolis."

Zarathustras Gedanken schweifen ab. „Die Zeit der Antike ist verewigt, und kaum sind die Greueltaten im Mittelalter ad acta gelegt, da toben sich die kriegerischen Menschen im Ersten und Zweiten Weltkrieg aus. Noch liegen die Städte in Trümmern, noch leben zwölf Millionen Flüchtlinge in Elendsquartieren, noch warten 1,6 Millionen Soldaten des Zweiten Weltkriegs in der Gefangenschaft auf ihre Heimkehr, und schon beginnen die Großmächte, die Welt unter sich aufzuteilen und neue Kriegsschauplätze für ihren Hegemonialkampf vorzubereiten. Selten gewinnen Idealisten ihren friedlichen Kampf gegen Ausbeutung und Imperialismus. Gandhi ist die Ausnahme. 1947 erreicht er mit gewaltfreiem Widerstand die Unabhängigkeit Indiens von den Briten. Doch am 30. Januar 1948 wird er von einem Hindufanatiker ermordet. Fanatismus und Fundamentalismus werden unter den Menschen ernsthafter gepredigt als Friedfertigkeit.

Fünf Jahre nach Kriegsende inszenieren die Generäle der beiden Großmächte, noch mit dem Staub des Zweiten Weltkriegs an ihren Uniformen, die nächsten kriegerischen Auseinandersetzungen. Der neue Konflikt heißt *Kalter Krieg*. Die Krise um Nordkorea bringt die Welt an den Rand eines atomaren Krieges."

Alle diese Ereignisse bekümmern Zarathustra sehr. Seine schwerwiegendsten Sorgen aber sind die Rassenfeindlichkeiten in der Welt der modernen Zeit: die Rebellion der Mau-Mau in Kenia, die Missachtung der Menschenrechte durch das Appartheidregime in Südafrika und die Unterdrückungen in Lateinamerika. Diese dunklen Schatten in der Geschichte der Menschheit sind von Kirche und Religion nicht oder nicht ernsthaft wahrgenommen, geschweige denn bekämpft worden. Das ist es was Zarathustra am meisten bedrückt. „Ich nannte Gott *Ahura Mazda*, der uns den Himmel und die Erde schuf, der den Menschen Geist, Intelligenz und viele Begabungen verlieh, um damit aus der Erde ein Paradies zu schaffen. Was ist aus dieser Vision geworden? Ich bin der festen Überzeugung, dass der Mensch von Natur aus gut ist. Alle Ereignisse unserer Welt haben eine Ursache und eine Wirkung. Wenn wir uns alle guten Taten verschreiben, dann kann uns auch nur Gutes geschehen. Und wenn wir umgekehrt Böses tun, dann wird uns zwangsläufig auch nur Böses widerfahren. Bestiehlt jemand seine Mitmenschen, muss er sich nicht wundern, wenn er eines Tages auch bestohlen wird. 1955 kehren die letzten Gezeichneten der geschlagenen Armee der Hitlerwehrmacht in die Heimat zurück. Erschöpft, verbittert und von Strapazen und Entbehrungen gekennzeichnet kommen nur zwei Drittel von 3,3 Millionen deutscher Kriegsgefangener in der Sowjetunion zurück. Ein Drittel bleibt auf den Schlachtfeldern oder ist verschollen oder wird vermisst.

Wieviel Tragödien muss der Mensch, dieses eigentlich intelligente Wesen, noch durchmachen, bis er zur Vernunft kommt? Ich dachte mir, die Menschen hätten endlich verstanden, was Gut und Böse ist. Aber dies ist nur ein Wunschtraum, der nicht in Erfüllung geht. Weiterhin werden Kriege geführt. Fremdenfeindlichkeit und Hass regieren. Jüdische Friedhöfe werden verschandelt. Und aus Palästina das tägliche Blutvergießen.

Es werden Friedensverträge abgeschlossen, die aufgrund ihrer Herzlosigkeit und Heuchelei ohne Bedeutung und Wirkung sind. Und die Kirche und die Religionen haben nichts anderes zu tun, als den Menschen Tag für Tag ihre Sünden und ihre Gottlosigkeit vorzuwerfen. Immer wieder falsche Versprechungen und unerfüllte Friedenserklärungen der Kirche. Der Herrgott verlangt von den Menschen gute Taten und nicht Heuchelei und leere Worte.

Die Menschen sollten ihr Paradies hier auf der Erde schaffen. Sie müssen selbst etwas dafür tun. Aber wenn der Mensch nur Böses im Sinne hat, wird er zum Teufel *Ahriman*. Deshalb ist der ewige Kampf zwischen *Ahura Mazda* (Gott) und *Ahriman* (Teufel) ein geistiger Kampf, und der Mensch muss sich in diesem Duell für den Geist des Guten entscheiden. Wenn die Menschen sich für die Freiheit entscheiden, dann müssen sie wissen, dass die Freiheit dicht neben der Unterdrückung liegt, und das der tägliche Kampf dafür mit Gefahren verbunden ist.

Warum hätte Ungarn nicht so frei werden können wie es Titos Jugoslawien war? Doch der Kreml entschied sich für seine imperiale Hegemonie, und die freiheitsliebenden Menschen wurden 1956 genauso wie 1848 mit brutalsten Mitteln massakriert. Und auch diesmal schaute die so genannte freie Welt zu. Und was ist aus Titos Jugoslawien geworden? Ein Vielvölkerstaat ist von einem Flächenbrand aus Hass und Barbarei heimgesucht worden und die selbsternannte *freie Welt* bombardiert dieses Land zur Demokratie.

Ideologien wie der Kommunismus haben den Menschen nicht nur die Lust am Leben sondern auch den Glauben geraubt. Der atheistische Staat hat den Totenkult der Russen, die um ihre Verstorbenen oft mit lebensgroßen Statuen trauern, nicht abgeschafft. Aber fast alle Kirchen wurden geschlossen, umfunktioniert oder abgerissen.

Die katholische Kirche hat immer nur an sich selbst und ihr eigenes Überleben gedacht. Sie hat die Menschen in der Not im Stich gelassen. Das Beispiel Pius der XII.: Als Nuntius Eugenio Pacelli verbrachte er zwölf Jahre in Deutschland. Als Kardinalstaatsekretär handelte er das umstrittene Konkordat mit dem Deutschen Reich aus. Der gleiche Pius, seit 1939 Papst, hat sich durch sein Schweigen zur Judenverfolgung im Nazireich schuldig gemacht. Seinen Tod betrauerten selbst viele Christen nicht.

In der Nacht des 6. August 1945 beginnt auf der pazifischen Insel Tinian eine neue Ära der Massenvernichtungswaffen, als Paul Tibbets mit seiner B-29 abhebt. Fünfeinhalb Stunden bis Hiroshima. Punkt acht Uhr fünfzehn explodiert *Little Boy*, die erste Atombombe der Welt, über der japanischen Hafenstadt. Nie zuvor hatte eine einzige Waffe so viele Menschen getötet. Damit zeigt der Mensch, dass er zu allem fähig ist, selbst zur Vernichtung der ganzen Welt.

Ich sehe in den Menschen des 20. Jahrhunderts ein Dokument der Zeit. Es ist nicht der Makel eines einzigen Menschen oder eines Volkes, sondern die Krankheit der Zeit selbst, die Neurose einer ganzen Generation, die zu allem fähig ist, die aber unfähig ist zu friedlichem Leben.

In Kuba siegt zwar die Revolution von Fidel Castro und Che Guevara gegen die Diktatur von Flugencio Batista. Aber dem großen kapitalistischen Bruder passt diese Revolution nicht ins Konzept, und so behindert er in diesem Land bis heute durch sein Embargo Entwicklung und Fortschritt.

Eine neue Revolution bahnt sich an. Es ist die Erschaffung der Menschen nach dem Katalog. Der Mensch beginnt 1960 damit, die „Krönung der Schöpfung" zu klonen. DNA, der Schlüssel der Medizin, wird zum allmächtigen Allheilmittel. Was 1960 prophezeit wurde, ist inzwischen zur praktikablen Methode der Wissenschaftler geworden. Heute ist in der Wissenschaft alles machbar, und jede Methode ist heilig, welche nur den Schöpfer imitiert. Die humane Seele verlässt ihre Physis und der Mensch verliert seine Unschuld.

1960 werden 17 Staaten in Afrika unabhängig, nachdem sie Jahrhunderte lang ausgebeutet wurden. Patrice Lumumba wird als

Symbol für Freiheit und Selbstständigkeit im Kongo erst gefeiert und, wie es in der menschlichen Tragödie der Unvollkommenheit vorgeschrieben ist, dann im Januar 1961 ermordet.

Im gleichen Jahr wird der Buchhalter der Todesmaschinerie des Naziregimes, Adolf Eichmann, verhaftet und am 31. Mai 1962 in Israel verurteilt.

Nochmals steht die Welt am Rande eines Atomkrieges. Wenige Monate vor seiner Ermordung 1963 sagte John F. Kennedy zu Studenten, es dürfte nie wieder nur die Wahl geben zwischen *einer schmählichen Niederlage und einem nuklearen Krieg.*

So hautnah konnte die Menschheit durch die Kubakrise den Wahn der Macht nach atomarer Überlegenheit der Großmächte erfahren. Am 22. November tötete ein Schuss die Hoffnung der Menschen, die auf einen wirklichen Demokraten gesetzt hatten.

Präsident John F. Kennedy ist tot, und mit ihm starben viele Sehnsüchte und Visionen der Menschen, auch in der Dritten Welt.

Fünf Jahre später wird auch sein Bruder ermordet, der unbestechliche Jurist Robert Kennedy. Ein Volk, das von Rassenhass und Fanatismus besessen ist, bringt seine besten Söhne um. Erst John F. und Robert Kennedy, dann Martin Luther King.

In Vietnam tobt nach dem Tode Kennedys der wahnsinnigste aller Kriege noch heftiger. Ein sechsundsechzigjähriger buddhistischer Mönch namens Thich Quang Duc verbrennt sich aus Protest gegen das diktatorische Regime des streng katholischen und korrupten Präsidenten Ngo Dinh Diem. Giordano Bruno hatte sich im Jahre 1600 für die Freiheit des Glaubens auf dem Scheiterhaufen verbrennen lassen. Quang Duc hat es fast vierhundert Jahre danach vorgezogen, diese Tat selbst zu vollziehen, um der Welt zu zeigen, was die Korruption der Despoten und die Schamlosigkeit der katholischen Kirche der Menschheit antun. Er hat es für die im Napalm verbrannten Kinder seiner Heimat getan. Die Welt hat es zur Kenntnis genommen und gegen den amerikanischen Krieg protestiert. Die Waffenmaschinerie der USA wollte den Vietkong in die Steinzeit zurück bomben. Sie haben nur an ihre Waffen geglaubt. Die Vietkong aber glaubten an sich und ihre Heimatliebe.

Rechtsradikale und neonazistische Tendenzen in einem Land mitten im wirtschaftlichen Aufschwung führen 1968 zur Protestbewegung und zur außerparlamentarischen Opposition. Diese Studentenbewegung hätte mehr erreichen können, wenn die mächtigen Politiker etwas Verstand hätten. Es waren eben keine *Nestbeschmutzer*, wie manche Medien die Studenten beschrieben.

Rudi Dutschke wird am 11. April 1968 von einem Schuss in den Kopf zwar nicht getötet, aber doch zum Schweigen gebracht. Ein Resultat der Hetzkampagne bestimmter Medien.

Und noch eine vereinbarte Aktion zwischen Moskau und Washington: die Russen überfallen die tschechische Hauptstadt Prag und die so genannte freie Welt schaut zu. Wieder muss einer sich im Namen von Tausenden verbrennen, damit die Welt den Schmerz eines getretenen Volkes bemerkt. Jan Palach, der friedliebende Student, geht mit Giordano Bruno und Quang Duc in die Reihe der verbrannten Seelen im Namen der Menschlichkeit ein. Gleichzeitig haben die Großen dieser Welt ein neues Spiel, einen neuen Wettlauf, gefunden. Die Russen und die Amerikaner wollen, einer schneller als der andere, die Erde verlassen. Sie wollen erst den Mond und dann vielleicht den Mars erobern. Hier auf der Erde ist es doch irgendwie unsicher geworden. Der Mond könnte ein Fluchtort für die Menschen werden, wenn die Erde erst einmal unbewohnbar geworden ist. Der Mensch arbeitet sorgfältig daran, ins Universum auszuwandern. Am 16. Juli 1969 erfüllt sich mit der Landung auf dem Mond ein Traum der Menschheit. Aber die Hoffnungen werden enttäuscht. Der Mond ist unbewohnbar. Doch der Mensch lernt aus dieser bitteren Erfahrung nicht. Wer glaubt, er würde die Erde nun mehr lieben, der hat falsch gedacht. Der Mensch, in voller Begierde des Nichterreichbaren, wird weitermachen, bis er die Erde unbewohnbar und sich selbst heimatlos gemacht hat."

Zarathustra wirkt zornig und doch beherrscht. Er schreitet weiter über die breiten, niedrigen Stufen des nordwestlichen Treppenaufgangs hinauf, dem Tor des Xerxes zu. Dem Tor mit seinen beiden aus Stein gehauenen Stieren. Alles, was der Plünderer Alexander hier sah, übertraf seine Vorstellungen. Und es übertraf auch alles bisher gesehene wie die Monumente in Ägypten und Babylon. Doch die hundertsäulige Halle des Xerxes, an deren Eingang der persische König dargestellt war, interessierte ihn nicht. Er interessierte sich nur für die Schatzkammer, die mit einhundertzwanzigtausend Talenten an Gold- und Silberbarren einst das größte Einzelvermögen der Welt war.

Das alles geht Zarathustra durch den Kopf. Warum die Zerstörung? Er blickt zum Himmel. Von weitem sieht er aus wie Leonardo da Vinci, in seinem langen weißen Kleid, mit dem langen weißen Haar und seinem langen weißen Bart.

Er denkt an Nietzsche: *Ich beschwöre Euch, meine Brüder, bleibt der Erde treu und glaubt denen nicht, welche Euch von überirdischen Hoffnungen reden! Giftmischer sind es, ob sie es wissen oder nicht.*

Zarathustra kniet vor den Resten der zerstörten Säulen und Mauern, inmitten der Empfangshalle und erinnert an einen großen Deutschen, der am 7. Dezember 1970 vor dem Mahnmal für die Opfer des Warschauer Ghettos das gleiche tat: „Großartig muss Willy Brandt gewesen sein, der mit seiner schlichten und einfachen Geste mehr für den Frieden und die Entspannung in der Welt getan hat, als mancher Papst, der den Boden küsst, wo immer er auch landet.

Wenn die Kinder keine Liebe und keine Herzlichkeit, keine Offenheit, keine Ehrlichkeit und keine Familienwärme spüren, werden sie zu zornigen und frustrierten Erwachsenen, zu Rebellen und Staatsfeinden.

So erging es in den Industrienationen vielen jungen Menschen, die versuchten, sich den Hierarchien und der Staatsmacht zu widersetzen. Sie bildeten die Rote Armee Fraktion (RAF) oder Baader-Meinhoff-Gruppe in Deutschland, und in anderen Ländern ähnliche Gruppierungen wie die IRA, die ETA oder die PLO. Und sie handelten für ihre phantastischen Weltvorstellungen nicht zimperlich. Sie scheuten vor nichts zurück. Weder vor Gewalt noch vor Verbrechen. Der Tod des Feindes, also der Staatsmacht, war das Ziel ihrer Gewaltakte. Nur mit der Waffe waren die stark, die im Dialog kein Mittel gegen die stupide und spießige Gesellschaft fanden. Obwohl sie wussten, dass sie mit Gewalt nichts Gutes taten und obwohl sie mit Gegengewalt rechneten, führten sie einen sinnlosen Krieg gegen die Regierenden. Diese linken Terroristen wurden in Deutschland zum Staatsfeind Nummer eins erklärt und mit allen zur Verfügung stehenden Mitteln bekämpft. Dagegen werden Terror und Gewalt von Rechts, ja sogar Mordtaten von Neonazis, bis heute verharmlost und stillschweigend hingenommen. Warum lernen die Menschen aus all diesen Irrtümern und dem unbegründeten Hass nicht? Warum wiederholt sich all das, was schon einmal da war und was den Menschen so viel Leid und Elend gebracht hat?"

Inzwischen ist es in Persepolis dunkel geworden. Zarathustra zündet drei große Kerzen an. Jede in einem hohen Leuchter aus Bronze. Die erste auf der linken Seite als Sinnbild für die Freiheit, die zweite auf der rechten Seite für die Gleichheit und die dritte in der Mitte als Symbol der Brüderlichkeit. Er steht auf, streckt die Arme zum Himmel und singt: „Sage mir etwas Gutes – ich denke mir das Gute – und tue Dir das Gute. Recht und Gerechtigkeit, das wäre mein Rezept für diese kranke Welt der Doppelbödigkeit, für dieses Universum der Doppelwahrheiten. Ich gebe die Hoffnung nicht auf. Unter diesen Menschen waren auch Khayyam, Schiller und Beethoven, die die Menschen für Liebe und Brüderlichkeit gewinnen wollten. Soll das alles umsonst gewesen sein?"

Zarathustra sitzt auf einer Bank aus weißem Marmor und meditiert. Er versucht mit allen mythisch-metaphysischen Kräften seine Gäste hierher zu zaubern. Die Virtualität seines Vorhabens ist ihm bewusst. Er reckt den Kopf, als ob er von weitem Stimmen und Klänge wahrnehmen wollte: *Alle Menschen werden Brüder*, ertönt es in der Halle. Der Empfang der Propheten wird damit angekündigt.

„Die Stimmung hat noch keinen Einklang zu der Bedeutung der Zusammenkunft gefunden, und die Probleme der Menschen sind global in der Zeit der Globalisierung" murmelt Zarathustra vor sich hin. Er will die Probleme der Menschheit Revue passieren lassen und thematisieren, damit die Herren wissen, was ihnen in diesem Tribunal bevorsteht. Zarathustra weiß wohl, dass er nicht alle Geschehnisse in der Vergangenheit und Gegenwart berücksichtigen kann, aber eine Selektion macht ihm sein Vorhaben, *die Geschichte der Menschheit zu durchwühlen,* leichter.

Jahrhundertelang waren die Frauen in Kamerun, oder anderswo in Afrika, mit ihrem rituellen Gruppentanz glücklich und zufrieden, bis die weißen Touristen kamen. Die älteren Männer nahmen sich Kinderfrauen. Die weißen älteren Frauen nahmen sich erheblich jüngere Lover. Mit diesem Touristenboom kamen auch Katastrophen, wie Korruption, Prostitution und Infektionskrankheiten, wie Hepatitis und AIDS, nach Kenia, Südafrika und anderswo. Dies war und ist nicht alles was den schwarzen Kontinent kennzeichnet.

Äthiopiens Kaiser Haile Selassie, der sich als Nachfahre der Königin von Saba fühlte, schämt sich nicht 1973 ein Lager zu besichtigen, in dem hungernde Landsleute untergebracht sind. Betten für Babys gibt es nicht, man hat sie in Kartons gelegt. Mehr als fünfzigtausend waren schon gestorben, und der Despot ordnet milch- und vitaminreiche Ernährung für die Kinder dieser Katastrophe an. Was für ein Sarkasmus und blinde Selbstherrlichkeit.

In Angola und vielen anderen Regionen Afrikas geht es den Menschen nicht besser. Kriege und Massenmord, Krankheiten und Hungersnot erwecken bei den Menschen in den Industrienationen einen solidarischen Beistand, aber die Politiker und der Vatikan kümmern sich um ihre eigenen Ziele.

Am 9. September 1976 halten achthundertfünfzig Millionen Chinesen den Atem an: Mao, der große Führer, ist tot. Er, der die chinesischen Menschen vor vielen Katastrophen, vor Elend, Hungersnot und vor Krieg schützte, aber selbst zu einem Despoten wurde.

Die Menschen sind von der Kirche enttäuscht. Sie suchen nach einem Ersatzgott. Die Kirchen versagen. Viele tausend Menschen sehen ihre spirituelle Befreiung in Volkstempeln und Sekten, bei selbst ernannten Heilsbringern. 1978 gehen neunhundert Mitglieder einer amerikanischen Sekte im Dschungel von Guyana auf Geheiß ihres Führers Jim Jones mit Zyankali in den kollektiven Selbstmord. Dies ist nur eine von vielen Tragödien, die Symptome sind einer verwahrlosten Zeit, einer Gesellschaft mit verwahrlosten Religionen.

Im Iran ist das Versagen des Islams das Schlimmste, was sich eine Religion im Zeitalter der modernen Bewegungen geleistet hat. Der alte Despot geht und der neue, noch grausamere übernimmt die Macht. Khomeini, ohne Ahnung von Staatsführung, in einer Hand ein Gewehr, in der anderen den Koran, folgt auf Schah Reza Pahlevi. Mehr als eine Million Menschen sterben im Verlauf seiner furchterregenden Herrschaft durch Folter, Verfolgung und Krieg. Mohammed möge mir verzeihen: das ist die unsinnigste Revolution, die die Menschheit je erlebt hat!

Auch im Libanon tobt ein Krieg. Außer Israel und Amerika weiß niemand worum es geht. Ein Alptraum aus Hass und Terror macht sich im ganzen Nahen Osten breit.

In Chile wird Präsident Allende ermordet und General Pinochet übernimmt die Macht. Mit militärischer Härte regiert er das Land, unterstützt vom großen Bruder USA.

Blutiger Abgang von Somoza in Nicaragua und würdevoller Empfang im Exil in den USA. Anscheinend gehört die besondere Sympathie der amerikanischen Machthaber, indoktriniert vom CIA, allen Despoten der Welt.

Kambodscha erwacht aus einem mörderischen Alptraum: die Roten Khmer des kommunistischen Diktators Pol Pot bringen auf grausamste Weise fast zwei Millionen Menschen um. Orte ihrer Blutbäder und Leichendeponien sind Buddhas Tempel.

Wie kann ich in Ruhe meditieren, wenn ich von so vielem Unheil weiß, von so vielen Grausamkeiten verübt von Menschen an Menschen? So erinnere ich an Nietzsche: *Wo ich Lebendiges fand, da fand ich den Willen zur Macht.* Und ich sage Euch heute, wer die Macht besitzt, der wird sie missbrauchen.

Was am persischen Golf passiert, wo die amerikanische Supermacht ihre allerneusten Waffen ausprobiert, ist die Hölle auf Erden. Und jeder weiß, warum diese Kriege geführt werden: es geht um Öl und es geht um die Petrodollars der verwöhnten und verschlafenen Emirate, allen voran Kuwait und Saudi Arabien, wo feudale und moralisch rückständige Regime herrschen.

Endlich eine Hoffnung in der Sowjetunion. Hier taucht ein Visionär und Demokrat auf. Sein Name: Michail Gorbatschow. Seine Thesen: *Glasnost* und *Perestroika,* Offenheit und Umgestaltung. Dieser gute Mensch wäre besser beraten gewesen, wenn er versucht hätte, seine Theorien langsamer in die Praxis umzusetzen, anstatt die russische Bevölkerung von heute auf morgen aus dem diktatorischen System des Kommunismus in einen wilden, marktwirtschaftlichen Kapitalismus hinein zu katapultieren. Die

Deutschen verdanken ihm die Wiedervereinigung. Aber die Russen werden seit 1987, bis heute, mit Versorgungsmängeln, mit Verbrechen und mit Mafiamachenschaften konfrontiert. Die Schicht, die bereits zu kommunistischen Zeiten gut gelebt hat, lebt heute noch besser; die Arbeiter in Sibirien und anderswo jedoch bekommen monatelang keine Gehälter. Gorbatschow, der Reformpolitiker, wird nirgends so gehasst, wie in seinem eigenen Land. Gott stehe mir bei! All die Irrtümer auf dieser kurzen Strecke der Menschheitsgeschichte! All die Gewalt und all das Unrecht aus der Hand der Menschen der postmodernen Zivilisation."

Zarathustra wird laut und zornig als er an Afghanistan denkt: „Ich verurteile die Arroganz und die Profitgier der so genannten fortschrittlichen westlichen Staaten. Ich verurteile die Machtbesessenheit der Industrienationen, die um jeden Preis ihre Positionen durchsetzen, auch wenn Völker, Länder, ja Kulturen durch ihre manipulierten Kriege vernichtet werden. In Afghanistan herrscht, ausgelöst durch den Großen Bruder und Menschenfreund Sowjetunion, ein Bürgerkrieg, der das Land verwüstet und der Millionen Menschen das Leben kostet. Aber wer interessiert sich schon für das Leid und das Elend eines armen Landes, in weiter Ferne der westlichen Welt? Wer weiß schon von tapferen Freiheitskämpfern wie Masud und seinen Kameraden? Die Amerikaner unterstützen die Taliban mit Waffen, und diese unterdrücken damit nicht nur ihr eigenes Volk, sondern bekämpfen auch noch die Industrienationen mit Hilfe eines Rebellenführers namens Osama Bin Laden. Die Menschheit und die Welt ignoriert die Tragödie der Kurden. Ein Volk mit eigener Kultur und Geschichte wird im Irak, der Türkei und auch im Iran buchstäblich ausgerottet, und die Welt schaut zu. Die neu entstandene Industriemacht *Europäische Union* hilft sogar dem Satellitenstaat und EU-Anwärter Türkei bei diesem Völkermord.

Ein Kampf wie im Nahen Osten. Ein Volk will im Land seiner Herkunft und seiner Vorfahren einen eigenen Staat aufbauen. Die Intifada der verzweifelten Palästinenser – David gegen Goliath. Mit der Wurfschleuder gegen supermodernen Waffen der Israelis.

Nicht nur in den vom Krieg heimgesuchten Regionen der Welt werden Häuser angezündet und Menschen ermordet. Auch anderswo, wo angeblich Frieden herrscht, wie im freien demokratisch geführten Deutschland, werden Häuser von Asylsuchenden, Geschäfte und Wohnhäuser türkischer Mitbürger angegriffen, und ohne Rücksicht auf ihre Bewohner – Frauen, Männer oder Kinder – angezündet. Das Unheil von Rechts ist und bleibt eine Herausforderung für die junge, funktionierende Demokratie in Deutschland.

Wollte ich alle Kriege nur mit Namen und Orten der Geschehnisse aufzählen, man müsste ein Buch schreiben, umfassender als Bibel und Koran zusammen."

Zarathustra, der mit gesenktem Haupt auf der Bank sitzt, hängt seinen Gedanken nach. Plötzlich sagt er: „So viel Leid und so viele traurige Gedanken, die mich zur Sünde des Zorns reizen? Ich erwarte meine Freunde und als Gastgeber darf ich nicht traurig und schon gar nicht zornig sein."

Nietzsche weist ihm den Weg: *„Man muss lieben lernen, gütig sein lernen, und dies von Jugend auf; wenn Erziehung und Zufall uns keine Gelegenheit zur Übung dieser Empfindungen geben, so wird unsere Seele trocken und selbst zu einem Verständnis jener zarten Empfindungen liebevoller Menschen ungeeignet. Ebenso muss der Hass gelernt und genährt werden, wenn einer tüchtiger Hasser werden will: sonst wird auch der Keim dazu allmählich absterben."*

DIALOG ZWISCHEN DEN KULTUREN

Die Kerzen brennen. Die Luft über dem Altar in der hundertsäuligen Halle vermischt sich mit dem Duft von Weihrauch. Von weitem sieht Zarathustra seine Gäste näher kommen. Abraham, umgeben von Moses, Jesus und Mohammed. Ihnen voran schreitet Buddha. Fast gleichzeitig treten sie in den Saal des Xerxes und begeben sich zu den Bänken, die vor dem Altar stehen, in dessen Mitte ein Feuer brennt, von Kerzen umgeben. Die Begegnung nach Jahrtausenden ist himmlisch und melancholisch zugleich. Das Tribunal wurde einberufen, um über Unglück und Tragödie der Menschheit zu beraten. Und doch geht von allen eine seltsame Glückseligkeit aus.

Zarathustra schenkt jedem in einen Becher aus Glas mit langem silbernen Stil etwas Wein ein, von roten Trauben aus Shiraz. Einen sehr alten Wein, der schon beim Eingießen den erweckenden Geschmack von Trauben und Kirschen verkündet. Er begibt sich zu Mohammed und singt:

„In der Absicht, zu bereuen,
sage ich heute in der Frühe:
Ich will den Koran befragen!
Doch der Frühling kam,
der die Reu´ zerschlägt, –
Welcher Ausweg bleibt mir nun?
Soll ich die Wahrheit sagen:
Ich kann nicht erlauben, dass
meine Feinde sich am Wein berauschen,
indes ich vor Durst vergehe!" *(Hafis)*

Und Mohammed erwidert: „Es ist wahr, im Wein steckt die Wahrheit." Und er vollendet den Gesang:

„Ich bin nur ein armer Gast der Schenke,
aber seht nur: bin ich trunken,
muss der Himmel um mich werben,
kann den Sternen ich gebieten!
Ich, der sich nicht lösen kann
von dem Bissen, der mich nährt:
soll die Wissenden ich tadeln,
die zu zechen lieben?
Hafis ward es müde,
länger heimlich Wein zu trinken;
und beim Klang von Flöt` und Harfe
will ich das Geheimnis kund tun." *(Hafis)*

Da spricht Zarathustra: „Gelobt sei der homo sapiens, der Mensch mit all seinen guten Taten."
Dieser Satz klingt wie ein Blitz ohne Donner und das Tribunal ist still.

Buddha blickt nach links und rechts, schaut zu Moses, Jesus und Mohammed und wendet sich in die Mitte, zu Abraham: „Und was ist mit seinen Schandtaten?"

„Geduld, Geduld," erwidert Abraham, „Geduld, meine Brüder und Söhne, Geduld. Darüber sprechen wir noch. Seht in diesen sternenreichen Himmel, blickt auf das hoffnungsgebende Licht der Sterne, die funkeln noch ehe die Dunkelheit anbricht. Schaut auf das helle Spiegelbild der Beständigkeit und die Würde der Sonne. Denkt an die Wärme des vergangenen sonnigen Tages bevor ihr von der Kälte der Nacht sprecht."

Darauf Zarathustra: „*Die einen streiten viel um Glauben und Erkenntnis, die anderen grübeln tief nach Wissen und Erkenntnis, so wird es gehen, bis einst der Ruf sie schreckt; Es fehlt so Euch wie Euch zur Wahrheit das Verständnis (Omar Khayyam)*".

Zarathustra stellt das Programm des Tribunals vor und verschweigt auch seine Sorgen um den Werdegang der Menschen im Zeitalter der Moderne nicht: „Wir haben eine Aufgabe – den Menschen den Weg zu weisen.

Dabei ergeben sich folgende Fragen: Wo kommen wir her und wo gehen wir hin? Was hat der Herrgott mit uns Menschen gemeint? Was ist der Sinn der Schöpfung? Was haben Gottes Propheten erreicht? Braucht der Mensch einen Gott? Braucht er seine Propheten? Haben die Propheten oder haben die Menschen versagt? Religionen sollen Frieden und Freiheit vermitteln. Leider sind sie oftmals Unruhestifter. Die bitteren Erfahrungen der Menschheit in vergangenen und in heutigen Zeiten sind Grund und Anlass zu überlegen: braucht der Mensch eigentlich eine Religion?"

Und Zarathustra fährt fort: „Ich sang und dichtete: *Sag das Gute, denk an das Gute, tut das Gute!*
Im Vorfeld unserer Zusammenkunft möchte ich an das Land meiner Herkunft, an meine Heimat und an den Ursprung des iranischen Geistes erinnern. Dabei will ich andeuten, woher die Menschenkultur kommt:
Ich kam aus dem Norden in das Zentrum des Hochlandes, dem *trockensten Fleck der Erde*, und damit in den Brennpunkt des schönsten Lichtes der Welt. Hier in Persepolis befand ich mich im

Zentrum der Welt. Man hat mich gut aufgenommen. Aus meiner Lehre dem *Zoroastrismus*, in dem *Ahura Mazda* als der oberste Gott galt, wurde eine Ṣtaatsreligion. Mein Gott war der Himmel, das Licht. Sein Symbol, das Feuer, die Reinheit. Im Zusammenhang mit *Amitabha* spricht man heute vom *Ewigen Lichte* oder vom *durchsichtigen Leuchten*, das die Iraner verehren. Ich kam in ein Land, das schon 5 000 vor Christus menschliche Kultur und Zivilisation besaß. Trotz der schwierigen Boden- und Klimaverhältnisse hatte sich im Zuge verschiedener Völkerwanderungen im Zentralland mit der Stadt Sialk eine der ersten und ältesten menschlichen Siedlungen in Zentralmedien etabliert, also südlich des heutigen Teheran, am Rande der Salzwüste Lute Kabier.

Die Behausungen aus Zweigen, Astwerk und Stampflehmgemäuer waren zunächst sehr bescheiden. Später wurde stabiler gebaut, mit an der Luft gebrannten Ziegeln. Kultur und Geschmack entwickelten sich – die Häuser wurden bemalt mit roter Farbe, die Herzlichkeit und Wärme symbolisieren sollten. Auch wurde der Vergänglichkeit des Lebens gedacht; die Toten wurden in einfachen, aber soliden Gräbern in Hockstellung begraben und auf den Weg in die Ewigkeit geschickt.

In Sialk entstanden nach und nach die unterschiedlichen Wirtschaftszweige, Handel und Warenaustausch begannen sich zu entwickeln. Als Zeichen der Organisation und zur Sicherung des Warenaustausches, des Besitzes und des Eigentumsrechtes entstanden Siegel und Stempel, die auf Tonklumpen als Dokumente gedrückt wurden. Dabei entwickelte sich gleichzeitig das Kunsthandwerk der geometrischen Motivdarstellungen. Zunächst überwiegend aus Stein, später dann aus Metall. Toilettengegenstände, Spiegel, Nadeln und Schmuck wurden in unterschiedlichen Formen auch aus Knochenmaterial und Keramik angefertigt.

Die Frau hatte eine besondere Rolle in der Familie, da sie nicht nur für das Kochen und die Verpflegung zuständig war, sondern auch künstlerische Arbeiten wie Malerei, Töpferei, Färberei und Strickarbeiten übernahm.

4 000 vor Christus war die Töpferscheibe eine Errungenschaft, mit der man in die Massenproduktion der Keramik einstieg. Das war prägend für die Keramikkunst und die Anfänge der Kunst im allgemeinen im Iran der Antike."

Da fragt Abraham: „Waren denn diese kultivierten Menschen mit ihrem ausgeprägten Sinn für Gesellschaft auch in Fragen der Religion schon weiter entwickelt?"

Zarathustra: „Religiöse Fragen stellten sich in dieser Zeit nur, weil die Menschen trotz ihres Ehrgeizes und Fleißes keinen geistigen und moralischen Halt fanden, weshalb sie an viele Götter glaubten, doch mehr in einem mythologischen als in einem philosophischen Sinne. Es war für sie beruhigend hier ein Opfer zu bringen und dort ein Zeichen der Ehrfurcht vor dem unbekannten Allmächtigen zu setzen.

Anfang des 3. Jahrtausends vor Christus dehnte sich die mesopotamische Zivilisation nach Süden bis nach Susa aus, wo wir uns heute befinden, und damit entstand die erste iranische Staatsform *Elam*.

Die inzwischen entstandene Schrift und der Gebrauch des Rollsiegels und der Tontafel erleichterten die Kommunikation unter den Völkern. Diese protoelamische Schriftkultur war so lange gültig wie Sialk die altelamische Wirtschafts- und Handelsmetropole war. Nachdem die Dynastie von Akkad von Elames besiegt worden war, versuchten die benachbarten Völker, die Lubulär und Gutäer vom Hochland aus in Richtung Süden, nach Mesopotamien hinein, Einfluss zu gewinnen. So entstand zwischen Süden und Norden, und dadurch, dass man den Handelsweg nach Westiran besetzt hielt, die erste freie Handelszone. Vor allem auch deshalb, weil die Menschen sich, trotz der Feindseligkeiten der Machthaber, untereinander friedlich verhielten."

Dazu Buddha: „Kaum hatten die Menschen eine organisierte Gesellschaftsordnung aufgebaut, wurden Gewalt, Macht und Kampf zum permanenten Bestandteil der Politik. Die Herrscher ließen Monumente aufstellen, die von glorreichen Waffentaten zeugten und dadurch die Macht festigen sollten."

Und Zarathustra: „Der Mensch ist von Natur aus friedlich, nur die Erziehung durch die Gesellschaft, die sozialen Bedingungen und die Angst vor Fremden machen ihn zu dem, was er ist.

Wir befinden uns in der zweiten Hälfte des zweiten Jahrtausend vor unserer Zeitrechnung. Das Leben kommt in einigen Städten dieser Zeit zum Erliegen. Sowohl im Norden als auch im westlichen Teil des Hochlandes scheint die Zeit stehen geblieben zu sein. Die Menschen sind ausgewandert, weil sie sich nicht mehr sicher fühlten. Durch Völkerwanderungen der Hurriter, Kassiten und Mitanni entsteht eine Brücke zwischen dem Mittelmeer und dem mesopotamischen Hochland bis Nordafrika. Und da Krieg zwischen Babylon und Assur herrscht, findet in dieser Zeit eine Völkerbewegung durch den Iran von Osten nach Westen statt. Schon in dieser Zeit flieht der Mensch vor seinem eigenen Geschlecht."

Darauf Mohammed: „Wenn man bedenkt, welche kulturellen Leistungen diese Völker im Hochland des Irans schon damals vollbracht hatten, bleibt es unverständlich, dass hier der Keim der Friedfertigkeit nicht wachsen und gedeihen konnte. Man könnte meinen, je kultivierter der Mensch wurde, desto hab- und rachsüchtiger wurde er auch."

Da entgegnet Zarathustra: „Bei allem Respekt vor Deiner Frage nach der Friedfertigkeit; denn damit stellst Du auch die Fragen nach der Führung eines Volkes! Aber habt Ihr Eure Völker gut geführt? Habt Ihr nur Frieden gestiftet? Haben wir Propheten die fatale Neigung unserer Völker zu Eroberung, Rache und Macht nur nicht bemerkt, oder haben wir einfach nichts dagegen getan?

Du, Mohammed, bist selbst das beste Beispiel für rücksichtslose, prophetische Macht. Hat Jesus wirklich nicht gewusst, dass er durch seinen passiven Widerstand gegen die Römer die Flamme zu den Kreuzzügen anzündet? Hat Moses mit dem Widerstand gegen seine Verfolger, die Ägypter, wirklich nur friedfertig gehandelt?

Nein, wir alle haben uns der Gewaltherrschaft schuldig gemacht, weil wir die Welt verändern wollten. Einige von uns, wie Du, Mohammed, agierten ganz offensichtlich mit dem Schwert. Andere bedienten sich der Hetzparolen, und wieder andere paradiesischer Versprechungen, um andere Menschen aufzuwiegeln.

An der Schwelle zum 1. Jahrtausend und in der zweiten Hälfte des 9. Jahrhunderts vor Christus fanden im Nordwesten des Irans weitere Ereignisse statt, die mit Völkern wie den Medern oder den Persern in Zusammenhang gebracht werden können. Der große iranische Dichter und Philosoph Firdausi schreibt in seinem Königsbuch *Schah Nahme,* dass der mythische König Sijawusch kam und die erste Dynastie des Reiches Choresmien gründete. Daraus schließe ich, dass die Iraner aus dem Norden, also über den Kaukasus, gekommen sind. Nachforschungen in der Neuzeit haben ergeben, dass die Iraner auch vom Nordosten her, vom Ufer des Aralsees eingewandert sein könnten und dass sie sich dann im iranischen Hochland niedergelassen haben. Auf dem gleichen Weg könnten auch die Indoarier um 1200 bis 1000 vor Christus nach Indien eingewandert sein. Eine dritte Möglichkeit für die Besiedelung und die Kultivierung des Irans sind die Wege um das Kaspische Meer, über die Hochebenen, um den Berg Ararat und das Alburzgebirge, die die Einwanderer zur fruchtbarsten Region geführt haben.

Jedenfalls führten am Ende des 2. Jahrtausends vor Christus die großen Auseinandersetzungen zwischen der Nomadenwelt und der sesshaft gewordenen Bevölkerung in Sialk und Hissar, zu einer Abwanderung aus diesen Regionen, so dass Sialk nahezu zwei Jahrtausende lang nicht bewohnt war und damit auch seine kulturelle Bedeutung verlor.

Im Hochland bildeten sich Fürstentümer, die über Söldnertruppen verfügten und lediglich regionale Bedeutung erlangten. Weiterhin wanderten unterschiedliche Völker in das iranische Hochland ein und ließen sich dort nieder. Die Veränderung der prähistorischen Dörfer und Gemeinden zu städtischen Zentren und die Unwandlung der bäuerlichen Lebensform zum *Oikos-System*, bei dem die Bezirksverwaltungen einem Gouverneur oder Fürsten unterstellt wurden, weisen auf die fortschreitende Iranisierung dieser Gebiete hin. Bevor aber der erste iranische Staat gebildet wurde, kam es noch zu unterschiedlichen kulturellen Einflüssen durch die benachbarten, älteren Orientkulturen wie Elam, Babylonien, Assyrien oder Urartu.

Nachdem die Assyrer und die Urartu das Land überfallen hatten, überließen die Meder in ihrer Not den Iranern unter Führung von Deiokes die Regentschaft des Landes. So entstand gegen Ende des 8. Jahrhunderts vor Christus zuerst das Königreich und dann das Großreich der Perser. Daiokes befreite das Land von den Assyrern und bildete das erste Perserreich. Auf die Perser- und Mederdynastie folgten die Parther und Achämeniden. Deiokes war der Gründer der Königsdynastie der Meder in Ekbatana (heute Hamadan), in einer Stadt, die schon in der voriranischen Zeit im 3. bis 2. Jahrtausend vor Christus gegründet worden war.

In der Zeit um 630 vor Christus kam ich, Zarathustra, mit meinen Lehren und meinem Buch *Avesta*, um den Aberglauben und die Götzenverehrung der Menschen zu bekämpfen. Bei meiner Glaubensreformation habe ich versucht, die altiranischen Verhältnisse zu berücksichtigen, d. h. die dominierende Vorstellung von göttlichen Wagenrittern, vor denen die Bedeutung des Reiters zurücktritt. Dieser göttliche Wagenritter *Mithra* wird in der Partherdynastie noch als Reiter dargestellt und bis ins Susanidenreich als *Ahura Mazda*, betrachtet, der gute Gott, der sich *Angra Manju*, widersetzt. Also ein dualistisches Prinzip der Glaubensbildung. In der Achämenidendynastie der persischen Pasargaden, also von Kyros I. (645–602 v. Chr.) bis Darios III. (336–331 v. Chr.) erlebte die Lehre *Avesta*, die Religion und Philosophie des Parsismus, die aus dem Zoroastrismus entstanden war, als Staatsreligion ihre Blütezeit.

In der Regentschaft von Darios III. geriet nicht nur die Führung des Weltreiches ins Schwanken, sondern Aberglauben und Schamanentum gewannen die Oberhand in den religiösen Vorstellungen der Menschen. In dieser Zeit wagte es ein makedonischer Krieger das Reich der Pasargaden und Parsismen zu erschüttern."

Buddha ergreift das Wort: „Rückbesinnung auf die Herkunft und das Kulturbewusstsein des modernen Menschen sind, wie auch sein Glaube, erschüttert. Die Hauptmerkmale des modernen Menschen sind Arroganz, Rücksichtslosigkeit, Opportunismus, Kapitalgier, Brutalität, Herz- und Gottlosigkeit. Die Menschen sind zeitkrank und automatisiert. Sie sind trotz der Errungenschaften des Fortschritts unzufrieden und frustriert. Sie sind zu Übermenschen geworden. Sie finden in ihrer modernen Welt keine Ruhe. Weder Katastrophen noch die sichtbaren Veränderungen ihrer Umwelt beeindrucken sie. Keiner will für den anderen in irgendeiner Weise aus Rücksicht, Toleranz oder Nächstenliebe auf irgendetwas verzichten, was ihm zusteht. Die Anspruchsgesellschaft der Postmoderne hat die Menschen kalt und gefühllos gemacht. Die Kinder sind Produkte ihrer Gesellschaft, und die Gesellschaft fördert die Gefühllosigkeit. Die Kinder sind mit Computern und der audiovisuellen Praxis des Alltags so vertraut, dass sie weder Mutter noch Vater vermissen; und wenn ihre biologischen Bedürfnisse nicht wären, würden sie nicht einmal an Essen und Trinken, geschweige dann an Schlaf und Ruhe, denken. Die Jugend muss sich in der Schule und in den Hochschulen mit Ehrgeiz und Ellenbogen bewaffnen und darf keine menschlichen Schwächen zeigen. Denn wer Schwäche zeigt, der bleibt auf der Strecke.

Auf Technopartys der Superlativen rasten Millionen von jungen Menschen in Großstädten aus. Und die Politik ist damit einverstanden. Besser Technopartys als politische Unruhen und Demonstrationen der früheren Jahre. Die Politiker missbrauchen ihr Mandat und ihre Macht. Manche tun alles, um ihre Macht zu erhalten. Die älteren und alten Menschen sind entweder Verlierer der Gesellschaft; oder aber sie sind die größten Egoisten, die nur an sich und ihren Lebensabend denken. Die Kirche hat aufgrund ihrer historischen Fehler an gesellschaftspolitischer Bedeutung verloren und versucht mit List und Tricks zumindest ihren politischen Einfluss nicht zu verlieren. Die Herzen der Menschen kann sie jedoch nicht erreichen. Die Menschen sind rast-, glaubens- und gottlos geworden. Und nun feiern diese übermächtigen, aber verzweifelten Menschen ihr Millennium triumphal, als ob sie tatsächlich einen Grund hätten, das zu feiern."

Dazu Zarathustra: „Ich sehe, dass die Menschen, wie alle Tausend Jahre wieder, vom kollektiven Millennium-Fieber befallen sind und zwischen euphorischem Fortschrittsglaube und apokalyptischem Wahn schwanken. Mit Feuerwerken wollen sie sich vor bösen Geistern schützen und mit grenzenlosen Festen gehen sie in das nächste Jahrtausend.

Die Menschen in der christlichen Welt betrachten das Jahr 2000 als Beginn ihrer Zukunft. Als sie noch Kinder waren, haben sie andauernd davon geträumt, sie haben darüber gelesen und in der Schule haben sie Aufsätze geschrieben mit dem Titel „Wie sieht das Leben im Jahr 2000 aus?" Aus Schulkindern wurden Handwerker, Wissenschaftler und Science Fiction Autoren. Und jetzt sind sie alle im Millenniumsrausch. Dabei beweist ein Blick auf die Zeitrechnung anderer Kulturen, dass alles relativ ist, und dass die Christen beileibe nicht im Zentrum des Weltgeschehens stehen.

Wie war das zum Beispiel mit Christi Geburt? Nach dem gregorianischen, also dem christlichen Kalender wurde Christus nicht im Jahre Null geboren, sondern im Jahr 1 vor der christlichen Zeitrechnung. Gezählt werden die Jahre ab dem ersten Jahr nach Christi Geburt. Zu Beginn des Jahres 2 nach Christus war also erst ein Jahr vorbei. Zu Beginn des Jahres 200 waren es erst 199. Wenn das Jahr 2000 beginnt sind also erst 1999 Jahre vergangen und nicht 2000.

Papst Gregor XIII. führte 1582 den Kalender ein, der die Jahre seit Christi Geburt zählt. In der Silvesternacht 1999 fängt die christliche Welt traditionell, unter Teilnahme und Einfluss von Kirche und Medien, das Jahr 2000 an. In Wirklichkeit ist aber die Jahrtausendwende ein Jahr später, genau genommen am 31. 12. 2000.

Der jüdische Kalender hingegen zählt die Jahre seit der Erschaffung der Welt. Nach christlicher Zeitrechnung war das im Jahr 3761 vor Christus. Das heißt, dass wir uns dem jüdischen Kalender nach an der Schwelle des Jahres 5759 befinden. Für Juden ist das Jahr 2000 also längst Vergangenheit.

Beim islamischen Kalender liegt das Jahr 2000 in weiter Zukunft. Hier werden die Mondjahre seit dem Auszug des Propheten Mohammed aus Mekka gezählt, die nach christlicher Zeitrechnung im Jahr 622 nach Christus stattfand. Danach befinden sich die Mohammedaner im Jahr 1420 und damit 580 Jahre hinter dem Trubel der Christen. Sind sie deshalb rückständig?

Im chinesischen Kalender zählt die Zeit anders seit der erste legendäre Herrscher in China aufgetreten sein soll. Das kommende Jahr des Drachen ist das Jahr 4698 und verkündet Wohlstand für 1,3 Milliarden Chinesen. Das Jahr 2000 ist für die Chinesen längst Vergangenheit.

Im hinduistischen Kalender ist erst das Jahr 1921 erreicht. Gezählt wird hier ab der Zeit, als das indogermanische Nomadenvolk Shaka nach Indien kam.

Noch weiter zurück liegt das Jahr 2000 nach dem buddhistischen Kalender, nämlich mehr als 5000 Jahre."

DIE UNSICHTBARE ORDNUNG

Die Mondsichel steht am Rande des Horizonts am sternenübersäten Himmel über Persepolis. Die Kerzen brennen ruhig und die Stimmung ist heiter. Die Weingläser sind halb geleert, und der Weihrauch vermischt sich mit der warmen Luft über dem Feuer in der Mitte des Altars. Und da die Kühle der Nacht langsam spürbar wird, ziehen die sechs Weisen ihre Mäntel zu und legen sich lange Schals um. Nur Zarathustras weißer, mit Goldstreifen durchwebter Mantel leuchtet durch das brennende Feuer wie ein Monument aus Marmor.

Zarathustra steht auf, blickt zum Himmel und spricht: „Diese unsichtbare Ordnung der Planeten im Universum erweckt in mir Respekt und Nachdenklichkeit. Dank Johannes Keplers wissen wir um die Gesetzmäßigkeiten der Bewegungen von Merkur, Venus, Erde, Mars, Jupiter, Saturn, Uranus, Neptun und Pluto."

Mit dem rechten Zeigefinger zeigt er auf einen schwach leuchtenden Punkt und sagt: „Dieser unscheinbare Punkt ist nichts anderes als eine der fernsten Galaxien, fünf vielleicht auch zehn Milliarden Lichtjahre entfernt. Im Reich des Schöpfers all dieser Galaxien sind eine Milliarde Jahre keine Zeit, in der sich, wie bei uns auf dem Planeten Erde, viel verändern würde. Erst wir Menschen haben uns die Begriffe Raum und Zeit zur Orientierung entwickelt. Früher war das Universum gleichmäßig mit heißen Gasen gefüllt. Aber es war auch ständig in Bewegung und in der Unruhe einer Metamorphose, die sich immer weiter fortsetzt. Und dieser Prozess wird sich bis in die Ewigkeit fortsetzen. Es entstand eine für uns unsichtbare Gesetzmäßigkeit, die Isaac Newton mit dem Gravitationsgesetz beschrieb. Nach wie vor streben die Galaxienhaufen auseinander, wovon wir auf der Erde aber nichts mitbekommen, weil die Gravitation die einzelnen Galaxien zusammenhält. Diese Gravitation und die allmächtige Kraft zur Harmonie im Universum sehen wir nicht. Wir können nur feststellen, dass es sie gibt. Das meinen jedenfalls Wissenschaftler und Denker wie Kepler und Newton. Auch sehen wir den Schöpfer, den Urheber all dieser Galaxien unseres Universums nicht. Und dennoch muss es ihn geben. Im Garten der Galaxien, weit weg vom Zentrum der Milchstraße, befindet sich das Sonnensystem."

Zarathustra hebt beide Arme und versucht mit gestreckten Händen einen Korridor zu zeichnen, um die Faszination der auf Wort und Bewegung seiner Hände fixierten Freunde zu steigern. „Die Sonne ist einer von etwa hundert Milliarden Sternen, die in einem von diesen Gärten des Schöpfers das galaktische Zentrum umkreisen. Für einen einzigen Umlauf braucht die Milchstraße, diese göttliche Schönheit, etwa dreihundert Millionen Jahre. Wie lange wird nun der Mensch brauchen, um zu verstehen, dass er nicht die Krone der Schöpfung ist, und um endlich zu glauben, dass es im Universum auch andere, noch faszinierendere Lebewesen gibt.

Musste Giordano Bruno sein Leben für diese wahrhaft vernünftige These opfern? Lasst uns auf die Erde zurück kehren und den Mond betrachten, der uns mit seiner Schönheit beglückt. Was sind schon die zehn Millionen Kilometer, die wir von diesem Himmelskörper entfernt sind. Dieser fernste Boden, den der Mensch je betreten durfte, ist zwar unser ständiger Begleiter, aber kein Zufluchtsort, wie es sich manche gewünscht hätten. Mit diesem Planeten hat der Schöpfer eine nur scheinbar leblose Ruhestätte der Faszination und der transzendentalen geistigen Erholung für uns Erdenmenschen geschaffen. Der Mensch spürt den Mond, auch wenn er ihn nicht sieht. Er nimmt Einfluss auf Mensch, Tier und Erde. Er verursacht durch sein Gravitationsfeld Ebbe und Flut. Ein Hinweis darauf, dass es im Universum nichts gibt, was ohne Zweck oder ohne Sinn wäre. Der Schöpfer hat an alles gedacht, auch an die Ungläubigkeit von uns Menschen. Das Universum ist der Beweis für die Urgenialität des Schöpfers.

Im Jahre 1597 bekannte sich Galileo Galilei in einem Brief an Kepler als Kopernikaner. Nikolaus Kopernikus hatte mit seiner Behauptung, dass die Erde mit allen anderen Planeten um die Sonne kreist, also nicht Mittelpunkt des Universums, sondern allenfalls Zentrum der Mondbahn ist, eine revolutionäre These aufgestellt, in einer Zeit, als alle theologischen Beweise eine dominierende Erde allein als göttliches Zentrum des Universums sahen.

Galilei an Kepler: *Wie würdet Ihr lachen, wenn Ihr hören könntet, welche Argumente der erste Philosoph der Fakultät von Pisa gegen mich vorgebracht hat. Er versuchte, die neuen Planeten aus dem Himmel wegzudisputieren.*

Keiner von uns will heute Abend irgendeine neue These aufstellen. Doch sind wir all den Wissenschaftlern dankbar, die mutig genug waren, gegen die subversive Macht der Kirche Widerstand zu leisten."

In diesem Augenblick erscheint am fernen Horizont ein geschweifter Stern, der in schnellem Bogen auf Persepolis zufliegt. Die himmlische Erscheinung erinnert an den Halley´schen Kometen, der den Menschen als unheilverkündendes Vorzeichen, als Symbol der Unruhe und Angst galt. Hier handelt es sich aber nur um einen kugelförmigen, von leuchtenden Gasen umhüllten Stern, der im Universum aufgrund seiner destabilen Gravitationskraft von dem einen oder anderen Planeten angezogen wird.

Zarathustra wendet sich an Buddha: „Nur wir beide haben uns an der unsichtbaren Ordnung des Universums orientiert und den Geist des Schöpfers und dessen unendliche Genialität bewundert. Nur wir haben die Einmaligkeit des Universums, in seiner ganzen Lebendigkeit und Spiritualität als schöpferisches Geschehen begriffen, ohne uns mit der Materialisierung eines Gottes zu kompromittieren.“

Abraham, Moses, Jesus und Mohammed horchen auf und blicken auf Zarathustra.

Zarathustra: „Seid bitte nicht überrascht. Fühlt Euch nicht angegriffen; Buddha und ich, wir verehren Euch mit Leib und Seele, aber auch mit dem Verstand. Wir sind zusammengekommen, um über wichtige Probleme der Menschheit zu debattieren. Und deshalb frage ich Euch: Wo kommen wir her, wir Bewohner der Erde, dieses Wunderwerk des Schöpfers?“

DIE SCHÖPFUNGSGESCHICHTE

M oses beginnt die Schöpfungsgeschichte zu erzählen, und Zarathustra, Abraham, Buddha, Jesus und Mohammed hören zu.

„Wo kommen wir her? Wo gehen wir hin? Zu meiner Zeit musste ich, um den Menschen in dieser Frage den Weg zu weisen, eine einfache und für jeden verständliche Sprache verwenden. Wir wissen, dass alles, was im Universum entstanden ist und dass alles, was heute existiert, das Ergebnis einer unvorstellbar langen Zeit der Entstehung ist. Heute sprechen die Wissenschaftler von der Urknalltheorie und danach entstandenen Bausteinen der Schöpfung. Damals sprach ich von *Gott* und *Himmel*. Auch heute können diese beiden Begriffe noch verwendet werden, obwohl sie sich weiter als damals voneinander entfernt haben."

Dazu Zarathustra: „Mit meiner Lehre und meiner Philosophie *Sage das Gute, denke an das Gute und tue das Gute*, – Reinheit, Standhaftigkeit, Güte und Liebe – habe ich die Menschen vor dem Abgrund der Finsternis und der Unwissenheit bewahrt. Was aber ist aus unserem Tempel der Ruhe und Wärme und Besinnung geworden?"

Buddha: „Dein Tempel ist mehr denn je die Ruhestätte und Zuflucht für Verängstigte und Enttäuschte. Und das Feuer in Yazd brennt nun wieder ununterbrochen wie seit siebenhundert Jahren. Und es ist zu einem ewigen, irdischen Sonnentempel geworden, dessen Wärme von Mensch zu Mensch, von West nach Ost, in ganz Asien, aber auch über Meere und Kontinente der ganzen Welt weitergegeben wird. Rein ist der Mensch in seinem Ursprung, dem Wein und dem Feuer vergleichbar."

Zarathustra: „Und doch hat er seine Keuschheit verloren. Wir wissen, dass aus Vorbedingungen Bedingungen entstanden sind. Aus monovalenten Faktoren sind polyvalente Komplexe entstanden, und diese haben sich sowohl morphologisch als auch inhaltlich funktionalisiert. Es entstanden Bioequivalente, die sich in Mikrobiotope umwandelten; und es entstanden die Voraussetzungen und Bedingungen für das Lebendige: Die Bioequivaltente, die Mikro- und Makroorganismen auf dem Planeten Erde und anderswo im Weltall. Das Universum ist unbegrenzt, weil Gott selbst unbegrenzt und unendlich ist. Nur Gott selbst ist der Schöpfer der Schöpfung."

Moses: „Doch nun zur Schöpfungsgeschichte, die zu erzählen Zarathustra mich gebeten hat. Die Geschichte meines Lebens scheint mich dazu zu prädestinieren:
Gib nach dem löblichen Verlangen,
von vorn die Schöpfung anzufangen!
Zu raschem Wirken sei bereit!
Da regst du dich nach ewigen Normen,

durch Tausend, abertausend Formen,
und bis zum Menschen hast du Zeit. (J.W.v.Goethe)
Am Anfang schuf Gott Himmel und Erde."

Und Zarathustra: „Oder war es der Urknall? Im Urknall nimmt alles seinen Anfang."

Moses: „Und die Erde war wüst und leer, und es war finster auf der Tiefe; und der Geist Gottes schwebte auf dem Wasser."

Und Zarathustra: „Der Geist fiel nicht vom Himmel. Alles ist aus dem Wasser entsprungen! Alles wird durch das Wasser erhalten!"

Moses: „Und Gott sprach: Es werde Licht und es ward Licht."

Und Zarathustra: „Im Urblitz der Ursekunde entsteht das All aus dem Nichts, und am Anfang war der Wasserstoff."

Moses: „Und Gott sah, dass das Licht gut war. Da schied Gott das Licht von der Finsternis."

Und Zarathustra: „Im Wasserstoffatom ist alles, was jemals entstanden ist und was jemals entstehen wird."

Moses: „Und Gott nannte das Licht Tag und die Finsternis Nacht. Da ward aus Abend und Morgen der erste Tag."

Und Zarathustra: „Es entsteht ein Sonnensystem, indem sich zwei Himmelskörper bewegen – der Mond und die Erde. Und es entstehen der Tag und die Nacht. Und damit vergingen schon eintausend Jahre."

Moses: „Und Gott sprach: Es werde eine Feste zwischen dem Wasser, und die sei ein Unterschied zwischen den Wassern."

Und Zarathustra: „Nach dem Urknall entsteht Materie und damit die Erde."

Moses: „Da machte Gott die Feste und schied das Wasser unter der Feste von dem Wasser über der Feste. Und es geschah also."

Und Zarathustra: „Die Ozeane und die Urkontinente entstehen."

Moses: „Und Gott nannte die Feste Himmel. Da ward aus Abend und Morgen der andere Tag."

Und Zarathustra: „Nach der Entstehung des Universums bewegt sich die Erde um die Sonne. Es entstehen die Tage und Nächte. Jeder göttliche Schöpfungstag entspricht eintausend irdischen Jahren."

Moses: „Und Gott sprach: Es sammele sich das Wasser unter dem Himmel an besonderen Orten, dass man das Trockene sehe. Und es geschah also."

Und Zarathustra: „Die Urkontinente bewegen sich."

Moses: „Und Gott nannte das Trockene Erde, und die Sammlung der Wasser nannte er Meer. Und Gott sah, dass es gut war."

Und Zarathustra: „Nach und nach entstehen neue Kontinente, und neben Ozeanen auch Meere."

Moses: „Und Gott sprach: Es lasse die Erde aufgehen Gras und Kraut, das sich besame, und fruchtbare Bäume, da ein jeglicher nach seiner Art Frucht trage und habe seinen eigenen Samen bei sich selbst auf Erden. Und es geschah also."

Und Zarathustra: „Aus den Urbausteinen des Lebens, Wasserstoff, Kohlenstoff und Sauerstoff, entstehen die Urpflanzen der Erde."

Moses: „Und die Erde ließ aufgehen Gras und Kraut, das sich besamte, ein jegliches nach seiner Art, und Bäume, die da Frucht trugen und ihren eigenen Samen bei sich selbst hatten, ein jeglicher nach seiner Art. Und Gott sah, das es gut war."

Und Zarathustra: „Es beginnt das Zeitalter der Evolution."

Moses: „Da wurde aus Abend und Morgen der dritte Tag."

Und Zarathustra: „Das Zeitalter der morphische Resonanz beginnt."

Moses: „Und Gott sprach: Es werden Lichter an der Feste des Himmels, die da scheiden Tag und Nacht und geben Zeichen, Zeiten, Tage und Jahre."

Und Zarathustra: „Der Regelkreis der Zeit entsteht, die urkalendarische Zeit."

Moses: „Und es seien Lichter an der Feste des Himmels, dass sie scheinen auf Erden. Und es geschah also."

Und Zarathustra: „ Es entsteht die systematische Ordnung, also Sonnen- und Mondsystem, die Galaxien, die Milchstraßen und vieles mehr."

Moses: „Und Gott machte zwei große Lichter: ein großes Licht, das den Tag regierte, und ein kleines Licht, das die Nacht regierte, dazu auch Sterne."

Und Zarathustra: „Mit der Sonne entsteht der größte Reaktor aller Zeiten, mit Kern- und Plasmaschmelze, betrieben. Und der Mond entsteht, der sich zwischen Erde und Sonne plazierte, für einen Tag- und Nachtrhythmus sorgt."

Moses: „Und Gott setzte sie an die Feste des Himmels, dass sie scheinen auf die Erde."

Und Zarathustra: „In diesem Sonnensystem bekommt die Erde den besten Platz. Die Entstehung des Lebens und die biologische Evolution werden dadurch begünstigt."

Moses: „Und der Tag und die Nacht regierten und schieden Licht und Finsternis. Und Gott sah, dass es gut war."

Und Zarathustra: „Tag- und Nachtrhythmus entstehen. Dadurch wird die Entstehung von Urbiotopen und von Atmosphäre ermöglicht."

Moses: „Da ward aus Abend und Morgen der vierte Tag."

Und Zarathustra: „Die Entstehung des Lebens begann sich zu stabilisieren."

Moses: „Und Gott sprach: Es errege sich das Wasser mit webenden und lebendigen Tieren, und Gevögel fliege auf Erden unter der Feste des Himmels."

Und Zarathustra: „Nach der Entstehung der Bausteine des Lebens entwickeln sich lebende Moleküle, die erste Zelle – die Urzelle – als Baustein für Mikro- und Makroorganismen."

Moses: „Und Gott schuf große Walfische und allerlei Getier, das da lebt und webt, davon das Wasser sich erregte, ein jegliches nach seiner Art, und allerlei gefiedertes Gevögel, ein jegliches nach seiner Art. Und Gott sah, dass es gut war."

Und Zarathustra: „Es dauerte noch einmal vierhundertneunzig Millionen Jahre, bis unsere amphibischen Vorfahren, die sich aus den Fischen entwickelt haben, endlich aus dem Wasser steigen, und die evolutionäre Vielfalt läuft mit voller Kraft an."

Moses: „Und Gott segnete sie und sprach: Seid fruchtbar und mehret euch und erfüllt das Wasser im Meer; und das Gefieder mehre sich auf Erden."

Und Zarathustra: „Es muss vor siebenhundertfünfzig Millionen Jahren auf der Erde ein Lebewesen existiert haben, das der gemeinsame Stammvater nicht nur aller Wirbeltiere, sondern auch der Insekten war."

Moses: „Da ward aus Abend und Morgen der fünfte Tag."

Und Zarathustra: „Es vergingen weitere Millionen Jahre. Denn die Eroberung des festen Landes dauerte fast fünfhundert Millionen Jahre."

Moses: „Und Gott sprach: Die Erde bringe hervor lebendige Tiere, ein jegliches nach seiner Art: Vieh, Gewürm und Tiere auf Erden, ein jegliches nach seiner Art. Und es geschah also."

Und Zarathustra: „Die Mikroorganismen, die Viren und Bakterien, das einzellige Pantoffeltierchen, die Amöben, die Leberegel, Schnecken und Bienen vermehren sich."

Moses: „Und Gott machte die Tiere auf Erden, ein jegliches nach seiner Art, und das Vieh nach seiner Art, und allerlei Gewürm auf Erden nach seiner Art. Und Gott sah, dass es gut war."

Und Zarathustra: „Aus Mikroorganismen werden Makroorganismen und die ersten herbivoren Wiederkäuer. Danach evolutionäre Giganten namens Saurier und Dinosaurier."

Moses: „Und Gott sprach: Lasset uns Menschen machen, ein Bild, das uns gleich sei, die da herrschen über die Fische im Meer und über die Vögel unter dem Himmel und über das Vieh und über die ganze Erde und über alles Gewürm, das auf Erden kriecht."

Und Zarathustra: „Alles Leben auf der Erde geht aus einem gemeinsamen Stamm hervor, aus einer Urzelle. Fische, Insekten, Vögel und Säugetiere, also auch der Mensch, und ebenso alle Pflanzen entstehen aus einer einzigen Urform des Lebens. Die Urzelle hat alle Lebensformen hervorgebracht."

Moses: „Und Gott schuf den Menschen. Ihm zum Bild schuf er ihn; und schuf einen Mann und ein Weib."

Und Zarathustra: „Die Metamorphose des Lebendigen ist vollendet. Die existentielle Verwurzelung des Lebens liegt nun in Fortpflanzung und Vermehrung durch verschiedene Geschlechter. Ergebnis ist der homo sapiens."

Moses: „Und Gott segnete sie und sprach zu ihnen: Seid fruchtbar und mehrte euch und füllt die Erde und macht sie euch untertan und herrscht über die Fische im Meer und über alles Getier, das auf Erden kriecht."

Und Zarathustra: „Der homo sapiens beginnt Karriere zu machen."

Moses: „Und Gott sprach: Sehet da, ich habe euch gegeben allerlei Kraut, das sich besamt, auf der ganzen Erde und allerlei fruchtbare Bäume, die sich besamen, zu einer Speise."

Und Zarathustra: „Es vergehen mehrere Millionen Jahre: aus den Proconsul werden Menschenaffen; und aus den Urmenschen entwickeln sich australopithecus afarensis und robustus, der homo habilis und der homo erectus und schließlich, vor drei bis vier Millionen Jahren, die Lucy-Familie."

Moses: „Und allem Getier auf Erden und allen Vögeln unter dem Himmel und allem Gewürm, das das lebt auf Erden, dass sie allerlei grünes Kraut essen. Und es geschah also."

Und Zarathustra: „Die Lucy-Familie und andere kämpfen um ihre Existenz."

Moses: „Und Gott sah alles an was er gemacht hatte. Und siehe da, es war sehr gut. Da ward aus Abend und Morgen der sechste Tag."

Und Zarathustra: „Es entstehen die Urlebensbedingungen. Der Urmensch beginnt sich zu entwickeln. Die Besiedlung und Urbanisierung durch den homo erectus findet in einer warmen Zeit in Uferzonen und fruchtbaren Landschaften statt. Mammute, Pferde und Nashörner durchstreifen Kiefernwälder. Bären, Hirsche, Rehe, Wölfe, Füchse, Fische und Vögel leben und vegetieren erst mit- und dann gegeneinander. Aus manchen werden Jäger, aus anderen Gejagte. Und so endet nicht nur der sechste Tag. Es beginnt der eigentliche Kampf, der existentielle Kampf, nach Milliarden von Jahren der Evolution und der Entstehung."

Moses: „Die zweite Etappe der Schöpfung umfasst die Entwicklung und die Entfaltung des Universums in Abhängigkeit von der Zeit. Dieser Prozess, Evolution genannt, betrifft alles Lebendige."

Dazu Buddha: „Diesem Entstehungsprozess des Universums kann sich nichts entziehen, und der zukünftige Mensch wird sich die Frage stellen: War das alles ein Zufall? Oder war es ein Werk geplanter und bewusster Schöpfung? Und der Mensch wird sich etwas erschaffen, was er sein eigenes Weltbild nennt."

Mohammed ergänzt: „Der Mikro- und der Makroorganismus, beide haben sich trotz ihrer unterschiedlichen Größe ein intuitives Verhalten erworben. Jeder für seine eigene Welt mit Raum und Zeitwahrnehmung. Der einzellige Organismus zum Beispiel hat keine Vorstellung von dem unendlich größeren, mannigfaltigeren menschlichen Weltbild. Und dennoch ist das Weltbild des Mikroorganismus aus seiner Sichtweise vollständig. Im Sinne der Schöpfung hat der Mikroorganismus vom Ursprung bis zur Entstehung und Vollendung zum Makroorganismus alle Rechte des Lebendigen, unabhängig davon, auf welcher Höhe der Evolutionsleiter er sich befindet. Eines Tages ernennt sich der Mensch zur Krone der Schöpfung und beansprucht von da an alles, was er angeblich geschaffen hat, als Eigentum seines Wissens und Könnens. Zwar nimmt er wahr, dass Tiere die Fähigkeit zum Eigenbild, und somit zur Intelligenz besitzen, aber in seiner Ignoranz bezeichnet er diese *subhumane* Intelligenz nur als tierisch. Die Fähigkeit zum Weltbild gesteht der Menschen dem Tier nicht zu."

Abraham: „Lange bevor zum Beispiel der Mensch auf die Idee kam, einen Kompass zu entwickeln, um mit Hilfe magnetischer Felder die Himmelsrichtung zu bestimmen, benutzten verschiedene

Vogelarten bereits irdische Magnetfelder, um sich zu orientieren. Manche Tiere können Dinge sehen oder hören, die dem Menschen unerreichbar bleiben. Die Bienen bedienen sich zur Orientierung für menschliches Auge unsichtbarer Farben, wie zum Beispiel *Bienenpurpur*, einer für uns bereits nicht mehr sichtbaren, im ultravioletten Bereich liegende Farbe, die im Zentrum mancher Blüten angesiedelt ist. Der Mensch hat diese Fähigkeit kopiert und nach dem Muster des Bienenauges Sensoren hergestellt, mit denen er die Welt der kleinsten tierischen Lebewesen erforscht."

Jesus: „Der Mensch wird nach etwa vier Milliarden Jahren beginnen mit seinen kognitiven Fähigkeiten die irdische Lebensgeschichte zu prägen und die oberste Stufe der Evolutionsleiter des Makroorganismus zu erreichen. Nach dreizehn Milliarden Jahren Vorgeschichte wird er nicht nur seine physischen und mentalen Fähigkeiten weiterentwickeln, sondern auch eine Psyche herausbilden. Er ist also nicht nur das Ebenbild in absoluter Intaktheit und Vollkommenheit, also ein Produkt der evolutionären Erfahrungen mit hochattraktiven und kreativen Eigenschaften, sondern auch das Ergebnis aller bis dahin gesammelter psychosomatischer morphischer Wesensresonanz, mit allen Macken und Narben, die das bedeuten kann. Und wenn es dann soweit ist, und er Jahrtausende später zu forschen und zu denken beginnt, entdeckt der Mensch, dass die Welt, seine von ihm geschaffene weltbildliche Wahrnehmung, identisch ist mit den täglichen Erfahrungen und Entdeckungen. Er muss erfahren, dass nicht alles was für den Menschen als Faktum erscheint, für die Dauer seine Gültigkeit behält.

Interessant wird es, wenn Gelehrte unabhängig voneinander, diese Irrtümer aufdecken. Der Engländer Isaac Newton zum Beispiel zeigte mit seinen Prismenversuchen, dass das weiße Licht der Sonne nur ein Augenschein für die menschliche Wahrnehmung ist und dass es in Wirklichkeit aus den Regenbogenfarben des Spektrums zusammengesetzt ist. Goethe dagegen will diese Tatsache nicht wahrhaben. Sein Einwand: Newton habe das Sonnenlicht mit seinen Prismen nicht zerlegt, sondern *gequält* und es durch diese Tortur künstlich mit Farben verunreinigt. Der Dichter übersieht hier, dass Newton durch den umgekehrten Vorgang das zerlegte Licht der Regenbogenfarben wieder zu der visuellen Wahrnehmung *weiß* zu vereinigen in der Lage war.

Die Welt und ihre Eigenschaften sind nicht identisch mit der Information, die die alltäglichen Wahrnehmungen uns über sie liefern. Oft handelt es sich dabei um Scheinbilder, die weit vom Sein entfernt sind. Manches werden die Menschen noch aus dem Schein in die Wirklichkeit herüberziehen können. Vieles aber wird den Menschen in alle Ewigkeit verhüllt bleiben. Daher bleiben das Leben und die Geschichte der Schöpfung so geheimnisvoll."

Zarathustra: „Hoimar von Dittfurth schreibt dazu: *Die Frage, warum meine Lebensspanne und die aller meiner Zeitgenossen ausgerechnet in diesem von uns gemeinsam erlebten Geschichtsausschnitt fällt, weshalb also gerade er unserer Gegenwart geworden ist (und nicht irgendein anderer in Vergangenheit oder Zukunft gelegener historischer Augenblick), erweist sich aus der – uns existentiell allein interessierenden – subjektiven Perspektive als unbeantwortet. Sie zielt auf ein Geheimnis.*

Der Mensch mag noch so klug werden, er wird sich immer damit abfinden müssen, dass er in der ihm zugeteilten, kurzen Lebenszeit zwar die Gelegenheit bekommt, den unbegrenzten Umfang der Geheimnisse zu erahnen, die sich hinter dem Prozess der Schöpfung und hinter der Evolution des Universums verbergen, dass er aber nicht imstande sein wird, jemals das zu verstehen, was sich in der relativ wenigen Lebenszeit um ihn bewegt.

Albert Einsteins größter Wunsch war es, die Logik und Grundlage der Schöpfung zu erforschen, wie Gott die Welt erschaffen habe. *Ich bin nicht an diesem oder jenem Phänomen interessiert oder am Spektrum irgendeines chemischen Elementes. Ich möchte seine Gedanken wissen.* Er starb 1955 ohne irgendeine nur annähernde Antwort auf die Frage: Wie hat Gott sein Konzept der Schöpfung funktionalisiert? Auch Konrad Lorenz wollte, wenn es auch bei diesem Wunsch blieb, wenigstens einen kleinen Einblick in das geheimnisvolle Gotteswerk, die Schöpfung, bekommen – vergebens. Menschwerdung ist ein Phänomen. Der Ursprung ist unauffindbar. Der Plan des Schöpfers bleibt ein Rätsel.

Ob diese Denker der neuen Zeit und die der Vergangenheit, wie Bruno, Galilei, Plato, Kant, Schopenhauer, Nietzsche oder Khayyam – um nur einige zu nennen – in der Evolution geplant waren, um über ihre eigene Existenz und die der Menschheit nachzudenken und um die Rätsel der Schöpfung zu erleuchten, bleibt eine Frage der Schöpfung selbst.

Nun stellen sich folgende Fragen: Bleibt der rätselhafte Vorgang der Schöpfung für die Menschheit ein für allemal unbeantwortet? Muss der Mensch sich mit dem Glauben an die Schöpfung zufrieden geben oder wird er sie eines Tages objektiv erklären können? Was hat es für einen Sinn, dass wir hier auf die Welt kommen, und nicht wissen, woher und wohin?"

Moses fährt fort: „Die zweite Etappe der Schöpfung schafft eben die Voraussetzungen für die schöpferische Energie des Menschen, die es ihm gestatten wird, nicht nur evolutionär, sondern revolutionär zu werden. Also war vollendet Himmel und Erde mit ihrem ganzen Heer."

Und Buddha: „Nun sind alle da, ohne zu wissen wieso, weshalb und warum?"

Moses: „Und also vollendete Gott am siebenten Tag seine Werke, die er machte, und ruhte am siebenten Tage von allen seinen Werken, die er machte."

Und Buddha: „In der Ruhe steckt die schöpferische Energie der Evolution."

Moses: „Und Gott segnete den siebenten Tag und heiligte ihn, darum dass er an demselben geruht hatte von all seinen Werken, die Gott schuf und machte."

Und Buddha: „Die Ruhe vor dem schicksalhaften Sturm."

Moses: „Also ist Himmel und Erde geworden, da sie geschaffen sind zu der Zeit, da Gott der Herr Erde und Himmel machte."

Und Buddha: „Ring frei für den existentiellen Kampf."

Moses: „Und allerlei Bäume auf dem Felde waren noch nicht auf Erden, und allerlei Kraut auf dem Felde war noch nicht gewachsen; denn Gott der Herr hatte noch nicht regnen lassen auf Erden, und es war kein Mensch, der das Land baute."

Und Buddha: „Erst entstand die Vegetation, dann die Tierwelt, und es dauerte eine lange Zeit bis die Lebewesen ihr intuitives Verhalten entwickelten."

Moses: „Aber ein Nebel ging auf von der Erde und feuchtete alles Land."

Und Buddha: „Einige Milliarden Jahre nach dem Urknall: die Erde kühlt sich ab und der dabei entstandene Dampf, eine Verbindung von Wasser- und Sauerstoff, führt zum Urregen und damit zur Urwurzel des Lebens."

Moses: „Und Gott der Herr machte den Menschen aus einem Erdenkloß, und er blies ihm ein den lebendigen Odem in seine Nase. Und also ward der Mensch eine lebendige Seele."

Und Buddha: „Aus der Urwurzel des Lebendigen entsteht auch der Mensch und entwickelt sich hin zur eigenen Identität. Aus seinen Instinkten und seinen intuitiven Erlebnissen formt sich das Unterbewusstsein des Menschen. So entsteht neben der physischen Gestalt eine Aura aus psychischen Komponenten, die Urseele des Menschen."

Moses: „Und Gott der Herr pflanzte einen Garten in Eden gegen Morgen und setzte den Menschen hinein, den er gemacht hatte."

Und Buddha: „Aus Urpflanzen und Algen entstanden mit Hilfe von Chloroplasten und Photosynthese üppige Urwälder. Durch Mutation, Symbiose und Biosynthese entwickeln sie sich zu kultivierten, fruchtbaren Wäldern."

Moses: „Und Gott der Herr ließ aufwachsen aus der Erde allerlei Bäume, lustig anzusehen und gut zu essen, und den Baum der Erkenntnis des Guten und Bösen."

Und Buddha: „ Nun beginnen die Lebewesen zu erkennen und zu erfahren, was gut und was schlecht ist."

Moses: „Und es ging aus von Eden ein Strom, zu wässern den Garten, und teilte in vier Hauptwasser."

Und Buddha: „Aus der nun biologisch kultivierten Umwelt beginnen sich Mensch und Tier zu entwickeln. Der Mensch eignet sich eine Eigenschaft namens Erkenntnis an und geht damit unterschiedliche Entwicklungswege."

Moses: „Das erste heißt Pison, das fließt um das ganze Land Hevila; und daselbst findet man Gold."

Und Buddha: „Es entstehen in der Folgezeit durch böse und gute Erfahrungen bittere oder schöne Erkenntnisse."

Moses: „Und das Gold des Landes ist köstlich, und da findet man Bedellion und Edelstein Onyx."

Und Buddha: „Das Wasser wird zum Symbol des Lebens."

Moses: „Das andere Wasser heißt Gihon, und das fließt um das ganze Mohrenland."

Und Buddha: „Das Wasser ist die Voraussetzung für die biologische Metamorphose des Lebendigen."

Moses: „Das dritte Wasser heißt Hiddekekel, das fließt vor Assyrien. Das vierte Wasser ist der Euphrat."

Und Buddha: „Die Grundrisse der großen Kulturen entstehen."

Moses: „Und der Herr nahm den Menschen und setzte ihn in den Garten Eden, dass er ihn baute und bewahrte."

Und Buddha: „Der Mensch wird sesshaft und sucht sich soziale Gemeinschaft."

Moses: „Und Gott der Herr gebot dem Menschen und sprach: Du sollst essen von allerlei Bäumen im Garten."

Und Buddha: „Mensch und Tier erfahren die biologische Notwendigkeit der Ernährung. Sie beginnen, jeder auf seine Weise, auf Nahrungssuche zu gehen."

Moses: „Aber von dem Baum der Erkenntnis des Guten und Bösen sollst du nicht essen; denn welches Tages du davon issest, wirst du des Todes sterben."

Und Buddha: „Der Mensch sammelt seine psychosoziale Urerfahrung. Er muss herausfinden, was gut und was schlecht ist."

Moses: „Und Gott der Herr sprach: Es ist nicht gut, dass der Mensch allein sei; ich will ihm eine Gehilfin machen, die um ihn sei."

Und Buddha: „Adam ist die erste Schöpfungstat und ihm folgte seine Frau. Unser Urstammbaum ist in voller Blüte und die Fortpflanzung die Grundvoraussetzung der Evolution."

Moses: „Denn als Gott der Herr gemacht hatte von der Erde allerlei Tiere auf dem Felde und allerlei Vögel unter dem Himmel, brachte er sie zu dem Menschen, dass er sähe, wie er sie nannte; denn wie der Mensch allerlei lebendige Tiere nennen würde, so sollten sie heißen."

Und Buddha: „Der Urmensch beginnt die Vielfalt der Arten zu erkennen."

Moses: „Und der Mensch gab einem jeglichen Vieh und Vogel unter dem Himmel und Tier auf dem Felde seinen Namen; aber für den Menschen ward keine Gehilfin gefunden, die um ihn wäre."

Und Buddha: „Eva ist ein gleichberechtigtes Geschöpf und will sich Adam annähern, um ihn zu lieben, aber nicht um ihm zu dienen. Von Jahwe und seiner chthonischen Gehilfin Adama wollen wir nichts hören."

Moses: „Da ließ Gott der Herr einen tiefen Schlaf fallen auf den Menschen, und er schlief ein. Und er nahm seiner Rippe eine und schloss die Stätte zu mit Fleisch."

Und Buddha: „Nach Milliarden von Jahren hat Homunkulus sein Ziel erreicht. Abertausende Formen hat er in sich vereint; und die Etappe der Hominiden, der menschenartigen Wesen, überwunden, um zum homo, dem eigentlichen Mensch zu werden, und zwar in beiden Geschlechtern: Eva und Adam, Frau und Mann."

Moses: „Und Gott der Herr baute ein Weib aus der Rippe, die er von dem Menschen nahm, und brachte sie zu ihm."

Und Buddha: „Da stehen sie nun, die beiden Geschöpfe von unterschiedlichem Geschlecht, Eva und Adam, und lernen sich kennen."

Moses: „Da sprach der Mensch: Das ist doch Bein von meinem Bein und Fleisch von meinem Fleisch; man wird sie Männin heißen, darum, dass sie vom Manne genommen ist."

Und Buddha: „Die Männerherrschaft beginnt: Adam sieht sich als göttliche Botschaft der Schöpfung und nennt sein Weib *Ischa*, die Männin aus seinem Fleisch, die Mutter alles Lebendigen."

Moses: „Darum wird ein Mann Vater und Mutter verlassen und an seinem Weibe hängen, und sie werden sein ein Fleisch."

Und Buddha: „So überträgt Adam den alten Titel der Erdmutter auf Eva. In ihr erkennt Adam die neue *Potenz*, die neue Gestalt der Menschenmutter *Mutter Erde*. Sie wird ihm Söhne und Töchter gebären, und diese werden für die nachparadiesische Menschheit sorgen."

Moses: „Und sie waren beide nackt, der Mensch und sein Weib, und schämten sich nicht."

Und Buddha: „Der Geist ist willig, aber das Fleisch ist schwach – das gilt auch im Garten Eden. Die erste Hochzeitsnacht der Schöpfung, die Urhochzeit, findet in übereinstimmender Sinnlichkeit statt; und der biologisch notwendige Inzest folgt sogleich."

Dazu Zahratustra: „Menschwerdung heißt Schöpfung und Entwicklung. Menschwerdung heißt Evolution. Die Erkenntnis, dass der Mensch eine unsterbliche Seele besitzt, hat Denker und Philosophen zur Frage geführt, ob auch der *Himmel* sich mit den Kategorien *beseelt* und *unsterblich* beschreiben lässt.
Die *„Vermenschlichung der Mächte"*, die in allen alten Kulturen das magische Denken ablöst und überall menschengestaltige Götter sieht, wo vorher die heilige Scheu nur formlose Urmächte ahnte, hatte ja auch in Griechenland schon vor der Naturphilosophie eingesetzt; Menschengeschichte war die Fortsetzung der Göttergeschichte, denn alles Fragen nach dem Ursprung führte zu ihnen. So also „entsteht" nun der Himmel zugleich mit der Seele „als unsterblicher Gott Uranos", erklärt Jochen Illies in seinem Buch *Schöpfung und Evolution*.
Um 700 v. Chr. stellte Hesiod in seiner *Theogonie* eine ganze Ahnenreihe der jenseitigen Urkräfte (Potenzen) zusammen: *Wahr-*

*lich, zu allererst entstand die gähnende Leere (Chaos), als dann
aber die Erde (Gaia) mit ihrer breiten Brust, fort und fort sicherer
Sitz von allen, und Eros, der der Schönste ist unter den todfreien
Göttern.*

Aus dem Urknall entstand also das Chaos. Und auch Moses
berichtet, dass der Geist Gottes über den Wassern schwebte, als er
Himmel und Erde schuf.

Die Menschwerdung bleibt ein geheimnisvolles und unwiderrufliches Ereignis. Nach dem Urknall sind Urstoffe, Urprozesse und
Mechanismen, kreisende Abläufe, Entwicklungen, Kastrophen,
Urlebewesen, Mikro- und Makroorganismen entstanden. Und
zwar im Verlauf von Milliarden Jahren, bis dann der Mensch kam,
und begann, sich Gedanken zu machen darüber, wo und wie er
herkommt. Menschwerdung ist Entwicklung *Evolution*, Menschwerdung ist Schöpfung *Kreation*. Menschwerdung ist beides
zugleich.

Illies versucht die Denkpositionen in dieser Frage, von der Antike
bis zum heutigen Tag, in fünf Thesen zu formulieren:

1. *Menschwerdung ist Evolution und Evolution ist ein Prozess der
   Entwicklung des Menschen.*

2. *Menschwerdung ist Schöpfung (Gott erschafft ihn) und dies ist
   ein Glaubensbekenntnis, jedoch keine Kenntnis.*

3. *Menschwerdung ist weder Entwicklung noch Schöpfung, denn
   es gibt keinen Ursprung (der Mensch war immer da).*

4. *Menschwerdung ist eine Abfolge von Untergängen und Neuentstehungen (aber die „Idee" des Menschen ist ewig).*

5. *Menschwerdung ist ein unlösbares Problem, der Ursprung ist
   unauffindbar (der Mensch bleibt ein Rätsel).*

Allen Anstrengungen geistiger Herkunft und allen revolutionären
Errungenschaften der Geistes- und Naturwissenschaften zum
Trotz bleibt dieses Rätsel für immer und ewig bestehen. Auch die
großen Religionsgemeinschaften bieten hier keine Anwort. Das
Erklärungsschema der christlichen Religionen zum Beispiel, *Gott
Christi ist unser aller Vater,* ist dabei eher eine Verschleierung der
spirituellen Schöpfung, denn eine Versachlichung der Materie
selbst.

Der Mensch, die Krone der Schöpfung? Diesen Anspruch hat der Mensch in keiner seiner kulturellen und geschichtlichen Epochen verdienen können. Hans Blüher hat dies besser beschrieben: *So stellt sich die gesamte Geschichte der Menschheit als das reine Gegenteil von einer Entwicklung nach oben da; vielmehr als ein Fall. Die Menschheit kommt herab. So denken alle großen Jahrhunderte, alle Religionen, auch die Antike. Am schärfsten hat es das Buch Genesis erfasst, das an echtem Tiefsinn nicht zu überbieten ist.*

Alles Lebendige weist ein sich immer wiederholendes wesentliches Merkmal auf, das man bei Pflanzen und Tieren, aber auch beim Menschen beobachten kann. Es ist das Keimen: sich vereinigen, dann sich entfalten und wachsen; aus einem Samenkorn, aus Ei und Sperma, werden Knospe, Larve oder Embryo. Damit ist der Anfang oder der Ursprung zu klären, ehe die Organogenese, also Wachstum und Entwicklung, zu einem vollkommen fertigen Individuum führt. Dies nennen wir die lebendige Werdung und Entstehung und in unserem Fall Menschwerdung."

Mohammed ergreift das Wort: „In der Sure 71,14 des Koran berichte ich über die Menschwerdung: *Dass er euch in Absätzen geschaffen hat.* Bei unseren Vorstellungen von Göttlichkeit und Schöpfung, ob sie nun christlich, islamisch, jüdisch, zoroastrisch oder buddhistisch sind, wissen wir heute, wie auch vor Jahrtausenden, nicht mehr. Wir definieren nur anders. Auch heute gilt die alte Weisheit: *Glauben ist mehr als Wissen!* Und dabei haben die Wissenschaften dem stets entgegengesetzt: *Glauben ist gut, Wissen ist besser!* Doch auch sie wissen nicht mehr!"

Und Buddha: „Ernst Jünger hat das einfacher ausgedrückt: *Mythos und Wissenschaft. Hier wird die Welt gedeutet, dort geklärt.*
Charles Darwins Entwicklungstheorie stellt sich gegen die herrschende biblische Lehre. Die Entstehung und Entwicklung aller Tier- und Pflanzenarten folgt für Darwin den Prinzipien der Variation, der Abweichung vom Elterntypus, also der natürlichen Auslese und der Vererbung der vorzugsweise günstigsten Variationen. Das heißt: alle Lebewesen haben sich aus einer oder wenigen gemeinsamen Urformen erst durch die natürliche Zuchtwahl im Kampf ums Dasein entwickelt. Nach Darwin kann es also nur

einen Stammbaum geben. Denn wenn der Mikroorganismus, der Einzeller und Wurm zum Beispiel, und der Makroorganismus, also das Wirbeltier, jeweils eigene Stammbäume besäßen, was wäre dann mit der Gültigkeit des heutigen biogenetischen Grundgesetzes? Und was wäre mit der Möglichkeit, die Stufenleiter der Pflanzen und Tiere auf dem roten Faden des mechanischen Ablaufs von Zufall und Notwendigkeit aufzureihen und derart zu erklären? Was wäre die Einheit der Natur, die wir als Voraussetzung sehen und wünschen?"

Dazu Zarathustra: „Die Einheit der Natur? Jede einseitige und rechthaberische Vereinheitlichung der Abstammungslehre darf uns nicht zufrieden stellen. Und trotzdem denke ich, dass es hinter so vielen Ähnlichkeiten unter allen Lebewesen ein System und hinter dem System eine Verbindung gib; offensichtliche Gemeinsamkeiten weisen auf einheitliche Organismen mit gemeinsamer genetischer Herkunft hin. Wir können den Darwinismus nicht disqualifizieren, nur weil vieles spekulativ erscheint. Er war ein fleißiger Beobachter und Wissenschaftler, gewusst hat er auch nicht alles. Er ging vom Grundprinzip seines Wissens aus, bestehend aus Mythos und Wissenschaft, also Deutung und Erklärung. Die Situation in der vom biogenetischen Grundgesetz gestützten Einheitsspekulation der Abstammung ist, dass ein Denksystem alle anderen Fakten und Einsichten, die auch ihre Rechte und Ordnung behaupten, in der Lage sind, zu verdrängen.
So ähnlich hat auch Hedwig Conrad Martius 1949 gesagt: *Irgend etwas an der Theorie (...) ist bis auf den Grund verkehrt.*

Also: was mir bei Darwin nicht gefällt, sind seine abstrakten Formulierungen wie *Zufallsmutation, Zwangsselektion* und *Allgültigkeit des biogenetischen Grundgesetzes.* So beweisen zum Beispiel neue Erfahrungen und Erkenntnisse mit der Typologie der Verwandtschaften, der Stämme oder Klassen, dass es doch Herkunftsunterschiede gibt.
Nun, ich will diesen Streit der Akademien nicht überbewerten. Interessant ist der Darwinismus trotzdem, weil er sich im 19. Jahrhundert zum naturwissenschaftlichen Weltbild entwickelte, das in oft missverständlicher Weise in die Sozial- und Kulturwissenschaften übernommen wurde. Die Darwin´schen Thesen wurden

für Theorien des Wirtschaftsliberalismus, des Imperialismus und des Nationalsozialismus missbraucht: Die Herrenrasse, die Auserwählten glaubten, dass nur die Stärksten das Recht auf die Weltherrschaft hatten."

Jesus mischt sich ein: *„Was vom Fleisch geboren wird, das ist Fleisch und was vom Geist geboren wird, das ist Geist (Johannes-Evangelium 3,6).* Und wer hat Fleisch und Geist vereinigt, wenn nicht der Schöpfer, der Evolutionär? Wenn wir davon ausgehen, dass Darwins Leiter der Typen und der Urbilder für alle Lebewesen zutrifft, auch für den Menschen, der bei Darwin als eigener Typus gilt, unabhängig von den Säugetieren oder den Primaten, dann hat seine Lehre zumindest zur Orientierung und Versachlichung vom Leib als Corpus enormes beigetragen. Aber wo kommt der Geist her? Die philosophische Anthropologie neigt dazu die gesamte Abstammungslehre zu ignorieren. Viele Gelehrte wie Hengstenberg, Landmann und Gehlen vertreten folgende Auffassungen: *Die Entstehung des Menschen mag Konditionen im Tierreich haben, aber die phylogenetische Abhängigkeit des Menschen von der Tierreihe anzuerkennen und eine Wesenskontinuität zwischen Tierreihe und Menschen zu behaupten, sind zwei grundverschiedene Dinge (H. E. Hengstenberg, 1957).* Oder wie M. Landmann 1976 formulierte: *Der Mensch, erst und nur er, weist tatsächlich eine andere Struktur auf als die übrigen Lebewesen, die von ihm aus alle als spezialisierte Instinktwesen zusammenrücken, während er aus einer neuartigen Begabung atmet.* Arnold Gehlen hat 1974 die geistige Existenz und ihre Ausdrucksformen, also Sprache und Kultur, eindeutig in den Mittelpunkt eines Menschenbildes gestellt. Er formulierte seine Vorstellung von der Menschwerdung so: *Wenn man das „missing link" vom Anthropoiden zum Menschen konstruieren will (...), gibt das ein solches Wunderwesen von Tier, ein so außerhalb aller biologischer Kategorien liegendes Etwas, dass nun diesem und nicht mehr dem Menschen eine einmalige Sonderstellung im ganzen Naturreich zugesprochen werden müsste.*

Trotz aller Thesen und Theorien, die den Menschen mit der Tierwelt, und hier insbesondere mit den Primaten verbindet, gibt es dennoch Symptome und Merkmale, die den Menschen von den

Tieren, und auch von seinem nächsten Verwandten, dem Affen, abheben. Und trotzdem ist es schwierig, im Vorfeld der universalen Evolution die typisch menschlichen Merkmale zu definieren. Es ist nicht einmal möglich die typisch menschlichen Krankheiten zu finden, die einen medizinisch belegbaren Beweis in der Ätiologie und Pathogenese, also in der Verursachung und Entstehung, ermöglichen. Umweltbedingungen und psychosoziale Stresssituationen können nicht nur bei Menschen, sondern auch bei Tieren Arteriosklerose, und damit Herzinfarkt und Schlaganfall verursachen.

Darwin sieht im Gewissen eine Eigenschaft, die nur der Mensch besitzt. Schaefer und Novak dagegen sind der Auffassung, dass sich weder Gewissen noch Moral auf den Menschen beschränken: *Das Gewissen ist ein anerzogenes, aufgeprägtes Verhaltensmuster, dass beim Menschen fehlen und beim Tier anscheinend vorhanden sein kann.*

Ähnlich verhält es sich mit moralischem Verhalten. Auch bei Tieren findet man Eigenschaften wie Gattentreue, Sozial- und Familiensinn, Opferbereitschaft, Mutter- und Vaterliebe, Tapferkeit, Mut, Brutpflege und Kinderliebe. *Der Mensch ist vielseitiger als alle andere Arten,* so die Auffassung Gehlens, die auch von Konrad Lorenz bestätigt wird. Die Vielseitigkeit, in Kombination mit ständiger Neugierde, hat den Menschen dazu gebracht, sich nicht nur auf Nahrungssuche und Nahrungsbeschaffung zu konzentrieren, sondern sich auch in die Grundlagen der Beschaffenheit des Lebens zu vertiefen, womit er sich auf dem gesamten Planeten Erde durchgesetzt hat und zu einem kosmopolitischen Wesen geworden ist. Seine polyvalenten Begabungen und Eigenschaften haben ihn zu dem gemacht, was er ist. Wenn aber der Mensch wirklich etwas besonderes sein will, und wenn wir für ihn die typisch menschlichen Eigenschaften und Merkmale definieren wollen, dann muss der Mensch auch selbst in der Lage sein, gerade die schöpferische und kreative Intelligenz zu nutzen, um die Aura der Menschlichkeit zu bewahren.

Wenn ein späteres Lebewesen die fossilen Reste eines Menschen fände, würde es ihn zu den Affen stellen. Neben dem aufrechten Gang, der auch noch recht häufig ist, würde ihm die abnorm vergrößerte Hirnkapsel auffallen; aber es käme kaum auf den Gedan-

ken, dass dieses Wesen die Welt umgestaltet hat wie kein anderes in den Jahrmilliarden des Lebens (Remane).

Wenn der Mensch seine Sonderstellung behaupten will, dann muss er sich besinnen, und er darf vor allem seine Herkunft nicht leugnen. Er sollte sich nicht nur, in egoistischem Streben, in die Forschungen für eine bessere und modernere Zukunft vertiefen, sondern er sollte auch an den Schöpfer denken und glauben, der ihn in die Lage versetzt hat, sich so viele Begabungen anzueignen."

Moses fährt fort: „Und die Schlange war listiger denn alle Tiere auf dem Felde, die Gott der Herr gemacht hatte, und sprach zu dem Weibe: Ihr sollt nicht essen von allerlei Bäumen im Garten?"

Und Zarathustra: „Das Leben ist erst ein biologisches Phänomen mit einer Vielfalt an Funktionen, die alle nutritiv sind, das heißt nahrungsabhängig. Listig oder nicht, durch die Hölle musst Du gehen, wenn Du erfahren willst, was Gut und Böse ist."

Moses: „Da sprach das Weib zu der Schlange: Wir essen von den Früchten der Bäume im Garten."

Und Zarathustra: „Es entsteht transzendierendes und irdisches, weltorientierendes Denken und Handeln und die Suche nach der Erklärung der Existenz. Die biologische Uhr der Begierde und Notwendigkeit der Entscheidung war angelaufen."

Moses: „Aber von den Früchten des Baumes mitten im Garten hat Gott gesagt: Esset nicht davon, rührets auch nicht an, dass ihr nicht sterbet."

Und Zarathustra: „Das Sein und das Bewusstsein bedürfen einer objektiven Erfahrung. Ohne die Erfahrung gelangt man nicht zur Erkenntnis."

Moses: „Da sprach die Schlange zum Weibe: Ihr werdet mitnichten des Todes sterben."

Und Zarathustra: „Ohne Erfahrung keine Erkenntnis und ohne Bitterkeit keine Reue. Denn wie soll ich Gutes von Bösem unterscheiden, wenn ich von keinem etwas weiß."

Moses: „Sondern Gott weiß, dass, welches Tages ihr davon esset, so werden eure Augen aufgetan, und werdet sein wie Gott und wissen, was Gut und Böse ist."

Und Zarathustra: „Erst dann, wenn der Mensch all das erfährt, was ursprünglich, vergangen und gegenwärtig ist, und wenn er auch Transzendentales erfahren hat, erst dann wird er von seiner Welt erfahren."

Moses: „Und das Weib schaute an, dass von dem Baum gut zu essen wäre und dass er lieblich anzusehen und ein lustiger Baum wäre, weil er klug machte; und sie nahm von der Frucht und aß und gab ihrem Mann auch davon, und er aß."

Und Zarathustra: „So entstehen die Voraussetzungen für weltorientierendes, existenzielles und metaphysisches Denken."

Moses: „Da wurden ihrer beiden Augen aufgetan, und sie wurden gewahr, dass sie nackt waren, und flochten Feigenblätter zusammen und machten sich Schürzen."

Und Zarathustra: „Mit der Weltorientierung beginnt der Mensch auch sein intuitives Verhalten zu entwickeln, um mehr wahrzunehmen, auch wenn er nicht alles sieht und versteht. Irgendwann muss er anfangen sich zu entwickeln.
So meint auch Kant: *Das Feigenblatt war also das Produkt einer weit größeren Äußerung der Vernunft, als es in der ersten Stufe seiner Entwicklung bewiesen hatte. Denn eine Neigung dadurch inniglicher und dauerhafter zu machen, dass man ihren Gegenstand den Sinnen entzieht, zeigt schon das Bewusstsein einiger Herrschaft der Vernunft über Antriebe.*"

Moses: „Und sie hörten die Stimme Gottes des Herren, der im Garten ging, da der Tag kühl geworden war. Und Adam versteckte sich mit seinem Weibe vor dem Angesicht Gottes des Herren unter den Bäumen im Garten."

Zarathustra: „Dem Menschen wird bewusst, dass es einen Schöpfer geben muss, der dies alles gewollt und gestaltet hat."

Moses: „Und Gott der Herr rief Adam und sprach zu ihm: Wo bist du?"

Und Zarathustra: „Der Mensch beginnt mit Hilfe der Transzendenz über irrationales und rationales Verhalten zu logischen und realen Lebenwegen zu finden."

Moses: „Und er sprach: Ich hörte deine Stimme im Garten und fürchtete mich; denn ich bin nackt, darum versteckte ich mich."

Und Zarathustra: „Erst erfahren und denken, dann eine Entscheidung wagen: das steht im Mittelpunkt des Daseins."

Moses: „Und er sprach: Wer hat dir's gesagt, dass du nackt bist? Hast du nicht gegessen von dem Baum, davon ich dir gebot, du solltest nicht davon essen?"

Und Zarathustra: „Die Realität führt zur Objektivität des Handelns. Der Mensch beginnt zu zweifeln."

Moses: „Da sprach Adam: Das Weib, das du mir zugestellt hast, gab mir von dem Baum, und ich aß."

Und Zarathustra: „Der Mensch beginnt aus einer Kritik der reinen Vernunft zu bescheidener Logik zu gelangen, und erklärt seine Unschuld. Das ist eine uralte Eigenschaft der menschlichen Psyche: die Schuld von sich auf andere zu weisen."

Moses: „Da sprach Gott der Herr zum Weibe: Warum hast du das getan? Das Weib sprach: Die Schlange betrog mich also, dass ich aß."

Und Zarathustra: „Die Zeit der Ernüchterung und der Argumentation ist angebrochen. Logisches Gedankengut entsteht."

Moses: „Da sprach Gott der Herr zu der Schlange: Weil du solches getan hast, seist du verflucht vor allem Vieh und vor allen Tieren auf dem Felde. Auf deinem Bauche sollst du gehen und Erde essen dein Leben lang."

Und Zarathustra: „Aus der Objektivierung der subjektiven Erkenntnisse resultieren empirische Folgerungen für die Existenz und das Dasein. Alles, was das Leben bedroht, kann listig, giftig und heimtückisch sein, nicht nur die Schlange."

Moses: „Und ich will Feindschaft setzen zwischen dir und dem Weibe und zwischen deinem Samen und ihrem Samen. Derselbe soll dir den Kopf zertreten, und du wirst ihn in die Ferse stechen."

Und Zarathustra: „Das Dasein in seiner Vielfältigkeit ist kein statistisch gleichbleibendes Phänomen, sondern ein Prozess des ständig wechselndes Seins. Das bedarf eines schützenden Bewusstseins. So entsteht eine Phobie im kollektiven Unbewusstsein, das Ekelschema ausgelöst vom Bild der Schlange, und ein Instinkt, der die Gefahr signalisiert."

Moses: „Und zum Weibe sprach er: Ich will dir viel Schmerzen schaffen, wenn du schwanger wirst; du sollst mit Schmerzen Kinder gebären; und Dein Verlangen soll nach einem Manne sein, und er soll dein Herr sein."

Und Zarathustra: „Die geschlechtliche Begierde wird zur absoluten biologischen Voraussetzung für die Existenz der Art homo sapiens. Dante lässt seine geliebte Beatrice aus der neunten Sphäre des Paradieses, in die ihr kein Mann folgen kann, so klagen: *Begierde, die Du furchtbar sein kannst entstellen den Menschen; dass nicht einer bricht Dein Joch!"*

Moses: „Zu Adam sprach er: Dieweil du hast gehorcht der Stimme deines Weibes und gegessen von dem Baum, davon ich dir gebot und sprach: du sollst nicht davon essen, – verflucht sei der Acker um deinetwillen, mit Kummer sollst du darauf nähren dein Leben lang."

Und Zarathustra: „Unter dem Joch der Begierde könnte sich die Freiheit verbergen. Ohne Fehler zu begehen erfährt der Mensch keine Erkenntnis. Und nachdem die Erkenntnis von Gut und Böse wahrgenommen wird, kann er sich weiterentwickeln. Diese Reife bleibt ein letztes Ziel. *Sie wäre die Weisheit, um die Salomo fleht und von der er sagt, dass sie einst Adam behütete und ihn aus seiner Sünde brachte und ihm Kraft gab, über alles zu herrschen (Weisheit 10:2<9).*
Und nicht nur Adam, sondern auch Eva haben sich für die Existenz der Art homo sapiens entschieden."

Moses: „Dornen und Disteln soll er Dir tragen und Du sollst das Kraut auf dem Felde essen."

Und Zarathustra: „Jeder hat die Last des Lebens zu tragen, mit oder ohne Sünde. Fruchtbarkeit und Begierde, Lust und Leidenschaft von Frau und Mann geht mit dem unerwünschten Leiden der Schwangerschaft einher. Für die Geburt ist die Frau allein verantwortlich. Manche Neugeborenen, heißt es bei Augustinus, kommen blind, taub, mit verstümmelten oder gelähmten Gliedmaßen auf die Welt, andere werden in andere Formen menschlichen Leids hineingeboren. In dämonischen Wahnsinn etwa oder in eine chronische oder tödliche Krankheit. Selbst jene vom Glück begünstigte Leibesfrucht, die heil und gesund das Licht der Welt erblickt, bezeugt nach Augustinus die grauenhafte Anfälligkeit alles Natürlichen: Jeder Mensch ist bei seiner Geburt ein unwissender Fleischklumpen, ein Sklave der Sinnlichkeit und der Leidenschaft, bar aller Vernunft, des artikulierten Ausdruckes nicht mächtig, hilflos in jeder Hinsicht.

Als Gott der Schöpfer die Erde schuf war sie fruchtbar. In Hülle und Fülle war Essbares da. Doch Adam konnte der Versuchung nicht widerstehen, daraus etwas anderes zu machen, woraufhin *die Altnatur in Arge umschlug* (Augustinus, Opus Imperfectum), und Dornen und Disteln überwucherten den fruchtbaren Boden.

Damals wie heute fanden Mann und Frau ihre Lebensaufgabe nicht in Reinheit und Glückseligkeit, sondern in Mühe, Schmerz und Plage des Daseins. Nur Wenige finden wirkliche innere Zufriedenheit.

Doch Augustinus ist fern von der Realität des Lebens. Die Geburt ist voller Freude. Sie ist, mit all ihrer geheimnisvollen Schönheit, ein harmonisches Ereignis. Nein, diese katholische Dogmatik wird von uns abgelehnt."

Moses: „Im Schweiße deines Angesichts sollst du dein Brot essen, bis dass du wieder zu Erde werdest, davon du genommen bist. Denn du bist Erde und sollst zu Erde werden."

Und Zarathustra anlehnend an Nietzsche: „Das Schlimmste von allem ist jedoch, was am Ende dieses Lebens auf uns wartet – *der Tod* oder *der letzte Feind*. Doch dies ist nicht Gottes Zorn, sondern seine Liebe. Um den Menschen nicht leiden zu sehen, hat er das Lebensende Tod genannt. Heute erfährt jeder, Mann wie Frau, seine Lebensaufgabe als Mühe und Plage, und das Elend der menschlichen Natur verfolgt mit seiner Pein beide Geschlechter *von der Wiege bis ins Grab.* Dass wir sterben ist nicht Gotteswerk, sondern das der Natur. Ein biologisches Phänomen, das schon bei der Zeugung anfängt sich zu entwickeln, um erst zu wachsen, zu gedeihen, um geboren zu werden, zu leben und zu sterben. Also lebe, wenn Du kannst, sündenfrei, denn der Tod kommt zweifelsohne nicht von der Sünde, sondern von unserer sterblich geschaffenen und biologisch vorprogrammierten Natur her: der Körper löst sich auf, als Umkehrung des Vorganges seiner Zusammensetzung. Dies ist eine natürliche und unumkehrbare Bedingung der menschlichen Existenz, wenn auch manche Menschen dies nicht wahrhaben und deshalb den Vorgang des Todes stoppen wollen. Der Mensch kämpft und forscht mit allen Mitteln, um Stammzellen aus embryonalem Gewebe zu gewinnen und das menschliche Genom herzustellen, um damit die biologische Uhr der Sterblichkeit zu stoppen, also um sich de facto unsterblich zu machen."

Moses: „Und Adam hieß sein Weib Eva, darum dass sie eine Mutter ist aller Lebendigen."

Und Zarathustra: „Wenn der Schöpfer überhaupt Ebenbilder hat, dann gibt es derer zwei: Adam und Eva. Adam reagiert mit Vernunft auf die Absicht der Schöpfung und nennt sein Weib, die *Mutter* oder *Erdmutter.* Sie wird kein Leid und keine Pein tragen, sondern Kinder, die die Welt bevölkern."

Moses: „Und Gott der Herr machte Adam und seinem Weibe Röcke von Fellen und kleidete sie."

Und Zarathustra: „Sie sollen sich kultivieren, schützen vor Kälte und Wärme mit Kleidern und Behausung, und die Hürde zur ersten Sozialisation wird überwunden. Ob nun die Urmutter Eva erst das Bruderpaar Kain und Abel oder den mit dem 130-jährigen Adam gezeugten Seth gebar, der zum Stammvater von Abraham und Noah wurde, gehört in den Bereich der Mythologie. Im Text der Genesis steht ohne Zweifel: Kain und Abel, das sind nicht wir! Kein Weg der Abstammung führt von Kain und seinen Nachkommen zu uns. Sie alle ertranken in der Sintflut, und nur Noah, ein Nachkomme Seths, also von Adam und Evas drittem Sohn, übersteht die Flut, und wird so zu unserem Stammvater."

Moses: „Und Gott der Herr sprach: Siehe, Adam ist geworden wie unsereiner und weiß, was gut und böse ist. Nun aber, dass er nicht ausstrecke seine Hand und breche auch von dem Baum des Lebens und esse und lebe ewiglich."

Und Zarathustra: „Der Stammvater und die Urmutter wandern aus, um neue Lebensräume zu erkunden."

Moses: „Da wies ihn Gott der Herr aus dem Garten Eden, dass er das Feld baute, davon er genommen ist."

Und Zarathustra: „Auch wenn wir naturwissenschaftlich denken, müssen wir den Aufstieg unserer menschlichen Ureltern in der Evolution zum Menschen vor und nach dem homo sapiens als Aufstieg vom Sammler- und Jägerstadium zum Ackerbau sehen, und zwar außerhalb des Garten Eden."

Moses: „Und Gott trieb Adam aus und lagerte vor dem Garten Eden die Cherubim mit dem bloßen, hauenden Schwert, zu bewahren den Weg zu dem Baum des Lebens."

Und Zarathustra: „Die Deutung des Kain-und-Abel-Mythos sollte für uns nicht nur eine mythologische Legende sein, sondern eine rationelle Erklärung für alles, was in einer der größten Kulturrevolutionen der Menschheit geschehen kann: dass der Bruder den Bruder erschlägt.
Adam der Vater, Abel der Hirte, Kain der Landwirt und Eva die Mutter der Menschheit haben versucht die erste Zivilisation der Menschheit zu gründen, und der Schöpfer wollte nichts anderes."

Dem fügt Buddha hinzu: „Nun haben wir alles gehört was uns Moses berichtet hat. Aber was ist mit dem jahwistischen Schöpfungsbericht, der ältere und angeblich fundiertere Schöpfungsbericht, in dem die Menschwerdung andersherum verläuft? Dort entsteht der Mensch, indem er vom Schöpfer aus Lehm geknetet und mit göttlichem Geist versehen wird. Dann erst entstehen die Tiere und zuletzt dann die Frau, seine Gefährtin. Erstaunlicherweise rangiert auch hier die Frau als Urgattin des bereits erschaffenen Mannes auf der untersten Stufe der Evolutionsleiter. Außerdem verläuft hier der Evolutionsprozess selbst im entgegengesetzten Sinn der naturwissenschaftlichen Evolution. Eine objektive

Erklärung für diese Missachtung der Frau gibt es auch im jahwistischen Bericht nicht."

WAS IST DER MENSCH?

Zarathustra ergreift das Wort: „Das Erwachen des geistigen Bewusstseins nach der Menschwerdung war, so hoffe ich, bei beiden, bei Adam und bei Eva, ein gleichzeitiger Vorgang in der Evolution. Denn der Schöpfer hat ein jedes Geschöpf wie seinesgleichen geschaffen. Aber seine Propheten haben das, was er schuf und anordnete, nach ihrem Geschmack verdreht und manipuliert.

Der gewordene Mensch wird zur Welt im Kleinen, und er tritt in die Welt des Großen. Wenn er nicht daran glaubt, dass er das Resultat einer Schöpfung ist, dann ist er für immer zum Verderben verflucht. Der Mensch ist die *Quintessenz* der kosmischen Gewalten, so Paracelsus. Er ist das Konglomerat aller Dinge in feinster Verdichtung. Er ist der Initiator der mikrokosmotischen Bewegung und er versucht den Makrokosmos zu beherrschen. Er entscheidet über Gewalt und Frieden und er setzt seine Ureigenschaften Neid, Hass und Zorn ein, wie bei Kain und Abel; und wenn es darauf ankommt, setzt er die Feindseligkeit mit dem Brudermord fort.

Nun, die Karriere des Menschen dauert seit Millionen von Jahren an. Eine Karriere vom primitiven Jäger zum revolutionären Techniker, Mathematiker, Biotechniker, Atomwissenschaftler und Genmanipulator. Auf allen diesen Gebieten ist er der Gewinner, aber er ist ein Verlierer, wenn es um den humanen Gehalt seiner Zivilisation geht. Hier hat er versagt; er hat sein Herz und seine Emotionen gegen Technik und Mathematik getauscht.

Auch wenn der Mensch alles erreicht, was er sich vornimmt, auch wenn er alles bekommt, was er sich wünscht, dann hat er am Ende doch nichts, wenn ihm dabei der Glaube fehlt. Selbst wenn er imstande wäre, alle planetaren Einzelkulturen zusammenzuschließen und zu immer größeren, miteinander verbundenen Verbänden zu gestalten, wäre dies im Grunde genommen nicht anderes als die Fortsetzung dessen, was seit dreizehn Milliarden Jahren geschehen ist. Beweist der Mensch dagegen Respekt vor seiner eigenen Geschichte, entscheidet er sich für das Gute; und schlägt er den klugen Weg des Friedens ein, dann wird es ihm nicht schlecht ergehen."

Zarathustra lobt Goethe und fährt fort: *„Das eigentliche, einzige und tiefste Thema der Welt- und Menschengeschichte, dem alle übrigen untergeordnet sind, bleibt der Konflikt des Unglaubens und Glaubens.*
Das Zeitalter der Objektivität verlangt nach sachlichen Argumenten. Moses jedoch erzählt hier Märchen und phantastische Geschichten, die vielleicht vor zweitausend Jahren oder eventuell noch im Mittelalter die Menschen zum Glauben verführten. Der heutige Mensch fordert Fakten, beweisbare und nachweisbare Argumente. Selbst den Philosophen ist es nicht gelungen, die Menschen von der einen oder anderen Idee, zum Beispiel der humanen Gesellschaft, dauerhaft zu überzeugen. Wir können mit Geschichten, wie der Schöpfungsgeschichte, höchstens einen Hinweis auf andere Dimensionen des Denkens geben; nämlich auf esoterische, imaginäre oder auch transzendentale Denkweisen, die nicht dem materialistischen Gehalt der Gedanken verpflichtet sind, sondern allein dem Geist und der intuitiven Kraft des Begehrens."

Dazu Abraham: „Nicht die Wissenschaft, allein die Weisheit kann dem Menschen über den Zweifel an seiner Herkunft hinweg helfen. Denn weder der leibliche, noch der jahwistische Schöpfungsbericht können durch Wissenschaften so erschöpfend interpretiert werden, dass die grundlegenden Fakten für jedermann verständlich und akzeptabel wären. Die Schöpfung ist keine Naturwissenschaft. Sie ist eine Gotteswissenschaft, deren fundamentale Struktur der Glauben ist. Dem jahwistischen Schöpfungsbericht nach ist alles andersherum entstanden. Erst wurde der Mensch von seinem Schöpfer aus Lehm geknetet und mit göttlichem Geist versehen, dann erst entstanden die Tiere und zuletzt die Frau, seine Gefährtin. Hier steckt die Ungerechtigkeit bereits im Keim der Entstehung. Hier verläuft der Prozess den Etappen der naturwissenschaftlichen Evolution entgegen. Hier ist von morphischer Resonanz und kosmischer Reaktion des Lebendigen keine Rede. Hier überwiegen die Subjektivität und mythologischen Gedanken und Hintergründe. Jeder sollte sich nach seinem Wissen und Gewissen selbst ein Bild von seinem Schöpfer machen. Wichtig ist, dass jeder versuchen sollte, daran zu glauben.

Jetzt, nachdem der Mensch da ist, und nachdem der Schöpfungsprozess vollendet ist, wird das Geschöpf Mensch herausgefordert, aus dem Leben und aus der Welt des Lebendigen etwas Annehmbares, Lebenswertes und ihm Ebenbürtiges zu machen. Er, und nicht der Schöpfer, ist nun gefragt, aus seinem und dem Leben von Seinesgleichen etwas Gutes zu machen; die Erde als Paradies oder als Hölle zu gestalten. Alles, was hier auf der Erde geschieht, liegt in seiner Verantwortung. Denn der Schöpfer hat ihm den Verstand gegeben, und dem Tier den Instinkt. Der Mensch ist sogar im Besitz von beidem. Und daraus sollte er möglichst das Beste machen: eine Welt des Friedens bestimmt von Gemeinschaftssinn und Solidarität, auch mit den Nichtmenschen, also mit der Tier- und Pflanzenwelt. Denn der Schöpfer hat sicherlich erst die Natur, die Pflanzen und Tiere, entstehen lassen, um das Leben für den werdenden Menschen vorzubereiten, und um sein Dasein überhaupt erst zu ermöglichen. Der Mensch sollte seine eigene Existenz durch einen barbarischen Umgang mit seiner Umwelt nicht gefährden.

Auch der dritte Schöpfungsbericht, der Schöpfungsbericht im Johannes-Evangelium, lehrt uns nichts Neues über die Folgen der Schöpfung. Auch ergeben sich keine neuen Folgerungen zur geistig spirituellen Voraussetzung des Glaubens: *Das Licht hat in die Finsternis geschienen, aber die Finsternis hat es nicht begriffen!"*

Buddha: „Ein großartiger symbolischer Hinweis auf die Entstehung eines wahrnehmenden Geistes. Die Botschaft vom Sündenfall ist kein physikalisches Ereignis, sondern ein Signal zur Verkörperung des Geistes im Sinne der logischen Folgerungen der Schöpfungsabsicht.

Nun bist Du als Mensch da, gebrauche Deinen Verstand und Deine Intelligenz für etwas Gutes, was Dir und Deinesgleichen nicht schadet, was Deinen Lebensraum nicht vergiftet. Für uns ist selbst das Licht der Sonne ein Hinweis darauf, dass die Schöpfung eine geniale und universelle Wahrheit ist. *Das Göttliche: Erst war der Urknall (Chaos), dann entstand der Raum und erst dann die Zeit*

(*A. Einstein*). Das ist eine wissenschaftliche Theorie. Aber gibt es eine aussagefähigere Theorie?

Wie denkt ein lebendiger Geist und großer Denker der modernen Zeit über Gott und Schöpfer? Gadamer wird gefragt: Glauben Sie an Gott? Er erwidert: *Wir können uns kaum erlauben, nicht an ihn zu glauben. Aber ich glaube nicht an einen Gott der Kirche. Ich bin da, wie wohl jeder Mensch, zwiegespalten: Mein Verstand hat mit Gott seine Schwierigkeiten, aber irgendein Gefühl in mir hält einen Gott durchaus für möglich. Ich halte diejenigen, die voller Selbstbewusstsein von sich sagen, dass sie an keinen Gott glauben, für ein bisschen lächerlich.*"

Zarathustra ist enthusiastisch: „Nun haben wir genug spekuliert, debattiert und versachlicht. Nun wollen wir diesen *vollendeten* Menschen begleiten in seiner Geschichte mit Taten und Untaten. Ich appelliere an die menschliche Vernunft und seine geistige Kraft. Im Zeitalter der postmodernen und industriellen Globalisierung sollte die Kraft des Menschen nicht nur dem Fortschritt der Menschen in den Industrienationen zugute kommen, sondern auch den Menschen in der Dritten Welt. Hier muss es zu einer Rückbesinnung, zu Humanität und zu menschenwürdiger Gestaltung der Lebensräume und Lebensverhältnisse kommen. Es ist nicht gerecht, dass die Menschen in verschiedenen Regionen der Welt aufgrund ihrer geographischen, geopolitischen und religiösen Ausgangsposition unterschiedliche Schicksale erleben: Es ist nicht gerecht, das die einen priviligierter sind als andere; dass die einen demokratisch und die anderen diktatorisch regiert werden; dass die einen im Wohlstand leben und die anderen am Rande des Existenzminimums; dass die einen aufgeklärt und gebildet sind, während die anderen im Analphabetismus darben!
Jesus und Mohammed teilten die Welt unter sich auf, unter dem Vorwand, allen Menschen den Weg zu Gerechtigkeit, Frieden und Wohlstand zu zeigen. Dann vergingen Jahrhunderte, nein Jahrtausende, und der Mensch wartet noch immer auf meine Vorhersage: die gerechte Welt. Weder Mohammed noch Jesus haben es geschafft die Menschen zu verbrüdern und eine menschenwürdige geistige Existenz für alle zu ermöglichen. Im Gegenteil: die Propheten teilten die Welt erst in zwei Gottesstaaten für den gleichen

Gott auf. Und die jeweiligen selbsternannten oder auserwählten Nachfolger führten Kriege in der ganzen Welt: Auf Gerechtigkeit, Frieden und Wohlstand für alle in der Welt warten die Menschen immer noch, trotz mahnendem und liebevollem Beistand vieler irdischer Propheten, die nicht mit einem heiligen Buch oder einem Heiligenschein ausgestattet waren, dafür aber mit menschenfreundlichen Grundsätzen. Hafiz, Sadie, Khayyam, Goethe, Schiller und Beethoven, sie alle haben an etwas Gemeinsames appelliert: *Alle Menschen werden Brüder.* Alle Menschen sind miteinander verwandt. Sie gehören zu einer Familie, einer *Menschheit.* Nach Gadamer sind *die Menschen Lebewesen, die voneinander abhängen.*

Nun erzählt mir von Euren Taten, von Eurer Freude und von Eurem Glück. War es wirklich notwendig, dass wir alle für das Gleiche unterschiedliche Wege gingen? Oder waren wir nicht alle die allergrößten Egoisten?

Nietzsche hat uns vor Egoismus gewarnt: *Egoismus ist das perspektivische Gesetz der Empfindung nach dem das Nächste groß und schwer erscheint, während nach der Ferne zu alle Dinge an Größe und Gewicht abnehmen.*

Obwohl wir es gut gemeint haben, haben wir doch nichts erreicht! Denn sonst wäre die Menschheit gesünder an Geist und Seele, und die Welt wäre reicher an guten Dingen wie Brüderlichkeit, Nächstenliebe und Gerechtigkeit. Wohin führen den Menschen all seine technischen Errungenschaften? Was wird aus dem Übermenschen mit seinem ausgeprägten Ehrgeiz?"

Dazu Mohammed: „Die Menschen leugnen ihre himmlische Herkunft. Sie erforschen ihren Ursprung vom Wesen des Organismus und des Organs bis zur Stammzelle und meinen diese sind unsere Herkunft, diese seelenlosen Urzellen. Nach den Gesetzen der Wissenschaft zerlegen sie den Organismus bis in das Detail, um zu beweisen, dass sie nun imstande sind aus dem Ursprung die Zukunft zu bauen. Und das nennen sie Reproduktion. Mit den Möglichkeiten der Gentechnik wollen sie ihre Herkunft beeinflussen. Durch genetische Manipulation der Stammzellen entwickeln sie Gewebe, Gewebesysteme und Organe. Allen Ängsten zum Trotz möchte der Mensch seine kurze Lebenszeit verlängern und solange wie möglich leben. Es werden Werkstätten entstehen, die Ersatzteillager für alle Organe herstellen und damit den Weg zur Langlebigkeit ermöglichen wollen. Der Mensch selbst hat einiges überlebt, aber er hat Hunderte Arten im Tier- und Pflanzenreich für immer vernichtet. Der Mensch weiß zu viel von Wissenschaft und Technik, aber zu wenig von seiner Zukunft.

Stanislaw Lem hat eine realistische Vorstellung von der Zukunft: *Mit dem immer größer werdenden technisch-wissenschaftlichen Fortschritt werden auch die Zukunftsgeschichten immer phantastischer. Es ist jedoch ein Irrtum zu glauben, dass der moderne Mensch auf dem Weg zu einer schönen ganzheitlichen, all erklärenden Weltformel sei. Je mehr wir erfahren, um so mehr wissen wir, was wir nicht wissen. Wir stehen vor immer neuen Abgründen des Nichtwissens."*

Zarathustra: „Ich selbst habe die Schöpfung des Irdischen und des Überirdischen sehr ernsthaft studiert. Ohne Buddha und mich habt Ihr Eure Thesen verbreitet, und doch haben wir alle das Gleiche gemeint. Heute braucht der Mensch vor allem Sachlichkeit. Mit neuem Wissen und mit Intelligenz hat er sie erreicht. Und trotzdem ist der Mensch verwirrt, und er ist geistig und moralisch so ungesättigt wie noch nie. Und warum? Weil er Angst hat, weil er enttäuscht ist und weil er von Gott und vom Himmel alleingelassen ist!
Nun zu mir: Ich bin der persische Prophet und Begründer des Parsismus. Ich wurde als Sohn der Ritterfamilie Spitama im ostpersischen Land Airyana Vaejah geboren um 630 vor Christus und bin damit heute zweitausendsechshundertdreißig Jahre alt – also älter als Ihr alle. In meiner Heimat waren damals schon Bildung und Erziehung sehr wichtig. Ich wurde zum Priester, zum *Zaotar*, ausgebildet und stand dem altiranischen Mithra-Kult mit seinen Stieropfern und seinen gewalttätigen Kulthandlungen kritisch gegenüber. Im Alter von dreißig Jahren verließ ich die Stadt und die Gesellschaft, und suchte die Einsamkeit im Gebirge. Nur so konnte ich zu mir und zur Reinheit meines Geistes finden. Die Philosophie meiner Gedanken und Lehren beruht auf Dualismus, der Gegnerschaft zwischen *Angra Manju (Ahriman)*, dem bösen Gott, und *Ahura Mazda*, dem guten Gott. Nein, damit habe ich

keinen Vielgötterstaat zu gründen versucht, sondern ich habe lediglich die bedeutenden und wesentlichen Aspekte der Taten der Menschen auf der Erde herausgestellt, in beiden Dimensionen: Gut und Böse. Nie habe ich von einem Paradies oder einem Garten Eden oder von einer Hölle gesprochen. Nie habe ich mit solchen Unwahrheiten versucht, die Menschen zur Religiosität, zur Enthaltsamkeit, zu Gehorsam und Treue zu meiner Konfession zu gewinnen. Mein Buch heißt *Avesta* und darin berichte ich über meine Religion, den Parsismus. Auch ich musste gegen Unwahrheiten, falsche Sitten und Pseudoreligionen kämpfen. Mein Kampf, ein Kampf mit Worten, war sehr schwer. Dem König von Choresmien war meine Lehre willkommen, und so konnte ich meine Vorstellungen von Gott und vom Menschen verbreiten. Ich war gegen orgiastische Riten, von denen die traditionellen persischen Opferzeremonien für die Götter begleitet wurden. Und so verbot ich Opfer für *Ahriman* und andere Götter, die das böse Prinzip meines Glaubens verkörpern. Dass meine Philosophie auf Platon, Aristoteles, Omar Khayam, Nizami und viele andere Einfluss gehabt hat, dessen bin ich mir sicher. Aber kein anderer hat mir solche Freude und so viel Glück gegeben wie Friedrich Nietzsche. Er ist der strahlende Stern am Himmel der Weltanschauungen. Nietzsche hat mich mit seinen philosophischen Weisheiten in der Zeit der Moderne realisiert. Gelobt sei Friedrich Nietzsche, der so spricht, wie ich spreche, oder wie ich heute sprechen würde. Mit seiner Weisheit und seiner Redlichkeit hat er mehr ausgedrückt über das Leben, die Liebe, die Tugend, die Macht, das Gute und das Böse, als alle Propheten zusammen. Und doch war er kein Heiliger: *Ehre der Obrigkeit und Gehorsam, und auch der krummen Obrigkeit! So will es der gute Schlaf. Was kann ich dafür, dass die Macht gerne auf krummen Beinen wandelt?* oder *Ich bin ein Geländer am Strome: fasse mich, wer mich fassen kann! Eure Krücke aber bin ich nicht!*
Kein anderer hat mich und meine Lehre so verstanden wie Nietzsche und kein anderer hat die Menschen so geliebt wie er; und darin ist er mir gleich.
Dualismus ist die Lehre meiner Philosophie, in der ich das Universum als zwei miteinander unvereinbare Elemente, Zustände oder Prinzipien darstelle. Platon hat versucht diese Lehre in den

Kategorien von *Sein* und *Nichtsein* zu sehen: eine Welt der Ideen und eine Welt der Materie. Viel später, im 17. Jahrhundert, glaubte man dann an die Existenz zweier grundlegender Substanzen: Geist und Materie. Der französische Philosoph René Descartes, der den Kosmos in diesem Sinne beschreibt, erklärt, dass zwischen Denken und Ausdehnung fundamental differenziert werden muss. Diese Vorstellung der Wirklichkeit stellte die Philosophie vor die Frage nach dem Zusammenspiel beider Komponenten, wie es am Beispiel des menschlichen Geistes sichtbar wird.

Die Cartesianer, also die Anhänger von Descartes, forderten eine einfache Antwort auf die Frage nach der Beziehung von Geist und Materie. Da dies nicht möglich war, gingen einige davon aus, dass es eine solche Beziehung gar nicht gibt.

Nur Gott kann eine Beziehung zwischen Geist und Materie herstellen, indem er bei einer Veränderung innerhalb des einen Bereiches, einen ähnlichen Wandel im anderen Bereich vollzieht. Die Franzosen haben sich dann vom Dualismus verabschiedet, zugunsten des Monismus, ohne dabei jedoch grundlegende Gedanken und Prinzipien zu entwickeln.

Im 20. Jahrhundert erfuhr die Lehre des Dualismus als philosophische Gegenbewegung zu den monistischen Aspekten des Idealismus eine Wiederbelebung. William McDougall war der bedeutendste Verfechter dieser neuen Richtung. Der nordamerikanischer Psychologe vertrat ebenfalls die Meinung, dass das Universum in Geist und Materie geteilt werden kann, und dass der psychische und der biologische Instinkt die spirituelle Basis physiologischer Vorgänge darstelle.

Der französische Philosoph Henri Bergson schrieb in seinem 1896 erschienen Hauptwerk *Matière et mémoire* (dt. Materie und Erinnerung): *Materie ist alles, was wir mit unseren Sinnen wahrnehmen und was – wie Farbe oder Widerstand – in sich selbst die von uns wahrgenommenen Qualitäten trägt. Demgegenüber enthält sich der Geist selbst als Erinnerung, eine Fähigkeit, die es uns ermöglicht, die Vergangenheit zu speichern, um unsere sonst rein mechanischen Handlungen in der Gegenwart daran auszurichten.* Später wandte sich Bergson vom Dualismus ab und war nunmehr der Meinung, Materie sei der verkörperte Ausdruck des gleichen vitalen Impulses, der auch Leben und Geist hervorruft. Eines ist allen Theorien des Dualismus gemeinsam: der ethische Aspekt. Dabei stehen sich das Gute und das Böse als zwei gegensätzliche Prinzipien gegenüber. Und dies ist es, was ich in den Lehren des Zoroastrismus vertreten habe, und was auch im Manichäismus wiederzufinden ist. Ich predigte für eine Zivilgesellschaft. Eine Gesellschaft, in der die Humanität, die Liberalität und die Solidarität die Hauptsäulen der Gesellschaftsordnung bilden: eine Gesellschaft, in der Fairness, Gerechtigkeit und Nächstenliebe die Beziehungen zwischen den Menschen regeln."

Zarathustra ergreift ein dickes, zusammen gerolltes Bündel. Es ist *Avesta*, sein Buch: „In meinem Buch *Avesta*, das ich in altiranischer Sprache und Schrift geschrieben habe, fasse ich die Grundlagen des Zoroastrismus zusammen. Meine Anhänger, die kleine Gemeinde der Parsen, leben in unterschiedlichen Regionen im Iran, in Indien und in Pakistan. Aber die Weltherrschaft habe ich nie gesucht.
Das antike Persien, ein Reich der Kultur und der Zivilisation, übernahm meine Religion als Staatsreligion. Die Achaimeniden, mit Kyros dem Großen, Dareios I. und Xerxes I. haben die Lehre des Parsismus, also des Zoroastrismus, nicht nur zur Staatsreligion erhoben, sondern im Sinne einer philosophisch-religiösen Kultur praktiziert. *Avesta* enthält die Lehre meiner Religion in Form von Berichten über die Gebräuche und die Geschichte dieser Menschheitskultur. Es besteht aus drei große Teilen: dem *Yasna*, dem *Yascht* und dem *Videvelat*, und den kürzer gefassten Teilen *Vispened*, *Nyaischs*, *Gahs*, *Siroze* und *Afringans*.

Den zentralen Teil des *Yasna*, des liturgischen Hauptbuches des Zoroastrismus, bilden die Gathas, Hymnen und Gesänge, die ich selbst geschrieben habe. Das *Yascht* umfasst einundzwanzig Gebete und Opfergesänge zum Lobpreis verschiedener Gottheiten, die andere Religionen als Heiligkeit bezeichnen. Das *Videvelat* ist die Grundlage des zoroastrischen Gesetzes und enthält zudem einen Schöpfungsmythos und das Bekenntnis zu schöpferischer Einheit und zum Ursprung. Das *Vispenide*, das man dem *Yasna* zuordnen kann, umfasst Lobpreisungen großer Führer meiner Glaubensgemeinschaft. Die Gebete und Segenssprüche, im Sinne meditativer Übungen, sind in kürzeren Teilen dem *Avesta* eingegliedert.

Meine Lehre hat den Menschen Selbstständigkeit und Verantwortung für das Gute und das Böse gelehrt und gleichzeitig nie mit Repressalien und Strafen im Jenseits gedroht. Meine Philosophie war hauptsächlich auf die Liebe aufgebaut.

Nun zu meinem Zorn und zu meiner ewigen Enttäuschung: Kein anderer hat dem Reich der Perserkönige und damit auch meine Religion so viel Schaden zugefügt, und keiner hat so barbarische Verwüstungen angerichtet, wie Alexander, der von den Europäern gern *Alexander der Große* genannt wird. Sein Charakter und seine Taten werden dabei meist aus der hellenistischen Perspektive dargestellt. Als das persische Reich zur Zeit von Dareios III. Probleme und Schwächen zeigte, die innenpolitisch und religiöser Natur waren, überfiel der Makedonierkönig mit seinem auf Beute und Gold erpichten Heer das Land. Die makedonischen Krieger plünderten die Schatzkammern von Persepolis, Susa und anderen Metropolen des Reiches und vernichteten nicht nur Persepolis, sondern auch viele Spuren meiner Religion, unter anderem Tempel und Bücher. Nur wenige wissen von Alexanders Skrupellosigkeit, von seiner Arroganz, von seinem Hochmut und seiner Selbstgefälligkeit. Aber sie feiern ihn wegen seiner Heldentaten und kriegerischen Tapferkeit auf dem Schlachtfeld.

Auch nach dem Überfall Alexanders blieb der Parsismus Staatsreligion, im Partherreich von 300 vor bis 300 nach Christus, und im Reich der Sassaniden von 300 vor bis 700 nach Christus. Hier will ich betonen, dass die Religion über keinen Einfluss auf Regierung und Verwaltung verfügte, sondern ein Symbol für den ethischmoralischen Zusammenhalt der Gesellschaft war und die soziale Erziehung der Menschen bestimmte.

Im 7. Jahrhundert nach Christus erlebte der Zoroastrismus eine Renaissance und zweite Blütezeit, bis ein Überfall von Mohammeds Nachfolger das Land in Brand setzte und verwüstete. Die Zoroastrier wurden zum Bekenntnis für den islamischen Glauben gezwungen. Viele meiner Anhänger flohen nach Indien und nahmen die noch erhaltenen Schriften und Bücher mit. Nur wenige blieben in Persien und praktizierten hier, trotz der Verfolgung durch die muslimische Besatzung, ihre Religion. Heute leben etwa achtzehntausend Zoroastrier im Iran und achtzigtausend in Indien. Meine Religion und mein Volk mussten vieles erleiden.

Ja, Bruder Moses, auch ich musste einiges in meinem Leben durchmachen, was ungerecht und unmenschlich war. Und die Eroberer in Mohammeds Namen waren dabei die Krieger, die meine Gemeinde fast völlig zerstörten."

Abraham mischt sich sein: „Du klagst und Du machst Vorwürfe, wenn Du von Deinen Erfahrungen sprichst über diese, die sich zu Supermenschen aufspielen und die sogar Gott ersetzen wollen! Erkläre uns das Ganze etwas näher!
Wir wollen von Dir erfahren, warum der Mensch aus so vielen Katastrophen nichts gelernt hat? Wir wollen von Dir wissen, warum der Mensch nicht aufhört, seine Konflikte mit Krieg und Gewalt lösen zu wollen?"

EIN MAKEDONIER NAMENS ALEXANDER

Zarathustra: „Alexander III. von Makedonien. Wer ist das gewesen? Und was ist dieser Alexander für ein Mensch gewesen? Warum wird er bis heute, vor allem in der christlich-abendländischen Kultur als *Alexander der Große* gefeiert, obwohl er eigentlich eine der am heftigsten umstrittenen Persönlichkeiten der Weltgeschichte war? Wollten Darios III. und Alexander III. die Welt unter sich aufteilen? Hier Persepolis, die hohe Königsburg in Persien, und dort die Akropolis, der Burgberg von Athen, Denkmäler jeweils von Hochkulturen, Meisterleistungen der Kunst? Und trotzdem Zerstörung? Hat Alexander in seinem Übermut die Zerstörung einkalkuliert?
Alexander war der Sohn von König Philipp II. von Makedonien und von Olympia, einer Prinzessin aus der Fürstenfamilie von Epeiros. Bereits im Alter von achtzehn Jahren musste er die erste große Bewährungsprobe bestehen: die makedonische Vorherrschaft wurde vom Hellenenbund unter der Führung Athens in Frage gestellt und kriegerisch angegriffen. Am 2. August 338 vor Christus kam es zur Entscheidungsschlacht. Durch seinen Einsatz in dieser Schlacht, Alexander kämpfte an vorderster Front, errang er nicht nur den Sieg über das feindliche Heer unter Führung der

Athener, sondern auch die Herzen der Makedonier und vor allem das seines Vaters. Während Philipp in der Folge die Vorherrschaft der Makedonier in Griechenland ausbaute, plante er bereits den Krieg gegen die Perser. Ein Volk, dessen Riesenreich sich von Kleinasien bis nach Indien erstreckte, das die Levante und Ägypten beherrschte, also eine Weltmacht; ein solches Volk musste doch sehr wohlhabend, aber auch besiegbar sein.

In früheren kriegerischen Auseinandersetzungen mit den Persern waren die griechischen Siedlungen in Kleinasien den Persern tributpflichtig geworden. Und Xerxes soll um 188 vor Christus die Säulenhallen der Akropolis niedergebrannt haben. Philipp II. wollte mit einem Sieg über den *Erzfeind* der Griechen sich selbst als echter Grieche profilieren, aber vor allem wollte er die leeren Staatskassen füllen und die maroden Finanzen sanieren."

Dazu Buddha: „Die Geschichte verlief nach dem altbekannten Schema: Ich habe kein Geld. Der Nachbar hat welches. Ich habe aber Mut und Macht. Deshalb hole ich mir das Geld des Nachbarn. Ist das heute anders? Im Grunde genommen nicht, nur die Methoden haben sich geändert."

Zarathustra: „Im Sommer des Jahres 336 vor Christus gaben sich bei einer Feierlichkeit in der alten Hauptstadt Aigai Alexanders Stiefschwester Kleopatra und König Alexandros von Epeiros, ein Bruder von Philipps Gemahlin Olympia, das Jawort. Philipp fand diese weitere Verbindung wichtig, um die beiden Herrscherfamilien noch enger aneinander zu binden. Als Demonstration der Macht wurde im Stadion unter den Götterstatuen auch eine Büste Philipps aufgestellt. Die Griechen empfanden dies als anmaßend und überheblich. Viele wanden sich verbittert von der Veranstaltung ab. Unterdessen wollte jedoch der große König seine Volksnähe beweisen und mischte sich unter das Volk. Ohne seine Leibgarden betrat er zum Höhepunkt der Feierlichkeit die Arena des Stadions. Für Pausanias, angeblich ein enttäuschter Geliebter Philipps, war dies die beste Gelegenheit, um sich zu rächen. Er näherte sich Philipp von hinten, stach ihn nieder und floh. Kurz darauf wurde er gefangengenommen und an Ort und Stelle getötet."

Dazu Mohammed: „Zwei Anmerkungen: Erstens: dass Philipp einen Geliebten hatte, ist damit zu erklären, dass die Liebe unter

Männern im Hellenenreich der Griechen eine alltägliche Sitte war. Zweitens: bei dem Mord an König Philipp II. könnte man auch an eine Verschwörung denken. Ähnliches hat sich in der neueren Zeitgeschichte immer wieder ereignet. Beispiele in der jüngeren Geschichte dafür sind die Morde an John F. Kennedy, seinem Bruder Robert Kennedy und an Martin Luther King. Durchdachte und geplante Morde. Auch hier wurden die Hintermänner nie entlarvt. Wie Lee Harvey Oswald wurde auch Pausanias ermordet, um ihn zum Schweigen zu bringen! Erstaunlich ist dabei, dass die Mutter des zukünftigen Welteroberers Alexander, ein Grabmal für den Mörder ihres Mannes erbauen ließ, aber nicht für ihren Ehemann König Philipp. Alexander und seine Mutter, die eine besonders innige, wahrscheinlich sogar inzestuöse Beziehung verband, hatten gemeinsam den schnellen Weg zum Thron geplant."

Zarathustra: „Und so bestieg der zwanzigjährige Alexander nicht nur den Thron, sondern er beginnt auch, mit Eifer und blutigem Fleiß seine Rivalen zu beseitigen: Amyntas, den eigentlichen Throninhaber, und Karanos, seinen Stiefbruder. Er nimmt Philipps Ermordung zum Vorwand, um seine potentiellen Gegenspieler zu ermorden."

Dazu Jesus: „Wer mit blutigen Händen an die Macht kommt, darf sich nicht *Weltverbesserer* und *Befreier* nennen. Alexander war ein Übeltäter. Allein der Begriff *Feldherr* ist ketzerisch und inhuman. Auch die Soldaten und Generäle des römischen Reiches haben Feld und Acker in Feuer und Asche verwandelt. Menschen dieser Art wollen immer das Gleiche: sie wollen die Macht, und dafür gehen sie rücksichtslos vor, und schrecken nicht einmal vor Vatermord zurück."

Zarathustra: „Auch Alexander war ein Krieger und Eroberer, der zielstrebig seine Pläne verfolgte. Angeblich wollte er zuerst nur Gebiete mit griechischer Kultur befreien, die für ihn Teil der griechischen Weltordnung waren. In Wirklichkeit aber wollte er erst die Grenzen seines Reiches erweitern und dort seine Macht etablieren, um gegen die Weltmacht, das persische Reich, gerüstet zu sein. In den ersten Schlachten besiegte er im Norden ein Land nach dem anderen und beseitigte damit alle Hindernisse für den Feldzug nach Persien. Seine Vorgehensweise dabei war ähnlich der Dschingis Khans und seiner Mongolen, vor allem wenn es um seine Gegner ging. Er respektierte keine Grenzen und scheute vor keiner Grausamkeit zurück. Schon als junger Feldherr hielt er sich für einen Sohn des Zeus. Und niemand wagte es, sich seiner Gefolgschaft zu entziehen. Beim Rückzug aus dem gesicherten griechischen Staatenbund bis über die Donau soll Alexander in Korinth dem großen Philosophen Diogenes begegnet sein. Angeblich bot Alexander dem Diogenes an, dass er sich etwas wünschen dürfe. Er, der Feldherr und König, würde sich freuen, ihm diesen Wunsch zu erfüllen. Diogenes antwortete ihm: *Geh mir aus der Sonne.* Darauf erwiderte Alexander: *Wäre ich nicht Alexander, ich wollte Diogenes sein.* Durch solche Legenden verschaffte Alexander sich gleichzeitig mythische Macht und Respekt unter seinen Soldaten. Er besaß die Gerissenheit eines Kriegers und das taktische Gespür eines Politikers: wenn es nötig war, beugte er sich vor der Weisheit, und gleichzeitig ging er zur Sicherung der Macht über Leichen. So zerstörte Alexander Theben, die Stadt der Dichter und Denker, die Heimat des Ödipus und der Antigone, und der Geburtsort des von ihm so geschätzten Philosophen Dionysos, bis auf die Grundmauern. Er hatte erfahren, dass Thebaner und Illyrer mit Hilfe des Perserkönigs sich vom makedonischen Joch befreien wollten. Sechstausend Thebaner starben und dreißigtausend Überlebende wurden als Sklaven in Alexanders Heer aufgenommen. Doch diese Kriege waren für Alexander nur Vorübungen. Er hatte die Asienpläne seines Vaters nicht vergessen. Die Vorbereitungen für den Feldzug gegen das persische Weltreich liefen auf Hochtouren. Für Alexander ist der Kampf gegen ein für ihn fremdes Weltreich eine Herausforderung, die er moralisch begründete: Hellas müsse die Perser für die überhebliche Versündigung gegen die Götter bestrafen, welche Xerxes mit der Zerstörung der Tempel der Akropolis begangen habe. Gleichzeitig bewunderte Alexander König Xerxes, weil er über die beste Seeflotte und die modernste Armee seiner Zeit verfügt haben soll. Dass er zum Beispiel zwei Brücken über den Hellespont aus vielen Hundert Schiffen bauen ließ und dadurch selbst Meerengen und Wasserstraßen beherrschte, war für Alexander imponierend. Der aktuelle Feind aber war nun König Dareios III., und gegen den wollte er kämpfen. Alexander bewunderte Kyros den Großen, der das Persische Weltreich

600 vor Christus aufbaute und Fortschritt und Frieden stiftete. Kyros war der erste Herrscher der Weltgeschichte, der sich religiöser Toleranz verpflichtet fühlte, und der die Achtung vor den Menschenrechten als Sinnbild der Göttlichkeit sah. Das Persische Weltreich wurde damals zum Vorbild für alle Imperien, die nach ihm entstanden. Unter Kyros begann ich mit der Niederschrift des Buches *Avesta*, dem heiligen Buch der persischen Staatsreligion."

Moses: „In Palästina stimmte Jeremia seine Klagelieder an, und Hesekiel erlebte das Strafgericht Gottes über Israel."

Und Buddha: „In Indien begründete ich, als Prinz Gautama und Bettelmönch, eine der großen Weltreligionen, den Buddhismus. Die buddhistische Lehre wurde von Laotse in China verkündet. Er hatte einen weisen Philosophen namens Konfuzius, der die fromme Weisheit auch in staatspolitische Geschicke übertrug."

Zarathustra: „Alexander wollte Geschichte machen. Gegen Ende des Jahres 335 vor Christus stellte Alexander eine Armee aus rund dreißigtausend Fußsoldaten und fünftausend Reitern, davon mehr als die Hälfte Makedonier, zusammen. Alexander war weder ein Erneuerer, noch ein selbstloser Feldherr, der sein Leben in den Dienst der Menschheit setzte. Für seine Kriegsmaschinerie organisierte er einen Propagandaapparat, ausgestattet mit ihm wohlgesonnenen Beobachtern, Geschichtsschreibern, Historikern und Verwaltungsbeamten. Die Leitung übertrug er Kallistenes, einem Verwandten des Aristoteles, der als Geschichtsschreiber den Auftrag hatte, die Heldentaten Alexanders der Nachwelt zu übermitteln. Priester, Ärzte und Wahrsager sorgten für das Wohlwollen der Götter, und für den Helden selbst.

Alexander wird als einer der kühnsten Feldherren der Geschichte bezeichnet. Durch seine Tapferkeit zeigte er den einfachen Soldaten, dass sie den Krieg nur dann gewinnen können, wenn es ihnen gelingt, sich selbst zu vergessen. Mit diesem psychologischen Trick der Kriegsführung gewann er nicht nur die Herzen seiner Soldaten sondern auch ihren Verstand. Wenn er als oberster Feldherr den Befehl zur Schlacht gab, befahl er eigentlich Hunderten, für ihn zu sterben. Diese Opferbereitschaft führte Alexander dazu, sich selbst als den Größten zu sehen: unbesiegbar, ein Liebling der

Götter und geschützt gegen die Tücken des Schicksals. Außerdem nutzte er *die Macht der Medien*: denn wenn man in ganz Griechenland von seinen Taten und von der Unbesiegbarkeit seiner Armee hörte, dann würden dies auch die Perser erfahren. Damit hat er recht gehabt. Wer das Image hoch hält, der gewinnt nicht nur einen Krieg. Im Frühjahr 334 vor Christus war es dann soweit. Alexander besiegte einen Stadtstaat nach dem anderen und brachte damit die griechischen Kolonien in Kleinasien, die zum Reich Dareios III. gehörten, in seine Gewalt. Die persischen Provinzstadthalter reagierten nicht. Alexander bekam Geschmack am Siegen und begann ein Reich zu errichten, dessen Ende er nicht absehen konnte."

Dazu Mohammed: „Der leichte Sieg und die große Beute sind nicht nur ermutigend, sie machen blind und überheblich. Auch dies wiederholte sich mehrmals in der Geschichte der Menschheit.
Die deutschen Vormärsche und Siege begannen am 1. September 1939, nachdem das ebenfalls faschistische Österreich dem Deutschen Reich einverleibt worden war: Hitler überfiel Polen. Trotz tapferer Gegenwehr wurde Polen annektiert, wobei die deutsche Armee auf schlimmste Weise wütete und unvergessliche Grausamkeiten beging. Auch Hitler bildete sich ein, dass die deutsche Armee unbesiegbar sei, und dass er einen göttlichen Auftrag zu erfüllen habe. Und er glaubte, dass er gegen die Tücken des Schicksals gefeit sei."

Zarathustra: „Als Alexander im Mai 334 vor Christus am Granikos in Kleinasien die Schlacht gegen die persische Armee für sich entschieden hatte, war er, aus seiner Sicht, schon der zukünftige Herr über die halbe Welt. Viele Städte und Religionsgemeinschaften ergaben sich: kapitulierten die Städte kampflos, dann wurden den griechischen Göttern Tempel errichtet. Leisteten die Städte aber Widerstand, dann wurde zerstört und verwüstet. Als nun die griechischen Kolonien in Kleinasien ganz in Alexanders Machtzone integriert waren, was ihm Rückhalt und Unterstützung garantierte, überschritt er die Grenzen. Er wollte mehr. Er wollte Asien mit all seinen Schätzen.
Alexander gelang es durch gute Verwaltung und perfekt organisierte Infrastruktur die Reichweite seiner Armee über Tausende von

Kilometern hinweg zu sichern, ohne dass irgendein Versorgungs-engpass aufgetreten wäre. Dies war eine erstaunliche Leistung in einer Zeit ohne Maschinen gestützte Logistik. Die Versorgung der Soldaten war sommers wie winters durchgehend gesichert. Ein Feldzug wurde in Abhängigkeit von den Jahreszeiten und von der Kriegsregion mit erstaunlicher Genauigkeit vorausgeplant. Falls es notwendig war, teilte die Armee sich in selbstständige Einheiten, um Quartiere und Langzeitversorgung zu sichern. Ein Feldherr sorgt für seine Soldaten, um seine Eroberungen zu festigen."

Dazu Moses: „Der Mensch ist der beste Nachahmer, wenn es um ein mörderisches Werk geht. Der *Möchtegern*-Feldherr der Neu-zeit, Adolf Hitler, träumte auch von einem deutschen Imperium. *Der Führer ist entschlossen, die Stadt Leningrad vom Erdboden verschwinden zu lassen.(....) Ein Interesse an der Erhaltung, auch nur eines Teils der Bevölkerung, besteht in diesem Existenzkrieg unsererseits nicht. (September 1941)*

War es denn nicht abzusehen, dass ein Phantast, der mit Macht und Brutalität die Herrschaft über das Riesenreich Sowjetunion erzwingen wollte, das eigene Land in Schutt und Asche legen würde? Aber der Führer war stets unfehlbar. Sündenböcke waren stets die anderen, wie zum Beispiel von Brauchitsch, der als Ober-befehlshaber des Heeres abdanken und diesen Platz dem Führer überlassen musste. Hitlers Wahnsinn verursachte eine der größten menschlichen Tragödien im zweiten Weltkrieg. In Stalingrad und Leningrad starben Menschen auf beiden Seiten, Angreifer und Überfallene, Soldaten und Zivilisten. Allein in Stalingrad waren das auf deutscher Seite etwa einhundertfünfzigtausend Soldaten. Hilter zeigte dabei sein wahres Gesicht. Der Diktator opferte die 6. Armee wie eine Schachbrettfigur. Die Soldaten einer angeblich unbesiegbaren deutschen Armee erfroren und verhungerten unter dem Marschbefehl: aushalten, weiterkämpfen, sterben! Als sich der deutsche Generalfeldmarschall Paulus am 31. Januar 1943 ergab, um zumindest das Leben einiger seiner Soldaten zu retten, wurde ihm vorgeworfen, dass ein deutscher Soldat, und vor allem ein deutscher Feldmarschall, sich nicht ergibt. Doch der Feldmar-schall ging mit den Resten seiner Armee in die Gefangenschaft, und der Führer war enttäuscht.

Als die Niederlagen an allen Fronten sich häuften, fragt Hitlers Propagandaminister Josef Goebbels am 18. Februar 1943 im Berliner Sportpalast in Anwesenheit aller Repräsentanten des Volkes: *Wollt Ihr den totalen Krieg?,* und das hysterisierte Publikum brüllt: *Ja!* Und ist bereit für Führer und Vaterland zu sterben.
Ja, diese Tragödien wiederholen sich in der Geschichte, wenn die Menschen keine geistig-moralische Überzeugung haben."

Zarathustra: „Genau, der Mensch wird zu einem tollwütigen Tier, wenn er von Besessenheit und Übermut heimgesucht wird. Auch Alexanders Beispiel zeigt, wie die Macht der Propaganda und der Stolz auf die bereits errungenen Erfolge die Menschen unterschiedlicher Religionen beeindrucken kann. Alexander suchte die Entscheidungsschlacht. Deshalb stellte er seinen Soldaten eine bis dahin unvorstellbare Beute in Aussicht. Er lässt bekannt geben, dass das Vermögen von Dareios in den Schatzkammern von Persepolis und Susa in Münzen und Gold sich auf den Wert von zweihundertfünfunddreißigtausend Talenten beziffere. Auf heutige Verhältnisse umgerechnet würde dies bedeuten, dass Dareios Schätze im Wert von fast drei Milliarden Euro in seinen Schatzkammern deponiert hatte. Alexanders Stärke war die psychologische Kriegsführung: ihm gelang es einerseits den Feind psychologisch zu schwächen, und andererseits seine eigene Truppe gezielt moralisch aufzubauen.

Der Sieg in der Schlacht von Issos im Jahre 333 vor Christus war der Ausgangspunkt für den entscheidenden Aufbruch des Makedonierkönigs nach Asien, und gleichzeitig der Beginn des Zerfalls des Staates der Achaimeniden. Nach der Schlacht von Issos soll Dareios III. an Alexander geschrieben haben, dass er wohl seine Niederlage hinnehmen müsse und nun bereit sei, mit ihm Frieden zu schließen. Er bot Alexander einen Teil seines Reiches, seines Geldes und seines Vermögens an, um seine Familie, die in Alexanders Hände gefallen war, zurück zu bekommen. Aber der hochmütige Feldherr lehnte jeglichen Friedensvertrag ab. Alexander wollte alte Angriffe der Perser auf Griechenland rächen, ohne dabei zu bedenken, dass es eigentlich die Griechen waren, die am Ende des 6. und am Anfang des 5. Jahrhunderts vor Christus die Feindseligkeiten ausgelöst hatten, durch die Unterstützung des

Aufstandes der ionischen Städte gegen die Perser. Die Weltherrschaft der Achaimeniden beruhte auf ihrer traditionellen Staatsführung, ihrer Organisation und ihrer kulturellen Überlegenheit. Alexander aber wollte mit niemandem, auch nicht mit dem Perserkönig, die Welt teilen. Er war weder an einem Frieden, noch an Teilabkommen interessiert. Das eigentliche Ziel, das sein Vater König Philipp vorgegeben hatte, nämlich die griechischen Kolonien zu befreien, und dort die Herrschaft der Perser zu beenden, war längst erreicht. Er, Alexander, wollte aber mehr. Er wollte nicht einmal mit Dareios III. auf einer Stufe stehen: er soll Dareios sogar aufgefordert haben, sich ihm zu unterwerfen und ihn als König und Herrscher in Asien anzuerkennen. Dareios, der sich immer noch als König der Könige sah, konnte diese Forderung des Makedonierkönigs nicht akzeptieren.

Dieser Vorgang ist ein typisches Beispiel für Kriegsdiplomatie: vom Gegner wird so viel verlangt, dass er nicht bereit sein kann, Frieden zu schließen. Der Gegner wird so unter Druck gesetzt, dass er auch seine Würde verliert. Alexanders Diplomatie war also eine Politik der Gewalt und der Übermacht. Die Politiker dieser Zeit waren nicht anders als heute. Schuld ist immer der, der den Krieg verloren hat; und die Schuld am Krieg selbst wird dem Gegner zugeschrieben.

Dareios verlor als Folge seiner Niederlage am Granikos im Jahre 334 vor Christus nicht nur Kleinasien, sondern ein Jahr danach auch Syrien. Alexanders Kriegszug führte ihn, weiter entlang der Mittelmeerküste, bis nach Ägypten, dem Land der Pharaonen, das ebenfalls zum Perserreich gehörte. In Memphis ließ Alexander sich als Befreier empfangen und zum Pharao krönen. Im Jahr 331 vor Christus gab er dann den Befehl, als Denkmal für seinen Sieg eine Stadt zu erbauen, nach griechischem Vorbild und nach seinem Geschmack: Alexandria.

Unterdessen machte Dareios einen zweiten Friedensvorschlag: er wollte dem Makedonier alle Gebiete im Westen des Euphrats überlassen, während die Gebiete östlich des Euphrats ihm, dem König der Könige, dem Achaimeniden, verbleiben sollten. Aber auch dieser Vorschlag brachte keinen Frieden. Alexander ging auf das Angebot des Perserkönigs nicht ein, auch weil er dann mit dem Kriegeführen hätte aufhören müssen. Und das wollte der große Krieger nicht. Von Memphis aus ritt Alexander durch die libysche Wüste zum Tempel des Zeus Ammon in der Oase Shiwa. Damit erfüllte er sich einen Traum, den seine Mutter seit den Tagen der Kindheit in ihm genährt hatte: er sollte eines Tages zu dem Tempel gehen, weil er ja ein Sohn des Zeus und nicht der Sohn König Philipps sei. Die Priester des Zeus Ammon hüteten sich davor, das zu bezweifeln und begrüßten den Makedonier als den neuen Pharao, den neuen Gottkönig. Und damit hatte Alexander die Frage der Göttlichkeit für sich entschieden. Nun war er nicht mehr aufzuhalten. Denn nun war er nicht mehr irdisch, sondern göttlich."

Dazu Buddha: „Ein Held des Friedens und der Freiheit, wie er sich gerne nannte, kann sich nicht göttlich nennen, weil das Volk sich unter diesem Begriff etwas Würdevolleres vorstellt. Und doch ändern sich die Zeiten und Menschen: Napoleon, der sich nach seinen Siegen über die europäischen Königshäuser als Befreier Europas sah, soll nach seiner Krönung zum *Kaiser der Franzosen* in Nôtre-Dame zu seiner Gefolgschaft gesagt haben: *Ich gebe zu, dass meine Karriere nicht übel ist und dass ich meinen Weg gemacht habe, aber welcher Unterschied gegenüber dem Altertum! Als Alexander Asien erobert hatte, gab er sich als Sohn des Zeus aus und das ganze Altertum, mit Ausnahme der Olympia, des Aristoteles und einiger athenischer Pedanten, schenkten ihm Glauben. Wollte ich mich heute für den Sohn des Allmächtigen erklären, ein jedes Fischweib würde mich anzischen. Die Völker sind eben gegenwärtig aufgeklärt, und es ist nichts mehr zu machen.*

Napoleon war erst als Friedensstifter erschienen, und tatsächlich hat er Revolutionäres vollbracht, als er die Europäer von der Tyrannei der Monarchien befreite; um allerdings dann selbst zum Tyrannen zu werden.
In seinem Zeitgenossen Ludwig van Beethoven, dem Komponisten und Humanisten, hatte Napoleon einen großen Bewunderer, aber nur solange, als er für die Menschheit und Beethovens Ideale *Freiheit, Gleichheit, Brüderlichkeit* eintrat. Beethoven sah in Napoleon einen Held des Friedens und der Freiheit, bis zu dem Tag, als sein Held sich die Kaiserkrone aufs Haupt setzte. Beethovens Enttäu-

schung war so groß, dass er sogar seine 3. Sinfonie *Sinfonica grande intitolata Bonaparte* umbenannte. Am 18. Mai 1804 erfuhr Beethoven durch seinen Schüler Ferdinand Ries von der Krönung Napoleons. Ries schilderte einen Zornesausbruch des Meisters, der in der Vernichtung des Titelblattes der Originalpartitur der Sinfonie gipfelte, das ursprünglich oben mit *Napoleon* und unten mit *Beethoven* beschriftet war. Beethoven benannte das Werk dann in *Sinfonia Eroica* um. Als 1820 die Partitur gedruckt erschien, gab es neben diesem Titel den Zusatz *Per festeggnete il sovvenire di un grand' uomo (Um das Andenken eines großen Mannes zu feiern)*. Als Napoleon dann 1821 in seinem letzten Exil auf St. Helena starb, rief Beethoven aus, er habe bereits vor siebzehn Jahren die geeignete Musik für dieses Ereignis geschrieben.

Alle diese *Großen Krieger,* von Dschingis Khan über Alexander und Napoleon bis Hitler, haben einiges gemeinsam. Sie kamen mit List, durch Tricks und Gerissenheit an die Macht; sie wurden vom Volk als Befreier gefeiert, sie führten Kriege und errangen einen Sieg nach dem anderen; sie glaubten sich unbesiegbar und sie hielten sich für göttlich; sie lösten Menschheitskatastrophen aus; und sie starben im Elend und von allen verlassen.
Hitler ist auch hier die unrühmliche Ausnahme, weil seine Verbrechen noch weit über die kriegerische Massenvernichtung hinausgingen. Seine blutige Phantasie ergötzte sich zusätzlich noch an der Vernichtung von sechs Millionen am Krieg unbeteiligter Menschen. Und er war auch deswegen ein Massenmörder, weil er sein eigenes Volk mit in den Tod nehmen wollte."

Zarathustra: „Nein, weder Alexander noch Napoleon kann man mit Hitler vergleichen. Hitler hat durch seinen Rassenwahn die Würde der Menschheit auf das Tiefste verletzt. Er ist die bösartigste Kreatur der Menschheitsgeschichte. Sein Hass gegen die Juden ist vergleichbar mit einer Seuche, die zuerst als endemischer Rassenwahn das Land der Germanen heimsuchte. Und nachdem sich die Kontamination des Rassismus in eine epidemische Kraft umgewandelt hatte, wurde daraus eine Pandemie, die die Welt in die Katastrophe des Zweiten Weltkrieges stürzte.
Selbst der Mongolenführer Dschingis Khan, der ohne Blutvergießen den Tag nicht sehen und mit Massenschlachten den Abend

feiern wollte, kann nicht mit Hitler verglichen werden. Dschingis Khan, der wahrscheinlich im Jahre 1155 (vielleicht auch erst 1167) nach Christus in Deligün Boldogh, in der heutigen Mongolei, geboren wurde, begann seine Karriere als Feldherr und Stammesfürst der Mongolen. In seinem Streben nach einem Weltreich eroberte er dann 1215 Peking, und im Jahr 1219 Korea und Turkestan. Dabei vernichtete er alle Kulturen und Religionen, die ihm unterkamen. Auch die islamische Hochkultur von Samarkand verschonte er nicht. Er überschritt den Indus und drang bis in die Ukraine vor. Dort besiegte er 1223 die Russen und kehrte wieder nach Osten zurück, um nach blutigen Feldzügen auch noch das Hochkulturland Iran zu vernichten. Somit schuf er ein verbrecherisches Weltreich, das vom Stillen Ozean bis zum Schwarzen Meer reichte. Er starb am 12. August 1227. Von seinem Reich ist, wie bei den meisten Diktatoren, nichts zurückgeblieben als Ruinen, die von seine Greueltaten Zeugnis ablegen.

Alexanders Strategie war moderner und seine kriminelle Energie gezielter. Im Dezember des Jahres 331 vor Christus erreichte er Susa, eine Stadt am Fuße des über viertausend Meter hohen Zagros-Gebirges. In Susa bestieg er den persischen Königsthron; denn hier befanden sich das Verwaltungszentrum des persischen Reiches und die mit unermesslichen Reichtümern angefüllten Schatzkammern des Reiches. In Persepolis dagegen, wo wir uns heute zusammen gefunden haben, war der Ort des Weltreiches, an dem repräsentiert und Hof gehalten wurde."

Dazu Mohammed: „Ich verstehe nicht, dass hier in dieser Region die furchtbarsten Greuel geschehen können, ohne dass der Rest der Welt sich darum kümmert.
Genau dort, wo Alexander seinen Angriff auf Persepolis vorbereitete, tobte fast zweitausenddreihundert Jahre später ein mörderischer Krieg zwischen Irakern und Iranern, also *moderneren Menschen*. In diesem Krieg setzte der Irak auch Giftgas gegen den feindlichen Nachbarn ein. Nach acht Jahren Krieg kam es 1988 zu einem Waffenstillstand zwischen den beiden Ländern. An den Machtverhältnissen hatte sich nichts geändert. Alles, was sich die beiden Völker in Jahrhunderten aufgebaut hatten, wurde verwüstet, und eine Million Menschen mussten für die Phantasien und

Vorstellungen ihrer Politiker, Machthaber, Krieger und Religionsführer sterben. Rund zweitausenddreihundertneunzehn Jahre nach Alexander waren die Menschen in dieser Region wieder auf die Idee gekommen, sich gegenseitig zu vernichten. Und die menschliche Phantasie und die geistige Entwicklung blieben dabei auf der Strecke! Hat der Mensch immer noch nicht verstanden, dass er mit Gewalt keine Probleme lösen kann?"

Zarathustra: „Um den bösen Geist von Alexander endgültig los zu werden, sollten wir einen Blick darauf werfen, was aus dem unbesiegbaren Krieger wurde. Alexander will um jeden Preis Dareios und Persepolis vernichten. Unter großen Verlusten gelingt ihm schließlich die Einnahme von Persepolis. Nach der Kapitulation bleibt Persepolis für kurze Zeit noch unzerstört. Doch für Alexander gibt es hier zu viel Kultur und zu viel Erhabenheit. Als Rache für die Schändung der Akropolis hundertfünfzig Jahre zuvor, lässt er den großartigen Palast von Persepolis erst plündern und dann niederbrennen. Selbst Hitler hat die Stadt Paris unversehrt gelassen, nachdem sich die Franzosen widerstandslos ergeben hatten. Mit der Vernichtung von Persepolis hatte sich die Rachsucht des großen Kriegers anscheinend beruhigt. Jetzt blieb noch ein Wunsch offen: der Tod des Dareios.

Die Jagd nach Dareios wird zur persönlichen Herausforderung für Alexander: mit Reitern und Elitetruppen hetzt er auf den Fersen des Großkönigs durch das Land. Aber unterwegs erhält er Kunde von der Entmachtung des Perserkönigs. Bessos, der Satrap von Baktrien, ein Stammesfürst im südlichen Iran, habe den König gefangen genommen. Als die gefesselte Leiche des Dareios in einer verlassenen Wagenburg entdeckt wird, ist Alexanders Traum ausgeträumt. Dass er selbst diese Tat nicht vollbracht hatte, hinterlässt in ihm größte Unzufriedenheit. Der Königsmörder Besso entkommt und wird später unter dem Namen Artaxerxes IV. selbst zum König.

Alexanders Charakter änderte sich unter dem Einfluss der persischen Kultur. Er übernahm immer mehr persische Sitten und Gebräuche. Doch behielt er seinen Glauben an die Vielzahl der griechischen Götter bei und befahl deshalb seinem Heer, die persische Staatsreligion des Zoroastrismus, mit allen Tempeln und Einrichtungen, zu vernichten.

Wenn ein Diktator glaubt, ganz Herr der Lage zu sein, beschleichen ihn erst recht Zweifel an der Treue seiner Gefolgschaft. Auch bei Alexander war das so: In Phrada erfuhr Philotas, einer der Generäle Alexanders und Sohn des Generals Parmenion, dass eine Verschwörung im Gange sei. Die Stimmung in der Armee war schlecht, und viele Generäle teilten ihren Wunsch nach Rückkehr in die Heimat. Alexanders Antwort war stets die gleiche: wir sind hier, und hier ist unsere Heimat. Denn die ganze Welt gehörte Alexander. Philotas nahm die fragliche Verschwörung nicht ernst und unterließ es Alexander zu informieren, der jedoch von anderen unterrichtet wurde. Die Verschwörer wurden gefasst und hingerichtet. Aber Alexander zweifelte nun auch an der Treue von Philotas und klagte seinen langjährigen Heeresführer vor versammelter Armee an: Philotas wurde ebenfalls verurteilt und dann auf barbarische Art gesteinigt.

Wie immer dachte Alexander die weiteren Züge voraus: um der Gefahr eines Aufstandes durch Philotas Vater, Parmenion, der mit seiner Armee die Stadt Ekbatana belagert hielt, vorzugreifen, schickte er ein Mordkommando und ließ alle töten, die irgendwie im Verdacht standen, mit der Verschwörung zu tun gehabt zu haben. Mit Schauprozessen rechtfertigte er seine Bluttaten und beseitigte die makedonische Opposition.

Alexanders Hinwendung zur persischen Kultur war von solcher Intensität, dass sowohl die Makedonier als auch die Griechen um ihre eigene Kultur bangen mussten. Die Stadt Susa hatte in dieser Zeit eine so herausragende Hochkultur entwickelt, dass es zum Mittelpunkt der Weltpolitik, zum Zentrum für Kunst und Kultur und zum Treffpunkt von Geisteswissenschaftlern, Philosophen, Künstlern aus Ost und West wurde. Hier konzentrierte sich die Macht, der Reichtum und der Wohlstand. Fragen der Sicherheitspolitik und der Toleranz in Glaubensangelegenheiten, Bemühungen um die Bewahrung des Friedens in der Welt standen hier auf der Tagesordnung. Präislamische, sumerische und babylonische Kulturen und Wissenschaften, kurz das ganze Potential der alten Weisheiten der Menschheit waren in Susa beheimatet. Und all dies beeinflusste den Feldherren Alexander.

Sieben Jahre waren seit dem Aufbruch aus Makedonien vergangen, und Alexander war nun der Herr über das Reich der Perserkönige. Er befand sich in einer Phase der kulturellen und geistigen Umwandlung und verlangte auch von seinen Soldaten und Generälen die Gewohnheiten und Gebräuche der persischen Kulturnation zu übernehmen. Viele Makedonier und Griechen waren überrascht, wie sich Wesen, Kultur und Person Alexanders verändert hatten. Darauf entstand eine weitere Verschwörung. Selbst der Historiker, der Alexander bisher überschwenglich und schmeichelhaft beschrieben hatte, stand ihm nun skeptisch gegenüber. Als Alexander aber von der neuen Verschwörung erfuhr, wandelte er sich wieder zu einem wahrhaftigen Tyrannen und vernichtete jeden, der unter den geringsten Verdacht geriet."

Dazu Jesus: „Für alle Tyrannen ist das Töten des Andersdenkenden ein Mittel zur Machterhaltung. Die Römer zu Caesars Zeiten waren nicht besser. Sie ermordeten nicht nur die Oppositionellen und Andersdenkenden, sondern sie mordeten auch aus Lust am Töten.
Warum hat der Mensch keinen Respekt vor seinesgleichen? Warum begreift er nicht, dass ein Mörder an der Macht nur Unheil bringt? Wann wird der Mensch seine Intelligenz und seine geistige Energie für Frieden, Brüderlichkeit und Gleichheit einsetzen, und nicht für kriminelle Handlungen?
Hätte Alexander sich in eine friedfertige Persönlichkeit verwandeln können, wenn seine nächste Umgebung nicht vom Glauben an imperiale Macht geprägt gewesen wäre? Wollte Alexander die Kulturen vereinen und die Menschen zur Brüderlichkeit führen?"

Zarathustra: „Es mag sein, dass Alexander dazu bereit war, nachdem er gesehen hatte, dass andere Kulturen überlegen waren in Fragen des Friedens und der Koexistenz der Völker. Nizamie (1141–1209) schildert im *Alexanderbuch* die Entwicklung eines Fürsten zum idealen Herrscher, die in drei Stufen verläuft: vom Heeresführer zum Philosophen, und dann zum Propheten.
Auch mit dem *Zweigehörnten,* dem in der 18. Sure des Korans erwähnten Weltherrscher, war nach weitverbreiteter Exegese kein Anderer als Alexander der Große gemeint. So wurde ausgerechnet Alexander, der Persepolis zerstört und das iranische Reich der Achämeniden, das größte Weltreich der Antike, zum Einsturz gebracht hatte, bei den Persern zur Verkörperung jenes Ideals

eines Staatenlenkers, das Farabi und andere islamische Philosophen in Anlehnung an Platos *Politica* entworfen hatten. Angeregt durch das persische Nationalepos *Schahname (Das Königsbuch)* von Ferdosi, studierte Nizamie alle ihm zur Verfügung stehenden Quellen, um dann Alexander im umfangreichen ersten *Buch des Adels (Scharafname)* als politisch-militärischen Führer darzustellen."

Moses meint dazu: „Was wäre geschehen, wenn Alexander sich tatsächlich zur Religion des neuen Reiches bekannt hätte? Den Berichten nach scheint es, dass die Perser und Alexander angefangen hätten, sich zu lieben. Wenn es so gewesen wäre, dann wäre nun mehr als die Hälfte der Menschheit Anhänger Deiner Religion des Zoroastrismus."

Zarathustra: „Wir sind nicht zusammen gekommen, um über das *was wäre wenn* zu spekulieren. Unser Ziel ist es, mit Erinnerungen an Geschichte und Geschehnisse, die Menschen zur Besinnung und Solidarität zueinander zu motivieren."

Abraham ergreift das Wort: „Du hast lange von Kriegen und von Weltreichen in der Antike berichtet, und von Deiner Enttäuschung über Alexander. Wie endet denn nun der Alptraum Alexander? Was kann die Menschheit daraus lernen? Wie kann der Mensch das Gute vom Schlechten unterscheiden?"

Zarathustra: „In seinem siebenjährigen Kriegszug hat Alexander den Tod von siebzehntausend seiner eigenen Soldaten zu verantworten. Die Zahl der Menschen, die auf der Seite der unterlegenen Gegner und in den eroberten Regionen umgekommen sind, ist mit Sicherheit um ein Vielfaches höher. Trotzdem zog Alexander im Frühjahr des Jahres 326 vor Christus nach Indien. Und auch dort wurde er freundlich empfangen. Alexanders Ziel war es, Asien bis an den Indischen Ozean zu erobern, und erst dann heimzukehren. Die Makedonier jedoch hatten genug von der feuchten Hitze, der schlechten Versorgung und der Aussichtslosigkeit ihrer Lage. Die Soldaten resignierten und wollten in Frieden nach Hause heimkehren. Alle Bemühungen Alexanders, seine Truppe zu motivieren, halfen nicht. Und so verblieb ihm nur eine einzige Chance, um die Soldaten zur Pflicht zu bewegen. Wie ein trotziges Kind verkündete er: Gut, seine Armee wolle heimkehren, aber er ziehe auch alleine weiter. Es würden sich welche finden, die ihn begleiten wollten. Diejenigen aber, die heimkehrten, sollten nicht vergessen, zu Hause zu berichten, dass sie ihren Feldherren und König in der Fremde in Gefahr und Bedrängnis alleine gelassen hätten. Doch die psychologischen Tricks halfen diesmal nicht. Die Armee war entschlossen, nach Hause zu marschieren. Alexander gab nach, und die Götter, die befragt wurden, stimmten der Entscheidung zu. Allerdings rieten sie dringend von der Überquerung des Flusses Panschab ab. Die Verluste bei der Überquerung des Flusses Akesines waren schon sehr groß gewesen, und auch die Soldaten wollten dies nicht mehr in Kauf nehmen.

Alexander gab nicht nach. Er befahl zwar den Rückmarsch und sagte, wenn Zeus dies wolle, dann müsse sein Sohn gehorchen. Aber er bestand auf der Überquerung des Flusses. Das Heer Alexanders umfasste einhundertzwanzigtausend Soldaten mit der entsprechenden Aus-rüstung, die auf Schiffe und Flöße verladen wurden. Und die Überfahrt geriet, wie vorhergesagt, zum Desaster: nicht nur die Boote der Soldaten, auch Alexanders Königsboot kenterten, so dass Alexander ans Ufer schwimmen musste, um sich zu retten. Vor den Toren der Stadt Multan wurden die schiffbrüchigen Makedonier dann von dem gut ausgerüsteten Heer von Maller erwartet. Durch eine unerwartete Offensive der Makedonier wurde das feindliche Heer allerdings in die eigene Stadt zurückgedrängt. Die Makedonier, allen voran Alexander selbst, versuchten die Mauern der Stadt zu erstürmen. Dabei verletzte sich Alexander und musste von seinen Leibwächtern in Sicherheit gebracht werden. Schließlich wurde die Stadt von den Makedoniern erobert, die sich dann rächten, indem sie ein schreckliches Blutbad unter den Bewohnern der Stadt anrichteten. Auch Frauen und Kinder wurden abgeschlachtet."

Dazu Abraham: „Dieser Massenmord an unschuldigen und tapferen Menschen in Indien ist wieder ein Beispiel für die Sinnlosigkeit der Rache und Machtsucht."

Zarathustra: „Diese blutigen Taten kündigen das Ende von Alexanders Herrschaft an. Alexander erkrankt. Hohes Fieber hatte ihn so geschwächt, dass er bereits im Sterben zu liegen schien. Doch nach einigen Tagen erholte er sich so weit, dass er liegend, auf einem Schiff, in Richtung Heimat transportiert werden kann. Um zu beweisen, dass er noch lebt, hebt er beim Vorbeifahren an seiner Armee den Arm, und die Armee zeigt mit einem Jubelausbruch ihre Freude und ihren Respekt.

Als die Boote das Indusdelta bei Patta erreichten, sitzt die ganze Flotte auf einer Sandbank auf. Die Einheimischen, die über Ebbe und Flut Bescheid wissen, hatten die Eindringlinge gewarnt. Alexanders Armee gibt die Boote auf und muss nun den Landweg durch die Wüste nehmen. Die Armee verirrt sich in der Wüste. Und nach einem Todesmarsch von fünfhundert Kilometern scheint die stolze Armee am Ende ihrer Kräfte angelangt zu sein. Hier beweist Alexander zum letzten Mal seine Führungsqualitäten als Feldherr: er führt die angeschlagene Truppe durch die Wüste bis ans Meer. Aber mehr als fünfundvierzigtausend Männer, also mehr als ein Drittel der Streitkräfte, überleben die Wüste nicht."

Dazu Mohammed: „Hochmut macht blind, und der Blinde sieht nicht, was er angerichtet hat. Wie Xerxes, der mit der Peitsche das Meer zu domptieren versuchte, hat auch Alexander die Gegebenheiten der Natur stets ignoriert, ob es sich nun um Ebbe und Flut, um Hitze und Wüste oder um Gebirge handelte. Oder wollte Alexander die heimkehrwillige Armee bestrafen? Strafexpeditionen dieser Art sind in der Geschichte der so genannten Feldherrren keine Seltenheit!"

Zarathustra: „Wir wollen nun den Untergang Alexanders vollenden.

Bei der Rückkehr nach Susa erfuhr Alexander, dass das blühende Reich der Perser von Makedoniern und Griechen herunter gewirtschaftet, und dass das Volk erbarmungslos und grausam behandelt worden war. Alexander unternahm eine Kampagne gegen die Korruption und kriminellen Machenschaften seiner Landsleute. Alle zivilien Führungspositionen wurden mit Heeresführern besetzt. Gleichzeitig wollte er sein Werk der Vereinigung der beiden Völker vollenden. Da er keinen Sohn hatte, ernannte er seinen Jugendfreund Hephaistion zu seinem Stellvertreter. Und er veranstaltete eine Massenhochzeit, um die beiden Völker zu verschmelzen. Dabei heiratete er die Töchter von Dareios und Artaxerxes

III., und mehr als achtzig makedonische Generäle nahmen Töchter der Adelsfamilien des Perserreiches zu Ehefrauen. Damit glaubte Alexander im Reich der Achaimeniden wieder Ordnung hergestellt zu haben.

Als sein Stellvertreter und engster Freund starb, zog Alexander nach Babylon, wovor ihn allerdings die Wahrsager gewarnt hatten: am 29. Mai 323 erkrankt Alexander an einem fieberhaften Infekt mit Schüttelfrost. Am 10. Juni verschlechtert sich der allgemeine Zustand, und am Abend stirbt Alexander im Alter von 33 Jahren an Malaria mit Lungenentzündung. Gerüchte, dass er vergiftet worden sei, werden von seiner Mutter Olympia verbreitet; diese Gerüchte haben sich aber als falsch erwiesen. Der Leichnam Alexanders wird, trotz seines Wunsches in Siwah beerdigt zu werden, nach Alexandria überführt. Im Jahr 89 vor Christus schmolz Ptolemäos XI., um sich aus einer finanzieller Notlage zu befreien, den Goldsarg ein, und bewahrte die Mumie in einem gläsernen Sarkophag auf. Caesar und viele andere Krieger und Herrscher besuchten Alexanders Grabmahl. Aber keiner kam auf die Idee, darüber nachzudenken, wie er wohl selbst enden werde. Vor allem Caesar und seine Tyrannengefolgschaft hätten das tun sollen.

Gegen Ende des 3. Jahrhunderts nach Christus erhoben sich die Völker gegen die Gewaltherrschaft der Römer. Schwerpunkt der Auseinandersetzungen war Alexandria. Dabei wurden viele historische Gebäude vernichtet, unter ihnen auch das Grabmahl Alexanders, das bis heute verschollen ist."

Dazu Buddha: „Alexander und seine Nachahmer brachten durch unzählige sinnlose Kriege, die sie gegeneinander führten, viel Unheil und Elend über die Völker, die unter den Achaimeniden friedlich gelebt hatten. Die makedonische Dynastie der Argeaden dagegen, die durch Alexander zwar die halbe Welt beherrscht hat, ist im Verlauf von nur einer Generation ausgestorben. Dreizehn Jahre lang hat Alexander regiert. Und über das, was er getan hat, diskutieren die Gelehrten heute noch: Hat Alexander seine Herkunft vergessen? Wurde er, vom Übermut ergriffen, vom Fürsten zum machtsüchtigen Despoten? Warum ist er erst zum Schluss seiner Karriere auf die Idee gekommen, eine gleichberechtigte Völkergemeinschaft zu schaffen? War er ein Phantast oder war er ein

Visionär? War es der Psychopath in ihm, der immer dann durchbrach, wenn er mordete oder morden ließ? Oder war er vielleich nur ein machtbewusster Zyniker, wenn er von aufgeklärten Griechen verlangte, ihn als Gott zu verehren? War Kyros, dessen Grabmahl er wieder instand setzen ließ, Alexanders Vorbild? Musste er in Indien umkehren, weil er eingesehen hatte, dass seine Schandtaten barbarisches Unrecht waren?

Alle diese Fragen können nie endgültig beantwortet werden. Brachte Alexander Kultur nach Asien, wie es von vielen Historikern behauptet wird, oder war er selbst überrascht, dass er sich in Asien an so viel Kultur bereichern konnte? Alexander brachte Homer, Sophokles und Euripides, aber er zerstörte Zarathustras Philosophie. Obwohl Plutarch und Arrian in ihren Büchern versuchten, Alexander zu rehabilitieren, bleibt er für alle Historiker ein Objekt des Streites.

Die eigentliche Frage ist, was Alexander letzten Endes erreicht hat. Ist das Ergebnis die Menschenopfer wert gewesen? Wenn man an all die Opfer denkt, an die gefallenen Soldaten seines Heeres, an die getöteten Soldaten der feindlichen Heere und an die zivilen Opfer, die Männer, Frauen und Kinder, die bei vielen Strafexpeditionen hingerichtet wurden, dann ist Alexander mit Sicherheit kein Befreier, sondern ein Tyrann gewesen. Alexander hat der Geschichte nur ein weiteres blutiges Kapitel hinzugefügt."

Dem fügt Mohammed hinzu: „Alexander war ursprünglich vom griechischen Hellenismus geprägt. Bei seinen Eroberungen in Asien hat er einiges dazu gelernt, weshalb er sich für die unantastbare Würde des Menschen und die Freiheit des Einzelnen einsetzte. Dass er sich über den hellenistischen Humanismus hinaus für die Grundrechte in vielen Ebenen im Staatswesen aller Völker stark interessierte, macht ihn jedoch, trotz all seiner *großen Taten*, zu keinem Wegbereiter humanistischer Gesellschaftsformen. Seine Nachfolger haben es bewiesen.

Nizamie schildert ihn so: *Wie Alexander siegreich vom Kriege mit den Mohren zurückkehrt: Reich, Schenke den Wein, der berauscht den Verstand! Auch gib mir das Zubrot mit zierlicher Hand! Von jenem Wein, der das Herz mir entzückt, der mich in der Hölle dem Feuer entrückt!*

Nizami möge mir vergeben, aber einem Alexander sollte man nicht huldigen."

Zarathustra: „Nun, Mohammed hat zu Recht Alexander wegen seiner Grausamkeiten und Kriege verurteilt. Aber spricht er von seinen eigenen Untaten auf dem Wege zur islamischen Weltmacht? Was kann er uns heute und hier darüber berichten? Wer hat nun die Pfeiler für diese Weltordnung der Ersten, Zweiten, Dritten und Vierten Welt errichtet? Waren es die Römer unter Caesar und Nero?

Wenn alle großen Könige und Feldherren, von Kyros über Xerxes zu Dareios I. und Dareios III. bis hin zu Alexander immer die Vereinigung der Völker beabsichtigt haben, dann muss die Frage erlaubt sein, wer eine Weltordnung der verschiedenen Klassen und Welten geschaffen hat: Waren es also die Römer unter Caesar, die, als sie sich nach der Eroberung des Nahen Ostens als Herrenrasse über den Rest der Menschen stellten, eine Unterteilung der Welt in Erste, Zweite und Dritte einleiteten? Wenn Caesar die Strukturen in Handel, Kultur und Politik aus vergangenen Epochen, von Kyros über Dareios bis Alexander übernahm, warum konzentrierte er sich dann, wenn es um wirkliche Reformen und Erneuerungen ging, nur auf Europa? Hat also Caesar die Entstehung von unterschiedlichen Welten mit enormen sozialpolitischen Unterschieden beabsichtigt, ja sogar geplant?"

Dazu Buddha: „Das, was heute in der Weltordnung herrscht, ist zum großen Teil Hinterlassenschaft der Römer und der heutigen christlichen Welt. Auf dem Boden des eroberten und doch hoch entwickelten antiken Persien nahm die römisch-griechische Kultur ihren Ursprung. Alexander war durch seine schulische Bildung neuen Kulturen gegenüber positiv eingestellt und er versuchte Einfluss auf den ganzen Osten zu nehmen. Es scheint, dass der Schüler Aristoteles`, nachdem er von der Reife der Kultur und der politischen Gesellschaftsordnung im persischen Reich überrascht worden war, sich neugierig suchend nach Zentralasien und bis nach Indien, China, Japan und Korea vorwärts bewegen wollte, um mehr zu erfahren. In Indien begann er, sich stark für die Lehre und die Gedanken des buddhistischen Glaubens zu interessieren. Der Überfall Alexanders auf Indien war kein Streifzug ohne Folgen. Die epochalen Umwälzungen, die im gesamten Orient im

Gange waren, wurden sowohl von Alexanders hellenischer Herrschaft als auch von indischem Gedankengut spürbar mitgetragen. Trotz Alexanders militärischer Misserfolge auf dem indischen Kontinent haben griechische Abenteurer, seine Nachfolger, in Nordindien und in Baktrien Königreiche gegründet, die hellenistisch geprägt waren und die bis zur christlichen Zeitrechnung existierten, ehe sie zugrunde gingen.

Die Auswirkungen des Alexanderzuges blieben aber nicht nur auf Indien begrenzt, sondern sie waren auch bis nach China, Japan und Indochina spürbar. Hinweise auf die kulturellen Einflüsse der hellenischen Welt, die nunmehr auch vom Perserreich beeinflusst worden war, wurden in Ausgrabungen verschiedener Expeditionen gefunden. Le Coq und Grünwedel haben schon im zweiten Jahrhundert nach Christus in Turkestan in Zentralasien, graecobuddhistische Kunstgegenstände entdeckt, die auf Spuren hellenistischer Kultur hinwiesen.

Le Coq berichtete: *Die von der preußischen Turfan-Expedition im chinesischen Turkistan ausgegrabene, durchaus der religiösen Kunst angehörige Plastik ist buddhistisch und da sie auf der ausgehenden Spätantike beruht, können wir sie – analog V. Sybels Bezeichnung der frühchristlichen Kunst als „christliche Antike" – als die buddhistische Antike Asiens bezeichnen; denn sie bildet eines der Elemente, und zwar das wichtigste, aus denen sich die religiöse Kunst des indischen und des chinesischen Kulturkreises entwickelt hat. Der Vorgang ist analog jener Entwicklung, die im Westen die Kunst der europäischen Völker aus der verfallenden Antike entstehen ließ. Ganz analog den Vorgängen in Westeuropa, wo um dieselbe Zeit unter Umdeutung der antiken Formen die christliche Antike entstand, um später eine Grundlage für die Kunst der westlichen Völker zu werden, entstand hier aus denselben Elementen die buddhistische Antike, die die Grundlage werden sollte für die religiöse Kunst aller buddhistischen Völker Asiens, einschließlich Chinas und Japans.*

Alexanders Feldzüge lösten schließlich noch ein Ereignis aus: die Völkerwanderungen von Osten nach Westen. Erschreckt von der übermächtigen Militärmacht Alexanders setzten sich die Halbnomaden in Bewegung, um den Einflussgebieten der Griechen möglichst weiträumig zu entfliehen. Eine Völkerwanderung wurde ausgelöst. Und die beängstigende Bedrohung von Hsinugnu für das alte Kulturland China zwang Kaiser Shi Huangdi, am Ende des dritten Jahrhunderts vor Christi den Bau der Großen Mauer zu beginnen."

Zarathustra: „Kriege, Mauern und Militärs, die hat es seit Menschengedenken immer wieder gegeben. Noch heute steht die Chinesische Mauer. Menschen aller Völker spazieren heute mit Respekt darüber, mit dem Gedanken, die Barrieren unter den Menschen überwinden zu wollen. Die Mauern der Geschichte sind durchlässiger geworden. Und trotzdem gibt es zwischen der Dritten Welt und den Industrienationen eine noch gewaltigere und fast unüberwindbare Mauer zum Schutz des Kapitalismus gegen die ärmeren Völker der Erde. Die Mauer zwischen den Deutschen Staaten ist gefallen. Die Mauer in Korea steht noch. Doch zwischen Mexiko und den USA wurde eine Mauer errichtet, die mit modernsten elektronischen Sicherheitsvorrichtungen versehen ist, um hungrige Flüchtlinge abzuschrecken.

Heute wie damals schützen sich die Völker voreinander. Noch schlimmer ist aber, dass zum Beispiel in Deutschland die äußere Mauer einer inneren Mauer der Entfremdung gewichen ist. Manche Menschen im Osten wünschen sich sogar, dass die Mauer wieder errichtet werde, um sie vor der Arroganz ihrer Landsleute aus dem Westen zu schützen.

Zu keiner Zeit der Menschheitsgeschichte waren die Chancen so groß wie heute, alle diese Mauern, sozialpolitischer, wirtschaftlicher und vor allem zwischenmenschlicher Natur, zu beseitigen. Und trotzdem glaube ich, dass es so bleiben wird, wie es immer war: eine Kluft wird bleiben zwischen arm und reich, fortschrittlich und rückständig, stark und schwach, modern und primitiv, aktiv und passiv, überheblich und bodenständig, übersättigt und unterernährt, gesund und krank, lebendig und tod, euphorisch und lebenslustig, depressiv und lebensmüde."

Mohammed ergreift das Wort: „Völkerwanderung, das ist ein mühsamer und leidvoller Exodus, der vielen Menschen das Leben kostet. Und trotzdem machen sich die Menschen auf den Weg, denn sie haben nichts zu verlieren, außer ihrem Leben! Auch die Völkerwanderungen unserer Zeit, von Asien nach Europa, von Europa nach Amerika, sind Bewegungen, die es nicht geben müsste, wenn die Völker sich untereinander solidarisch fühlen würden. Die Weltordnung, wie wir sie heute kennen, nahm nicht mit Kyros oder Alexander ihren Anfang, vielmehr hat die Welt sich nach dem römischen Reich so verändert, dass ein reicher Westen und ein armer Osten, eine Erste und eine so genannte Dritte Welt entstanden. Unter der Herrschaft der Römer wurden die Menschen klassifiziert, und eine Doktrin der Herrenrasse setzte sich durch.

Das Abendland ist im 21. Jahrhundert dabei, sich mit dem Begriff *Weltkulturen,* auf seine kulturelle Herkunft zu besinnen. Dabei bleibt der Orient die Wiege aller Kulturen. Jene uralten Gesellschaftssysteme, diese Daseinsgemeinschaften, die sich im Osten mit dem Westen arrangierten; jene das große Asien und das heutige Europa umfassende eurasische *Oikoumene*, in der, seit Jahrtausenden, in Kriegs- wie in Friedenszeiten, Güter, Kunst und kreative Ideen, entstanden, die uns zum Glück noch erhalten sind; in Spuren, die Hinweise dafür sind, dass diese Erbschaft eine Verpflichtung ist für die Solidarität zwischen den Völkern im Osten und im Westen, im Norden und Süden, ohne diskriminierende Unterteilung in eine Erste, Zweite oder Dritte Welt."

Dazu Moses: „Je klüger und fortschrittlicher der Mensch wurde, desto gefährlicher wurden seine Taten. Je genialer seine Ideen, desto brutaler seine Phantasien. *Jedoch der schrecklichste der Schrecken, das ist der Mensch in seinem Wahn! (Friedrich Schiller)*

Damals konnte ich mir noch nicht vorstellen, dass mein Volk so oft und so grausam erfahren werde müssen, was irdisches Leid bedeutet. Keineswegs wollte ich einen Gott propagieren, der, einem Strafrichter gleich, auf die Verfehlungen der Menschen lauert, um sie dann hart zu bestrafen.

Weder der Islam noch das Christentum noch das Judentum sind Glaubensformen, die einer lebensfeindlichen Philosophie der Verbote und der asketischen Lebensweise huldigen. Dass unsere *Frohe Botschaft* nicht verstanden und von Funktionären unserer Kirchen falsch interpretiert und verbreitet wurde, ist der Grund für die skeptische Haltung von vielen Gläubigen gegenüber unseren drei Gotteshäusern.

Gott ist für viele Menschen ein Rettungsring, der einem Ertrinkenden zugeworfen wird. Jeder, der in Not ist und an den Geist Gottes glaubt, sagt spontan: *Gott hilf mir!* Und Gott hilft, wenn in uns noch ein Rest Hoffnung verblieben ist. Mein Volk *Israel* musste viel durchleben und durchleiden. Kein anderes Volk hat für seinen Glauben Millionen an Menschenleben geopfert, nur weil es den wahnsinnigen Herrenmenschen als wertloses, unterpriviligiertes Volk galt."

Dazu Abraham: „Die Menschheitsgeschichte hat einige Männer gesehen, die vom Wahn der Macht besessen waren. Sie haben mächtige Reiche errichtet und sie sind mit diesen wieder untergegangen. Ganze Völker wurden überfallen, gedemütigt und ermordet, aber diese Völker widersetzten sich der Vernichtung mit der Kraft ihres Glaubens und ihrem Willen zum Widerstand. Alexander, Dschingis Khan, Napoleon, Hitler und all die anderen großen und kleinen Diktatoren führten Eroberungskriege gegen ihre Nachbarn und vernichteten dabei Kulturen, Menschen, Völker, Städte und Staaten. Jeder wusste vom Ehrgeiz und vom tragischen Schicksal seiner Vorgänger. Und jeder nahm sich die anderen zum Vorbild und wollte, im Wahn der Macht, die anderen übertreffen. Und ein jeder von ihnen scheiterte an Verblendung und Selbst-überschätzung."

Moses: „Einer dieser Kriegsherren war mehr als nur ein vom Wahn der Macht besessener Kriegsführer. Er war das Werkzeug des Teufels: mit unberechenbarer krimineller Energie plante er den Genozid an meinem Volk.

Die Voraussetzung für den Holocaust war, dass die Menschen von Vorurteilen und Hass, von Antisemitismus und Rassismus besessen waren, dass sie den Glauben an Gott verloren hatten. Fasziniert von den Wahnsinnsideen der Nationalsozialisten erschufen die Deutschen eines der verbrecherischsten und bösartigsten Regime der Menschheitsgeschichte, das mit mörderischer Entschlossenheit faschistische und rassistische Ideen in die Tat umsetzte."

Buddha ergreift das Wort: „Die Menschen sind von ihrer Herkunft aus alle gleich. Im Guten wie im Bösen. Sie können zu Werkzeugen der Vernichtung ihrer Mitmenschen instrumentalisiert werden. Aber sie können auch Gutes, ja sie können sogar Wunder vollbringen.

Der Mensch ist der beste Nachahmer, wenn es um ein heroisches Werk geht. Dabei ist zu wünschen dass die Moral nicht auf der Strecke bleibt."

Zarathustra ergreift das Wort und zitiert Schiller: *„Der Mensch wurde aus einem unschuldigen Geschöpf ein schuldiges, aus einem vollkommenen Zögling der Natur ein unvollkommenes moralisches Wesen, aus einem glücklichen Instrument ein unglücklicher Künstler.*

Ein menschliches Wesen namen Adolf Hitler erläuterte am 24.2.1938 vor *alten Kämpfern* in München sein Programm: *Völker Europas, Euer Erbfeind ist das Volk der Juden. Das Deutsche Volk hat es gewagt, ihm die Stirne zu bieten.(...) Die Erkenntnis muss, wird sich Bahn brechen, dass die Völker Frieden und Freiheit haben werden, wenn sie sich die Hände reichen zum Niederringen der Macht jenes Volkes, von dem schon Christus gesagt hat, sein Vater sei der Teufel.(...) Wir können daraus die Lehre ziehen: gegen diese jüdische Brut in Deutschland unbarmherzig vorzugehen.(...) Ich will dich vernichten. Und jetzt, Klugheit hilf mir, dich so in die Ecke hinein zu manövrieren, dass du zu keinem Stoß kommst und dann kriegst du deinen Stoß ins Herz hinein.*

Leider lernen die Menschen aus ihrer eigenen Geschichte gar nichts. Die Geschichte von der Antike bis in unsere Zeit könnte als Lehrbuch zur Orientierung und zur Vermittlung der Wahrheit dienen, wenn sie wahrheitsgemäß übertragen und unmanipuliert vermittelt werden würde. Aber das ist nicht so. Denn sonst könnte ein vom Geist des menschlichen Anstandes verlassenes und in der Morphologie der Gedanken gespaltenes schizoides und in der Umsetzung ideologisierter und krimineller Handlungsweise verbrecherisches Wesen wie Adolf Hitler kein Volk irreführen und beherrschen, das in Kunst, Technik und Wissenschaften Geniales hervorgebracht hat! Denn sonst könnte sich ein Volk der Dichter und Philosophen nicht so gedanken- und widerstandslos in eine Katastrophe wie das Dritte Reich manövrieren lassen! Denn sonst könnte Hitler im populistisch geprägten Österreich am Beginn des Jahres 2000 von Jörg Haider nicht als Inspirationsquelle eines politischen Programms für ein moderneres Österreich zitiert werden!"

Dazu Mohammed: „Haider und Hitler haben vieles gemeinsam – beide sind Österreicher; beide sind Populisten; beide sind gerissen, machtsüchtig, opportunistisch, pseudorethorisch und großmäulig. Beide sind Faschisten. Die Angst der Demokraten vor Haider ist berechtigt.

Irgendwann muss man auch mal aus der Vergangenheit ausbrechen können. Die ewige Beschäftigung mit dem Gestern ist den Deutschen eigen. Die Österreicher haben eine andere Mentalität. Wir haben keine Kollektivschuld zu tragen. Die lehne ich ab. Das sind keine Entgleisungen. Es sind vielmehr die ideologisierten Gedanken eines Faschisten.

Die Österreicher haben nie versucht, ihre Vergangenheit zu verarbeiten, geschweige denn zu bewältigen. Kurt Waldheim, der es bis zum Bundespräsidenten gebracht hat, und Haider sind nur Beispiele für die Existenz faschistischer und ideologischer Träume in solchen Regionen Europas. Die Deutschen haben sich von Anfang an bemüht, zum Glück, sich dieser Vergangenheitsaufarbeitung zu stellen und sind dabei, ihre demokratische Staatsordnung ein für allemal zu festigen. Hoffentlich gelingt es ihnen diesmal.

Bitte verharmlost Haider, diesen kleinen Teufel, nicht! Lieber eine Demokratie mit Macken und Skandalen als ein perfekt funktionierenden Faschismus. Haider, eine Reinkarnation Hitlers? Die Reaktionen der EU und Israels sind nicht nur verständlich, sondern ein demokratisch legitimes Mittel zur Bekämpfung einer Seuche, die schon einmal aus dem gleichen Nest gekrochen ist, um die Welt in Schutt und Asche zu legen. Die Völkergemeinschaft muss aus der Geschichte vom Aufstieg des Dritten Reiches lernen, um das nationalsozialistischen Gedankengut, das heute in Österreich wieder in politisches Handeln umgesetzt werden soll, schon im Ansatz zu verhindern.

Die ständige Beschäftigung mit dem Gestern und das ewige sich-im-Kreis-drehen ist den Deutschen durchaus eigen. Der Österreicher hat eine andere Mentalität (J. Haider)."

Dazu Moses: „Wenn die Deutschen sich im Kreis der Demokratie drehen, dann ist das richtig und gut. Und die Zukunft wird uns zeigen, dass sie damit gut beraten sind. Dann könnte diese *Mentalität* der Völkergemeinschaft ein Beispiel vorgeben. Und die großen Männer und Frauen Deutschlands der Vergangenheit und der Gegenwart, wie Schiller, Nietzsche, Beethoven, Rosa Luxemburg, Karl Liebknecht, Brecht, Böll, Grass oder Heinemann, und vor allem der Friedensstifter Willy Brandt, könnten sich bestätigt fühlen.

Die Menschen brauchen Vorbilder, die mit ihrer Lebensphilosophie und ihrem Gedankengut das Fundament für Ethik und Moral
der Gesellschaft schaffen. Die Menschen sollten sich tatkräftig am
politischen Geschehen beteiligen, notfalls auch mit Protest und
Ablehnung, wenn Einschränkungen der Freiheit drohen. Ein
wacher Blick auf die politische Lage und Zivilcourage im Alltag
sind Tugenden, die eine demokratische Gesellschaftsordnung fördern und erhalten. Die Menschen müssen beweisen, dass sie aus
der Vergangenheit gelernt haben."

Buddha meint dazu: „Wenn wir unsere Gesellschaft als eine
Wohngemeinschaft betrachten, dann sind wir auf allen Ebenen
und an allen Aufgaben in gleichberechtigter Weise beteiligt und
verpflichtet. Das Daseinsrecht und das Recht auf humane Gesellschaftsordnung sind kollektive Rechte. Um diese Gesellschaftsordnung zu erhalten, müssen wir gemeinsam denken und handeln. Kollektiv schuldig machen wir uns, wenn wir Unrecht
geschehen lassen und zusehen wie Mitmenschen terrorisiert oder
gar getötet werden, nur weil sie zu einer Minderheit gehören, oder
weil sie anders denken, oder anders aussehen oder einen anderen
Glauben haben. Eine zivilisierte Gesellschaft gleicht einem Bio-
top: entweder wir leben, arbeiten und handeln miteinander und
füreinander, oder wir gehen zu Grunde, wenn wir in unserer Bios-
phäre parasitäre oder symbiotische Eigenschaften zulassen."

Dazu Mohammed: „Im ägyptischen Pharaonenreich, im römischen Imperium und im Dritten Reich waren die Täter die Mörder.
Aber auch die, die bei diesen Taten zugesehen haben, sind Mittäter, die sich moralisch mitschuldig gemacht haben. Alle diese
totalitären Systeme sind menschenunwürdig, und wenn sie auch
manchmal langlebig erscheinen, sind sie doch von Anfang an zum
Untergang verurteilt. Wer Unrechtes tut, muss wissen, dass der
einzige Sieger die Wahrheit ist, und nicht die Tyrannei.
Was aber taten die Intellektuellen und Mediziner? Die Rolle der
Ärzte und *intellektuellen Nationalsozialisten* im Dritten Reich
stellt ein hässliches Kapitel in der Geschichte der Medizin im speziellen und der Wissenschaften im allgemeinen dar.
Ärzte wurden oft zu Tätern, für die auch der hypokratische Eid
keine Bedeutung mehr hatte. Die Begeisterung für die Ideen des

Nationalsozialismus hatte wohl ihren Grund darin, dass viele Mediziner in dieser Ideologie eine Bestätigung ihrer eigenen *eugenisch-rassehygienischen* Überzeugungen fanden. So beruhte das 1934 verabschiedete *Gesetz zur Verhütung erbkranken Nachwuchses* auf Sozialdarwinismus und *Rassenlehre,* die im 19. Jahrhundert der *mainstream an den Universitäten gewesen sind,* so die Bremer Historikerin Marsolek."

Abrahm mischt sich ein: „Die *Rassenhygieniker* hatten es mit ihrem Programm *Endlösung der Judenfrage* wohl ernst gemeint. Dem Programm fielen viele wehrlose Kinder jüdischer Herkunft zum Opfer. Seit der Vertreibung aus ihrer angestammten Heimat Palästina im 2. Jahrhundert nach Christus sind die Juden, immer wieder und überall auf der Welt, Opfer organisierter Schikanen und Unterdrückungen gewesen. Sowohl während der Zeit der Kreuzzüge als auch im Russland des 18. und 19. Jahrhunderts waren sie Feindseeligkeiten ausgesetzt.

Eine in der Menschheitsgeschichte bisher unbekannte Dimension von Hass und Gewalt wurde allerdings im nationalsozialistischen Deutschland erreicht, wo sechs Millionen Menschen jüdischer Abstammung ermordet wurden. Darunter waren auch eine Million Kinder.

Hunderttausend Leichen sind eine statistische Größe, doch der Tod eines einzigen Menschen ist und bleibt ein stechender menschlicher Schmerz, so lautet ein altes französischen Sprichwort.

Über eine Million jüdischer Kinder wurden auf grausamste Weise ermordet und wir sind nicht einmal imstande, diese Tragödie richtig wahrzunehmen. Die Gesichter dieser gequälten und leidenden Kinder sind ein Mahnmal für die Menschheit bis in alle Ewigkeit. Wankend gingen sie in die Gaskammern, resigniert, erschöpft und verängstigt, abgemagert bis auf die Knochen. Kinder in Greisenhaut. Keiner hat dieses Leid und Verbrechen an der Menschlichkeit so herzlich beschrieben wie Nelly Sachs:

Immer
dort wo Kinder sterben
werden die leisesten Dinge heimatlos.
Der Schmerzensmantel der Abendröte
darin die dunkle Seele der Amsel

die Nacht heranklagt –
kleine Winde über zitternde Gräser dahinwehend
die Trümmer des Lichtes verlöschend
und Sterbend säend –
(...)
Immer
dort wo Kinder sterben
werden Stein und Stern
und so viele Träume
heimatlos.

Im Reich der *Rassenhygiene* kam es zu Zwangssterilisationen ganzer Familien. Mindestens vierhunderttausend Menschen sind Opfer von Zwangssterilisation geworden. Rund fünftausend von ihnen, überwiegend Frauen, überlebten den Eingriff nicht. Die Ermordung geistig und körperlich behinderter Menschen und *charakterlich abartiger* Kinder, ist von Ärzten, die von der nationalsozialistischen Ideologie fasziniert waren, planmäßig durchgeführt worden.“

Zarathustra: „Die Deutschen haben aus der Niederlage im Zweiten Weltkrieg etwas gelernt, was sie mit dem Aufbau eines funktionierenden demokratischen Systems bewiesen haben: das Grundgesetz wurde geschaffen; schrittweise wurde ein Wandel in allen Bereichen der Gesellschaft vollzogen; der Antisemitismus wurde mit unterschiedlichen politisch-kulturellen und pädagogischen Maßnahmen bekämpft. Doch vor allem der tiefsitzende und oft versteckte Antisemitismus müsste noch ausdauernder bekämpft werden, wie neue Übergriffe zeigen: Jüdische Friedhöfe werden geschändet; Ausländerheime und türkische Wohnungen werden in Brand gesetzt. Da sind Ereignisse, die das Bild von Deutschland weltweit erschüttern!“

Dazu Moses: „Ignatz Bubis, der ehemalige Präsident des Zentralrates der Juden in Deutschland, hatte sich zu Recht besorgt über die neue Gleichgültigkeit geäußert. Außerdem beklagte er sich über die Ausgrenzung der Juden in Deutschland.
Thomas Mann hat am Abend seines Lebens gesagt: *Es ist der bitterste aller Sätze: dass man in Deutschland nicht begraben sein möchte.* Und Ignatz Bubis hat dies für sich abgewandelt: *Ich will nicht, dass mein Grab in die Luft gesprengt wird – wie das von*

Heinz Galinski. Leider ist die Gefahr, dass die Würde der Toten verletzt wird, hier immer noch groß.

Mohammed hat in seinen Ausführungen die Angst von Christen vor dem Islam und ihre Vorurteile gegenüber den Orientalen sehr gut und ausgiebig geschildert. Dem möchte ich hinzufügen: in dieser Hinsicht sind auch die Deutschen, mit ihrem Hang zur Perfektion, sehr gute Christen. Denn auch sie haben ihre Probleme mit Nichtdeutschen und Andersgläubigen. Bubis hat stets betont, dass er ein deutscher Staatsbürger jüdischen Glaubens ist, womit er die Ausgrenzung – hier Jude, dort Deutscher – entgegen treten wollte. Doch eine Mehrheit, auch auf politischer Ebene, hat noch nicht verstanden, worum es Bubis ging.

Juden und andere *Nicht-Deutsche* werden immer noch als Außenseiter behandelt: ein Intellektueller oder ein Handwerker, ein Mediziner oder ein Wissenschaftler, der in Deutschland jahrzehntelang gelebt und gearbeitet hat, ja hier aufgewachsen ist oder sogar hier geboren wurde, und der lediglich einen Namen trägt, der nicht deutsch klingt, wird bei einer Begegnung mit einem Deutschen nach kurzer Zeit immer zu spüren bekommen, dass er etwas zu erklären hat: wo er herkommt und was er ist. Im Gespräch mit einem Journalisten zum Beispiel, der zufällig in seinem Satz das richtige Wort nicht findet, hilft der *Nicht-Deutsche* taktvoll; darauf der Journalisten: *Ihr Name klingt aber nicht deutsch, wo kommen sie denn her.*

Es scheint, dass viele Deutsche mit dem *Nicht-Deutschsein* des anderen nicht souverän umgehen können. Entweder sie fühlen sich stärker, oder sie erstarren in Vorsicht und Angst vor dem Fehltritt. Das ist vielleicht auch der Grund dafür, dass trotz aller Bemühungen der jüdischen oder islamischen Gemeinden, kein wirkliches von Harmonie und Akzeptanz geprägtes Zusammenleben mit den Deutschen entstehen kann. Es gibt zwar oft ein tolerierendes Nebeneinander, aber selten ein herzliches Miteinander.

In der Aufarbeitung der deutschen Vergangenheit, und insbesondere des Holocaust, haben die Politiker aller Parteien es versäumt, Aufklärung und Information zu einem ständigen Zustand werden zu lassen. Bubis hat dies am eigenen Leib erfahren, wenn zum Beispiel deutsche Politiker sich nicht in würdiger Form über das Berliner Holocaust-Denkmal einigen konnten.

Man hat einen friedlichen und liberalen Demokraten wie Bubis nicht ernst genommen, wenn er auf seine Sorgen um die wachsenden Aktivitäten der Neonazis aufmerksam machte."

Abraham meint dazu: „Am Ende war er nirgendwo zu Hause! Wie fühlen sich die Deutschen, wenn sie feststellen müssen, dass ein friedfertiger Mensch, ein vorbildlicher deutscher Demokrat jüdischen Glaubens, sich nicht hier in seiner Heimat begraben lässt. Wie fühlen sich die Damen und Herren aus Politik und Gesellschaft, die Martin Walser bejubelt haben, aber dem mahnenden Juden nie wirklich zuhörten. Er hat für den Weg der Versöhnung gekämpft. Und vieles hat er erreicht, doch nicht das Recht, hier nach seinem Tod in Frieden zu ruhen.
Im Mittelpunkt aller politischgesellschaftlichen Anstrengungen von Ignatz Bubis stand seine Aufgabe, das Verhältnis der Deutschen zu den jüdischen Mitbürgern zu verbessern; stand sein Wille, eine Verständigung zu erreichen, die eines Tages sogar zu einem herzlichen Verhältnis führen könnte.
Ignatz Bubis sagte einmal: *Wie verhaltet Ihr Euch zu Euch selbst, zu Eurer Geschichte, zu Eurer Verantwortung, zu Eurer Verfassung? Ein Verhältnis zu sich selbst kann man nicht gewinnen, wenn man sich eins ist, sondern das ist nur möglich, wenn man dazu fähig ist, zu sich selbst (und zu seinen eigenen geschichtlichen und moralischen Voraussetzungen) Stellung, also Abstand zu nehmen.*
„Abstand zu sich selbst nehmen", das führt dahin, dass man nachdenklicher mit sich, mit seiner Vergangenheit und seiner Gegenwart umgeht, dass man sein Erinnerungsvermögen auffrischt und dass man seine Identität in der Wahrheit sucht. Der Abstand der Deutschen zu sich selbst war und ist immer geringer als der Abstand zu den Landsleuten jüdischen Glaubens.

Diesen Abstand bekam Ignatz Bubis am deutlichsten am 11. Oktober 1998 zu spüren, zehn Monate vor seinem Tod: Martin Walser hielt in der Frankfurter Paulskirche, an der Wiege der deutschen parlamentarischen Verfassungen, die Dankesrede zur Verleihung des Friedenspreises des Deutschen Buchhandels. Eine Rede, die schon mit dem Titel *Die Banalität des Guten* Hannah Arendts Formel von der *Banalität des Bösen,* die sie anlässlich des Prozesses gegen Adolf Eichmann geprägt hatte, polemisch paraphrasiert.

Ausgerechnet in einem säkularisierten Tempel der deutschen Demokratie, in dem Friedenspreise alljährlich in Anwesenheit von geistigen und politischen Größen der Republik verliehen werden, musste Bubis mit Bestürzung feststellen, dass ein *intellektueller Nationalismus* sich wieder offen zeigen kann. Im Nachhinein unterstützte der Psychiater und Wissenschaftler Pierre Frevert Bubis` These. Er versuchte anhand der Walser-Bubis-Debatte nachzuweisen, dass der Schriftsteller Martin Walser in seiner Rede die Sprache bewusst unpräzise gehalten habe. Der relativ unbekannte Spion Rainer Rupp sei das einzige Opfer gewesen, das Walser namentlich genannt habe. *Die Opfer der Schoa bleiben auch bei Martin Walser ungenannt und namenlos.*

Ziel der Rede sei es vor allem gewesen, die öffentliche Pflicht zur Erinnerung so umzuwerten, als sei die Erinnerung für die Erben der Täter schmerzlicher als für die Erben der Opfer. Vage sei Walser auch mit dem geblieben, was er mit *Instrumentalisierung unserer Schande zu gegenwärtigen Zwecken* meint. Lapidar habe er festgestellt, dass schließlich *jeder mit seinem Gewissen alleine* sei. *Moralpistole* und *Meinungssoldaten* seien Begriffe, die Walser dem rechten Umfeld entlehnt habe, um damit seiner Rede gegen die *kritischen Intellektuellen* die Würze zu geben, so Pierre Frevert.

Bubis hielt kurz danach, am 9. November 1998, eine Ansprache, in der er Walser vorwarf, Geschichte zu verdrängen und Erinnerung auszulöschen. Frevert ist der gleichen Meinung. So habe Bundeskanzler Schröder kurz nach seiner Wahl gesagt, dass man *zum Holocaust gern gehen sollte*, was, so Frevert, *nicht nur Schröders Unbekümmertheit mit der jüngsten Geschichte zeigt, sondern auch wie wenig ihn diese Auseinandersetzung zu kümmern scheine.*

Ein weiteres Indiz dafür, dass Walsers Ansichten den Zeitgeist repräsentieren, sah Frevert in der unmittelbaren Reaktion auf Walsers Rede. Während Bubis und seine Frau fassungslos und entsetzt waren und reglos auf ihren Sitzen verharrten, stand das ganze hochverehrte Publikum auf, um den *großen deutschen Schriftsteller* zu feiern.

Das Verhältnis der Deutschen zu den deutschen Juden ist immer gespannt gewesen, und wenn die Deutschen sich nicht mehr darum kümmern, ihre jüdischen Landsleute in ihre Gesellschaft, ihre Familie und ihre Herzen zu integrieren, dann haben sie wieder die Chance verspielt, die Versäumnisse der Vergangenheit, den Mord und das Unrecht wieder gut zu machen.

Bubis` Hauptanliegen, die Philosophie seines Lebens, war das Streben nach friedlichem Zusammenleben, gestaltet in einer Gesellschaft, die die Geschichte verarbeitet und daraus ihre Lehren gezogen hat: nämlich die Verpflichtung, sich gegen Verdrängungsversuche zu wehren und Erinnerungen nicht nur als Mahnmal, sondern als geistige und moralische Unterstützung wach zu halten."

Und Buddha: „Der Kanzler der Einheit und Superstar in der Affärenszene hatte einst das zweideutige Wort von der *Gnade der späten Geburt* in die Welt gesetzt. Sein Nachfolger Gerhard Schröder genießt die Gnade des Datums, ohne zu leugnen, dass er für das, was von den Deutschen im Namen des Volkes im Dritten Reich begangen wurde, in der Verantwortung steht, wenn er sein Land mit demokratischen Grundsätzen und im Kampf gegen jeglichen Krieg und Völkermord regieren will.

Vergessen der eigenen Sünden erzeugt Frechheit. (Demokrit)

Unter solche Geschehnisse kann man keinen Schlussstrich ziehen, vor allem dann nicht, wenn man als Kanzler eines modernen demokratischen Staates, Deutschland in die Zukunft führen will. Die Vergangenheit ist nicht damit bewältigt, dass man fünf Milliarden Euro an Zwangsarbeiter bezahlt, oder indem man den Staat Israel mit Milliardensummen subventioniert. Es gibt Dinge im Leben, wie Moral, Ethik, Scham und Reue, die kann man sich nicht erkaufen. Den Holocaust kann man nie wieder gut machen und man darf ihn nicht vergessen.

Die Deutschen haben eine besondere Art der Aufarbeitung und der Bewältigung der Vergangenheit: sie suchen sich einen Sündenbock und befreien sich damit von der Verantwortung: Hitler und die Nazis waren es, die das schlimmste Verbrechen gegen die Menschlichkeit begangen haben. Das Volk war nur Zuschauer und trage keine Schuld und Verantwortung! In der DDR war es allein die Stasi, die diktatorische Sanktionen gegen das Volk durchführte. Das Volk war nur Zuschauer und trage keine Schuld und Verantwortung. Diese Haltung ist falsch!

Genauso falsch und fragwürdig ist die Funktion der *Gauck-Behörde,* die über die Schandtaten und die Mittäter im ehemaligen Regime der DDR aufklären will. Diese Behörde ist zu einem masochistischen System der Politiker und vor allem der Medien geworden. Von den Machenschaften und Intrigen des westdeutschen BND gegen die eigene Mitbürger und das DDR-Regime will man nichts mehr wissen. Im Westen hat man immer recht. Im Westen herrschte ja immer Demokratie. Die Institutionen waren gläsern und damit für jeden durchschaubar. Doch das ist falsch. Einige hochrangige DDR-Politiker werden zu Gefängnisstrafen verurteilt; und damit wird die Seele der Nation beruhigt."

Zarathustra: „Politik ist zu einem schmutzigen Geschäft geworden, obwohl sich die Politiker verbal jeden Tag in sauberen Versprechungen reinwaschen. Eine ehrliche, klärende Arbeit wird nicht geleistet. Medienwirksame Absichtserklärungen beherrschen die Tagesordnung der Politik.

Wer im Westen Verbrechen im Zusammenhang mit dem Mauerbau und der deutschen Teilung begangen hat, wird nicht zur Verantwortung gezogen. Ja, die Deutschen sind Pedanten und Perfektionisten. Sie erledigen die Dinge so wie sie sie sehen – praktisch und bürokratisch, aber selten vollständig. Hin und wieder kommen jedoch die Ungereimtheiten und alte und neue Missetaten zum Vorschein. Daraus picken sich nun wieder die Medien ihre Rosinen."

Jesus ergreift das Wort: „Wie konnte es, in Gottes Namen, zu so einer menschlichen Tragödie kommen? Mitten in einer angeblich zivilisierten, christlichen Gesellschaft? Wer sind die Vollstrecker des Holocaust? Die Deutschen, die deutschen Antisemiten, die ideologisierte und fanatische Gesellschaft während der NS-Zeit?"

Moses antwortet ihm: „Albert Schweizer hat die Wurzel solcher Tragödien im Nationalsozialismus gefunden: *Was ist Nationalismus? Der unedle und ins Sinnlose gesteigerte Patriotismus, der sich zum Edlen und Gesunden, wie die Wahnidee zur normalen Überzeugung verhält.*

Es kommt nicht darauf an, welche Menschen sich am Genozid beteiligt und damit mitschuldig gemacht haben! Und es kommt auch nicht darauf an, wie viele Täter es gab! Aber es ist entscheidend, welche geistige und intellektuelle Maschinerie hinter der gezielten Ermordung der Juden stand. Alle Männer und Frauen, die mit Leib und Seele die institutionelle und administrative Gesellschaft des NS-Regimes unterstützten, spielten eine zentrale Rolle bei der Durchführung des Völkermordes. Und sie waren Deutsche, genauso wie die Vollstrecker und durchführende Organe.

Daniel Jonah Goldhagen stellt in seinem Buch fest: *Keine Deutsche, kein Holocaust, müssen die deutschen Täter ins Zentrum der Betrachtung gestellt werden.* Und er schreibt weiter: *Dabei müssen wir bequeme, aber oft unangemessene und vernebelnde Etikettierungen wie „Nazis" oder „SS-Männer" vermeiden und sie als das bezeichnen was sie waren, nämlich Deutsche. Der angemessenste, ja einzig angemessene allgemeine Begriff für diejenige Deutschen, die den Holocaust vollstreckten, lautet „Deutsche". Wir zögern auch nicht die Bürger der Vereinigten Staaten von Amerika, die in Vietnam kämpften, um die Ziele ihrer Regierung durchzusetzen, als „Amerikaner" zu bezeichnen. Und dies aus gutem Grund. Dasselbe gilt für den Holocaust.*

Will man unbefangen, und unter Verzicht auf jede Art sensationeller und populistischer Darstellung, die Handlungen und die Kräfte, die zum Gesamtkomplex dieses Massenmordes geführt haben, für den man den infamen Begriff *Endlösung der Judenfrage* erfand, untersuchen, dann muss man konsequenter Weise feststellen, dass Hitler und seine Vollstrecker *Gott* gespielt haben und einen Eingriff in die Schöpfungsgeschichte unternommen haben, als sie die Reinigung der Menschheit von den niedrigen Population der menschlichen Rasse durchgeführt haben. Und dies mit der stillschweigenden Duldung der katholischen Kirche.

Goldhagens Recherchen bieten ausgezeichnetes Informationsmaterial als Grundlage zur Geschichtsaufarbeitung. Seine Publikation ist frei von Rache, Fanatismus und Vergeltung. Weil er Interesse an der jungen deutschen Demokratie hat, will er die jüngeren Generation Fakten und Analysen liefern, die einen gezielten Umgang mit der Geschichte ermöglichen und zukünftige Katastrophen vermeiden helfen.

Goldhagens Arbeit ist von großer Aktualität, wenn man bedenkt, dass jeder fünfte Jugendliche in Deutschland nicht weiß, was *Auschwitz* bedeutet, noch was dort geschehen ist.

Du sollst nicht töten. 2. Mose 20,13.

Der Mensch wird nach seiner Geburt zum Produkt seiner psycho-sozialen und biosphärischen Umwelt. Der Einfluss der Gesellschaft, in der er aufwächst, prägt seine Erziehung, sein Wesen, sein Denken und Handeln. Alle seine schöpferisch-kreativen Leistungen sind eine Resonanz auf die auf ihn einwirkenden Komponenten. Wenn nun die Gesellschaftsordnung, in der er aufwächst, keine Eigenschaften einer humanen Zivilgesellschaft, also Ethik, Moral, Nächstenliebe und Solidarität, aufweist, und wenn statt dessen Hass und Demütigung, Rassismus und Intoleranz auf der Tagesordnung stehen, dann entsteht an Stelle eines kreativen Menschen ein aggressiver und intoleranter Mensch.

Der Mensch ist kein Ungeheuer, aber er kann auch hemmungslos entgleisen. Dann ist er zu allem fähig. Da er mit animalischen Kräften ausgestattet ist, kann er zum Mörder oder zum Kannibalen, ja sogar zur Bestie werden.

Das Gute ist nicht weit vom Bösen entfernt, genauso wie es nur ein kurzer Weg ist vom kreativ liebenden Menschen zur bösartigen Bestie. Es kommt immer darauf an, mit welchen Ereignissen der Mensch konfrontiert wird, zwischen diesen beiden Extremen, und es kommt darauf an, welche Lebenserfahrungen er durchlebt, und in welche Familie er hineingeboren wird, welche Erziehung er genießt, und in was für einer Gesellschaft er aufwächst. Daher ist die moralische Integrität der Gesellschaft die Grundvoraussetzung für eine humane und demokratische Erziehung. Das geeignete pädagogische Rezept dafür ist die Aufarbeitung der Geschichte, im Sinne einer Lehre zu etwas Besserem. Ich sehe es als die beste Form einer gesellschaftspolitischen Hygiene. Als warnende, aber aufbauende Herausforderung für die junge Generation. Die Vernichtung aller, welche nicht Arier oder germanischer Herkunft sind.

Die Wünsche und Träume eines Regimes unter Führung eines Mannes, dessen Biographie und Physiognomie keinen Hinweis auf eine Verwandtschaft mit anderen europäischen Tyrannen wie Alexander und Napoleon gibt!

Das Ziel meiner Ostpolitik ist – auf lange Sicht gesehen – etwa ein-hundert Millionen germanische Menschen in diesem Raum ein Siedlungsgebiet zu erschließen. Man müsste alles daran setzen,

mit eiserner Zähigkeit eine Million deutscher Menschen nachein-
ander dorthin zu bringen. Spätestens in zehn Jahren wünsche ich
die Meldung darüber zu erhalten, dass in den Deutschland wieder
eingegliederten bzw. von unseren Truppen besetzten Ostgebieten
zehn Millionen Menschen leben. (Adolf Hitler, 1942)
Das sind nicht die Worte irgendeines sadistischen Generals, der
für die Rassenreinigung und eine neue Weltordnung kämpft. Hier
spricht einer, der sich mit Leib und Seele den Verbrechen an der
Menschlichkeit verschrieben hat.

Am 10. Mai 1960 wurde vom israelischen Geheimdienst ein Mann
gefasst, der sich seit Jahren unter dem Namen Ricardo Clement in
Buenos Aires versteckt hielt. Zwei Wochen danach, am 23. Mai,
gab Israels Premierminister David Ben-Gurion dem Parlament und
damit dem israelischen Volk bekannt, dass *einer der größten nazi-*
stischen Kriegsverbrecher, Adolf Eichmann, der Österreicher, der
zusammen mit den Naziführern für die so genannte Endlösung
der Judenfrage und damit für die Vernichtung von 6 Millionen
europäischer Juden verantwortlich war, sich nun in israelischem
Gewahrsam befindet.
Eigentlich war Eichmann nur ein Verbrecher unter vielen. Ein
kleiner, bürokratischer Perfektionist, ein Mörder mit einer wichtigen Eigenschaft: Judenhass. Und einer wichtigen Aufgabe: die
Organisation der *Endlösung. Eichmanns gab es viele.* Das heißt:
Die Endlösung geht nicht auf das Konto eines Mannes oder einiger
weniger Täter. Sie ist das Werk eines Systems und das Verbrechen
eines Machtapparates, der allein für die Durchführung des Massenmordes vierzigtausend Funktionäre in der Gestapo unterhielt.
Im Schicksalsjahr 1938 entschied sich die Mehrheit der Deutschen endgültig gegen die Demokratie, und für die Ordnung und
den Ein-Mann-Staat, und sie verlor mit dem Auftakt zur *Endlö-*
sung auch seine Unschuld.
Dem Berliner Oberrabbiner Leo Baeck, der das Schreckensregime
überlebte, wurde nach dem Krieg die Frage gestellt, ob die Juden
jemals dem deutschen Volk verzeihen könnten. Seine Antwort
war, dass die Frage nicht sei, ob die Juden den Deutschen vergeben wollten, die Frage sei vielmehr, ob das deutsche Volk sich
selbst verzeihen könne."

DER MODERNE MENSCH MIT SEINER WISSENSCHAFT UND TECHNOLOGIE

Mohammed ergreift das Wort: „Im Grunde genommen hat die Menschheit noch einmal Glück gehabt, dass dieser Adolf Hitler die Ideologie seiner Zeit nicht überlebt hat! In der heutigen Zeit wäre er, mit allen Möglichkeiten der Forschung und der Technologie, zu einem wahren Monster geworden, wenn man bedenkt, welche Möglichkeiten sich der moderne Mensch geschaffen hat: Gentechnologie, Biotechnologie und Biotransfer; das Klonen des menschlichen und tierischen Genoms; die Transplantation von Organen, Extremitäten und bald Köpfen.

Hitlers Logik wäre mit Sicherheit gewesen: alle die mir nicht passen, müssen weg. Und neue Menschen züchte ich dann selbst. Im Rahmen des Germanisierungsprogramms waren zwar Werkstätten für blonde, blauäugige Kinder errichtet worden, aber das dauerte glücklicherweise zu lange. Heute könnten diese Prozesse kostengünstiger und rationeller im Labor durchgeführt werden! Gott stehe den Menschen bei, denn sie wissen sehr gut was sie tun. Sie forschen so lange, bis sie den Begriff Ethik durch Genetik ersetzen können."

Dazu Buddha: „In der Entwicklung bis ins Jahr 2010 sehe ich folgendes voraus: Der erste wichtige Schritt zur Entschlüsselung des menschlichen Genoms ist vollendet. Im Jahre 2000 wurde das menschliche Erbgut vollständig entziffert. Trotz der Skepsis einiger Pessimisten, die Angst vor Missbrauch und manipulativer Forschung haben, wird sich die Biomedizin und die Bioinformatik in viel rasanterer Geschwindigkeit entwickeln als vorgesehen. Nach dem Prinzip *wer heilt, hat Recht* wird diese Technologie nicht nur bei Erbkrankheiten zum Einsatz kommen, sondern vor allem bei der Fortpflanzungs- und Embryonenforschung und bei der Klonherstellung in der Therapie; sie wird aber auch zur Herstellung von Ersatzorganen in medizinischen Werkstätten dienen. In einigen Ländern der christlichen Welt wird allerdings noch über die Fortpflanzungsmedizin diskutiert.

Die Skeptiker mahnen, nicht alles Machbare auch auszuprobieren. Der europäische Gerichtshof zwang die deutsche Regierung, die

Stammzellentherapie und medizinisch begründete Nutzung von Embryonen in den ersten beiden Entwicklungswochen zu erlauben und das Embryonenschutzgesetz zu novellieren. Das bisherige deutsche Gesetz berücksichtigte die Bedeutung der Vorstellung, dass selbst ein Viertel eines vierzelligen Embryos in der Lage ist, sich noch zu einem ganzen Menschen zu entwickeln. Daher galt für jede Zelle im frühen Embryo der volle Schutz der Menschenwürde, weshalb sie nicht zur Analyse von Erbkrankheiten benutzt werden durfte. Dieses zentrale Argument gegen die Präimplantationsdiagnostik (PID), die zur Analyse einer Embryozelle notwendig wäre, ist nun aus dem Wege geschafft.

Für die Jahre 2010 bis 2020 sehe ich voraus, dass das Studium der Millionen Bände umfassenden menschlichen, tierischen und pflanzlichen Genbibliothek eine florierende Branche, die Bioinformatik, hervorbringen wird: die Menschen werden genetisch durchleuchtet. Dann wird ein Genpass erstellt, der genau aufweist, was dem Menschen gesundheitlich bevorsteht, welche Krankheit ihn bedrohen könnte und rechtzeitig bekämpft werden muss.

Inzwischen lassen sich einige, zumindest seltene Erb-, Krebs- und Alterskrankheiten, erfolgreich behandeln. Trotzdem ist auch in dieser Zeit der langersehnte Durchbruch zur Langlebigkeit eine Utopie. Der Egoismus der Menschen in den Industrieländern ist unübertrefflich. Die Industrie hat immer einen Weg zu mehr Entwicklung, Produktion und Umsatz gefunden. Aus Sorge um die Menschen, um ihre Gesundheit in der Zukunft, werden neue Zweige der Elektronik, der Biogenetik, der genetischen Entwicklung, der Herstellung und Diagnostik entstehen, die alle zu einer neuen Ära der industriellen Geschäfte und Umsätze beitragen werden. Der Mensch als Gottes Ebenbild ist tot. Was bleibt, ist nur noch ein Gegenstand der wirtschaftlichen Spekulation. Tiere, insbesondere Schweine, haben heute eine große Karriere gemacht. In Moses und Mohammeds Religion gehören sie mit Recht in Quarantäne, weil sie als unrein und als Trichinenträger Gefahren für die Gesundheit der Menschen brachten. Sie werden *humanisiert* und dienen zur Zucht menschlicher Organe für die florierende Transplantationsmedizin. Das Schwein als Ebenbild des Menschen!"

Dazu Zarathustra: „*Das Wahre ist eine Fackel, aber ungeheuer; deswegen suchen wir alle nur blinzelnd so daran vorbeizukommen, in Furcht, sogar uns zu verbrennen. (Goethe)*

Ich stelle Euch eine andere Prognose, die genauso erschreckend ist: Wir schreiben das Jahr 2020, und fast alle Organe – Leber, Nieren, Lungenflügel, Magen, Dick- und Dünndarm, aber auch drüsige Organe wie Bauchspeicheldrüse, Tränendrüsen, Prostata, Brust, Gebärmutter – werden erzeugt, um, wie in einer Werkstatt, alle ausgedienten und verschlissenen Organe zu ersetzen.

In afrikanischen Ländern werden zwischen 2020 bis 2040 Organfarmen entstehen, wo Menschenaffen die Schweine als bessere Generatoren für die Herstellung von Ersatzorganen verdrängen. Aber heftige Proteste der weißen Tierschützer versuchen das zu verhindern. Mit der Parole *Menschenrechte für Primaten* versuchen sie nach Kolonialherrenmanier den biotechnischen Vorsprung Afrikas zu sabotieren. Weil sie im Kampf für Menschenrechte nicht viel erreicht haben, wollen sie wenigstens für die Affen Rechte verschaffen.

Wie fern ist der Mensch seiner Schöpfung! Und wie kann der Schöpfer das alles zulassen! Der Mensch, der sich einst als die Krone der Schöpfung betrachtet hat, entwickelt sich zu seinen Ursprüngen zurück! Er hat sich vom Wahn der Macht noch nicht erholt und wandelt sich zum nachahmenden Teufel! Der Krieg der Biotechnik wird schlimmer sein, als der Krieg der Sterne, der noch gar nicht stattgefunden hat!

Doch zurück in die Zukunft: der boomende Markt für Leihmutterschaft in Indien, China und Lateinamerika versetzt die Afrikaner in Panik. Sie bieten das Austragen menschlicher Embryonen hundertfach billiger unter dem Ladentisch an, mit Hilfe humanisierter Primaten. Und die Europäer wissen, wie immer, alles besser und wollen, trotz aller Fortschritte, Worte wie Ethik, Moral, Eugenik, Scham, Schöpfung und Gott, noch nicht in ihren inzwischen computerisierten Bibliotheken löschen lassen.

Die Finanzierung der Therapie von vielen neuen, durch Genmanipulation entstandenen Krankheiten und die Kostenlawine aus der Bekämpfung von immer noch unheilbaren Erbkrankheiten verunsichern die Wirtschaftsmächte Europa und Amerika. Die Christen haben Jesus schon lange vergessen, denn ihren Gott stellen sie sich selbst dar. Sie beweisen sogar, dass es Moses oder Jesus nicht gegeben hat. Die beiden hatten keine genetischen Fingerabdrücke hinterlassen!

Der Begriff Eugenik, also die Lehre von der Erbgesundheit, ist schon lange überholt, und eine Dysgenik beherrscht die Volksgesundheit. Denn die Biomedizin macht die Menschen erst recht erbkrank. Millionen Erb- und Krebskranker, die Dank der Fortschritte der Medizin, lange leben und ihre Krankheit überleben, zeugen zunehmend mehr Kinder, die ihrerseits behandlungsbedürftig sind, und dann auch ihre Krankheit der nächsten Generation weitergeben. Aus Eugenik wird Dysgenik.

Die Darwin`schen Gesetze kommen aus der Mode. Evolution und natürliche Selektion werden unterlaufen. Keimbahntherapie, also die Gentherapie von Spermien und Eiern wird zur Routine. Der geheiligte Körper ist verweltlicht worden. Er ist nicht mehr das Ebenbild Gottes, sondern das Ebenbild industrieller Produktion. Der Körper ist zur Maschine geworden, und für Ersatzteile ist gesorgt.

Parallel zu all diesen Ereignissen der nächsten Zukunft sind monogenetische Erkrankungen, das heißt Krankheiten, die nur durch einen Gendefekt entstehen, kein Thema mehr. Das betrifft auch viele Infektionskrankheiten: entweder werden die Erreger wie bei den Pocken, der Polio (Kinderlähmung) oder der Lepra ausgerottet, oder sie werden biomedizinisch bekämpft. Ausgerechnet Malaria, Gelbfieber, Lassafieber und Ebola kosten immer noch millionenfach Menschenleben, da die so hoch technisierte und mit biochemischen Mitteln ausgerüstete Industriewelt selbst nicht direkt davon betroffen ist und kein Interesse daran hat, millionenfach Menschenleben zu schützen. Es gibt sowieso zu viele Menschen in Indien, Afrika, China und anderswo in der Dritten Welt! Gott stehe uns bei! Wie weit hat sich der Mensch von der Kunst des wahrhaften Lebens und den Weisheiten des Lebendigen entfernt!"

Mohammed meint dazu: „Der Mensch der modernen Zeit bereitet seinen eigenen Untergang vor! Er verliert den Boden des schöpferischen Daseins! Kreativ denkende Philosophen, Dichter und Künstler haben in der Welt der Globalisierung keinen Platz. Keiner hört mehr auf sie, keiner vermisst sie. Und wenn der Mensch kein Künstler mehr ist, dann verdient er auch seine Freiheit nicht. Die Freiheit ist die Tochter der Kunst!

Der Mensch zieht es vor, ein Gefangener seiner virtuellen Schöpfungspläne, des Klonens, der Biogenik, der Embryo- und Reproduktionsmedizin, der Roboter und Mikroelektronik zu sein.

In der Zeit der grenzenlosen Möglichkeiten wollen die Menschen nicht einsehen, dass es Erbkrankheiten und genetisch bedingte Störungen gibt. Wenn die Evolution Fehler macht, dann kann der intelligente Mensch diese ja korrigieren! Die Reproduktionsmedizin bietet nicht nur die Möglichkeit der Geschlechtsbestimmung, sondern man kann auch, wenn das eine oder andere Geschlecht gewünscht wird, abtreiben und neu implantieren lassen, oder gleich von Anfang an das Geschlechtsmerkmal in der Planung festlegen.

Der Mensch hat viele Fertigkeiten erworben. Nach dem evolutionären Werdegang hat er eine sehr lange irdische Zeit, drei bis vier Millionen Jahre, daran gearbeitet, um richtig auf den Beinen zu stehen, sich Nahrung und Obdach zu verschaffen und mit den Problemen seiner Umwelt fertig zu werden. Er hat sich im Laufe seiner Lebenskarriere aus dem Status des Wilden und Jägers über den Nomaden zum sesshaften Urmenschen hochgekämpft. Er bildete Urgesellschaften, er baute Städte, errichtete ein Urstaatswesen und erwarb Sprache und Kultur. Nebenbei sammelte er kriegerische, geopolitische, kulturelle und staatspolitische Erfahrungen. In Friedenszeiten entwickelten sich geistige, literarische, politisch-philosophische, kreativ-musikalische und künstlerische Epochen, welche die Geschichte der Menschheit bis heute prägen. Der Mensch durchlebte revolutionäre Epochen, das Industriezeitalter und die technische Revolution, das Zeitalter der Atom- und Elektroniktechnologie und die wirtschaftliche Revolution. Vor dieser Epoche gab es Kriege und Revolutionen.

Nach dieser Epoche fanden gesellschaftlich ideologische Revolutionen statt. Und nun findet er sich wie selbstverständlich im Zeitalter der Mikroprozessoren, der biologischen und computerisierten Transformations- und Informationstechnologien wieder, die alle Bereiche des Lebens beherrschen. Der Mensch beginnt nun, an den Grundelementen der Evolution herumzubasteln, und es gelingt ihm, Gott überflüssig zu machen. Mit seiner Intelligenz und seinem Können will er die Rahmenbedingungen der Evolution nachahmen.

Wenn er nun aber alles erreicht hat, was er kann und will, was geschieht dann? Was wird aus einem contraevolutionären Mensch? Er hat epochale Revolutionen überstanden und vieles geschaffen. Aber er ist nun in der schwierigsten Phase seines intellektuellen Lebens, die hoffentlich nicht seine letzte sein wird.

Wenn der Mensch die Evolution *korrigieren* und *verbessern* will, dann bedroht er damit sein eigenes Ich! Wird der Mensch zu seinem eigenen Erlöser? Was bleibt ihm noch, wenn er sich selbst erzeugen kann? Was wird aus Liebe, Zeugung und Leidenschaft? Wird dies alles von Mechanismen und Maschinen ersetzt? Wer vermittelt den Menschen die Erlebnisse leidenschaftlicher Phantasien und Sehnsüchte, die bisher als paradiesisch galten? Die Genome, die Roboter und die Biotransformatoren?

Nein, der Mensch ist auf dem Irrweg! Er muss rechtzeitig erkennen, dass Fortschritt und kulturelle Revolution nie die fundamentalen Grundsätze der Schöpfung erschüttern und aus dem Gleichgewicht bringen können, weil der Schöpfer die Herkunft dieser schöpferischen Leistung des homo sapiens ist. Und der Schöpfer hat einen universalen Abstand zu diesen Errungenschaften seines Geschöpfes. Diesen Abstand wird der Mensch nie erreichen können. Versucht er das, dann kann er sicher sein, dass er auf der Strecke bleibt, wogegen der Schöpfer ewig ist. Der Mensch muss er selbst bleiben, nämlich das Ebenbild des Schöpfers. Denn der Schöpfer bewahrt ihn vor seinem Untergang und vor der Selbstzerstörung. Und der Mensch sollte sich weder der Apotheose (Vergöttlichung) noch der Apopthose (Selbstmord) hingeben."

Dazu Zarathustra: „Wir stehen zwar nicht am Sterbebett der Menschheit, aber mit ihr geht es nur scheinbar bergauf! Der Mensch ist nicht mehr das geheimnisvolle Geschöpf der Evolution, und vor allem ist er nicht mehr das Gottesgeschöpf! Der moderne Mensch hat sein Charisma verloren, seine geheimnisvolle göttliche Erscheinung ist durch die neuesten Methoden der technologischen Hochleistungsmedizin entzaubert worden.

Leben und Tod – was kommt danach? Gibt es eine jenseitige Unsterblichkeit? Diese Fragen will sich der Mensch selbst beantworten, denn er lebt solange, wie sein Gehirn lebt. Er ist nunmehr in der Lage, auch dieses Organ zu verpflanzen oder zu ersetzen.

Mit der Hirnverpflanzung wird der Urtraum der Menschheit in Erfüllung gehen: Unsterblichkeit auf Erden. Dieser Weg, den der moderne Mensch geht, ist falsch! Er führt zu Entwicklungen, die er nicht mehr rückgängig machen kann!

Zu meiner Zeit habe ich versucht, mit der Entwicklung der Lehre eines monotheistischen Glaubens und eines ethischen Dualismus den Menschen einen erklärbaren Weg des Glaubens und der Hoffnung zu weisen.

Meinem Dualismus zufolge besteht das Universum aus zwei verschiedenen und miteinander unvereinbaren Prinzipien. Ich bezeichnete *Angra Manju* als *alles was böse* und *Ahura Mazda* als *alles was gut* ist. Platon und Aristoteles, Khayyam, Avicenna, Nizami, Hafiz, Nietzsche, Saadi und viele andere haben, beeinflusst von dieser Philosophie, ihre Thesen und Gedanken formuliert. Im Zeitgeist des Dualismus wurde die Unsterblichkeit der Seele durch ihre Einheit begründet. Platon unterscheidet zwischen *Sein* und *Nichtsein,* beziehungsweise zwischen der Welt der Ideen und der Welt der Materie. Platons Argument im Unsterblichkeitsbeweis der Seele ist, dass die Seele, im Gegensatz zur Materie, nicht ein vielfältiges, sondern ein einheitliches Gebilde ist, das dem Werden und Vergehen nicht unterworfen ist.

Einheit und Identität wurden im traditionellen Denken mit der Wirklichkeit eines Dinges gleichgesetzt: *Ens et unum convertuntur (Sein und Einheit sind als austauschbar anzusehen),* das war die Philosophie des Thomas von Aquin.

Sokrates und Plato stellten sich die Unsterblichkeit als eine geflügelte Seele vor, die auf einem von Rossen gezogenen Wagen durch das Universum fliegt. Im Zeitalter der Technologie ist der Mensch imstande, alle bisherigen Gedanken, die subjektiven und die suggestiven Vorstellungen über die Seele und die Unsterblichkeit zu materialisieren."

Buddha fügt dem hinzu: „Es ist nicht die Zeit der Sachlichkeit, sondern die Zeit der Überheblichkeit über die Menschheit hereingebrochen! Leben und Tod – was kommt danach? Gibt es eine jenseitige Unsterblichkeit? Oder wo fliegt die Seele hin? Diese Fragen will der Mensch nicht mehr philosophisch, sondern mit der

Macht und den Möglichkeiten seines Wissens und den damit hergestellten technologischen Systemen beantworten.

Der Mensch hat es gerne mit objektivierbaren Diesseitsvorstellungen zu tun. Von Jenseitsgeschichten will er nichts wissen. Ob es eine Seele gibt, die sogar nach dem Tode weiterlebt, diese Frage kann er noch nicht beantworten.

Im Jahr 1982 ging ein Menschheitstraum in Erfüllung: Zum ersten Mal gelang es die Prinzipien für die Unsterblichkeit auf Erden zu verwirklichen. Telemore und Telomerase sind Stoffe, mit denen die Chromosomenenden gesichert werden. Sie sind, im Sinne des Wortes, das Lebenselexir. Es waren die Grundlagen für die erste Form irdischer Unsterblichkeit, weitere folgten. Der Weg zum Traum von Langlebigkeit und Unsterblichkeit wurden nach der Entdeckung von Telomerasen vorbereitet.

Mit den Methoden der Genetik, des Biotransfers, der Genchirurgie und der Technik des Klonens soll, durch Fortpflanzung von neu hergestellter Hirnsubstanz, der Fortbestand und die Unbegrenztheit des Lebens erreicht werden. Tiere werden zu lebenden Reaktoren. Damit wird gesichert, dass jeder einen gleich guten Embryo für sein Gehirn bekommt. Genetische Eingriffe im Uterus, nicht nur um ein gesundes, sondern ein perfektes Baby zu bekommen, das ist kein Tabuthema mehr, sondern Wirklichkeit.

Die spannende mythische Symbiose von Ehrfurcht und Neugier vor den Jenseitsvorstellungen ist lange ausdiskutiert. Jetzt geht der Mensch zur Sache. Mendel hin, Darwin her. *Selektion* oder *das Überleben des Stärkeren,* das ist Vergangenheit. Nicht mal bei Freud wird hier nachgefragt. In der Traumfabrik der Menschheit wird keine Analyse mehr benötigt, sondern eine Erfüllung in Gang gesetzt. Die technikbegeisterte Phantasie der besessenen Menschen treibt das menschliche Können und Werden voran. Er will in einem demokratischen System vor allem die Chancengleichheit, nicht nur für den Ausbildungs- oder Arbeitsplatz, sondern auch die Chance eines gleich guten Embryos für das eigene Gehirn, damit es mit ihm weiter geht und sein gespeichertes Wissen und die Erfahrungen bewahrt bleiben.

Was sind die Fragen? Welche Philosophie steckt hinter all diesen Entwicklungen? Was wird aus den elementaren Werten des menschlichen Daseins, wie der Ethik? Identität? Individualität?

Religion? Die Fragen nach Anfang und Ende des Lebens, nach dem Sinn des Lebens?

In China hat man schon damit begonnen, Hirngewebe zu verpflanzen, um der Gesellschaft Kinder mit höherer Intelligenz anzubieten. Wer nun das richtige intelligente Gewebe bekommt und wie gerecht das Material verteilt wird, ist eine Frage. Die andere Frage ist die nach dem entindividualisierenden Effekt dieses Fortschritts. Da in einem kommunistischen System das Individuum als Einzelner nichts wert ist, wäre diese Frage schon beantwortet.

Wenn nun diese Supermenschen mit ihren neuen unsterblichen Gehirnen sich mit ihrer schönen neuen Welt arrangiert haben, was passiert dann? Humanoide Roboter, die als virtuelle Menschen alles tun, was der Mensch nicht selber tun will: telefonieren, kochen, waschen, einkaufen? Sind diese Roboter dann auch Butler, Sekretärinnen, Spielkameraden für die Kinder und Ansprechpartner für alte Menschen?

Die Vereinigung von Mensch und Maschine lässt in der Phantasie der Menschen eine neue Supermaschine entstehen. Die mit Mikrochips in Nervenzellen verpflanzten Informationsgeber sollen auch die Willenskraft der Menschen steigern, sie beeinflussen und manipulieren! Der Blinde würde wieder sehen, der Gelähmte wieder gehen, der Taubstumme wieder hören und sprechen können. Die Menschen haben uns, die Propheten überflüssig gemachet, denn sie erfüllen sich ihre Wunder selbst!

In der Welt von Morgen werden die mit Computer versehenen Kleider, Brillen oder Kontaktlinsen, Armbanduhren, Ringe oder Halsketten die Menschen vor Gefahren wie Unfällen, Stress oder sonstigen Umweltfeinden bewahren. Schafherden, die durch Embryonenmanipulation entstanden sind, stellen Organe, Gewebe oder Enzyme her, die dem Menschen das Leben erleichtern und verlängern. Ihre Milch könnte durch Biotransformation als Träger von Stoffen für Impfungen und andere Schutzmaßnahmen dienen. Der Mensch bräuchte nur diese Milch zu trinken. Eine Impfung gegen Infektionskrankheiten wird nicht mehr notwendig sein. Tiere als lebende Reaktoren für die Lieferung von Ersatzorganen, Proteinen, Hormonen und anderen für den Menschen lebensnotwendigen biologische Grundstoffe. Bauernhöfe als Apotheken. Das sind die Zukunftspläne der Menschen.

Der Computer der Zukunft wird langlebiger, weil er atomar funktioniert. Bibliotheken als Tankstellen für Geist und Kultur, Bücher und Verlage wird es nicht mehr geben. Elektronische Bücher, geschrieben mit elektronischer Tinte, werden alle Bibliotheken überflüssig machen.

Auch Gefühle und zwischenmenschliche Bedürfnisse, falls noch welche vorhanden sein werden, und andere noch nicht materialisierten sozialen und psychosozialen Komponenten, werden von humanoiden Computern übernommen. In dreißig bis vierzig Jahren wird der Roboter mit der Intelligenz eines Menschen auf Licht, Dunkelheit, Wärme, Kälte und alle anderen Ereignisse im Leben und in der Umwelt reagieren. Diese Roboter werden sprechen und auf Fragen Antworten geben können. Und wenn der Roboter müde ist, würde er sagen können: Ich bin müde, meine Batterien sind leer.

In der revolutionären Form seiner schöpferischen Intelligenz hat der Mensch sich in seinen Anfängen prächtig entwickelt. Wie aber geht es weiter, wenn der humanoide Roboter mit seinem Schöpfer, dem Menschen, genauso umgeht wie der Mensch mit dem eigentlichen Schöpfer umgegangen ist? Und wie will dieser Mensch sich des ungewissen Endes vergewissern? Was ist, wenn der humanoide Roboter nicht nur im mentalen Bereich, sondern auch im physischen die Oberhand gewinnt? Wer ist dabei zum Untergang verurteilt, und wer ist der Sieger und wer der Überlebende? Wer ist eigentlich der Nutznießer von alledem, was am Ende entstanden sein wird? Kann der intelligente Mensch auch diese Fragen, die ja nicht die letzten sind, beantworten?

Mit dem Leib wird ein Teil Identität getauscht. Ein neuer Körper für einen Querschnittsgelähmten? Dann müsste der Kopf sich die Lebensgeschichte eines Organismus aneignen, sagt Ludger Honnefelder.

Der Mensch ist, seit er sich zum kultivierten Wesen entwickelt hat, das Staat und Gesellschaft, Religion und Kultur geschaffen hat, der Auffassung gewesen, dass der menschliche Körper etwas Göttliches mitträgt.

Und Gott schuf den Menschen ihm zum Bilde. (Mose 1-3,1,27)
Traditionell ist der Mensch im jüdischen, christlichen und moslemischen Glauben *Ebenbild* Gottes. Auf dieser Vorstellung basiert

auch unsere Ethik. Durch die Inkarnation Gottes in Jesus, der die Freuden und Leiden der Menschen erlebte, bekommt der menschliche Körper in seiner göttlichen Herkunft sowohl im jüdischen als auch im christlichen Glauben eine Sonderstellung zugewiesen. Die Vorstellung von Gottes *Ebenbild* hat sich im Laufe der teilweise revolutionären Entwicklung von Wissenschaft und Technologie aber radikal verändert, und einen geheiligten Körper gibt es schon lange nicht mehr.

Der geheiligte Körper ist verweltlicht worden, er ist nicht das Ebenbild Gottes, sondern das Ebenbild industrieller Produktion. Der Körper ist zur Maschine geworden. (Andrew Kimbrell)

Der moderne Mensch hat alle diese philosophisch-religiösen Fundamente des Glaubens über Bord geworfen. Robert Haynes, der Präsident des 16. internationalen Kongress für Genetik, hat auf die permanente Mechanisierungstendenz im Zeitalter der Biotechnologie in allen Lebensbereichen hingewiesen."

Und Moses: „Tugend und Sittlichkeit, diese Begriffe sind altmodisch und gehören in die Antike. Man spricht nicht mal mehr davon, man hat sie beiseite gelegt.

Aber Nietzsche gibt die Hoffnung nicht auf: *Wenn die Tugend geschlafen hat, wird sie frischer aufstehen.*"

Buddha: „Hoffentlich verschläft der Mensch die Tugend nicht! *Mindestens dreitausend Jahre lang haben die meisten Menschen geglaubt, dass der Mensch etwas Besonders, etwas Heiliges sei, wie es der jüdisch-christlichen und islamischen Vorstellung entsprach. Heute, da wir in der Lage sind, Gene zu verändern, wird uns allen deutlich, dass wir viel mehr biologische Maschinen sind. Die traditionelle Ansicht beruht auf der Überzeugung, dass das Leben heilig sei. (...) Das gilt für uns nicht mehr, wir können der Idee, lebende Organismen seien etwas Besonderes, Einzigartiges oder gar Heiliges, nicht mehr folgen.*

Robert Haynes übertreibt nicht. Dieser Ansicht sind die Mehrheit der Fachkollegen, die der Auffassung sind, dass die Menschen biologische Maschinen sind, die in den Reparaturwerkstätten der Medizin Ersatzteile bekommen, die umgebaut, geklont und patentiert werden können. Was vor Jahren pervers und schizophren erschien, wird heute mit Stolz und Erfolg praktiziert.

Marvin Minsky ist einer der führenden Computerwissenschaftler der USA. Er ist dabei ein Computermodell unseres Bewusstseins herzustellen und weiß wovon er spricht, wenn er sagt: *Das menschliche Gehirn ist eine Maschine aus Fleisch.* Selbst unsere Gedanken und Wahrnehmungen sind materialisiert, und wir betrachten die Organe unseres Körpers, seine Stoffe und anderen Bestandteile, die Zellen und Gene, als wären sie irgendwelche mechanischen oder technischen Produkte. Kaum wird zum Beispiel in der Biotechnologie oder in der Reproduktions- und Transplantationsmedizin etwas entdeckt, schon wird es auch vermarktet. Während die Medizin auf eine zweieinhalb Jahrtausende während Tradition zurückblickt, sind Naturwissenschaften, als exakt erfahrbare Wissenschaften, erst seit zweihundertfünfzig Jahren dabei, unser Weltbild zu transformieren."

Dazu Moses: „Die neue Religion der Menschen im 21. Jahrhundert heißt: Biotransfer aller schöpferischen Elemente. In der hochtechnisierten Medizin wird der Mensch nicht mehr gefragt, ob er Schmerzen oder Heimweh hat. Er wird in Schlaf versetzt, um Stress, Kummer, Sorgen und Probleme auszuschalten, und die lebensnotwendigen Funktionen werden von Maschinen überwacht. Und wie es weitergeht bestimmt der Computer.

Die Medizin als eine Erfahrungswissenschaft und die experimental-orientierten Natur- oder Grundlagenwissenschaften haben gemeinsam unsere Weltanschauung in bezug auf den Bedarf und den Konsum von medizinischen Gütern verändert. Der *Machbarkeitswahn* ist ein Syndrom der neueren Entwicklungen der Naturwissenschaften. Im Gegensatz dazu war die Medizin immer mehr eine Geisteswissenschaft mit einem eher philosophisch-theologisch geprägten Menschenbild. Die Lawine der technisierten und maschinisierten Naturwissenschaften haben die Medizin mit in die Tiefe gerissen. Die Medizin ist heute keine Bewahrerin der Ethik und der Ehrfurcht mehr. Und der hippokratische Eid ist im Zeitalter der Biotransformation aus der Mode gekommen. Die Mediziner haben nicht nur zugeschaut, sie sind vor Begeisterung über ihr Können nicht mehr in der Lage, sich selbst eine Grenze zu setzen. Sie wollen alle Experimente auch in die Praxis umsetzen. Schadhafte Babys werden ausgesondert. Bei bezahlten

Leihmüttern werden gesunde Kinder in Auftrag und Produktion gegeben.

Die revolutionären Fortschritte des Klonens, die maschinelle Herstellung von Organen, ja das Leben selbst, all das ist in der Hand der Mediziner."

Mohammeds Zwischenbemerkung: *„Die Menschen stehen als intelligente und wissensbegierige Wesen mit einem kleinen Löffel von Wissen vor dem Ozean des noch zu Erkennenden. Keiner von ihnen wird jemals in der Lage sein, diesen Ozean bis auf den Grund auszuschöpfen,* so ähnlich hat sich Stanislaw Lehm geäußert. Wo bleibt das Positive? Der Hang zur Destruktion, zum Versuch, den Gott und Schöpfer aus der Welt zu schaffen nimmt immer mehr zu. Trotzdem verbringen vernünftige Wissenschaftler viele menschenwürdige Leistungen. Ich bin sicher, dabei wird die Vernunft die Oberhand gewinnen."

KIRCHE UND WISSENSCHAFT

Zarathustra: „Alles, was tagtäglich in der Welt der modernen Menschen geschieht, ist nicht erst seit einigen Jahren von übereifrigen Genetikern, Chirurgen oder Computerspezialisten erfunden worden.

Die mechanistische Doktrin im Zeitalter der Biotechnologie ist für die Menschen in den westlichen Industrie-ländern, die sich seit der industriellen Revolution von allen Mythen, philosophischen Gedanken, theologische Thesen und Gesetzen losgesagt haben, zur Ersatzreligion geworden. Und keiner kann sich dieser Entwicklung widersetzen. Ich sehe die einzige Möglichkeit zum Widerstand gegen diese Entwicklung in der Beantwortung der Frage, wie es denn dazu gekommen ist, dass wir Menschen uns unseren Körper nicht mehr als ein phantastisches Phänomen der Schöpfung, sondern als einen technischen Körper erklären. Eine Antwort dafür könnte das problematische Verhältnis der katholischen Kirche zu den Wissenschaften sein: weil seine Kirche versagt hat, bedient sich der Mensch der Wissenschaften auf seiner Suche nach der Wahrheit.

Ihr behauptet, Propheten lügen nicht; Giordano Bruno und Galileo Galilei logen auch nicht. Aber alle, die es gewagt haben, dem

Weltbild der katholischen Kirche zu widersprechen, wurden verbannt oder zum Tode verurteilt.

Wer war nun dieser *Giordano Bruno*, der am 17. Februar 1600 in Rom auf dem Scheiterhaufen sterben musste. Unter Aufsicht der Inquisition der heiligen katholischen Kirche verbrannte er, weil er sich nicht davon abbringen lassen wollte, das Ungeheuerliche zu denken, zu schreiben und zu lehren: Wir sind nicht allein im Kosmos, es gibt Leben im Weltall. In einer Welt, die unendlich ist.

Der Beweis, dass es außerirdisches Leben gibt, ist bis heute nicht erbracht, aber in diese Richtung wird ernsthaft geforscht. Die Marssonde *Polar Lander* hat den Roten Planten leider nicht erreicht, um darauf zu landen. Das Forschungsgerät sollte dort Informationen sammeln, zum Beispiel Mikroorganismen, chemische Verbindungen oder Mikrobiotope, die beweisen würden, dass es Leben auf dem Planeten Mars gibt.

Aber ist denn schon der Gedanke an ein Leben außerhalb der Erde eine Ungeheuerlichkeit und abwegig? Wie konnte diese Behauptungen des Giordano Bruno, dem Vatikan vor vierhundert Jahren Schaden zufügen? Auch für Kopernikus, Kepler und Galilei war es nicht leicht, ihr Wissen in den etablierten Wissenschaften durchzusetzen. Aber zumindest in der Neuzeit wurden ihre Forschungen und Erkenntnisse anerkannt, und sogar damit belohnt, dass man die eine oder andere Weltraumsonde nach ihnen benannte. Giordano Bruno hingegen befindet sich auch heute noch nicht dort, wo er hingehört: im Pantheon der Wissenschaft und der Philosophie. Denn er war ein Philosoph mit enormer Intuition, *ein Vesuv, feurige und formlose Schlacken auswerfend*, wie Egon Friedell ihn beschreibt."

EIN REBELLISCHER ASYLANT

M ohammed: „Im Jahr 1548 wird Felippo Bruno in Nola bei Neapel geboren. Der Sohn eines Soldaten beginnt im Alter von vierzehn Jahren mit dem Studium der Logik und der Dialektik an der Freien Universität Neapel. Drei Jahre später tritt er in den Dominikanischen Orden ein, bekommt den Namen Giordano und wird Priester.

Er ist neugierig auf die Wissenschaften und er verschlingt die Werke von Platon, Aristoteles und Kopernikus; er liest die römischen Dichter, liest Cusanus, und natürlich den verbotenen Erasmus. Und er begeht weitere Sünden. Er entfernt die Bilder der heiligen Katharina von Siena und des heiligen Antonius aus seiner Zelle, und er leugnet die Trinität, die Dreifaltigkeit von Vater, Sohn und heiligem Geist; und das ausgerechnet in einem Kloster, in dem der aristotelische Patriarch, der heilige Thomas von Aquin, gelebt und gelehrt hat; und noch dazu bei den Dominikanern, die doch vom Papst persönlich damit betraut sind, als *domini canes*, als Hunde des Herrn, jedweden Ketzer erbarmungslos zu jagen.

Im Jahr 1563, nach dem *Konzil von Trient*, macht die Kirche mit der Gegenreformation ernst. Dem Heiligen Offizium, der obersten Inquisition, wird nahe gelegt, missliebige Bücher und Glaubensabweichungen zu verbieten und Ketzer mit dem Feuertod zu bestrafen. 1576 flieht der nunmehr achtundzwanzigjährige Bruno nach Rom, und dann weiter nach Norden, nach Venedig, Padua, Brescia, Mailand, Turin und Lyon; in der Hoffnung einen Ort zu finden, wo Reformismus nicht mit dem Tode bestraft wird. Unterwegs erfährt er von seiner Exkommunikation. In Genf, im Zentrum des Calvinismus, hofft er vor den Spitzeln der Inquisition sicher zu sein. Im Mai 1579 wird er Professor für sakrale Theologie an der Genfer Akademie. Schon drei Monate danach muss er zum ersten Mal ins Gefängnis, weil er einem hochrangigen Philosophieprofessor der Akademie in einer Streitschrift *20 Irrtümer* nachweist. Bruno zieht seine Behauptungen zurück, um weitere geistige Konzessionen zu vermeiden. Von der calvinistischen Reformationselite der Genfer Akademie hat er genug. Er be-schimpft sie als *Grammatiker und Buchstabeneiferer von blinder Vermessenheit,* und später nennt er die Genfer Calvinisten Mucker, *die unter dem Vorwand, die deformierte Religion zu reformieren, gerade das verdorben haben, was an derselben noch gut war.* In Lyon, und auch später in Toulouse ist er vorsichtiger und überzeugt seine Zuhörerschaft mit Vorträgen über Aristoteles und Thomas von Aquin, die über alle Verdächtigungen erhaben waren, philosophische Fundamente zu publizieren. Trotz seines Erfolges und trotzdem er Inhaber eines Lehrstuhls ist, zieht es ihn 1581 nach Paris. Die Sorbonne ist die Hochburg der Gegenreformation, und er kann frei über *göttliche Eigenschaften* des Thomas von Aquin lesen.

Von König Heinrich III. wird er um Stellungnahme gebeten, ob denn die Gedächtniskunst von Raymundus Lullus, nach deren Techniken er so phantastisch vortrage, *natürlich* sei oder *magische Kunst*. Bruno erwidert: *Natürlich ist Wissenschaft weder Magie noch eine Kunst.* Bruno schreibt für seinen Gönner Heinrich auch ein Büchlein über die Gedächtniskunst *Vom Schatten der Ideen,* und widmet es ihm. 1582 publiziert er eine Komödie über das Klosterleben, wie er es als junger Mönch kennen gelernt hat: *Il Candelatio (Der Kerzenzieher).*

Der französische Hof verehrt ihn, aber in London findet er keine Resonanz, obwohl er inzwischen dort seine sechs philosophischen Dialoge, in italienischer Sprache, geschrieben hat. Es geht dabei um Komödien, Tragödien, Dichtungen, Rhetorik, Physik, Mathematik und auch Moral und Logik. Seine Vision von einem belebten und unendlichen Weltall formuliert er in den Dialogen. *Von der Ursache, dem Prinzip, dem Einen und vom Unendlichen, dem All, und den Welten.* Daraus entsteht seine Lehre von der ursprünglichen Einheit alles Wirklichen. Er weiß nun, dass er Wissen und Wissenschaft, Wahrheit und Sachlichkeit nicht in der Kirche und in den akademischen Zentren suchen darf; und er ist nunmehr überzeugt, dass Mönche weder geistige Ritter noch Wahrheitssuchende sind. Vielmehr sieht er sie als Macher, Manager und Intriganten, deren Aufgabe die Erhaltung und der Ausbau der Macht der Kirche ist. Gott und die Wahrheit spielen dabei schon längst keine Rolle mehr.“

Dazu Buddha: „Den Leib konnten sie verbrennen, aber der Geist wird sie verraten! In seinem sechsten Dialog schreibt Bruno von den heroischen Leidenschaften, er philosophiert über die Liebe und er behauptet, dass die Leidenschaft nicht, wie bei Aristoteles, in der Mäßigung und dem Ausgleich, sondern im Exzess der Gegensätze Körper werden soll. Bruno formulierte im feuchten und kalten London den Wunsch, positive Konzepte des Lebens, wie Liebe, Freude und Hoffnung, nicht von den negativen Konzepten Angst, Sünde, Strafe und Hölle verdrängen zu lassen. Oder wie das fast vierhundert Jahre später die Beatles ausdrücken: *All you need is love, love is all you need.* Brunos Londoner Italienische Schriften waren wie eine Kriegserklärung an die katholische Kirche: *Die Welt: ein unendliches Universum. Der Kosmos: belebt. Gott: ein unendlicher Schöpfer. Der Heilige Geist: die Weltseele. Der Mensch: ein Spiegel der Dinge. Jesus Christus: ein Popanz für den blinden Pöbelglauben.* Diese Aussagen erschütterten die Machthaber im Vatikan.

1586, zurück in Paris, formulierte er seine 120 Thesen und organisierte eine Veranstaltung gegen die Peripatetiker über Natur und Welt im College de Canebrai. Nach Tumulten und Angriffen durch die Gelehrten, die ihn als Provokateur, als *Jordanus Brutus* bezeichneten, musste er fliehen und sich eine neue Heimat suchen. Doch in Marburg, der deutschen Hochburg der Wissenschaften, will man ihn nicht. Bleibt also Wittenberg, wo er 1586 an der führenden Universität des Luthertums einen Lehrauftrag be-kommt. Doch leider folgt auf den lutherischen Sachsenkurfürsten August I. sein Sohn Christian I., ein Calvinist, und für Bruno bedeutet das den Verlust seines Lehrauftrags und seinen Zu-fluchtortes. In seiner Abschiedsrede drückt er seine Dankbarkeit aus: *Welche Aufnahme habe ich bei Euch gefunden, der Ausländer, der Verbannte, der Überläufer, dieser Spielball des Schicksals, schmächtig von Gestalt, ein Habenichts, ohne jeglichen Glücksstern, Zielscheibe des Pöbelhasses, der ich allen, die nur dort Adel kennen, wo Gold schimmert und Silber ein Verächtlicher war.*

Er geht nach Prag und findet am Hof von Kaiser Rudolf II. und später an der neuen Universität Helmstedt eine Anstellung, bis ihn wieder das Glück verlässt und er im Oktober 1589 vom örtlichen Superintendenten öffentlich exkommuniziert wird.

Wohin nun? Nach Frankfurt kann er nicht, da diese Stadt erstens keine Universität hat und zweitens der Magistrat den fragwürdigen Gelehrten und Protestanten nicht in seinen Mauern haben will. Nach der Ablehnung seines *Asylantrages* in Frankfurt findet er im Karmeliterkloster eine Unterkunft. Im Sommer 1591 erhält er eine Einladung aus seiner Heimat: ein Adeliger der Republik Venedig, Giovanni Moncenigo, hat ein Herz für den Gelehrten Bruno, der so lange fern der Heimat um seine Existenz kämpfen musste. Trotz Angst und Misstrauen kehrt er nach Italien zurück und erfährt wiederum einen Rückschlag. Den Lehrstuhl für Mathematik in Padua bekommt nicht er, der Welterfahrene, sondern der achtundzwanzigjährige, ihm bis dahin unbekannte Galileo Galilei. Venedig scheint ihm kein Glück zu bringen. Der eigenwillige Patron Moncenigo will von ihm in praktischer Magie unterrichtet werden. Bruno, der in seinem ganzen Leben die Sachlichkeit der Wissenschaften propagierte und der die Menschen vor Heuchelei warnte, weigert sich jedoch, schwarze Kunst zu betreiben.

Doch es passiert noch Schlimmeres: In der Nacht vom 24. Mai 1592 wird er verhaftet und verhört. Sieben Monate später wird er nach Rom in die Engelsburg, den Hochsicherheitskerker des Vatikans, gebracht. Sieben Jahre lang bleibt er in diesem Kerker und sieben Jahre lang weigert er sich, seine philosophischen Lehren und Ansichten zu widerrufen. Die katholische Kirche will durch den Widerruf und die Unterwerfung Brunos beweisen, wer die Macht im Gottesstaat Vatikan hat. Und wer die katholische Kirche in Frage stellt, der hat sich geirrt! Denn diese Macht ist über jeden Zweifel erhaben. Aber auch Brunos Weisheit und Philosophie sind über jeden Zweifel erhaben, und er will weder ein Abtrünniger noch ein Glaubensverräter sein. Er ist und bleibt ein Feind und Kritiker des Systems, und er weiß auch, dass er dafür mit seinem Leben bezahlen muss. Papst Clemens VIII. ordnet am 20. Januar 1600 an, den *Frater Jordanus* durch die *weltliche Gewalt* aus der Welt zu schaffen. Das Urteil gegen den *unbußfertigen, hartnäckigen und widerspenstigen Ketzer* lautet auf achtfache Häresie im Sinne der Anklage. Und *weltliche Gewalt* bedeutet Scheiterhaufen.

In den frühen Morgenstunden des 17. Februar wird auf dem Campo dei Fiori, dem Platz der Vagabunden und Marktweiber, Giordano Bruno nackt und bei lebendigem Leib verbrannt. Damit erreicht der römische Karneval im Heiligen Jahr 1600 den wohl barbarischsten Höhepunkt. Ein Gegner der Kirche, der keinen Krieg führte, sondern allein mit Worten Dummheit und geistige Blindheit bekämpfen wollte, wurde als *Ketzer* zu Rauch und Asche. In *Von den heroischen Leidenschaften* hatte er geschrieben: *In einem so schönen Feuer, in einer so edlen Schlinge macht mich Schönheit brennen und verstrickt mich Anmut, dass ich Flamme und Knechtschaft nur genießen kann. (...) Es ist ein Brand von solcher Art, dass ich brenne, aber nicht verbrenne.*

Seit dem Jahr 1889 steht am Campo die Fiori ein Denkmal, das von dieser Schandtat Zeugnis ablegt."

Moses ergreift das Wort: „Seit diesem Mord hat die Wissenschaft den Kampf mit der katholischen Kirche aufgenommen! Und die

Propheten sollten sich nicht darüber wundern, dass sie schließlich überflüssig wurden!"

Jesus sagt spontan: „Ich kann mich gut mit dem Bruder Giordano Bruno identifizieren. Er wird gedemütigt, gekränkt, schikaniert, eingesperrt und barbarisch verbrannt, weil er das Universum, in realistischer Sicht der Dinge, als unendlich gesehen hat, und weil er in der Unendlichkeit des Universums außer Menschen auf der Erde anderes intelligentes Leben auf anderen Planeten vermutet."

Zarathustra ergänzt ironisch: „Noch schlimmer, Bruno nannte Jesus *einen verächtlichen, gemeinen und unwissenden Menschen, durch den alles entwürdigt, geknechtet, in Verwirrung gebracht und das Unterste zuoberst verkehrt, die Unwissenheit an Stelle der Wissenschaft gesetzt und der echte Adel zu Unehren und die Niederträchtigkeit zu Ehren gebracht.* Ja, das alles soll Bruno getan haben!

Er hat mit der Ablehnung des Personenkult um die Jesus-Kirche die Übermacht des Vatikans verdammt. Es war weitsichtig von ihm, das Problem des Christentums, in jenem Zeitalter des Aberglaubens, in Jesus zu sehen. Bruno hielt die Anbetung des gekreuzigten Jesus aus Nazareth für Götzendienst. Und er konnte so viel Unrecht an den Menschen, den absoluten Gehorsam und die Versklavung der Gläubigen nicht ohne weiteres hinnehmen. Denn was zu jener Zeit die katholische Kirche den Menschen antat, also Verdummung des Einzelnen und die Erzeugung von Angst vor Sünde und Vergeltung, entsprach nicht unbedingt dem, was Jesus den Menschen hinterlassen hatte. Aus den Lehren des Kopernikus, nach denen die Erde nicht länger als Mittelpunkt des Universums gelten konnte, hatte Bruno den richtigen und bis heute gültigen Schluss gezogen, dass die Daseinsprämissen des Menschen von Grund auf revidiert werden müssten. Er fühlte sich dazu berufen, den Menschen die Augen zu öffnen, mit nicht immer wissenschaftlich genau erklärbaren Prinzipien. Heute können wir, über vierhundert Jahre nach seinem gewaltsamen Tod, zumindest sagen, dass seine Gedanken in der philosophisch-kosmologischen Weltanschauung revolutionär waren. Doch der Revolutionär selbst bleibt, wie fast immer, auf der Strecke. Bruno hat, wie kein anderer Denker, versucht, den irdischen Provinzialismus zu bekämpfen, der den Menschen den Blick verstellt für die Allgegenwart von Leben und Bewusstsein im unendlichen Raum. Brunos Traum vom Weltraum war nichts anderes als ein Hinweis auf unendliches Leben des Universums. Diese Vision war vor vierhundert Jahren, genauso wie heute, eine Herausforderung. Bruno hat in seiner ersten naturphilosophischen Schrift die Grundzüge seines Weltbildes dargestellt. In dem Buch *Von den heroischen Leidenschaften* berichtet er von einer Grund- oder Urintuition, die ihm die Wahrheit enthüllt habe.

Im Alter von dreißig Jahren begann er, durch seine Gedankenexperimente seine Ideen zumindest geistig-philosophisch zu argumentieren. Physikalische Experimente oder reale Grundlagenforschung waren nicht sein Metier. Bruno wollte seine Gegner mit dem *Widerhall und Wirbelwind lebendiger Gründe* überzeugen. Dies ist ihm nicht gelungen. Schulwissenschaftler, Kosmologen und Astrophysiker haben bisher im unendlichen Universum keine Existenz feststellen können. Damit haben sie die Weltsicht der Christen, dass keine Weltseele existiert und dass nur unser Planet Erde der Raum ist, in dem es Leben gibt, gestärkt. Wenn es der Marssonde gelänge, auf dem fernen Planeten doch noch Leben zu entdecken, dann hätten sich die Wissenschaftler geirrt. Und die katholische Kirche, die ja bekanntlich nie irrt, müsste einsehen, dass sie weder in der Ära von Papst Clemens VIII. noch in der heutigen Zeit in der Lage ist, ihren Gegnern zuzuhören, anstatt sie zu töten. Gott stehe uns allen bei! Giordano Bruno wird rehabilitiert werden!"

Abraham mischt sich ein: „Die Wissenschaftler waren die besseren Priester, denn sie haben die Menschen nicht bewusst irre geführt! Aus Angst um seine Existenz hat der Vatikan Wissen und Wissenschaft kategorisch abgelehnt und deshalb Wissenschaftler verbannt, verfolgt und verbrannt. Die unaufhaltsame Wissenschaft der modernen und postmodernen Zeit hat sich längst emanzipiert und rächt sich nun für die Schandtaten der katholischen Kirche in der Vergangenheit. Man forscht und entwickelt, ohne Fragen zu stellen.

Neben Bruno gab es noch einige andere große Gelehrte, die dazu beigetragen haben, dass im 16. und 17. Jahrhundert das menschliche Denken eine grundlegende Umwälzung erfuhr. Der Philosoph Scott Buchnan hat die großen Köpfe dieses Zeitalters, Bacon, Kepler, Galilei, Newton, Descartes, als *Weltzerspalter* bezeichnet, ohne allerdings den Philosophen und Mathematiker Giordano Bruno zu erwähnen. Der Grund liegt wahrscheinlich darin, dass alle diese Wissenschaftler aus dem Schicksal von Bruno das eine gelernt hatten: Gott, Jesus und den Vatikan nicht zu kritisieren. Brunos Philosophie und Kampfgeist hat jedoch etwas hinterlassen, was Neugierde und Wissensdurst auslöste. Seine These: *Die Welt: ein unendliches Universum. Der Kosmos: belebt. Gott: ein unendlicher Schöpfer. Der Heilige Geist: die Weltseele. Der Mensch: ein Spiegel der Dinge. Jesus Christus ein Popanz für den blinden Pöbelglauben.*

Damit wollte er vielleicht sagen, dass das unendliche Reich des Schöpfers nicht zum Spielball der Intrigen des Vatikans werden sollte. Wenn die Dummheit die Grundlage des Glaubens wird, dann ist dieser nicht standhaft. Wer verbietet, muss begründen, sonst weckt er den Verdacht, dass das Verbotene doch die Wahrheit beinhalten könnte. Und das ist ein Grund, warum Neugier entsteht, auf das was verboten ist. Bruno hat für seine Überzeugung mit dem Leben bezahlt. Seine Nachfolger waren vorsichtiger und konnten deshalb die Menschheitsintelligenz dahin führen, wo sie jetzt ist: in den Weltraum, und in den Mikro- und Makrotransfer evolutionärer Vorgänge des Lebens. Und die Kirche schaut neidvoll und verbissen zu!

Galileo Galilei, ein Mann der modernen Aufklärung, schwor am 22. Juni 1633 unter dem gewaltigen Druck der vatikanischen Inquisitoren, also jener irdischen Macht, die Giordano Bruno ermordet hatte, seinen ketzerischen Ansichten über den Kosmos und die Himmelskörper ab. Er nahm die Behauptung zurück, dass die Sonne das unbewegliche Zentrum der Welt sei, um welches herum die Erde sich bewege. Galileo Galilei wusste genau, wovon er sprach; aber er wusste auch, dass er nur überleben kann, wenn er die Wahrheit leugnet. Galilei erschütterte die Kräfte des Aberglaubens und des blinden Gehorsams, weshalb es aber nicht bei nur einer Anschuldigung blieb. Seine Gedanken beruhten auf Tatsachen der Wissenschaft und der Mathematik. Sie wirkten revolutionär und bedrohten die herrschenden christlichen Weltanschauungen von *Mutter Erde* und deren Entstehung. Allein die Behauptung, dass die Welt nicht durch metaphysische Spekulationen, sondern nur durch wissenschaftlich-mathematische Rechnungen und Analysen zu erkunden und zu verstehen sei, ist Galilei als Verrat an der leiblichen Schöpfungsgeschichte angekreidet worden. Mit seiner Theorie, dass alle Materie, alle belebten und unbelebten Dinge, gleicher elementarer Herkunft sind, also mit der Lehre des *Automatismus,* widersprach er erneut der mysthisch-religiöse Gedankenlehre der Kirche.

Der Historiker Lewis Manford ist der Meinung: *Galilei hat in aller Unschuld das historische Erstgeburtsrecht des Menschen aufgegeben: die der Erinnerungswerte, in Erinnerung behaltene Erfahrung, kurz die akkumulierte Kultur. Indem er die Subjektivität verwarf exkommunizierte er das zentrale Subjekt der Geschichte, den mehrdimensionalen Menschen. (...) In der neuen wissenschaftlichen Ordnung war es die organisierte Welt, nicht zuletzt der Mensch selbst, der der Erlösung bedurfte. Alle lebenden Formen müssen in Einklang gebracht werden mit dem mechanischen Weltbild, indem sie sozusagen eingeschmolzen und neu geformt werden, um einem vollkommeneren mechanischen Modell zu entsprechen. Denn die Maschine allein war die wahre Inkarnation dieser neuen Ideologie. (...) Um sich vom Organischen, Autonomen und Subjektiven zu befreien, muss der Mensch sich in eine Maschine verwandeln.*

Die Verfechter des *Automatismus,* Galilei und viele andere seiner Zeitgenossen, erreichten eine Umwälzung der menschlichen Gedanken und Vorstellungen, von der Subjektivität zur Objektivität, von der Materie zu funktionierenden Mechanismen, zum maschinisierten Denken.

Die Denker und Gelehrten im 17. Jahrhundert haben trotz ihrer unterschiedlichen Vorstellungen von Gott und der Unendlichkeit etwas Einmaliges in Bewegung gesetzt; die Folgen und Auswirkungen davon faszinieren uns noch heute und versetzen uns, wenn wir uns von der Dominanz der Technologien erdrückt fühlen mit Sorge, und auch mit Angst. Es war die umfassendste und größte Revolution des Denkens, die jemals in der Geschichte der Spezies Mensch stattgefunden hat. Jeder dieser Denker trug auf seine Art wesentliche Elemente zum Verständnis unserer Umwelt, unserer Natur, unseres Körpers und Geistes bei. Die Entdeckungen der geometrischen Beschaffenheit des Sonnensystems, der Begriff Schwerkraft, die Physik und die analytische Geometrie führten zur Vorstellung von Gott als einem Uhrmacher mit seinem Uhrwerk des Universums, in dem alle Räder und Systeme reibungslos und harmonisch funktionieren. So bekamen auch Gott und der unendliche Kosmos einen neuen philosophisch-theologischen Rahmen. Die Vielzahl weiterer Entdeckungen, die funktionstüchtigen Maschinen und Automationen bestätigten die mechanische Theorie der Natur.

Keine Behinderung hat die Neugierde der Menschen verhindern können. Im Jahr 1571 kam im württembergischen Weil Johannes Kepler zur Welt. Er war ein Siebenmonatskind und von Geburt an stark sehbehindert. Nach dem Studium in Tübingen, wo er die neue Planetentheorie von Kopernikus lernte, wurde er unter seinem Lehrer und Förderer Michael Maetlin zu einem der größten zeitgenössischen Denker. Kepler war Protestant und verteidigte das Konzept der Trinität. Das heißt, er war ein Wissenschaftler und Genie, und gleichzeitig war er religiös. Er ist die Schnittstellen zwischen dem noch mystisch und alchemistisch beeinflussten Denken der Vergangenheit und der rationalen Denkweise der neueren Zeit.

Kepler schrieb den Satz: *Geometria est archetypus pulchritudinis mundi.* Mit dem Wort *archetypus*, das bis in unsere Zeit in aller Munde ist, beschrieb Kepler die Geometrie als Urbild der Schönheit der Welt. Diese uralte Idee der Archetypen, die in vielen Bereichen der Wissenschaften und vor allem in der Psychologie der modernen Zeit auftaucht, hilft einen Blick auf den archaischen Hintergrund zu werfen, vor dem sich die Entstehung und Entwicklung wissenschaftlicher Theorien vollzogen hat. Kepler ist einer der ersten Vertreter des christlichen Konzeptes der Trinität und gleichzeitig ist er ein leidenschaftlicher Anhänger des heliozentrischen Systems. Er verfasst das erste zusammenhängende Lehrbuch zur neuen Planetentheorie von Kopernikus mit dem Titel *Epitome astronomiae Copernicanae.*

Der Dreißigjährige Krieg beginnt und Kepler bekennt sich zum Luthertum nach dem Augsburger Bekenntnis, wo jedem Einzelnen Willens- und Handlungsfreiheit zugestanden wurde. Kepler war auch für die symbolische Deutung der Anwesenheit Jesus Christus` beim Abendmahl. Das heißt, für Kepler ist der Wein nicht das Blut Christi, es ist einfach nur Wein. Und auf welche Weise die Kirche diese Deutung versteht und missbraucht, ist Jesus nicht egal.

Kepler, der ursprünglich Theologe werden wollte, hat bei den Symbolen, genauso wie bei den mathematischen Zeichen an die religiös-philosophische Gedankenlehre gedacht. Als Mathematiker hat er seine weltlichen Vorstellungen von Gott und den Himmelskörpern gerade im Einvernehmen mit dem symbolischen Charakter des Glaubens zum Ausdruck gebracht. In einem Brief aus Graz an seinen Lehrer Maetlin schreibt er unter anderem: *Lange war ich in Unruhe. Jetzt aber sehet, wie Gott durch mein Bemühen auch durch Astronomie gefeiert wurde.* Einerseits lenkt Kepler hierbei die Aufmerksamkeit seines Lehrers auf seine himmlische *Entdeckung*, weil er denkt, dass er das *körperliche Abbild Gottes* in der Welt gefunden habe, was er 1596 in seinem früheren Werk *Mysterium Cosmographicum* formuliert, andererseits stellt er mit der Auffassung, dass die Sonne mit ihren Planeten ein Abbild der Trinität sei, seine göttlich religiöse Überzeugung fest: *Das Abbild des dreieinigen Gottes ist in der Kugel(fläche), räumlich des Vaters im Zentrum, des Sohnes in der Oberfläche und des Heiligen Geistes im Gleichmaß der Bezogenheit zwischen Punkt und Zwischenraum (oder Umkreis).*

Ob die Menschen nun die Trinität als Gott-Welt-Mensch, Urbild-Abbild-Ebenbild, Vater-Sohn-Heiliger Geist oder Gott-Schöpfung-Ewigkeit sehen wollen, bleibt ihnen überlassen. An etwas aber muss sich auch der moderne Mensch mit seinem Wissen und Können orientieren. Ohne Vor-, Nach- oder Ebenbild, ohne orientierendes Ziel durch die Welt und den Kosmos zu spazieren, und dabei der Arroganz des bloßen Könnens zu verfallen, ist mit dem Anspruch auf Genialität und Virtuosität nicht zu vereinbaren. Kimbrell warnt vor den Folgen des gigantischen Fortschritts der technologischen Möglichkeiten, die unübersehbare Rahmenbedingungen schaffen und damit unser menschliches Dasein beeinträchtigen."

NICHT EINMAL DIE GROSSEN DENKER HABEN DIE KONSEQUENZEN DER WISSENSCHAFTEN ERKANNT, AUCH HEGEL NICHT

Zarathustra ergreift das Wort: *„Nicht die allgemeine Idee ist es, welche sich in Gegensatz und Kampf, welche sich in Gefahr begibt; sie hält sich unangegriffen und unbeschädigt im Hinter-*

grund. Das ist die List der Vernunft zu nennen, dass sie die Leidenschaft für sich wirken lässt, wobei das, durch was sie sich in Existenz setzt, einbüßt und Schaden leidet. Denn es ist die Erscheinung, von der ein Teil nichtig, ein Teil affirmativ ist. (G.W.F. Hegel)

Was auch immer die Absichten seiner Urheber waren, das mechanistische Bild der Natur, wie es die Aufklärung hervorgebracht hat, beherrscht noch immer unsere Vorstellungen. Die großen Geister der früheren Aufklärung haben nicht an die Folgen für den modernen Menschen gedacht. Sie waren Enthusiasten und Revolutionäre zugleich; und sie riskierten Leib und Seele, mit einem Bein im Mittelalter und mit dem anderen schon in der faszinierenden Moderne. Und auch ihr Denken und ihre Vorstellungen weisen viele Widersprüche auf. Gerade Kepler, der die Geometrie des Sonnensystems genau berechnete, begab sich auf die Suche nach Geistern und Engeln, die er mit Begeisterung in der Sonne und in den Planten zu finden glaubte. Auch der Mond hat Kepler fasziniert. Sein Werk *Mondtraum und Vision*, das er fast vierhundert Jahre vor der Landung des Menschen auf dem Mond geschrieben hat, ist beste *science fiction*, die, wie wir wissen, in Erfüllung gegangen ist. Kepler, der Mathematiker, Astrologe und Wissenschaftler, stellt auch einen Zusammenhang zwischen dem Stern von Bethlehem und einer *großen Konjunktion* der Planeten Jupiter und Saturn her, die bereits von babylonischen Astrologen beobachtet worden war: Jupiter und Saturn schienen erst zu verschmelzen, doch dann entfernten sie sich voneinander und blieben stehen. Kepler schreibt in seinem *außführlichen teutschen Bericht, dass unser Herr und Heiland Jesus Christus mit nur einem Jahr vor den Anfang unseres heutigen Tages gebräuchlichen Jahreszahl geboren sey, sondern fünf ganze Jahre davor.*

Heute wissen wir, dass auch die Messung und mathematische Festlegung von Kepler um zwei Jahre verschoben werden müssen, denn sonst wäre das Kind Jesus im Jahre seiner offiziellen Geburt schon in die Schule gegangen.

War Kepler ein Phantast oder wollte er mit seinem Glauben sich selbst und den Menschen einen Halt und ein Ebenbild geben? Bei Isaac Newton, der als erster das Gesetz der Schwerkraft formulierte und Bedeutendes auf dem Gebiet der Optik erforschte, war es nicht anders. Warum war Kepler an Jesu präzisem Geburtsdatum interessiert? Aus mathematischer Neugier, aus astrologischem Interesse oder doch aus religiöser Überzeugung von der Notwendigkeit eines heiligen Glaubens? Wahrscheinlich aus wissenschaftlicher Neugier!

Rechthaberei und Dogmatismus eines Genius namens Isaac Newton, der von den Engländern als der größte Naturforscher aller Zeiten verehrt und noch über Michael Faraday und Charles Darwin gestellt wird, beschrieb der Dichter Alexander Pope, ein Zeitgenosse Newtons, so:

Nature, and Nature's Laws lay Lid in Night.
God said, let Newton be and all was Light.
(Die Natur und ihre Gesetze lagen verborgen im Dunkel der Nacht.
Gott sprach, es werde Newton, und alles wurde ans Licht gebracht.)
Welche Verehrung schon zu Lebzeiten für einen Mathematiker, Physiker und Alchimisten! Mit Newton wird die Wissenschaft der Physik und Mathematik vorprogrammiert. Im Gegensatz zum griechischen Urvater Platon, der die himmlischen Spären so scharf von den irdischen trennte, war er der Meinung, dass der Mond am Himmel derselben Kraft unterliege und seine Bewegung sich nach denselben Gesetzen richte wie ein Apfel, der vom Baum zum Boden fällt, oder irgendein Stein, der durch die Luft geschleudert wird. Die Schwerkraft, die auf der Erde nachweisbar ist, gälte unverändert auch im Himmel und überall, wo es Materie gibt.

Das wohl bekannteste Werk der Renaissance des legendären Hermes Trismegistos, *Tabula Smaragdina (Die smaragdene Tafel)*, enthält unter anderem das kosmische Prinzip Newtons: *Die Dinge unten sind wie die Dinge oben*. Genau das hat Newton auch gesagt, allerdings in detaillierter und mit mathematischen Regeln belegter Form, die für die technische Nutzbarmachung notwendig war. War nun Newton ein smarter Gentleman oder ein arroganter Dogmatiker? Er hat einmal in vornehmer Bescheidenheit gesagt, das er nur deshalb in der Lage gewesen sei, so viel zu entdecken und zu sehen, weil er auf den Schultern von Riesen gestanden habe. Das könnten Kepler mit den *Drei Planetengesetzen*, Galileo und Trismegistos gewesen sein, die Newton beim größten Erfolg der modernen Physik beistand geleistet haben.

Aber Newton hatte durchaus Karrierebewusstsein: seine Unfairness gegenüber Leibniz, der zumindest genauso viel für die Wissenschaft vollbracht hat, ist unmenschlich und bösartig. Die egoistische und rechthaberische Haltung Newtons gegenüber Gottfried Wilhelm Leibniz um die Ersterfindung der neuen Rechenweise führt zu zahlreichen Auseinandersetzungen."

Mohammed: „Nein, die Wissenschaftler waren keine Priester für die Integrität der moralischen Ordnung in der Gesellschaft! Sie haben karrierebewusst gehandelt, ja geschummelt; und wenn es um Ruhm, Profit und Anerkennung geht, sind sie große Egoisten! Sicher, Newton war mit seiner Fluxionsmethode früher auf dem Markt. Aber gleichzeitig ist bewiesen, dass Leibniz` Art der Darstellung mit dem Integralzeichen sich durchgesetzt hat und auch bis heute praktiziert wird. Das konnte Newton nicht verkraften. Selbst der deutsche Einspruch bei der Royal Society konnte keine Klärung in dieser Frage binden, da Newton selbst der Präsident dieser Einrichtung war.

Eine ähnliche Situation ergab sich auch in der neueren Geschichte der Wissenschaft bei der Entdeckung des HIV-AIDS-Virus im Jahr 1982: Es stellte sich immer deutlicher heraus, dass die *erworbene Immunschwäche (Acquired Immune Deficiency Syndrome)* eine ansteckende Krankheit ist. Mitte 1982 entdeckte man dann, das außer Homosexuellen, Drogensüchtigen, die sich ihre Droge spritzten, und den Einwohnern bestimmter Gebiete, auch Bluterkranke und die Empfänger von kontaminiertem Blut und anderen aus dem Blut hergestellten Präparate von einer Ansteckung bedroht sind. Die Krankheit tauchte 1983 schließlich auch in Europa auf, nachdem sie bereits in den USA festgestellt worden war. Die Mitarbeiter des Pariser Institut Pasteur unter Mitwirkung von Francoise Barré-Sinoussi, Jean-Claude Cherman und Luc Montagnier kommen auf die Spuren des Erregervirus und nennen es *LAV (Lymphadeno-pathie-Virus).* Ein halbes Jahr später wird diese Entdeckung in Cambridge (England) bestätigt.
Im Mai 1984 veröffentlicht eine Arbeitsgruppe unter Leitung von Robert Gallo in Bethesda (Maryland, USA) ebenfalls die Entdeckung eines Erregervirus, das die gleiche Krankheit auslöst, und gibt ihm den Namen *HTLV-III (Human T-Cell Leukemia Virus III = mutmaß-*

liches ätiologisches Agens der erworbenen Immunschwäche). Obwohl dieses Virus vom LAV der Franzosen nicht zu unterscheiden ist, entwickelte sich ein regelrechter Wissenschaftsstreit. Die Amerikaner reklamierten die Entdeckungsrechte für sich. Obwohl das Institut Pasteur bereits im Dezember 1983 einen Patentantrag in den USA gestellt hatte, meldet Gallo *sein* Virus ebenfalls als Patent an. Dabei stand vieles auf dem Spiel: Urheberrechte, Lizenzen, Patentrechte, wirtschaftliche Nutzungsrechte, die Verleihung von Forschungsaufträgen, und vielleicht sogar der Nobelpreis. Erst im Mai 1986 wird das Virus von einer Virologen-Arbeitsgruppe in *Human Immundeficiency Virus (HIV)* umbenannt, um dem unnützen Streit, wenigstens bei der Bezeichnung des Erregers, ein Ende zu machen.

Bei allem Respekt vor diesem epochalen Ereignis und den daran beteiligten Genies: Der Mensch ist selbstsüchtig und egoistisch! Der Forschungsdrang bei vielen solchen Genies ist ein Drang zum Ruhm und kein Streben um das Wohl der Menschheit!

Die Menschen sollen nicht so viel nachdenken, was sie tun sollen; sie sollen vielmehr bedenken, was sie sind. (Meister Eckhart)

Mit diesem Rückblick in die Geschichte von Wissenschaft und Forschung wollte ich auf die Grundeigenschaften von Menschen, egal in welch geistig-gesellschaftlichen Ebenen sie sich auch befinden, hinweisen: Selbstherrlichkeit, Egoismus und Heuchelei! Dabei bleibt die Ethik, die Wissenschaft von der Moral, auf der Strecke. Wenn die Wissenschaft und ihre Macher aus Rache an der Kirche diese unheilvolle Revolution der Technologie vollenden wollen, dann sollten sie bedenken, dass Sturheit und Rache auf die Dauer nichts Gutes bringen. Sie sollten Wissenschaft mit Ethik verknüpfen, dann sind sie wahre Wissenschaftler im Sinne von Giordano Bruno.

Newton war, obwohl ihn ein Historiker als einen ekelhaften Menschen beschreibt, ein großer Wissenschaftler. Wie Kepler war auch Newton offen für irrationale, magische und alchemistische Mittel und Methoden."

Buddha mit einer Zwischenbemerkung: „Ein Wissenschaftler muss neugierig sein, sonst kommt er nicht weiter; und Irrationalität macht den Wissenschaftler neugierig."

Mohammed setzt fort: „Wie das Sonnenlicht seine Geheimnisse durch die Zerlegung im Prisma in das Farbenspektrum verrät, so hat Newton die physikalischen Größen wie Masse und Beschleunigung erklärt. Indem er die Masse in Bewegung versetzte, sah er, dass die Beschleunigung und damit die Geschwindigkeit von der Masse abhängig ist. Damit hat er seine geometrischen Prinzipien aufgestellt und ein funktionierendes Modell des Kosmos nachgeahmt.

Was Gott betrifft, war der strenggläubige Newton der Meinung, dass Gott der Schöpfer des vegetativen und lebendigen Geistes sei, ohne den alle Wissenschaften nicht vorstellbar sind. Daher sah er seine Arbeit als heilige Arbeit im Dienste des Schöpfers! Sein besonderes Interesse für die Alchemie war dadurch begründet, dass er alle Geheimnisse und Weisheiten dieses Faches als Offenbarung Gottes sah; und davon wollte er keine verpassen. Er war der Meinung, dass es *Gottes große Alchemie* war, die aus dem Urchaos die Ordnung der Welt geschaffen hatte, indem Gott mit Hilfe des vegetativen Geistes die Materie so bearbeitet hat, wie es Alchemisten mit dem Stein der Weisen im Laboratorium tun. Newton schreibt: *So wie die Welt aus dem dunklen Chaos durch die Trennung des ätherischen Firmaments und des Wassers von der Erde geschaffen wurde, so bringt unsere Arbeit die Anfänge aus dem schwarzen Chaos und die „Prima materia" durch die Trennung der Elemente und die Beleuchtung der Materie hervor.* Es waren also die Alchemisten, die den Urknall ausgelöst haben! In der *Principia* schreibt Newton im Vorwort: *Gott dauert für immer, auch ist er überall anwesend. Indem er immer und überall ist, schafft er Dauer und Raum. Alles ist in ihm enthalten und durch ihn bewegt.*

Wenn einer wie Newton in der Lage ist, so großartig und doch einfach den Schöpfer zu beschreiben, dann ist es kein Wunder, dass er uns bis heute mit seinen Ideen begleitet.

Und es steht fest, dass das mechanistische Bild der Natur, wie es diese Epoche der wissenschaftlichen Aufklärung hervorgebracht hat, noch immer unsere Vorstellungen beherrscht. Für den Historiker und Philosophen William Barrett *hat das Abenteuer der Moderne mit dem 17. Jahrhundert begonnen, aber wir haben dieses vergangene Zeitalter nicht einfach hinter uns zurückgelassen.*

Es ist mit all seinen Widersprüchen und Spannungen noch immer lebendig in den Unsicherheiten und im Unbehagen unseres modernen Bewusstsein.

René Descartes wird im März 1596 in Le Haye in der Touraine geboren. Mit 16 Jahren verlässt er die Jesuitenschule. Er war ein Metaphysiker, der sein *Ich* folgender Maßen definiert: *Ich denke, also bin ich. Ich zweifele, also bin ich. Ich werde getäuscht, also bin ich.* Das ist natürlich kein Hinweis darauf, dass Descartes nicht wusste oder sich nicht sicher war, ob er ist. Es handelt sich hier um einen seiner Denkansätze. René Descartes war Philosoph, Metaphysiker und Mathematiker zugleich. Vor fast vierhundert Jahren vollzog er in der Philosophie die endgültige Trennung zwischen Leib und Seele, beziehungsweise zwischen Körper und Geist. Der Philosoph und Mathematiker erarbeitete, wie Galilei zur gleichen Zeit in Italien, die Fundamente einer *wunderbaren Wissenschaft* mit vollständig neuen Dimensionen: die wissenschaftlichen Erkenntnisse wurden mathematisiert und damit reproduzierbar, also maschinistisch nutzbar. 1633 erfährt Descartes von der Verurteilung Galileis durch die Inquisition und stellt die Publikation seines ersten Werkes über die Welt und das Licht zurück.

In seinen früheren Werken versucht Descartes die schwierigen wissenschaftlichen Prozesse auf ihre einfachen Basisphänomene und Grundsteine zu reduzieren oder zu vereinfachen, wobei er mit Mitteln und Elementen der gewöhnlichen Erfahrung so umgeht, wie man es in der Geometrie mit vielfältigen Kurven macht, etwa mit Geraden, Kreisen und Spiralen. So könnte man auch die zusammengesetzten Naturen, die man täglich sieht, auf einfache Naturen reduzieren. Seine Theorie: *Primäre En-titaten*, also Grundbausteine, zu denen auch das Trio *Figur, Ausdehnung, Bewegung* zählen könnte, müssen erst gefunden und dann einzeln beurteilt werden.

Diese neue wissenschaftliche Auffassung soll in der als mechanisch oder mechanistisch geltenden Vorstellung zu finden sein, dass die Eigenschaften und die Auswirkungen eines Körpers aus den elementaren Bestandteilen, also den Grundbestandteilen hervorgerufen werden. Durch diese *Mechanik* trennt er alle materiellen Dinge von den seelischen Komponenten. Das führt ihn zu seiner Grundauffassung, Leib und Seele, Körper und Geist zu trennen. In vielen

Arbeiten dieses großen Philosophen tauchen im Laufe der Zeit seine metaphysischen Vorstellungen vom Geist und seinem Dasein auf. Er schläft unruhig und träumt, dass böse Mächte ihn vom bisherigen rechten Weg abzubringen versuchen. 1619 behauptet Descartes in Ulm, *der Geist der Wahrheit* habe ihm *durch einen Traum die Schätze aller Wissenschaften eröffnen wollen* und deshalb wolle er eine Wallfahrt zur Jungfrau nach Loretto unternehmen. Ob er diese Wallfahrt machte oder nicht, wissen wir nicht. Allein dass so ein kluger menschlicher Geist auf diese Idee kommt, in einem Wallfahrtsort ein Bekenntnis abzulegen, weist darauf hin, dass die Genialität nach ihrer Herkunft sucht."

Dazu Buddha: „Was vergänglich ist, gehört der Vergangenheit an; und das ist es was man vom dualen Wesen des Menschen sagen kann. Der Geist samt der Seele verlässt den vergänglichen Körper, um sich auf den Weg der Ewigkeit zu begeben. So habe ich versucht die Menschen antimateriell und für mehr Geistigkeit zu gewinnen. Dazu sagt Bjaktivedanta Swami Prabhupada: *Alle diese Menschheitsgrößen sind leiblich verbrannt und tot, aber deren Geist lebt unter uns. Jeder intelligente Mensch, der vom Glück und Leid nicht verwirrt ist, da er versteht, dass diese Zustände lediglich verschiedene materielle Phasen sind, die sich aus den Wechselwirkungen der materiellen Energien ergeben, kann in die antimaterielle Welt zurückkehren, in der das Leben ewig und voller immer währender Erkenntnis und Glückseligkeit ist.*"

Jesus warnt die Wissenschaftler der modernen Zeit vor Arroganz und seelenlosem Rationalismus, deren Ursprung im späten Mittelalter zu finden ist: „Der Einfluss der Wissenschaftler und Denker vom Mittelalter bis in die Renaissance auf die Entwicklung der heutigen Wissenschaften, von der industriellen Revolution bis in die multidimensionale Technologie, ist unbestreitbar. Ihre Vorstellungen von der Natur als einem Uhrwerk wurde nicht nur auf die Himmelskörper und andere unbelebte Objekte übertragen, sondern schließlich auch auf den Menschen und seinen Körper. Im Reich der hochnäsigen Wissenschaftler gab und gibt es kein Tabu und keine Umweltschutz- oder Tierschutzvereine."

Mohammed bemerkt: „Die meisten führenden Köpfe der Wissenschaften waren und sind bekennende Materialisten und Mechanisten, die anderen Lebewesen, also Tieren, weder Gefühle noch Intelligenz oder gar eine Seele zusprechen wollen. Dieses wissenschaftliche Faktum ist Gegenstand eines Dauerkonflikt mit all denjenigen, die, wie die Vertreter der Kirche, der Meinung waren, dass eine solche Ansicht dem gesunden Menschenverstand und allem Anstand zuwider laufe. Ein erbitterter philosophischer Kampf um die Frage, ob Tiere eine Seele hätten oder ob sie unbeseelte biologische Maschinen nach dem Vorbild eines Uhrwerkes seien, dauerte mehr als hundert Jahre an. Francis Bacon war einer der ersten, der die Metapher vom Uhrwerk auf Tiere anwandte. In seinem *Novum Organum* schreibt er: *Die Herstellung von Uhren ist ein Handwerk, das Geschick und Genauigkeit verlangt, da das Uhrwerk den Himmelskörpern gleicht und seine stets gleichbleibende Bewegung den Puls der Tiere nachahmt.*

Andreas Vesalius, der belgische Anatom und Physiologe und Entdecker der pumpenähnlichen Natur des menschlichen Blutkreislaufes, und der englische Arzt William Harvey vertraten am Ende des 16. und Anfang des 17. Jahrhunderts die Meinung, dass der Körper eine Maschine sei. Descartes vertrat in seiner berühmten Abhandlung über die Methode des richtigen Vernunftgebrauchs 1637 die Ansicht, dass man fast alle Vorgänge des Körpers als maschinelle Vorgänge begreifen könne. Tierkörper seien *seelenlose Automaten*, deren Bewegungen sich von denen der Maschinen nicht oder kaum unterscheiden. Diese Auffassung war der damaligen kirchlichen Lehre genau entgegengesetzt, der zufolge jedes Lebewesen im Besitz einer Seele sei.

Unseren Vorstellungen von maschinisierter Medizin mit Ersatzteilen und Reparatur- und Hilfsmaschinen, wie Dialysegeräten, Herzschrittmacher, Hormonspender und anderen noch in der Entwicklung stehenden Biomaschinen, bestätigen fast die Äußerungen, dass auch wir Maschinen sind. Wir bescheinigen uns aber, dass wir seelisch sind, dass wir also nicht nur im Besitz von Geist und Intelligenz sind, sondern auch eine Seele haben. Bei Tieren erkennen wir dieses Gut nicht an."

Moses ergänzt: „Das ist so, weil wir nicht imstande sind zu verstehen. Unser Verstand ist und bleibt für solche Phänomene, wie die Seeligkeit der Tiere, durch sturen Rationalismus gesperrt. Den

Pflanzen wurde eine *vegetative* Seele zugeschrieben, die ihr Wachstum und Aussehen bestimmt, und den Tieren eine entwickelte, eine *sensitive* Seele, die ihnen die Fähigkeit zur Bewegung, zur Flucht vor dem Menschen zum Beispiel verleiht; darüberhinaus die Fähigkeit zu gedachten Handlungen und erlernbaren Elementen im Gedächtnis im Sinne des Erkennens und Wiederfindens. Dem Tier wird keine individuelle Unsterblichkeit zugesprochen, wie sie es beim Menschen gibt. Die individuelle Unsterblichkeit des Menschen ist aber eine philosophisch-metaphysisch-charismatische Vorstellung, die die Menschen sich selbst angeeignet haben. Da kommt die kirchliche Meinung durch, dass nur der Mensch eine mit dem Körper verbundene unsterbliche Seele habe.

Nach solchen Vorstellungen griffen die traditionellen Theologen diese cartesianischen Ansichten an. Die Angst der Kirche, dass die Wissenschaft dabei sei, die Menschen der Seele zu berauben, wurde durch die Schriften Descartes` erst recht bestätigt. Einige Kirchenfürsten konnten nicht glauben, dass Descartes und seine Schule die gesamte Natur, einschließlich der Tiere, auf mechanische Prinzipien basierend sehen wollten. Einer von ihnen, der Jesuit Guillaume Bougeant, appellierte an Wissenschaftler mit einem Schreiben, in dem er an die Vernunft der Christen und die Glaubensfundamente der Kirche erinnerte: *Ich fordere alle Cartesianer dieser Welt auf, sich davon zu überzeugen, ob ihr Hund wirklich nur eine einfache Maschine ist. (...) Man stelle sich einen Menschen vor, der seine Uhr so liebt wie unsereins einen Hund und der annimmt, sie liebe ihn genauso und zeige ihm die Zeit willentlich und aus Zuneigung zu ihm.*

Im Juni 1640 fragte ein Priester Descartes in einem Brief, wie es käme, dass Tiere Schmerzen empfänden, wo sie doch keine Seele hätten. Descartes antwortete prompt, sie fühlten gar keine Schmerzen, denn Schmerz könne nur ein Wesen mit Verstand empfinden."

Abrahm erwidert: „Dieses Thema ist auch heute noch brisant, weil viele Menschen immer noch nicht davon überzeugt sind, dass Leid und Schmerz nicht nur zur Welt des homo sapiens gehören, sondern dass auch die Tierwelt Anspruch darauf habe. Damals schon haben die Grausamkeiten gegenüber den Tieren, vor

153

allem im Dienste der Wissenschaft, die Schwelle des Sadismus überschritten. Tiere wurden gequält mit dem Hinweis darauf, dass Tiere ja wie Uhren seien und dass ihre Schreie folglich nur das Geräusch einer kleinen Feder wären, die durch die Schläge (auf den Leib des Tieres) in Bewegung geraten wäre. Descartes` Rationalismus hatte, trotz allem zweifelhaften Folgen, viele überzeugte Anhänger. 1648 warf der Theologe Moore Descartes vor, seine Theorie sei eine *todbringende und mörderische* Doktrin. Und trotzdem waren Descartes und seine Anhänger der Meinung, dass die biologischen Prozesse genauso funktionierten wie leblose Maschinen.

Gottfried Wilhelm von Leibniz erweiterte Descartes: *Die Maschine der Natur aber, d. h. die lebendigen Körper, sind noch im kleinsten ihrer Teile bis ins unendliche Maschinen.*
Es mag sein, dass der lebendige Körper bis in Einzelteile des Organismus, in Exaktheit und funktionellem Zusammenhalt, wie eine Maschine arbeitet. Wenn man den Organismus in Organ, Gewebe, Gewebsbestandteile, und bis in die einzelne Zelle zerlegt, und wenn man dann diese Zelle noch einmal zerlegt, begegnet man überall miteinander verflochtenen biologischen Systemen, die in Abhängigkeit voneinander die lebendige Harmonie entwickeln. Eine Maschine ist der Organismus trotzdem nicht, weil in dieser exakten biologischen Harmonie ein Geist (oder eine Seele) beherbergt ist, der den Körper in die Lage versetzt hat, diese Maschine zu entwickeln und zu bauen. Aber die von ihm gebaute Maschine empfindet nicht; nicht einmal für ihren Schöpfer."

Jesus ergreift das Wort: „Alle lebendigen Organismen können zwar in ihrer Exaktheit und Funktion mit Maschinen verglichen werden, aber sie können nicht gleich gesetzt werden. Descartes hätte eigentlich als Werkzeugmacher arbeiten sollen, wenn er von Maschinen so begeistert war. Er entwickelte einen Dualismus, dessen negative Konsequenzen für die Tiere er nicht sieht, weil er ja selbst eine Mensch ist, den eine unsterbliche Seel vor Übergriffen schützt. Aber geben wir es doch zu: Descartes` Vorstellungen sind weitgehend verwirklicht. Der menschliche Körper wird heute von den Wissenschaftlern als eine Maschine betrachtet, und in biologischen Werkstätten wird für Ersatzteile gesorgt."

Dazu Mohammed: „*Das Bewusstsein ist der Geist als konkretes und zwar in Äußerlichkeit befangenes Wissen, aber die Formbewegung dieses Gegenstandes beruht allein, wie die Entwicklung alles natürlichen und geistigen Lebens, auf der Natur der reinen Wesenheiten, die den Inhalt der Logik ausmachen.* Das Sein ist nach Hegel in Abhängigkeit von elementaren Einheiten wie *wahrhafte Materie* und *wahrhaftem Seyn.* Der Geist gibt dem Leib die Kraft der *reinen Wahrheiten. Die Materialisten sind mit diesem Dualismus, Seele und Körper, Geist und Leib, nicht einverstanden. Was auch immer die Absichten seiner Urheber waren, das mechanistische Bild der Natur, wie es die Aufklärung hervor gebracht hat, beherrscht noch immer unsere Vorstellungen. (Andrew Kimbrell)*

Wenn man heute, im Jahre 2002, eine Tageszeitung aufschlägt, wird man mit Meldungen konfrontiert, die keine Nachrichten sondern regelrechte Horrorschocker sind: *Das Humangenom – Spielball der Forscher* oder *Herz aus der Retorte.* Die geschmackloseste und unverschämteste Schlagzeile in der letzten Zeit lautete: *Menschliche Samenzellen von Ratten.* Einem Forscher aus Japan sei es erstmals gelungen, Ratten und Mäuse zur Produktion von menschlichem Samen anzuregen. Die Wissenschaftler und Denker, Descartes und Leibniz, würden sich trotz ihrer dualistischen Vorstellung vom Lebendigen im Grabe drehen, wenn sie wüssten, dass man aus den Wissenschaftserkenntnissen des 17. Jahrhunderts die neue Maschinerie der medizinischen Produktion entwickelt hat. Descartes würde den menschlichen Geist und seinen Ursprung bestimmt nicht in Ratten und Mäusen verankert sehen wollen.

Wie geht der Mensch in unserer Zeit mit dem Menschenbild und der Menschenwürde um? Vom Menschenbild und seiner Würde ist in der revolutionären Zeit der stillen Selektion der Keimzellen und Chromosomen kaum etwas übrig geblieben. Konzepte wie *Die Würde des Menschen ist unantastbar* sind von unwürdigen aber markt- und konsumorientierten Menschen ad acta gelegt worden. Die Ethik rennt dem Fortschritt hinterher, und die Eugenik findet schon von unten statt.

Der persische Philosoph Rumi schreibt dazu: *Diese Welt und die jenseitige Welt gebären ständig Neues: Jede Ursache ist eine Mut-*

ter, ihre Wirkung das Kind. Wenn die Wirkung geboren ist, wird auch sie zur Ursache und gebärt wunderbare Wirkungen. Diese Ursachen sind die aufeinanderfolgenden Generationen. Aber man braucht schon ein scharfes Auge, um die Glieder in ihrer Kette zu erkennen.

In der Diskussion um die Äußerungen des Philosophen Peter Sloterdijk wurde theoretisiert, ob der Mensch seine genetische Entwicklung selbst in die Hand nehmen sollte. Für genetisch bedingte Krankheiten und für Behinderte sollte eine selektive Medizin und eine gentechnologische Therapie selbstverständlich sein. Im Jahr 2001 haben Molekularbiologen den *genetischen Bauplan des Menschen* dechiffriert. Damit kann es gelingen, spätere Krankheiten bereits nach der Vereinigung von Ei- und Samenzelle vorherzusehen, zu therapieren – oder per Abtreibung aus der Welt zu schaffen. Die Behindertenorganisation *Lebenshilfe* kritisierte den *Automatismus*, mit dem die Schwangerenvorsorge und die Aussonderung behinderter Ungeborener derzeit verknüpft werden, und sie warnt vor einem *Leben nach Maß.* Eine Gesellschaft, in der es keine Behinderten mehr gibt, und in der Menschen nicht nur alle gesund sind und gut aussehen, sondern genauso wie ihre Hersteller oder Erzeuger denken und handeln, ist weit vom Ebenbild Gottes entfernt. In so einer Gesellschaft werden auch Konzepte wie Ethik, Ehrfurcht, Sünde und Glaube andere Definitionen bekommen. Es wird zum Beispiel eine Sünde sein, wenn Eltern ein Kind mit Behinderung zur Welt bringen. Längst hat sich die Schwangerschaft zu einem moralischen Minenfeld entwickelt. Viele Mütter wissen nicht einmal, dass allein mit routinemäßigen Untersuchungen per Ultraschall Abweichungen vom Normalbild und somit Missbildungen gefunden werden können. Eine Verdickung der Nackenfalte beim Foetus zum Beispiel ist ein Hinweis auf eine *Trisomie 21*, die durch eine Fruchtwasseruntersuchung bestätigt werden kann. Während durch diese Untersuchung einerseits die Diagnose *Morbus Down* bestätigt werden kann, könnte es andererseits das Todesurteil für das ungeborenen Kind bedeuten, wenn es danach die Möglichkeit gäbe, ein eugenisches oder ein intuitives Reinheitsgebot der Eltern zu vollstrecken.

Wissenschaft und Fortschritt sollten der Menschheit dienen! Die Wissenschaftler dürfen bei ihrer Arbeit die Ethik nicht außer acht lassen und sie sollten dem Egoismus und dem wissenschaftlichen Luxus entsagen!"

Am Altar von Persepolis ist die Diskussion in vollem Gange. Zarathustra sorgt hin und wieder mit einer Harfe und Gesang für Abwechslung. Die Atmosphäre ist intensiver und spannender als am Abend. Das Feuer schützt spürbar vor der langsam einsetzenden Kälte der Nacht.

NATIONALISMUS – RASSENWAHN – ANTISEMITISMUS

Zarathustra legt die Harfe beiseite und ergreift wieder das Wort: „Ja, ja, diese Wissenschaftler, sie sind besessen von ihrer Arbeit! Das ist die heimtückischste Eigenschaft der Menschen: wenn sie von etwas besessen sind, dann werden sie gefährlich und sind zu allem fähig! Auch Adolf Hitler war eine besessene Bestie! Wie konnte im Land der Dichter und Philosophen dieses grausamste Kapitel der Menschheitsgeschichte seinen Lauf nehmen?"

Dazu Moses: „Die Nationalsozialisten haben sich auf Darwin berufen! Dabei hat das ganze Dilemma scheinbar so spielerisch und harmlos begonnen. Unter dem Olivenzweig, dem Symbol für Frieden, fanden 1936 in Berlin die olympischen Sommerspiele statt. Während dieser Zeit stieß man in fast jedem Restaurant auf Ausländer. Eine Vielzahl fremder Sprachen war in den Straßen von Berlin zu hören. All diese fremden Menschen waren beeindruckt von der deutschen Hauptstadt, von ihrer Eleganz und von der phantastischen Organisation der Spiele. Die Presse sorgte dafür, dass die Bilder aller Nationen, die bei der Eröffnungsfeier im Stadium mit dem zum Gruß ausgestreckten rechten Arm an der Loge des *Führers* vorbei marschierten, keinem einzigen Deutschen entgingen. Das ganze Volk schwelgte in der Faszination über seine Sportler und seinen Führer. Deutschland gewann sogar die Nationenwertung mit fast doppelt so vielen Goldmedaillen wie die USA mit ihren berühmten Athleten, darunter vielen Schwarzen.

Der Star der Amerikaner, Jesse Owens, hatte die Herzen der Menschen erobert, und Jubel erfüllte das Stadion, als der schwarze Supersprinter von Adolf Hitler persönlich in der *Führerloge* empfangen wurde.

Eigentlich unglaublich, wenn man bedenkt, dass ein Jahr davor, im September 1935, die *Nürnberger Gesetze* erlassen worden waren, die die Grundlage schufen für ein Gesellschaftsordnung, von Rassismus und arischem Deutschtum. Damals wie heute wurden die Sportler, auch wenn sie schwarz waren, gefeiert, wenn sie sich darauf beschränkten nur Sportler zu sein.

1968 war ein dramatisches Fernsehbild von den Olympischen Spielen in Mexico City um die Welt gegangen: Tommi Smith und John Carlos, die beiden schwarzen US-Sprinter, grüßen die Welt eine ganze amerikanische Nationalhymne lang mit dem Black-Power-Gruss, die schwarz behandschuhte Faust in die Luft gestreckt. Mit den schwarzen Schals um ihren Hals wollen sie an die vielen durch Lynchjustiz ermordeten Afroamerikaner erinnern. Tommi Smith, der mit einem Anschlag auf sein Leben rechnet, hält eine Kiste mit einem den Frieden symbolisierenden Olivenzweig in der Hand. Nicht zufällig hatte James Brown im selben Sommer als erster Popstar Stellung bezogen mit dem Titel: *Say it loud - I'm black and I'm proud.* Tommi Smith` Geste kostete ihn die Mitgliedschaft im Olympiateam und seine weitere Karriere als Leichtathlet, James Brown verlor einen Teil seines weißen Publikums.

Manfred Eigen, der deutsche Nobelpreisträger, hat mit Recht darauf aufmerksam gemacht, wie falsch und irreführend der von allen, auch von seinen Fachkollegen und Biologen, gedankenlos gebrauchte Terminus *Darwinismus* ist, wenn von Darwins Theorie der Artenentstehung die Rede sein soll: *vom Recht des Stärkeren.* Die Nationalsozialisten haben sich auf Darwin berufen. Aber das, was sie seiner Theorie an Argumenten entnehmen zu können glaubten, waren keine Fakten und Argumente, sondern ideologisierte, falsch interpretierte darwinistische Grundlagentheorien. Was nun, wenn die Schwarzen stärker, ja sogar die Stärksten sind? Solange die Menschen sich nicht untereinander verständigen, bleibt die Gefahr eines solchen Missbrauchs von Wissenschaften zur Trennung der Menschen in Gute und Schlechte, in Reine und

Unreine bestehen! Solange die Menschenrasse in Klassen eingeteilt wird, bleiben wir in der Arena von Berlin im Jahre 1936!
Die Bürgerrechtsbewegung in den USA erfuhr Ende der sechziger
Jahre massiven Wiederstand durch die Staatsgewalt. Dutzende
Black-Panther-Aktivisten wurden von der Ordnungspolizei
erschossen. Danach gingen viele bis dahin unpolitische Künstler
und Entertainer, wie Billy Paul und Eddi Kendricks, für die
Schwarze Sache auf die Straße. Jazz-Saxofonist Archie Shepp
schrieb den *Blues for Brother George Jackson*, Curtis Mayfield
beschwor *Mighty Mighty Spade and Whitey*, Nina Simone und die
Last Poets ließen ihre radikale Rhetorik von afrikanischen Rhythmen antreiben. Von 1967 bis 1973 versammelte *Stand Up and Be
Counted* einige musikalisch und lyrisch eigenwillige Stars der
Black-Power-Ära. Diese Bewegung begleitete mit ihrer Solidarität
den Kampf des amerikanischen Bürgerrechtlers und Baptistenpfar-
rers Martin Luther King Junior, der seit Mitte der fünfziger Jahre ein
weithin geachteter Vertreter des gewaltlosen Kampfes gegen die
Rassendiskriminierung war. 1964 wurde er dafür mit dem Friedensnobelpreis ausgezeichnet. Doch weder seine Gewaltlosigkeit noch
sein Nobelpreis konnten seine, von der CIA oder sonstigen weißen
Organisation inszenierte, Ermordung am 4.4.1968 in Memphis verhindern. In seiner Rede *I have a dream* beim Friedensmarsch auf
Washington formulierte er die Vision, dass es eines Tages so weit
kommen werde, dass die Menschen aller Farben, Religionen und
Länder zu Brüdern und Schwestern werden. Dieser Traum ist noch
nicht ausgeträumt. Die *Nürnberger Gesetze* hingegen wurden erlassen, damit die Brüder und Schwestern ohne arischen Nachweis nie
zusammenkommen können. Eheschließungen zwischen *Ariern*
und Juden wurden verboten und allen jüdischen Mitbürgern, die
Deutsche waren, wurde die deutsche Staatsangehörigkeit aber-
kannt. Mit dem Verlust des Rechts auf Staatsangehörigkeit verloren
die Juden jeglichen Schutz vor Willkür und Unrecht. Was am
Anfang nur als eine sozialgesellschaftliche Ordnungsänderung propagiert wurde, endete in der Vernichtung der jüdischen Mitbürger
und damit im Völkermord.
In den Hochburgen der Nationalsozialen, Coburg, Bayreuth, Nürn-
berg und Weimar, waren schon seit Jahrzehnten rechte Deutschna-
tionale im Vormarsch. Das konservative Bürgertum wählte über-

wiegend die neue politische Kraft unter Führung des höchst populären Hitler und seiner Mannschaft. Gerade im konservativen Lager war man offen für den zunächst erst verdeckt propagierten Antisemitismus, der in Deutschland eine gewisse Tradition hatte. Die Juden waren in den Augen dieser Deutschen für die katastrophale Wirtschaft, die Arbeitslosigkeit und den sozialen Notstand verantwortlich. Plötzlich fanden die Deutschen die Schuldigen, die sie ja schon immer im Verdacht gehabt hatten. Die Nationalsozialisten arbeiteten gezielt an einer durchdachten psychopolitischen Orientierung mit enormer Suggestivkraft, mit der sie das Volk beschwörend von der Wertschätzung des Deutschtums und von der Notwendigkeit der Wiederbelebung von Begriffen wie Heimat, Vaterland und Reinheit des Volkes überzeugten.

Ein latenter Judenhass und die larvierte Massenenergie des Bürgertums manifestierte sich in einem virulenten, hochaktiven Antisemitismus, für den die NSDAP mit aller Kraft der publizistischen Propaganda schon seit 1919 und erst recht seit 1929 arbeitete. Jeder anständige Deutsche muss wissen wie *gefährlich* und *bösartig* ein Jude ist, und deshalb musste die *jüdische Bedrohung* rechtzeitig bekämpft werden. Mit solchen Parolen gewann man erst das Herz, dann die Seele der Deutschen, und damit die Wahlen."

Dazu Jesus: „Auch mich hat man als Sündenbock, neben anderen angeblichen Verbrechern und Dieben, ans Kreuz genagelt, um die Macht des römischen Reiches zu demonstrieren! Aber die Feldherren des deutschen Nationalsozialismus waren noch schlimmer als die Herren aus Rom! Sowohl bei der Entstehung als auch bei der Vollendung des mörderischen Regimes hat meine Kirche, allen voran der Vatikan, versagt! Hitler, Himmler, Göring, Heß, Speer und Dönitz – sechs Kriminelle, die die Welt in Brand setzten! Und die Vollstrecker, die die kriminelle Energie der Führung in die Tat umsetzten, blieben ungenannt. Und es gab mehr als einen Eichmann. Denn er war der Prototyp des kaltblütigen Massenmörders, der auf Grund seines nationalsozialistischen Hasses gegen Juden bei der Organisation und Massenvernichtung seine Arbeit in der Perfektionierung und der reibungslosen Maschinisierung der Gaskammern oder sonstigen Vernichtungseinrichtun-

160

gen sah, ohne dabei etwas zu empfinden. Er war, wie sein Führer ein Deutsch-Österreicher mit Leib und Seele. Unter den Deutsch-Österreichern gab es seit Beginn des neunzehnten Jahrhunderts, und vor allem nach dem ersten Weltkrieg, einen besonders aggressiven Nationalismus und Antisemitismus. In dieser Zeit sind Leute wie Hitler, Ernst Kaltenbrunner, der Leiter des späteren Reichssicherheitshauptamtes, und Eichmann aufgewachsen. Die Österreicher stellten, vom Befehlshaber bis zum Vollstrecker, eigentlich das Hauptkontingent der Mörder bei der Massenvernichtung der Juden."

Moses ergreift wieder das Wort: „Adolf Hitler wurde am 20.4.1889 in Braunau am Inn (Österreich) als Sohn eines Zollbeamten geboren. Eigentlich wollte er Maler oder Architekt werden. Doch dafür reichte es nicht. 1914, zu Beginn des Ersten Weltkrieges, meldete er sich freiwillig und wurde vom einfachen Soldaten zum Gefreiten befördert. Nach dem Krieg wurde er Schnüffler bei der Reichswehr und observierte völkische Minderheiten und Gruppierungen. 1919 trat er der *DAP (Deutsche Arbeiter Partei)* bei, die 1920 in *NSDAP* umbenannt wurde. Er strukturierte diese extrem nationalistische, antimarxistische und antisemitische Partei, die in Österreich und Deutschland rasch auf große Resonanz stieß. Der Putzschversuch am 9.11.1923 in München scheiterte. Hitler wurde zu Festungshaft verurteilt und schrieb in der Zeit seines passageren Quarantäneaufenthaltes sein Bekenntnis *Mein Kampf*. 1924, nach der Entlassung, arbeitete er weiter an seiner fanatischen Ideologie und reorganisierte die *Nationalsozialistische Arbeiterpartei (NSDAP)*. Hitler sah die Zeit der Weltwirtschaftskrise und der Massenarbeitslosigkeit als idealen Nährboden für den Aufbau seiner politischen *Bewegung* zu einer Massenbewegung. Schon 1929/30 wurde diese Partei zur stärksten politischen Gruppierung.

Am 30.1.1933 wurde Adolf Hitler Reichskanzler, obwohl die Mehrheit der Deutschen von seinen ideologischen Vorstellungen und deren politischen Konsequenzen wusste. In kurzer Zeit schaltete er alle demokratisch gewählten politischen Parteien aus. Dabei ging er rigoros, auch mit Folter und Mord, gegen Kommunisten und Sozialdemokraten vor.

Nach dem Tode von Hindenburg am 2.8.1934 wurde er zum Alleinherrscher und Diktator, zum *Führer und Reichskanzler*. Damit
begann eine der *entsetzlichsten Epochen* der deutschen Geschichte.

Ernst Kaltenbrunner wurde am 4.10.1903 im Innkreis/Österreich,
geboren. Der Jurist und Politiker, Mitglied der NSDAP und der SS
in Österreich wurde 1938 ins Kabinett Seys-Inquart aufgenommen
und arbeitete am Anschluss Österreichs zum Deutschen Reich
mit. Anfang 1943 wurde Kaltenbrunner, als Nachfolger des
Reichssicherheitshauptamtsleiters Heydrich, Chef der Sicher-
heitspolizei und des Spionagedienst und führte die unter Goebbels und Heyd-rich eingeleitete Massenvernichtung der Juden mit
noch fanatischerem Eifer durch.

Das Ebenbild des Teufels, nein des Führers, war Adolf Eichmann,
der als Sohn des Direktors der Straßenbahn- und Elektrizitätsge-
sellschaft geboren am 19.3.1906 in Solingen geboren wurde. In
Linz (Österreich) besuchte er die Volksschule, vier Klassen der
Staatsoberrealschule und zwei Jahrgänge der *Höheren Bundesan-
stalt für Verkehrstechnik, Maschinen- und Hochbau*. Von 1925 bis
1927 war er als Verkaufsbeamter der oberösterreichischen *Elektro-
bau AG* tätig. Danach arbeitete er bis Juni 1933 für die *Vacuum Oil
Company AG Wien*, in Salzburg und in Nordtirol. Der deutsche
Konsul, Dirk von Langen, in Linz wusste von seiner Mitgliedschaft in der NSDAP und forderte ihn auf, der deutsch-österreichi-
schen Frontkämpfervereinigung beizutreten. Fünf Jahre lang
arbeitete Eichmann für diese Organisation und trat am 1.4.1932
offiziell in die österreichische NSDAP ein und bekam die Mit-
gliedsnummer 889895. Gleichzeitig wurde er aktives SS-Mitglied
unter der Nummer 45326.

Am 1.8.1933 ging Eichmann auf Befehl des Gauleiters der NSDAP
Oberösterreich zur militärischen Ausbildung in das Lager Lech-
feld. Am 29. September 1933 wurde er zum SS-Verbindungsstab
nach Passau abkommandiert und kam, nach Auflösung dieser Einheit, am 29. Januar 1934 zur österreichischen SS in das Lager
Dachau. Am 1. Oktober 1934 wurde er zur *Dienstleistung* in die
Deportationskommandatur eingeteilt. Von 1941 bis 1945 organisierte er die Deportation der im deutschen Machtbereich lebenden
Juden in die nationalsozialistischen Vernichtungslager. Sein An-

spruch an die eigene Arbeit war so perfektionistisch, dass er mit dem Tempo der Ermordung der sechs Millionen Juden nicht zufrieden war. Er wünschte effizientere Methoden als vergasen, erschießen, zu Tode arbeiten und verrecken lassen. Eichmann war ein fanatischer Nazi und ein kaltblütiger Henker zugleich. Im ersten Personalbericht vom 17.9.1937 wurde ihm bescheinigt: *Überzeugter Nationalsozialist. (...) Seine nationalsozialistische Weltanschauung ist die Grundlage seiner Haltung in und außer Dienst.* Zwei Jahre später hieß es in der Rubrik *Einstellung zur NS-Weltanschauung: bedingungslos.* Eichmann empfand *nicht den leisesten Zweifel in Bezug auf das, was Himmler oder Hitler an Befehlen und Anordnungen erließen.*

Siegt der Jude mit Hilfe seines marxistischen Glaubensbekenntnisses über die Völker dieser Welt, dann wird seine Krone der Totentanz der Menschheit sein. Dann wird dieser Planet wieder wie einst vor Jahrmillionen menschenleer durch den Äther ziehen. Die ewige Natur rächt unerbittlich die Übertretung ihrer Gebote. So glaube ich heute im Sinne des allmächtigen Schöpfers zu handeln: Indem ich mich des Juden erwehre, kämpfe ich für das Werk des Herrn. Solche Grundsätze pseudophilosophischer Entgleisungen von Adolf Hitler bewegten die Gemüter der naiven Massen."

Jesus ergreift das Wort: „Nie war ich Euch so nahe wie heute! Und nie war ich Gottes Sohn! Und nie werde ich meine Kirche verstehen, dass sie gerade meine Glaubensbrüder und das Volk von Israel für meinen Tod verantwortlich machten! Das ertrage ich nicht!

Ob es Juden waren, die Jesus vor den Römern verleugnet haben, oder nicht: der katholischen Kirche kommt diese Bewegung nicht ungelegen. Die Römer hatten es nicht geschafft, das jüdische Volk auszurotten, vielleicht würde es dem nationalsozialistischen Diktator Adolf Hitler gelingen. Hitler sieht durch das Wesen der Juden die sittliche Ordnung der deutschen Gesellschaft bedroht. Er will durch Propaganda den Antisemitismus als eine neue moralische Verpflichtung in der Gesellschaft verankern und er will aus jedem einzelnen Deutschen einen überzeugten Antisemiten machen. Und das gelingt ihm."

Dazu Moses: „Es ist makaber, dass Deine Kirche von all dem nichts wissen wollte! Die Vertreter Jesu auf Erden im Vatikan haben mein Volk im Stich gelassen und Völkermord geduldet! Die Juden hätten angeblich nicht nur Jesus verleugnet, sondern ihn sogar getötet. Ein besseres Feindbild konnte man nicht zusammenphantasieren. Die Juden waren auf einmal verantwortlich für alles Übel auf der Erde. Sie repräsentierten das Übel nicht, die Juden waren selbst das Übel.

In den gleichgeschalteten Medien wurden die Juden nicht mehr nur als minderwertige Rasse, sondern als Ratten bezeichnet, die die Gesellschaft von unten zerstören. Hitlers Propagandafeldzug war eine Fortsetzung dessen, was die Christen getan hatten, seit sie die Herrschaft über das Römische Reich erlangt hatten: Die Christenführer predigten gegen die Juden und verdammten sie in deutlich emotional aufgeladener Sprache. Die Juden, diese *Christusmörder* sollten entweder ganz vom Erdboden verschwinden oder sie sollten sich zu überzeugten Christen umerziehen lassen. Die Christen sahen in den Juden nicht nur *Christusmörder* sondern auch Gotteslästerer. Denn sie leugnen noch immer, dass Jesus der Messias und Gottes Sohn sei.

Johannes Chrysostomos, einer der großen Kirchenväter, predigte über die Juden mit Worten und Wendungen, die sich bald in der judenfeindlichen christlichen Rhetorik im vierten Jahrhundert, und noch lange danach, wiederfinden sollten: *Wo sich die Christusmörder versammeln, da wird das Kreuz verspottet, wird Gott gelästert, wird der Vater nicht anerkannt, der Sohn beleidigt und der Heilige Geist zurückgewiesen. (...) Wenn die Riten der Juden heilig und verehrungswürdig sind, dann muss unsere Lebensweise falsch sein. Aber wenn wir den rechten Weg gehen, wie es der Fall ist, dann gehen sie einen betrügerischen Weg. Ich spreche nicht von der Heiligen Schrift. Das liegt mir völlig fern, denn sie führt uns zu Christus! Ich spreche von ihrer gegenwärtigen Gottlosigkeit und Verrücktheit!*

Mit fundamentalistischen Behauptungen wird bewusst falsch argumentiert, um die Boshaftigkeit der Juden festzuschreiben. Wenn es aber um die Heilige Schrift geht, die ja nicht verleugnet werden kann, denn ohne sie und ohne Moses gebe es keinen Christus und damit keine Christen, wird Moses gerade noch geduldet. Das könnte man in unserer heutigen Zeit damit vergleichen, dass viele Menschen weißer Rasse heute noch die Menschen anderer

Hautfarbe und Herkunft nicht gerade lieben, aber wenn es dann um eine Organspende geht, dann werden die Vorbehalte und das voreingenommene Bild vom *Untermenschen* aufgegeben, weil es dann um die eigene Existenz geht.

Die seit der Antike existierende Feindseligkeit unter den Christen gegenüber den Juden konnte von der NSDAP psychologisch vor allem bei den konservativen Gläubigen für ihre politischen Vorstellungen instrumentalisiert werden. Johannes Chrysostomos wird dabei zu einem heiligen Prediger, der diese christliche Auffassung des Alten Testamentes verteidigt. Seine judenfeindlichen christlichen Thesen werden als Gebote der Reinheit der Christen propagiert. Trotz der Reformation und der Modernisierung der theologischen Ansichten, und trotz des Neuen Testamentes hat sich an der Auffassung von der Göttlichkeit Jesu, und damit auch am Antisemitismus, nichts geändert. Trotz aller Anpassungen der theologischen Grundsätze behalten die alten Mutmaßungen ihre Gültigkeit. Und die Juden, als Jesusmörder und Blasphemiker, sind über Jahrhunderte der Christen liebestes Feindbild.

Der Antisemitismusforscher James Parker stellt unter anderem fest: *Es gibt eine ununterbrochene Linie von der Verunglimpfung des Judaismus in der Formationsperiode des Christentums über den Ausschluss der Juden vom städtischen Gleichheitsgrundsatz in der Zeit des ersten großen Triumphes der Kirche im vierten Jahrhundert bis hin zu den Schrecken des Mittelalters.* Die Juden taugten bereits im Mittelalter sehr gut als Sündenböcke! Warum sollte das nicht auch auf die moderne Zeit des faschistischen Dritten Reichs übertragbar sein!

Der große Mann der Reformation, Martin Luther, der die Kirche reinigen und modernisieren wollte, war selbst vom Antisemitismus besessen. Das hat ihm aber nicht geholfen: er wurde trotzdem als Ketzer denunziert.

Alles, was der Kirche nicht willkommen war, wurde als schlecht und letzten Endes als Jude oder jüdisch bezeichnet.

Jeremy Cohen gibt ein treffendes Beispiel für das Verhältnis der Europäer zu den Juden: *Es war beinahe unvermeidlich, dass den Juden die Schuld an der Pest gegeben wurde und viele ihrer Gemeinden in Deutschland vollständig und für alle Zeit ausgelöscht wurden.*

Bereits Mitte des sechzehnten Jahrhunderts hatten die Juden einen Exodus erfahren müssen: die Christen hatten fast alle Juden gewaltsam aus Westeuropa verjagt. Dass es trotzdem noch immer Juden in Europa gab, war den *modernen Christen* ein Dorn im Auge. In Hitler sahen nun diese Christen und die katholische Kirche selbst den *Erlöser von der Judenfrage!* Denn im Mittelalter hat man die Juden zwar gejagt und verbannt, aber man ließ sie am Leben. Die Kirche erkannte damals, angesichts des gemeinsamen Erbes, das Recht der Juden auf Existenz und Ausübung ihrer Religion an, trotz ihrer niederträchtigen Herkunft als *Christusmörder.* Und die Kirche wollte mehr: sie wollte aus Juden Christen machen und somit das Judentum im Christentum aufgehen lassen."

Buddha fügt dem hinzu: „Der Antisemitismus in Europa hat tiefe Wurzeln und eine lange Geschichte! Aber der Anitsemitismus und der Judenhass in Deutschland ist und bleibt ein deutsches Dilemma!

Die religiös geprägte Judenfeindlichkeit im Mittelalter wurde zu einem Dauerkonflikt ideologisiert. Die Schlagworte, die das Bild von den Juden prägen sollten, veränderten sich bis ins 19. Jahrhundert nicht grundlegend. Das permanente Bild von der Hässlichkeit, der Bösartigkeit und der Gefährlichkeit der Juden für die christliche Welt prägte die sozialreligiöse und politische Vorstellung der Menschen in Europa und vor allem in Deutschland. In der Literatur werden durch einige antisemistische Werke die neuen Maßstäbe für die Vorstellung der Christen von den Juden gesetzt.

In Johann Andreas Eisenmengers Buch *Entdecktes Judentum*, das Anfang des 18. Jahrhunderts geschrieben wurde, wird propagiert, dass die Juden Ketzer und Jesusverleugner seien, und dass ihre religiöse Haltung verräterisch und zerstörerisch sei.

1816 erscheint ein Buch von Jakob Friedrich Fries über die Gefährdung des Wohlstandes und des Charakters der Deutschen durch die Juden. In einer moderneren Sicht hat Fries die religiöse Beurteilung der Juden durch eine gesellschaftlich sozialpolitische Vorstellung ersetzt. Das trägt allerdings zu keiner Verbesserung des Judenbildes bei. Fries definierte die Juden nicht mehr als eine religiöse Gruppe, sondern als eine politische Minderheit, die keine moralischen Grundsätze kennt und *asozialer* Herkunft ist, wodurch sie die deutsche Gesellschaftsordnung gefährden und zerstören kann.

Während also, verbunden mit zunehmendem Desinteresse der Menschen an ihrer Kirche, die religiöse Verurteilung der Juden mehr und mehr an Bedeutung verlor, bekam die Judenfrage mehr und mehr eine politische und sozialökonomische Bedeutung. Die allgemeine Vorstellung von den Juden im 19. Jahrhundert war geprägt von negativen Begriffen und dürftigen Erklärungen: *Die Juden schaden der deutschen Gesellschaft,* weil sie anders sind als die Deutschen, weil sie gegen die Deutschen sind und bösartig zerstörerischen Absichten nachgehen. Aus diesen Gründen können die Juden nie Deutsche sein. Die Deutschen wollen, mit ihrer Intelligenz, ihrem Fleiß und ihren Begabungen, allein als gute Christen Ebenbild Gottes sein. Da haben die Juden keinen Platz. Hierbei haben die Menschen in der Kirche eine Resonanz ihrer nunmehr politisch-rassistischen Meinung gefunden.

Manche liberale Gruppierung in der ersten Hälfte des 19. Jahrhunderts sympathisierte mit den Juden und setzte sich für ihre Rechte ein. Diese Solidarität war aber gegen Ende des 19. Jahrhunderts nicht mehr vorhanden. Auch liberale Gruppierungen waren der Meinung, dass es die Juden besser hätten, wenn sie ihre jüdische Religion aufgeben würden. Der Historiker Uriel Tal, der sich mit den deutschen Christen und Juden befasst hat, schreibt: *Das Beharren der deutschen Juden auf der Bewahrung ihrer Identität verstieß gegen die liberale Auffassung vom materiellen Fortschritt, geistiger Aufklärung und den Zielen der nationalen Bestimmung; die Liberalen begannen daher die Juden als typische Partikularisten zu betrachten, als hauptsächliches Hindernis auf dem Wege zur nationalen und geistigen Einheit.*

Also, was auch immer die Juden in geistiger und künstlerischer Hinsicht leisteten, sie fanden doch keine gerechte Anerkennung in der deutschen Gesellschaftsordnung. Und warum? Weil sie vielleicht doch etwas Besonderes waren, nämlich begabter, intelligenter und konsequenter? Überall in der deutschen Gesellschaft, bei Arbeitern, Akademikern, Angestellten und Beamten, bei Schülern, Lehrern und Studenten, in Vereinen, Gemeinden und Kommunen, wurde Antisemitismus zum Mittel der Ausgrenzung gegen die, inzwischen zum Feind Nummer Eins deklarierten Juden. Nur in der Vernichtung dieses Feindes steckt das Glück des deutschen Volkes! Begriffe wie *Rasse, Arier, Vollblutdeutsche, deutsche Christen, Christusmörder*, hatten Hochkonjunktur. Das alles gipfelte im Konzept der *Judenfrage,* das dann zur wichtigsten innen- und außenpolitischen Aufgabe der NSDAP wurde. Diese *Frage* wurde für deutsche Theologen, Ärzte, Wissenschaftler und Politiker noch vor der Machtergreifung Hitlers erstaunlicherweise zu einer Frage von christlicher Aufklärungsarbeit, insbesondere auf dem Gebiet der Forschung und Entwicklung einer menschlichen Rassenlehre.

Der Antisemitismus wuchs explosionsartig, und die Deutschen waren bereit, diese *Judenfrage* für die Welt zu lösen. Das Land der Dichter und Denker wollte der Menschheit einen Dienst erweisen: die Juden als Volk und Rasse eliminieren. Die endgültige Klärung der *Judenfrage,* die die Deutschen im Jahre 1848 noch verpasst hatten, sollte nun in Angriff genommen werden: *Wir Deutschen haben mit dem Jahre 1848 unsere offizielle Abdankung zugunsten des Judentums vollzogen. (...) Das ist das Resultat des dreißigjährigen Krieges, den das Judentum seit 1848 offiziell mit uns geführt hat und der nicht einmal mehr die Hoffnung auf einen faulen westfälischen Frieden lässt. (Bismarck 1892)* Durch diese neuen politischen Anschauungen waren die Juden zunächst einmal psychosozialem Terror ausgesetzt, aber auch die physische Vernichtung war schon vorprogrammiert. Die Menschen wurden davon überzeugt, dass die Juden eine Gefahr für Deutschland darstellten und aufgrund ihrer Bösartigkeit vernichtet werden mussten. Eine wichtige Rolle in der deutschen Politik, auch im Hinblick auf Hitlers Machtergreifung, haben die deutschen Konservativen gespielt. Der Antisemitismus war für die deutsche und österreichische Gesellschaft zu Beginn des zwanzigsten Jahrhunderts zu einer politischen Haltung geworden. In allen konservativen Parteien und Organisationen wurde der Schutz der christlichen Gesellschaftsordnung vor der kriminellen Energie des Judentums betont."

Dazu Mohammed: „Die gleichen konservativen Parteien plädieren heute für eine *Leitkultur*, die zur Voraussetzung für die Anpassung der ausländischen Mitbürger und Immigranten werden soll, die erst die Sprache, dann die Sitten und Gebräuche des deutschen Volks erlernen sollen, bevor sie sich endgültig in Deutschland niederlassen dürfen. Diese Vorbedingungen sind vorwiegend für Nichtchristen, also Mohammedaner gedacht, um nicht von Türken zu sprechen.

Die *Weimarer Republik* ist 1919 nach dem Zusammenbruch des zweiten deutschen Kaiserreiches und der Abdankung des Kaisers entstanden. Auch in dieser ersten Republik, dem ersten Demokratieversuch in Deutschland, waren die Juden, wie es die bisherige Geschichte gezeigt hat, an der wirtschaftlichen Not, der Arbeitslosigkeit und den sozialen Unruhen schuld! In allen wichtigen Institutionen, in den Schulen, Universitäten und Berufsverbänden, im Justizapparat, in den politischen Parteien und in den Kirchen, herrschte eine antisemitische Stimmung vor. Die Feindseligkeiten gegen Juden, sowohl von Seiten der Studenten als auch der Professoren, von Behörden und Ordnungshütern, wurden salonfähig. Auch die Medien waren von einer antisemitischen Haltung geprägt. Nur die *Judenfrage* war noch nicht beantwortet. Es ist deshalb kein Wunder, dass die Nationalsozialisten mit ihren Parolen und ihrer *Programmatik* relativ leicht an die Macht gelangten. Der Weg zur Hitler'schen Machtergreifung war schon in vielerlei Hinsicht geebnet: schwache Institutionen, steigende Kriminalität, hohe Arbeitslosigkeit, drastische Wirtschaftskrise, die drohende Machtübernahme der Linken und die damit verbundene Angst vor der bolschewistischen Diktatur auf der einen Seite, und der Ordnungshüter und Retter des Vaterlandes Hitler auf der anderen Seite.

Die Deutschen sahen in Hitler einen Messias, einen Erlöser. *Nur er kann uns helfen*, das war die überwiegende Meinung der Bevölkerung. Hitlers *Machtergreifung* am 5. März 1933 fand angeblich nach einer freien und friedlichen Wahl, aber ohne Beteiligung der Kommunisten und anderer linker Oppositioneller statt. Trotzdem ist die Begeisterung des deutschen Volkes über diese *Machtübernahme* so gewaltig und so imposant gewesen, dass man meinen konnte, alle sozialen und wirtschaftlichen Probleme wären nun gelöst. Und die naive Vorstellung mancher Pazifisten, Hitler und seine Bande wären in einigen Monaten am Ende, hat sich, wie wir wissen, nicht bewahrheitet.

Die Wellen der Sympathie für Hitler und die Nationalsozialisten schlagen immer höher. Die Euphorie für eine nazistische Umwälzung der Gesellschaft wird immer hysterischer. Unterschiedliche Gruppierungen, wie die *Hitlerjugend,* die SA oder die SS beherrschen die Straße. Die Medien berichten nur noch über Hitler und seine Partei.

Erster Versuch: Hitlers Charisma, die Botschaft des Guten und der Erneuerung, der Kampf gegen die Bolschewisten (dabei sind nicht nur die Kommunisten, sondern alle Linken Gegner der Nationalsozialisten) und vor allem die antisemitische Botschaft der neuen Herren führte dazu, dass Hitler am 31. Juli 1932 auf Anhieb fast von vierzehn Millionen Deutschen, und das sind immerhin 37,4 % der Wähler, gewählt würde. Der Reichspräsident Paul von Hindenburg forderte Hitler zur Übernahme des Amtes des Reichskanzlers und zur Regierungsbildung auf.
Zweiter Versuch: Der Reichskanzler will kein Parlament und duldete keine Opposition. Die beste Lösung sieht er in einer erneuten Reichstagswahl, um diesmal mit aller Unterstützung des Propagandaapparates mehr Macht für sich und seine Partei zu erlangen. Die oppositionellen Kräfte werden eliminiert oder verhaftet, alle bürgerlichen Freiheiten werden außer Kraft gesetzt, und die Hetzjagd auf Juden und andere Minderheiten wird mit absoluter Entschiedenheit in Gang gesetzt.
Hitler hat diesmal siebzehn Millionen Menschen und damit 43,9 % der Wahlberechtigten für sich verbuchen können. Man muss aber auch feststellen, dass Hitler auch in dieser letzten freien Wahl keine absolute Zustimmung des deutschen Volkes bekommt. Wie konnte die deutsche Mehrheit schweigen und eine faschistische Partei an die Macht kommen lassen? War es Angst, oder war es die schweigende Zustimmung oder war es abwartendes Tolerieren? Die Mehrheit von 56,1 % hat zwar nicht für Hitler gestimmt, war aber in sich so zerstritten, dass eine Minderheitsregierung zustande kam, die dann bei der nächsten Wahl die absolute Mehrheit erzielte."

Abraham mischt sich ein: „Die Menschen waren so verblendet, dass sie nicht wussten, was sie taten! Es hat doch, wie es scheint, nach und nach eine so große Mehrheit für die Nationalsozialisten gegeben, dass sie ihre Macht festigen konnten. Nun konnten sie daran gehen, auch die *Judenfrage* zu lösen. Je stärker die Nationalsozialisten ihre Macht etablierten, desto intensiver wurden auch die Hetzkampagnen gegen die Juden. Schon Mitte 1933 war die soziale Isolierung und die Demontage des jüdischen Daseinsrecht in ausgeprägter Form in der Gesellschaft präsent. Es wurde unmissverständlich mit Schildern in öffentlichen Einrichtungen, Hotels, Restaurants, vor Orten und Städten angekündigt, dass Juden nicht erwünscht seien, oder dass der Eintritt für Juden verboten sei. Schilder wie *Juden betreten diesen Ort auf eigene Gefahr* oder *Vor Taschendieben und Juden wird gewarnt* oder *Vorsicht, scharfe Kurve – Juden Vollgas voraus!*

Gebt mir vier Jahre Zeit und Ihr werdet Deutschland nicht wiedererkennen! Viele Leute haben an diesen populistischen Satz von Hitler geglaubt, allerdings in dem Sinn, dass es eines Tages ein neues Deutschland ohne Arbeitslose und ohne wirtschaftliche Misere geben würde. Einiges wurde tatsächlich wesentlich geändert. Es entstand wirklich ein neues Deutschland: ein faschistisches, diktatorisches Land, geprägt vom Großmachtwahn seines Führers, der sich die Vernichtung der jüdischen Völker in Europa vorgenommen hatte. Hitler konnte sich auf sein fleißiges, tüchtiges, treues und standhaftes deutsches Volk verlassen. Seine Wünsche und Vorstellungen wurden von einem bis in alle Einzelheiten gut organisierten Machtapparat gewissenhaft ausgeführt. Von jedem wurde in erster Line Standhaftigkeit und Disziplin verlangt, und jeder gab sein Bestes bis zum Sieg!

Dabei hat das Ganze doch harmlos angefangen, dachte die naive Mehrheit, ohne von dem schrecklichen Ende zu ahnen. Juden wurden auf der Straße, in ihren Geschäften und ihren Häusern terrorisiert und niedergeschlagen. Sie wurden gepeinigt und krankenhausreif geschlagen, und im Krankenhaus war dann für sie kein Platz. Auf jüdischen Friedhöfen wurde barbarisch gehaust: Gräber wurden demoliert und Grabsteine wurden umgeworfen oder gesprengt. Die Situation eskalierte, so dass viele Juden bereits vor der Progromnacht im November 1938 ihre Städte verließen. In vielen Ortschaften waren die Menschen begeisterte Zuschauer der brutalen Aktionen der SA-Männer bei ihren Übergriffen auf jüdische Menschen und Geschäfte, auf Häuser und

Synagogen. An einer großen Kundgebung am 15. August 1935 nahmen Tausende von Deutschen teil, um die antisemitischen Gesetze zu unterstützen und die Arbeit der fast zwei Millionen SA-Männer zu befürworten. Die kultivierte Gesellschaft imitierte die Herrschaftszeiten der Tataren und Mongolen in Asien und im Vorderen Orient, mit einem Unterschied, dass hier der große Khan, Hitler, es vorerst auf das jüdische Volk abgesehen hatte!"

Dazu Moses: „Die Mehrheit des deutschen Volkes hatte sich gegen mein Volk entschieden, sonst hätten diese Gruppen von Banditen es nicht gewagt, so ein Unheil anzurichten und sechs Millionen Menschen zu vernichten! Die SA hatte ihre Programme und faschistischen Ziele mit aller Gewalt durchgeführt. Angefeuert und unterstützt wurden sie von der Bevölkerung. Die Säuberung auf allen Ebenen der Gesellschaft lief auf Hochtouren. In allen Institutionen und öffentlichen Einrichtungen, an Universitäten, Kliniken und Krankenhäusern wurden die jüdischen Bürger trotz ihrer Qualifikation, trotz ihren Fachkenntnissen und ihrer leitenden Funktionen, als Professoren, Ärzte, Ingenieure und Juristen zum Beispiel, fristlos entlassen.

Schon 1933 flüchteten die Juden nicht nur aus den Großstädten, sondern auch aus den ländlichen Gebieten und suchten im benachbarten und fernen Ausland Exil. Die Mehrheit der Christen und der Kirchenoberhäupter schwiegen, während die Synagogen brannten. Hitler verachtete die Demokratie und die Kirche. Seine Kirche war das deutsche Reich, seine Ideologie der Nationalsozialismus und sein Glaube der Faschismus. Der Alleinherrscher und seine Bande empfanden ein Parlament als Hindernis für eine erfolgreiche Politik. Der Kollege Mussolini in Italien drückte es einmal so aus: *Der Faschismus ist nicht nur eine Partei, er ist ein Regime; er ist nicht nur ein Regime, sondern ein Glaube; er ist nicht nur ein Glaube, sondern Religion.*
Faschismus und Nationalsozialismus haben viele Gemeinsamkeiten: Die Verachtung der Demokratie. Das Ein-Parteiensystem, den Führerkult, das kapitalistische Wirtschaftssystem bei gleichzeitiger Stärkung des Staates und des Militärs, die Befürwortung des Krieges als Mittel der Politik nach außen, und der Totalitarismus nach innen. Während der Nationalsozialismus alle Bereiche der

Gesellschaft durchdrang und andere nicht-nationalistische Institutionen entbehrlich machte, ignorierte der Staat Kirche und Religion. Mussolinis faschistische Politik war anders: er übte sich in Freundlichkeit und Toleranz gegenüber Kirche und Vatikan."

„DIE ANTISEMITEN-FRATZEN SOLLEN NICHT AN MEIN IDEAL GREIFEN"

Zarathustra ergreift das Wort: „Hitler und sein Herrschaftsregime waren die Repräsentanten eines vom Volk gewählten Gesellschaftssystems, das auf Arier und Herrenmenschen zugeschnitten war! Es war das Regime eines Mannes, der als Weltverbesserer und Rassenreiniger auftrat und sich in der Geistesgeschichte seines Landes willkürlich bediente, um seinen Wahnsinn zu rechtfertigen! Aber ich lasse nicht zu, dass er Ruhm und Namen von Friedrich Nietzsche, einem der größten Denker und Philosophen der Menschheitsgeschichte missbraucht. Keiner hat die Menschen so geliebt wie Nietzsche. Und doch wird er erst von der eigenen Schwester, die seine Werke verfälscht, betrogen, und dann wird sein Geistes- und Gedankengut von den Nazis für Propagandazwecke missbraucht. Nietzsche war der Hang seiner Schwester zu antisemitischem Gedankengut verdächtig: sie hatte sich mit Bernhard Förster einen Mann ausgesucht, der aufgrund seiner antisemitischen Gesinnung vom Schuldienst suspendiert worden war und der im Urwald von Paraquay mit ein paar gleichgesinnten und wohlhabenden Familien ein neues Germanenreich gründen wollte, unter dem Motto: treu, tapfer, germanisch und judenfrei.

Kurz nach dieser *Reichsgründung* bekommt er von Fräulein Nietzsche Liebesbriefe und Angebote zur finanziellen Unterstützung. Als Förster 1885 nach Deutschland kommt, ist Liesbeth Nietzsche bereits eine Aktivistin im Dienste des Antisemitismus. Sie hält Reden und Vorträge über volksdeutsche Tugenden und verspricht ein judenfreies Reich, wenn nicht in Deutschland, dann im Urwald von Paraquay. Und sie sammelt Geld für das Projekt. Fräulein Nietzsche und Förster heiraten. Friedrich Nietzsche, der nicht zur Hochzeit kommt, schreibt seiner Schwester stattdessen: *Du bist zu meinem Antipoden übergegangen! Davor hätte ich Dich der Instinkt Deiner Liebe, bewahren müssen.* Försters Ideologie über die reine deutsche Rasse findet er abstrus: *Zum Enthusiasmus für „deutsches Wesen" habe ich's freilich noch weniger gebracht, noch weniger zum Wunsch, diese „herrliche Rasse" gar rein zu halten.*

1886 wandert Elisabeth Förster-Nietzsche mit ihrem Mann nach Paraquay aus, um dort zur Königin von Nueva Germania zu werden. Nachdem aber die Träume und Wahnideen ausgeträumt sind, und nachdem Herr Förster sich nach seinem Versagen aus Eitelkeit vergiftet hat, kommt Nietzsches Schwester nach Hause, in die Urheimat ihrer Rassenphantasien zurück. Nun macht sie sich über die Arbeiten des berühmten Bruders her, als Managerin, als Hüterin und vor allem als Verfälscherin seiner Werke. Nietzsche selbst ist krank und verzweifelt. Seine Schwester nutzt diese Gelegenheit: am 18. Dezember 1895 übernimmt sie die Vollmacht über Nietzsches Werke. Im August 1900 liegt Nietzsche, der seit elf Jahren krank ist, mit einer Lungenerkrankung im Bett. Das Gesicht ist aufgrund einer Fascialisparese rechtsseitig gelähmt und die Sprache durch eine Aphasie (Unfähigkeit zu sprechen) gestört. Er erholt sich von dem Schlaganfall nicht und scheidet am 25. August gegen 12 Uhr aus der Welt, die er zu einem idyllischen Paradies frei von Ketzerei und frei vom Diktat der Religionen machen wollte.

Die Antisemiten-Fratzen sollen nicht an mein Ideal greifen. Nun ist die Bühne frei für die Fälscherin. Als der erste Weltkrieg ausbricht, schreibt die entkrönte Königin der Herrenrasse: *Unsere Truppen rollen wie eine Sturmwelle über Belgien und Frankreich. Dieser Krieg zeigt wie tief die Lehre meines Bruders „werdet hart" gewirkt hat. Die Quelle der deutschen Siege seien „der Wille zur Macht."* Aber als sie den Niedergang Deutschlands kommen sieht, wird sie unruhig. Und nach der Niederlage und mit Ausbruch der Revolution ist sie am Ende. 1921, zu ihrem fünfundsiebzigjährigen Geburtstag, bekommt sie den Ehrendoktor der philosophischen Fakultät der Universität Jena verliehen. Ein Jahr danach wird die Fälscherin von deutschen Professoren noch einmal, wie 1913, für den Nobelpreis vorgeschlagen. Als der junge Lektor Karl

Schlechta bei der Bearbeitung der Gesamtwerke die Fälschungen entdeckt und die nunmehr Neunzigjährige um die Originale bittet, geht sie mit dem Krückstock auf ihn los. Am 2. November 1933 überreicht Elisabeth Förster-Nietzsche Adolf Hitler den Stockdegen ihres Bruders. Der Übermensch Hitler verkörpert nun ihre phantastische Weltanschauung, und wiederholt besucht der Reichskanzler sie. Sie erklärt Hitler, dass Nietzsches Gedanken mit den Gedanken des Führers identisch wären.

Im Jahre 1887 hatte Nietzsche in einem nicht abgeschickten Brief an die Schwester appelliert: *Hast Du gar nicht begriffen? (...) Nachdem ich gar den Namen Zarathustra in der antisemitischen Correspondenz gelesen habe, ist meine Geduld am Ende – ich bin jetzt gegen die Partei Deines Gatten im Zustand der Notwehr. Die verfluchten Antisemiten-Fratzen sollen nicht an mein Ideal greifen!*

Nietzsches Philosophie macht gegen besseres Wissen Karriere im Dritten Reich. Sie wird nicht nur von der Schwester sondern auch von der Propagandamaschinerie der Nazi missbraucht. Nietzsche, der auf sein polnisches Blut stolz war und der jeglichen arischen Einfluss als verderblich ansah, äußerte, dass arischer Einfluss alle Welt verdorben hat: *Soweit Deutschland reicht, verdirbt es die Kultur.* Alles Deutsche ist Nietzsche so fremd, dass *schon die Nähe eines Deutschen meine Verdauung verzögert.* Aber Nietzsche wird von den Nazis trotzdem missbraucht. Sein schöpferischer Geist, seine Philosophie und seine humane Weltanschauung werden für die faschistische Propaganda uminterpretiert, verfälscht und instrumentalisiert.

Nach dem Untergang des Dritten Reiches wird Nietzsche wegen dieser Fehlinterpretation nochmals geistig und moralisch als ein böser, rassistischer Geist gebrandmarkt. Im Land der freien Arbeiter und Bauern, der DDR, wird Nietzsche als Urheber des Rassenwahns angesehen, und nicht Hitler. Beweis dafür ist Nazipropagandamaterial, das im Namen Nietzsches verbreitet und verkündet wurde. Keinem der ehrenwerten Professoren kommt nach dem Krieg der Name des Staatsfeindes der DDR über die Lippen. Und in der BRD wagen sie es nicht, aus Rücksicht auf die Vergangenheit, Nietzsche auch nur einmal zu erwähnen. Die Deutschen im Osten gehen verbrecherisch mit Nietzsche um, und im Westen wird der große Humanist aus falscher Rücksichtnahme verleumdet.

Im Jahr 1956 wagt es schließlich Ernst Bloch, der Philosoph der Hoffnung und des aufrechten Ganges, in einer Zeit des Kommunismus und des Stalinismus in der DDR in der Leipziger Universität den verbannten Kollegen den *Vornehmen von Sils Mania* zu nennen. Der französische Surrealist Georges Bataille gibt eine Ehrenerklärung für den verkannten Nietzsche ab: *Ob es der Antisemitismus, der Faschismus, ob es der Sozialismus ist, immer geht es nur um Nutzung. Nietzsche wandte sich an freie Geister, die unfähig sind, sich benutzen zu lassen. Die so genannten Paradoxien des Autors, an welchem ein Leser Anstoß nimmt, stehen häufig gar nicht im Buche des Autors, sondern im Kopfe des Lesers."*

Mohammed ergreift das Wort: „War denn die Mehrheit der Deutschen von Hitler hypnotisiert? Oder war sie einfach nicht im Stande, die zukünftige Entwicklung eines diktatorischen Regimes zu erahnen?"

Moses anwortet ihm: „Die Menschen in Deutschland haben in Hitler die Lösung für all ihre Probleme gesehen! Aber waren sie sich der Tatsache bewusst, dass die Ausrottung der Juden zum ideologischen Grundsatzprogramm gehörte? So naiv waren die Deutschen mit Sicherheit nicht. Die Vernichtung der Juden hatten sie dabei wohl einkalkuliert. Die Macht der Verblendung und die Kraft der Versuchung hatte alle humanen und solidarischen Eigenschaften einer zivilisierten Gesellschaft lahm gelegt. *Die Welt ist nicht für die Schwachen und Feigen, sie ist für denjenigen, der sie sich nimmt. Weh dem, der schwach ist! (Hitler in einer Rede vor HJ- und Arbeitsdienstführern 1936)."*

Buddha mischt sich ein: „Die politische Laufbahn dieses Diktators begann in einer Zeit, in der das Volk in Not war. Und Menschen, die sich in Not befinden, sind anfällig für Verführungen und leichte Lösungen. Hitler hat die Menschen betrogen. Der Mensch ist immer noch ein unvollkommenes Wesen, er selbst weiß aber nichts davon.
Die dritte Unvollkommenheit ist der Betrugsinn. Alle Menschen betrügen ihre Nächsten. Auch wenn ein Mensch der größte Narr

ist, tut er doch so, als sei er sehr intelligent. Obgleich schon gesagt wurde, dass der Mensch sich in der Illusion befindet und Fehler macht, wird er dennoch theoretisieren: Ich glaube, das ist so und so, und das ist so. Aber der Mensch kennt noch nicht einmal seine eigene Position. Er schreibt Bücher über Philosophie, obgleich er unvollkommen ist. Darin besteht seine Krankheit. Das ist Betrug.

Ja, ich glaube, dass mein Bruder A.C. Bhaktivedanta Swami Prabhupada recht hat: Hitler war der größte Betrüger aller Zeiten. Denn er und seine paranoiden Kumpanen haben das Volk verführt und zum Schluss im Stich gelassen. Die Welt hat relativ schnell zu spüren bekommen, dass Hitler seine Sprüche in die Tat umsetzte. Er demonstrierte erst seine brutale Entschlossenheit in Deutschland und vernichtete alle, die nur die geringste Andeutung von Opposition und demokratischer Gesinnung zeigten. Die Juden waren in seinen Augen schon gleich nach seiner Machtergreifung tot. Sie hatten für Hitler nicht einmal den Status von Oppositionellen.

Um sein Karriereziel zu erreichen, hat Hitler, wie kein anderer Politiker in der deutschen Geschichte, rücksichtslos den Menschen Frieden, Freiheit und Wohlstand vorgegaukelt, und er hat das Volk in Schwärmerei von der baldigen Weltmachtstellung Deutschlands versetzt. Der einfache, scheinbar harmlose Hitler fand bei einer Splitterpartei von Anton Drecksler in München den Boden seiner politischen Heimat. Er bekam die Parteimitgliedsnummer 55. 1922, nach relativ kurzer Zeit, hatte er schon den Vorsitz dieser Partei und taufte sie in *Deutsche Arbeiterpartei* um. Intuitiv plante er schon aus dieser Partei die zukünftige *Nationalsozialistische Deutsche Arbeiterpartei* (NSDAP) aufzubauen. Auf diese Weise konnte er eine Allianz aus den ideologisch geprägten Gruppierungen in der Gesellschaft, nämlich Sozialisten, Nationalisten und Konservativen, formen. Somit wurde Hitler in Deutschland auch parteipolitisch. Er kannte die Narben an der Bürgerseele: das *Versailler Diktat* und den *Dolchstoß der revoltierenden Heimat in den Rücken der kämpfenden Fron.* Das war genug Zündstoff aus Ressentiment, Rache und Vergeltung. Fehlten nur noch die Schuldigen. Für Hitler waren es die obskuren Mächte des *Weltjudentums,* wie er es seiner Zuhörerschaft einbläute.

Der Aufstieg vom Mitglied einer politischen Sekte bis zum *Führer* der stärksten Partei, die sich *Bewegung* nannte, ist eine beachtliche Karriere. Die Reden Hitlers und die propagandistischen Aktivitäten seiner Partei zeigten, dass man die leidende Seele des Volkes durchschaut hatte und diese mit den richtigen Vokabeln zu beeinflussen suchte: Programmatisches und sachliche Argumente braucht das Volk nicht. Hitler will den Nationalsozialismus zu einer Weltanschauung, wie den Kommunismus, den Kapitalismus oder den demokratischen Sozialismus, machen. Hitler schreibt in seinem Buch *Mein Kampf*: *Die nationalsozialistische Bewegung steht heute am Beginn ihres Ringens. Zum großen Teil muss sie erst ihr weltanschauliches Bild formen und vollenden. Sie hat mit allen Fasern ihrer Energie für die Durchsetzung ihrer großen Ideale zu streiten, und ein Erfolg ist nur denkbar, wenn die gesamte Kraft in den Dienst dieses Kampfes tritt.*

Im Zentrum dieser neuen Weltanschauung stand unmissverständlich die so genannte *Rassenlehre*, die ab 1933 sozusagen zur offiziellen Staatsdoktrin wurde. Die Hochschulen richteten Lehrstühle für die Idealisierung und Verwissenschaftlichung dieses rassistischen Wahns ein. In der vordersten Reihe der Rassenforscher stand Hans F. K. Günther, auch *Rasse-Günther* genannt. Ein Durchschnittswissenschaftler, der mit der Gunst des Regimes viele Bücher publizierte, die der NSDAP auf dem Schlachtfeld der pseudowissenschaftlichen Auseinandersetzungen mit den Juden als Material zur Beweisführung dienten. Die Ungleichheit der Menschen und die Einteilung in höhere, bessere, minderwertige und niedrige Rasse wurde wie folgt dargestellt:

Erste Voraussetzung: die grundsätzliche, durch *Erbanlagen* bestimmte Ungleichheit der Menschen. Zweite Voraussetzung: Es gibt verschiedenartige Menschengruppen (Rassen). Dritte Voraussetzung: Es gibt eine schlechthin minderwertige Rasse, gleichsam Gegenrasse, nämlich die Juden.

Es wurde mit solchen *wissenschaftlichen* Schemata begründet, warum die arisch-germanische Rasse als die beste und höchstwertige Rasse über allen anderen Menschen stehe. In diesem *Rassensystem* war Adolf Hitler alles in einem: Gott, Prophet und vor allem Führer. Es ist kein Wunder, dass die Gegenrasse, die *jüdische Rasse*, in der Welt der Herrenmenschen nichts zu suchen hatte und mit allen Mitteln auszurotten war. Selbst die Thesen von Charles Darwin wurden von den Nationalsozialisten missbraucht. *Weh dem, der schwach ist!* Nachdem den Deutschen erklärt worden war, dass sie als arisch-germanische Rasse die höherwertigere seien, hatten sie nun auch einen Herrschaftsauftrag zu erfüllen. Und weil die Deutschen in jeder Beziehung stärker waren, so behaupteten zumindest die Nationalsozialisten, war der Kampf ums Überleben schon entschieden. Und Hitler hat auch nichts anderes getan, als die Besseren und Stärkeren zu führen.

Die Beliebtheit des Diktators bei der Bevölkerung war innerhalb von weniger als drei Jahren so stark angestiegen, dass er selbst davon überrascht war. Wenn er sprach, wurde ihm andächtig zugehört. Die Faszination seiner Sprache versetzte die Menschen in eine Scheinwelt von Ruhm, Wohlstand und Frieden. Vom Inhalt seiner Reden, von dem, was er sagte, wusste im nachhinein keiner mehr etwas Genaueres. Der Ton, den Hitler der Kirche gegenüber anschlug, war vorsichtig und heuchlerisch zugleich. Er versicherte, dass das Christentum die *Basis unserer gesamten Moral* sei, und die Menschen glaubten ihm und hatten das Gefühl, dass auch der Herrgott auf der Seite der Nationalsozialisten stand.

Am 1. Februar 1933 spricht der *talentierte Schauspieler* in seiner Funktion als freigewählter Kanzler zum deutschen Volk, um seine Vierjahrespläne zu proklamieren. Er schließt seine Rede mit dem Satz: *Möge der allmächtige Gott unsere Arbeit in seine Gnade nehmen, unseren Willen recht gestalten, unsere Einsicht segnen und uns mit dem Vertrauen unseres Volkes beglücken!* Hat die Kirche ihm alles geglaubt? Waren die sensiblen Christen, Pfarrer, Bischöfe, Kardinäle und der Vatikan wirklich so naiv? Oder riskierten sie es lieber, mit einem Diktator wie Hitler zusammenzuarbeiten, der Ordnung und Arbeitsplätze schaffte, als mit Kommunisten, Sozialisten und sonstigen Liberalen, die nicht wussten, wie sie in einer krisenhaften Zeit das Land aus der Misere retten konnten? Haben die Kirchen geschlafen, um den Alptraum – Hitler und Judenmord nicht bewusst zu erleben? Selbst wenn der geringste Verdacht auf Duldung eines mörderischen Regimes oder der Verdacht auf schweigende Mittäterschaft nicht existiert hätten, müsste man sagen, dass die Kirchen versagt haben. Unter dem Deckmantel der *vaterländisch-christlichen* Tradition marschierten SA-Mannschaften in geschlossenen Gruppierungen zur Kirche. In einer Gegenbewegung zur Tendenz in der Weimarer Republik traten Tausende wieder in die Kirche ein. Damit war die Kirche voll und ganz zufrieden, ohne zu wissen, dass sie später, als die NSDAP die totale Macht inne hatte, Hunderttausende sich von den Gotteshäuser abwenden und aus der Kirche austreten würden. Die christliche Maskerade erfüllte also ihre Funktion. Aber, selbst dann, als die Kirche langsam erfuhr, was für ein Schauspiel die Nationalsozialisten inszeniert hatten, und wie sie die Menschen überrumpelt hatten, hat die Kirche nicht reagiert. Hitler und seine von der nationalsozialistischen Terminologie besessene Bande wussten genau, wie sie reden und agieren mussten, um die Unterstützung der Mehrheit des Volkes zu erlangen. Goebbels, Göring, Himmler, Hess, Speer, Dönitz – sechs Verbrecher die, jeder in seiner Form und in seinem Sektor, perfekte Vollstrecker der paranoiden Träume des Diktators waren. Goebbels, der Fanatiker, war in der Lage, die Menschen in seinen Reden in einen Trancezustand zu versetzen, um den Führer als himmlische Figur mit gottgleichem Auftrag zu repräsentieren. Goebbels, der Brandstifter des *Dritten Reiches*, der an der Vernichtung mittels Verbrennung seine Erfüllung fand. Erst waren es die Bücher und die Synagogen, dann die Menschen, die nicht zur arisch-germanischen Rasse gehörten, die verbrannt wurden. Goebbels, ein Schizophrener, der verbal den Untergang des Judentums vorbereitete und der mit seiner Rhetorik und seinem Zynismus den Propagandaapparat Hitlers betrieb. Er, der dem Führer folgte wie ein Schäferhund. Der Propagandachef des *Dritten Reiches* inszenierte Hitler als Messias, der dem deutschen Volk die Erlösung bringen würde. Goebbels, der den *Führermythos* schuf und befeuerte. Jeder Auftritt von Hitler wurde zum Volksfest. Die hysterischen Sympathiebekundungen der Menschen waren viel emotionaler als die Ohnmachtsanfälle der Teenager und jungen Menschen in unserer Zeit bei Popstars wie den Beatles, Elvis Presley oder Michael Jackson.

Der Führer hat immer Recht. Mit diesem Satz hat Goebbels bis zum Untergang des Dritten Reiches propagandistisch und populistisch gearbeitet. Als die Propagandamaschinerie sich dem Niedergang des *glorreichen Dritten Reiches* stellen musste, erfand Goebbels den Begriff der *Wunderwaffen*, mit denen endlich die Weltherrschaftsträume des Führers in Erfüllung gehen würden.

Dass die Kindersoldaten daran nicht zweifelten, beweist ihre sinnlose Hingabe im erbitterten Kampf an der Heimatfront. Dr. Josef Goebbels war, wenn man ihn genauer beschreiben will, der leibhaftige Satan; er war der Urheber der *Endlösung*, wie Himmler ihn nannte, der mit seiner sadistischen und mörderisch-kriminellen Energie zu allem fähig war. Hätte Hitler den Krieg nicht so schnell verloren oder sogar mit der Hilfe Japans und Mussolinis die Weltherrschaft erlangt, dann wäre nur noch aus den Geschichtsbüchern zu erfahren gewesen, dass es einmal ein Volk der Juden gegeben hat. Doch die Menschheit hat wieder einmal Glück gehabt, und das Unrecht war, wie immer, kurzlebig!"

Dazu Zarathustra: „Der Reichstagsbrand vom 27.2.1933 war ein taktischer Zug der Nationalsozialisten! Sie haben mit dieser Brandstiftung nicht nur das Haus und die Instanz der Volksvertretung und Demokratie vernichtet, sondern auch die Gelegenheit benutzt, um Funktionäre der KPD zu verhaften und um wichtige Grundrechte außer Kraft zu setzen! Dass der Holländer Marinus van der Lubbe an der Brandstiftung beteiligt war, der nicht einmal Mitglied dieser Partei war, weist darauf hin, dass die Kommunisten mit der Brandstiftung nichts zu tun hatten. Hitler jedenfalls nutzte die Gelegenheit, um bei der Besichtigung des brennenden Reichstags festzustellen: *Es gibt jetzt kein Erbarmen; wer sich uns in den Weg stellt, wird niedergemacht. Das deutsche Volk wird für Milde kein Verständnis haben. Jeder kommunistische Funktionär wird erschossen, wo er angetroffen wird. Die kommunistischen Abgeordneten müssen noch in dieser Nacht aufgehängt werden. Alles ist festzusetzen, was mit den Kommunisten im Bunde steht. Auch gegen die Sozialdemokraten und Reichsbanner gibt es jetzt keine Schonung mehr!"*

Dazu Abraham: „Was hat die deutsche Mehrheit gedacht, als plötzlich alle wichtigen Grundrechte außer Kraft gesetzt wurden? Als sie die Entschlossenheit des diktatorischen Regimes sah, das mit Pseudoargumenten nun seine mörderische Maschinerie in Bewegung setzte, um die Gegner zu eliminieren? Neben den Juden waren nunmehr auch die Linken, die Kommunisten oder Sozialisten, die Homosexuellen, die Zigeuner und andere kleinere Volksgruppen nicht-christlicher und nicht-arischer Herkunft zu Feinden des deutschen Volkes geworden! Warum regte sich hier bei den demokratischen Konservativen kein Widerstand? Warum demonstrierten sie nicht? Hitler konnte ja nicht alle hängen oder erschießen?"

Buddha meint dazu: „Mit Terror kann man ein ganzes Volk einschüchtern! Der Reichstag wurde aufgelöst, Gesetze wurden außer Kraft gesetzt und der Terror wurde organisiert, und die Mehrheit der Deutschen schaute zu und schwieg! Damit die Deutschen keine Zeit zum Nachdenken bekamen, wurde, mit strengster Disziplin und blindem Gehorsam, die organisierte Maschinerie der Gewalt gestartet. Schnell und wirksam wurden Sanktionen gegen *Regierungsfeindliche* umgesetzt. Weder Hindenburg noch irgendeine andere politische Größe hatte etwas entgegen zu setzen. Sie wurden alle mundtot gemacht und von der rasanten *Ordnungspartei* Hitlers überrollt.

Die Nationalsozialisten haben sich allerhand einfallen lassen, um die demokratisch gewählten Abgeordneten einzuschüchtern und die Opposition zu beseitigen. Die Eröffnung des Reichstages in der Kroll-Oper wurde zu einem Spektakel für den großen *Führer*, also nicht für den Regierungschef oder den Reichskanzler. Hitler garantierte noch einmal den christlichen Konfessionen ihre Einflussmöglichkeit auf Schule und Erziehung. Das war aber nur eine Finte, denn Hitler wollte die Erziehung der Jugend im faschistischen Reich allein seiner Partei überlassen, um sich eine neue deutsche Jugend herzuziehen. Die nationalsozialistische Schule wurde als NS-*Schliff* der Jugend angesehen. Hitler hat 1937 sein Erziehungsprogramm angekündigt, das dann auch unverzüglich umgesetzt wurde. *Da kommt eine neue deutsche Jugend und die dressieren wir schon von ganz klein an für diesen neuen Staat. Diese Jugend lernt ja nichts anderes als deutsch denken, deutsch handeln und wenn nun dieser Knabe und dieses Mädchen mit ihren zehn Jahren in unsere Organisationen kommen und dort, nun oft zum ersten Mal überhaupt, frische Luft bekommen und fühlen, dann kommen sie vier Jahre später vom Jungvolk in die Hitlerjugend und dort behalten wir sie wieder vier Jahre. Dann geben wir sie erst recht nicht zurück in die Hände unserer alten Klassen- und Standeserzeuger, sondern dann nehmen wir sie*

sofort in die Partei oder in die Arbeitsfront, in die SA ober in die
SS, in das NSKK und so weiter. Und wenn sie dort zwei Jahre oder
anderthalb Jahre sind und noch nicht ganz Nationalsozialisten
geworden sein sollten, dann kommen sie in den Arbeitsdienst und
werden dort wieder sechs und sieben Monate geschliffen. Alles
mit einem Symbol, dem deutschen Spaten. Und was dann nach
sechs oder sieben Monaten nach an Klassenbewusstsein oder
Standesdünkel da oder dort noch vorhanden sein sollte, das über-
nimmt dann die Wehrmacht zur weiteren Behandlung auf zwei
Jahre. Und wenn sie dann nach zwei oder drei Jahren zurückkeh-
ren, dann nehmen wir sie, damit sie auf keinen Fall rückfällig
werden, sofort wieder in die SA, SS und so weiter – und sie wer-
den nicht mehr frei ihr ganzes Leben!"

Zarathustra ergreift das Wort: „Die nationalsozialistische Schulung und Erziehung hat die Jugend systematisch dressiert! Jegliche Individualisierung wurde ihr verwehrt! Die Jugend sollte in
eine selbstlose, gehorsame, standhafte, robuste und unnachgiebige
Hitlerjugend verwandelt werden! Der junge Mensch wurde in der
NS-Maschinerie ideologisch geschult und geschliffen. Nur so
konnte aus ihm ein guter Deutscher werden. Die Herrenrasse traf
ihre Vorbereitungen für die Weltherrschaft. Die Deutschen haben
treu, gehorsam, ordentlich und perfekt, wie sie nun einmal sind,
dabei mitgeholfen, einen jungen Menschen wie einen Hengst oder
wie einen Hund zu dressieren, um die NS-Ideale zu erfüllen. Die
Mehrheit der Deutschen war froh, dass die neue Ordnung auch in
Familie, Kinderplanung und Erziehung verankert wurde. Die
Deutschen waren froh, dass endlich eine starke Hand die Erziehung ihrer Kinder lenkte und steuerte, damit aus ihnen anständige Deutsche werden konnten. Nur so konnte man sich gegen die
Feinde im Ausland wappnen.

Gerade diese Mehrheit, die bereit war für das NS-Regime alles zu
geben, hat von den oppositionellen Kräften und Politikern nichts
mehr wissen wollen. Als Otto Wels, ein SPD-Abgeordneter, in
einem äußerlich noch funktionierenden Reichstag die Nationalsozialisten auf die demokratischen Rechte hinweisen wollte und die
konservativen Parteien und die Bevölkerung aufrütteln wollte,
musste er damit rechnen, dass er zum letzten Mal im deutschen

Parlament reden durfte. *Aus einem Gewaltfrieden kommt kein Segen, im Innern erst recht nicht. Eine wirkliche Volksgemeinschaft lässt sich auf ihn nicht gründen. Ihre erste Voraussetzung ist gleiches Recht. Mag sich die Regierung gegen rohe Ausschreitungen der Polemik schützen, mag sie Aufforderungen zu Gewalttaten und Gewalttaten selbst mit Strenge verhindern. Das mag geschehen, wenn es nach allen Seiten gleichmäßig und unparteiisch geschieht, und wenn man es unterlässt, besiegte Gegner zu behandeln als seien sie vogelfrei. Freiheit und Leben kann man uns nehmen, die Ehre nicht. Nach der Verfolgung, die die sozialdemokratische Partei in der letzten Zeit erfahren hat, wird niemand billigerweise von ihr verlangen und erwarten können, dass sie für das hier eingebrachte Ermächtigungsgesetz stimmt. Die Wahlen vom 5. März haben den Regierungsparteien die Mehrheit gebracht. Damit ist die Möglichkeit gegeben, streng nach dem Wortlaut und dem Sinn der Verfassung zu regieren. Wo diese Möglichkeit besteht, besteht auch die Pflicht. Kritik ist heilsam und notwendig. Niemals, seit es einen Deutschen Reichstag gibt, ist die Kontrolle der öffentlichen Angelegenheit durch die gewählten Vertreter des Volkes in solchem Maße ausgeschaltet worden, wie es jetzt geschieht, und wie es durch das neue Ermächtigungsgesetz noch mehr geschehen soll. Eine solche Allmacht der Regierung muss sich um so schwerer auswirken, als auch die Presse jeder Bewegungsfreiheit entbehrt. Meine Damen und Herren, die Zustände, die heute in Deutschland herrschen, werden vielfach in krassen Farben geschildert. Wie immer in solchen Fällen fehlt es auch nicht an Übertreibungen. Was meine Partei betrifft, erkläre ich hier: Wir haben weder in Paris um Intervention gebeten, noch Millionen nach Prag verschoben, noch übertriebene Nachrichten ins Ausland gebracht. Solchen Übertreibungen entgegenzutreten wäre leichter, wenn im Ausland eine Berichterstattung möglich wäre, die Wahres von Falschem scheidet. Noch besser wäre es, wenn wir mit gutem Gewissen bezeugen könnten, dass die volle Rechtssicherheit für alle wiederhergestellt sei. Diese Möglichkeit zu geben, das, meine Herren, liegt bei Ihnen. Die Herren von der Nationalsozialistischen Partei nennen die von Ihnen entfesselte Bewegung eine nationale Revolution, nicht eine nationalsozialistische. Das Verhältnis ihrer Revolution zum Sozialismus beschränkt sich bisher auf den Versuch, die sozialdemokratische Bewegung zu vernichten, die seit mehr als zwei Menschenalter die Trägerin sozialistischen Gedankengutes gewesen ist und auch bleiben wird. Wollen die Herren von der Nationalsozialistischen Partei sozialistische Taten verrichten, so brauchen sie kein Ermächtigungsgesetz. Eine erdrückende Mehrheit wäre ihnen in diesem Hause gewiss. Jeder von Ihnen gestellte Antrag könnte, im Interesse der Arbeiter, der Angestellten, der Beamten oder des Mittelstandes, mit Annahme rechnen. Wenn nicht einstimmig, so doch mit gewaltiger Mehrheit. Aber dennoch wollen sie vorerst den Reichstag ausschalten, um ihre Revolution fortzusetzen. Zerstörung von Bestehendem ist aber noch keine Revolution. Das Volk erwartet positive Leitungen. Es wartet auf durchgreifende Maßnahmen gegen das Wirtschaftselend. (...) Kein Ermächtigungsgesetz gibt Ihnen die Macht, Ideen, die ewig und unzerstörbar sind, zu vernichten. Sie selbst haben sich ja zum Sozialismus bekannt. Das Sozialistengesetz hat die Sozialisten nicht vernichtet. Auch aus neuen Verfolgungen kann die deutsche Sozialdemokratie neue Kraft schöpfen. Wir grüßen die Verfolgten und Bedrängten. Wir grüßen unsere Freunde im Reich. Ihre Standhaftigkeit und Treue verdient Bewunderung, ihr Bekennermut, ihre angebrochene Zuversicht verbürgen eine hellere Zukunft."*

Dazu Mohammed: „Die Oppositionellen riskierten Kopf und Kragen und wagten es trotzdem *Nein* zu sagen zu einem mörderischen Regime! Patriotismus, Anstand, Moral und Verfechter der Menschenrechte: diese Begriffe waren noch nicht ganz aus der deutschen Sprache verschwunden. Und es waren viele, die sich dem Hitlerregime widersetzten, und die auch mit ihrem Leben dafür bezahlt haben!

Der Weg vom Sturz der Monarchie 1918 bis zum *Tag von Potsdam*, dem 21. März 1933, an dem der ehemalige Feldmarschall und damalige Reichspräsident Paul von Hindenburg, dem bis dahin als Faschisten und fanatischem Befürworter der Rassenlehre bekannten Adolf Hitler, dem amtierenden Reichskanzler, nun auch symbolisch die Vollmacht übertrug, die er sowieso längst inne hatte; dieser Weg beinhaltete genügend Hinweise und Gründe dafür, dass man solch einem verbrecherischen Agitator nicht die vollkommene Macht über ein Volk mit so viel Tradition und Geschichte überlassen durfte. Dass dies trotzdem geschah, obwohl es viele Demokraten gab wie Otto Wels, die mit ihren Warnungen die Menschen vor der Diktatur schützen wollten, und die die Menschenrechte, die soziale Freiheit und die demokratischen Gesetze verteidigen wollten, und doch unter der Mehrheit der Bevölkerung kein Echo fanden, ist ein Beweis dafür, dass die Deutschen, in ihrer Liebe zur Ordnung, sich einen starken Mann wünschten, der mit Entschlossenheit Ruhe und Ordnung schaffen sollte. Dass diese absolutistische Ordnung mit katastrophalen Folgen verbunden war, wollte zunächst niemand wissen. Otto Wels konnte, wie einige andere Demokraten, 1933 ins Ausland fliehen und starb sechs Jahre später in Paris, wo er die Gewalt der deutschen Armee hautnah zu spüren bekam und nunmehr die Verletzung der Menschenrechte anderer Völker Europas durch das NS-Regime erleben musste. Viele seiner Kameraden wurden in der Heimat mit dem Tod durch Erhängen für ihre demokratische Besinnung bestraft.

Die bürgerlichen Parteien, unter anderem auch die Zentrumspartei, haben dem Ermächtigungsgesetz zugestimmt. Und Hitler griff triumphierend zu Maßnahmen, die ihm und seiner Bewegung freies Schalten und Walten erlaubte. Die deutschen Konservativen und christlich gesinnten politischen Gruppierungen hatten doch eine Chance gehabt, wider das Unrecht oder zumindest wider die antichristliche Politik des diktatorischen Regimes zu stimmen. Aber das haben sie nicht getan, ganz im Gegenteil. Das *Ermächtigungsgesetz* wurde nach dem Ablauf der gesetzgeberisch vorgesehenen Periode am 1. April 1937 überhaupt nicht mehr berücksichtigt, und der Diktator bekam schließlich 1943 seine uneingeschränkte Vollmacht auf unbestimmte Zeit.

Der mahnende Hindenburg konnte zwar immer wieder an die Moral und die demokratischen Tugenden erinnern und an den Reichskanzler appellieren, dass er die Verfolgung und Vernichtung der Oppositionellen und der jüdischen Mitbürger nicht gutheißen würde. Und er forderte den Reichskanzler auch dazu auf, er möge sich um die eigentlichen Probleme des Vaterlandes kümmern. Aber alle Appelle blieben ohne Wirkung. Die kameradschaftliche Gesinnung, an die Hindenburg appellierte, gab es bei

Hitler aber nur für die ideologisch Gleichgesinnten, alle anderen waren Verräter und mussten eliminiert werden.

Hat die Integrationsfigur der deutschen Rechtsparteien, Paul von Hindenburg, denn tatsächlich gedacht, er könne in einer Brandkatastrophe, die in vollem Gange war und an deren Entstehung er nicht unschuldig war, mit einem Eimer von Appellen das Feuer löschen? Und dieser Brand würde bald von Deutschland auf den Rest der Welt übergreifen! Erst kümmern wir uns um unsere inneren Feinde, und wenn diese ausgeschaltet sind, werden wir uns dem Ausland und der Erweiterung des deutschen Reiches widmen!"

Dazu Zarathustra: „Die Zivilisation des modernen Europa nennt sich auch heute noch christlich und fortschrittlich! *Sie haben sich eingebildet, sie seien auf dem höchsten Gipfel des Fortschritts und des Wohlstandes angelangt, während sie in Wirklichkeit in die tiefsten Tiefen der Achtlosigkeit gefallen und sich völlig der gnadenreichen Gaben Gottes beraubt haben.*

So hat der Bruder Abdul-Baha recht, wenn er nach Weisheit und Gerechtigkeit sucht. Erst kommt irgendein Diktator und festigt seine Macht, dann folgt die Gewaltherrschaft. Das geschah in der Geschichte immer wieder, sowohl unter den modernen Christen als auch unter den islamischen Völkern. Einen wie Hitler aber hat es zum Glück nur einmal gegeben. Hitler nutzte die Zeit von 1936 bis 1938 zum Aufbau der Wehrmacht und zur Durchsetzung neuer Gesetze: Darunter das *Reichsbürgergesetz*, das die Deutschen in Arier, Germanen und *Nichtarier* trennte: Deutsche jüdischer Herkunft waren ab sofort keine Reichsbürger mehr. Darunter war auch das *Gesetz zum Schutz des deutschen Blutes und der deutschen Ehre* vom 15.9.1935, womit die Eheschließung zwischen Juden und Staatsangehörigen deutscher oder artverwandter Blutes verboten wurde. Die schon geschlossenen Ehen wurden annulliert. Außerehelicher Verkehr zwischen Juden und deutschen Staatsangehörigen oder artverwandten Blutes wurde ebenfalls verboten. Das Hissen der Reichs- oder Nationalflagge und das Zeigen der Reichsfarben wurde für Juden verboten.

Der nationalsozialistische Staatsapparat setzte ein verbrecherisches Gesetz nach dem anderen durch, und das Volk blieb stumm:

das *Gesetz zur Verhütung erbkranken Nachwuchses* legalisierte Zwangssterilisation und Euthanasie. Universitäten, Hochschulen, Professoren und Studenten, Künstler und Wissenschaftler, sie alle mussten doch die Gefahr einer Entartung, durch die allumfassende Nazifizierung, durch die Bevormundung ihrer Arbeit und durch die Gefährdung der freien Lehre und Forschung und durch das Verbot freier schöpferischer Arbeiten zumindest wahrgenommen haben.

1937 gab Hitler bekannt, was er unter Kunst verstand, und wer als Künstler arbeiten durfte. Die Deutsche Kunst sollte *gereinigt* werden. *Nichts desto weniger ist es einer geschickten, ja gerissenen jüdischen Kulturpropaganda gelungen, diese erbärmlichen Machwerke, wenn auch nicht dem gesunden Einzelmenschen, so aber zumindest seinen so genannten ‚berufenen künstlerischen Sachwaltern' aufzuschwäzen, in unsere Galerien hineinzuschmuggeln und damit letzten Endes dem deutschen Volk aufzuoktroyieren. (...) Von diesen Werken nun den nationalen Kunstbesitz zu säubern, ist eine heilige Pflicht einer politischen Leitung, die sich selbst als im stärksten Gegensatz stehend ansieht zu jenen dekadenten Kräften, die diese Machtwerke dem deutschen Volk aufgenötigt haben!*

Wieviel heilige Pflicht hatte dieser von Paranoia und Hass besessene Führer auf sich genommen? Für Devisen und Einnahmen waren diese *Machwerke* gut genug. Eine große Zahl der verfemten und für das deutsche Volk ästhetisch schädlichen Bilder wurden in die Schweiz transferiert und dort verkauft, um mit dem sauberen, guten Geld die nationalsozialistischen Ideen unterstützen. Während damit die Bilder zum größten Teil erhalten blieben, ging es den Künstlern weniger gut. Ein genialer Maler wie Otto Dix musste zum Beispiel seine Arbeit aufgeben; er durfte nicht mal Pinsel und Farben besitzen.

Und wie war die Lage an den Universitäten? NS-Wissenschaftler, der NS-Dozentenbund und der NS-Studentenbund waren dazu verpflichtet worden, die Hochschulen umzukrempeln und neu zu gestalten. Und einige karrierebewusste Professoren sahen in der neuen Zeit eine *nationale Revolution*. Das beste Beispiel dafür ist die Rektoratsrede Martin Heideggers vom Frühjahr 1933. Er begrüßte die neue Epoche und sagte unter anderem: *Der Begriff der*

Freiheit des deutschen Studenten wird jetzt zu seiner Wahrheit zurückgebracht. Aus ihr entfalten sich künftig Bindung und Dienst der deutschen Studentenschaft. Die erste Bindung ist die der Volksgemeinschaft. (...) Die Bindung wird fortan festgemacht und in das studentische Dasein eingewurzelt durch den Arbeitsdienst. Die zweite Bindung ist die an die Ehre und das Geschick der Nation inmitten der anderen Völker. Sie verlangt die in Wissen und Können gesicherte und durch Zucht gestraffte Bereitschaft zum Einsatz bis ins Letzte. Diese Bindung umgreift und durchdringt das ganze studentische Dasein als Wehrdienst. Die Dritte Bindung der Studentenschaft ist die an den geistigen Auftrag des deutschen Volkes. Dieses Volk wird an seinem Schicksal, indem es seine Geschichte in die Offenbarkeit der Übermacht aller weltbildenden Mächte des menschlichen Daseins hineinstellt und sich seine geistige Welt immer neu erkämpft, so ausgesetzt in die äußerste Fragwürdigkeit des eigenen Daseins, will dieses Volk ein geistiges Volk sein."

Buddha mischt sich ein: „Wenn man ein Volk in Geist und Moral, physisch und psychisch, beeinflussen will, versucht man seine Bildungsstätten und seine Kultur herunterzuwirtschaften! So hat Hitler sein Volk des Geistes und der Intelligenz beraubt!

Heidegger wurde zum Prediger für die nationalsozialistischen Vorstellungen. Weder Hitler noch sein Bauchredner Goebbels konnten leugnen, dass er ein dem NS-Regime gewogener Gelehrter und Denker war. Er war aber auch nur ein Mensch. Und die meisten Menschen warteten auf eine Gelegenheit: wo sie ihren Nutzen sehen, greifen sie zu. Es gab jedoch auch die anständigen Menschen, die durch ihre ablehnende Haltung mit Sanktionen rechnen mussten. Zum Beispiel gab es Professoren, die unbeirrt ihre Arbeit im Sinne des wissenschaftlichen Ethos fortsetzten und sich keiner politischen Mittäterschaft schuldig machten. Der Pädagogikprofessor Eduard Spranger, der Historiker Friedrich Meinecke und der Nobelpreisträger Werner Heisenberg: sie alle waren als dem Regime nicht freundlich gesonnen bekannt und wurden genauestens beobachtet. Im *schwarzen Korps*, dem gefürchteten SS-Organ, stand: *Wie sicher sich die „weißen Juden" in ihren Stellungen fühlen, beweist das Vorgehen des Professors*

für theoretische Physik in Leipzig, Professor Werner Heisenberg,
der es 1936 zuwege brachte, in ein parteiamtliches Organ einen
Aufsatz einzuschmuggeln, worin er Einsteins Relativitätstheorie
als „die selbstverständliche Grundlage weiterer Forschung" er-
klärte und „eine der vornehmsten Aufgaben der deutschen wis-
senschaftlichen Jugend in der Weiterentwicklung der theoreti-
schen Begriffssystem" sah. Diese Wissenschaftler wurden, da sie
mit dem System nicht konform waren, von der SS bedroht. In dem
Infomationsblatt der mächtigen SS hieß es: *1933 erhält Heisenberg*
den Nobelpreis zugleich mit Einstein-Jüngern, Schrödinger und
Dirac, eine Demonstration des jüdisch beeinflussten Nobelkomi-
tees gegen das nationalsozialistische Deutschland, die der „Aus-
zeichnung" Ossietzkis gleichzusetzen ist. Heisenberg stattete sei-
nen Dank ab, indem er sich im August 1934 weigerte, einen Aufruf
der deutschen Nobelpreisträger für den Führer und Reichskanzler
zu unterzeichnen. (...) Heisenberg ist nur ein Beispiel für einige
andere. Sie allesamt sind Statthalter des Judentums im deutschen
Geistesleben, die ebenso verschwinden müssen wie die Juden
selbst."

WENN EIN PAZIFIST DIE
ATOMBOMBE ENTWICKELT

Dazu Abraham: „Wenn man ein Volk folgsam machen will,
nimmt man ihm seinen Glauben! Die Behauptung, dass es
nur die einfachen Menschen waren, die von Hitler begeistert
waren und sich nationalsozialistischem Denken und Handeln verschrieben, ist insofern falsch, als viele einfache Menschen eher
skeptisch den Parolen und den Machenschaften des NS-Regimes
gegenüber standen. Vielmehr war es ein großer Teil der geistigen
Elite, der in der vordersten Reihe der Antisemiten stand und der
die Überlegenheit der arischen Rasse auch in den Wissenschaften
beweisen wollten.

Für das Dritte Reich engagierten sich viele Wissenschaftler und
Denker, die die Wissenschaften bei der nordisch germanischen
Rasse gut aufgehoben sahen und sie keiner *minderwertigen Rasse*

überlassen wollten. Ein Beispiel dafür ist der Physiker und Nobelpreisträger von 1905, Philipp Lenard, der eine *deutsche Physik* des *nordisch gearteten Menschen* schaffen wollte, die er der *jüdischen Physik* gegenüber stellte: *Deutsche Physik, wird man fragen. Ich hätte auch arische Physik sagen können. (...) Der Unterschied zwischen arischer und jüdischer Naturauffassung ist groß. Der Arier wünscht mit Ernst wahres Wissen von der Natur. Der Judengeist spielt Naturwissenschaft. Dem noch unerforschten steht der Arier demütig gegenüber. Der Judengeist verfärbt dagegen hochmütig, gewalttätig.*

Kaum zu glauben, dass dieser populistische Ausfall von einem Wissenschaftler stammt, der es gelernt haben sollte, logisch und exakt zu denken! Der Physiker Philipp Lenard arbeitete an der Heidelberger Universität und hatte sich im Bereich der theoretischen Physik einen internationalen Namen gemacht. Er war von Beginn an ein Anhänger Adolf Hitlers und der nationalsozialistischen Bewegung. Zusammen mit seinem Würzburger Kollegen, dem Physiker und Nobelpreisträger von 1919, Professor Johannes Stark, veröffentlichte er am 6. Mai 1924 in der *Großdeutschen Zeitung* einen Aufruf zugunsten *Hitlers und seiner Kameraden.* Außerdem beteiligten sich die beiden Professoren an Aktionen zur Säuberung der Universitäten von Juden. Die beiden Physiker Lenard und Stark sind als Vertreter einer Spezies zu sehen, die sich bemüht hat, die *Entjudung* an den Universitäten zu einer wissenschaftlichen Aufgabe und vaterländischen Pflicht zu machen, indem sie *unnationale Kollegen* diffamierte. So nannte zum Beispiel Stark die jüngeren Wissenschaftler, die von Professor Albert Einstein stark beeinflusst waren, *Judenzöglinge.* Hierbei wurden alle Grundregeln der freien Lehre und Wissenschaft missachtet und durch die primitiven Methoden nationalsozialistischer Agitation ersetzt. Die Ehre der arischen Rasse wurde *gerettet*, aber die Wissenschaft selbst wurde entehrt.

Viele international anerkannte Wissenschaftler, Denker, Philosophen und Künstler sind nach solchen Repressalien und Sanktionen unter schwierigsten und lebensbedrohenden Umständen aus Deutschland geflohen. Professor Albert Einstein war einer von ihnen. Am 14.3.1879 wurde er in Ulm geboren. Mit der Entwicklung der speziellen und der allgemeinen Relativitätstheorie (1916) sowie der einheitlichen Feldtheorie (1929) entwarf er ein neues physikalisches Weltbild. Gleichzeitig war Einstein ein großartiger Humanist und Pazifist. Und Albert Einstein war, als Symbolfigur, ein Beispiel für viele seinesgleichen, die die Wissenschaft nicht als Instrument des Teufels, sondern als Wegweiser für die Menschheit sahen. 1921 wurde Einstein mit dem Nobelpreis für Physik, vor allem für seine Entdeckung des Gesetzes des photoelektrischen Effekts, ausgezeichnet. Seit 1920 waren Einstein und seine Relativitätstheorie heftigen antisemitischen Angriffen ausgesetzt. 1933 emigrierte Einstein über mehrere Stationen und Zufluchtsorte aus dem nationalsozialistischen Reich in die USA, wo er im August 1939 mit einem Brief an Präsident Roosevelt den Anstoß zum Bau der Atombombe gab. Er sah darin eine Möglichkeit, dem Weltkrieg und Hitlers Verbrechen und dem Wüten des faschistischen Regimes Japans ein Ende zu setzen. Der Pazifist Einstein war aber, nachdem er die Auswirkungen der Atombombe auf Hiroshima und Nagasaki gesehen hatte, von seiner Idee nicht mehr begeistert.

Max Planck, ein Zeitgenosse Einsteins und deutscher nichtjüdischer Wissenschaftler, war Professor für theoretische Physik an der Universität Kiel und von 1930 an Präsident der Kaiser-Wilhelm-Gesellschaft zur Förderung der Wissenschaft. Er begründete die Quantentheorie und erhielt dafür 1918 den Nobelpreis. Aber auch er konnte, mit seinem Namen und Einfluss, nichts für seine Zeitgenossen tun. Musste sich die Wissenschaft so weit versklaven, dass viele Wissenschaftler nur durch die Flucht ihre Haut retten konnten? Haben Max Planck und viele andere anständige Wissenschaftler wirklich alles versucht, um ihre Kollegen vor der Tyrannei und den menschenverachtenden Sanktionen des NS-Regimes zu schützen? Waren sie wirklich so machtlos? In Deutschland gibt es heute in jeder größeren Universitätsstadt ein *Max-Planck-Institut*. Es gibt aber nicht einmal ein Grab Albert Einsteins auf irgendeinem Friedhof, denn er ruht seit dem 18.4.1955 in Princeton, New Jersey (USA).

Die deutsche Neigung alles, auch den Wahnsinn, perfekt zu machen, feierte im Nationalsozialismus Triumphe. In einem Vortrag vor Parteigenossen schlug Hitler vor, Juden sollte nun verboten werden *deutsche,* womöglich sogar *germanische* Namen zu tragen. Laut Gesetz sollte ein Verzeichnis jüdischer Namen angelegt werden. Die ganze Aktion sollte Heinrich Himmler unterstellt werden, der schließlich ein Fachmann war in Sachen Rassenpolitik.

Heinrich Himmler war der Henker und Scharfrichter des Rassenwahn, der sich seiner Verantwortung für die Organisation des millionenfachen Massenmords bewusst war, und der die Maschinerie des Mordens so perfekt plante und organisiert, dass manche seiner Mitarbeiter nur staunen konnten über so viel Kaltblütigkeit. Für Himmler war der Völkermord lediglich ein Organisationsproblem. Das Leid und die Not, die Demütigung, Versklavung und Ermordung von Millionen Menschen berührte ihn nie. Nur wenn es manchmal nicht so perfekt ablief und die Zahlen der Vernichtung nicht mit dem Plansoll übereinstimmten, dann zeigte er ein Zeichen der Unzufriedenheit. Sonst konnte man in dem eiskalten Gesicht des germanischen Herrenmenschen nicht sehen oder bemerken, wie er fühlte, und ob er überhaupt etwas fühlte. Dieser Prototyp des Nazi-Verbrechers stammt aus einer ordentlichen, bayrischen katholischen Familie. Sein Vater war Konrektor eines humanistischen Gymnasiums, in dem auch Heinrich erzogen wurde, zu einem Bild des Menschenideals der Nüchternheit, der Kälte, der Distanz, der Tapferkeit und Opferbereitschaft. Einen besseren Helfer konnte sich Hitler nicht erträumen. Er konnte sich darauf verlassen, dass sein Kumpan die Judenfrage lösen würde, ohne mit der Wimper zu zucken. Und Himmler enttäuschte ihn nicht. Mit einem Helfer wie Himmler brauchte er sich nicht selbst die Hände blutig zu machen. Himmler war Hitlers unersetzlicher Henkersknecht. Für Himmler war die Rassenhygiene Glaube und Religion. Er war der perfekte Absolutist bei der Erfüllung seiner Aufgabe und er war im höchsten Maße diszipliniert: *Wer hart zu sich selbst war, durfte hart zu anderen sein,* die "Tugend" eines wichtigen Vorbilds.

Dazu Moses: „Hitler hat nicht nur die Bildungsstätten, sondern auch die Kirche missbraucht! Wenn die Häuser der Bildung, Schulung, Wissenschaft und Kultur in einem Land zu einer Brutstätte des Hasses und des Rassismus werden, dann hat dieses Land kein Recht mehr auf eine Mitgliedschaft in der Völkergemeinschaft!

Während Goebbels und Rosenberg sich um die Nazifizierung von Kunst und Justiz, von Schulen und Universitäten kümmerten, stellte Hitler seine Religiosität aus. *Auch ich bin religiös, und zwar tief innerlich religiös und ich glaube, dass die Vorsehung den Menschen wägt und dass derjenige, der vor der Prüfung der Vorsehung nicht bestehen kann, sondern an ihr zerbricht, nicht zu größerem bestimmt ist. (Hitler, 1943)*

So lange Hitler die Christen gebraucht hat, um Hindenburg auszuschalten, hat er auf die Interessen der Kirche Rücksicht genommen. Aber nachdem er die Staatsmacht inne hatte und nachdem die Medien gleichgeschaltet waren, startete er die Sanktionen: die katholischen Verbände, die katholische Presse und die Jugendverbände wurden verboten; die Öffentlichkeitsarbeit der Kirche wurde behindert; Orden wurden gedemütigt und verfemt; widerspenstige Geistliche wurden eingeschüchtert. Dies alles reichte aber nicht aus, und die Gottesdiener entschieden, gegen die Repressalien zu protestieren und sich zu wehren. Ein Auszug aus der Enzyklika von Papst Pius XI.: *Mit brennender Sorge und steigendem Befremden beobachten wir seit geraumer Zeit den Leidensweg der Kirche und die wachsende Bedrängnis der ihr in der Gesinnung freigebliebenen Bekenner und Bekennerinnen. (...) Nur oberflächliche Geister können der Irrlehre verfallen, von einem nationalen Gott, von einer nationalen Religion zu sprechen.*

Und im Kernstück der päpstlichen Enzyklika wird die Sorge formuliert, dass Gläubige unter dem Druck der neuen Machthaber in Deutschland aus der Kirche austreten könnten. Der päpstliche Appell drückt also deutlich die Sorge der Kirche um sich selbst aus, aber kein Wort wird verloren über die Juden, die schuldlos der Tyrannei des NS-Regimes ausgesetzt waren; kein Wort über brennende Synagogen; kein Wort über die Verwüstungen von Wohnungen, Häusern und Geschäften einer Minderheit, die als *Christusmörder* bestraft werden sollte; und kein Wort über die Pogromnacht im Jahr 1938. Wie kann es sein, dass ein Papst bis ins kleinste Detail über seine Kirche informiert ist, aber dass er von den Gewalttaten des Regimes gegen die Juden nichts wissen will? *In Eurer Gegend, Ehrwürdige Brüder, werden in immer stärkerem Chor Stimmen laut, die zum Austritt aus der Kirche aufrufen. Unter den Wortführern sind vielfach solche, die durch ihre amtliche Stellung den Eindruck zu erwecken suchen, als ob dieser Kirchenaustritt und die damit verbundene Treulosigkeit gegen Christus den König, eine besonders überzeugende und verdienstvolle Form des Treuebekenntnisses zu dem gegenwärtigen Staat darstellt.*

Es hätte eine entschiedene Reaktion des Vatikans gegen das Unrecht und die Barbarei, die an den Juden verübt wurden, geben müssen, wenn die Kirche wirklich etwas gegen den Nationalsozialismus als Ersatzreligion hätte erreichen wollen. Die Nationalsozialisten haben von den Marxisten gelernt: die Religion wurde von Anfang an überflüssig gemacht. Das Christentum beute die *Unwissenheit* der Menschen aus, so die wissenschaftliche Erklärung im Marxismus-Leninismus. Und bei Marx heißt es, dass die Religion *Opium für das Volk* sei. Führende Nationalsozialisten hatten sich schon vor 1933 von der Kirche distanziert. Der SS-General Eicke ließ in den Unterkünften der Truppe folgende Texte plakatieren*: Gebetbücher sind Dinge für Weiber, auch für solche, die Hosen tragen. Wir hassen den Gestank des Weihrauchs, er verdirbt die deutsche Seele wie der Jude die Rasse."*

Zarathustra mischt sich ein: „Keine Sorge, Bruder Moses, wir lieben diesen Duft von Weihrauch! Er hilft uns, wenn wir so viel Böses hören und ertragen müssen!"

Zarathustra streut mit der linken Hand eine handvoll Weihrauch ins Feuer, während er in der rechten Hand sein Glas hält, um zum Wohle der Menschheit anzustoßen.

HITLER WOLLTE ERST DIE PROPHETEN, DANN GOTT ERSETZEN

M oses fährt fort: „Hitler wollte uns alle ersetzen! *Wir glauben an Gott, aber nicht an seine Stellvertreter, das wäre Götzendienst und heidnisch. Wir glauben an unseren Führer und an die Größe unseres Vaterlandes. Für diese wollen wir kämpfen; für keine anderen. So frei wir leben, so frei wollen wir abtreten. Unser letzter Hauch: Adolf Hitler.*

Noch deutlicher und überzeugender kann nicht ausgedrückt werden, wie mit dem Bekenntnis der Deutschen zum Führer eine religiöse Weltanschauung propagiert wurde. Und trotzdem war die abwartende Haltung der Kirche eigennützig und eine passive Befürwortung der Vernichtung des Feindes *Judentum*. Zur Zeit der Kreuzzüge zogen die Ritter aus, um mit Feuer und Schwert zu missionieren. 1054 kam es, aufgrund des päpstlichen Machtanspruches, zu einem Schisma, zu einer Spaltung in eine Ost- und eine Westkirche. 1096 rief Papst Urban II. zum Heiligen Krieg gegen den Islam auf, worauf in den sieben Kreuzzügen Hunderttausende von Menschen zu Tode kamen. 1179 verkündete Papst Alexander III. auf dem 3. Laterankonzil die Exkommunikation aller Häretiker, also die Exkommunikation aller Menschen, die anderer Meinung waren als die Kirche. Die Inquisition ging über Jahrhunderte mit Folter und Mord rücksichtslos gegen Andersdenkende vor. 1933 leisteten die katholische Kirche und der Vatikan keinen Widerstand gegen das Hitlerregime. Sie zeigten keine Solidarität mit ihren Erzfeinden, den Juden, und duldeten den millionenfachen Völkermord. Und nun kommt der Milleniumspapst und will sich, nach reiflichem Überlegen, für die blutigen Kreuzzüge, die Inquisition, den Judenhass, die gewaltsamen Missionierungen und für die Versäumnisse seiner Kirche in der faschistischen und nationalsozialistischen Ära entschuldigen. Eine be-scheidene Geste, eine vorsichtige Reaktion auf die ungeheure Schuld, die sich die Kirche aufgeladen hat. Die Kirche und ihre Angehörigen haben sich all dieser menschlichen Tragödien schuldig gemacht und können sich nicht so einfach freisprechen.

Man kann das deutsche Volk nicht dauernd an die Schandtaten des NS-Regimes erinnern und sie dazu auffordern, alles zu tun, um die deutsche Nazigeschichte in Erinnerung zu behalten, während die Kirche mit einer einfachen und pauschalen Entschuldigung davonkommt! Die Kirche muss Buße tun und alles daran setzen, dass die blutige Geschichte der Vergangenheit aufgearbeitet wird, wenn sie will, dass sie auch in Zukunft noch eine Existenzberechtigung hat!

Nietzsche, der aus der Sicht der Kirche ein Atheist war, sagte in aller Deutlichkeit all das voraus, was der Kirche als Versäumnis angelastet wird: *Hiermit bin ich am Schluss und spreche mein*

Urteil. Ich verurteile das Christentum, ich erhebe gegen die christliche Kirche die furchtbarste aller Anklagen, die je ein Ankläger in den Mund genommen hat. Sie ist mir die höchste aller denkbaren Korruptionen, sie hat den Willen zur letzten auch nur möglichen Korruption gehabt. Die christliche Kirche ließ nichts mit ihrer Verderbnis unberührt. Sie hat aus jedem Wert einen Unwert, aus jeder Wahrheit eine Lüge, aus jeder Rechtschaffenheit eine Seelen-Niedertracht gemacht. Man wage es noch, mir von ihren „humanitären" Segnungen zu reden! Irgendeinen Notstand abschaffen ging wider ihre tiefste Nützlichkeit: Sie lebte von Notständen, sie schuf Notstände um sich zu verewigen. (...) Der Wurm der Sünde zum Beispiel: Mit diesem Notstande hat erst die Kirche die Menschheit bereichert! – Die „Gleichheit der Seelen vor Gott", diese Falschheit, dieser Vorwand für die rencunes aller niedrig gesinnten, dieser Sprengstoff von Begriff, der endlich Revolution, moderne Ideen und Niedergangsprinzip der ganzen Gesellschaftsordnungen geworden ist – ist christliches Dynamit. (...) Aus der Humanitas einen Selbst-Widerspruch, eine Kunst der Selbstschändung, einen Willen zur Lüge um jeden Preis, einen Widerwillen, eine Verachtung aller guten und rechtschaffenen Instinkte herauszuzüchten! Das wären mir Segnungen des Christentums! Der Parasitismus als einzige Praxis der Kirche; mit ihrem Bleichsuchts-, ihrem „Heiligkeits"-Ideale jedes Blut, jede Liebe, jede Hoffnung zum Leben austrinkend; das Jenseits als Wille zur Verneinung jeder Realität; das Kreuz als Erkennungszeichen für die unterirdischste Verschwörung, die es je gegeben hat – gegen Gesundheit, Schönheit, Wohlgeratenheit, Tapferkeit, Geist, Güte der Seele, gegen das Leben selbst. (...) Diese ewige Anklage des Christentums will ich an alle Wände schreiben, wo es nur Wände gibt – ich habe Buchstaben, um auch Blinde sehend zu machen. (...) Ich heiße das Christentum den einen großen Fluch, die eine große innerlichste Verdorbenheit, den einen großen Instinkt der Rache, dem kein Mittel giftig, heimlich, unterirdisch, klein genug ist – ich heiße es den einen unsterblichen Schandfleck der Menschheit. (...) Und man rechnet die Zeit nach dem dies Nefastus, mit dem dies Verhängnis anhob – nach dem ersten Tag des Christentums! Warum nicht lieber nach seinem letzten? Nach heute? – Umwertung aller Werte!

Das sind Nietzsches Sorgen, seine Wut und Enttäuschung über die Kirche und das Christentum. Er hat wohl alles über die blutigen Kreuzzüge, die Inquisition, den Judenhass und die gewaltsamen Missionierungen der christlichen Kirche gewusst. Womöglich hat er sogar Giordano Bruno verehrt und seine Ermordung im Feuer des Vatikans nicht vergessen.

Friedrich Nietzsche wurde am 15.10.1844 in Röcken bei Lützen in Sachsen geboren und ist am 25.8.1900 in Weimar gestorben. Dieser große Philosoph und Menschenfreund hat, zu seinem Glück, die Schandtaten der Kirche im ersten und zweiten Weltkrieg und vor allem die Duldung von Faschismus und Nationalsozialismus und den Judenmord nicht mehr erleben müssen, sonst wären seine Sorgen und Enttäuschungen noch schmerzlicher gewesen.

Wir alle verehren Nietzsche und die zahlreichen Anderen, die so waren wie wir. Wenn auch keiner das Verhalten der Deutschen verstanden hat, dann sollte trotzdem jeder jedem Deutschen verzeihen. Und die neue Generation sollte alles dafür tun, dass die Liebe unter den Menschen über den Hass siegt. *Ich sage hier wie zu Hause: ein guter Deutscher kann kein Nationalist sein,* sagte Willy Brandt am 11. Dezember 1970 in Oslo, als er den Friedens-Nobel-Preis verliehen bekam."

Dazu Buddha: „Und ich sage Euch, der demokratische deutsche Staat darf es nicht versäumen, aus der Vergangenheit eine Lehre zu ziehen! In den siebziger Jahren setzte sich der Staat gegen Linksextremisten und die *Rote Armee Fraktion* mit härtesten Mitteln und Methoden und mit der entsprechenden Kriegsmaschinerie zur Wehr. Heute wird seit Jahren beim Kampf gegen die Morde und Gewalttaten der Rechtsextremen herumdiskutiert, ob dieses oder jenes Mittel gegen Verbrechen dieser Banden die Rechtsstaatlichkeit nicht verletzen.

Martin Luther King junior sah den Weg zum Frieden. Begehen wollte er ihn auch, aber er blieb auf der Strecke. Er wurde unterwegs ermordet.

Das Überleben der Menschheit hängt davon ab, ob der Mensch fähig sein wird, eine Lösung gegen Rassismus, Armut und Krieg zu finden. Die Lösung dieser Probleme wiederum hängt davon ab, ob der wissenschaftliche Fortschritt von einem moralischen Fort-

schritt begleitet wird und ob der Mensch die praktische Kunst des harmonischen Zusammenlebens erlernt."

Mohammed: „Nun wollen wir einmal sehen, was der moderne, kultivierte Mensch aus seinem einmaligen Leben macht. Und wie geht es weiter? Verunsichert, ängstlich und geistig frigide im Sumpf des Wohlstandes? Warum ist sich der Mensch seiner Zukunft so unsicher? Der Mensch will seine Zeit auf Erden, die endlich ist, ins Unendliche verlängern. Und er sucht Fluchtwege, um diese seine Erde, die für ihn vergänglich ist, zu verlassen."

Zarathustra: „*Ich beschwöre Euch, meine Brüder, bleibt der Erde treu und glaubt denen nicht, welche Euch von überirdischen Hoffnungen reden! Giftmischer sind es, ob sie es wissen oder nicht. Verächter des Lebens sind es, Absterbende und selber vergiftete, denen die Erde müde ist: so mögen sie dahinfahren!* Das hätte Nietzsche darauf geantwortet.

Der Mensch hat die Zeit und damit die Vergänglichkeit seines Daseins verstanden, und er hat dafür Messmethoden und Messinstrumente entwickelt, nur um zu erfahren, wann die irdische Zeit abgelaufen ist.

Kein Mensch ist sich sicher, ob die Menschheit eine Zukunft hat. Ist diese Angst berechtigt? Die Erde hat viel von ihrer Aura verloren. Die Technik hat nicht nur die Magie des individuellen Daseins zerstört, sondern sie hat auch unvorhergesehene Probleme ausgelöst. Die Erde wird für Menschen zunehmend unbewohnbar. Für den Schöpfer war ein Tag wie für uns eine Jahrmillion, und die Erde ist erst seit zehn Gottestagen, oder seit Jahrmilliarden mit einem Klima ausgestattet, das menschliches Leben ermöglicht. Das 21. Jahrhundert ist nur ein Bruchteil in der zeitlichen Entwicklung der vergangenen fünftausendjährigen Menschheitsgeschichte, aber es ist eine wichtige Epoche in der Menschheitsgeschichte, weil es um die Existenz der Menschenheit geht. Aufgrund zunehmender und spürbar negativer Veränderungen sieht es für die Zukunft der Menschheit und der Erde nicht rosig aus. Kriege, Völkermord, Völkerwanderungen und Intoleranz, der Verlust von menschlicher Wärme und Liebe, die Missachtung der Umwelt und dadurch das Aussterben von Hunderten von Arten in der Tier- und Pflanzenwelt, Ausbeutung und Missbrauch von Ressourcen, Verschmutzung und Vergiftung der lebensnotwendigen Biotope, Klimakatastrophen und Bevölkerungsexplosion, Genmanipulation, all diese Probleme verdunkeln die Zukunftsperspektiven der Menschheit. Die Ängste der Menschen sind so gewaltig, dass sie eine Technik entwickelten, mit der sie andere Planeten aufsuchen und vielleicht einmal die Erde verlassen können."

DER MODERNE MENSCH HAT MACHT UND WISSEN, ABER AUCH ANGST VOR SEINER ZUKUNFT

Dazu Buddha: „Untergangsängste hatten die Menschen zu allen Zeiten! Doch die neuen Probleme, die Du aufzählst, Zarathustra, könnten die Angst der Menschen diesmal wirklich so weit steigern, dass sie zur Flucht vom Planeten Erde bereit sein könnten!"

Und Mohammed: „Der zivilisierte Mensch spielt Gott, den allmächtigen Schöpfer aller irdischen und himmlischen Existenz! Das eigentliche Dilemma der Menschheit ist nicht die Armut, die das Leben von Millionen Menschen bedroht, sondern die Endzeitstimmung der Menschen in den reichen Industrieländern, also die Gott- und Orientierungslosigkeit der selbsternannten Übermenschen."

Und Buddha: „Die Habgier hat die Menschen in diese Situation geführt! Nun hat er vor sich selbst Angst! Der Mensch, der die Natur kontrollieren wollte, spürt, dass die Biologie zurückschlägt. Killerbakterien und Epidemien von Infektionskrankheiten bekommt er nicht in den Griff. Die Mikroorganismen existierten Milliarden Jahre vor dem homo sapiens und werden bestehen, solange sich der Makrokosmos, der Planet Erde, dreht. Im Kampf gegen diese Mikroorganismen, Viren und Bakterien ist der intelligente Makroorganismus machtlos. Der maßlose Mensch fühlt sich bedroht. Infektionskrankheiten neuerer Generation, AIDS, Ebola, Malaria, Hepatitis, Cholera, Lassa und andere destabilisieren das Leben. Auch seelisch-depressive Erkrankungen nehmen zu! Der Mensch kämpft mit all seinen mentalen Kräften, und bisher gelingt es ihm noch, sich zu wehren. Doch wie lange noch? Und vor allem: warum muss dieser Kampf auf den Schultern der benachteiligten Menschen in der Dritten Welt ausgetragen werden? Diese Frage kann der moderne Mensch nicht beantworten. Er kennt diese Frage nicht einmal. Denn er ist nur mit sich selbst beschäftigt, der von Gott verlassene, im Konsumrausch versinkende, arrogante Mensch in der Ersten Welt!"

Und Mohammed: „Im neuen Millenium ist die Massenkultur aus *Pop-Event* und *Endlos-Talk* ohne Sinn und ohne Ziel. Jeder will mehr Genuss und mehr Freude, auch wenn der Rausch nur von kurzer Dauer ist!"

Dazu Zarathustra: „Und Dein Volk in Jerusalem, Moses, ist fanatischer als je zuvor und kennt keinen anderen Ausweg aus der Ungerechtigkeit als Rache und Mord an den Mitmenschen! Warum kommt in dieser Region kein kultiviertes und zivilisiertes Zusammenleben zustande? Palästina ist seit dreitausend Jahren Schauplatz erbitterter Kämpfe zwischen Muslimen, Juden und Christen."

Und Moses: „Es hat, wie kein anderes Volk, vieles durchgemacht und es hat mehrmals den Völkermord überlebt. Und doch bin ich maßlos enttäuscht, denn es hat aus der Toleranz und der Würde meiner Lehre nichts gelernt. Es ist verwirrt und es glaubt, dass die Rache etwas an den Irrtümern der Menschen ändern könnte."

Jesus mischt sich ein: „Du sollst deinen Nächsten lieben! Dies ist die einzige Alternative wenn man Frieden schaffen will."

Und Buddha: „Der Mensch hat Angst, weil die Erde bald unbewohnbar sein wird. Er ist undankbar geworden der Schöpfung gegenüber. Er melkt die Mutterkuh Erde, ohne sie zu füttern! Er beutet die Erde aus, ohne Rücksicht auf die nächste Generation zu nehmen!"

Dazu Mohammed: „Der Mensch glaubt nicht mehr an den Schöpfer. Denn er will sein eigener Schöpfer sein."

Abraham ist fasziniert von so viel Elan und Courage der besorgten Weisen um die Menschen: „Ist denn die Lage wirklich so ernst? Warum macht Ihr Euch so viele Sorgen? Hat es in der Geschichte der Menschheit nicht immer wieder ein Auf und Ab gegeben, und hat die Menschheit nicht immer wieder den Weg zurück zur Zivilisation gefunden?"

Darauf Moses: „Die Menschheit hat es nicht nur mit Problemen zu tun, die durch ihr eigenes Verschulden entstanden, also hausgemacht sind, sondern sie kann sich auch, trotz all ihrer technologischen Möglichkeiten, nicht vor Katastrophen aus dem Weltall schützen!"

Und Jesus: „Wird die Menschheit, wie vor fünfundsechzig Millionen Jahre, auch vom Himmel bedroht? Damals schlug ein Asteroid mit zehn Kilometern Durchmesser und der gigantischen Wucht von mehr als fünf Milliarden Hiroshima-Bomben in den mittelamerikanischen Kontinent ein und löschte nicht nur alle Dinosaurier, sondern auch alles höhere Leben auf der Erde aus."

Dazu Buddha: „Und das verzögerte die Entstehung der jetzigen unzufriedenen und verängstigten Menschen."

Und Zarathustra: „Und dies alles kann sich durch einen neuen, noch gewaltigeren Asteroideneinschlag wiederholen! Und da fragt Ihr, warum die Menschen verängstigt sind! Apokalyptische Endzeitvorstellungen sind unter den Menschen nicht neu."

Darauf Mohammed: „Apokalypse ist nicht unbedingt gleich Weltuntergang: Es kann auch eine Warnung sein! Die Kreuzzüge, die fälschlich unter Jesu Namen geführt worden waren, gingen auch von einer apokalyptischen Vorstellung aus. Und hast Du, Zarathustra, nicht auch den Weltuntergang gepredigt?"

Zarathustra: „Ich habe von der Nichtigkeit des Lebens auf der Erde gesprochen. Damit wollte ich sagen, dass wir nur Reisende und nicht Weilende und Bleibende auf dieser Erde sind. Wir kommen und gehen, und in der begrenzten Zeit auf dieser Erde sollten wir ohne Habgier, ohne Krieg und Tod, und ohne Feindbilder und Rassismus leben. Und wir sollten uns für Gleichheit, Liebe und Respekt gegenüber der Umwelt einsetzen, damit unsere Nachkommenschaft eine genauso saubere Raststätte und Karawanserei auf ihrer Reise zur Ewigkeit vorfindet. Ja, das habe ich gepredigt!"

Buddha: „Ja, die Ewigkeit steckt in der Nichtigkeit des Lebens vor dem Jenseits! Das neue, aber seit menschengedenken existierende Problem der Menschheit ist der Faktor *Zeit*. Ein Faktor mit dem sich der moderne Mensch mit recht sehr intensiv beschäftigt. Mit der Zeit, die er zum Leben hat, kommt er nicht zurecht. Er will mit einer Zeitmaschine seine Überlebenszeit messen und kontrollieren. Vielleicht gibt es eine Methode, diese Zeit zu stoppen und damit das Leben zu verlängern. Der moderne, intelligente Mensch hat sich zum Untertan der Zeit gemacht. Blind wie in einem Tunnel bewegt er sich auf der Zeitachse. Woher und wohin hängt von einem kleinen Lichtblick am Ende dieses Tunnels ab. Ist er beschränkt und blind durch die eigene Macht und seine Mittel der Technik? Mindestens sechzig Milliarden Menschen trampelten bereits durch diesen selbst erschaffenen Zeittunnel. Darunter Juden und Christen, Mohammedaner, Buddhisten und Zoroastrier, und nur wenige haben den Sinn ihres Daseins verstanden, und nur wenige haben menschliche Liebe verbreitet. Albert Einstein hat auf die Frage, was er denn eigentlich entdeckt habe, und was das Besondere an seinen Theorien der Relativität sei, geantwortet: *Früher hat man geglaubt, wenn alle Dinge aus der Welt verschwinden, so bleiben noch Raum und Zeit übrig; nach der Relativitätstheorie verschwinden aber Zeit und Raum mit den Dingen.* Raum und Zeit überlebten einiges: den Bau der chinesischen Mauer, die Geburt von Jesus, Mohammed Passage auf der Erde, Einsteins Quantenphysik, Zarathustras Religion, die Tempel der Maya, die Pyramiden von Ägypten, die Akropolis, Persepolis, aber auch Katastrophen, wie Atombombenabwürfe und zahlreiche Kriege und Völkermorde.

Der Mensch, als Untertan der Zeit, hat sich im Grunde genommen nicht geändert. Er ist nur hektischer und unruhiger geworden. Kurz nachdem er die Sprache entwickelt hatte, fing er an, sich um Zeit und Kalender zu kümmern.

Achtundzwanzigtausend Jahre vor der christlichen Zeitrechnung hat der *Lunakalender* im Tal der Dordogne (Frankreich) mit Einkerbungen in Knochentafeln auf die Vergänglichkeit des Lebens aufmerksam gemacht. 11000 vor Christus markierten die Menschen von Le Placard mit Adlerknochen die Mondbewegungen. Etwa 4800 vor Christus erbauten unsere Vorfahren in Mitteleuropa monumentale Kreistempel, die auf Sonnenwenden ausgerichtet waren und die auf die Zeitlichkeit des Lebens hindeuteten. Um 3000 vor Christus fingen die Sumerer an, die Zeit zu messen, indem sie die Fließgeschwindigkeit des Wassers als Maßeinheit nutzten."

Dazu Mohammed: „Aber alle, außer den Pharaonen, haben den Schöpfer im Himmel gesucht! Im Pharaonenreich entstand um 2750 vor Christus das Sonnenjahr mit 365 Tagen. Und um 1450 vor Christus wurde unter Pharao Thutmosis III., der sich genauso wie seine Vorgänger und Nachfolger als Gott den Allmächtigen feiern ließ, die erste Sonnenuhr gebaut. Schon um 1400 vor Christus erbaute der Mensch Beobachtungstürme, *prähistorische Sternwarten*, um das Universum zu erforschen und himmlische Ereignisse, wie Mond- und Sonnenfinsternisse im voraus zu berechnen."

Und Zarathustra: „Die ganze moderne Generation ist von einer Neurose befallen, die ich als Krankheit des Gigantismus aus der verfinsterten Seelenwelt bezeichnen möchte! Wir glauben, dass der Mensch sich mit höllischer Geschwindigkeit in eine gefährliche Richtung bewegt. Aber auch dieser moderne Mensch muss seine Zeit erleben.
Nietzsche hat mit Recht prophezeit, dass mit dem *Übermenschen*, wie er es nannte, eine neue Ära von Elend, Überheblichkeit, Arroganz und Hochmut einhergeht, und dass eine Gesellschaft von Kalkül und Kälte die Zivilisation beherrschen würde. Der moderne Mensch hat ein neues Spielzeug, oder einen Kompass zu seiner Orientierung gefunden, womit er das misst, woran er sich orientiert, woran er glaubt: und das ist die *Zeit*. Sie ist ein Faktor, ja ein Lebenselexier, zur Überwindung aller seiner Probleme. Davon hat er genug, wenn es sich ums Geldverdienen und die Erweiterung seines Kapitals handelt. *Zeit ist Geld. Time is money*. Auch für sein Vergnügen nimmt er sich etwas Zeit. Aber nur so viel, dass die Geschäfte nicht darunter leiden. Familie und Freunde sind zwar Begriffe, die mit Pflichten und Aufgaben verbunden sind, aber gleichzeitig sind sie zu Klischees und Attrappen verkommen, die Zeit kosten. Und dafür will der moderne Mensch, wie gesagt, wenig investieren. Da wundern sich die Kirchen, dass ihre Häuser

leer und verlassen sind. Der moderne Mensch meditiert mit Börse und Computer. Die Zeiten für Rückbesinnung und geistige Transzendenz, für individuelle Aufarbeitung irdischer Probleme mit Hingabe und Glaubensbekenntnis sind vorbei. Der Mensch sucht weder Gott noch irgendeinen Propheten. Er glaubt vielmehr an sein Können und seine Intelligenz. Er weiß leider immer noch zu wenig, um zu wissen, dass er nichts weiß, oder dass er noch lange nicht alles weiß. Und die Moscheen und Tempel von Mohammed und Buddha und seinen hinduistischen Brüdern und Schwestern sind heute mehr denn je Herbergen Gottessuchender.

In Babylonien, wo die Wiege der Menschheitskultur lag, entstand um 700 vor Christus der Wochenkalender, mit sieben Tagen, wobei ein Tag vierundzwanzig Stunden dauert. Und hier in Persepolis entstand zur Zeit der Achaimeniden die bewegte Zeitrechnung und Kommunikationstechnik mit Instrumenten, die als Sonnen- und Monduhr funktionierten. Der Zeitfaktor wurde zum Symbol der menschlichen Zivilisation und Aktivität. Um 500 vor Christus entwickelten die Griechen „Klepsydra" eine Wasseruhr, mit der sie die Redezeit so kontrollieren, dass jeder zu Wort kam."

Und Buddha: „Und heute hat der Mensch wenig Zeit und nichts zu sagen! Die Menschen sind wortkarg und fast stumm geworden und wenn zufällig jemand mit Freude anfängt zu sprechen und zu erzählen, fällt er auf bei Menschen die sich mit ihrem Walkman und Laptop jenseits aller verbalen menschlichen Kommunikation befinden."

Und Mohammed: „Doch Platon war alles nicht genug. Er ließ im Garten der Athener Akademie eine Wasseruhr aufstellen, die gleichzeitig durch Luftkompression Flötentöne erzeugte. Unter dem Motto: Ich bin die Zeit. Ich bin vergänglich, habt ihr das gehört."

Dazu Buddha: „Die epochalen Messungen in der Astronomie entstehen in der Zeit von 307 vor bis 150 nach Christus in Ägypten. Dem Astronomen Hipparchos gelingt es, die Länge des Sonnenjahres bis auf sechs Minuten genau zu erforschen. Mediziner beginnen den Puls mit Wasseruhren zu messen. Langsam fängt der Mensch an, sich selbst zu erkennen und anhand der eigenen rhythmischen Uhr die Vergänglichkeit seines Lebens zu verfolgen.

Mit jedem Herzschlag, mit jedem Pulsschlag verliert er einen Moment seines Daseins."

Zarathustra: „Das Zeitalter der Klügeren bricht an, das Zeitalter derer, die die Erde kultivieren und beherrschen wollen. Das Zeitalter derer, die zeitweise Herrgott spielen. Das römische Reich Julius Caesars verordnet um 46 vor Christus das ägyptische Dreihundertfünfundsechzig-Tage-Jahr, mit einem Schalttag alle vier Jahre. Danach, um 10 vor Christus, stellt Kaiser Augustus die größte Sonnenuhr seiner Zeit auf, mit einem zwanzig Meter hohen Obelisken als Schattenwerfer. Ein Monument, das ihn selbst, aber vor allem seine Untertanen, daran erinnern sollte, dass die Zeit davonläuft.

Und im Jahr 4 vor der christlichen Zeitrechnung bist schließlich Du, Jesus, geboren und hast der Menschheit Licht, Liebe und Hoffnung gebracht."

Jesus: „Wenn das wahr ist, dann soll man mir den Grund für die Finsternis in meiner Kirche nennen. Was die Menschen aus meiner Liebe und Lehre gemacht haben, finde ich selbst unheimlich und deprimierend. Alle, die sich als mein Volk bezeichneten, wurden für mich in der folgenden Zeit fremd und unberechenbar."

Dazu Abraham: „Ja, kaum zwei Jahrhunderte nach Deiner Geburt entwickelten die Mayas Kalendersysteme als Sinnbild für die Achtung vor dem Schöpfer, um in regelmäßigen Zeitabständen Gebete und Rituale zu zelebrieren. Im Gegensatz zu den ägyptischen Pyramiden, die als Grabstätte einer selbstherrlichen und inzestuösen Familie dienten, sind die Pyramiden der Maya und Inka tausendfach erhabener. Als Sonnen- und Mondpyramiden waren sie dazu da, den unbekannten Gott zu ehren. Gelobt sei der Schöpfer des Universums mit all seiner Herrlichkeit und Unendlichkeit!

Der nächste Patriarch Deines Volkes, Jesus, war Kaiser Konstantin, der den Sonntag zum Ruhetag erklärte, der heute von manchen mehr verehrt wird als Du selbst. Viele Kaiser und Könige kommen und gehen und die vergängliche Zeit bleibt! Eintausend Jahre nach Deiner Geburt, Jesus, führte Dein Volk, die Christen, schließlich in Europa die christliche Zeitrechnung ein. Und die christlichen Gelehrten errechneten eine anmaßende These: *Gott schuf die Welt am 25. März 5201 vor Christus."*

Dazu Zarathustra: „Dass die Schöpfung mit dieser naiven Rechnung nichts im Sinne hatte, wissen wir natürlich alle! Es waren die Nichtchristen, die die Zeitrechnung astronomisch und nicht personifiziert sehen wollten. Sie wollten den Werdegang des Universums auf eine mathematische Basis stellen, und damit die Zeit als einen Faktor vom Kommen und Gehen der Welt und auch der Menschen einführten!

Der Chinese Su Song baute einen zehn Meter hohen Uhrturm mit einem Wasserrad, das einen fünfzehn Tonnen schweren Himmelsglobus drehte. Doppel- und Viertelstunden wurden durch Töne und sich bewegende Puppen angezeigt. Ein Hinweis für die systematische Beweisführung der Vergänglichkeit.

Um 1280 entwickelten Mönche in Oberitalien die mechanische Uhr, und Gotteshäuser und Kathedralen wurden mit Uhren geschmückt. 1284 bekam die Kathedrale von Exeter in England als erstes Gotteshaus eine Turmuhr mit massivem Räderwerk. Dass gerade ein Gotteshaus mit einem Uhrwerk an die Zeit und das Auf und Ab des Lebens erinnern soll, ist nachvollziehbar. Aber dass die Menschen sich der selbst gemachten Zeitmaschine unterwarfen, ist nicht verständlich.

Im Jahre 1335 wird die Gesellschaft mit öffentlichen Uhren stündlich daran erinnert, dass Zeit Geld kostet. Im 15. Jahrhundert, nach der Entstehung von Bildungs-, Kulturzentren und Unversitäten, regelten die Studierenden ihre Zeit mit Sanduhren, und das arbeitende Volk mit Glockenschlägen der Kirchen- oder Werksuhren.

Doch damit nicht genug! Die Fleißigsten fertigten tragbare Uhren an, damit auch unterwegs keine Zeit vergeudet werde. 1509 baute der Nürnberger Peter Henlein die erste tragbare Uhr. Und 1543 berechnete Nikolaus Kopernikus die Länge des Sonnenjahres mit nur dreiundvierzig Sekunden Abweichung von der eigentlichen Dauer.

Eine der wichtigsten Beschäftigungen des Menschen in seinem Leben ist die ständige Zeitmessung. Solange er noch jung ist, läuft seine Zeit langsam; jedenfalls kommt es ihm so vor. Mit zunehmendem Alter nimmt sein Bewusstsein für die Beschleunigung des Zeitablaufes zu. Und er bekommt direkt Angst vor der Vergänglichkeit, die auch seine eigene Vergänglichkeit bedeutet."

Mohammed ergreift das Wort: „Deine Apostel, Jesus, Deine Nachfolgerschaft, Deine Päpste, Kardinäle und Bischöfe, die haben auch an der Zeit gedreht."

Und Abraham: „Und nicht nur an der Zeit...."

Jesus: „Dass ich die Machenschaften und das gotteslästerliche Schauspiel um und über den Schöpfer abgelehnt und verdammt habe, wussten alle Christen. Dass sie mich aber bis heute missbraucht haben, das wissen sie auch. Papst Gregor XIII. hat mit seiner Kalenderreform im Jahr 1582, als er anordnete zehn Tage, vom 5. bis 14. Oktober, zu überspringen –, was er trotz erbittertem Widerstand durchsetzte, – den Beweis der Selbstherrlichkeit, des Egoismus und der Rechthaberei erbracht. Die Mächtigen haben zum Erhalt und zum Ausbau ihrer Macht unter anderem auch die Zeitmaschine eingesetzt. So wurde um 1770 in den Niederlanden eingeführt, dass die Gerichte ihre Folterprotokolle mit Minutenangaben präzisierten. Die Genauigkeit und Verlässlichkeit der Zeitmaschine wurde um 1777 weiter verbessert: Der Franzose Jean Maise Pouzait baute Uhren mit Sekundenanzeigern. Selbst Revolutionen und Völkeraufstände gegen Ungerechtigkeit und Willkür wollten exakt gemessen und kalendarisch festgehalten werden. So geschah es, dass 1793 Frankreich ein Revolutionskalender auf Dezimalbasis einführte wurde, worin alle christlichen Feiertage abgeschafft wurden. Die Woche dauerte zehn Tage, und eine Stunde hundert Minuten. Nach dreizehn Jahren wurde dieses schwer durchführbare Experiment von Napoleon wieder abgebrochen. Nach und nach wurde der Faktor Zeit zur neuen Lebensphilosophie. Und die zeit- und ruhelosen Menschen wurden zu Robotern der Zeit."

Dazu Mohammed: „Die so genau gemessene Zeit wurde zu einem sozialen Messfaktor: Arbeitszeit, Sommer- und Winterzeit, Urlaubszeit, Schlaf-, Ruhe- und Redezeit. Die Menschen haben damals noch Ideale gehabt, als sie Zeit füreinander hatten! Besinnung und Rückkehr vom falschen Weg waren Erkenntnis und Eingeständnis zugleich!

Heute trampeln die Menschen ziellos ins Ungewisse, in eine globalisierte Welt voller Unzulänglichkeiten. Zwischenmenschliche Beziehungen gibt es kaum noch. Der Vater hat keine Zeit für Kinder und Familie, die Mutter ist berufstätig. Kein Mensch hat Zeit für den anderen. Keine Generation hatte so viel Wissen und damit so viel Schubkraft hin zu mehr Humanität und Ehrfurcht vor dem Leben, wie die heutige Generation es hat. Und keine Generation hat sich soweit von den menschlichen Idealen entfernt wie die heutige. Deine Gotteshäuser, Jesus, sind fast leer und Dein Vatikan betreibt mehr Weltpolitik anstatt den Menschen den Weg zur Besinnung und zu maßvolleren, würdevolleren Lebensweisen zu zeigen. Meine Gotteshäuser sind zwar gut besucht, aber der Ort an dem ich Liebe, Frieden und Gottesverehrung verbreiten wollte, ist von Radikalität und Fanatismus überschattet. Terror und Angst sind in der islamischen Welt das tägliche Brot. Die Kämpfe zwischen Schiiten und Sunniten sind genauso barbarisch, wie es die zwischen den Katholiken un den Protestanten waren. Die Religionen sind in den letzten zweitausend Jahren keineswegs moderner geworden. Sie sind in ihrer Form unberührt und primitiv geblieben. Entweder haben sie noch Zeit sich zu rehabilitieren, oder sie haben ihre Chance und damit die Zeit der Reformen verpasst. Sie sind alle gleich verwirrt. Sie sind ziel- und illusionslos. Und dies trotz der intelligenten Initiative Martin Luthers. Für den Papst ist der Untergang des Kommunismus wichtiger als die Beseitigung aller Differenzen zwischen Katholiken und Protestanten. Dass sie sich seit Jahrhunderten bekämpfen und dass der Mord an unschuldigen Menschen in Irland zum Tagesgeschäft gehört, interessiert den Papst genauso wenig, wie Armut und Kinder- und Säuglingssterblichkeit in vielen christlichen Gemeinden der Welt. Der Papst will nur eines: den unbedingten Gehorsam der Christen und die Treue zu den Geboten Christi. Ordnung muss sein, Verhütung darf nicht sein. Aber für das Recht auf Leben hat der Vatikan kein Rezept. Und vor allem bietet der Vatikan keine Lebensgarantie für die neugeborenen Kinder in der christlichen Dritten Welt."

Zarathustra ergreift das Wort: „Mohammed träumt von alten Zeiten! Der Kommunismus ist tot. Karl Marx ist vergessen! Und das Kapital triumphiert über alle Grenzen und Religionen hinweg!

Wenn Galileo Galilei, der Geburtshelfer der modernen Wissenschaft, um 1600 geahnt hätte, dass Freud fast dreihundert Jahre danach analytisch die Psyche des denkenden Menschen untersuchen würde und ein Vokabular der *Traumdeutung* erstellen würde, dann hätte er ihm die Deutung der beängstigenden Menschheitslage zu Beginn des 21. Jahrhunderts vorgeschlagen. Der Mensch, der heute nicht einmal mit seinen eigenen Zeitproblemen fertig wird, beschäftigt sich mit Programmen für das Jahr 2099 und will der nächsten Generation seine eigene Endzeitstimmung weiter vermitteln."

Und Mohammed: „Die moderne christliche Industriewelt hat es geschafft: Die Zeit der Kommunikationstechnik ist ausgebrochen. Alles wird schneller und jeder rast, um von seiner Zeit mehr zu haben. Die Vergänglichkeit aller Dinge wird mit Alkohol und Rauschmitteln verdrängt, und Technik vom homo internet, High Tech und Fast Food und bebende Megawatt der Techno-Szene mit eintönigen Rhythmen sind die Fluchtwege.

Heute ist ein Schwein nach nur sechs Monaten schlachtreif, und gleichzeitig ist es vollgepumpt mit Hormonen, Antibiotika und Psychopharmaka, aber dafür trichinenfrei. Der arbeitende Mensch ist zum Automaten geworden und automatisierte Roboter sind seine Gesprächspartner. In zwölf Stunden wird ein Auto gebaut, und die Geschwindigkeit des Fließbandes schafft solch einen Zeitdruck, dass manche Arbeitnehmer ihre Arbeit mit bestimmten Hand- und Fußbewegungen im Schlaf fortsetzen."

Zarathustra: „Das Netz von Chronometern und Zeitmaschinen, mit denen die Menschheit den Erdball überzogen hat, ist zur Bedrohung des eigenen Ich geworden! Die science-fiction-Figur Mister Spock sagt zu Recht: *Zeit ist das Feuer, in dem wir brennen.* Um 1800 entstanden Stoppuhren für Pferderennen und 1900 wurden mit Stempeluhren in den Fabriken die Kontrolle über den Arbeitstakt eingeführt, ohne zu planen, dass im 21. Jahrhundert der Mensch sich selbst mit einer Armbanduhr überwachen würde. In den Straßen von Tokio zum Beispiel kommt, wenn vor einer Ampel die Wartezeit länger als drei Minuten dauert, die Ansage: *Du hast wieder drei Minuten vertan.*

Kein anderes Instrument hat den Menschen so manipuliert wie die Uhr! Sie hat dem Menschen die Ruhe genommen! Je moderner der Mensch im Zeitalter der Industrialisierung geworden ist, um so penibler geht er mit der Zeit um. Der Mensch in seiner Hetze hat sogar keine Zeit mehr, die Warnsignale seines Herzens, seines Gehirns oder sonstiger Organe, wahrzunehmen. Der Industriemensch stirbt häufig an Herzinfarkt und Schlaganfall, weil er zu hektisch ist und weil er es so eilig hat."

Dazu Buddha: „Es wurde sogar eine Sommerzeit eingeführt, damit der Mensch in den Industrienationen im Sommer früher an seiner Arbeitsstätte ist, und die Produktivität aufrecht erhalten wird. Ein fleißiges Volk wie das deutsche führte 1916 die Sommerzeit ein. Wenn die Natur und das Sonnensystem nicht so sind, wie wir wollen, dann ändern wir halt die Zeit durch unsere Messmaschinen!

Ab 1928 wurde die Zeit mit Quarzuhren noch präziser gemessen. Die moderne Naturwissenschaft und Technik machen dies alles möglich, damit der Mensch full-time beschäftigt ist und keine Zeit zum Nachdenken hat. Und, was ist das eigentlich, Nachdenken? Die neuesten Berechnungen zeigen, dass das Universum dreizehn Milliarden Jahre alt ist, während die christlichen Gelehrten die Behauptung aufstellten, *Gott schuf die Welt am 25. März 5210 vor Christus*. In einer Epoche, in der der Mensch in der Lage ist, Quarks, also Grundbestandteile der Materie, in Teilchenbeschleunigern zum Leben zu erwecken und die Lebensdauer von Quarks in Teilchenbeschleunigern zu bestimmen, misst er die Zeit in Milliardstel von Milliardstel Sekunden.

Ob aber alle diese Neuheiten dem Geist des Lebendigen helfen, ist etwas anderes. Nicht nur Deine Mönche im Mittelalter, Jesus, haben an der Zeituhr gedreht und 297 Jahre Geschichte erfunden. Auch Stalin, der Gottlose, hat versucht, die Zeit zu manipulieren. Von 1929 bis 1931 war die Sieben-Tage-Woche abgeschafft, und das arbeitende Volk wurde in verschiedene Gruppen eingeteilt, die die Arbeit fortlaufend verrichteten. Die Arbeitenden der einzelnen Gruppen bekamen jeweils am fünften Tag frei. Die Kapitalisten fanden diese Arbeitsweise unrentabel und erfanden die Schichtarbeit, damit Tag und Nacht, auch samstags und sonntags, gearbeitet werden kann."

Und Jesus: „Dass die Menschen so rastlos, so ruhelos und so ziellos geworden sind, liegt daran, dass sie ihren Frieden in der Unendlichkeit suchen und für ihr unvorstellbares Glück fleißig arbeiten, ohne sich aus dem dunklen Tunnel der Zeit heraus zu wagen. Die Menschen glauben, dass sie mit der Beherrschung der Zeit, einem Faktor, der nie zu bremsen sein wird, in der Lage sein werden, ihren Untergang zu verhindern. Das ist ein Irrtum. Denn je genauer die Zeitmessung, desto nachweisbarer ist die Vergänglichkeit der Zeit.

1947 gelang es dem amerikanischen Chemiker Willard Frank Libby mit Hilfe einer von ihm entwickelten Radiokarbonmethode, der C-14-Methode, sogar die zurückliegenden Zeiträume exakt zu messen. Dass der Mensch weiß, dass das Universum dreizehn Milliarden Jahre alt ist, hilft ihm nicht weiter. Das schlimme ist, dass er weiß, dass er auf dem Planeten Erde nicht in alle Ewigkeit existiert. Und das ist ein Grund, warum die Spezies Mensch unruhig und gottlos ist. Im Jahr 1967 begann eine der schlimmsten und makabersten Epochen der Menschheitsgeschichte. Mit dem Beginn der Atomzeit ging der Mensch an seinen eigenen Ursprung und an die Wurzeln der Schöpfung zurück. Er definierte eine Sekunde seines Lebens mit Licht angeregten Cäsium-Atomen (1 Sekunde entspricht 9192631770 Schwingungen) als Lebenseinheit. Die allerneueste Uhr stellt nun sicher, dass die Zeitmessung kein Problem mehr ist. Denn sie weicht in zwanzig Millionen Jahren eine Sekunde ab. Doch solche Aussichten machen den Menschen mit Sicherheit nicht glücklicher.

In den Industrieländern, und an deren Spitze Japan, wird die Zeit zum Symbol der Rekorde. Mit steigender statistischer Lebenserwartung von 81,5 Jahren werden die übereifrigen Lebenskünstler zu Lebenszeitmillionären. Und mit Stolz wird festgestellt, dass der hundertundvierzehnjährige Mensch eine Million Stunden gelebt hat.

Vor wenigen Generationen noch lebte der Mensch im Rhythmus der Natur. Er ging schlafen, wenn es dunkel wurde, und der Hahn weckte ihn am nächsten Morgen. Es dauerte Jahrhunderte, ja Jahrtausende, bis der Mensch auf die Idee kam, die Zeit als bestimmende Einheit zu definieren. Kaum hatte der Mensch jedoch die Grenze zur so genannten Zivilisationsepoche erreicht, gelang es ihm sogar, durch eine Erfindung im 18. Jahrhundert, die Zeit in Sekunden zu messen.

Die moderne Zeitrechnung teilt ein Jahr in ungleiche Monate. Der Tag aber hat konstant vierundzwanzig Stunden, und die Minute exakt sechzig Sekunden. Die magische Sieben der Woche stammt aus Mesopotamien. Fast fünftausend Jahre lang hat die Menschheit an dieser Chronologie herumgetüftelt. Perser, Ägypter, Chinesen, Inder und Araber haben dabei mitgewirkt. Aber die Christen wollten alles besser machen, und auch an der Uhr der Menschheitsgeschichte nach ihrer Vorstellung drehen. Der Naturforscher Roger Bacon hat recht, wenn er die christliche Zeitrechnung als ein *Greuel für die Astronomen* und *einen Witz aus Sicht der Mathematik* bezeichnet. Die exzentrischen und selbstherrlichen Eingriffe in ein universales System der Zeit und mathematisches Messsystem durch Fürsten und Könige, die meist christlicher Religion waren, ist erbärmlich und lächerlich zugleich. Kaiser Augustus zwackte dem Februar einen Tag ab und hängte ihn an *seinen* Monat August, um sich damit zu verewigen. Und weil alles so spekulativ ist, bleiben die Experten heute noch skeptisch, und andere Experten spekulieren weiter."

DIE NEUE ZEITRECHNUNG DER CHRISTEN

Abraham mischt sich ein: „Wann bist Du nun wirklich geboren, Jesus? Die Astronomen haben sich am Stern von Bethlehem orientiert und nennen die Jahre 7 oder 4 vor Christus. Die Historiker, gestützt auf die Bibel, sind eher für das Jahr 2 Deiner Geburt?"

Jesus: „Wann und wo ich geboren bin, ist kein Maßstab für die Menschheit. Sie ist trotz ihrer Kultur und Zivilisation nicht in der Lage, wenigstens zur Kenntnis zu nehmen, dass es nicht darauf ankommt wann ich geboren und wann ich gestorben bin. Sondern es kommt darauf an, was ich verkündet habe und wofür ich gestorben bin!

Die Menschheit neigt zu Heuchelei und phantastischen Figuren. Einerseits kann der Mensch mit neuer Technik und neuen Methoden ausrechnen, dass das Universum dreizehn Milliarden Jahre alt ist, andererseits wirbelt er bei der Aufklärung des Lebens und Sterbens eines winzig kleinen Staubkörnchens, wie ich es in Relation zum unendlichen Universum bin, so viel Staub von Phantasien und Märchen auf, dass es mir selbst unheimlich, ja unglaublich erscheint. Der Evangelist Johannes nannte meine Geburt in Bethlehem *Gottes Fleischwerdung*. Ich bin jedoch, genauso wie ihr, das Kind meiner Mutter, die den Mann, der mein Vater sein soll, nicht kannte. Deshalb sagte sie mutig: Der Gott, der alles schuf ist Dein Vater. Das ist wahr, nur der Schöpfer ist und bleibt die alleinige und globale Bestimmung unserer Herkunft. Alles andere, diese Erfindungen von *Gottessohn*, *Himmelfahrt* und *Auferstehung* haben mit den Tatsachen nichts zu tun. In einer Zeit der Barbarei, der Heuchelei, der Erbarmungslosigkeit und der Vielgötterei im von den Römern besetzten Jerusalem war ich mit einer der schlimmsten Menschheitsepochen konfrontiert und habe deshalb versucht, etwas Ordnung und Hoffnung in das Elend zu bringen; ich habe versucht ein wenig Frieden und Gerechtigkeit zu stiften. Dass mir nicht alles gelang, ist Euch ja bekannt.

Menschen, die Sehnsucht nach Frieden und Freiheit hatten, schlossen sich mir an. Die Macht der Tyrannei und der Gewalt war so groß, dass alle Gläubigen verfolgt wurden, und dass ich, gleich einem Verbrecher unter vielen, nach 30-jährigem irdischen Leben, wie ein Bandenführer und Terrorist an das Kreuz gehängt wurde."

Und Zarathustra: „Mit Dir war in Wirklichkeit eine neue Ära angebrochen! Aber Deine Kirche hat sich bis heute mehr mit Zeitrechnung und kalendarischer Rechthaberei beschäftigt, als mit dem Inhalt Deiner Botschaft. Allen kriegerischen Römern zum Trotz hast Du in der Menschheitsgeschichte eine Zeitenwende verursacht. Aber Deine Nachfolger haben damit viel Unsinn getrieben und viele unsinnige Rechnungen aufgemacht: Julius Africanus, der aus Jerusalem stammte und in der Pantheon-Bibliothek von Rom arbeitete, behauptete um 217 nach Deiner Zeitrechnung, dass der Bibel zufolge Gott die Welt in sechs Tagen erschaffen habe. Vor Gott seien tausend Jahre wie ein Tag, und demzufolge habe der Schöpfungsprozess sechstausend Jahre gedauert. Deine Geburt verlegte er willkürlich in die Mitte des 6. Schöpfungstages, also fünftausendfünfhundert Jahre nach Beginn der Schöpfung. Und der lateinische Bibelübersetzer Hieronymus (347 bis 419 nach Christus) verbesserte nach seiner Vorstellung den Schöpfungstag auf Jahr 5198 vor Deiner Geburt. Aber Victorius von Aquitanien war noch eifriger: Er berechnete, dass Gott die Welt am 25. März 5201 vor Deiner Geburt geschaffen hat.

Dann kam Johannes der Evangelist um 100 nach Dir. Er wirkte als Apostel in Kleinasien, wurde aber von Domitian nach Patmos verbannt, wo er sein Johannesevangelium verfasste sowie die Johannesbriefe und die Apokalypse, die Offenbarung des jüngsten Gerichts, die mehr zu Unruhe und Spekulationen führte als die Aufklärung.

Dann gingen die christlichen Gelehrten wieder ans Werk und spekulierten: Gott habe sein Großwerk, die Schöpfung, um 5200 vor Deiner Geburt vollendet. Somit endete der 6. Schöpfungstag im Jahre 800 nach Deiner Geburt. Mit Beginn des 7. Schöpfungstages, an dem Gott eine Ruhepause einlegte, werde Satan von den Engeln an die Kette gelegt."

Dazu Mohammed: „Der große Denker und moderne Philosph Karl Jaspers hat die Ursprünge der Offenbarung von außen gesehen so definiert: 1. *Die Propheten verkündeten, was Gott ihnen sagt und durch sie fordert. 2. Apostel bezeugen, dass Gott in Christus auf Erden erschienen, gekreuzigt und auferstanden sei. Sie bezeugen das Heilsgeschehen. 3. Kirchen und Priester erklärten Texte für inspiriert und für das Wort Gottes. Durch ihren Ursprung sind sie von allem anderen Schrifttum grundsätzlich zu unterscheiden.*
Wer Jesus war und was man aus ihm gemacht hat, ist durch menschliche Vorstellungen manipuliert, also eine phantastische Geschichte. Jesus, der Pazifist und Revolutionär, braucht diese Märchen nicht! Ja, lieber Jesus, so hat man Johannes interpretiert, und so glauben manche Menschen heute noch, wie man sieht, wenn im Vatikan ähnliche Verkündungen und Aussagen publiziert werden. Den Anhängern des Johannes nach sollte es für die Menschheit ein *tausendjähriges Friedensreich* geben. Und dann, bei Anbruch des 8. Weltentages, also 1800 nach Deiner Geburt, *das jüngste Gericht,* und damit das Ende der Welt.

Aber allen diesen apokalyptischen Vorstellungen zum Trotz lebt die Menschheit, mit oder ohne Gottes Gnade, immer noch. Gott hat sich weder von den Römern, noch von Deinen irregeführten und selbstsüchtigen Nachfolgern beeinflussen lassen und dabei bleibt es. Es ist unverantworlich, den Menschen so viel Unfug zuzumuten. Die Römer wussten schon was sie taten. Sie haben Dich wie einen Revolutionsführer hingerichtet, um ihre Macht in einem besetzten Land zu festigen. Über die Nachwirkungen dieser Tat haben sie nicht nachgedacht. Nein, nicht die Araber waren Barbaren, sondern die Römer mit all ihrer maßlosen Macht und Gewalt! Und noch etwas will ich Dir, sagen, Jesus: Du hast Gutes gesät, aber viel Schlechtes geerntet!

Jeder wollte in die Geschichte eingehen, mit guten oder mit schlechten Taten. Jeder wollte sich verewigen. Dies hat sich bis heute nicht geändert.

Erst kurz vor Vollendung des Jahres 2000 nach Deiner Geburt einigen sich die modernen Historiker darauf, dass im Jahr 354 nach Christus erstmals die römische Zeitrechnung begonnen hat, Dich und Deine Existenz, und nicht den protzigen Caesar, ernst zu nehmen. Nach dieser Zeitrechnung schrieb Philochus, ein päpstlicher Hofschreiber: Wer denn sonst, ein Kalender, der die Geburt Christi, also Dein sonniges Erscheinen in dieser Welt, mit herrschender römischer Zeitrechnung in Verbindung bringt, und gleichzeitig wird dabei verkündet, dass Deine heilige Mutter Maria im 30. Regierungsjahr des Kaiser Augustus zur Welt kam, also 753 Jahre nach der Gründung Roms."

Und Zarathustra: „Der Gott und Schöpfer aller irdischen Wesen und des Universums hat sich viel Zeit genommen, um mit Dir und Deiner Botschaft ein bisschen Frieden und Gerechtigkeit auf der Erde zu stiften. Immer wieder sehen wir Kalender, Zeit- und Termintafeln, die alles nach Dir zählen und gestalten wollen. Rom geht, wie wir schon in seiner Blütezeit wussten, zugrunde und verkommt samt all seinen Herrschern und Tyrannen. Hier und heute geht es um Dich und um Deine großartige Erscheinung als Friedensstifter, ja auch als göttlicher Revolutionär, und nicht um diese Verbrecherbande von Rom."

Jesus: „Wir haben gewusst, dass die Ära der Unterdrückung, der Ungerechtigkeit und Tyrannei viel schneller zu Ende gehen würde als gedacht; aber die verwirrten und leichtsinnigen Menschen ohne Glauben, brauchten halt so viel Zeit, um sich zu orientieren."

Abraham ergreift das Wort: „Ich, als Euer Ältester, als Verehrer von Euch und Euren himmlischen Aufgaben, weiß, dass für den Schöpfer der Begriff *Zeit* niemals eine Bedeutung hatte, noch haben wird."

Dazu Buddha: „Von allem, was ich bisher gehört habe, bin ich am meisten beeindruckt von dem, Vater Abraham, was Du gesagt hast. Du sagst das, was wir wissen müssen!

Vor der kriegerischen Zeit der Römer gab es einige Epochen, in der die Menschheit zu Würde und Kultur gelangte. Sumerer, Perser, Griechen, Chinesen, Byzantiner, Ägypter, Maya, Inkas und Inder, diese Völker haben vieles, was wir Kultur nennen, entwickelt. Aber es gab auch Völker, die vieles zerstörten. Die Krieger aus dem Norden haben nahezu das gesamte astronomische Wissen der Antike zerstört. Bücher der Arithmetik und der Naturwissenschaften wurden verbrannt. Die Kulturzentren Bagdad, Damaskus, Schiraz, Hamedan, im jetzigen Gebiet des Irans, des Irak und Syriens, wurden erst ausgeraubt und dann in Flammen gesetzt. Immer wieder, in der Geschichte der Menschen, bedrohten solche Wellen der Gewalt die gesamte Zivilisation."

Und Mohammed: „Ja, das alles verdanken wir den Europäern im Mittelalter, die fast tausend Jahre lang in geistige Armut verfielen. Und Deinen Kirchenvätern, Jesus, war diese geistige Armut sogar eher willkommen. Von Wissenschaft, Sternenkunde und der Erforschung von Himmel und Universum hielten sie nichts. Mit plumpen, stummen Sonnenuhren oder mit Gebäudeschatten maßen die Würdenträger Gottes die Zeit, und das gläubige Volk machte es ihnen nach. Im Sommer arbeiteten die Bauern von morgens bis abends. Und im Winter lagen sie jede Nacht vierzehn Stunden im Bett. Die Bischöfe und Fürsten der christlichen Gotteshäuser verboten die Zeitrechnung. *Wer die Zeit in Einzelheiten zerlegt, der verletzt die Ewigkeit.* Forschung und Lehre der Antike wurden durch einfache Regeln und Gottesfurcht ersetzt. Unwissende Menschen konnte man besser in Schach halten und leichter für Intrigen der Kirche benutzen. Der heilige Augustinus war einer von den Bischöfen, die alle Wissenschaften, die sich mit Grundlagenforschung und Mathematik beschäftigen wollten, folgendermaßen ablehnte: *Gott wollte Christen schaffen, keine Mathematiker.*

Am ersten Sonntag nach dem Frühlingsvollmond solltst Du, Jesus, Deine Auferstehung vollzogen haben, um für die Menschheit ein Zeichen für Deine himmlische Aufgabe zu verkünden. Die Ostkirche jedoch wandte sich an die antiken Kalender und Sternenkataloge und ermittelte den 21. Tag des Monats März, während die Westkirche beharrlich darauf bestand, dass Dein leiblicher Abschied von der Erde sich am 25. März vollzogen habe. Der heutige Europäer wiederum kann diese rechthaberischen Vorstellungen seiner Vorfahren nicht leugnen. Er ist arroganter und rechthaberischer als seine Vorfahren. Er glaubt, dass der Geist und die Intelligenz ein phänomenales Eigentum der europäischen Evolution der Menschheitsgeschichte seien. Dass dies nicht stimmt, hat die Geschichte deutlich gezeigt. Ein simples, kulturhistorisches Beispiel dafür ist, dass der Kalender der Zivilisation über eintausendsechshundert Jahre lang hin und her schaukelte. Von Caesar über Karl den Großen bis Kopernikus wurde die Chronologie von einem virulenten Dogmatismus heimgesucht, der zur blinden Rechthaberei der Christen führte. Es gab Willkür und Verschiebungen, denen selbst der Kalenderreformer Papst Gregor XIII. nicht widerstehen konnte. Nach beinahe zweihundert Jahren akzeptierten die westlichen Länder, unter ihnen Deutschland, Rumänien und Jugoslawien erst nach dem ersten Weltkrieg die eigentliche Zeitrechnung. Die Kirchen von Jerusalem, Russland, Serbien, Griechenland und Äthiopien lehnen bis heute den gregorianischen Kalender ab. Israel befindet sich im Jahre 5760 nach der Schöpfung, und mein Volk hat zwar einen eigenen Kalender, datiert aber seine weltlichen Handelsbeziehungen nach der Geburt Jesu, und nicht nach mir."

Jesus: „Bei allem Respekt vor dieser Willkür in der Geschichte und der maßlosen Rechthaberei der Kirche: ich habe trotzdem eine Frage, die meine Gemeinde, die Christen beschäftigt: Wer hat das Tor zur Antike zugeschlagen, beziehungsweise die Pforte zum

Mittelalter aufgestoßen? Waren es die heidnischen, nach und nach christianisierten Germanen, oder die islamischen sich der Christianisierung widersetzenden Araber?"

Darauf Mohammed: „Es waren die Christen, die sich vor den Fremden schützen wollten, und daher weder von der Antike noch vom Orient etwas wissen wollten! Es waren die Christen, die damit die Epoche des beschämenden Mittelalters eingeläutet haben. Der Islam hat sich in acht Jahrzehnten im Morgenland sehr schnell verbreitet und hat die Menschen von dieser Religion überzeugen und sie unter seinem Dach vereinen können. Die Christianisierung im Abendland dagegen hat viele Jahrhunderte gedauert. Damals hatte das Abendland Angst vor dem Islam. Und auch heute fühlen sich die Christen bedroht und versuchen alles, um die islamischen Völker in ihrer Entwicklung zu blockieren, obwohl viele Völker der islamischen Glaubensgemeinschaft weder wirtschaftlich noch politisch noch wissenschaftlich mit dem Abendland mithalten können.
Weder Abraham und Moses noch Zarathustra noch Jesus oder Buddha, keiner von uns hat die Teilung der Menschen in die heutigen Gesellschaften – erste, zweite und dritte, und womöglich vierte Welt – gewollt. Der Herrgott hat die Menschen als Bruder und Schwester, als Mutter, Vater und Kind erschaffen, aber nicht als Arme, Reiche, Gelbe, Schwarze, Rote oder Weiße."

Und Zarathustra: „Für die menschliche Physiognomie ist einzig und allein die Evolution verantwortlich. Es war nicht unser gemeinsamer Gott, der es zugelassen hätte, dass die Menschen unterschiedliche Hautfarben und Gesichter bekamen, sondern es war die Evolution der biologischen Beschaffenheit der Schöpfung, die im Verlauf der Jahrmillionen unter geophysikalischen Einflüssen die Gottesgeschöpfe verändert hat. Die heutigen Wissenschaften sprechen von morphischer Resonanz. Alle Menschen sind am Altar Gottes gleich und gleichberechtigt. Die Würde des Menschen ist und bleibt unantastbar."

Mohammed: „Der Islam war in relativ kurzer Zeit in wissenschaftlicher, wirtschaftlicher, sozialer und militärisch-strategischer Hinsicht zu einer Größe und zu einer Reife gelangt, die ihm zunächst eine Überlegenheit über das Abendland sicherten. Das Abendland befand sich in einer Periode der Stagnation, die von den Repressalien und Machenschaften der Kirchen bestimmt war. Erst gegen Ende des Mittelalters änderte sich daran langsam etwas."

Dazu Jesus: „Die geistig-moralische Bewältigung der Machenschaften der Kirche im Mittelalter war nur durch eine Rückbesinnung auf biblische Grundsätze möglich. Ohne die Wirkung der Bibel hätte das Dilemma der Kirche sich noch stärker entwickelt, und der Dilettantismus und die Arroganz der Kirchenmänner hätten noch mehr Unheil angerichtet, als schon geschehen war."

Mohammed: „Meine Achtung und die Achtung meines Volkes hast Du bis in alle Ewigkeit! Du hast recht. Das, was unsere Nachkommen angerichtet haben und immer noch anrichten, konnten wir nicht voraussehen. Wir konnten ja nicht im voraus den verzweifelten Kampf zwischen machtgierigen Gruppierungen verhindern"

EROBERUNGSKRIEGE DER CHRISTEN UND DES ISLAM

Buddha ergreift das Wort: „In unserem Namen wurden die Menschen nicht unmenschlich behandelt, ausgebeutet, misshandelt oder ermordet! Ich war ein gewöhnlicher Sterblicher wie Zarathustra. Zarathustra und ich haben nie mit Gott, dem Schöpfer des Universums und Weltalls, einen persönlichen Kontakt oder eine direkte Verbindung gehabt. Wir haben keine Privataudienz beim Schöpfer gehabt. Wir waren einfach nur Menschen! Die monotheistischen Religionen beruhen vornehmlich auf dem Fundament, dass der Religionsstifter eine enge und innige Verbindung mit Gott eingeht, während unsere Religionsphilosophen, der Zoroastrismus und der Buddhismus, von uns und nicht von Gott ausgehen. Die Menschen als solche werden in den Mittelpunkt der philosophischen Gedanken gestellt, um zum Schöpfer und Allmächtigen zu finden. Zarathustra und ich, wenn ich in seinem Namen sprechen darf, haben uns nicht angemaßt, in einem Duett mit Gott zu einer Berufung zu kommen. Wir haben weder Welteroberung noch Revolution im Sinne gehabt. Unsere Nachkommenschaft hat keinen Grund für Intrigen und Machenschaften auf dieser Welt gefunden, die Kriege und Eroberungen zur Folge gehabt hätten.

Die Philosophie von Zarathustra basiert auf den drei Grundsätzen: *denke gut, sage gut* und *tue gut*. In der Lehre Zarathustras ist weder Platz für Anbiederungen an Gott noch für die Bestechung Gottes mit dem Ziel, sich einen Platz im Paradies anzueigen. Deshalb hat der einzelne Mensch keinen Grund, besser zu sein vor Gott als der andere, und darum haben wir Kriege, Herrschaftssysteme und Barbarei, und Unwissenheit, Armut und Ausbeutung des Nächsten abgelehnt. Wir führten keine Kriege. Im Mittelalter haben Christentum und Islam in Vorderasien viele Gewalttaten begangen. Der beunruhigende Vormarsch der Araber, und damit des Islam, in Ost- und Südeuropa veranlasste den Vatikan, neue Wege zu gehen. Nachdem die Araber von Karl Martel besiegt worden waren, womit der Vormarsch des Islam gestoppt wurde, legitimierte der Vatikan 751 die Krönung seines Sohnes Pippin zum ersten karolingischen König der Franken. Damit sicherte sich der Vatikan gleichzeitig militärischen Schutz und Ländereien in Rom. Und damit beginnt auch das imperiale Interesse des Vatikans sich zu organisieren. Im Orient bleiben die Zeit und die sozialpolitische Entwicklung nicht stehen. 653 erobern die Mohammedaner Damaskus, das danach bis 750 Kalifenstadt bleibt. Und 637 werden ganz Syrien, und auch Jerusalem, erobert."

Dazu Mohammed: „Dass Du das immer wieder *Eroberungen* nennst, Buddha, damit bin ich nicht ohne weiteres einverstanden. Es handelte sich auch um die Befreiung der Völker von Tyrannei und Unwissenheit."

Buddha: „Du verherrlichst den Krieg, anstatt solide zu argumentieren. Diese *Befreiungen* haben immer auch Menschenleben gekostet!

Der Vormarsch der Araber im Nahen Osten setzte sich 642 in Ägypten und 644 in Libyen fort. Und zwischen 700 und 900 nach Christus wurden auch Algerien, Marokko und Tunesien nach und nach islamisiert. 762 wird die kleine Ortschaft Bagdad zur Hauptstadt des islamischen Reiches, und der Abbassidenherrscher Abu Djafar Al Mansur Kalif wird Oberhaupt des islamischen Weltreiches. In dieser Zeit befinden sich Orient und Okzident in der

Unruhe großer Umwälzungen. Im Nahen Osten, im Orient und in Asien gehen die Machtkämpfe weiter. Schiiten und Sunniten besiegen, mit dem Vormarsch in Nordafrika und in Asien, weitere Länder, was deren Islamisierung zur Folge hat.

Wer glaubt, dass sich das mittelalterliche Leben in Orient und Okzident unterschied, dem ist zu empfehlen, einen Blick auf Entstehung und Niedergang des karolingischen Reiches zu werfen: Im Jahr 768 teilt Pippin, der König von Franken, sein Reich unter seinen Söhnen Karlmann und Karl auf. 771 wird Karl der Große, nach dem Tode seines Bruders, König der Franken. Im Jahre 772 lässt Karl der Große die *Irminsul (Irmensäule),* das höchste Heiligtum der Sachsen, vernichten. Der Krieg gegen die heidnischen Nachbarn dauert mehrere Jahrzehnte lang. Die blutigsten Kämpfe in Mitteleuropa sind vergleichbar mit den Übergriffen der Araber auf benachbarte Länder. Karl der Große beginnt also im Jahr 772 einen Christianisierungskrieg, der 782 seinen blutigsten Höhepunkt mit der Schlacht in Verden und einem Massaker, nicht nur an Christen, erreicht. Allein an einem Tag lässt Karl der Große viertausendfünfhundert Aufständische hinrichten. Schon 774 hatte Karl dem Papst geholfen seinen ehemaligen Schwiegervater, König Desiderius der Langobarden, zu entmachten und lässt sich darauf mit der eisernen Krone der Langobarden zum König von Italien krönen. 795 errichtet König Karl im Süden der Pyrenäen die *spanische Mark*, als Trennlinie und Schutzmauer gegen die Herrschaft der Araber. Von diesem strategisch gut gewählten Gebiet geht später auch die Rückeroberung und die Christianisierung der spanischen Halbinsel aus. Karl selbst kämpft erfolglos in Spanien gegen die Araber und auf dem Rückzug 782 hinterlässt er die Spuren seiner Brutalität mit der Hinrichtung der Aufständischen in Verden. Und welche Rolle spielt die Kirche dabei? Papst Leo III. krönt Karl den Großen im Jahr 800 in Rom zum Kaiser und stattet ihn mit sakralen Würden aus. Karl sieht sich nun dem Kaiser von Byzanz ebenbürtig und versteht sich damit als Nachfolger von Caesar und dem römischen Reich. Der Vatikan sieht in Karl dem Großen einen gläubigen Christen, der nicht nur für seine Macht und Herrschaft, sondern auch für die Allmacht des Vatikan bereit ist, in den Krieg zu ziehen. Das tut er auch, bis er am 28. Januar 814 in Aachen stirbt. Sein Sohn, Ludwig der Fromme, der seit 813 schon mitregiert hatte, wird sein Nachfolger. Im Orient wird unterdessen gemordet, weil der Islam die bessere Religion sein möchte. Um das Jahr 820 macht der Islam nicht nur weitere geopolitische Fortschritte, sondern auch, durch die Eroberung von Südemesopotamien, auf wissenschaftlich-politischer Ebene einen Sprung nach vorn."

Dazu Moses: „Jesus möge mir verzeihen. Seine frommen Kirchenmänner waren große Intriganten."

Buddha: „Nach dem Tode des Propheten Mohammed im Jahre 632 droht dessen ganzes Werk und damit das arabisch-islamische Reich zusammenzubrechen, weil er keinen Nachfolger benannt hatte. Die Hauptgefährten des Propheten und seine wichtigsten Kriegsführer einigten sich darauf, dass unter Abu Bakr ein so genannter Kalifenstaat entstehen sollte. Und nach dessen Tod im Jahr 634 wurden zwei Oberhäupter benannt, die zu den engsten Vertrauten des Propheten gehörten und unter denen das islamische Reich zu expandieren begann. Ihre Aufgabe war es nicht nur die Offenbarung des Propheten Mohammed zu verbreiten, sondern auch das Reich möglichst schnell zu vergrößern. So geschah überfallartig zuerst die Eroberung von Südmesopotamien noch unter dem Kalifen Abu Bakr. Danach übernahm Kalif Omar die Staats- und Kriegsführung. Er eroberte 635 erst einmal Damaskus. Ein weiterer Vormarsch in Richtung Iran wird dann mit der Niederlage des persischen Heeres bei Qadisiya und der Niederlage der Byzantiner am Yarmuk 636 eingeleitet. Darauf wird ab 639 Ägypten erobert, was mit der Einnahme von Alexandria im Jahr 642 abgeschlossen wird. Gleichzeitig wird von 640 bis 642 ein Krieg gegen Persien geführt. Das Land der Parsen wird nach der Entscheidungsschlacht von Nizawand in Besitz genommen. Dass diese Kriegsführung mit der Vernichtung und der rabiaten Zerstörung fremder Kulturen und Menschen anderer Gesinnung einherging, ist in den Geschichtsbüchern relativ gut dokumentiert.
Ich hoffe, dass Mohammed diesmal mit meinen Ausführungen einverstanden ist! Für die Araber hat in dieser Epoche die Organisation der Armee und die Ausweitung der Macht durch Eroberungskriege Priorität vor den Offenbarungszielen des Propheten. Die Einnahmen aus diesen Beutezügen haben eine große Anzieh-

ungskraft, die die Kraft des Glaubens anscheinend stärkt. Diese Kriegsführung schafft ganz eigene Gesetze der Beuteaufteilung: Von *Ganima*, der bewegliche Beute, wie zum Beispiel dem Vieh, kann sich nicht jeder nehmen, was er will. Vielmehr wird das unter den Kämpfenden aufgeteilt, wobei, nach der Vorstellung des Propheten, ein Fünftel dem General und Feldherren vorbehalten bleibt. *Fai* umfasst alles andere: das Land und die daraus erwirtschaftbaren Einkünfte. Das war Beduinenmentalität, die sich hier durchsetzte. Durch Eroberung entstandene Güter und erbeutete Reichtümer jeglicher Art werden unter den Eroberern verteilt. Der Kalif blieb aber, trotz des großen Anteils an Beute und Steuern, die ihm zustanden, ein einfacher und zugänglicher Mann. (Was man von den heutigen Ayatollahs und Fürsten des Islams nicht sagen kann). Der dauernde Sitz des Kalifen blieb in Medina, der Stadt des Propheten Mohammed.

Wie kann nun eine Religion Frieden stiften, wenn sie sich selbst zu einer kriegerischen Religion entwickelt hat? Die Kriege und Eroberungen und die Machtkämpfe unter den Fürsten und die neu entstandene Hierarchie in dem immer größer werdenden Reich veränderten das Wesen des von Mohammed geprägten und gewünschten Sozialstaates. Im Jahr 644 wird Omar von einem persischen Gefangenen ermordet und sein Nachfolger wird Otman, ein Muslim alter Garde und ohne eigenes Profil und Persönlichkeit, der durch Heirat mit dem Propheten verwandt war. Seine größte Leistung ist die offizielle Redaktion des heiligen Korans, den er ausarbeiten und publizieren ließ. Otman wird 656 unter ungeklärten Umständen während des Gebetes ermordet."

Zwischenruf von Moses: „Und wir dachten, dass man zumindest beim Gebet vor Gott dem Allmächtigen sicher sei."

Buddha: „Nach Otman wird Ali, der Vetter und Schwiegersohn von Aisa, der jungen Witwe des Propheten, zum neuen Kalifen. Da aber Ali, im Unterschied zu seinen Vorgängern, nur durch eine Clique gestützt zum Kalifen aufsteigt, wurde er nicht von allen Fürsten und Stämmen anerkannt. So kam es zur ersten *Fitna* *(„Heimsuchung" durch den Bürgerkrieg)*, zum ersten Bruch der islamischen Gemeinschaft, der die Herzen der Gläubigen bis heute schmerzt. Und damit begann auch die allmähliche Aufspaltung in

Aliisten (oder Schiiten), und *Omaristen* oder *Sunniten*. Ali selbst war kein machtgieriger Fürst, der sich in den Vordergrund gedrängt hatte. Aber durch seinen Mut und seine Weisheit konnte er die Würde und das Werk des Propheten schützen. Denn alle anderen Parteien und deren Anführer waren untereinander zerstritten und bedrohten damit die Existenz von Mohammeds islamischem Reich. Auch wenn Ali mit der Ermordung Otmans nichts zu tun hatte, wurde er aufgrund seiner Beziehung zu der Mittäterschaft als Mitschuldiger angesehen. Ali, der neugewählte Kalif, hatte auf der einen Seite mit einem Aufstand, der von der jüngsten Witwe des Propheten geschürt wurde, zu kämpfen. Auf der andere Seite hatte es Ali mit dem aus der Rache des ermordeten Kalifen entstandenen Unruhen und dem Vergeltungsaufstand unter Führund des Otman nahestehenden Muawiya, dem Gouverneur von Syrien, zu tun. Während der eine Aufstand trotz einiger Schwierigkeiten niedergeschlagen wurde, war der andere Aufstand aufgrund der politisch konsequenten Haltung des Gegners, Muawiya, viel komplizierter in den Griff zu bekommen. Denn hier hatten sich die Beteiligten nicht nur die Rache, die Ureigenschaft der arabischen Mentalität, zur Pflicht gemacht, sondern es ging auch darum, wer Syrien, den Irak und Arabien beherrschen sollte. Und so kam es zur Schlacht von Siffin, die im Sommer 657 im mittleren Euphrat zwischen Syrien und Mesopotamien ausgetragen wurde. Diese Schlacht war noch nicht entschieden, als die Syrer Blätter aus dem Koran an die Spitzen ihrer Lanzen hefteten, um ihre Abscheu vor diesem Bruderkampf zu bekunden. Diese kluge Geste, die auf die Achtung vor Gottes Gesetzen hinweisen sollte, veranlasste viele Anhänger Alis eine friedliche Lösung zu suchen, die gleichzeitig ein Gottesurteil sein könnte. Aber die Stimmen, die es für Gotteslästerung hielten in einem Menschenurteil ein Gottesurteil zu suchen, und die auf den Koranvers *Rache ist mein* gestützt, die Fortsetzung des Krieges gegen die Aufständischen verlangten, waren nicht zum Schweigen zu bringen. Die Anhänger Alis sahen sich also zum Kampf gegen die Aufständischen genötigt, und damit vollzog sich die endgültige Trennung von den beiden anderen Parteien. Dabei entstanden drei Gruppierungen, die über Jahrhunderte die Strukturen des Islams prägten: die Schiiten, sie sind Anhänger der Partei Alis, also der Familie und Nachkommenschaft des Propheten, die Harigiten und die, die sich damals um Muawiya organisierten und sich später als Sunniten bezeichneten. Um diese Zersplitterung und die Konflikte in den Griff zu bekommen, wurde in Adruh ein Schiedsgericht einberufen, das die Behauptungen beider gegnerischer Parteien zurückwies und gleichzeitig Otman freisprach. Damit war offenkundig, dass Ali im Unrecht war. Das führte wiederum zur Stärkung der Moral der Truppen um Muawiya, die ihn zu ihrem Kalifen ernannten. Die Dynastie Alis wurde nach und nach durch konkurierende Konflikte aller Parteien erschüttert, und Ali verlor sein bisher siegreiches Ansehen, vor allem im Krieg von Nahrawan. Ali wurde 661 vor der Moschee in Kufa von einem Harigiten, der seine Brüder rächen wollte, ermordet. Damit hatten wieder Muawiya und seine Anhänger die Herrschaft übernommen."

Und Zarathustra: „Auffallend ist, hier bei den Mohammedanern und dort bei den Christen, dass der Begriff Rache eine besonders starke Bedeutung hatte, und dass deren Erfüllung fast zu einer göttlichen Aufgabe wurde!
Die Periode der Unruhen und der blutigen Machtkämpfe zwischen allen Parteien schien vorüber zu sein. Und die Sunniten bekamen ihre Chance, sich um das Eigentliche, nämlich die Fortsetzung des Werkes ihres Führers Omar und damit der Eroberung der fremden Länder und der Verbreitung des Islams zu kümmern. Sie lehnten alle Anschuldigungen der Aliisten ab und behaupteten die rechtmäßigen Wegbereiter des Propheten zu sein. Und die Schiiten ihrerseits lehnten verständlicherweise jegliche Rechtmäßigkeit Otmans, Omars und anderer als Nachfolger Mohammeds ab. Weitere Konflikte waren also vorprogrammiert, und dem Islam stand die schlimmste Zerreißprobe seiner Geschichte bevor. Ich frage Euch, wann und wo habt ihr bei so vielen Kriegen an das Eigentliche gedacht: an Glauben und Menschenführung, an Tugend und Sittlichkeit und die anderen Bedürfnisse der Menschen?"

Dazu Abraham: „Sie haben keine Zeit für solche philosophischen Belange gehabt. Sie befanden sich in einer Krise. Diese Krise war eine Glaubenskrise, wie sie auch die Christen in dieser Zeit durchgemacht haben. Sonst hätten sie nicht mit Krieg und Eroberungen die Menschen zum christlichen Glauben gezwungen. Die Geschichte hat gezeigt, das trotz spürbarer Schwächung des moralischen Auftrag Mohammeds unter seinen Nachfolgern, die besiegten und unterworfenen Völker es nicht gewagt haben, sich vom Joch der islamischen Herrschaft zu befreien. Haben sie Angst vor noch härteren Sanktionen gehabt, falls sie Widerstand geleistet hätten, oder waren sie selbst inzwischen zu überzeugten Mohammedanern geworden?"

Und Jesus: „Ganz einfach: sie nahmen es, wie es kam, und hielten sich für unfähig, sich von der Gewalt und Tyrannei zu befreien! Das war übrigens bei den Menschen, die zwangsweise unter christlichen Einfluss gestellt wurden, genau so. Mord und Massaker waren Mittel der Christianisierung, Blutbad und Krieg waren Wege zur Islamisierung. Diese Situation hat sich leider im weiteren Verlauf der Geschichte nicht geändert, weder unter den elf Imamen der islamischen Schiiten als Nachfolger Mohammeds, noch unter vatikanischer Herrschaft. Mord und Hinrichtungen waren Instrumente der Machtsicherung der Dynastien, vom Kalifat der umaiyadischen Dynastie, die von 661 bis 750 regierte über Omar II. bis zum Aufstand des Babak in Aserbaidschan 816. Dies alles geschah im Namen Mohammeds, ohne dass er dies alles jemals gewollt hätte."

Buddha: „Die Ausführungen und Anmerkungen von Jesus sind mit Sicherheit Tatsachen. Nur soll er nicht glauben, dass in seinem Reich und in seinem Namen weniger Blut vergossen worden wäre. Wir sollten aber in dieser bewegten und kriegerischen Epoche der arabisch-islamischen Welt die Entwicklung von Kultur und Wissenschaften nicht vergessen. Im Jahr 820 kam es zu einer ersten Blütezeit der Wissenschaft im Orient. Der persische Mathematiker Muhammed ibn Musa al Charazmi zum Beispiel prägte damals den Begriff *Algebra (die Gleichungen)*."

Dazu Zarathustra: „Allein aus diesem Namen sieht und erfährt man, wie weit der Islam auf Kultur und Wesen der Völker Einfluss genommen hat."

Buddha: „Es war ebenfalls um das Jahr 820, als es Abdullah al Mamum gelang, den Erdumfang auf 3,6 Prozent genau zu berechnen. Die Araber übernahmen das indische Zahlensystem, das dann dreihundert Jahre später als *arabische Ziffern* in Europa bekannt wurde, und das bis heute gebraucht wird. Die islamisch-arabische Welt vereinnahmte alles, und durch die Arabisierung der Sprache und der Namen wurden viele Wissenschaftler, Philosophen und Dichter einfach als Araber oder arabisch selbst in ernstzunehmende Nachschlagwerke aufgenommen. Der Aufstieg der Kultur war nicht zu unterbrechen, trotz der unterschiedlichen Arabisierung und Islamisierung, die nicht in allen Ländern gleichmäßig ablief. Dass die Iraner einen bedeutenden Beitrag zur islamischen Kultur geleistet haben, steht außer Frage. Alle Autoren, die sich gegen die arabische Herrschaft wandten, beherrschten trotzdem die arabische Sprache, und sie schrieben auch arabisch. Denn diese Sprache ist eine einfache und schöne Beduinensprache. Sie zu beherrschen, hieß die Herzen der Menschen gewinnen. Anders als andere Eroberer haben die Araber ihre Sprache durch Schulung und Verbreitung unter fremden Völker lebendig erhalten, und sie haben niemals die Sprache der Unterworfenen übernommen. So wurde der Koran, das heilige Buch, praktisch zur Verbreitung der arabischen Sprache instrumentalisiert. Erst in späteren Jahrhunderten wurden die Suren des Korans in andere Sprachen übersetzt. Dabei haben persische Dichter und Philosophen eine wichtige, fast revolutionäre Auffassung von Moral, Heiligkeit und Gottesliebe vertreten. Die Dichter gingen mit Wein und Rosen und Liebesgeschichten auf die Barrikaden der Emanzipation in der islamischen Bewegung. So schrieb der große persische Dichter Hafis (1320–1389) unter anderem: *Wieviel Suren, Schutzgebete weihte ich ihr! Als das Wort „Ganz von Herzen Gott ergeben" noch im Raum hing, war sie fort. Wie verlockend sprach sie oftmals: Hab Geduld, du kommst zu mir! Tor, der ich das ernst genommen, ach, nun ist sie fort hier."*

Mohammed ergreift das Wort: „Alle Völker, auch Christen, Juden, Iraner, und vor allem auch die Parsisten (Zoroastrier), haben an der Entwicklung und Entstehung der islamischen Kultur teilgenommen, weil die islamische Welt, die vom 8. bis 10. Jahrhundert ihre Blütezeit erlebte, sehr aufgeschlossen gegenüber Wissen aus anderen Kulturen war, im Gegensatz zur jüdischen und zur christlichen Welt, die ihre konfessionelle Unantastbarkeit durch den reinen Erhalt der eigenen Tradition und Kultur sichern wollten. In Syrien und Ägypten hat sich die verbliebene christliche Bevölkerung ohne weiteres arabisiert. Im Iran wurden einige Völker zwar islamisiert, aber arabisch lernte nur eine gewisse Schicht. Die Massen blieben der Muttersprache treu. Viele Dichter und Philosophen, Mathematiker, Juristen, Astrophysiker und Mediziner aus allen Ländern der islamischen Welt sammelten sich in Bagdad, Basra, Damaskus, Hamadan, Chorasan, Isfahan oder Shiraz und trugen zum Aufstieg von Kultur und Sprache, frei vom islamischen Dogma, bei. Parallel zu dieser Entwicklung ereignete sich auch einiges in Mitteleuropa."

Dazu Moses: „Nicht umsonst nannte man den Sohn Karls des Großen, Ludwig den Frommen. Er war nicht so brutal und nicht so tapfer wie der große Vater, er war eben fromm! Im Jahr 830 vernichtete er die von seinem Vater angelegte Sammlung germanischer Heldenlieder. Die Einheit des Frankenreiches, und damit die Macht Kaiser Ludwigs, wird durch den Aufstand der Armee auf dem Lügenfeld von Colmar im Jahr 833 erschüttert. Und nach dem Tod von Ludwig dem Frommen im Jahr 840 beginnen die Machtkämpfe unter seinen Söhnen. Auf einmal stehen zwei Brüder, Karl der Kahle und Ludwig der Deutsche, die sich verbündeten, gegen ihren Bruder Lothar. Also kaum ein Unterschied zu den Machtkämpfen zwischen den Kalifen in Basra, Damaskus oder Bagdad. Mörderisch wurde überall für die Macht und deren Erhalt gekämpft.

In den Kämpfen von 842 bis 843 ging es unter den drei Brüdern um ihren Anteil an der Erbschaft ihres Vaters. Im *Vertrag von Verdun* teilten die Brüder schließlich das Imperium Karls des Großen, bestehend aus Deutschland, Frankreich und Italien unter sich auf. Die gezielte Zusammenführung dieser Staaten unter eine einheitliche Rechts-, Verwaltungs- und Wirtschaftsstruktur war das Verdienst eines Mannes, der für die heutigen Europäer der Urvater der europäischen Einheit sein könnte, wenn er aufgrund des unterentwickelten Staatswesens, der altgermanischer Tradition und des Unverständnisses der Völker für die paneuropäische Einheit nicht gescheitert wäre. Allein die Machtkämpfe nach dem

Tode Karls des Großen und die Teilung des Reiches schon unter Ludwig dem Frommen in die einzelne Gebiete Frankreich, Deutschland und Italien, weisen darauf hin, dass eine europäische Einheit nicht geplant war. Im späten Mittelalter wollten zwei Nationen Karl den Großen oder Chalemagne, als den Stammvater ihrer Nation sehen. In Wirklichkeit war Karl der Große weder Deutscher noch Franzose. Er war ein Franke, der dem Vatikan und dem katholischen Klerus nahe stand und der das christliche Abendland retten wollte. Aber er hatte keine Vision von europäischer Einheit."

Zarathustra mischt sich ein: „Zur gleichen Zeit verliefen im islamischen Reich die Machtkämpfe im Sinne der Islamisierung und Arabisierung zwar doppelgleisig, aber nicht doppelbödig. Wenn der interne Machtkampf entschieden war, und der neue Kalif feststand, dann wurde die Ausdehnung der Hegemonie des Islam wieder in den Vordergrund gestellt. Und jeder neue Kalif wollte den Vorgänger an Eroberungen für das islamische Reich übertreffen.

Eine Zusammenarbeit war in allen islamischen Zentren zwischen Wissenschaftlern, Philosophen und Dichter aller Nationen gang und gäbe, ohne dass es dabei Rivalitäten gegeben hätte. Die Dichtung in arabischer Sprache von arabischen Schriftstellern hatte meist ihre Wurzeln in der Tradition der umaiyadischen Zeit und setzte die erzählerische Form der beduinischen Poesie und Geschichte fort, wobei die arabische Romantik, Tapferkeit und Stolz, übersinnliche Andeutungen und Sehnsucht nach überirdischem, paradiesischem Leben Gegenstand der Handlungen waren. Die Sammlung von Dichtungen aus dieser Zeit, von Abbu Tamman (806–845) und al Buhturie (821–897) mit dem Titel *Hamasa (Tapferkeit)* wird heute noch in den arabischen Ländern mit Respekt und Genugtuung gelesen. Die *neueren* Dichter waren lebensfreudige Romantiker, die nicht mehr von Heldentaten, Tapferkeit und Heldentum erzählten. Sie dichteten von Jagd, Wein, Weib und Gesang; die menschlichen Leidenschaften und Schwächen wurden plötzlich salonfähig. Ironie und Satire ersetzten Huldigungen und Verehrungen. Abu Nuwas, der vertraute Freund des Kalifen Harun ar Rasid, und vor ihm, Bassar ibn Burd, der wegen seines Manichäismus hingerichtet wurde, waren Vorreiter der neueren arabischen Dichter und Schriftsteller. Sie hatten mit dem neuen Stil den Weg zur kritischen Auseinandersetzung mit Religion und Lebensphilosophie eingeschlagen."

Abraham ergreift das Wort: „Der Mensch hat sich die Gewalt zur Ideologie und den Krieg zu seiner Religion gemacht! Aber es waren auch tadellose Menschen, die die Liebe unter den Menschen predigten! Der Stern im westlichen Himmel der Literatur und Poesie aus dem islamischen Reich, der persische Dichter Ibn ar-Rumi, wurde erst in der zweiten Hälfte des 9. Jahrhunderts geboren. Wo die Propheten versagten, haben Dichter und Pilosophen versucht, den Menschen Beistand zu leisten. Warum bestand zwischen Corpus Christi und Corpus Babylonicum keine Rechtsgemeinschaft? Warum hat meine Konzeption einer Rechtsgemeinschaft aller Religionen und damit der gesamten Menschheit auf der Basis eines einzigen Gottes nicht funktioniert? Im Grunde genommen sind Reiche, Könige und Epochen, wie wir gesehen haben, vergänglich und zerbrechlich. Nur das göttliche Gesetz und das Reich Gottes ist beständig und ewig. Das schöpferische Wort Gottes besagt doch, das wir die Macht nicht verherrlichen und dass wir den Geist der Liebe in unserem Herzen zum Geist homo spiritualis formen sollen, der für Recht und Ordnung, und Liebe, Brüderlichkeit, Gleichheit und Freiheit steht. Weder Christus oder Moses, noch Mohammed haben es geschafft aus der göttlichen Rechtsordnung eine weltliche zu schaffen, sonst hätten wir alle diese epochalen Maskeraden nicht der Menschheit zumuten müssen. Alle weltlichen Machthaber, im islamischen wie im römisch-fränkischen Imperium, sind untergegangen, weil sie die irdische Macht missbraucht und die Menschen als Untertanen und nicht als Individuen betrachtet haben. Mohammeds Nachfolger führten Kriege in seinem Namen für Profit, Geld und Machtgier. Sie überfielen Völker ohne Rücksicht auf die Tradition, die Sitten und die Gebräuche dieser Völker zu nehmen, und sie nahmen den Menschen den Mut zu eigenen individuellen Entscheidungen und zur eigenen kulturellen Entwicklung. Ein Beispiel dafür ist der Überfall islamischer Krieger auf das Land der Parsen. Obwohl sie durch Alexanders Invasion zerstreut wurden und sich unter der parthischen Nachfolge der Achaimeniden nicht erholt hatten, schworen die Zoroastrier auf ihre Naturreligion, die alle Religionen umfasst; und sie wiesen immer wieder auf ihre Grundsätze, Menschlichkeit und Gottesliebe, Frieden und Freiheit, hin. Nicht umsonst wird die Verbindung des Königssohn Chosru mit der schönen Schirin, einer Christin, die leidvolle Liebe, als Argument für Toleranz und Brüderlichkeit aller Religionen und Völker gebraucht.

Doch dann kamen die Araber und verdrängten das Volk von Zarathustra und vertrieben es nach Indien. Was von dem Volk der Zoroastrier zurückblieb, hat bis heute keine irdische Ruhe gefunden. Mal verachtet, mal beleidigt, hin und wieder auch geduldet, und dann wieder verfolgt, je nach der Willkür der jeweiligen Herrscher, hält sich diese Religion hier und dort noch in ihrer frühesten Reinheit. Es waren allein die Dichter und Philosophen, die mit ihrer geistigen Beharrlichkeit, das Vermächtnis Zarathustras und die Kultur der alten Parsen bis zum heutigen Tag vor dem Vergessen geschützt und vor dem Islam und dem Christentum bewahrt haben."

Und Zarathustra: „Nicht umsonst habe ich in meinem Beitrag zu meiner Religion Nietzsche, Goethe, Ferdusi und Nizami verherrlicht!
Doch zunächst zu Deinen Fragen, die eigentlich eine gemeinsame Erklärung, und damit eine gemeinsame Antwort haben: Im Grunde genommen haben die Menschen uns Propheten je nach Laune und Bedarf instrumentalisiert. Aus homo sapiens wollten wir den homo spiritualis machen, ohne den geistigen Gott sich materialisieren zu lassen. Dies ist uns nicht gelungen. Mohammeds Nachfolger, Moses Vertreter und die Päpste und Bischöfe, die angeblich Jesu Werk verkünden und verbreiten wollten, alle diese Marionetten der irdischen Macht, die Kalifen und Imame, die Rabbiner und Bischöfe, sie alle wollten Gottes Wort predigen. Das haben sie nicht getan. Sie wurden zu weltlichen Fürsten und regierten mit Gesetzen, die nur dem Erhalt ihrer Macht dienten und ihre Interessen schützten. Diese weltlichen Fürsten führten sogar, im Namen Gottes, Kriege und dehnten ihre Reiche aus. Alle unsere Nachfolger haben, ohne Ausnahme, den gottesfeindlichsten Weg gewählt, um ihren Machenschaften nachzugehen."

Und Buddha: „Nicht alle Religionen waren besessen von der Macht! Natürlich haben die Christen und die Islamisten Unheil über die Menschen gebracht. Aber weder die Zoroastrier noch die Buddhisten strebten nach Macht, und schon gar nicht die Abrahamisten, wenn man sie überhaupt so nennen darf. Denn Abraham ist der Vater aller Religionen und für die Taten anderer ganz und gar nicht verantwortlich. Er hat uns nicht irregeführt, wir haben seinen Geist unvollendet weitergegeben. Die Mohammedaner und Christen führten Kriege unter dem Deckmantel der Befreiung der Völker aus der Welttyrannei und gründeten jeweils islamische und christliche Staaten, auch um das Heidentum zu besiegen. Die Christen wollten, unter Führung der Päpste, angeblich für die gerechte Sache kämpfen. Sie führten Kriegszüge und bekämpften sich untereinander im Dreißigjährigen Krieg. Die Mohammedaner überfielen ein Land nach dem anderen und behaupteten, sie befreiten die Völker von Atheismus und Unwissenheit. Beide Religionen begingen Völkermord im Namen von Mohammed und Jesus. Ich sage Euch, keine von beiden Religionen hat jemals Glaube und Recht angewandt. Jeder hat an seinem Reich und nicht an Gottes Reich gearbeitet. Nietzsche hat recht, wenn er sagt: *Damit Liebe als Liebe gespürt werde: – wir haben nötig, gegen uns redlich zu sein und uns sehr gut zu kennen, um gegen andere jene menschenfreundliche Vorstellung üben zu können, welche Liebe und Güte genannt wird.*

Nein, weder die christlichen noch die mohammedanischen Krieger haben wahrhaftig die Liebe des Schöpfers gespürt, sonst hätten sie der Menschheit nicht so viel Unheil gebracht."

Dazu Moses: „Doch eines ist sicher, trotz aller Intoleranz und trotz aller Feindseligkeiten zwischen den Religionen: alle Völker im Nahen Osten, die Perser, Syrer, Iraker, Ägypter und Juden haben zu Kultur, Geschichte, Wissenschaft, Literatur und Philosophie der Menschheit ihren Beitrag geleistet. Ureigene Bestandteile des Judentums haben unbestreitbar die Quellen des Islams bereichert, genauso wie die persische Wissenschaft und Literatur die islamisch-arabische Welt überhaupt erst in Bewegung gesetzt haben. Die islamische Welt wurde dadurch lebendig und gleichzeitig wurde dadurch die hebräische Literatur ihrer Isolierung behoben.

Alle Werke jüdischer, griechischer und persischer Herkunft wurden ins Arabische übertragen. Etwa vom 10. Jahrhundert nach Christus an waren fast alle namhaften Werke in Philosophie, Theologie, Medizin, Rechts- und Geisteswissenschaften ins Arabische übersetzt und wurden später von den Christen als Quelle der Weisheit des Orients genutzt. So kann man also nicht sagen, dass die Araber nur vernichteten, was sie nicht kannten. Sie haben auch vieles zur Kultur der zivilisierten Gesellschaft beigetragen."

Und Jesus: „Dieser Meinung bin ich auch! Aber trotzdem muss ich Vater Abraham recht geben: Uns allen ist es nicht gelungen, eine Welt der Liebe, der Solidarität und der Gleichheit, eine Welt der Barmherzigkeit, des Entgegenkommens und des Entgegennehmens und der Zivilcourage zu schaffen, obwohl wir wissen, dass wir geboren werden, um den Sinn des Lebens zu erfüllen. Und der besteht darin, etwas Gutes zu hinterlassen. Obwohl wir wissen, dass weder unsere Geburt noch unser Tod in unserer Hand sind, leugnen die Menschen immer noch den allmächtigen Gott. Und was meine Kirche betrifft, so hat Nietzsche das ganz richtig gesehen: *Der reine Geist ist die reine Lüge. (...) Solange der Priester noch als eine höhere Art Mensch gilt, dieser Verneiner, Verleumder, Vergifter des Lebens von Beruf, gibt es keine Antwort auf die Frage: was ist Wahrheit? Man hat bereits die Wahrheit auf den Kopf gestellt, wenn der bewusste Advokat des Nichts und der Verneinung als Vertreter der Wahrheit gilt....*
Mit dieser Verurteilung des Christentums wollte Nietzsche auf den Verfall der menschlichen Ausübung einer Religion aufmerksam machen, die sich Heuchelei, Tyrannei und absolutistischer Gottesherrschaft verschrieben hatte, und die die vergängstigten Menschen mit falscher Moral und Tugend zum Gehorsam zwang. Wenn alle meine *Widersacher* so klug gewesen wären, wie es Nietzsche war, dann hätte die Menschheit den Sinn unseres Erscheinens und Gehens anders wahrgenommen und sie hätte den richtigeren Weg zum Schöpfer gewählt."

Dazu Buddha: „Bei allem Respekt vor einem genialen Philosophen wie Nietzsche, muss ich sagen, dass weder er noch der überzeugte Christ Blaise Pascal, der sich mit seinen Werken für die christliche Kirche eingesetzt hat, den eigentlichen Weg zur Wahrheit für die Menschen erleichtert haben.

Der *Antichrist* oder Atheist Nietzsche stellt fest, dass Christentum und Buddhismus zu nihilistischen Religionen gehören. Sie wären *décadence-Religionen.* Und doch: *der Buddhismus ist hundertmal realistischer als das Christentum – er hat die Erbschaft des objektiven und kühlen Problemstellens im Leibe, er kommt nach einer Hunderte von Jahren dauernden philosophischen Bewegung; der Begriff „Gott" ist bereits abgetan, als er kommt.*

Zarathustra und ich, wir können diese fundamentalistische Erklärung nicht hinnehmen. Es ist richtig, dass wir Gott nicht in einer Verkörperung suchen, wie die Christen das mit Jesus tun. Wir sehen Gott in jedem einzelnen Menschen. Denn der Schöpfer wollte es so, dass jeder Mensch, ob gut oder schlecht, ein Ebenbild von ihm ist.

Pascal hingegen behauptet bei seiner Beweisführung für die christliche Religion unter anderem, dass es notwendig ist, *das Unrecht der Menschen darzustellen, die kein Verlangen spüren, die Wahrheit einer Sache, die für sie so wichtig ist und die sie so nahe angeht, zu ergründen.* Pascal muss ich auch vorwerfen, dass es nicht wahr ist, dass einem Nichtchristen Herz und Spürsinn fehlt, wie er meint: *Diesen Menschen fehlt es an Herz; keinen davon wird man zum Freund wählen.* Pascal hat viel gegen Ungläubige und Atheisten philosophiert und argumentiert, und er sieht den Irrtum bei Montaigne, der die Unsterblichkeit der Seele nicht behandelt hat. Er verlangt von Atheisten, dass sie nur Dinge sagen dürfen, die vollkommen klar sind, und gleichzeitig behauptet er, dass es keineswegs vollkommen klar ist, dass die Seele stofflich ist: *Mit welchem Recht sagen sie, dass man nicht auferstehen kann? Was ist schwieriger: dass etwas entsteht, was vorher nicht war, oder dass aufersteht, was vorher gewesen ist? Ist es schwieriger: in das Sein zu treten, als dorthin wiederzukehren? (...) Wie hasse ich diese Dummheit, nicht an die Eucharistie ... zu glauben! Wenn das Evangelium wahr ist, wenn Jesus Christus Gott ist, was ist dann hier schwierig?*

Nun, eine solche Argumentation stimmt einen nachdenklich. Selbst manche Gelehrte wussten nicht, was sie sagten, noch was sie taten. Lassen wir diese Gelehrten philosophieren, und wenden wir uns lieber wieder den Geschehnissen im Mittelalter zu.

Gesellschaft und die Kultur bildeten sich in der arabischen Blütezeit unter dem Einfluss neuer Länder, die islamisiert wurden, heraus. Das heißt: aus der Berührung und Vermischung zwischen Arabern und dem Volk ihrer eroberten Ländern erfährt der Islam von der Kultur und Geschichte, von Lebensformen und Traditionen das, was ihn stärkt und zu einer multikulturellen Gesellschaft macht. Die dadurch entstandenen islamischen Staaten haben zwar gesetzlich keine inneren politischen oder sozialen Unterschiede zugelassen, aber religiöse Barrieren und Hindernisse seitens der islamischen Gesetzgebung waren nicht immer mit individuellen Freiheiten und mit Demokratie vereinbar. Eine bewusste nationale Zusammengehörigkeit der vom Islam unterworfenen Länder wurde zwar von den Iranern mit Stolz auf ihre Tradition und Kultur sehr bewusst gepflegt, und von den Ägyptern mit mehr Nationalbewusstsein ausgeübt, aber eine verbindliche Solidarität unter diesen Kulturen füreinander war nicht vorhanden. Aus der multikulturellen Beschaffenheit im islamischen Reich im Mittelalter entstanden auch Rassenvermischungen, wenn man überhaupt von einer Rasse reden kann. So gab es in einzelnen Städten zwar nationale Viertel, wie ein türkisches, spanisches oder persisches Viertel in Bagdad, Damaskus, Isfahan, Hamadan oder Fez. Es gab aber keine Rassendiskriminierung, und manch stolzer adeliger Araber nahm sich eine Sklavin zur Ehefrau. Eheliche Verbindungen unter allen Völkern waren üblich und wurden zur normalen Praxis. Ein Grund dafür, dass eine rassistische, nationalistische Ideologie gar nicht erst entstehen konnte. Nicht selten war ein Schwarzer Statthalter, und niemand fand daran etwas Besonderes. Probleme entstehen aber in einer islamischen Staatsform dadurch, dass Politik und Religion eng miteinander verbunden sind. Die Religion beeinträchtig bis heute in den so genannten islamischen Staaten die Maschinerie der modernen Staatsführung. Hierbei funktionieren weder Wirtschaft noch Wissenschaft noch Politik, wenn unwissende Mullahs über Entscheidungsgewalt verfügen. Das Gleiche gilt für religiöse Führung und den Einfluss des Vatikans im mittelalterlichen Europa. Im christlichen Abendland hatten nämlich die Päpste das Sagen, und Kaiser und Könige wurden von ihnen zu einer christlichen Regierungsform angehalten."

Zarathustra ergreift das Wort: „In der christlichen Welt gab es von 1644 bis 1709 eine herausragende Gestalt namens Abraham a Sancta Clara, geboren als Johannes Ulrich Megerle. Dieser begnadete deutsche Abraham war so rein und menschlich, und so feinfühlig und brillant in der Sprache der Vernunft, der Seele und des Herzens, dass viele Dichter, wie Goethe und Schiller, die selbst große Humanisten waren, ihn bewunderten.

Meine Worte treffen gut.
Sind sie manchmal eine Rut`
So wird niemand doch beschädigt.
Folgt den Worten, die ich lehr`
Und ruf mir auch zu Gehör:
Wohl, wer selbst tut, was er predigt!

Abrahm a Santa Clara war, was Recht und Gerechtigkeit betrifft, ein überzeugter Kosmopolit. Er versuchte die Gräben, die zwischen Religionen, und damit den Menschen, entstanden waren, mit Worten und Taten zuzuschütten; er versuchte, Grenzen zu überbrücken und Gerechtigkeit, als Bestandteil der humanen christlichen, moslemischen und jüdischen Gesellschaft, zu predigen. Er erzählte wahre, aber auch phantasische Geschichten, um den Menschen beispielhaft den Weg zu weisen: *In Persien befand sich ein junger Fürst namens Quiffera, sehr mächtig an Geld und Gut; der hatte vor, einen so prächtigen Palast aufzubauen, dergleichen in der Welt (nicht) zu finden. Weil nun ein großer Platz dazu gehörte, wurden dessenwegen sehr viele Häuser abgebrochen und verschiedene Gärten mit einbezogen; was auch die Untertanen alle gerne geschehen ließen, weil ihnen dafür bares Geld ausgezahlt wurde. Eine alte Wittwe aber konnte durchaus nit dazu gebracht werden, dass sie ihr Häuserl verkaufte, aus Ursach: weil sie darin geboren und erzogen worden und folglich auch darin sterben wollte. Wollt`s ihr der Fürst nehmen (sagte sie), so könne sie nichts (machen) wider die Gewalt. Der Fürst begehrte dem Weib die Hütte nit mit Gewalt zu nehmen und wollte doch gleichwohl auch vom Bau nit abstehen, sondern setzte das Werk dergestalt fort, dass das Haus im Palast mit eingelassen wurde. Nach Verfertigung dieses so herrlichen Werkes trug sich zu, dass eines Tages fremde Gesandte nach Hof gekommen sind, denen der Bau gezeigt worden und von ihnen auch gelobt wurde. Doch sagten sie* *auch, das Häuserl schände den ganzen Palast und es stehe gar ungereimt in einem so herrlichen Palast ein so geringes altes Weibernest. Worauf der Fürst geantwortet: Mit nichten kann mir dies vorgeworfen werden; sondern ich halte diesen so schlechten Wittibsitz für die schönste Zierde des ganzen Schlosses, denn aus diesem ist zu ersehen und zu entnehmen, dass ich Recht und Gerechtigkeit liebhabe und meinen Untertanen keine Gewalt zufüge. Es wäre zu wünschen, dass zu unseren Zeiten viele christliche Fürsten und große Herren von diesem Mohammedaner lernten, die armen Wittiben zu ehren, dieselben als Gottes Augäpfel auf mögliche Weise zu trösten, bestermaßen zu schützen und deren Einsamkeit. Aber leider erfährt man oft das Gegenteil!"*

Jesus: „Nein, sie haben mein Werk weder verstanden, noch für die Menschen zugänglich gemacht. Sie handelten egoistisch und aggressiv. Islamische Wissenschaftler, Dichter, Philosophen und Mediziner waren viel fortschrittlicher als ihre christlichen Kollegen, weil die Machtbesessenheit und die reaktionäre Haltung der christlichen Würdenträger jede Erneuerung im Keim erstickten. Die Ermordung von Giordano Bruno und der Maulkorb für Galileo Galilei sind Beispiele dafür.

Als die Normannen ganz Europa plünderten, schützten die Bischöfe nur ihr eigenes Hab und Gut und suchten dafür Verstecke. 845 zerstörten die Normannen die Stadt Hamburg. Und Erzbischof Ansgar suchte sich Bremen als neue Residenz aus.
Immer wieder kämpften meine Kirchenfürsten nur für ihre eigene irdische Macht. 863 setzte Papst Nikolaus I. den Patriarchen Photios von Konstantinopel ab, nur um seine Macht und seine Herrschaftsgewalt zu demonstrieren. Dass er damit die Ost- und Westkirche ein für alle Mal getrennt hat, war ihm egal. Er war nicht in der Lage vorauszusehen, was für eine Bedeutung diese Trennung haben könnte. Während die Könige sich Länder und Ländereien schenkten, nahmen intrigante Personen auf die Wahl der Päpste Einfluss. Im Jahr 911, nach lang andauernder, zerstörerischer und sinnloser Besatzung Nordfrankreichs durch die Normannen, wird dem Normannenfürst Rollo die Normandie als erbliches Herzogtum vom fränkischen König Karl vermacht, und er gibt ihm seine Tochter Gisela zur Ehefrau. Wo ist hier eine christliche Handlung?

Noch schlimmer ist, dass im Jahr 914 eine Frau namens Theodora, die Ehefrau eines römischen Konsuls, ihren Ex-Liebhaber unter dem Namen Johannes X. zum Papst wählen lässt. Nach vierzehnjähriger Amtszeit lässt ihre Tochter Marozia ihn verhaften und ins Gefängnis werfen. So sind die römisch-katholischen Brüder und Schwestern mit meiner Kirche umgegangen."

Zarathustra stellt fest: „Sie übten ihre Macht nach innen mit einem Papstwechsel und nach außen mit Krieg gegen die Nicht-Christen aus. In der Arena der Machtsüchtigen ging es nicht darum den Menschen zu dienen und ihre Rechte zu schützen; es ging nur um die absolute Macht der Kirche. Es hat sich bis heute nichts geändert. *Wer die Macht hat, übt die Gewalt aus, wer die Gewalt ausübt hat die Macht.* Nach diesem Grundsatz handelt die Kirche. Der amerikanische Kardinal Francis Stellman hat seinerzeit als Armeebischof gepredigt: *Die Amerikaner verteidigen in Vietnam die Sache Gottes, der Gerechtigkeit und der Zivilisation.* Der gleiche *Gottesdiener* forderte den totalen Krieg und das Ausradieren von Hanoi. Seine Vorstellung *weniger als Sieg ist undenkbar.* Der mit der Wallstreet verbundene Kirchenfürst apostrophierte das vietnamesische Inferno als *heiligen Kampf,* ja als *Kreuzzug* gegen die Buddhisten, und die *Soldateska* der Supermacht Amerika als *Soldaten Christi.* Er stand dem korrupten Katholiken Diem in Südvietnam näher als dem himmlischen Gott."

Und Mohammed: „Nichts als Intrigen und Enttäuschungen! Diese Skandale und Machenschaften haben Deine Kirchendiener vollbracht, aber nicht nur die! Auch ich habe meinem Volk, in der Zeit nach mir, viel zu viel Schmerzliches zugemutet. Als Propheten sollten wir eigentlich vorausahnen, was nach uns kommt. Wir hätten die Menschen auf die postaltertümliche und die mittelalterliche, auf die moderne und die postmoderne Zeit vorbereiten sollen. Aber wir haben es nicht getan. Wir tragen die Verantwortung für Elend und Schandtaten unserer Kirchen. Aber was haben die Menschen und die Völker getan?"

Dazu Abraham: „Das Volk ist es, das Widerstand und Courage zeigen muss. Denn das Volk ist es, das Gesetze macht, und das nach Recht und Gerechtigkeit verlangt: *Was ein Volk über sich selbst nicht beschließen kann, das kann der Gesetzgeber auch nicht über das Volk beschließen. (I. Kant)*

Egoismus und Ignoranz sind die Merkmale dieser Zeit. Die Menschen sind alle Diebe, die das Ich gestohlen haben, das eigentlich ein Teil Gottes ist. Sie haben versucht es für sich allein zu behalten. Aber wenn sie es wieder hergeben, können sie die Worte hören, die Christus einst zu einem bereuenden Dieb gesprochen hat: *Heute wirst Du mit mir im Paradiese sein* (Lukas 23,43). Nein, Ihr könnt nichts dafür, dass die Menschen im Mittelalter so maßlos und so hemmungslos waren, und dass sie das in der postmodernen Zeit noch immer sind. Vorwürfe sollten sich die Menschen selbst machen. Weder Christus noch Mohammed haben jemals falsches Zeugnis abgelegt. Ihr beide habt der Menschheit niemals Sicherheit im irdisch materiellen Sinne angeboten. Ihr habt es den Politikern überlassen, die eben auch Menschen sind. Ihr habt die Menschen auf alles vorbereitet und Ihr habt sie vor allem gewarnt, vor Demütigung, Armut, Falschheit, Machtmissbrauch, Verfolgung und Habgier. Eure gute Botschaft aus Nazareth, Mekka und Medina war keineswegs ein Rückversicherungsangebot für irdische Elemente. Solche Angebote kommen meist vom Teufel. Nein, die Menschen haben aus unseren Offenbarungen nichts Gutes gemacht!"

Und Moses: „Aber das war nicht nur im Mittelalter, dieser intrigenreichen Zeit, so! Denn heute sind die Menschen emanzipierter und freier, aber auch brutaler und herzloser denn je! Wir haben die Menschen nicht ganz überzeugt. Am Anfang war alles ein guter und hoffnungsvoller Traum. Zarathustras Traum von Reinheit und Liebe war eine Vision. Die Menschen des Altertums und des Mittelalters sprachen von einem vergangenen, erfüllten Zeitalter mit einem verloren gegangenen Garten Eden, der für immer verschwunden war, und sie waren traurig darüber, dem bitteren Alltag der Gegenwart und der ungewissen dunklen Zukunft ausgeliefert zu sein. Die Armut des Mittelalters war, trotz Tyrannei und Sklaverei der Mächtigen, erträglicher und fröhlicher als die bittere Armut der modernen Zeit, mit Elendsviertel in den Industrieländern und den nur halb entwickelten Ländern in der *Dritten Welt*. Dieser Länder sind ein Armutszeugnis für die moderne Zeit. Und die meisten Slums befinden sich in der christlichen Einflusssphäre, und kein postmoderner Christ schämt sich diesen Elends. Ja, die Menschen sind die ersten, die sich selbst anklagen müssen, wenn Millionen von ihnen Tag für Tag hungern und Zehntausende gar verhungern!

Die postmodernen Menschen sind die arrogantesten in der Geschichte der Menschheit. Seit über zweihundert Jahren arbeiten sie an ihrem irdischen Paradies und denken nicht daran, an irgendeine *utopia spiritualis* zu glauben. Der lange Marsch zum irdischen Paradies heißt Fortschritt und Globalisierung, ohne Rücksicht auf uns, die wir vergangen sind. Es sind neue Maßstäbe für Sitten und Moral entstanden, und für uns und den Allmächtigen haben die Menschen Ersatzobjekte gefunden. Im Mittelalter haben die Geister die Menschen vor Übermut retten können, wenn sie nicht eigennützig und heuchlerisch waren; aber heute zeigt den Menschen niemand mehr eine Grenze, und deshalb wissen sie nicht, was sie für die nächste Generation anrichten.

Der Dichter und Humanist Edmund Cartwright, der den mechanischen Webstuhl erfand, tat dies aus Mitleid für die lebenslange und qualvolle Fron der Handweber. Er konnte nicht voraussehen, dass ein paar Jahre später die Weber seine Maschinen zerstören und verbrennen würden, weil diese sie um ihren Lebensunterhalt brachten. Hier war die Habgier am Werk: die Männer, die hundert Jahre vorausschauten, wurden, wie immer, zum leichten Opfer derer, die nur an ihren Geldbeutel dachten. Der Traum vom neuen Zeitalter war für die ersten, die ihn im Mittelalter träumten, der, von der Qual der Kriege, der Armut und des Elends befreit zu sein; und etwas Wohlstand für alle Menschen zu schaffen, damit sie friedlich miteinander leben könnten. Das hat nicht gereicht. Die Menschen der prämodernen, der modernen und letztlich der postmodernen Zeit haben den Geist und die Würde des spirituellen Lebens mit der Materie Erdöl getauscht und danach zur Elektrizität gegriffen, um mit diesen Mitteln zu Wohlstand zu gelangen. Selbst dies hat für einige Populationen nicht gereicht.

Der Mensch der postmodernen Zeit hat den Geist materialisiert und die Intelligenz weit weg vom Imaginären instrumentalisiert, um sich mit Atomik und Elektronik eine Welt der globalen und innovativen Mechanismen zu schaffen, und um, ein für alle Mal, alles zu besitzen: die Erde, das Paradies, das Universum. Und da der Mensch nun auch in der Lage ist, Leben zu produzieren, ist er sich nun auch selbst der Schöpfer. *Fortschritt* war zu Anfang ein positiver Begriff. Unternehmer bauten ein naives Mittelalter zu einer multiindustriellen Gesellschaft mit uneingeschränktem Wachstum und Wohlstand um. Aber diesmal nicht für die Menschen jeder Herkunft und aller Rassen, sondern nur für die auserwählten Menschen in der *fortschrittlichen Industriegesellschaft.* Der Rest der Welt musste, ohne Chance auf Teilhabe, zuschauen, welche Wunder diese Gesellschaft hervorbrachte.

Erst sprachen die Reichen vom Wohlstand für alle. Aber durch Erfahrung lernten die, die diesem Fortschritt skeptisch gegenüberstanden, die eigentliche Misere der Menschheit, also die Ausbeutung der menschlichen Kraft, die Schrecken der Kinderarbeit und die erbarmungslose Profitgier des Menschenhandels und der Sklaverei kennen. Im 19. Jahrhundert kam den Menschen nach und nach zu Bewusstsein, dass der Fortschritt mehr sein sollte als nur der Gewinn des Unternehmers. Gerechtigkeit und humane Bedingungen wurden zu Hauptthemen der humanistischen Dichter und Politiker. Abraham Lincoln befreite die Sklaven, Charles Dickens schrieb über die inhumanen Zustände in den Elendsviertel und Gefängnissen, und Karl Marx und Engels propagierten eine sozialistische Gesellschaft."

Mohammed wendet sich an Jesus: „Und was hat Jesu Kirche getan, außer das irdische Leben als nichtig und das Paradies als ewig zu predigen! Die verzweifelten Nationen Europas waren in der Tat enttäuscht von einem Fortschritt, der nur einer privilegierten Schicht der Gesellschaft zu Gute kam, und da Deine Kirche auch versagt hatte und in ihrer Untätigkeit eher zu den Privilegierten hielt, beteten die Menschen lieber das sozialistisch-kommunistische und dann auch das nationalsozialistische Evangelium der gerechteren Gesellschaft auf Erden. Das dies mit brutaler Gewalt verbunden war, störte zunächst nicht. Aber alle diese Bewegungen, die erst als Revolution die Menschheit retten und die Existenz auf der Erde paradiesisch gestalten wollten, haben sich selbst betrogen. Das Schlimmste war, dass die nationalsozialistische Ära in Deutschland, anstatt des irdischen Paradieses, die

Hölle auf Erden schuf. Dann kam der Mensch, beim Erwachen aus dem tiefen Schlaf der Wiedergeburt, auf die Idee, sich einen anderen Weg zu suchen: den Weg zur Demokratie. Keine Religion hat der Menschheit diesen Weg gezeigt. Weder Moses noch Christus noch, allen voran, ich, haben demokratische Grundsätzen propagiert. Wir haben immer vor der Macht der Allmächtigen gewarnt, wenn es darum ging, Unrechtes zu vermeiden, doch unsere Nachkommen taten noch Schlimmeres!"

Zarathustra ergreift das Wort: „Es ist richtig, dass gerade Du, Mohammed, von Demokratie sprichst, weil Du damit beweist, dass Du einsiehst, dass bei der Eroberung der Welt in Deinem Namen keinen demokratischen, sondern lediglich solidarischen Prinzipien nachgeeifert wurde."

Und Buddha: „Die Menschheit hat es, trotz aller Rückschläge in ihrer Geschichte, zu etwas gebracht, was die materiellen Dinge angeht. Aber von einem irdischen Paradies ist sie weiter entfernt, als die Fortschrittlichen sich das je vorgestellt hatten.
Die Völker Europas, vor allem die Industriestaaten innerhalb und außerhalb Europas, haben es geschafft, mit Wohlstand für ein längeres und gesünderes Leben zu sorgen. Und mit ihren sozialgesellschaftlichen Problemen, wie Verbrechen und Korruption und dem Verfall geistig-moralischer Werte in der Gesellschaft sind sie inzwischen so vertraut, dass sie das als einen Bestandteil der modernen Zeit sehen. Ein Mittel dagegen haben sie aber nicht und sie suchen auch nicht danach. Die Menschen im Westen haben auf ein Leben in Hülle und Fülle hingearbeitet; sie haben den freien Wettbewerb erfunden, das heißt die Möglichkeit, mehr Ressourcen zu verbrauchen und mehr Wohlstand zu erzielen als ihre Nachbarländer, die Entwicklungsländer in der Dritten Welt.
Der moderne Mensch hat sich seine Konsum orientierten Bedürfnisse zur Religion gemacht. Können wir von einem unersättlichen Appetit Glück erwarten? Von einem Appetit, der dazu führt, dass man, egal wie vollgestopft man schon ist, immer wieder die leere Schüssel hochhebt und, wie Oliver Twist im Armenhaus, bettelt: *Ich will mehr.* Ja, die Menschen in den Industrienationen haben immer größere Bedürfnisse entwickelt, und ihre Speicherkapazität hat zugenommen. Eigentlich war es Moses, der mit seinem Mär-

chen vom Heiland die Menschen verführt hat und alle Wünsche und Bedürfnisse, die in der Natur des Menschen verborgen sind, geweckt hat, als er berichtete: *Es ist ein Land, darin Milch und Honig fließt.* Wenn der Wohlstand und die Fülle der Welt den Wunsch nach mehr aufhalten könnten, hätte Moses das zehnte Gebot den Israeliten nicht ans Herz gelegt: *Begehre nicht das Haus deines Genossen. Begehre nicht das Weib deines Genossen, seinen Knecht, seine Magd, seinen Ochsen, seinen Esel, noch irgend was deinen Genossen ist.* Moses berichtet von Korn und Wein, von Schafherden und Wild in den Bergen, Weihrauch und Blumenwiesen in den Prärien: *Ein Gartenbrunnen bist Du, ein Born lebendigen Wassers, das vom Libanon fließt (Hohelied 4,15)."*

Dazu Moses: „Der Mensch ist nicht nur erbarmungslos mit den Mitmenschen umgegangen, sondern er hat, aus Habgier und Völlerei, auch die Natur zerstört. Nein, das ist kein Märchen, denn Israel war in meiner Zeit ein grüner und blühender Garten, der nicht einmal urbar gemacht werden musste. Die Menschen misshandelten den Garten von Israel zweitausend Jahre lang. Ackerbau hat den Boden schonungslos ausgelaugt und unfruchtbar gemacht. Auch Griechenland, Nordafrika oder Ägypten waren blühende Gärten. Doch ein Ausbeuten ohne Rücksichtnahme verwandelt diese Landschaften zu dem, was wir heute kennen. Damals konnte man sich in die Einsamkeit begeben, wenn man mit Gott allein sein wollte. Und man konnte jahrelang ohne Schwierigkeiten von dem leben, was einem gerade über den Weg wuchs. Heute würde ein Mensch in der gleichen Gegend nicht mal eine Woche am Leben bleiben.

Ja, der Herrgott hat den Menschen empfohlen, sich die Erde untertan zu machen, sie zu erkunden, zu erforschen und zu nutzen, aber nicht sie auszubeuten und zu verwahrlosen. Denn die Erde braucht die Menschen nicht, aber der Mensch braucht die Erde!"

Und Zarathustra: „Die Menschen des 21. Jahrhunderts haben die Zehn Gebote Moses zeitgerecht modernisiert. Imhof schreibt: *Ja, wir haben gesündigt vor der Welt, vor der Evolution, und so könnte, das Testament der Neuzeit des homo sapiens etwa lauten:*
1. *Du bist Dein Gott, und es gibt keinen Gott neben Dir.*
2. *Alles Recht ist Dein Recht.*

3. *Dein Nächster ist Dein Feind.*
4. *Liebe nur Dich.*
5. *Tu, was Du willst. Lass Dich nicht beschränken.*
6. *Das wahre Glück liegt nur in der Befriedigung von Lust und Trieben.*
7. *Die Ungeborenen töte, denn sie hindern Dich zu leben.*
8. *Die Alten sondere ab: Sie können Dir und dem Leben nichts mehr geben.*
9. *Nur wer gesund ist, hat das Recht zu leben.*
10. *Lebe in der Gegenwart, da es keine Zukunft gibt.*

Wir fürchten uns alle immer noch vor der Wahrheit. Und die ist: Die Menschen glauben nicht mehr an uns, und damit auch nicht an den Schöpfer. Den modernen Menschen macht aus, dass er bekennt: ich zweifle, weil ich nicht an Gott und die dazugehörigen Komponenten glaube. Der zivilisierte Mensch hat die Naturwissenschaft entwickelt, um zu beweisen, dass der Glaube nicht existiert. *Das eigentliche, einzige und tiefste Thema der Welt- und Menschheitsgeschichte, dem alle übrigen untergeordnet sind, bleibt der Konflikt des Unglaubens und Glaubens.* Goethe berichtet auch in seinen Jugenderinnerungen von den Schwierigkeiten der Menschen, die zwischen Glauben und Ignorieren schwanken: *Denn schon vorher waren mir die Widersprüche der Überlieferungen mit dem wirklichen und möglichen sehr auffallend gewesen, und ich hatte meine Hauslehrer durch die Sonne, die zu Gibeon, und den Mond, der im Tal Ajalon stillstand, in manche Not versetzt, gewisser anderer Unwahrscheinlichkeiten und Inkongruenzen nicht zu gedenken!* Es ist keineswegs falsch, wenn der Mensch seine kritische Haltung mit Logik und Wissen veredeln will, um *Unwahrscheinlichkeiten und Inkongruenzen* zu ergründen und zu erklären. Jeder sollte möglichst selbst die grundlegenden Formeln des Geistes zur Orientierung und subtilen Subjektivierung seiner irdischen Vorstellungen von einem Schöpfer finden, aber er sollte nicht beharrlich und ohne spirituellen Elan versuchen, den Geist zu objektivieren. Und gerade das wird von den Menschen der postmodernen Zeit getan. Von der Spiritualität seines Geistes ist der versachlichte und seelisch zerbrochene Mensch weit entfernt. Alles versachlichen und alle Ideen ojektivieren, rational sein, das sind die Grundlagen der Lebensphilosophie des modernen Menschen. Er weiß nicht, dass er nichts weiß. Schöpferische Genialität steckt in der Irrationalität, und Glauben ist etwas Irrationales. Mancher sucht hin und wieder mit Drogen als Hilfsmittel eine Scheintranszendenz zu erreichen, weil er mit seinem, von materiellen Dingen bestimmten Leben, unzufrieden ist. Aber der Weg zu einer virtuellen Welt, welche durch Drogen heraufbeschworen wird, ist ein Irrweg; denn die Wahrheit braucht, um verstanden zu werden, keine Rauschmittel, sie braucht den Verstand selbst.

Der Mensch will sehen und dann glauben: *Wenn du mit deinen Augen nicht siehst, was du verstehen willst, dann öffne dein Herz.*"

Buddha: „In den Jahren 955 bis 1040 geschah in Europa nichts ohne den Einfluss der Kirche. Als Otto I. sich der Willkür der Normannen, die seit sechzig Jahren Europa verunsicherten, widersetzte, und als er sie dann 955 auch besiegte, erweckte er das Interesse Roms, also des Vatikans. Im Jahr 962 wird Otto I. zum Großdeutschen Kaiser gekrönt und mit ausgedehnten Machtbefugnissen ausgestattet, die bis nach Rom reichen. Damit entstand das *Heilige Römische Reich Deutscher Nation*. Für die Macht im Inneren sorgte die Reichskirche. Nur der *große Slawenaufstand* von 983 unterbrach die Ausdehnung der von der Gotteskirche gestützten Macht in Osteuropa.

Währenddessen machte auch die islamische Weltherrschaft ihre Krisen durch. Von 1031 bis zum Anfang des 11. Jahrhunderts gibt es zwischen den Kalifen in den unterschiedlichen Regionen der Welt des Islam Konflikte. Bei der Krise in Südeuropa wird mit dem Sturz des omaijadischen Kalifen von Cordoba der Niedergang des Kalifat eingeleitet, was im 11. Jahrhundert zum Zusammenbruch des islamischen Imperiums in Spanien führt. Das spanisch-islamische Kalifat zerfällt erst in autonome Teilgebiete, die dann in den folgenden Jahrhunderten zum Christentum übertreten. Um 1040 verkündeten die christlichen Machthaber eine befristete Waffenruhe, um sich für ihre nächsten Christianisierungspläne auszurüsten."

Dazu Mohammed: „Es ist für uns alle, und vor allem für mich, beunruhigend, wenn ich erfahre, dass auch die Christus-Kirche die Waffen für die Eroberungen im Namen der Christianisierung geschmiedet hat. Wir haben für unser Ziel, die Verbreitung unseres Glaubens, auf nichts Rücksicht genommen, wenn es darum ging, Länder und Regionen zu besiegen. An die Menschen selbst haben wir zunächst einmal nicht gedacht, obwohl sie es waren, die von der Gottesoffenbarung in Frieden und Freiheit erfahren sollten. Die größte Sünde aller Zeiten in meiner und Jesu Bewegung ist, dass wir die sozialen Proteste der Volksgruppe der Bauern nicht verstanden haben und dass wir gegen die Bauern immer am härtesten vorgegangen sind.

Das Aufblühen des Handels im 11. Jahrhundert, das seinen Ursprung in der Arbeit und im Fleiß der Bauern des ganzen Nahen Osten hatte, führte lediglich zu einem besseren Lebensstandard für die Großgrundbesitzer. Die Bauern selbst profitierten nicht davon. Sie lieferten ihre Produkte in die herrschaftlichen Städte, in die Hochburgen der Kalifen und der Fürsten, die die Bauern als Menschen unterster Klasse behandelten. Im mittelalterlichen Europa war das nicht anders gewesen. Als Folge daraus gab es sowohl im Orient als auch in Europa Bauernaufstände, wie zum Beispiel im oberen Mesopotamien unter den ersten Abbassiden, wie der Jakobit Dionys von Tell-Mahre in seiner syrischen Chronik berichtet. Alle diese Aufstände, wie die der Kurden und anderer Stämme, die ja auch meist Bauern waren, wurden auf grausamste Weise niedergeschlagen."

Und Zarathustra: „Die Herrschenden brachten die Erzeuger von Primärgütern um. Wo ist Euer Konzept des *Friede sei mit Euch* geblieben, wenn Euer Volk auf dem Weg zu Gott und beim Verbreiten seiner Botschaft selbst nicht friedlich ist und Tyrannei duldet? Nietzsche hat den bitteren Geschmack Eurer Friedfertigkeit gespürt: *Es ist nicht nach jedermanns Geschmack, dass die Wahrheit angenehm gesagt werde. Möge aber wenigstens niemand glauben, dass der Irrtum zur Wahrheit werde, wenn man ihn unangenehm sage.* Denn nur die Wahrheit kann uns dabei helfen, dass wir zumindest den falschen Weg erkennen und uns nicht vor unserem Gott und Schöpfer entschuldigen, sondern vor den Menschen. Denn Gott ist erhaben und akzeptiert keine Almosen als Gegenleistung für Leichtfertigkeit."

Jesus: „Jeder Mensch hat die Sehnsucht nach Besitz und darin findet er etwas Freude, aber dabei bleibt es nicht lange. *Böse Begierde und die Habsucht, die Götzendienst ist,* so hat es Paulus (Kol. 3,5) angeprangert, und die gierigen Grundbesitzer aus Ost und West, Christen und Mohammedaner, machten aus ihrem Besitz einen Götzen. Sie verlangten mehr als Freude, sie verlangten jene Seelenruhe, die nur Gott geben kann. Und die Gottlosen bleiben unruhig und sie sind immer auf der Suche nach Glückseligkeit! Sie könnten es einfacher haben, wenn sie nicht nur die Augen sondern ihr Herz öffneten und ihre Nächsten lieben könnten. Dies haben das christliche Abendland und die islamische Bewegung im Morgenland gewusst, aber keiner hat danach gelebt!

Im Jahr 1046 leistete sich der deutsche König Heinrich III. etwas, was nicht einmal sein Vorfahre, Karl der Große, sich geleistet hatte: Er setzte drei ihm unangenehme Päpste nacheinander ab und ließ seinen Patriarchen als Clemens II. zum neuen Papst wählen, damit dieser ihn als Belohnung zum Kaiser des römisch-deutschen Reiches kröne.

Die Christen wünschten, dass ihre Kirche eine starke Vereinigung und eine durchdachte Organisation war. Und die Päpste sahen die Stärke der Kirche im Einfluss auf die weltliche politische Macht und in der Vergrößerung ihres Reichtums. Kaum wurde ein Mönchsorden gegründet, der sich der Armut verschrieben hatte, schon besaß er wenig später riesige Ländereien. Die Machtbesessenheit und die Habgier unserer Nachfahren, die unseren Gottesauftrag verbreiten sollten, die meine und Mohammeds Offenbarung im göttlichen Geist bewahren sollten, führten dazu, dass aus jeweils einer Religion, Splittergruppen entstanden, die sich nicht nur bis zum heutigen Tag streiten, sondern bis in alle Ewigkeit streiten werden: Schiiten, Sunniten und Ismailiten im Islam, Katholiken, Protestanten und Orthodoxe in meiner Kirche sind unlogische Folgerungen von unseren unterschiedlichen Wegen. Doch unser gemeinsames Ziel ist es, Gott den Schöpfer als einzigen und alleinigen Maßstab zu nennen. Die katholische und die orthodoxe Kirche entstanden im Jahr 1054 durch eine Aufspaltung in eine West- und eine Ostkirche; eine jede von beiden sah sich, ohne Recht und Grund, als wahren Vertreter von mir.

In Rom wird der Mönch Hildebrand von den römischen Bischöfen zum Papst gewählt. Dieser Papst Gregor VII. proklamiert, dass sich die weltlichen Fürsten und Könige der Kirche vollkommen zu unterwerfen haben. Das Knien vor seiner Heiligkeit und das Küssen der Füße des Papstes sollte irdische Allmacht demonstrieren. Mein Bruder, ich schäme mich für so viel Schmach!

Papst Gregor will die Weltherrschaft und legt seinen Anspruch im Jahr 1075 im *Dictatus Papae* nieder. Darin steht unter anderem geschrieben: *Artikel 3: Nur der Papst kann Bischöfe einsetzen. Artikel 9: Alle Fürsten küssen allein die Füße des Papstes.* Die Fürsten und Könige hätten zumindest das Recht gehabt, zu fragen, ob der Papst seine Füße auch gewaschen hat, denn bei soviel Arroganz und Selbstherrlichkeit könnte er dies vergessen haben. Es ist ja auch nur ein schwacher Geist und seelenloser Mensch, der so etwas im Namen Gottes verlangt. *Artikel 12: Der Papst kann Kaiser und Könige absetzen.* Gerade mit solch anmaßenden Verdikten waren die Päpste im Mittelalter viel schlimmer als die Kalifen, die Nachfolger von Mohammed. Und auf der anderen Seite unterwarfen sich die Päpste dann ihren Gönnern, den Kaisern und Königen. Wenn die Päpste im Mittelalter etwas Mut und mehr selbstlose göttliche Begabung gehabt hätten, dann wären sie nicht Jahrhunderte lang wie Schachfiguren in den politischen Machtspielen hin- und hergeschoben worden. Kaiser Konstantin der Große diktierte und die Kirche musste folgen: *Ihr seid Bischöfe in der Kirche, ich bin aber der von Gott ernannte Generalbischof außerhalb der Kirche,* und damit sage ich, wer zum Papst gewählt wird und wer nicht. Die deutschen Kaiser und Könige folgten Konstantin und verlangten Gehorsam vom Vatikan. Mal war der Papst stärker und ordnete an, was ihm für den Erhalt der Macht der Kirche wichtig erschien, mal waren es die Kaiser oder Könige, die zwar vom Papst gekrönt wurden, aber der Kirche diktierten, was der Papst zu tun hatte.

Sowohl die Päpste als auch die von ihnen bevollmächtigten Könige und Kaiser haben nie ein Interesse daran gehabt, Inhalte und damit meine Offenbarung zu predigen, damit die Menschheit in Ruhe und Frieden lebte. Sie haben sich nur für sich und damit die herrschende Klasse stark gemacht. Warum und mit welchem Recht ein Papst so etwas anrichtet, ist mir bis heute schleierhaft. Wer sonst hätte denn für Frieden und Brüderlichkeit sorgen sollen, wenn auch die Päpste Kriegsführer waren? Die Menschen wissen dann nicht mehr, woran sie glauben können, und auf was sie sich verlassen können.

Papst Gregor VII. und Clemens III. haben nichts anderes im Sinn, als die Kirche Gottes zum Zentrum der Intrigen ihrer Macht und ihrer irdischen Sehnsüchte zu verwandeln. Zehn Jahre lang blieb Gregor VII. an der Macht, bis Heinrich IV. ihn 1084 aus seiner Festung in der römischen Engelsburg gejagt hat, um dann dessen großen Rivalen, Clemens III., die Macht der Kirche zu übertragen, und um dann von diesem wiederum zum Kaiser gekrönt zu werden. Eine Hand wäscht die andere. Eine Gegenoffensive des Feldherrn Papst Gregor, mit der Hilfe von Robert Guiscard, bringt ihn wieder an die irdische Macht zurück. Doch dem Überfall der Normannen, die ganz Rom plündern, hat er nichts entgegenzusetzen. Ob Papst Gregor VII., nach dem Verlust seiner Macht, an die Vergänglichkeit solcher Macht gedacht hat? Das Allerschlimmste ist, dass hier im Namen Gottes Kriege geführt und Menschenleben vernichtet werden, um die angeblich heiligen Stätten für alle Christen zu öffnen. Christen werden geopfert, damit andere zu Christen werden. Was für eine Schmach für die barmherzige Kirche und ihre Fürsten. Die Tragödie von 1095: *Deus vult (Gott will es):* Der intrigenreichste Feldmarschall, Papst Urban II., setzt sich im Konzil zu Clermont damit durch, dass eine aus Kreuzrittern zusammengestellt Armee erst Jerusalem, und dann den ganzen Nahen Osten, erobern soll. Er spricht von *Kreuzrittern* und von *Gotteskrieg.* Die Nachfolger Mohammeds sprachen vom *Heiligen Krieg* und versprachen dem, der in diesem Krieg fällt, den direkten Weg ins Paradies. Was für eine Heuchelei! Auf der einen Seite wird der direkte Weg zu Gott, auf der anderen Seite der direkte Zugang zum Paradies versprochen. Den armen Bauern, den landlosen oder verschuldeten Rittern waren die Heiligkeit des Krieges im Grunde genommen egal. Sie versprachen sich vor allem Beute und die Aussicht auf bessere Lebensbedingungen nach dem gewonnenen Kreuzzug. Im Jahre 1096 wird der erste Kreuzzug, mit einfachen Bauern in vorderster Reihe, bis nach Kleinasien vorangetrieben, wo der Zug von den Arabern vernichtet wird. Der nächste Kreuzzug ist jedoch erfolgreicher. Die Gotteskrieger, oder *Kreuzritter*, wie sie sich nannten, belagern diesmal Jerusalem und nach fünfwöchigem Widerstand erobern die Christen, die unter Gottfried von Bouillon kämpfen, am 15. Juli 1099 die Stadt. Nach der Eroberung und nach dem Verzicht von Gottfried auf die Krone wird Balduin von Boulogne der erste König von Jerusalem. Aber das ist erst die Ouvertüre zu einem dreißig Jahre währenden Krieg, mit grenzenloser Gewalt gegen die Menschheit im Namen Gottes."

Und Zarathustra: „Der sittliche Verfall, Egoismus, Habgier und Rechthaberei führten zu Gottlosigkeit, denn sie haben an alles gedacht, nur nicht an einen Gott! So war es und so ist es bis heute! *Dass die starken Rassen des nördlichen Europa den christlichen Gott nicht von sich gestoßen haben, macht ihrer religiösen Begabung wahrscheinlich keine Ehre – um nicht vom Geschmacke zu reden. Mit einer solchen krankhaften und altersschwachen Ausgeburt der décadence hätten sie fertig werden müssen. Aber es liegt ein Fluch dafür auf ihnen, dass sich nicht mit ihm fertig geworden sind: Sie haben die Krankheit, das Alter, den Widerspruch in alle ihre Instinkte aufgenommen – sie haben seitdem keinen Gott mehr geschaffen! Zwei Jahrtausende beinahe und nicht ein einziger neuer Gott, sondern immer noch und wie zu Recht bestehend, wie ein Ultimatum und Maximum der gottbildenden Kraft, des Creator spiritus im Menschen, dieser erbarmungswürdiger Gott des christlichen Monotono-Theismus! Dies hybride Verfallsgebilde aus Null, Begriff und Widerspruch, in dem alle Décadence-Instinkte, alle Feigheiten und Müdigkeit der Seele ihre Sanktion haben!* Friedrich Nietzsche hat recht: die Kirche hat Gott lächerlich gemacht, nutzlos, zwecklos, ersetzlich und austauschbar. Sich einen christlichen Gott hinstellen und erbarmungslos um ihn herum Krieg führen, das hat den Menschen nicht geholfen. Und daher wenden sie sich von all diesen herzlosen Instanzen ab. Erst von Gott und von Jesus Christus, und dann von Papst und Vatikan, und schließlich von Kaiser und römisch-deutschem Reich. Das Ganze ist so, als wenn einer sein Dorf in Brand steckt, aber sich vorher oben am Berg einen Platz sichert, um diesen Brand sehen zu können.

Die Enttäuschung der Menschen und ihre geistig-moralische Ermüdung hat die Fundamente des Glaubens erschüttert. Die

Menschen suchen sich andere Götter, um endlich den Betrug an ihrem spirituellen Glauben zu überwinden. Kein Wunder, dass dabei der Buddhismus, der sich realistischer den irdischen Problemen stellt, zur Zuflucht wird.

Die Menschen suchen keine neuen Götter. Weder die angeblich naiven und unwissenden Menschen im Mittelalter, noch die womöglich klugen Menschen, die fast alles wissen und sogar das Werk des Schöpfers imitieren. Sie alle brauchen einen wahrhaft ehrlichen Halt, damit sie wieder an die Spiritualität ihrer Herkunft glauben können. Es mag sein, dass der Buddhismus unverschleiert und mit großartiger Objektivität diesen Halt greifbar macht, aber so inhalts- und belanglos sind die von Abraham, Moses, Jesus und Mohammed vollbrachten Gottesoffenbarungen nicht. Nur die Lehrer unserer Religionen haben falsches Zeugnis abgelegt. *Du sollst den Namen des Herrn, Deines Gottes, nicht missbrauchen; denn der Herr wird den nicht ungestraft lassen, der seinen Namen missbraucht. (2. Mose 20,7).* Es geschahen, und es geschehen immer noch, jeden Tag im Namen Gottes Missetaten. Und in jeder Minute und in jeder Stunde wird der Name Gottes missbraucht, und zwar von denjenigen, von denen man dies nicht erwarten sollte. So vor zweitausend Jahren in Judäa und Rom und Ägypten, im Mittelalter, und auch vor etwa zweihundert Jahren in Frankreich am Hofe der christlichen Familie Ludwigs XIV., und bis heute; tagtäglich wird im Namen Gottes Unfug und Unrecht getan. Das barbarischste und sagenhafteste Beispiel geschah, als vor mehr als zweitausend Jahren der Priester das Messer hob und die magischen zweiundsiebzig göttlichen Namen sang: *Aglon Tegragram Vaycheon Retragsammathon Eryona Omera El Eloe Zelioz Ramathel Shaddai Elohim ...* Das Messer senkt sich. Die *Gläubigen* atmen in kurzen Stößen und erwarten gespannt das Barbarischste: *Messias Soter Emmanuel Saboath Adonai ...* Das gefesselte Kind auf dem Altar, vor Angst fast ohnmächtig, schaut entsetzt zum Himmel und der Priester schreit: *Shemhamphorasch!* und schneidet dem Kind die Kehle durch. Hier ist die Wurzel allen Übels: wenn wir, mit der magischen Kraft des Namen Gottes, unsere Mitmenschen missbrauchen, misshandeln und irreführen. Wir haben aus der Wahrhaftigkeit Gottes Zauberei,

Magie und, letzten Endes, ein trügerisches Schauspiel gemacht. Der Gott der Hebräer hatte einen *wirklichen* Namen, der zu machtvoll war, als dass Menschen ihn schreiben oder aussprechen durften. Eine Zeitlang hatte nur der Hohepriester die Erlaubnis, ihn mit diesem Namen anzusprechen, und dies auch nur einmal im Jahr, in der Heimlichkeit des Allerheiligsten.

Die Anhänger von Satan, die an nichts als an das Böse glauben, haben sogar mit dem Namen Gottes den Teufel zu zähmen versucht. Die Juden vor Christus dachten, dass der Name Gottes Feuer vom Himmel herab senden könne. Und die Juden des Mittelalters schreiben in dem *Buch der Frommen*, dem *Sepher Haidim: Man kann nicht sagen, dass die Anrufung des Namen Gottes ihn verpflichtet den Willen dessen zu tun, der ihn angerufen hat, dass also Gott selbst dazu gezwungen wird, wenn man seinen Namen nennt; aber dem Namen selbst kommt die Kraft zu, den Wunsch des Menschen zu erfüllen, der ihn äußert.* Die Menschen missbrauchen den Gottesnamen, seitdem sie wissen, dass es einen Gott gibt; und an vorderster Stelle waren es die, die kirchliche Macht besitzen.

Auch heute haben die Christen das Gefühl, dass es fast eine Beleidigung Gottes ist, seinen Namen so nebenbei zu erwähnen, im Gegensatz zu den Mohammedanern, die fast in jedem wichtigen Satz den Gottesnamen huldigen und laut ausrufen, um diesen von allen irdischen Nebensächlichkeiten zu trennen. Eigentlich ist das auch im Sinne des dritten Gebotes, denn es ist der Versuch im Namen Gottes nur Gutes zu tun. Auch heute wollen die Kirchen diesen Machtmissbrauch noch verbieten, allerdings mit geringem Erfolg, da die Menschen vom Wahn der Macht besessen sind und nur auf ihrer materiellen Vorteile hinarbeiten. Die alten gläubigen Hebräer haben im Namen Gottes viel Gutes erreicht, weil sie darin die einzige Quelle geistiger Kraft sahen und gleichzeitig Ehrfurcht vor dem Missbrauch des Namens Gottes hatten.

Wie wir wissen, nehmen in unserer Zeit die fortschrittlichen Regierungen mit der Macht des Staates die Bauern und kleinen Geschäftsleute aus, während die Industriegiganten verschont bleiben. Heute, nach über zweitausendjähriger Erfahrung und Geschichte, haben wir es nicht mehr nötig, uns nach dem dritten Gebot zu richten. Wir denken nicht mehr daran, dass wir uns nach irgendeiner Weisung zu richten haben, die uns verbietet, die Macht nicht zu missbrauchen. Der moderne Mensch verlässt sich auf seine eigene innovative Kraft, und er glaubt ohne Gott auszukommen.

Goethe lässt *Faust,* der gerade dabei ist, das Johannes-Evangelium zu übersetzen, zu folgender Erkenntnis kommen:

Ich kann das Wort so hoch unmöglich schätzen,

Ich muss es anders übersetzen.

Mir hilft der Geist! Auf einmal sehe ich Rat

Und schreib getrost: Im Anfang war die Tat!

Die Kraft Gottes steckt nicht in seinem Namen, sondern in seinen Werken. Und wir können aus seinen Werken das Beste für uns und die Menschheit machen, indem wir die Gotteskraft, den spirituellen Geist, nicht für eigene und menschenfeindliche Zwecke benutzen. Doch die längst unübersehbare und grenzenlose Wissenschaft tut das nicht. Sie bricht mit jeder Tat, die gegen die Menschlichkeit gerichtet ist, das dritte Gebot.

Was unsere, also Jesu, Moses` und Mohammeds Kirche betrifft, muss ich leider sagen, dass alle drei mit opportunem geistigem Stolz und Selbstgerechtigkeit am Werk waren und sich selbst verherrlichten, anstatt den Schöpfer Gott und seine Offenbarung zu vertreten. Wir haben demütig gesagt: *Gott sprach zu mir, einem Sünder.* Aber die Pharisäer und Schriftgelehrten erklärten: *Wenn wir sprechen, stimmt Gott zu.* Und danach handelten Päpste, Bischöfe und andere Vertreter der Kirchen, die, aus Selbstgerechtigkeit und in Überschätzung der irdischen Macht, mehr an ihre eigene Unfehlbarkeit glauben, als die Würde des menschlichen Daseins es zulässt. Denn die Nachahmung Gottes ist menschenunwürdig. In dieser Selbstgerechtigkeit der Kirchenväter steckt die Wurzel des Übels, die beim Menschen Abscheu hervorruft und zum Atheismus führt. Da nun die Kirchenfürsten, Päpste, Bischöfe und Kalife, Imame und Ajatollahs alle Menschen waren, mit all ihren Schwächen und Sünden, taten sie alles im Wahn der Macht: Und das Schlimmste ist, dass sie glauben, dass sie im Namen Gottes das Richtige taten. Schiller hat diese faule Wurzel am besten gepackt: *Jedoch der Schrecklichste der Schrecken, das ist der Mensch in seinem Wahn!* Kaiser und Könige, Päpste, Kardinäle und Bischöfe kommen und gehen, und keiner von diesen kommt auf die Idee, der Selbstüberschätzung abzuschwören: Von Alexander, dem Makedonier, bis zum römischen Reich am Ende des 1. Jahrhunderts unserer Zeitrechnung bestimmten Kriege und Eroberungen das Geschehen. Kaum war die Schreckensherrschaft des Kaisers Domitian vorbei, ergriff Nerva in intrigenreicher Zeit die Macht, die von keinem anderen in die Hand genommen wurde als von Trajan, der von Macht besessen, sich als zweiter Alexander sah und Eroberungskriege gegen die Völker der Daker und der Parther führte, um die Grenzen seines Reiches über die Donau hinaus bis zum Euphrat auszudehnen. Wer durch Erfolg so abhebt, verliert leicht das Maß für das Mögliche, und er verstrickt sich in die übelsten Taten und versteigt sich in blinde Selbstüberschätzung. Trajan bereitete sich mit seinen imperialen Plänen, wie sein Vorbild Alexander, den eigenen Untergang. Alle diese Verbrecher in der Geschichte der Menschheit sind, auf dem Boden des Wahns der Macht, zu ohnmächtigen Kreaturen geworden."

Dazu Abraham: „Ihr wollt Euch doch nicht selbst verherrlichen und als unfehlbar hinstellen, indem ihr davon sprecht, dass der wahre Prophet nur demütig von Gott spricht: *Gott sprach zu mir, einem Sünder*. Ein Prophet ist und bleibt für seine Äußerungen und Taten allein Gott verantwortlich, und es bedarf keiner Erklärung, ob er der Wahre oder der Richtige sei, und er darf sich von Pharisäern und Gelehrten nicht irritieren lassen. Auch Propheten sind Menschen, die nicht unfehlbar sind!"

Buddha: „Ernst Bloch hat wie Nietzsche aufmerksam die Bibel gelesen: *In der Bibel also steckt eine revolutionäre Sprengkraft, eine Sprengkraft ohne gleichen. Die herrschenden Kreise und die herrschende Kirche haben das verdeckt, abgewandelt oder mit Schönfärberei frisiert. Aber in den Bauernkriegen wurde das völlig richtig verstanden. Gegen die Banalität, gegen den vulgären Materialismus, gegen die Austrocknung und Unterernährung jeder Phantasie sage ich daher: Nur ein guter Christ kann ein guter Atheist sein.*
Nietzsche hat in seiner Verurteilung des Christentums den Buddhismus als eine Alternative gesehen und bezeichnet beide Religionen als nihilistisch und *décadent*, doch in unterschiedlicher Weise: *Der Buddhismus ist hundertmal realistischer als das Christentum. Er hat die Erbschaft der objektiven und kühlen Problemstellen im Leib, er kommt nach einer hunderte von Jahren dauernden philosophischen Bewegung; der Begriff „Gott" ist bereits abgetan als er kommt. Der Buddhismus ist die einzige*

*eigentlich positivistische Religion, die uns die Geschichte zeigt,
auch noch in seiner Erkenntnistheorie (einem strengen Phäno-
menalismus), er sagt nicht mehr „Kampf gegen die Sünde", son-*
dern, ganz der Wirklichkeit das Recht gebend, *„Kampf gegen das
Leiden". Er hat – dies unterscheidet ihn tief vom Christentum –
die Selbstbetrügerei – der Moralbegriffe bereits hinter sich – er
steht, in meiner Sprache geredet, jenseits von Gut und Böse.*

Eine Religion muss in den Mittelpunkt ihrer Philosophie den Menschen stellen und ihm, als Wegweiser geistig-moralischer Orientierung, Beistand leisten. Mit Verboten und Verweisen auf das Jenseits
verliert der Mensch die Lust für das hiesige Leben, und seine Existenz erscheint ihm sinnlos. Wenn prophetisch gesagt wird, wie es
in den zehn Geboten geschrieben ist, *Du sollst nicht,* ist dieses Verbot der Anfang der Weisheit, aber es muss nicht furchterregend sein.
Man könnte auch sagen, Du sollst frei sein von Angst, indem Du
weißt, dass es einen Gott gibt, der Dich liebt; Du sollst furchtlos sein,
weil Du Deinen Nächsten liebst und nicht nur an Dich denkst.
Nietzsche hat das Christentum als menschenfeindlich und grausam
empfunden, weil diejenigen, die die Gesetze des Glaubens praktizierten, ihn von A bis Z enttäuscht haben. Die Menschen unser Zeit
hätten vielleicht mit den zehn Geboten etwas anfangen können.
Doch die heutigen Menschen denken nicht daran, sich nach irgendwelchen Geboten zu richten. Die zehn Gebote gehören zwar zu den
wenigen Dingen, die jeder praktizierende Christ genau kennen und
auswendig hersagen können soll, aber die Umsetzung in die Tat und
das täglichen Leben erscheint meist schwer. Allein das Aufsagen
irgendwelcher Buchstaben und Sätze und die Behauptung ein
Christ zu sein, macht uns nicht zu Christen. Die Menschen brauchen neue Definitionen für ihre pragmatische Lebensphilosophie,
und ich glaube, dass Nietzsche, Schopenhauer, Kant, Schiller,
Hafiz, Khayyam, Saadi und ihresgleichen den Menschen mehr
gesagt haben, als alle ihre Propheten zusammen; und doch wurden
sie nicht gehört. Die Menschen führten trotzdem Kriege und spielten den Lieben Gott. Es ist nun die Aufgabe der modernen Menschen, die ja behaupten sie seien zivilisiert, an Stelle von Arroganz
Toleranz zu üben, für sich und ihren Nächsten. Sie sollten die Überheblichkeit ihres Könnens und die materielle Sucht gegen geistige
Transzendenz und ein würdiges Dasein tauschen, um zu einem

Glauben zu finden. Dann, aber erst dann, finden sie zu sich selbst, und sie werden einen Weg zum Schöpfer finden, durch einen individuellen, freien und zwanglosen Weg zu einem bescheideneren, aber glücklicheren Leben."

Buddha: „Vom 11. bis 13. Jahrhundert stürzt eine Umwälzung nach der anderen die ganze islamische Welt in einen Veränderungsprozess, der äußerlich durch die Entstehung des almoravidischen Reiches im Westen und selgurischen Reiches im Osten bestimmt ist. Dabei hat die islamische Kultur sich nicht nur verändert, sondern sie hat auch an Intensität und Vitalität verloren. Man könnte sagen, dass, mit dem Untergang der alten Kulturen in Syrien und Persien, die islamische Welt die Aura der multikulturellen Gesellschaft verloren hat. Auf einmal sind die Türken die neuen Herren, die bis zum 19. Jahrhundert mit Europa in militärischer Macht und Stärke, aber nicht im kulturellen Bereich, Schritt hielten. So entstand nicht nur eine beängstigende Spannung zwischen dem Orient und Europa, sondern auch eine ablehnende Haltung der Christen im Abendland gegenüber dem Orient."

Dazu Mohammed: „Während die Jesuskirche einer verschleierte Weltpolitik betreibt, ist die politische Ambition meiner Kirche offenkundig. Man hatte geglaubt, dass die islamische Welt durch das neu entstandene vorosmanische Reich sich, bei gleichzeitiger geopolitischer Ausdehnung, auch kulturell und wissenschaftlich weiter entwickeln würde. Aber dies war, wie wir gesehen haben, ein Irrtum. Man kann nicht ein Haus zerstören und auf dessen Trümmern mit aller Gewalt ein neues Haus bauen, ohne das rechtliche Fundament dafür zu haben."

ERST WAREN ES SOZIO-ÖKONOMI-SCHE, DANN POLITISCHE GRÜNDE, DIE DIE MENSCHEN AUF DEN ISLAM AUFMERKSAM MACHTEN

Zarathustra: „Wenn auch die modernen türkischen Wissenschaftler das nicht wahr haben wollen: der islamische Orient war im 11. bis 13. Jahrhundert nicht immer mit der Ethik und den

Tugenden des Islam der vergangenen Jahre versehen. Als die Türken zur führenden Macht wurden, haben sie den Islam in der soziokulturellen Entwicklung nicht wahrhaft positiv beeinflusst. Der Islam hat sich verändert und war weit entfernt von den Vorstellungen des Propheten Mohammed, vor allem aber weit entfernt von der blühenden Zeit der Abbassiden. Auf kultureller und gesellschaftlicher Ebene gab es zunächst gar keinen typisch türkisch-islamischen Staat. Die Türken haben vielmehr, mit ihren unterschiedlichen Volksstämmen, islamische Regionen und Länder besiedelt und haben dabei die Eigentümlichkeiten dieser Länder, Menschen und Kulturen, im Sinne der Anpassung, übernommen. Die politisch-militärische Führung der neuen Besatzer im ganzen Orient, und bis nach Ägypten, war eher repressiv als freiheitlich islamisch. Die Folgen der Bildung des selgupischen Reiches waren in jedem islamischen Land zu spüren. Und die Türken leiteten, mit der Islamisierung von Kleinasien, auch den Untergang des byzantinischen Reiches ein. Damit wurde der Grundstein für das spätere osmanische Reich gelegt; und gleichzeitig ging eine epochale Kultur zugrunde. Ein neues Reich baute sich darauf seine Fundamente.

Nach und nach entstanden, ohne feste Planung, türkische Siedlungen in der Mongolei, in Turkestan, in Russland und im Iran, die, abgesehen von ihrer Sprache, die islamischen Sitten und Gebräuche der einheimischen Bevölkerung annahmen. Vom 8. Jahrhundert an waren die Kaufleute, die auf den Handelswegen für bessere Beziehungen zwischen allen Völkern in Vorderasien sorgten, nicht nur für neue Waren und Geschäfte zuständig, sondern sie verbreiteten gleichzeitig auch ihre Religionen. Und so entstanden buddhistische, jüdische, manichäische und christliche Gemeinden. Die Rolle von Kaufleuten und Handelsvertretern während der Islamisierung der Türkei selbst, ist in der zweiten Hälfte des 10. Jahrhunderts sehr wichtig, da trotz der Sprachbarriere, die wichtigsten Persönlichkeiten der Zeit die geistige Kraft des Islam für ihre politischen Ambitionen entdeckten, weil der Islam im Wesen und Charakter eine sozialpolitische Religion darstellt.

Bis zur Bildung der qarahanidischen und selquqrischen Staaten gibt es viele Völkerbewegungen. So entsteht um das 1000 das Reich des qarahanidischen Groß-Khan, das die iranisierten, islamisierten und türkischen Länder beherbergt. Dieses geopolitisch besondere Staatsgebilde wird von einem Familienclan beherrscht und mit aller Macht des Nomadentums geführt. Mit zunehmender Macht geht parallel auch ein gewisser sozialer Einfluss vom Islam aus. Auf das Kulturerbe wird nun wieder Wert gelegt: so erlangen die alten Zentren der islamischen Welt, wie Buchara und Samarkand, wieder Bedeutung. Erst sind es sozio-ökonomische, dann sind es politische Gründe, die die Menschen auf den Islam aufmerksam machen. Aus Überzeugung und Glaube lassen sich die Menschen erst später zum Islam bekehren. Der qarahanidische Staat wurde langsam zum ersten türkisch-islamischen Reich, hatte aber nur regionale Bedeutung, im Gegensatz zum selguqischen Reich, das mehr Einfluss und Macht besaß. Der große Stammesführer Selguq nahm relativ spät den Islam als Staatsreligion an. Diese Stammesfamilie gehörte ursprünglich den Oguzen an, die erst unter den Samaniden, und dann qarahanidischen Herrschern in Transoxanien dienten. Später traten sie in den Dienst von Mahmud von Gazna und ließen sich im Osten Irans, in Chorasan, nieder. Alle diese Völkerwanderungen und Umsiedlungen haben immer die Unterdrückung und die Vertreibung anderer Volks- und Nomadenstämme verursacht, so dass nicht die Religion sondern die geopolitisch-ökonomischen Interessen den Zündstoff vieler Konflikte bildete."

Dazu Buddha: „Das hat sich bis heute nicht geändert. Mal ist es die geopolitische Lage eines Landes, mal ist das Öl der Grund zur militärischen Intervention der Supermächte."

Zarathustra fährt fort: „Die Turkmenen werden im Nordosten des Irans unter Cagri und Togril nicht nur sesshaft, sondern sie festigen auch ihre Macht und Autorität. Während die Nachfolger von Mahmud und seinem Sohn Masud sich nach Indien orientierten, haben die Turkmenen in diesem Territorium ihren Einfluss gefestigt. Nach der Niederlage von Masud bei Dandanqan 1040 und nach seiner Flucht nach Indien, stehen die Tore zum Iran für Selguqen offen und Togril-Beg unternimmt den Versuch, den Iran zu erobern. Der Weg über Aserbaidschan, der nach dem armenisch-byzantischen Kleinasien führte und der Weg von Chorazan nach Bagdad schienen die Wege zur Machtergreifung im ganzen Nahen Osten zu sein.

Togril-Begs Armee plünderte und vernichtete die Turkmenen und die orthodoxen Muslime, die Religionen und Kleinstaaten, also alle, die glaubten, die Gunst der Stunde nutzen und ihren Einfluss und ihre Macht festigen zu können. Es ging hierbei nicht um Religion, Gott, Liebe oder Vernunft, es ging einfach nur um die absolute Macht und die daraus resultierenden materiellen Vorteile. Vor allem die Turkmenen hatten weder politische noch religiöse Absichten. Sie siedelten sich da an, wo sie sich sowohl klimatisch als auch geophysikalisch wohl fühlten, und dabei plünderten sie gewohnheitsmäßig alles, was sie vorfanden. Selbst als der ganze Iran erobert war, wussten die politischen Führer in Bagdad, unter ihnen der Wesir des Kalifen, Ibn-al-Muslima, dass die Turkmenen einen Sonderstatus bekommen müssen. Selguqen dehnte die türkische Macht aus und Togril zog 1055 in Bagdad ein, und bald nannte er sich Sultan und König des Osten und des Westens. Die Eroberungen setzten sich in unbarmherziger Weise fort, aber den Türken gelang es nicht, trotz der großer Anstrengungen von Togril und seiner Nachfolger Alp-Arsalan (1063-1072) und Malik-Sah (1072–1092), Ägypten in ihr Reich einzugliedern. Dies geschah erst ein Jahrhundert später. Alp-Arsalan besiegte zwar den Militärbefehlshaber Romanos Diogenes, nach dessen Angriff auf islamisches Grenzgebiet, aber er verzichtete vorläufig auf die Eroberung Kleinasiens und Ägyptens, weil er sich der Turkmenen nicht sicher war und ihm dort islamische Führer fehlten, durch die er seine Eroberungsgebiete festigen konnte. Togril und Alp-Arsalan sind als große Kriegsherren in die Geschichte eingegangen. Erst der nächste Herrscher verstand es, den Geist einer modernen Staatsführung den Gelehrten und erfahrenen Bürokraten zu überlassen. Malik-Sah wurde durch seinen iranischen Wesir Nizam-al-Mulk, einem Gelehrten und Intelektuellen, zu einem Staatsgründer und Planer. Die Grundlage der Staatsform und der Führungsstil der späteren Türkei geht auch aus dieser Zeit hervor. Nizam-al-Mulk führte nicht nur über dreißig Jahre die Regierungsämter und die Geschäfte, sondern er schrieb das erste berühmte Buch seiner Zeit über die Staatsführung, *Siyasatname,* worin die Grundlagen der politischen Wissenschaften in der Staatsführung dargestellt und die chorasanischen Thesen in die Praxis übertragen wurden. Die türkische Eroberung hat ihre eigenen intellektuellen Vorstellungen von Staatsform und Demokratie weiterentwickelt. Und in neu eroberten Gebieten, unter Berücksichtigung von Traditionen der Völker neue Gesetze, Recht und Ordnung, eine neue Verfassung verkündet, worin Religionsfreiheit, sowie freie Wahl der Wissenschaft und Politik verankert war.

In der kommenden Zeit wird, trotz fortschreitender Iranisierung des Reiches, die türkische Sprache zum Zündstoff für Konflikte und Spannungen, die sich bis ins 12. Jahrhundert hinein fortsetzen. Hätte man, gerade in dieser unruhigen Zeit, die Religion von der Staatsführung getrennt und hätte man sich mehr um die Rechte des Einzelnen und damit auch um die Gesellschaftsordnung gekümmert, dann hätten beide Elemente eine einmalige Chance gehabt: der Staat für seine Reformen, die Religion für die Verständigung der Gläubigen. Denn der Mensch ist begabt: seine Vernunft dient ihm zur Wahrnehmung und zur Unterscheidung dessen, was gut und böse ist! Wozu hätte er denn sonst die Millionen Jahre der Evolution durchgemacht?

Wir sollten uns davor hüten, den Menschen vorzuschreiben, was sie tun und was nicht tun sollen. Abgesehen von uns beiden, also Buddha und mir, haben die Propheten immer die Weltherrschaft gesucht. Nur wir beide, wir haben der Menschheit keine Bedingungen gestellt. Ich, Zarathustra, habe immer die Menschen an ihren Verstand und die damit im Laufe der Geschichte gewonnenen Kenntnisse verwiesen. Nur dadurch sollten die Menschen zu ihrem Glück und Wohlbefinden finden. Gott liebt die nicht, die wegen Religionen oder Propheten Kriege führen."

Moses: „Als besonderes Ereignis kann man die Teilung des christlichen Glaubens und der Kirche, in den römischen Papst und den Patriarchen von Konstantinopel als Vertreter des osmanischen Reiches, bezeichnen. Der Anlass war, wie immer wenn es um die Wichtigtuerei des Vatikan ging, nichtig und stupide. Es handelt sich tatsächlich um eine Lappalie: der Gebrauch gesäuerten Brotes bei der Anfertigung der Hostien in der byzantinischen und der Gebrauch von Oblaten in der römischen Kirche. Im Jahre 1054 legten die päpstlichen Gesandten unter Leitung von Humbert von Moyenmoutier, dem Kardinal von Silva Candila, eine Exkommunikationsbulle für Michael Kerullarios und seine Kirche auf den

Altar der Hagia Sophia in Konstantinopel, auf die der byzantinische Patriarch mit der Exkommunikation der römischen Gesandten antwortete. Dieses Ereignis hatte sich, seit dem Schisma des Photios im 9. Jahrhundert, über Jahre hinweg angebahnt. Nun wurde die Trennung vollzogen.

Genauso unsachlich und rechthaberisch trennten sich die Schiiten und Sunniten von einander – was für ein Schauspiel im Namen Gottes!

Der gleiche eifrige Kardinal Humbert, der als *agent provocateur* in Konstantinopel den Bruch der Ost- und Westkirche eingeleitet hat, bereitete auch die gregorianische Reform und die regressive Politik von Papst Nikolaus II. vor. Der gleiche Papst Nikolaus, der dann im Jahre 1059 während des ersten Laterankonzils das bis heute gültige Dekret erlässt, das die Papstwahl den Kardinälen überlässt und den Einfluss von Laien auf päpstliche Angelegenheiten verbietet. Diese Machenschaften der vatikanischen Politik hatten auch zum Ziel, dass die angeblich rückständigen Christen des Westens, mit Hilfe der gregorianischen Reform, gegenüber der aufgeschlossenen und blühenden Kirche der byzantinischen Christen, zu mehr Macht gelangten, damit sie sich beide am Ende des 11. Jahrhunderts zur Wehr setzen und den Feind, also die ungläubigen Moslems und Juden, durch Kreuzzüge vernichten können. Warum hat die Jesus-Kirche aus den Fortschritten und dem Glanz der Kultur von Byzanz in Ost und West nichts gelernt, und nur Feindseligkeit, Neid und Fremdenhass, sogar gegen die byzantinischen Glaubensbrüder, ausgeübt?"

Dazu Jesus: „Weil sie durch ihre Minderwertigkeitskomplexe blind und von Hass und Neid erfüllt waren! Solange die Kirchen sich gegenseitig bekämpfen und die Religionsführer rechthaberisch eigene Wege gehen, wird die Menschheit nicht zu einem Weltbürgertum kommen."

Und Moses: „Die orientalische Kultur war doch eine Bereicherung für alle Christen und Moslems! Die Mosaiken und das handwerkliche Können der byzantinischen Kirchen in Sizilien bezeugen diese Fähigkeiten. Das berühmte Mosaik der Martorand in Palermo, auf dem man Roger II., König von Sizilien, als Basileus gekleidet von Christus die Krone empfangen sieht, könnte ein Symbol für die Einheit der Jesus-Kirche, der Vereinigung der byzantinischen Ost- und der römischen Westkirche sein. Aber alles, was den Christen im Abendland unbekannt war und alles, aus dem Orient kam, haben sie mit Furcht abgelehnt. Andersdenkenden und Nichtchristen gegenüber war dieses Verhalten noch schlimmer.

Ein anderes Beispiel für Intoleranz und Missachtung anderer fortschrittlicher Kulturen durch die Christen im Abendland ist die Geschichte der Moscheen von Mezuquita, Cordoba und Granada, der *Alhambra*. Dabei hatten sich die Araber von 785 bis ins 9. Jahrhundert hinein Mühe gegeben, ihre Kunst und ihre Erfahrung in der Architektur im Süden von Europa unter Beweis zu stellen, indem sie Gotteshäuser errichteten. Neben Bagdad und Konstantinopel wurde Cordoba zur drittgrößten Weltstadt der Wissenschaften und der Gelehrten. Abd ar-Rachman I. hat dort im Jahr 785 mit dem Bau der Moschee beginnen lassen, indem er auf den Ruinen und Resten einer alten Kirche, deren Säulen als Spolien wiederverwendet wurden, weiterbauen ließ. Der erste, als breites Rechteck angelegte Bau hatte eine Breite von elf Schiffen und eine Tiefe von zwölf Arkadenjochen. Abd ar-Rachman II. und die nachfolgenden Kalifen vergrößerten die Moschee, die dann 880 bei einem Erdbeben zerstört wurde.

Al-Hakam II. ließ alles Beschädigte erneuern und erweiterte die Moschee nach Süden durch vierzehn weitere Arkadenjoche. Schließlich wollte der nächste Kalif, Al-Mansur, auch etwas für diese Moschee tun, und deshalb ließ er von 987 bis 990 durch neue Schiffe und die Verbreiterung des Hofes den endgültigen Umfang, ein Rechteck von einhundertfünfundsiebzig auf einhundertfünfunddreißig Metern, gestalten. Dieses mit so viel Ehrgeiz und Fleiß fertiggestellte Bauwerk wurde bis ins Jahr 1200 gepflegt und erweitert.

Abd ar-Rachman III. hat westlich von Cordoba Medinat az-Zahra, eine neue Residenz, errichten lassen, und somit bildeten sich die Baukunst und die Stilmerkmale der islamischen Welt heraus. In der Architektur und Baukunst dieser Zeit sollte der Geist der arabischen Herrscher seinen besonderen Ausdruck finden und nicht ihre Macht. Trotz der ungeheuren Ausdehnung der islamischen

Weltmacht und der Machtkämpfe unter den Kalifaten ist es heute noch möglich, von einer wesentlichen, einheitlichen Universalität der islamischen Kunst zu sprechen. Mit der Absicht, der Menschheit würdige kulturelle Zentren zu errichten, wurden nach und nach in anderen Regionen in Spanien unterschiedliche Bauwerke in Tarragona, Granada, Malaga und Saragossa errichtet. Die Moschee von Cordoba wurde aber unter dem spanischen König Karl V. um 1500 in eine Kirche umgebaut. Ein einmaliges historisches Kunstwerk wurde in eine Kathedrale umgewandelt! Bei diesem Umbau wurde ein Chor angebaut, und das Minarett wurde durch einen Glockenturm ersetzt.

Ja, lieber Jesus, so gingen Deine Kirchenfürsten mit Menschen und ihrer Kultur um! Dieses Beispiel ist stellvertretend für die Untaten der Christenfürsten. Sie konnten die imposanten Bauwerke und beeindruckenden Gotteshäuser anderer Konfessionen nicht ertragen. Anstatt zu versuchen, daneben etwas Besseres aufzubauen, vernichteten sie erst einmal das, was entstanden war. So hat es auch der Makedonier Alexander in Persepolis getan."

Abraham: „Die Menschen haben mit Fleiß und schöpferischem Geist vieles vollbracht, aber mit Hass und Eifer auch vieles vernichtet. So ist der Mensch, der einzige der für seinen Werdegang verantwortlich ist. Schopenhauer weiß, wovon er spricht: *Die Welt ist die Hölle, und die Menschen sind einerseits die gequälten Seelen und andererseits die Teufel darin.*
Ein Gotteshaus für alle, alle Gotteshäuser für jeden, das ist die Kunst, für die sich der Mensch engagieren und für die er seinen Egoismus überwinden sollte. Ich habe die schwerste Prüfung für Euch, für die Menschheit, bestanden, indem ich für einen Tempel, für ein Gotteshaus, für diese Einmaligkeit, meinen Egoismus überwand. Gott sprach zu mir: *Nimm Isaak, Deinen einzigen Sohn, Den Du liebhast und gehe hin in das Land Morija und opfere ihn daselbst zum Brandopfer auf einem Berg den ich Dir sagen werde (I. Mose 22, 1-2).* Ich gehorchte, ging mit den Knechten, Sohn und Eseln zu der befohlenen Stätte, baute einen Altar und schickte mich an, Gottes Gebot ohne Murren zu befolgen: *Und als sie kamen an die Stätte, die ihm Gott gesagt hatte, baute Abraham daselbst einen Altar und legte das Holz darauf und band seinen*

Sohn Isaak, legte ihn auf den Altar oben auf das Holz, reckte seine
Hand auf und fasste das Messer, dass er seinen Sohn schlachtete.
Da rief ihm der Engel des Herren vom Himmel und sprach: Abra-
ham! Abraham! (...) Lege Deine Hand nicht an den Knaben und tu
ihm nichts; denn nun weiß ich, dass Du Gott fürchtest und hast
Deines einzigen Sohnes nicht verschont um meinetwillen. Da hob
Abraham seine Augen und sah einen Widder hinter sich in der
Hecke mit seinen Hörnern hängen und ging hin und nahm den
Widder und opferte ihn zum Brandopfer an seines Sohnes statt (I.
Mose 22, 9-13).

Ja, diesen Mythos vom Himmlischen braucht ihr Menschen. Wozu
beharre ich so hartnäckig auf dieser Mythologie, auf der Durch-
dringung, auf der Analyse, einer Art Wissenschaft, die die Mythen
seit Tausenden und Abertausenden von Jahren neuerungslos wiederholen, während doch das rationale Denken, die naturwissen-
schaftliche Methodik und ihre Techniken sie als Medien der Welt-
erklärung endgültig verdrängt haben? Hat der Mythos bei kosmopolitischen Menschen seine Partie doch noch nicht verloren?

In der modernen Gesellschaft der Chemie, der Biotechnologie und
der Computer will der Mensch mit seiner Wissenschaft und Technologie, den Weg zum Paradies finden, wie F. Baccan sagte. Dieser
Chemogrom (Pogrom) der Zeit stellt sich immer noch die Frage:
wo kommen wir her, wo sind wir und wo gehen wir hin? Und findet dafür keine endgültige Antwort. Selbst die heiligsten Computer der modernen Zeit können diese Fragen mit ihrer perfektio-
nierten Rationalität nicht beantworten. Der Mensch besteht aus
irrationalen Fähigkeiten und Phänomen, die ihn ja als ein besonderes Lebewesen auszeichnen. Die Genies, wie Mozart,
Beethoven, Rembrandt, Raphael, sind alle irrational gewesen. Ein
Computer wird nie den Menschen ersetzen. In der jetzigen Gesellschaft überflügeln die positiven Erkenntnisse die Kräfte der Imagi-
nation derart weit, dass der Mensch unfähig ist, die Welt zu erfas-
sen, deren Existenz man enthüllt, als einziges Hilfsmittel bleibt,
sich wieder zu Mythos und Glauben zurückzuwenden. Baut
Kathedralen, Moscheen, Tempel und Häuser, die alle Menschen
aufnehmen und beherbergen, die unterschiedlich in ihrer Meinung, aber einig in der Entscheidung sind! Der Mensch ist und
bleibt im Sinne der Schöpfung irrational, und daher kreativ im

Denken und Handeln. Im Denken entfernt er sich von seiner mythischen Herkunftstheorie nicht. Im Handeln leugnet er Gott den Schöpfer nicht, denn wenn er dies tut, dann leugnet er sich selbst. Von der Geschichte soll er lernen, denn wenn er nicht lernt, verliert er seine irrationale schöpferische Begabung; und dann ist er wie der von ihm geschaffene Computer: er wird programmiert und er arbeitet programmgemäß. Tut Euch dies nicht an, ich beschwöre Euch! Werdet Bruder und Schwester, werdet eine große kosmopolitische Familie!"

Zarathustra: „Die erstaunlichste Gemeinsamkeit der Christen und Muslime im 11. und 12. Jahrhundert ist nicht der Wahn von der Ausbreitung der Religionen, sondern es ist die Eroberung von fremden Regionen, und die damit verbundene politische Machtausübung.

Keine der beiden Religionen hat jemals die Eroberung der Herzen der Menschen im Sinne gehabt. Keiner von beiden hat die Fähigkeit gehabt, die Botschaft Gottes nicht mit Gewalt sondern mit Liebe und Toleranz zu propagieren. Um das 11. Jahrhundert sind die kleinen christlichen Staaten Nordspaniens und die karolingischen Herrscher und Fürsten jenseits der Pyrenäen dabei, nach Süden, in die von islamischen Eroberern, darunter in die von Al-Mansur beherrschten Gebiete, vorzudringen. Die christlich-spanische Reconquista, die noch vier Jahrhunderte dauern wird, hat mit Sicherheit keine eindeutige menschenwürdige, heilige Aufgabe verfolgt. Vielmehr war es die Sache von Kriegern, die nach Ruhm und Heldentum suchten, wie es das auch in den islamischen Kriegen gab. Rodrigo Diaz, der *Cid*, ist ein Beispiel für fanatischen Hass und für Heldentum. Er führte Kriege nacheinander für Christen und Mohammedaner mit dem Ziel, die Mauren zu verdrängen. Wenn es um den eigentlichen Feind, den Islam, ging, dann einigten sich die Europäer über ihre Grenzen hinaus. So werden die Muslime im Jahre 1093 im Norden Portugals bis zum Tajo, der Cintra und Lissabon verband, zurückgedrängt. Almoraviden Santarém kehrt zurück und erobert die Stadt Lissabon im Jahre 1111 zurück. Die Moslems müssen aber nach sechsunddreißig Jahren die Stadt wieder verlassen. Dieses Hin und Her der christlich-abendländischen Auseinandersetzungen mit dem Islam zündet die Flamme des so genannten heiligen Krieges an, der nach Spanien im Orient den Ort des Übels sieht. Das neue Ziel ist die Eroberung von Jerusalem."

Zwischenruf Mohammeds: „Die westliche Allianz denkt heute nicht anders!"

Und Zarathustra weiter: „Die Menschen werden irregeführt und auf dem Weg zu einer Pilgerfahrt zu kriegerischen Auseinandersetzungen mit fremden Völkern instrumentalisiert. So bahnt sich ein über dreißigjähriger Konflikt an, der viele Menschenleben kosten wird, und bei dem viele Grausamkeiten begangen werden. Und das alles im Namen Jesu Christi und seines Kreuzes. Erst handelt es sich um eine Pilgerfahrt ins Heilige Land, dann entsteht der Hass gegen die Moslems und ihre *Gräueltaten gegen Christen,* und es wird ein anderer Hass gefördert, der auf die Juden, *die Christusmörder.* Der erste Kreuzzug, aus Deutschen und Franzosen, bestand aus einer volkstümlichen Menschenmenge aus Bauern und armen Leuten ohne Kriegserfahrung und Kriegswerkzeug. Sie plünderten und töteten die Juden auf ihrem Weg. Erst in Kleinasien wurden sie von den Türken gestoppt, die sie zum Teil gefangen nahmen und zum Teil töteten.
Nach und nach entstanden lothringische und italienische Kreuzzüge unter der Führung von Gottfried von Bouillon oder von Robert Guiscards Sohn Bohemund. Im Eifer der mörderischen Auseinandersetzungen gab es viele *Ritter,* die sich für ihre Kirche opferten. Unter ihnen Raymond von Toulouse, der vom Papst auserwählt wurde, einen neuen Kreuzzug zu führen. Die Fahrt oder, besser gesagt, der Marsch nach Jerusalem fand im Einvernehmen mit den gregorianischen Reformplänen statt. Die Drahtzieher waren Gregor VII. und später Urban II. Am 15. Juli 1099 wird Jerusalem eingenommen. So endet der erste Kreuzzug mit Plünderungen und der Ermordung wütender Pilger in der heiligen Stadt.
Plötzlich tauchte im Jahr 1128 der Turkmene Zenki, Atabeg von Mossul, auf, der die Moslems zum heiligen *Dschihad* rief, und der dann zwischen 1135 und 1137 den östlichen Teil der Fürstentümer Antiochien, Tripolis und Edessa den Christen wieder abnahm. Diese Rückeroberung der Moslems führte zu Unruhe und

Zorn bei einigen Herrschaftshäusern im Westen, unter anderem bei König Ludwig VII. von Frankreich, der Papst Eugen III. und Kaiser Konrad III. zur Stärkung der nunmehr entstandenen Kreuzzugsarmee gewann. So entstand der zweite Kreuzzug. Er wurde von den beiden mächtigen Ländern Frankreich und Deutschland, unter Berücksichtigung aller Erfahrungen aus dem ersten Kreuzzug, organisiert. Doch kaum waren die Kreuzfahrer auf türkischem Hoheitsgebiet angekommen, da waren sich die Deutschen und Franzosen schon uneinig. Die Armee der europäischen Supermächte wurde durch die Übermacht der Türken, durch Hungersnot und Krankheiten vernichtet. Der Rest der Armee erreichte Damaskus, um dort die endgültige und entscheidende Niederlage zu erfahren. Aber die von Hass erfüllten und vom Vatikan aufgewiegelten Christen zeigten keine Reue, sondern entwickelten eine hirnlose Tapferkeit, und so gingen auch die Kriege weiter.

Ein Ordensbruder namens Bernhard von Clairvaux gründete im Jahr 1115 im Alter von 25 Jahren das erste Zisterzienserkloster in Clairvaux. Man könnte dies auch als die *Militärakademie* der Kreuzzüge bezeichnen. Der Asket und Jesusanbeter wird zur treibenden Kraft der geistigen Maschinerie des zweiten Kreuzzugs. Im Namen Gottes bilden und organisieren sich weitere christliche Vereine, die nichts anderes im Sinne haben, als die Vernichtung des Feindes im Orient. Mehrere französische Ritter, unter Führung von Hugo de Payens, gründen den Orden der Templer, die sich, mit ihren weißen Mänteln und dem rotem Kreuz, Wächter der Pilger zum Heiligen Land und Verfechter der Jesus-Kirche nennen, und die bereit sind im Namen von Jesus zu töten und zu sterben.

In einer Zeit, in der die Menschen von Kirche und Politik manipuliert und irregeführt werden, sehen die Bürger die Gottesnähe nur in Vernichtung des von der Kirche vorgegebenen Feindes. Feindbilder werden zum Glaubensersatz und die Vernichtung der Feinde wird zur himmlischen Transzendenz. Weder der Turkmene Zenki und sein Nachfolger Nur-ed-din im Orient, noch Könige und Fürsten im Oxzident, die sich Ludwig, Konrad oder Heinrich nannten, noch Päpste wie Gregor oder Urban, hatten jemals daran gedacht, den eigentlichen Weg Jesu, den friedlichen Weg zu gehen. Nur-ed-din (Licht des Glaubens), der zwischen 1149 und 1151 die Grafschaft Edessa und Teile des Fürstentum Antiochien eroberte, war ein Krieger und Eroberer. Aber was waren die guten Christen mit ihrem fanatischen Kampf gegen die Nichtchristen? Kriegsführer im Namen Gottes? Wo und wann hat der Herrgott durch irgendeinen Propheten überhaupt den Begriff *Krieg* als Mittel zur Lösung irdischer Probleme genannt?"

Und Buddha: „Konfuzius hat recht wenn er schreibt: *Wer nach sittlichen Grundsätzen regiert, gleicht dem Polarstern; er behält seinen Platz, und die anderen Sterne umkreisen ihn.*
Zarathustra, Du warst, bist und bleibst unser Polarstern, und wir umkreisen Dich gerne, um all Deiner Liebe und Friedfertigkeit wegen, die Du der Menschheit als Mittel der Sittlichkeit und der Humanität verkündet hast: *denke Gutes, sage Gutes, tue Gutes.*"

Zarathustra: „Ich spreche trotzdem von meinen Sorgen!
Was wir alle zusammen als gut und menschenwürdig gepredigt haben, hat der Mensch ignoriert, und sich für die Feindseligkeit entschieden. Diese erbarmungslose Zeit hat die Menschen dazu noch kaltherzig und brutal gemacht. Sie haben noch Angst vor Fremden und Andersdenkenden. Nietzsche hingegen hatte Angst vor der Stumpfsinnigkeit der Menschen: *Wir fürchten die feindselige Stimmung des Nächsten, weil wir befürchten, dass er durch diese Stimmung hinter unsere Heimlichkeiten kommt.*"

Mohammed: „Was haben die Christen mit ihren Kreuzzügen erreicht? Hat diese menschliche Katastrophe im Namen Jesu anderes ausgelöst als Unrecht und Unsittlichkeit auf allen Ebenen? Im Nachhinein steht fest, was die Fürsten und Kriegsherren in Europa und im Nahen Osten im Rahmen ihrer internen Machtkämpfe und Kreuzzüge erreicht haben: nämlich nichts. Die Kriege und Kreuzzüge, der erste Kreuzzug (1096 – 1099), der Wenden-Kreuzzug (1147), der zweite Kreuzzug (1147 – 1149) und der dritte Kreuzzug (1189 – 1192), die in Deinem Namen, Jesus, und im Namen Deiner Kirche geführt wurden, sind Ausdruck der verfehlten Politik der Kirche im Mittelalter gewesen.

Als im Jahr 1192 die Kreuzzüge beendet waren, kamen die Menschen, die die Folgen dieser Kriege sahen und miterlebt hatten, zu dem einhelligen Urteil: die Kirche hat ihre Unschuld verloren. Die Initiatoren der Kreuzzüge und die Kreuzfahrer selbst hatten sich drei Ziele gesetzt. Das erste und wichtigste Ziel war die Eroberung Jerusalems und des heiligen Landes. Dieses Ziel wurde zeitweilig erreicht und führte zur vorübergehenden Machtergreifung im Nahen Osten durch religiöse Eiferer, die im Verlauf eines Jahrhunderts ihrer Herrschaft es nicht geschafft haben, dort Frieden zu stiften. Im Gegenteil: die abendländische Arroganz und die zeitweilige christliche Übermacht provozierten die traditionsbewussten Türken, ihrerseits mit Fanatismus einen *Dschihad*, einen heiligen Krieg, zu führen. Die Kreuzritter verbreiteten gleichzeitig überall, wo sie sich bewegten, einen ausgeprägten Antisemitismus, den die einfachen Christen in West und Ost bis dahin so nicht gekannt hatten. Die *guten Christen* hatten auf einmal mehrere Feindbilder. Erst wurden die Juden verfolgt und ermordet, und dann die Muslime, die sich zur Wehr setzten. Noch schlimmer war die Lage der griechischen, armenischen und orthodoxen Christen in Syrien und Palästina; Christen, denen ihre Glaubensbrüder der römisch-katholischen Kirche die Hand der Freundschaft nicht entgegenstreckten. Ganz im Gegenteil: diese Christen fühlten sich in der Nachbarschaft zu Muslimen und Juden sicherer. Die so genannten besseren Christen aus dem Abendland mussten dann, nachdem sie ihre Schandtaten im Heiligen Land vollbracht hatten, die Heimreise schon im Januar 1192 antreten. Das erste Ziel war damit nicht erreicht."

Moses: „Ja, immer wieder diese Kriege! Immer wieder Verrat an der Menschheit, an Kultur und Geschichte! Diese tollwütigen Krieger im Mittelalter haben viele nachkommende Generationen der Ethik und der Moral beraubt. Sie haben nur ihre Schandtaten hinterlassen.

Der Menschen der modernen und der postmodernen Zeit fühlen sich von ihrer Geschichte im Stich gelassen. Sie sind Waisenkinder in einer Welt mit einer Vergangenheit voller Greueltaten und menschlichem Unrecht. Sie haben nicht gelernt, was gut oder was böse ist, weil sie nur Schlechtes aus der Geschichte erfahren haben. Sie sind von ihrer Geschichte allein gelassene Waisen grausamer Herkunft. Und weil sie wenig Gutes geerbt haben, führen sie bis heute noch Kriege. Auch in der modernen Zeit führen sie ihre Kriege. Kaum war der Erste Weltkrieg beendet, schon rüsteten sie sich zum Zweiten Weltkrieg. Es ist erstaunlich, dass es immer Menschen gab, die sich von dem einen oder anderen Tyrannen verführen und in den Krieg schicken ließen. Eines Tages werden aber die Menschen ihre Väter der vergangenen Generationen zur Rechenschaft ziehen und sagen: Wir sind die Waisen dieser Welt und wir klagen die Welt des Hasses und der Feindseligkeit an. Wir klagen unsere Herkunft an, die uns arm und als Waise mit der Last der geschichtlichen Verantwortung allein gelassen hat. So wie Nelly Sachs es tut:

Wir Waisen
Wir klagen der Welt:
Herabgehauen hat man unseren Ast
Und ins Feuer geworfen –
Brennholz hat man aus unseren Beschützern gemacht –
Wir Waisen liegen auf den Feldern der Einsamkeit.

Im zweiten Kreuzzug sollte das verlorene Edessa zurückerobert werden. Der Versuch war, schon vor dem Plan, 1147 gescheitert, aber der Kreuzzug wurde durchgeführt, und die Niederlage vor Damaskus wurde hingenommen. Der Herzog von Bayern und Sachsen, Heinrich der Löwe, gründet im Jahr 1158 in München den bayrischen Staat. Und er will Krieg führen und der Kirche dienen. Die Spannungen um die politische Macht und das Mandat in Europa gehen weiter. Heinrich V. greift, mit Unterstützung seines englischen Schwiegervaters Heinrich I., Frankreich an: ohne Erfolg.

Im Jahr 1180 bittet Kaiser Friedrich I., genannt Friedrich Barbarossa, Heinrich den Löwen um Waffenhilfe. Aber der lässt den Kaiser vor sich knien, ohne seine Bitte zu erfüllen; vier Jahre danach ist Barbarossa so weit, ihn wegen seiner Überheblichkeit zu bestrafen. Er entmachtet Heinrich den Löwen und schickt ihn nach England ins Exil. Der zweite Kreuzzug war auch nicht so glorreich.
Bei allen diesen Auseinandersetzungen haben die Kreuzfahrer ihr zweites Ziel nicht vergessen: sie wollten den Byzantinern zu Hilfe kommen. Doch jeder der drei Kreuzzüge hat mehr Feindschaft und Hass zwischen die Griechen und die römischen Katholiken gesät, als man erwartet hatte, so dass es beim vierten Kreuzzug, bei der Einnahme von Konstantinopel, zu einer blutigen Schlacht kam, ausgelöst durch die Abendländer. Als auch das zweite Ziel der Eroberer wurde nicht erfüllt.

Wir Waisen
Wir klagen der Welt:
In der Nacht spielen unsere Eltern verstecken mit uns –
Hinter den schwarzen Falten der Nacht
Schauen uns ihre Gesichter an,
Sprechen ihre Münder:
Dürrholz waren wir in eines Holzbauers Hand –
Aber unsere Augen sind Engelaugen geworden
Und sehen euch an,
Durch die schwarzen Falten der Nacht
Blicken sie hindurch-

Das dritte Ziel der Kreuzzüge, das ebenfalls verfehlt wurde, war, die Christen durch die *Fahrt übers Meer* einzustimmen, sie von Sünden zu reinigen, und sie damit gegen die Ungläubigen einzustimmen. Was für eine Tragödie, was für eine Katastrophe im Namen Jesu, den ich verehre!
Der ägyptische Sultan Saladin zahlte den Kreuzfahrern im Jahr 1187 alles heim, was die Eroberer in fast hundertjähriger Belagerung im Heiligen Land angestellt hatten. Fast drei Jahre danach ertrinkt der große Feldherr Friedrich Barbarossa während des dritten Kreuzzuges in dem kleinasiatischen Flüsschen Salep beim Baden. Der dritte Kreuzzug endet aber erst 1191 mit Richard Löwenherz und dem französischen König Akkon und dem Waffenstillstand mit Sultan Saladin.

Der vierte Kreuzzug sollte im Grunde erst 1204 gegen Ägypten vollzogen werden, aber die christlichen Kämpfer werden mit der allmächtigen Flotte Venedigs nach Konstantinopel transportiert, um diese Stadt zu überfallen und zu verwüsten. Was Hitler mit den jungen Menschen veranstaltete, um sie für seinen faschistischen Propagandawahn auszunutzen, war wahrscheinlich eine Nachahmung von dem was 1212 mit Tausenden deutscher und französischer Jugendlichen im so genannten *Kinderkreuzzug* geschah. Die meisten dieser verführten Kinder kamen nicht einmal ans Ziel ihrer Träume, ins *Heilige Land*. Die meisten von ihnen starben unterwegs, und die, die Strapazen überlebten, wurden von geldgierigen Reedern wie Schafe nach Alexandria verschifft, um dort als Sklaven verkauft zu werden.

Wir Waisen, wir klagen der Welt:
Steine sind unser Spielzeug geworden,
Steine haben Gesichter, Vater- und Muttergesichter
Sie verwelken nicht wie Blumen, sie beißen nicht wie Tiere –
Und sie brennen nicht wie Dürrholz, wenn man sie in den Ofen
wirft –
Wir Waisen wir klagen der Welt:
Welt warum hast du uns die weichen Mütter genommen
Und die Väter, die sagen: Mein Kind du gleichst mir.
Wir Waisen gleichen niemand mehr auf der Welt!
O Welt
Wir klagen die an!"

Und Buddha: „Die Moral der Geschichte ist, dass das Christentum im Mittelalter keinen Anspruch auf die *Moral* hatte. Und für die nachfolgenden Generationen ist es bei dieser blutigen Vergangenheit schwer, friedfertig zu werden. Es sind nicht nur irgendwelche Christen, sondern es ist die christliche Kirche des Abendlandes überhaupt, die mit ihrer ideologisierten Religionslehre die ganze Zivilisation der Menschheit bis in die jüngste Zeit hinein mit einem Fluch belegt hat. Das *Heilige Land* kommt nicht zur Ruhe, und bis heute werden dort Tag für Tag Menschenleben im Namen der Rechthaberei und des Fanatismus geopfert.

Wenn die Kreuzfahrer und das Christentum die großen Verlierer ihrer kriegerischen Ausbreitung des 12. Jahrhunderts waren, und daran ist kein Zweifel mehr, dann waren die großen Gewinner die Händler und Kaufleute, die sich, damals wie heute, nur um ihre Geschäfte und die Kapitalvermehrung gekümmert haben, aber nicht um Moral, Ethik oder Humanität.

Wir sollten jedoch nicht nur über den Fluch des Christentums diskutieren, sondern über alle Schandtaten der Religionen, denn im Eifer der Glaubenskriege war keiner besser oder schlechter als andere. Wer mit Krieg argumentiert, der hat den friedlichen Weg zu Gott nicht gesucht."

Mohammed kniend: „Ich beschwöre die Menschen: Tut nichts mit Gewalt, tut nichts auf Kosten anderer oder zu Lasten der Andersdenkenden. Sorgt dafür, dass Frieden herrscht. Sorgt nachhaltig dafür, dass das Leben kommender Generationen lebenswert bleibt."

DIE SIEBEN GEBURTSFEHLER EINER MÄCHTIGEN WELTRELIGION

M ohammed: „In einer Art Generalbeichte gibt der *moderne Papst Woityla* zu, dass seine Kirche im Werdegang zu einer Weltreligion einiges versäumt habe, nämlich für das eigentliche Ziel des Propheten, Liebe, Frieden und Menschenrechte, einzutreten. Er bittet um Vergebung nach dem Motto: niemand ist perfekt, auch die Christen haben, nicht nur im Mittelalter, sondern vor allem im Zeitalter der industriellen Revolution, im deutschen Dritten Reich und bis heute viel Unrecht getan. Aber er spricht mit keinem Wort von der Schuld des Vatikans. Mit Erklärungen wie *Sieben Todsünden* oder *wir sind allzumal Sünder,* will der Papst neuerer Zeit zu einer Umkehr der Christen beitragen, die jedoch praktisch nicht funktionieren kann. Die Erbsünde ist nach der christlichen Lehre der durch Adams und Evas Sündenfall von allen Menschen ererbte Zustand der Trennung von Gott, der die Sterblichkeit, die Begierde und die Unwissenheit zur Folge hat.

Wir haben versucht, eine geschichtliche Bilanz des Mittelalters ziehen: Denn, wie Nietzsche sagt: *Die Welt ist tief, und tiefer als der Tag gedacht.* Und es geht immerhin um eine Aufklärung, die segensreich und heilsam für die Menschen neuerer Zeit, und fruchtbar für den Frieden werden kann: Nicht mehr abweichen von Wahrheiten und nicht auf leibliche Bestände und vermeintliche Prinzipien hinweisen, die gar nicht christlich sind. Was ist an *der Erbsünde* heilsames für die Menschheit? Paulus hat aus dem Christentum eine theologische Lehre gemacht und die Erbsünde erfunden. *Derhalben, wie durch einen Menschen die Sünde ist gekommen in die Welt und der Tod durch die Sünde, und ist also der Tod zu allen Menschen durchgedrungen, dieweil sie alle gesündigt haben (Römer 5,12).* Auch Genesis 2,17 bestätigt den Tod als *der Sünde Sold (Römer 6,23).* Denn Gott sprach: ... *aber von dem Baum der Erkenntnis des Guten und Bösen sollst du nicht essen; denn welches Tages du davon isset, wirst du des Todes sterben.* Hiermit wird im Alten Testament der Tod aller Menschen nur als Erbschaft der Sünde Adams deklariert. Paulus folgert, mit rationalen Denken, aus dem *Erbtod* die *Erbsünde.*"

Zarathustra: „Schiller hat es einfacher erklärt: *Der Mensch wurde aus einem unschuldigen Geschöpf ein schuldiges, aus einem vollkommenen Zögling der Natur ein unvollkommenes moralisches Wesen, aus einem glücklichen Instrument ein unglücklicher Künstler.* Wenn die Sünde den Tod herbeiführt, muss da, wo gestorben wird, auch Sünde gegeben sein, für den der Tod als Strafe gilt. Mit anderen Worten: alle Nachkommen Adams im Laufe ihrer evolutionären Karriere sind allein deswegen, weil sie als Sterbliche geboren worden sind, kongenitale Sünder, ohne dass sie sich etwas zu schulden kommen lassen haben. Noch schlimmer ist, dass in der Zeit der modernen Fähigkeiten der Verständigung, die Paulinische Botschaft, die Rechtfertigung dieser Thesen, zur Einigung der Katholiken und Prostestanten führt. Heißt das etwa, man soll den Glauben gleichsetzen mit blindem Gehorsam? Soll das den Menschen im 21. Jahrhundert den Weg weisen? Wie will die Kirche mit solch leeren Methoden und einer absolutistischen Verordnung des Glaubens, die aus dem Mittelalter stammen, den Menschen Trost und geistigen Beistand spenden?

Man könnte denken: eigentlich ist es ja egal, was ich tue und wie ich lebe, denn ich bin sowieso ein Sünder von Geburt an. Andererseits nimmt die Lehre der Prädestination den Menschen die allerletzte Hoffnung, auch bei guter Lebensführung mit göttlicher Gnade rechnen zu können.

Zur *Erbsünde* sage ich Euch, meine Brüder: das Christentum, das heute praktiziert wird, ist falsch! Wie kann ein Mensch kreativ, gerecht, liebevoll und friedfertig sein, wenn er sich von vornherein für verdorben, für einen notorischen Sünder und eine kongenitale Fehlgeburt halten muss? Wo bleibt bei Paulus eigentlich die Würde des Menschen?"

Moses: „Humanität und Menschenwürde sind die Fundamente einer Religion! Die Idee der *humanitas* stammt aus der Stoa und die Gestalt des aufrechten Ganges des homo erectus vor Gott ist jüdische Vorstellung vom Geschöpf Mensch, das durch das Paulinische Christentum falsch interpretiert und verunreinigt wurde. Meine Kirche, und damit meine Gemeinde, – ich spreche von denen, die frommerweise immer noch mir folgen, – kennt keine *Erbsünde,* sondern nur die Sünden, die der Mensch selbst begeht, und für die er auch verantwortlich ist, und für die es auch eine Vergebung gibt."

Dazu Jesus: „Der Bruder Moses darf nicht missverstanden werden, und seine Äußerungen sind nicht populistisch, wenn sie auch diesen Eindruck erwecken mögen. Diese jüdische Überzeugung trifft den ganzen Hass und die ganze Verachtung des Neuen Testaments; Paulus zufolge gibt es vor Gott keine Gerechten und die, die sich dafür halten, sind Pharisäer: eine menschenunwürdige Erklärung. Paulus will doch nicht behaupten, dass ich meine Kreuzigung hingenommen habe, weil ich wusste, dass ich wieder auferstehe. Auch ich verstehe Paulus nicht. Wofür bin ich gekreuzigt worden, wenn nicht für den Frieden? Und was soll diese Behauptung, *er ist auferstanden,* den Menschen bringen?
Wie nun durch eine Sünde die Verdammnis über alle Menschen gekommen ist, also ist auch durch eine Gerechtigkeit die Rechtfertigung des Lebens über alle Menschen gekommen (Röm. 5,18).
Im Neuen Testament wird Gerechtigkeit symbolisiert im Bild des leidenden Gottesknechts, der sich wie ein *Lamm* unschuldig und naiv zur *Schlachtbank* begibt, um sein Leben als *Schuldopfer* zu verschenken *(Jesaja 53,4 ff).* Mein Christentum inszeniert die Erlösung von der Erbsünde, indem ein Schaf zum *Sündenbock* gemacht wird, als das Sühneopfer eines unschuldig Gekreuzigten, der *unsere Sünden (...) hinaufgetragen hat an seinem Leibe auf das Holz (1. Petrus 3, 24).* Und bei Johannes heißt es: *Das Blut Jesus Christi (...) macht uns rein von aller Sünde (1. Johannes 1,7).* In meinem Namen und im Namen von Gottes Sohn konnte das Christentum nicht ohne Blut vergegenwärtigt und verewigt werden. Maler und Bildhauer haben sich von den Phantasien der Märchenerzähler meiner Kirche inspirieren lassen, um Glaube, Liebe und Gottes Barmherzigkeit mit viel Blut zu verewigen."

Mohammed ergreift das Wort: „Auch meine Glaubensbrüder können sich bis heute ihr Bekenntnis zu ihrem Propheten, zu Gott und zum Islam ohne Blut nicht vorstellen. Die Schiiten schlachten, sowohl bei ihrer Pilgerfahrt nach Mekka als auch zu Hause, in meinem Namen Schafe, und am Todestag von Ali und Hussein begehen sie blutige Orgien, bei denen sie sich in extatische

Zustände versetzen. Je blutiger desto besser für die Sühne der Sünden. Es scheint mir, dass Blut etwas Sinnliches und Animalisches bedeutet, das beruhigt und den Weg der Begierde frei macht, um von der Sünde zum Märtyrer zu gelangen."

Zarathustra: „Wenn das Christentum Glaube, Liebe und Hoffnung nicht ohne Blut verkünden kann, dann tun die Christen Jesus Unrecht, denn er hat Friedfertigkeit und Gottesliebe nie mit solch grausigen Darstellungen und blutigen Phantasien verschmutzt. Sein Kreuz sollte ein Zeichen für Schmerz und Freude, Niederlage und Sieg, für Hingabe und Liebe, für Gewalt und Frieden sein. Warum tun die Christen ihm so etwas Schmerzliches an? Warum hängt ein sterbender Gekreuzigter von Leid und Schmerz geplagt in allen Kirchen und Schulen? Warum müssen die christlichen Kinder vom Anfang ihrer Schulbildung an, das Leid Christi als Symbol des Unrechts vor Augen haben? Das alles ist ketzerisch, es ist unchristlich im Sinne von Jesus Christus. Mohammeds blutige Hände dagegen werden mit weißem Samt und weißer Seide und heiligem weißem Licht in einer erhabenen Erscheinung für die Gläubigen dargestellt. Auch die Nachfolger und die Verwandten Mohammeds werden eher als Kriegshelden und Märtyrer gefeiert, denn als Gottesdiener und Heilige. Im Namen Mohammeds wird Unrechtes vermittelt, und die Würde des friedfertigen Jesus wird bis heute wissentlich Tag für Tag missachtet. Die Kirche Jesu war aus der Gewaltlosigkeit entstanden, und auch die Kreuzigung sollte den Weg zur Friedfertigkeit weisen. Das Gegenteil ist aber eingetreten: Papst Gregor IX. richtet die päpstliche Inquisition ein. Auf *Ketzerei* steht als Höchststrafe der Tod durch Verbrennen. Die heilige Untersuchung wird in den kommenden Jahrhunderten zum Tribunal der Kirche. Jeder, der ihr nicht gehorcht, wird aus dem Weg geschafft. Man denke an Giordano Bruno, der für Abertausende von Menschen steht, die durch die Gewalt des Vatikans ermordet, hingerichtet oder verbrannt worden sind.

In Jesu christlicher Weltanschauung war kein Platz für Sünde, Bestrafung, Verfolgung und Folter. In Jesu Kirche sollten sich die Menschen Kraft zu Liebe, Hoffnung und Frieden holen, anstatt ständig durch Mahnungen als Schuldige, Sündige und Verbannte mit ketzerischen Repressalien konfrontiert zu werden. Die Passionsgeschichte und die Märtyrerlegenden der Heiden und Ketzer sollten den Christen veranschaulichen, dass die zentrale Aufgabe des Christentums vor allem in der Humanisierung der heidnischen Menschen bestand. Aber das ist absolut nicht war.

Nein, die christliche Geschichte hat nichts Friedfertiges gehabt! Das Zeitalter des Kolonialismus steht als Beispiel dafür. So wie Karl der Große die Sachsen mit einem Blutbad zum Christentum führte, so wie bei der Eroberung des heiligen Landes durch Kreuzzüge und Kreuzfahrer in Jerusalem Frieden gestiftet werden sollte, genau so führten die Kolonialherren auf dem südamerikanischen Kontinent ihre Christianisierung der *sündigen Völker* durch, und nannten sich Ritter und Verfechter des Christentums.

Hier muss ich die Erhabenheit Mohammeds über die Machtbegierde betonen, und dass er trotz all seiner Eroberungstaten in der islamischen Welt, eine Sittlichkeit hinterlassen hat, die ich wahre Ritterlichkeit nenne. Während die Ritterlichkeit in der islamischen Welt von einem Ritter Sittlichkeit, Tapferkeit und Schutz der Tugend und der Moral fordert, hat im christlichen Europa die höfische und adelige Abstammung als Bedingung das Rittertum gesehen, und dem Ritter blieb es überlassen, was Tapferkeit, Mut und Gewalt für ihn bedeutete. Das änderte sich jedoch im späten Mittelalter, als der eine oder andere aus dem Bürgertum es zum Ritter bringen konnte."

DER MARSCHBEFEHL ZUR CHRISTIANISIERUNG

Moses: „Wir wollen, lieber Bruder Jesus, nicht nur den schweren Weg Deines Christentums von der Antike bis heute auf dem Altar der Zivilisation sezieren. Vielmehr wollen wir für die Menschheit die Missverständnisse, die im Namen Jesu verbreitet wurden, aufklären und die Gewalt als Mittel zur Christianisierung als Irrtum erklären. Der Missionsbefehl: Im Matthäus-Evangelium wird verkündet: *Mir ist gegeben alle Gewalt im Himmel und auf Erden. Darum gehet hin und machet zu Jüngern alle Völker, indem ihr sie taufet im Namen des Vaters, des Sohnes und des Heiligen Geistes, und lehrt sie halten alles, alles was ich euch befohlen habe (Matthäus 28, 19f).* Hierbei geht es um einen Marschbefehl, der mit *aller Gewalt im Himmel und auf Erden* verstanden und vollstreckt werden soll, ohne dass jemand daran gedacht hätte, ob diese oder jene Völker überhaupt getauft und zu Christen werden wollten.

Wiederum eine Gemeinsamkeit von Christentum und Islam: die Christen gaben, mit dem Missionsbefehl, den Missionaren ein Toleranzverbot auf den Weg der Christianisierung, und die islamischen Kriegstreiber, auf dem Wege der Islamisierung und der Welteroberung, haben im Grunde genommen nichts anderes getan: Der einzige Unterschied war, dass sie die Minderheiten anders behandelten als die Christen, die selbst in der heidnischen Welt Minderheit waren und eigentlich selbst wissen mussten, was es bedeutet, Minderheit zu sein. Und trotzdem behandelten die Christen die Andersdenkenden ohne Erbarmen. Der Missionsbefehl war ein Doktrin ohne Pardon, und alles, was anders war als christlich, musste zum Christentum übertreten und musste getauft werden. Die Missionare waren nicht unbedingt von Anfang an kriegerisch; aber dort, wo sie auf Widerstand stießen, konnten sie mit der Unterstützung der so genannten Handelsflotte und deren Kanonen rechnen.

Damals, – und heute ist es noch genauso –, kamen erst die reichen Missionare der fundamentalistischen Sekten, um das Volk zu narkotisieren, und nach der Prämedikation und der Lahmlegung der geistigen Selbstständigkeit kamen die Ölkonzerne. Keine Religion außer dem Christentum hat im Rahmen ihrer weltlichen Entwicklung einen Artikel wie den Missionsbefehl gehabt, geschweige denn praktiziert.

Das Judentum und der Islam sind toleranter gegenüber Andersdenkenden. Die christlich-orthodoxen Völker konnten im osmanischen Reich und im Iran ihre Religion und ihre Kirche, und damit ihre Identität, pflegen und bewahren. Die jüdische Kultur und Religion kam erst unter muslimischer Herrschaft zu ihrer vollen Blüte.

Ein Irrtum des Christentums ist sein Antijudaismus, der in den Evangelien verwurzelt ist. Die Evangelisten, die nach dem Tode Jesu dreißig Jahre lang Berichte über seinen Werdegang, sein

Leben und Sterben sammelten, kamen zu dem Ergebnis, dass es getaufte Juden waren, unter ihnen Hohepriester und Gelehrte, die für Jesu Kreuzigung verantwortlich waren, die also den wahren Messias verkannt und verraten hatten.

Die christliche Judenfeindlichkeit wird von Markus und Lukas mit der Beschuldigung des orthodoxen Judentums ausgelöst, Matthäus aber geht zum christlichen Antijudaismus über. Was bisher nur eine Beschuldigung war, wird von Matthäus zementiert. Was bis heute noch in Bachs Matthäus-Passion zu hören ist, erschreckt jeden, der diese unwahre Verleumdung hört: Als Pontius Pilatus, der römische Statthalter, die Schuld von sich weist: *Ich bin unschuldig an dem Blut dieses Gerechten!*, antwortet das ganze Volk: *Sein Blut komme über uns und unsere Kinder!* Laut Matthäus war alles, was den Juden in Jerusalem von den Römern angetan wurde, Folge der Selbstverfluchung ihres Volkes, und somit eine gerechte Strafe. *Denn sie sind am Tod Jesus verantwortlich und haben Schuld auf sich geladen, womit sie bis in alle Ewigkeit verflucht sind.* Verheißung und Erfüllung sind im Matthäus-Evangelium Mittel der Verurteilung. Erst werden die Juden beschuldigt, sie hätten die Kreuzigung verursacht. Dann wird sogar behauptet, sie hätten sie ausgeführt. Johannes spricht sogar von *den* Juden; mit anderen Worten: wenn diese Jesusmörder verfolgt, verhasst und erniedrigt werden, dann haben sie das alles verdient.

So kann man die Blutspur von der Judenfeindschaft des Matthäus über die unzähligen Judenverfolgungen während der Kreuzzüge und über die Verfolgungen im christlichen Europa bis hin zum rassistischen Antisemitismus verfolgen. Weder die katholische Kirche, mit dem Vatikan an der Spitze, noch andere christliche Institutionen haben es bisher bereut, dass sie im Dritten Reich geschwiegen haben; und der Papst schweigt bis heute. Er deutet nur an, dass die Kirche Fehler gemacht hat, aber kein Wort über den Vatikan und seine päpstlichen Vorgänger.

Aber etwas Unwiderrufliches möchte ich Euch, liebe Brüder, in diesem Tribunal der Einigung und des Friedens sagen: Der Holocaust war ohne das Christentum nicht möglich."

Dazu Jesus: „Das Drama der christlichen Eschatologie, die Lehre von den letzten Dingen, die sowohl das Ende der Welt und der

Menschheit als auch das Schicksal des Einzelnen beschreibt, also Auferstehung, Jüngstes Gericht und Ewiges Leben, wird als *Johannes Offenbarung* im Neuen Testament ausgeführt. Keine Spur von Liebe und Hoffnung oder Barmherzigkeit ist darin zu finden. Wer so etwas Ähnliches sucht, muss leider enttäuscht feststellen, dass keine andere Botschaft seit zweitausend Jahren die Menschen des Abendlandes und der christlichen Welt so tief in Angst und Schrecken versetzt hat wie dieses Buch.

Das *dies irae* der Totenmesse, jedes Kathedralenportal und viele Tafelbilder, wo ausführliche Schilderungen der Grauen der Apokalypse nur durch das unterwürfigste Flehen um Erbarmen gebrochen werden, bezeugen dies. Die Menschen in Angst und Panik vor der Apokalypse und Weltuntergangsvorstellung zu versetzen, um Gehorsam und Glaubensbekenntnis zu sichern, ist immer schon eine Zwangsmaßnahme der Kirche gewesen. Die jüdische Eschatologie dagegen beinhaltet politische Motive.

Vom Mittelalter an wurde mit Hilfe der christlichen Eschatologie unter Christen und Nichtchristen eine erbarmungslose Politik betrieben. Sektenführer versuchten selbst die Apokalypse herbeizuführen und zu vollstrecken und Tausende sind ihnen dabei in den Tod gefolgt. Diese Vorbilder sind für den religiös motivierten kollektiven Selbstmord bis heute Wegweiser der Endzeitstimmung und des Weltunterganges."

Zarathustra: „Die Christen haben die Chance einer wirklichen geistigen und moralischen Erneuerung durch die Öffnung zur morgenländischen Philosophie gehabt, aber nicht viel daraus gemacht. Daher die Enttäuschung Nietzsches: *Die Evangelien sind unschätzbar als Zeugnis für die bereits unaufhaltsame Korruption innerhalb der ersten Gemeinde. Was Paulus später mit dem Logiker-Zynismus eines Rabbiners zu Ende führte, war trotzdem bloß der Verfallsprozess, der mit dem Tode des Erlösers begann.*

Und es geht weiter nach dem Schema Verheißung und Erfüllung, mit dem das Matthäus-Evangelium seinen Judengenossen und den Nichtchristen das Christentum beibringen wollte. Und mit welchen Mitteln und Methoden! In der Verheißung *Gott wird abwischen alle Tränen von ihren Augen, und der Tod wird nicht mehr sein; noch Leid noch Geschrei noch Schmerz wird mehr sein;*

denn das Erste ist vergangen (Offenbarung 20, 4), könnte man einen regelrechten Plan der Bestrafung sehen. Und laut Bibel müssen die in den *feurigen Pfuhl* geworfenen Gottlosen für ihre Sünden zahlen.

So ist es kein Wunder, dass manche Christen diese Art der religiösen Problemlösung auf Andersdenkende projizierten und, in einer Art Hölle auf Erden, als Mittel zum Zweck der Endlösung sahen. Die Väter des Christentums ließen sich etwas einfallen, um das Abendland zu kultivieren, und um das Christentum, im Sinne der Wissenschaft und der theologische Philosophie, salonfähig zu machen. Sie lockerten ihre starre Haltung gegen fremde Kulturen, näherten sich gedanklich der hellenistischen Welt und übernahmen die Denkmodelle Platons über die Auffassung der Wirklichkeit im Diesseits und im Jenseits, sowie das Dualismusmodell von Leib und Seele.

Obwohl diese Denkweise Platons in Wahrheit mit dem Kernbestand des Alten und des Neuen Testamentes nicht zu vereinbaren ist, bestimmt diese philosophische Denkweise das Christentum bis heute. War der Platonismus eine Rettung für das Christentum? Oder war die christlich-platonische Diesseits-Jenseits-Unterscheidung ein Unheil, weil dadurch die reale Welt zum bloßen Schein herabgesetzt und eigentlich entwertet wurde? Richtig ist, dass der Mensch trotz seiner Neigung zu Phantasie und Irrationalität, trotz seiner Bereitschaft an Diesseits und Jenseits zu glauben, doch dahin tendiert, rational wissen zu wollen, was er hier auf der Erde zu suchen hat, war er hier zu erleben hat. Und dieses Tun ist dann doch nicht so teuflisch, sündhaft und schrecklich, dass er dafür bestraft werde, oder bei Verzicht, belohnt werden sollte. Wenn das Leiden als wichtiges Element im Glauben implantiert wird, dann will der Mensch wenigstens wissen, warum er leiden soll. Und da hat das Christentum weder von der platonischen Philosophie den richtigen Gebrauch gemacht, noch aus dem *Ich glaube, damit ich erkenne* aus Thomas von Aquins *Summa Theologica.* Denn das hieße: verstehen, erkennen und glauben; also *Glauben durch vernünftige Erkenntnis.* Wie wird das Menschbild realisiert? Wie hat der *gute Christ* sich in früheren Zeiten von *Menschwerdung* und *Auferstehung des Fleisches* ein Bild gemacht? Und wie soll er das heute tun?

Das *Menschenbild* des frühen Christen- und Judentums ist monistisch. Wenn nun der Mensch im Diesseits lebt und stirbt, was wird aus dem Jenseits? Reicht uns als Erklärung das, was Martin Luther aus dem Hebräischen übersetzt hat: Die *Seele* ist die Lebendigkeit des Geschöpfes *Mensch,* von Gott gemacht *aus einem Erdenkloß* und verlebendigt durch das Einblasen des *lebendigen Odem* in die Nase (1. Mose 2.7). Und die Apostel berichten über die *Auferstehung des Fleisches* ohne Trennung von Leib und Seele, also von der Auferstehung der Toten. Sie sagen aber kein Wort von der Unsterblichkeit der Seele, die eigentlich im Denkmodell des Dualismus von Leib und Seele verankert ist. Trotzdem fand dieses unbiblische Gedankengut im Christentum theologisch-philosophische Akzeptanz.

Aber die Praxis sah anders aus. Der christliche Dualismus von Leib und Seele bedeutete in Wirklichkeit nichts anderes als die Herabsetzung der Leiblichkeit. Daraus entwickelte sich eine Verachtung der Leiblichkeit, und damit eine regressive Vorstellung von körperlicher Liebe und Sexualität, deren Spuren bis heute nicht verschwunden sind. Das Judentum hingegen kennt diese leibesfeindliche Philosophie nicht. Erfülltes Leben beinhaltet gleichzeitig auch gelebte und durch Sexualität erfüllte Liebe, was nicht gegen die Sittlichkeit verstößt, sondern, im Gegenteil, eine Bereicherung im Sinne göttlicher Gaben ist.

Der Einfluss des hellenischen Platonismus auf das Christentum hat die menschliche Leiblichkeit samt seines Aphrodisiakum vergiftet. Sexualität wird zur Sünde. Eine asketische und entbehrungsreiche Lebensform wird mit dem Zölibat lebendig erhalten und bis heute praktiziert. Die Christen brauchen sich nicht damit zu rühmen, dass die Frau, im Gegensatz zum Islam, eine besondere Stellung durch das Christentum bekommen hätte. Weder das Christentum noch der Islam haben die Position der Frau in den Vordergrund ihres religiösen Werdegangs gestellt. Sowohl das Christentum als auch der Islam haben sich das Weibliche nur in der Jungfräulichkeit, und damit im Unbefleckten, vorgestellt. Mit dem Mythos der Jungfrauengeburt, mit der unbefleckten Empfängnis wird angedeutet, dass Empfängnis und Geburt etwas Unreines wären.

Hat die Menschheit eine große Chance, den Dialog zwischen den Kulturen verpasst? Das Jahr 2000 wäre ein gesegnetes und ein für den Frieden aller Völker gutes Jahr gewesen, denn in diesem Jahr fielen das christliche und das jüdische Osterfest zusammen. Was wäre, wenn diese beiden Religionen den Mut gehabt hätten, die Muslime einzuladen, um dann gemeinsam für eine multikulturelle und kosmopolitische Welt zu beten und zu feiern?"

STELLT EUCH VOR, ES GIBT KRIEG UND KEINER GEHT HIN! KOMMT LASST UNS FRIEDEN SCHLIEßEN!

D azu Abraham: „Ja, lasst uns zu einem verbindlichen Frieden kommen! Lasst uns nicht mehr streiten um religiöse Dogmen! Unser gemeinsames Ziel müsste, über Angst, Tod, Wiedergeburt und Erlösung hinausgehend, die würdevolle Vollendung der humanen Gesellschaft sein. Von der Sklaverei ins gelobte Land, das könnte ein Schlüsselmotiv auch im Jahr 2002 und darüber hinaus für alle politisch-religiösen Phiolosphen werden.

Ziehen wir zusammen los, wir alle, von Khayyam, Thomas von Aquin, Friedrich Nietzsche über Karl Marx bis zu Martin Luther King, mit der Parole aus der Hymne der Bürgerrechtsbewegung in Amerika: *Let my people go.* Lassen wir kein Volk, keine Volksgruppe, keine Minderheit, keinen Atheisten und keine Kommunisten im Abseits stehen! Nehmen wir alle mit, die zum Weltfrieden gehören! Alle, ohne Ausnahme, denn das ist unsere einzige Chance: global denken und universal handeln. Nur so kommen wir ins gelobte Land, wo die Menschen ihre Sorgen und Probleme gemeinsam und unabhängig von ihrer Konfession lösen, um sich eine demokratische und zivile Gesellschaft aufzubauen."

KRIEGE IN OST UND WEST

M ohammed: „Während die englischen Gentlemen im Jahre 1215 den glücklosen König Johann zwingen in Runnymede seine Unterschrift unter die *Magna Charta libertatum* zu setzen, toben die Kreuzzüge mit aller Stärke durch Kleinasien. In der

Magna Charta wird festgeschrieben, dass der König keine Abgaben mehr ohne Zustimmung der Lords erheben darf, dass Lehen nicht mehr willkürlich von der Krone eingezogen werden dürfen, und dass kein freier Mann ohne Urteil eingesperrt oder von seinem Eigentum entfernt werden kann.

Diese *Große Freiheitsurkunde* wird zur Grundlage aller abendländischen demokratischen Verfassungen. Aber gerade diese Gentlemen denken nicht daran, dass das demokratische Denken auch außerhalb der Heimatländer Europas fruchtbaren Boden finden könnte. Im Gegenteil: durch die Kreuzzüge kommen die Europäer langsam aber sicher auf imperiale Gedanken. Und je mehr sie sich zu Hause ihre Verfassungen und Gesellschaften im Sinne der Demokratie erneuern, desto mehr mobilisieren sie ihre Politik nach außen hin, bis in die unruhige Welt des Orients. In kaum zwei Jahrzehnten, bis zum Jahr 1206, eroberte ein Nomadenvolk mit Namen *Machol* (Mongol) unter der Führung von Dschingis Khan ein Riesenreich, das sich, bei seinem Tod im Jahr 1227, vom Pazifik bis zum Schwarzen Meer erstreckte. Hier waren tollwütige Herrscher am Werk. Die Mongolen zerstörten alles, was ihnen über den Weg kam, sie zerstörten jede Stadt, die Widerstand leistete. 1241 erreichten sie Budapest und Breslau und besiegten eine Stadt nach der anderen. In Liegnitz in Ungarn stirbt der Großkhan Ögadäi, und die Mongolen ziehen sich zurück, und Mitteleuropa bleibt vor ihnen verschont.

Aber die mittel- und südeuropäische Inquisitoren sorgen schon dafür, dass die Christen nicht ohne Angst ins Bett gehen. Papst Gregor IX. richtet die päpstliche Inquisition ein. Eine *heilige* mörderische Zeit bricht an, unter der Prämisse, das jeder bestraft, ja zum Tode zu verurteilt werden sollte, der nicht den Regeln des Vatikans folgte. Außerhalb Europas tobt der Krieg der Christen: die Kreuzzüge gehen weiter, bis 1244 die Araber Jerusalem erobern und die Christen zur Heimkehr zwingen.

Gerade in der Zeit des stolzen Stauferkaisers Friedrich II., der, wie im Märchen von Tausend und einer Nacht, mit seinem Harem und mit ornithologischen Wissenschaften beschäftigt war, und der mehr in Sizilien als in Deutschland lebte, in einer relativ modernen, aber absolutistischen Staatsform; zu dieser Zeit geschah inmitten Europas viel zu viel Unmenschliches. Aber *Barbaren* waren immer nur die fremden Nichtchristen, also entweder die Mongolen oder die Orientalen. Im Jahr 1250 stirbt Friedrich II. ohne zu wissen, was aus seinem Reich werden würde, und ob die Mongolen wieder nach Europa ziehen würden.

Die Mongolen haben aber andere Ziele. Sie zerstören 1258 Bagdad, Aleppo und Damaskus und beenden damit die arabisch-islamische Herrschaft in Vorderasien. Zwei Jahre danach besiegen die Mamelucken, Söldnersklaven aus der Schwarzmeergegend, die Mongolen und halten damit deren Vorstoß auf. Jeder, der etwas auf sich hielt, wollte nicht nur ein großer Europäer, sondern auch ein großer Christ sein. So war es mit dem französischen König Ludwig IX., genannt *der Heilige*, der mit seinem zweiten, dem insgesamt siebenten und letzten Kreuzzug, vor Tunis scheiterte. Hier wurde sein Heer nicht von den Arabern, sondern von Seuchen und Krankheiten vernichtet, und er selbst blieb auch nicht verschont und verstarb mit den Worten *Jerusalem, Jerusalem* auf den Lippen, so die Legende.

Ein Licht der Hoffnung am europäischen Horizont ist Thomas von Aquin, der mit seiner *Summa Theologica* (1273) zum wichtigsten Denker und Philosophen der Scholastik, und zu einem der größten Theologen und Humanisten aller Zeiten wird."

Und Buddha: „Als der Kublai Khan, der Enkel von Dschingis Khan, im Jahr 1280 zum Großkhan wurde, trat er zum Buddhismus über, um die Herrschaft über den Priesterstaat Tibet zu erlangen. Fast neunzig Jahre lang beherrschte seine Yuän Dynastie dann China."

Zarathustra: „Ja, manche Kriegsherren geben alles, um ihre Macht zu erhalten, andere nehmen eine Religion an, ohne daran zu glauben! Nachdem die Greueltaten der Kreuzzüge endgültig vorüber zu sein schienen, und nachdem das letzte christliche Bollwerk, Akkon in Palästina, 1291 von dem Mamelucken erobert worden war, stellte die christliche Welt nach zweiundneunzigjähriger Besetzung des heiligen Landes fest, dass sie mit ihren Kreuzzügen gescheitert war. Kaum zehn Jahre vorher, im Jahr 1280, versuchte Kublai Khan, der Enkel von Dschingis Khan, mit seiner rabiaten Bande seine Herrschaft in China und Asien zu erweitern, indem er den Priester- und Buddhastaat Tibet mit dem Übertritt zum Buddhismus in seine Gewalt brachte.

Was der Großmongole Dschingis Khan, trotz seiner menschenverachtenden Brutalität, nicht vermocht hatte, erreichte sein Enkel mit Hilfe des Priestertums. Mit anderen Worten: wer Tibet besitzt, der herrscht über die ganze Welt. Oder, auf die Kreuzzüge bezogen: wer Jerusalem beherrscht, der behält die Welt in christlicher Gewalt. Im Namen Gottes und des Glaubens gab es im Morgenland wie im Abendland von Generation zu Generation Kriege, und keiner kam auf die Idee, zu überlegen, dass bisher nur Unrecht und Greuel vollbracht worden war. Auf dieser Basis des Unrechts und der Unmenschlichkeit entstanden Dynastien und Reiche, die keine Spur von Reue über Gewalttaten gezeigt hätten, oder die vielleicht zu der Erkenntnis gekommen wären, eine bessere und humanere Gesellschaft ohne die Intrigen der jeweiligen Christen oder Muslime zu bilden. Osman I. begann im Jahr 1301 mit dem Glaubenskampf gegen Byzanz, eroberte das byzantinische Gebiet in Kleinasien und wurde zum Sultan des islamisch-osmanischen Reiches. Doch das ist erst der Anfang seiner kriegerischen Karriere."

Und Buddha: „Es ist die Macht der Begierde! Der Mensch verliert seine Würde, wenn er Macht besitzt. Der Tadellose und Friedfertige wird zum Fundamentalisten und Sadisten. Und die Fundamentalisten, die unbeugsam die bei ihnen festgefahrenen Gedanken und geistigen Grundsätze bei anderen durchsetzen wollen, scheuen sich nicht, dafür Menschenleben zu opfern, und sich selbst, oder den vermeindlichen Gegner umzubringen.
Es war der französische König Philipp IV. der 1307, mit dem Segen von Papst Clement V., alle Ritter des Templerordens in Frankreich unter der Anschuldigung *Götzenanbetung und Sodomie* verhaften ließ. In Wirklichkeit ging es um den berühmten Templerschatz, von dem der Vatikan schon seit längerer Zeit träumte. Und dieser Schatz wurde dann auch unter König und Vatikan aufgeteilt. Was hat diesen Menschen gefehlt? Geist oder Charaker?"

Zarathustra: „Nietzsche würde sagen: *Mancher erreicht seinen Gipfel als Charakter, aber sein Geist ist gerade dieser Höhe nicht angemessen und mancher umgekehrt.*"

Buddha: „Vielen hat es leider sowohl an Charakter als auch an Geist gefehlt! Papst Clement verlegte sogar den Sitz des Heiligen Stuhls 1309 von Rom nach Avignon, um sich mehr an den irdischen Gepflogenheiten und dem üppigen Leben und den Fassaden der Macht zu bereichern. Die sündigen Gläubigen hatten all das zu finanzieren, um das Haus Gottes, das Imperium Jesu mit mehr Glanz, aber ohne Gloria, zu ermöglichen. In der blühenden Zeit Babylons, in der die Kirche an Ansehen und öffentlicher Macht einbüßte und schwächer schien, war die Jesus-Kirche den mächtigen Königen und irdischer Macht ausgeliefert. Die himmlische Verbindung zwischen Kirche und Gott war unterbrochen. Die Oberhirten wollten oder konnten mit ihrem Gott nicht in Verbindung treten und es schien so, als ob der Herrgott für sie keine Zeit hätte. Ein Gotteshaus als Papstsitz in Avignon glich mehr einer Festung als einem Tempel Gottes zur Beruhigung und Einigung der verzweifelten Seelen. Eine Festung mit manisch-depressiven Bewohnern, die alle Tugenden der Göttlichkeit in der Lust an der Macht der Obrigkeit sahen."

Zarathustra: „Und daher ist es gut, wenn wir sehen, wie die Geschichte des Mittelalters weiter verlaufen ist. Die Menschen wünschten sich bessere Zeiten. Oder wie Nietzsche sagen würde: *Wenn die Tugend geschlafen hat, wird sie frischer aufstehen.* Aber vorläufig sieht es nicht nach besseren Zeiten aus, denn die Nichtchristen im Reich des klugen Konfuzius machen es nicht besser, und die Mongolen, auf dem Gipfel ihrer Macht, haben weder von der eigenen noch von alten Kulturen wie China oder Persien wirklich etwas gelernt.

China war als gefährlichster Gegner der Mongolen viel widerspenstiger als die christlichen und islamischen Staaten im Westen. Erst durch die Yüan-Dynastie, unter dem *Buddhisten* Kublai Khan, kam es zu einer besseren Verständigung der Völker, und die Handelsbeziehungen unter den Staaten des ganzen Reiches brachte einen gewissen Wohlstand und eine gewisse zivilisatorische Beruhigung mit sich. Alle Kulturen nahmen aufeinander Einfluss, und die iranisch-islamische Kultur fand in China, Tibet und der Mongolei eine deutliche Resonanz. Erst dachte man, dass die mongolischen Eroberungen unter Dschingis und Kublai Khan keine Überlebenschancen und keinen Einfluss auf die eroberten Regionen hätten, aber auch die Mongolen haben es fertig gebracht, sich kulturell zu realisieren, indem sie mit einer Art Friedensabkommen Staatsmänner, Verwaltungs-, Wirtschafts- und Organisationsbeamte aus Ländern, die schon seit Jahrtausenden Wissen und Erfahrung in Staatsführung gesammelt hatten, in ihre Dienste nahmen. Eine multikulturelle Gesellschaft bestehend aus Chinesen, Iraner, Juden und Mohammedaner, die unabhängig von ihrer Herkunft und von ihrem Glauben allein dem Staat des mongolischen Reiches dienen sollten, kam zustande. Dabei haben die iranischen Intellektuellen und Aristokraten ihre durch immer wieder wechselnde Herrscher erworbene Zähigkeit für die bürokratische Staatsführung in einem Ilkhanat von Iran, das sich von Kaschmir bis zum Libanon erstreckte, so perfekt organisiert, und den Mongolenherrschern das Zustandekommen eines der mächtigsten Staaten, das Ilkhanat Iran, für fast ein dreiviertel Jahrhundert als Musterbeispiel für ihre Dynastie und Weltmachtansprüche ermöglicht. Im Hinterland fand jedoch keine humane Erneuerung statt. Man glaubte, dass selbst die Mongolen aus ihren Fehlern lernen könnten und dass sie die Menschen in Ruhe und Frieden leben lassen würden. Das haben sie tatsächlich getan. Im Grunde ging es aber immer nur um Macht und Expansion, daher kam nie eine wirklich menschlich wertvolle Epoche zustande. Daher ist es eine epochale Schande, dass im Jahr 1325 fast acht Millionen Menschen in China sterben mussten, und zwar nicht an den Folgen eines Krieg oder bei Eroberungskämpfen und Angriffen der Mongolen, sondern an Hunger."

Dazu Mohammed: „Gerade war ich tatsächlich dabei zu glauben, dass die Menschen doch im Stande sind, eine gerechte und vernünftige Gesellschaftsordnung zu bilden, wie in dem gut funktionierenden Iran Ilkhanat, das erst durch einen barbarischen mongolischen Krieg entstand war und dann durch menschlichen Geist und Engagement eine zivile Form bekam. Aber Träumereien helfen uns bekanntlich nur so lange, wie wir uns in Dämmerung und Abwesenheit von irdischen Problemen befinden. Denn Untaten in der Geschichte sind genug, um endlich aufzuwachen. *Wenn die Tugend geschlafen hat, wird sie frischer aufstehen.* Dieser Satz von Nietzsche, den Zarathustra zitiert, könnte ein Zauberwort sein, aber Zarathustras Nietzsche setzt die Existenz einer Tugend voraus. Was wird aus denen, die zwar schlafen, aber ohne jegliche aufgefrischte Tugend aufwachen, weil sie sich trotz ihres Aufwachens immer noch im Dämmerzustand einer heillosen Welt ohne Tugend vorfinden werden.

Alle Jahrhunderte haben ihre Tragödien. Hätten die Menschen doch daraus lernen können: sie könnten sich die tugendlosen Epochen, die von Anfang an, trotz ihrer scheinbar langen Überlebensdauer, zum Untergang verdammt waren, zum Beispiel nehmen, um solches nicht zu wiederholen.

Die Eroberungskriege gehen, in Ost und West, in Orient und Okzident, weiter, weil die Worte Zarathustras kein Gehör finden. Im Jahr 1337 gründet der Sohn von Osman I., Orchan, nach der Eroberung von Nikiomedia, eine Eliteeinheit namens Janitscharen, die aus extremistischen Moslems, umerzogenen christlichen Sklaven und islamischen Rittern besteht, zusammengesetzt nach dem Vorbild der Kreuzritter. Sie sind es, die nun Europa in Unruhe versetzen. Doch Europa hat noch größere Sorgen als den Überfall dieser moslemischen Krieger.

Die Pest zieht über Europa hinweg. Zuerst wird die Seuche in Genua von Seefahrern eingeschleppt, und die bis hierher entstandene Epidemie breitet sich pandemisch über den ganzen Kontinent aus. Zwischen 1347 und 1354 fallen ihr viele Menschen zum Opfer. In England ist es ein Drittel der Bevölkerung. Dieser Verlust hat eine Wirtschaftskrise und gleichzeitig eine Pause im Hunderjährigen Krieg zwischen England und Frankreich zur Folge. Ein Krieg, der wegen eines Dynastiestreits zwischen beiden Ländern ein gutes Jahrhundert, von 1339 bis 1453, viel Unheil verursacht und viele Menschenleben gekostet hat. Nein, die Menschen kommen nicht zur Ruhe. Die Katastrophen reichen nicht aus. Gewalt und Hass werden zur Tradition. In unserer Welt ist nur der Schwächere der Verlierer, und dabei ist es viel schlimmer, wenn es sich um Minderheiten handelt, deren Rechte nicht einmal von den Gotteshäusern anerkannt werden. In Deutschland flammt ein anderer Krieg auf: in mehr als dreihundertfünfzig Gemeinden gab es Pogrome gegen die Juden, denen man die Schuld an der apokalyptischen Pestkatastrophe gibt. Wofür die Juden im Land der Dichter und Denker immer wieder zahlen müssen! Auch in den folgenden Jahrzehnten wird Europa immer wieder vom *Schwarzen Tod* heimgesucht. Der Tod von bis zu dreiundvierzig Millionen Menschen bedeutet den Verlust von einem Drittel der Bevölkerung in England und einem Viertel der Bevölkerung im restlichen Europa.

Schuld an dieser Pestpandemie war ein Bakterium namens *Yersina pesti*. Ein Erreger, der, begünstigt durch schlechte Hygienebedingungen, von Ratten und anderen Nagetieren von Land zu Land übertragen wurde, war dafür zur Verantwortung zu ziehen, und nicht irgendeine Menschengruppe im Reich der Germanen."

Zarathustra zieht die Stirne kraus und murmelt spöttisch: „Nein, die Juden waren es nicht!

Die europäischen Christen haben sich in dieser Zeit eine geistig stabilisierte, aber Fremden gegenüber immer noch unaufgeschlossene Gesellschaft aufgebaut. Winrich von Kniprode wird 1351 Hochmeister des deutschen Ordens, des im Jahr 1190 von deutschen Kaufleuten als Spitalbrüderschaft gegründeten Ritterordens. Er setzt die gesamte Macht der Ritterschaft von Pommern bis Estland für die Christianisierung der weit verstreuten Völkergemeinschaft ein und fördert gleichzeitig Kunst, Wissenschaft und Literatur. Eine Öffnung zu nichtchristlichen Nationen kam nicht zustande.

So kann man im Spätmittelalter von einer geschlossenen christlichen Gesellschaft sprechen. Jeder Dialog mit dem astiatischen Osten, ja sogar mit der Ostkirche, fehlte. Ein geistiger Meinungsaustausch mit der Welt des Islams war um 1350 undenkbar. Europa war in dieser Zeit eine geistig und geistlich egozentrische und arrogante Einrichtung. Nicht weniger überheblich waren die Osmanen. Nachdem sie bis zum Jahr 1354 fast ganz Kleinasien erobert haben, lenkten sie ihre Interessen auf Europa. Und nach der Einnahme von Gallipoli steht das Tor zum Balkan schon offen, und der Marsch der Osmanen von Ost- über Süd- nach Mitteleuropa ist kaum aufzuhalten.

Kein Wunder, denn die Machtkämpfe in Europa dauern unverändert an. 1356 gelingt es den Engländern, die Franzosen zu besiegen. König Johann wird gefangen genommen und viele seiner Ritter bleiben auf dem Schlachtfeld. Dies ist, nach Crécy, die zweite Niederlage Frankreichs im Hundertjährigen Krieg, und den Adeligen und Ritter, die bisher überlebt haben, scheint es nicht viel auszumachen, dass das Land zerstört ist, und dass die Menschen verzweifelt sind. Sie warten auf Revanche und Vergeltung. Eine typische Epoche, wo die *besseren* Herren des Adels die Menschen für ihre unmenschlichen Sehnsüchte missbrauchen. Als die Kaufleute unter Führung von Etienne Marcel und die Bauern der Jacquerie in Nordfrankreich sich gegen diese Missstände erheben, werden sie vom Adel mit grausamen Maßnahmen zerschlagen und mundtot gemacht. Diese Ritter und Adeligen waren französische Kavaliere und keine mongolischen oder osmanischen Barbaren. Das Jahr 1361: der Kaiser von Byzanz, Johannes V., kommt in Bedrängnis. Die Osmanen haben Adrianopel erobert und nunmehr bleibt dem byzantinischen Kaiser nur noch Konstantinopel. Und die Osmanen errichten in Adrianopel ihr neues Zentrum der Macht."

Abraham mischt sich ein: „Wenn du ein Boot bauen willst, reicht es nicht, dass du deine Gemeinde nur zum Baumfällen zusammentrommelst. Vielmehr sollst du diesen Menschen von der weiten Welt erzählen, um sie zu begeistern. Die Europäer haben damals, wie heute, an den Aufbau ihres Hauses gedacht. Aber ein *Haus Europa*, das unter der Prämisse der Zerstörung anderer Häuser gebaut wird, ist auf Dauer genauso vergänglich wie die Metropole des römischen Reiches. Ein gemeinsames Haus, ein Haus der Union der vereinten Nationen der Welt, der Orientalen, der Afrikaner, der Südamerikaner und aller anderer Kulturen, ein Haus der Menschheit, eine kommunale Einrichtung multikultureller Art, das könnte zukunftsweisend sein. Ein Weltbürgertum mit Weltbürgern."

Mohammed zitiert Erasmus: „*In eadem es navi – Du bist im selben Schiff!* Warum sollten die Völker der Dritten Welt nicht an den Visionen der Europäer beteiligt werden? Warum haben die Menschen immer noch Angst voreinander? Sie sitzen doch eigentlich alle im gleichen Boot. Und deshalb sollten sie im neuen Boot einer zivilisierten Gesellschaft gemeinsam gegen die scheinbar unüberwindbaren Wellen der Differenzen und der Meinungsverschiedenheiten anruden, damit sich eines Tages alle an einer friedfertigen Lebensgemeinschaft voller Toleranz erfreuen können."

Moses: „Was Albert Schweitzer sagt kann ich nur bestätigen: *Das Gebot der Liebe heißt im letzten Grunde: Es gibt für dich keine Fremden, sondern nur Menschen, deren Wohl und Wehe dir angelegen sein muss.*

Auch die Weste der Buddhisten ist nicht unbefleckt: Rebellen aus dem Bauernstand stürzten im Jahr 1368 unter Führung des buddhistischen Mönchs Chu-Yüan-Shung den letzten Mongolenkaiser von China. Und Chu-Yüan-Shung lässt sich unter dem Namen Hungwu krönen und begründet die Ming-Dynastie, die bis 1644 regiert.

Hier würde der *Antichrist* Nietzsche sagen: *Christentum und Buddhismus, beide gehören als nihilistische Religionen zusammen – sie sind décadence-Religionen.* Und ich sage Euch: keine ist besser als die andere, denn jede hat die menschlichen Schwächen ausgenutzt. Das Christentum mehr und der Buddhismus vielleicht weniger, das aber sagt über den Charakter einer Religion nichts aus. Vor allem nicht, wenn es um die Quantität der Taten geht. Ein weiteres Jahrhundert der Gewalt in Ost und West. Wie viele Jahrhunderte braucht eigentlich der Mensch in einer Zeit der Feindseligkeit und der zivilen Rückständigkeit, um zu erfahren, dass mit Krieg und Gewalt die Probleme nicht zu lösen sind?"

Dazu Zarathustra: „Hätten die Menschen ihre Begabung, ihren Geist und ihre Intelligenz, die sie heute zur Erfindung für neue Technologien einsetzen, damals für Frieden und Demokratie und das Zustandekommen einer multikulturellen Gesellschaft investiert, dann wäre den Menschen im Mittelalter vieles erspart geblieben. Dann könnten sich ihre Nachkommen an einer friedfertigen Epoche ein Beispiel nehmen. Die Menschen haben bis heute noch nicht begriffen, dass mit Egoismus und Hass kein dauerhafter Frieden möglich ist, es sei denn, sie wollten überhaupt keinen Frieden.

Von Serbien über das Stammland der Germanen und Franzosen bis zur Iberischen Halbinsel und hin zur englischen Insel sind Krieg und Gewalt Mittel für alle Machtkämpfe, die bis zur Vollendung des Hochmittelalters die Zeit prägen. So besiegte zum Beispiel die Armee der Hanse im Jahr 1370, nach dreijährigem Krieg Waldemar IV., den König des kleinen Küstenstaates Dänemark.

Worauf die Hanse verlangte, dass sie nun darüber bestimmen dürfe, wer in Dänemark zum König gewählt wird.

Und es gab Heiligkeiten, die sich mit Umwälzungen einen Namen machen wollten. So war es auch mit der Heiligen Katharina von Siena, die sich dafür einsetzte, dass mit Papst Gregor XI. nach achtundsechzig Jahren der Heilige Vater aus Avignon nach Rom zurückkehrte. Denn die französischen Kardinäle und ihre Sympathisanten hatten ihren eigenen Papst gewählt. Und um die göttliche Macht der Kirche unter sich zu teilen, hatte die christliche Welt des Abendlandes plötzlich zwei Heilige Stühle: in Avignon und in Rom. Das, was den Königen in England und Frankreich recht war, sollte doch den Heiligkeiten nicht untersagt werden.

Oder Philipp II. August, der König von Frankreich (1180 – 1223): das war ein echter *Eroberer* seiner Zeit. Er nahm den Engländern die Normandie, Maine, Anjou, die Touraine und andere Regionen, die sie besetzt hielten, ab und führte im Jahr 1190 seinen Kreuzzug zur Eroberung des Heiligen Landes. Der König von Frankreich wurde vom Papst durch die Bulle *Per Venerabilem*, in seinem Reich als Kaiser der Franzosen für seine Verdienste um das Christentum und die Kreuzüge geehrt. Die Maßlosigkeit dieses Despoten ging so weit, dass er sogar seinen noch nicht geborenen Sohn krönen ließ. Auch im Sinne des Heiligen Stuhls wurde der ungeborene Ludwig VIII. für die Dienste am Kreuz Jesu vorgeplant. Noch besser wurde es mit Ludwig IX. Der wurde heiliggesprochen und nutzte seine *heilige Kraft,* um im Inneren des Landes für Ordnung und Stabilität zu sorgen. Außenpolitisch war er bei den Kreuzzügen nach Palästina, Ägypten und Tunesien zwar erfolglos, aber von der Kirche und dem Volk wurde er wegen seiner Tapferkeit und Frömmigkeit verehrt.

Das Verhältnis zwischen Frankreich und dem Vatikan änderte sich mit König Philipp IV. (1285 – 1314): der König widersetzte sich energisch und mit Erfolg dem theokratischen Anspruch des Papstes, den Bonifaz VIII. in der Bulle *Unam Sanctam* noch einmal ausgesprochen hatte. Während dieser Konflikt zwischen dem Vatikan und dem Staat sich zuspitzte, verkündete Philipp IV., mit Unterstützung der Öffentlichkeit, die Unabhängigkeit der weltlichen Gewalt von der kirchlichen Gewalt. Trotz dieser ersten emanzipatorischen Versuche und einer langsam beginnenden

Demokratisierung des Denkens, blieb die Macht der Kirche unein-geschränkt bestehen. Und die christlichen Monarchien des Abendlandes im 13. Jahrhundert sind nur dann stark, wenn sie den Segen des Vatikans bekommen."

Buddha: „Und wer nun glaubt, man würde hier zu viel von Krieg und Gewalt sprechen, dem sei gesagt: im Mittelalter gabe es in Wirklichkeit nicht viel anderes. Um das Jahr 1400 bewegen sich die Soldaten des osmanischen Sultans Murad I. in Richtung Euro-pa. Genauer war es um 1389, als ein Herr von zwanzigtausend Christen – Albaner, Serben, Bosnier, Franken und Ungarn – auf dem Amselfeld sich den dreißigtausend Soldaten des osmani-schen Reiches entgegenstellte. Die Osmanen sind zunächst die Sieger. In der Schlacht sterben nicht nur der serbische Fürst Lazar Hrebeljanovic und fast alle Adeligen, sondern auch Sultan Murad I. wird getötet. Aber auch dieses mörderische Ereignis ist den kriegsführenden Völkern keine Lehre. Die Osmanen setzen ihren Vormarsch unter einem neuen Führer fort, bis sie 1396 ihre Macht auf dem Balkan mit dem Sieg in der Schlacht bei Nikopolis, über das christliche Kreuzritterheer unter der Führung des ungarischen Königs und späteren deutschen Kaisers Sigismund, anscheinend für alle Zeiten festigen. Dies ist nicht der Fall. Im Jahr 1402 kommt ein noch tollwütigerer Feldherr, der auch den Osmanen Angst macht: Timur Leng. Während der Mongolenfürst und Nachkomme von Dschingis Khan, Timur Leng, im Kaukasus und in Persien bar-barische Verwüstung anrichtet, und auch Indien und Ägypten erobert, beginnnen die Europäer einen anderen Krieg, der es ihnen erlauben sollte, die Völker im Griff zu halten: Das Bankwesen blüht auf. Mit den öffentlichen Geldinstituten entstehen Wirt-schaft- und Finanzmetropolen erst in Norditalien, und dann nach und nach in ganz Europa. Timur besiegt unterdessen die Osmanen beim heutigen Ankara, womit die Herrschaft der türkischen Dyna-stie in Kleinasien zusammenbricht. Auch Konstantinopel leistet den Mongolen keinen Widerstand mehr.

Von 1410 bis 1420 geschieht nichts Gutes in Europa: In der Schlacht von Tannenberg besiegen die Polen den Deutschen Orden unter dem Hochmeister Ulrich von Jungingen. Damit ist der Untergang dieses Vereins der Ritterlichkeit eingeleitet. Die

Engländer unter ihrem König Heinrich nehmen den Hundertjährigen Krieg mit Frankreich wieder auf. Die Kriegsherren in Ost und West übertreffen sich an Grausamkeit, Schamlosigkeit und Missachtung aller Menschenrechte. Es scheint, dass die Menschen töten, um leben zu können. Keiner nimmt die Verwüstungen und das Leid und Elend der Menschen ernst. Hier existiert kein Begehren nach Kenntnissen, sondern eine Begierde nach Macht und, damit verbunden, Gewalt."

Jesus: „Ich wüsste gerne, was wäre, wenn es mich nicht gegeben hätte. Denn soviel Unheil und Gewalt macht mit betroffen. Ich will nicht als Symbol für alle Greueltaten der Christen im Mittelalter gelten. Aber ich will auch nicht verschweigen, was in meinem Namen getan worden ist. Es deprimiert mich."

Mohammed: „Ohne Dich wären die Menschen noch barbarischer und erbarmungsloser miteinander umgegangen. Mein Erscheinen sollte Dein Werk und das von Abraham und Moses für Frieden und Freiheit der Menschen fortsetzen. Dass daraus nichts geworden ist, haben wir ja erfahren. Sie wussten nicht was sie taten. Sie waren verblendet von Macht und blind vor Hass.

Heinrich der Seefahrer, ein *tapferer* Portugiese, unternimmt im Jahr 1418 die erste von zahlreichen Expeditionen, die zur Ausbeutung der Naturvölker an der afrikanischen Westküste führen. So wird das Königreich Portugal zu einem Kolonialreich, und der Mord im Auftrag der Kirche geht weiter. Ein anderes Beispiel dafür ist das Schicksal von Johann Hus. Der ungarische König und spätere deutsche Kaiser Sigismund verurteilt den tschechischen Prediger Johann Hus im Jahr 1415 als Ketzer und lässt ihn verbrennen. Fünf Jahre nach der Verbrennung von Johann Hus findet in Prag eine kleine Revolution statt. Die Hussiten, die Anhänger von Hus, protestieren gegen die Todesstrafe und die Armut der unabhängigen Geistlichen und fordern die Freiheit der Predigt, den Laienkelch. Auch hier zeigt sich Kaiser Sigismund unnachgiebig. Dies führt zum Aufstand der Hussiten, die ihre pazifistische Haltung aufgeben und fünf katholische Kreuzritterheere überfallen und besiegen. Eine urchristliche Glaubensgemeinschaft widersetzt sich dem katholischen Kaiser und verwüstet Ländereien und Ritterburgen von 1420 bis 1434, bis in der Schlacht beim

Brod in Böhmen, nach einem Bruderkampf, die gemäßigten Hussiten ihre radikalen Glaubensbrüder besiegen. Johann Hus, der an der Entstehung und Gründung der Univeristät von Prag mitwirkte, der für die tschechische Nation predigte, wird zur Symbolfigur der Unabhängigkeitsbewegungen im 19. und 20. Jahrhundert."

Moses ergänzt: „Dein Name und die Gottesbotschaft wurde missbraucht. Aber es bleibt nicht bei der Ermordung von Johann Hus, viele andere *Ketzer* ereilt das gleiche Schicksal. Ein Herrscher wie Sigismund konnte nicht zulassen, dass ein dahergelaufener Pazifistenprediger dem Kirchenstaat widerspricht. Am 6. Juli 1415, sieben Monate nach seiner Verhaftung, wird Hus von der heiligen Kirche, die er reformieren und menschenfreundlicher gestalten wollte, hingerichtet. Erst wird er entkleidet, man nahm ihm den Messkelch weg, dann das Priestergewand, dann zerschneidet man ihm mit einem Rasiermesser die Tonsur, um ihn zu entwürdigen. Bevor ihm die Ketzermütze aufgesetzt wird, erklären die Bischöfe: *Wir übergeben deine Seele dem Teufel.* Und Hus antwortet: *Und ich vertraue sie dem frömmsten Herrn Jesus Christus an.* Hus lächelt, als er seine Schriften verbrennen sieht, weil er weiß, dass er die Haltung bewahren muss. Denn viele andere großen Gelehrte und Prediger werden diesen Weg gehen und im Namen Jesu sterben müssen. Vor dem Scheiterhaufen kniet er dreimal nieder und zeigt sein Entsetzen, aber dann steht er aufrecht da und huldigt Jesus: *Herr Jesus Christus, diesen schrecklichen, schimpflichen und grausamen Tod wegen deines Evangeliums und wegen der Predigt Deiner Worte nehme ich geduldig und demütig auf mich.*

Manche hören sogar *göttliche* Stimmen, wenn sie ihre Kriege führen. So Jeanne d`Arc, die dem fast besiegten Herr der Franzosen im Jahr 1429 bei Orléans hilft, die englische Belagerung zu durchbrechen, womit sie maßgeblich zum Sieg der Franzosen über die Engländer im Hundertjährigen Krieg beiträgt. Doch wenig später wird die tapfere Jungfrau aus Lothringen, die bis heute in Frankreich als Landesretterin gefeiert wird, von der Gewalt der Inquisition eingeholt. *Gott hat mich dem König zu Hilfe gesucht.* Allein dieser Satz von einer tapferen religiösen Frau hat den Wahn der Kirchenmacht in Bewegung gesetzt. Kardinal Heinrich

Beaufort, Bischof von Winchester verhört sie. *Aber ich Johanna,*
Jungfrau, Magd Gottes, weiß so sicher, wie Jesus für unsere Sün-
den gestorben ist, dass es die Heiligen Michael, Katharina und
Margareta sind, die mir Gottes Worte überbringen. Das alles vor
Richter Bischof Pierre Cauchon und sechzig Gelehrten. Sie alle
können nicht dulden, dass eine Frau aus dem Volk so spricht. Die
Kirche verkündet das Todesurteil durch Bischof Cauchon: *Wir ver-*
künden, dass wir dich als faules Glied aus der Einheit der Kirche
herausgerissen und ausgestoßen haben und dich der weltlichen
Gerichtbarkeit überlassen.
Und die Gottesdiener selbst ziehen sich zurück, denn die Kirche
verabscheut Blut. Johanna von Orléans hatte versucht, trotz der
repressiven katholischen Kirche, das zu sagen, was sie fühlte; aber
die Kirche war stärker, und sie verlor im Namen Jesu Christi und
der heiligen Kirche.
Rom, und damit die katholische Machtzentrale namens Vatikan,
konnte es nicht dabei belassen: im Jahr 1920 würde sie heilig
gesprochen. Damit blieb es bei der alten Tradition: Erst der Versuch,
jemanden mundtot zu machen. Wenn das nicht geht: Inquisition
und Tod. Dann, wenn es doch ein Irrtum war: Heiligsprechung."

Buddha: „Während sich die Kirche in Europa mittels Inquisition
von unruhigen und revolutionären Geistern befreite, gingen die
Machtkämpfe unter Opportunisten im Morgenland weiter. Selbst
Kaiser und Könige wechselten die Fronten, so wie der byzantinische Kaiser Johannes VIII., der zum Katholizismus überläuft, um
Unterstützung gegen die Osmanen zu erhalten. Seine Rechnung
geht aber nicht auf, und von 1438 bis 1444 überwinden die Osmanen allen Widerstand, den ihnen das ungarisch-polnische Heer
entgegensetzt. Und damit wird auch Konstantinopel ins islamische Reich eingegliedert.

Im Jahr 1452 wird, mit einem neuen Schachzug des Papstes, der
Habsburger Friedrich III. als letzter deutscher König in Rom zum
Kaiser des Heiligen Römischen Reiches gekrönt. Doch auch dieses
heilige Reich kann dem letzten byzantinischen Kaiser Konstantin XI.
gegen den osmanischenen Sultan Mohammed II. nicht helfen, dem
mit seiner gewaltigen Armee die vollkommene Eroberung von Konstantinopel gelingt. Der byzantinische Kaiser wird dabei getötet.

Mit dem nun folgenden Verfall des byzantinischen Reiches entsteht eine neue Epoche. Viele Gelehrte, Künstler und Wissenschaftler flüchten nach Italien, wo sie in großem Maße die Renaissance beeinflussen. Und die Patriarchen der orthodoxen Kirche gründen das *dritte Rom* in Moskau."

Zarathustra: „Nie werden wir, Nietzsche und ich, der Jesus-Kirche ihre Schandtaten verzeihen, und nie werden wir vergessen können, welche Liebe und wie viel menschlicher Geist durch diese, Deine Kirche, Jesus, mit Füßen getreten worden ist: *Das Christentum entstand, um das Herz zu erleichtern; aber jetzt muss es das Herz erst beschweren, um es nachher erleichtern zu können. Folglich wird es zugrunde gehen.*"

Dazu Mohammed: „Jesus war und bleibt ein Friedenssymbol. Viele Menschen haben ihr Leben gegeben für die Wahrheitswege, für die Wege zu Glaube und Gott. Aber sind wir nicht dazu da, um den Menschen diese Opferbereitschaft zu nehmen, um Gut und Böse zu trennen, um Gerechtigkeit zu verkünden.

Jesus in diesem Tribunal zu verurteilen, das wäre ein zu einfacher Schuldspruch. Die Menschen sind es, die Jesus missbraucht haben, und sie waren es, die seine Kirche für ihre Zwecke instrumentalisiert haben. Denn niemand ist friedfertiger als Jesus, selbst, und keiner will behaupten, dass Jesus jemals mit dieser Maschinerie der Missachtung der Menschenrechte einverstanden wäre. Andere meinen, dass er selbst der erste und größte Märtyrer war, dem viele seiner Anhänger nacheifern wollten. Auch dies ist nicht korrekt: denn Jesus hat für seine Idee mit dem Leben bezahlt, um die Menschheit gerade auf die Bedeutung des Friedens und der Wahrheit aufmerksam zu machen. Daher verurteile ich die Menschen, die aus Habgier, Machtsucht und Rechthaberei andere Unschuldige ins Verderben und in den Tod führten. Nicht das Christentum ist zu verdammen, sondern die Gewalt und die Verbrechen seiner so genannten Diener. Nicht das Christentum wird zugrunde gehen, sondern die Tyrannei und die Despotie."

Moses: „Wenn ich hier und heute, im Namen der Menschlichkeit um Verzeihung und Vergebung für all diejenigen bitte, die töteten und menschliches Leid herbeiführten, dann darf es nicht heißen: *denn sie wissen nicht, was sie tun.* Sie wussten genau, was sie taten. Sie kannten ihre Gewalttaten und ihre grenzenlose Brutalität. Und mit ihren Mordtaten wollten die Menschen ihre irdischen Probleme und Feinde los werden. Und als sie sahen, dass sogar die Kirchenmänner das taten, wurden sie noch wilder und gewalttätiger. Wenn jemand meint, dass die christliche Lehre stark genug ist, um mit dieser Wirklichkeit fertig zu werden, dann muss man einen Weg suchen, der die Kirche zu Wahrheit und Frieden führt: zu einer Kirche, die Humanität und nicht den leidenden Jesus auf dem Altar ausstellt."

Zarathustra: „Wenn alle Propheten in der Verkündung ihrer Religion den Menschen in den Mittelpunkt gestellt hätten, und nicht Gott und die Kirche, dann hätten die Menschen sich nicht an kirchlichen Gesetzen orientiert und hätten nicht verängstigt ihre Wünsche und Träume verheimlicht, sondern sie hätten sich offenbart und sie hätten Hilfe gesucht in den Gotteshäusern, wenn sie in Bedrängnis sind. Sie hätten sich, mit Vertrauen in die Göttlichkeit, eine bessere zivile Gesellschaft aufgebaut.

Wenn Jesus verkündet *Du sollst nicht töten* oder *Biete die andere Backe auch dar,* was war damit gemeint? Bedeutet das reinen Pazifismus und Verzicht auf jeden Widerstand? Was soll der Mensch tun, wenn er ungerecht behandelt wird? Passives Verhalten hilft ihm nicht, sonst hätte er nicht so viele Grausamkeiten erdulden müssen. Hat Jesus nicht etwas Ähnliches verkündet wie Mohammed? *Er komme nicht den Frieden zu bringen, sondern das Schwert (Matth. 10,34).*

Was habt ihr damit gemeint? Wie sollten die Menschen im Mittelalter das auffassen? Was können die Menschen von heute mit solchen Thesen anfangen? Ist also, aus Eurer Sicht, die Gewalt mit Gewalt zu beantworten? Darf sich der Mensch wehren, wenn er schlecht behandelt wird? Wie kann der Mensch Zivilcourage entwickeln, wenn die ganze Gesellschaft, samt die Kirche, korrumpiert und undurchsichtig ist?"
Dazu Jesus: „Ich spreche für uns, für Moses und mich. Wir haben Gewalttätigkeit, grundlosen Zorn und Feindseligkeiten verboten

und den Menschen die Pflicht und Aufgabe empfohlen, die Schwachen und Benachteiligten zu beschützen. Ein Irrtum ist uns allen unterlaufen, da wir mit unserer pazifistischen Vorstellung denen, die stark waren, als schwache Gottesanbeter vorkamen. Die Kirche hat wohl deswegen eher den Pakt mit den Stärkeren, den Herrschenden gesucht, als die Moral der Kirche zu bewahren."

AUFSTAND GEGEN UNRECHT VERLÄSST DEN BODEN DER BARMHERZIGKEIT

Mohammed: „Ich konnte von Anfang an mit solchen Thesen, wie Barmherzigkeit gegenüber Bösen und Feinden, passivem Widerstand gegenüber Herrschenden und Ungerechten, nicht viel anfangen. Ich gebe zu: ich habe vieles mit dem Schwert erreicht, während Ihr nur vom Schwert der Römer, also dem Schwert der Stärkeren, geträumt habt. Jesus hat am eigenen Leib die Stärke der Römer erfahren müssen. Aufstand gegen Unrecht und Gottlosigkeit, das war meine Disziplin. Und ich habe den Menschen vorgegeben, dass sie nur im Namen Gottes handeln, wenn sie dabei die Barmherzigkeit gegenüber Schwächeren und Geschlagenen nicht vergessen.

Deine Kirche verkündet bis heute, dass Jesus mit der Auferstehung den leiblichen Tod besiegt hat, und dass somit der körperliche Tod nicht das Schlimmste sei. Du, Jesus, bist als Gottes Sohn zum Vater aufgestiegen. Allen diesen Vorstellungen konnte vielleicht im Mittelalter, als Mythos Deiner besonderen Erscheinung und Deiner großartigen Liebe zu den Menschen, Glauben geschenkt werden. Doch die Menschen wären faszinierter von uns, wenn sie wüssten, das wir, die wir etwas Besonderes unter ihnen waren, die wir mehr Gespür für Geist und Seele hatten, die wir von Gott etwas mehr wussten als sie, dass auch wir nur normale Sterbliche waren.

Ich haben den Koran nicht selbst geschrieben, aber ich habe es durch meine Botschaften ermöglicht, dass eines der fundieresten Bücher über uns und die Einmaligkeit Gottes verkündet wurde.

Das Gebot *Du sollst nicht töten* hat im Mittelalter nicht funktioniert, und es ist heute zu einer politischen Frage geworden. Die Völker, die scheinbar nach diesem Gebot zu leben versuchen, sind heute in der Lage nicht nur die zu töten, die nach dem Gesetz der Gewalt leben, sondern auch die, die sich gerade gegen diese Gewalt, die Tyrannei, die Unterdrückung und die Ausbeutung, wehren. Ich meine damit die Gewaltherrschaft der Industrienationen über die Dritte Welt."

Buddha: „Wir schaffen keine bessere Welt, wenn wir uns den Menschen als Abstraktum darstellen, so dass jegliche Beziehung zwischen uns und den Menschen verloren geht. Erst war ich der Buddha, und als ich ging hat man aus Lehm, Stein, Edelstein und Edelmetall sich Denkmäler zur Erinnerung an meine Zeit gebaut. Selbst meine Feinde, wie zum Beispiel König Kanishka, der zuerst Buddhisten ermorden ließ, wurde später zum Buddhisten und Beschützer meiner Tempel.

Die Menschen brauchen spirituelle Glaubensansätze. Ich bin immer noch bei allen Menschen, die mich aufsuchen. Sie können mich anfassen, im Sinne einer transzendentalen Verbindung zwischen mir und ihnen. Ich bin der Normalsterbliche und ich habe irdische Eltern. Daher können die Menschen mich, als einen von ihnen, nicht nur verstehen, sondern auch lieben, verehren; und damit schöpfen sie Mut und Kraft für ihre irdische Probleme.

Also, meine Brüder, lasst uns den Heiligenschein und die himmlischen Kronen ablegen! Mischen wir uns unter die Menschen! Lasst uns mit ihnen leben und sterben! Dann sind wir ihresgleichen; und wenn wir Glück haben und unter den Menschen Verständnis füreinander, Solidarität für die Schwächeren, Gewaltlosigkeit in den Gesellschaften und anderen Völkern gegenüber erweckt haben, erst dann kann es sein, dass wir nach unserem Abgang sogar vermisst werden."

DER BEGRIFF HUMANITÄT WAR IM MITTELALTER UNBEKANNT

Zarathustra: „Die segenslose und inhumane Zeit des Mittelalters war voller Unruhe, Spannungen und Kriege. Und das christliche und das islamische Weltbild waren geprägt vom Dogmatismus und den Rivalitäten der Religionen. Ja, diese beiden Religionen machten das Leben der Menschen nicht leicht. Im Gegenteil: viel Leid wurde den Menschen aller Konfessionen im Namen der Kirche zugefügt.

Das Mittelalter hatte vom Glanz der klassischen Zivilisation der Antike kaum etwas übernommen. Man war mehr mit sich beschäftigt. Viele Kulturen der Vergangenheit wurden ignoriert, und die Kultstätten dieser Kulturen wurden durch Kriege vernichtet. Aber trotzdem verdanken die Menschen der postmodernen Zeit vieles, was sich im Spätmittelalter und in der Renaissance ereignete, ihren Konfessionen: die Renaissance, die Reformation und die philosophische und wissenschaftliche Revolution sind Bereiche der menschlichen Zivilisation, ohne deren Entwicklung das moderne Weltbild mit seiner Dynamik und Fortschritt undenkbar wäre.

In einer Zeit, in der es schien, als ob der Mensch nur die Gewalt als Instrument der gesellschaftlichen Organisation sehen würde, entwickelte sich um 1500 eine moderne Ära des Humanismus: die Renaissance. In der Zeitspanne einer einzigen Generation schufen Künstler wie Leonardo da Vinci, Michelangelo und Raffael ihre Meisterwerke. Kolumbus entdeckte die *Neue Welt*, Luther widersprach den dogmatischen Grundsätzen der katholischen Kirche, Kopernikus stellte die Hypothese eines heliozentrischen Universums auf und legte damit das Fundament für die modernen Wissenschaften.

Es schien, als wäre der Mensch der Renaissance, im Vergleich zu seinen mittelalterlichen Vorfahren, plötzlich aus tiefem Schlaf erwacht, und als hätte er die Bedeutung der humanen Gesellschaftsordnung entdeckt. Der Mensch bekam ein neues Verständnis für ihm nahe stehende Begriffe wie Gott, Kirche oder Natur. Man näherte sich einer neuen Form der Zivilisation, einer Gesellschaft der Menschenwürde und des Humanismus. Es entstanden immer mehr Denkmodelle und neue gesellschaftliche Ansätze im Abendland, die die Hoffnungen erweckten, dass der neue, moderne Mensch mit dem Beistand seiner genialen Zeitgenossen, wie Bruni, Boccaccio, Petrarca, Alberti, Erasmus, More, Machiavelli, Montaigne, Shakespeare, Cervantes, Bacon, Bruno, Galilei und anderen, es schaffen würde, den Grundstein zu einer besseren, menschlicheren Zivilisation zu legen.

Aber ganz so friedlich und paradiesisch ist das, wie wir wissen, doch nicht abgelaufen. Weiterhin gab es viel Elend und Not, und alle Arten des Aberglaubens, wie schwarze Magie, Satanskult, Flagellantentum und Totentänze auf Friedhöfen, waren verbreitet. Auch die Inquisition war noch nicht abgeschafft.

Trotz dieser regressiven Tendenzen, der immer noch religiös dominierten Gesellschaft, entstand eine gewisse idealistische und individualistische Bewegung, zumindest im Geisteswesen der politische denkenden Menschen. Die Renaissance war also nicht nur eine Revolution in geistiger und kultureller Hinsicht, sondern auch eine gesellschaftlich-politische Erneuerung im Sinne des Individualismus und des Humanismus. Der Mensch ist, wenn er will, ein Meister seiner Welt. Er kann aus der Erde wieder den Planeten des Urmenschen machen oder das von ihm und seinen Propheten erträumte Paradies. Im Mittelalter, in der Renaissance, und auch heute, ist ihm dies aber nicht gelungen."

Dazu Buddha: „Der Mensch ist bei Paracelsus die *Quintessenz* der kosmischen Gewalten. Er enthält das Wesen aller Dinge in feinster Verdichtung; aber ist der dergestalt homogene Herr der Welt nicht dadurch auch ihr bloßer Spiegel? Was nun dieser Mensch kosmopolitisch aus sich und seiner Welt macht, ist primär von seinem menschlichen Geist, seinem Können und seiner Würde abhängig. Er hat aber bis jetzt alles nur materialisiert, und selbst sein Wissen und Können hat er zum Erreichen eines absoluten Materialismus instrumentalisiert. Dadurch entstand auch sein Bestreben nach Vollkommenheit des menschlichen Geistes, in der Perfektion eines technisierten Lebens. Ernst Bloch behauptet: *Der Mensch ist die Welt im kleinen, die Welt der Mensch im Großen: diese Analogie setzt im Grund das Humanum zugunsten des Kosmos ab.*

Im späten Mittelalter hat der Mensch begonnen, materialistisch und egoistisch zu denken. Die Menschen der modernen und der postmodernen Zeit sind mit sich und mit dem, was sie erreicht haben, glücklicher denn je. Aber das, was sie mit Geist und Wissenschaft erreicht haben, haben die großen Denker und Gelehrten im Spätmittelalter, in der Renaissance und danach, nicht unbedingt gemeint. Diese dachten, sie würden eine bessere Welt schaffen: eine Welt des liberalen Humanismus, eine Bürgergesellschaft der Menschenwürde, eine Gesellschaft der konsequenten Menschen und Gesetze. In der heutigen Zeit irren die Menschen hinter dem Ziel des perfektionistischen Materialismus her, und von diesem Ziel lassen sie sich blenden. Es ist zwar alles hell, aber die Wahrheit sehen sie nicht. Den Menschen hat sein Wissen bisher lediglich dahin geführt, dass er zwar Atome und Gene spalten und dass er selbst das Leben rekonstruieren kann, aber über sich selbst weiß er gar nichts. Die Menschen sind im Grunde genommen nicht glücklicher, nur materiell sind sie besser gestellt. Und sie leben in ständiger Angst um ihr Dasein: mal fühlen sie sich vom Krieg und der Atombombe bedroht, mal vom Untergang und der Apokalypse, ausgelöst durch unbeherrschte und unbeherrschbare Wissenschaften und Wissenschaftler.

Der Mensch muss mit alledem, was er durchlebt und erfahren hat, zu einem spirituellen Lebensweg finden, um den Schöpfer besser zu erkennen und zu fühlen. Denn ohne Gott sind Erde und Menschheit ohne Geist. Und Menschen ohne Geist sind Roboter, die die eigentliche Glückseligkeit ignorieren, weil sie sich nicht einmal danach sehnen."

Und Jesus: „Auch ich will Euch sagen, was mit diesem Geschöpf, Mensch und Christ, ist; und was er aus seinem Dasein macht.
Meine Kirche hat keine vorbildliche Arbeit geleistet. Nietzsche hat recht: *Ein gefährlicher Entschluss. – Der christliche Entschluss, die Welt hässlich und schlecht zu finden, hat die Welt hässlich und schlecht gemacht.* Die Menschen waren es, die verstanden, was gut und schlecht ist. Sie wurden zu Künstlern ihrer Zeit. Um wieder Nietzsche zu zitieren: *Dieser Künstler ist ehrgeizig und nichts weiter: zuletzt ist sein Werk nur ein Vergrößerungsglas, welches er jedermann anbietet, der nach ihm hinblickt. Der*

eigentliche Künstler in der Geschichte der Menschheit, der Fried-fertige, der Humanist, den wir alle als Friedenskünstler gerne fei-ern würden, ist jedoch noch nicht erschienen.

Das moderne Weltbild und der individualistische Geist der Renaissance ging zum Teil auch mit einer Neuorientierung in mei-ner Kirche einher. Einer hat es gewagt, sich gegen den anhalten-den moralischen Niedergang des Papsttums zu erheben und gegen Verbrechen und Barbarei des Christentums zu protestieren: der Augustinermönch Martin Luther. Er hat durch seine Rebellion die Reformation und die kulturelle Umwälzung der Kirche ausgelöst. Mit dem warnenden moralistischen Charisma eines alttestamenta-rischen Propheten ausgestattet, stellte Luther sich bewusst dem Machtmonopols des Vatikans, dem *pervertierten* Glauben des römisch-katholischen Papsttums entgegen.

Im Namen der Kirche darf nicht getötet und gefoltert werden. Die Schandtaten unter der Führung der Päpste Gregor IX. und Urban II. haben den frommen Luther zum Che Guevara der Renaissance gemacht.

Die Kirche hat ihre Gegner mit dem Gewaltinstrument Inquisition beseitigt. Tod den Glaubensabweichlern und *Ketzern*, Scheiter-haufen für Denker, Philosophen und *Teufelsweiber,* das waren die Strafmaßnahmen der innerbetrieblichen Gewaltausübung. Inquisi-tion im Namen Jesu Christi. Die Glaubensbrüder und Schwestern, die nicht das hinnahmen und bejahten, was ihnen als ungerecht und unchristlich erschien, wurden als Ketzer bezeichnet.

Der Entdecker dieser mörderischen Gesetzgebung war Papst Gregor IX. Bis zu zehn Millionen Menschen wurden bis zum Jahr 1859 ermordet. Am härtesten war die *heilige Säuberung* in Spanien, wo noch 1826 in Valencia der letzte *Glaubensabweichler* gehenkt wurde. Die *Heilige Kongregation der römischen und universalen Inquisiti-on* im Vatikan funktionierte jedoch bis 1908, und daran änderte auch Martin Luthers Bewegung nichts. Heute nennt sich diese absolutistische Strafeinrichtung *Kongregation für die Glaubens-lehre,* und ihr oberster Hirte ist der deutsche Kardinal Joseph Rat-zinger. Diese Einrichtung hat einst viele Morde veranlasst, unter ihnen den Mord an dem Dominikanermönch Giordano Brunno, der um 1600 verbrannt wurde. Galileo Galilei dagegen konnte im Jahr 1633 nur durch Widerruf seine Haut retten.

So war die Politik der Kirche nach innen. Nach draußen wurde der Machtbereich erweitert durch die Kolonisierung Lateinamerikas unter dem Deckmantel der Christianisierung, und durch die Kreuzzüge, deren verheerende Wirkung wir schon gesehen haben. Allein der *heilige* Krieg gegen die moslemische Welt kostete über fünf Millionen Menschen das Leben."

ZWANZIG MILLIONEN INDIANER FIELEN DEM RELIGIÖSEN WAHN ZUM OPFER

D azu Mohammed: „Ich zitiere Nietzsche nicht um Zarathustra, sondern um der Menschheit zugefallen: *Die Liebe zu einem ist eine Barbarei; denn sie wird auf Unkosten aller übrigen ausgeübt. Auch die Liebe zu Gott.* Wer glaubt, dass die römisch-katholische Kirche heute die Menschenliebe im Sinne hat und heute die *Sündigen* nicht verbrennt und in fernen Ländern keine Kriege mehr führt, der ist im Irrtum. *Nicht ihre Menschenliebe, sondern die Ohnmacht ihrer Menschenliebe hindert die Christen von heute, uns zu verbrennen.* Heute werden Abweichler und Gelehrte mundtot gemacht und von der Kirche ausgestoßen. Durch Einmischung in die Welt der Politik und durch Dollarinvestitionen werden Kriege nicht nur befürwortet und stillschweigend toleriert, sondern mitinszeniert. Der Büßer Johannes Paul II. lässt zwar keine Ketzer mehr umbringen, aber Hand in Hand mit den Industrienationen ist er bestrebt, wie seine Vorgänger, gemeinsame Sache mit dem Satan zu machen, um die Weltherrschaft zu erlangen. Ihm gelingt, was Pius XII. nicht gelang: der Untergang des Kommunismus. Und mit seinen Reisen betreibt er weiterhin eine Politik der Kolonialisierung.
Doch wie war die Kolonialpolitik der Kirche im 15. Jahrhundert? Mit den päpstlichen Bullen *Romanus Pontifex* (1454) und *Inter Caeterae divinae* (1493) wurden die Ideen des Kolonialismus in die Tat umgesetzt, und die neue Welt wurde in spanische und portugiesische Herrschaftsgebiete der Zwangschristianisierung geteilt. Die christlichen Kolonialherren führten in Lateinamerika,

mit Billigung des Vatikans, ungeniert einen Völkermord durch. Zwanzig Millionen Indianer fielen dem religiösen Wahn zum Opfer. Die kultivierte Herrenrasse zeigte ihr wahres Gesicht: durch Verbrennen, Hängen und Pfählen wurde die Welt von *Ungläubigen* gesäubert. Ob es Inkas, Mayas oder andere Kulturvölker waren, das interessierte den Vatikan nicht im geringsten. Wer nicht Christ war und kein Christ werden wollte, der war dem Tode geweiht. Er war es nicht wert, im Reich Jesu Christi zu existieren.

Renitente Indios galten nicht einmal als Menschen, sondern als Gegenstände oder als ein Stück Vieh, die höchstens als *Kircheneigentum* beschlagnahmt und verzeichnet wurden. Mir, dem Propheten Mohammed, werfen die Christen vor, dass wir, ich und meine Nachfolger, im Krieg gegen die Ungläubigen Menschenleben geopfert haben. Ja, es ist wahr, wir haben viel zu viel Leid unter den Menschen verursacht. Aber nie haben wir Menschen getötet oder ermorden lassen, weil sie anderen Konfessionen angehörten. Wir haben immerhin ein Gewissen hinterlassen, womit wir Reue bis in die Ewigkeit in uns tragen. Hat Jesu Christi Kirche auch ein Gewissen, zeigt sie auch Reue wegen all dieser Schandtaten an der Menschlichkeit?

Ich frage Dich, Jesus, und ich frage auch Dich, Moses: Was habt ihr mit dem Satz *Du sollst nicht töten* gemeint? Seid ihr in allen Euren Grundsätzen so missverstanden worden? Denn selbst die Kultivierung Deiner Kirche durch die Renaissance hat die Feindseligkeit der Christen den Juden gegenüber nicht aufheben können.

Der mächtige Papst Gregor IX. gab den Befehl, Hexen zu jagen. Sein Kollege Innozenz VIII. legitimierte im Jahr 1484 mit seiner päpstlichen Bulle den Hexenglauben in der Kirche vor der Reformation. Und dies ist nicht alles. Die katholische Kirche hat aus Juden *Christusmörder* gemacht. Ohne Antijudaismus wäre der Holocaust in Deutschland wahrscheinlich nicht möglich gewesen. *Hep!* haben die Mörder der Juden im Namen Christi gerufen und dieser Schlachtruf hieß: Juden vogelfrei. Die Judenpogrome waren der Marschbefehl für die Christen in die neue Zeit bis hin zum Hitlerregime. Die Päpste des Mittelalters und der beginnenden Renaissance, haben von wenigen Ausnahmen abgesehen, die Juden nicht gemocht und als *von Gott verfluchte Sklaven* bezeichnet, wie Innozenz III. (1198-1216). Im Jahr 1937 wird von Papst Pius XI. die Enzyklika *Mit brennender Sorge* herausgegeben, worin die Sorge über den Nationalsozialismus, aber nicht über den Hass der Christen zum Ausdruck kommt. Eine Enzyklika mit einer klaren Ablehnung des Rassismus und des Antisemitismus kam, solange Pius XI. *regierte* nicht zustande; und dem Nachfolger, Pius XII. (1939-1959), der große Sympathie für Hitler und sein deutsches Reich hatte, war das alles nicht so wichtig. Wichtig schien ihm seiner Zeit, in den dreißiger Jahren, als Vertreter des Vatikans in München und Berlin, dass die Chance bestand, den *gottlosen Bolschewismus* mit Hitlers Unterstützung zu bekämpfen. Dass dabei sechs Millionen Juden ermordet werden würden, bereitete ihm keine Sorgen. Pius XII. hat, obwohl er den Juden hätte helfen können, kein einziges Leben gerettet. *Wenn die Bischöfe alle miteinander an einem bestimmten Tag von der Kanzel gegen die Judenvernichtung „Stellung genommen" hätten*, so sagte der gläubige Christ Konrad Adenauer, dann hätten sie *vieles verhüten können*. Doch sie taten nichts und sie schweigen bis heute. Mit anderen Worten: dulden und geschehen lassen.

Der Papst der postmodernen Zeit, der den Holocaust in seiner Heimat Polen als junger Mann aus nächster Nähe miterlebte, sagt heute, dass solche Taten von totalitären Ideologen und totalitären Regimen angewendet wurden. Und er gibt immerhin zu, dass am Holocaust einzelne *Söhne und Töchter* der Kirche mitschuldig waren. Aber die Kirche selbst, und vor allem die machtbesessenen Päpste, sind nicht zur Verantwortung zu ziehen. Papst Paul II. sollte beten und seinem Gott danken, dass es in unserer Zeit keinen Martin Luther gibt!"

Dazu Jesus: „Meine Kirche hat es versäumt, nach der langen Zeit der barbarischen und rückständigen Weltanschauungen, zumindest die Zeit der geschichtlichen Umwälzung der Renaissance *(frz. Wiedergeburt)* mitzugestalten. Dies hätte auch eine Wiedergeburt für die Kirche sein können. Die Aufgaben der Kirche müsste folgende sein: die Menschen im Sinne der Realität, der Humanität, der Brüderlichkeit, der Solidarität und der Nächstenliebe aufklären; den Menschen mit spiritueller Hingabe den Weg zu einer besseren und gerechteren Gesellschaftsordnung weisen und jedem zu einer freien Entscheidung bei der Gestaltung seines individuellen Lebens, mit oder ohne religiöse Komponente, zu verhelfen.

Die Kirche hat aus gutherzigen und unschuldigen Bürgern, fanatische, feindselige und gewalttätige Menschen gemacht. Die Macht der Päpste und die Intrigen zur Verbreitung und Festigung dieser Macht in imperialer Form wurde an die Stelle von Seelsorge, Hingabe zu Gott und Liebe unter den Menschen gesetzt. Wer es gewagt hat, frei zu denken und sich über sich selbst und seinen Gott neue Gedanken zu machen, musste in Angst vor dem Machtapparat der Kirche leben, anstatt seinem *Seelsorger* die Sorgen und den Kummer offenbaren zu können. Die Institution der Beichte wurde zur Unterdrückung der einfachen Bürger instrumentalisiert. Die Menschen haben vor den Kirchenmännern mehr Angst gehabt als vor bewaffneten Ordnungshütern und der Polizei. Und der Kirche war dies recht, denn nur durch Gehorsamkeit schafft man Respekt und Ordnung.

Mögen sie mich hassen, wenn sie mich nur fürchten. (Seneca) Nun, meine Brüder, ich bin nie der Meinung gewesen, dass man die Menschen geistig und moralisch versklaven sollte. Der allererste Schritt im Namen unseres gemeinsamen Gottes sollte sein: Aufklärung der Menschen und Förderung der freien Meinungsäußerung. Eine Religion sollte eine philosophisch-spirituelle Lebenshilfe für alle Menschen in Glück und Not, in Freiheit und Bedrängnis, also in allen Situationen sein, wo der Mensch einen moralischen Rückhalt sucht. Eine Kirche kann also nur moralisch funktionieren, wenn sie selbst die Moral verkörpert und nicht zur prinzipiellen Bedingung für Gläubige wird. Andernfalls ist die Kirche eine Institution unter vielen anderen Institutionen, die mit Gott nichts gemeinsam haben. Mit einer ehrlichen Aufklärung hätte meine Kirche mehr erreicht als es mir seinerzeit möglich war. Auch Kant ist für eine gründliche Aufklärung: *Aufklärung ist der Ausgang des Menschen aus seiner selbst verschuldeten Unmündigkeit. Unmündigkeit ist das Unvermögen, sich seines Verstandes ohne Leitung eines anderen zu bedienen. Selbst verschuldet ist diese Unmündigkeit, wenn die Ursache derselben nicht am Mangel des Verstandes, sondern der Entschließung und des Mutes liegt, sich seiner ohne Leitung eines anderen zu bedie-*

nen. Sapere aude! Habe Mut, dich deines eigenen Verstandes zu bedienen ist also der Wahlspruch der Aufklärung.

Die Kirche darf die Menschen nicht unterdrücken, verdummen oder in Angst versetzen. Meine Kirche hat den geistig moralischen Umbruch zwischen dem 14. und 15. Jahrhundert als Anlass zu einer echten religiösen Reform verpasst.

Alle Wissenschaftler wurden misstrauisch behandelt. Giordano Bruno ist nur ein Beispiel für viele andere. Er hatte seine moderne Vision der heliozentrischen Theorie als Teil seiner esoterischen Philosophie publiziert, wurde jedoch wegen seiner theologischen Position von der Inquisition verurteilt und hingerichtet. Wie gerne hätte ich einen Giordano Bruno von der Kanzel meiner Kirche für Humanität, Fortschritt und Glauben sprechen gehört. Er, der die Meinung vertrat, dass der Mensch mit der Bibel für seine Morallehre und mit Astronomie, Physik und allen anderen Wissenschaften für den Fortschritt arbeiten soll, und dass alle Religionen und Phiolosophien in einer Atmosphäre der humanen Gesellschaft der Toleranz und des Verständnisses füreinander arbeiten sollen. Ich kann meine Erfurcht und meine Scham vor Giordano Bruno nur kniend und mit gesenktem Haupt zum Ausdruck bringen, stellvertretend für die bis zu zehn Millionen Menschen, die von der christlichen Inquisition ermordet worden sind. Meine Kirche hat Feindseligkeit und Intoleranz anstelle von Toleranz und Nächstenliebe verbreitet, und statt Frieden und Freiheit zu vermitteln, hat sie Unruhe und Konflikte gestiftet. *Humanität besteht darin, dass nie ein Mensch einem Zweck geopfert wird. (Albert Schweizer)"*

Und Zarathustra: „Weil Religion und Kirche versagt haben, suchten sich die Menschen andere Propheten. So wurden Kopernikus, Kepler und Galilei, nach der Entscheidung des Vatikans, den Kopernikanismus zu verbieten, zu lebendigen Märtyrern und wissenschaftlichen Propheten. Je wahrheitsorientierter die kosmologische Revolutionen sich entwickelte, desto mehr entfernte sich die Kirche von der Wissenschaft. Auf einmal leugnete die Kirche ihre spirituelle Herkunft und warf den Wissenschaftlern Subjektivität und Irrationalität vor. Ihrer Meinung nach waren mathematische Hypothesen nur intellektuelle Konstruktionen ohne eigentlichen Bezug zu physischer Wirklichkeit.

Eine entscheidende Rolle spielten die aristotelische Philosphie an den Hochburgen der Wissenschaften und an den Universitäten. Der anti-aristotelische Haltung Galilei reizte die fundamentalistischen Kirchenmänner. Galileis überzeugte Bejahung des Atomismus war ein Kontra gegen die katholische Doktrin der Transsubstantiation des Abendmahls. Die päpstliche Opposition gegen jegliche Wahrheitsfindung in den Wissenschaften führte langsam aber sicher zur Spaltung von Wissenschaft und Religion. Dazu kam noch der Rebell Martin Luther, der die intellektuelle Unabhängigkeit des Denkens und des wissenschaftlichen Handelns predigte. Nach dem Zusammenbruch des historisch umfassenden aristotelischen Imperiums der Kosmologie erhob sich das atomistische Universum als eine gestandene, bereits hochentwickelte und auf dem kopernikanischen System basierenden Entdeckung, und kein anderer verteidigte diese Universalitätstheorie wie Giordano Bruno, der dafür mit seinem Leben zahlen musste.

Nach und nach kamen andere Propheten, die der Menschheit innerhalb eines Jahrhunderts mehr Wissen und Aufklärung brachten als die Jesus-Kirche in zweitausend Jahren. Bacon und Descartes führten im frühen siebzehnten Jahrhundert zu einer anderen Revolution: die Befreiung des Denkens vom Aberglauben und von der Ignoranz der Kirche gegenüber geisteswissenschaftlicher Erneuerung. Sokrates hatte seinerzeit Wissen als Tugend bezeichnet. Bacon sagte: *Wissen ist Macht.* Gott habe den Menschen zur Interpretation und Beherrschung der Natur geschaffen. Sich mit Naturwissenschaften vertraut zu machen und die Natur zu erkunden sei deshalb seine religiöse Pflicht. So nenne ich Bacon und Descartes die Propheten der werdenden, mit Wissenschaft begnadete Zivilisation, welche für viele Menschen die Hoffnung in sich barg, den Anfang zu einer modernen Zivilisation zu sein. Ich kann die Enttäuschung Jesu gut verstehen: denn seine Kirche hat die Ermahnung der Bibel, die Menschen zu lieben und ihnen zu dienen, umgewandelt in gewalttätige Intoleranz, in gewaltsame Bekehrung fremder Völker und in erbarmungslose Unterdrückung anderer Kulturen.

Nein, ich fürchte der *Antichrist* Nietzsche hat, zumindest für diese Epoche des Christenstums, ohne Zweifel aus Jesu Seele gesprochen, als er sagte: *Ich verurteile das Christentum, ich erhebe gegen die christliche Kirche die furchtbarste aller Anklagen, die je ein Ankläger in den Mund genommen hat.* Will man das Christentum jener Zeit an seinen eigenen Maßstäben messen, so schneidet die Jesus-Kirche auf ethischem, sozialem und spirituellem Gebiet schlecht ab. Viele alternative Ideen, vom antiken Zoroastrismus über den Stoizismus und den Buddhismus bis hin zu Humanismus, Liberalismus und Sozialismus, haben humanere Formeln und Programme proklamiert. Waren die Menschen wirklich so naiv oder so verblendet, dass sie in Kreuzzüge zogen, und auch alle anderen christlichen Regeln duldeten.

Nein, Nietzsche war kein *Antichrist*, er war nur antireligiös: *Dass die starken Rassen des nördlichen Europas den christlichen Gott nicht von sich gestoßen haben, macht ihrer religiösen Begabung wahrlich keine Ehre – um nicht vom Geschmack zu reden.*"

Jesus: „Warum blieb der Dominikanermönch und Philosoph Giordano Bruno unbeugsam bis zuletzt? Nach achtjähriger Kerkerhaft wurde er im Jahr 1600, wegen seiner Überzeugung und seiner *Ketzerei* gegen den christlichen Glauben von einem *dreifaltigen* Gott, auf dem Campo de Fiori in Rom verbrannt. Er war hartnäckig, er wollte lieber sterben als seine Seele verkaufen. Er verabschiedete sich von seinen Richtern mit den Worten: *Mit größerer Furcht verkündet ihr vielleicht das Urteil, als ich es entgegen nehme.*

Ein Dasein ohne Würde und voller falscher Kompromisse ähnelt einem Blitz im Sturm, der kurzlebig ist, aber viel Unheil anrichten kann. Ein großer Deutscher namens Johannes Rau meint: *Gott nötig haben, ist die größte menschliche Vollkommenheit.*

Giordano Bruno hat Gott nötig gehabt und er hat die Menschen geliebt: Daher hatte er vor der Scheinheiligkeit der Kirche keinen Respekt. Viele Menschen haben die Schandtaten der Kirche hingenommen und sie haben vom Unrecht und von den Machenschaften meiner Kirche gewusst; aber nur wenige haben gewagt, sich zu widersetzen. Diese feige und bedauernswerte Mentalität der Menschen hat sich bis heute nicht geändert. Immer noch suchen sie nach Märtyrern, Helden und Revolutionären. Einer muss sich opfern, um die anderen später darauf zu bringen, dass sie den Irrweg gegangen sind, dass sie für ihre Rechte hätten kämpfen müssen. Das war zu meiner Zeit so, das war auch im Mittelalter so, und das hat sich im Grunde genommen bis heute nicht geändert.

Wenn es dem Menschen gelingt, seinen Egoismus in Nächstenliebe zu verwandeln, dann braucht die humane Gesellschaft keine Menschenopfer mehr."

Abraham ergreift das Wort: „Man stelle sich vor: im November 1506 treffen zwei Menschen zusammen, die sehr unterschiedliche Vorstellungen von einer zivilen Gesellschaft haben: Erasmus von Rotterdam, der große Humanist, unternahm den Versuch mit Papst Julius II. über Reformen der Kirche und die Bedeutung der Humanität zu sprechen, um vielleicht die dogmatisch-theologische Mentalität des mittelalterlichen Christentums in Richtung einer Erneuerung zu bewegen.

Doch diese Begegnung hat nichts Wesentliches bewirkt. Zeitgenossen von Erasmus, wie Lefèvre d'Etaples, Zwingli und schließlich Martin Luther, haben etwas in Bewegung gesetzt, was die Christen heute Erneuerung und Reformation nennen. Insofern hat Jesus doch recht: die Mehrheit der Christen war und ist stumpfsinnig, und sie ist den Problemen gegenüber gleichgültig. Selbst die großen Revolutionen sind von nur wenigen selbstlosen Menschen initiiert worden, und selten sind alle oder gar die Mehrheit gefolgt."

Und Mohammed: „Das beste Beispiel dafür ist die französische Revolution!"

Moses: „Die islamische Khomeini-Revolution ist mit Sicherheit kein Beispiel für eine Revolution. Denn das war mehr ein blutiger Rachefeldzug, also Krieg gegen alte Feinde, als eine Revolution für Freiheit und Demokratie."

Und Mohammed: „Deswegen habe ich doch die französische Revolution als gutes Beispiel erläutern wollen, um auch von der antiarabischen Bewegung Deines Volkes in Israel nicht sprechen zu müssen. Wenn eine Bewegung die Menschenrechte missachtet, dann hat sie keinen Wert. Das, was die Israelis in Palästina tun, und das, was das Khomeini-Regime im Iran veranstaltet hat, ist verwerflich und menschenunwürdig.

Mit der französischen Revolution 1789 wurde der Wandel von der absolutistischen zur bürgerlichen Gesellschaft eingeleitet. Diese Revolution richtete sich gegen die feudale Gesellschaft und gegen die absolutistische Monarchie mit dem Ziel, Freiheit, Gleichheit und Brüderlichkeit verfassungsmäßig in der Gesellschaftsordnung zu verankern. Die Vertreter des Bürgertums, als Menschen dritter Klasse der Gesellschaft, aber als eigentliche Steuerzahlerschicht, wollten ihre Lage nicht mehr hinnehmen. Eine Gesellschaft, in der der König der oberste Stand ist, und in der der Adel den zweiten und die Bürger und Bauern den dritten Stand bilden, nennt man eine feudale Gesellschaft. Wenn aber nur der dritte Stand steuerpflichtig ist, kann dieser Staat auf Dauer nicht existieren, und das haben die Bürger beweisen wollen.

Die Vertreter des Bürgertums, unterstützt von der Pariser Bevölkerung, stürmen am 14.7.1789 die Bastille, um die von den Herrschenden ins Gefängnis gesteckten Brüder und Schwestern zu befreien, und um ihren Widerstand gegen die Gewalt der Monarchie zu zeigen. Gleichzeitig erklären sie die Privilegien von Adel und Klerus für abgeschafft.

Am 26.8.1789 werden von der französischen Nationalversammlung die Menschen- und Bürgerrechte ausgerufen, und Frankreich wird zu einer konstitutionellen Monarchie erklärt. Die erste Phase der französischen Revolution dauert bis 1792, als die missglückte Flucht des König, der Druck des Militärs und die Bedrohung durch die Nachbarstaaten den Konvent zur Übernahme der Macht zwingen. Hier gerät die Revolution in eine heikle Phase, und 1793 setzen sich die radikalen Jakobiner gegen die gemäßigten Girondisten durch. Der Anführer der Jakobiner, Robespierre, errichtete eine Schreckensherrschaft der Gewalt und der Hinrichtungen politischer Gegner und Andersdenkender."

Dazu Zarathustra: „Ich habe viel Respekt vor solchen Befreiungsbewegungen, die nichts anderes im Sinne haben, als Humanität und Menschenrechte für alle zu erreichen.

Ein Humanist und Pazifist namens Beethoven hat gerade in jener stürmischen Zeit seine Werke, unter anderem *Eroika* und *Fidelio*, für Frieden, Freiheit und Brüderlichkeit komponiert. Seine Werke sind gerade in der heutigen Zeit für die betrübten Seelen der verstörten Menschen heilsam.

Aber wie kann die islamische Revolution, die sich die französische Revolution als Vorbild nahm, es wagen, von Humanität zu sprechen, wenn Abertausende von Menschen ermordet werden, und wenn fast eine Million Menschen im Krieg mit den Nachbarn ums Leben kommen. Nein, von deiner islamischen Revolution wollen wir nichts wissen!"

Und Mohammed: „Ich bekenne mich lieber zur Philosophie des großen Humanisten Erasmus und lehne in aller Deutlichkeit jegliche Gewalt ab, vor allem wenn diese im Namen Gottes ausgeübt wird. Ich bitte um Vergebung für meine gescheiterten und vom Wahn der Macht besessenen Mullahs und Imame.
Am 27. 7. 1794 wird Robbespierre gestürzt und das liberale Großbürgertum übernimmt die Macht. Der Absolutismus wird endgültig abgeschafft, und die bürgerliche Gesellschaft versucht eine Verfassung im Sinne des Konstitutionalismus zu verwirklichen. Von 1795 bis zum Staatsstreich Napoleons im Jahr 1799 führt ein Direktorium von Konventsmitgliedern die Staatsgeschäfte, das aber, wegen der Vielzahl der nach außen geführten Kriege, sich immer stärker auf das Militär stützen muss. Das Ende der Ersten Republik wird deshalb beim Volk eher mit Erleichterung aufgenommen.
Diese ersten Demokratieerfahrungen leitete die Menschen hin zu dynamischer Mitbestimmung im Denken, Handeln und Regieren, was schließlich zur demokratischen Gesellschaftsordnung des 19. und 20. Jahrhunderts führte."

Buddha: „Die Dogmatiker in Teheran und auch die Moses-Brüder in Tel Aviv brauchen mehr Zeit als die Franzosen vor zweihundert Jahren, um wirklich zu einer Demokratie zu gelangen!
Im Iran ging zunächst einmal der eine Despot, und der neue Despot, Ayatollah Khomeini, kam. Kaum hatte Schah Reza Pahlevi das Land verlassen, verhängten die Mullahs einen drakonischen Sittenkodex. Die *Pasdaran* (Wächter der islamischen Revolution) zerschlagen alle Alkoholflaschen im Land, zerbrechen Lippenstifte, jagen Ehebrecher und kontrollieren, ob die Frauen sich in der Öffentlichkeit züchtig verhüllen, oder ob sie mit der Zurschaustellung ihrer Haare und Gesichter die *männlichen Revolutionäre* in ihrer Arbeit beeinträchtigen. Der *Tschador*, der schwarze Körperschleier, wird wichtiger als der Koran, und er wird zum Symbol des Gottesstaates, der die Rechte der Frauen minimiert und der die Barmherzigkeit, zu der auch der Koran

aufruft, aufhebt. Der alte Despot, der Schah, hatte die Menschen mundtot gemacht. Sein Nachfolger hat dem Volk den Geist und jegliche demokratische Hoffnung geraubt; er hat die Seele der Menschen erst verschleiert und dann hat er sie erstickt. Keiner der tapferen Mitläufer hat den Sinn dieser Umwälzung verstanden. Aber jeder wollte in dieser übermächtigen Revolution eine neue Ära der Vermenschlichung der Gesellschaft sehen. Die Übertreibung und die Unwissenheit vieler frommer Menschen hat aus einem neuen Despoten im Mantel eines Ayatollahs erst einen Imam, dann den Propheten und schließlich den Heiligen Geist gemacht."

Dazu Mohammed: „Meine Schiitenführer haben die Greueltaten des Mittelalters neu inszeniert und sie haben auf blutige und grausame Weise den Menschen jegliche Hoffnung und ihren Glauben an Gott den Allmächtigen genommen. *Allahu Akbar – Gott ist groß*. Dieses Glaubensbekenntnis wurde zur Gotteslästerung, als die Kinder mit dieser *Parole* auf ihren Stirnbändern für Khomeini in den *Heiligen Krieg* gegen den Irak geschickt wurden. Der Aytollah hat diesen Jugendlichen weisgemacht, dass sie sofort ins Paradies eingehen werden, wenn sie als *Shahid* (Märtyrer) fürs Vaterland sterben.

Nein, nicht nur die Christen im Mittelalter haben Kinder in Kreuzzüge für die Eroberung des Heiligen Landes in den Krieg geschickt. Die blinden Egoisten im Mantel des Ayatollahs haben noch Schlimmeres gemacht. Zu Tausenden sind die Kinder in die Minenfelder des Gegners gelaufen, im Namen meiner Religion und für den Ayatollah. Ihre Leichen ebneten den Weg für Khomeinis Soldaten; und die waren auch noch stolz darauf, über die Leichen der tapferen, verirrten Jugend zu gehen. Der *Blutbrunnen* auf dem Friedhof Behescht-e Sahra (Paradies) bei Teheran erinnert an die eine Million Iraner, die bei dem acht Jahre dauernden Krieg gegen den Irak ums Leben kamen. Und das alles war dem neuen Herrscher und Tyrannen noch nicht genug. Die politischen Gegner und Andersdenkenden wurden weiter verfolgt und ermordet. Nein, diese islamische Revolution war ein Fehlschlag und ein Betrug an Millionen Menschen, die Sehnsucht nach mehr Demokratie und Freiheit hatten."

Und Zarathustra: „Die Menschen sollen sich dem Unrecht und der Gewalt der Tyrannen widersetzen, wenn es geht mit passivem Widerstand. Seneca spricht aus meiner Seele: *Kannst Du vielleicht finden eine Stadt elender als es die der Athener war, da die dreißig Tyrannen sie zerfleischten? 1 300 Bürger, gerade die Besten, hatten sie getötet, und nicht machten sie deswegen ein Ende, sondern es reizte sich die Grausamkeit an sich auf. In dieser Stadt in der es gab den Areopag, einen hochehrwürdigen Gerichtshof, in der es einen Senat und ein Volk, dem Senat ähnlich, gab, kam täglich zusammen der Henker düsteres Kollegium und einen unheilvolle Ratversammlung, für die Tyrannen erhaben. Konnte jene Stadt zur Ruhe kommen, in der es soviel Tyrannen gab, dass sie Leibwächter hätten sein können? Nicht einmal irgendeine Hoffnung, die Freiheit wiederzugewinnen, konnte den Menschen geboten werden, noch zeigte sich für irgendeine Hilfe Raum gegen so große Gewalt des bösen Geschehens: Woher nämlich könnten für eine unglückliche Stadt so viele Männer wie Harmodios (der Tyrannenmörder) kommen? Einen Sokrates gab es dennoch unter den Athenern, trauernde Väter tröstete er, und denen die verzweifelten an der Stadt, sprach er zu, und den Reichen, die für ihre Reichtümer fürchteten, warf er die späte Reue ob ihrer gefährlichen Habsucht vor, und denen, die es ihm nachtun wollten, lebte er ein bedeutendes Beispiel vor, als er unter den dreißig Gewaltherrschern – frei! – umherging.(...) Wie immer also sich der Staat gibt, wie immer das Schicksal es zulässt, so werden wir uns entweder entfalten oder kleiner machen. Jedenfalls werden wir uns regen und nicht gebannt von Furcht starr sein.*

Banisadr, ein Mitstreiter Khomeinis in der iranischen Revolution sagte später: *Niemals hätte ich gedacht, dass er, ein so reiner und tiefgläubiger Mensch, sein Wort brechen und religiösen Faschismus einführen würde.* Aus einem verbal giftigen Mann wurde ein blutiger Drachen, der die persönliche Rache über alle anderen menschlichen Eigenschaften eines Religionsführers stellte. *Ich hielt eine Rede in der Kaserne für Generäle, Soldaten und Offiziere, in der ich sagte: Der Islam ist die Gerechtigkeit, Khomeini ist ein verantwortungsloser Mann. Sie glaubten mir und am nächsten Morgen waren vier dieser Generäle tot. Man hatte sie über Nacht exekutiert.* Das berichtete der Mann, der jahrzehntelang gegen das

Schah-Regime protestierte und der selbst der Sohn eines Ayatollahs war; ein Mann, der von einer islamischen Republik träumte und sogar ein Jahr lang, von 1980 bis 1981, Präsident dieses Gottesstaates war.

Khomeini ließ Greise, Kinder und einfache Soldaten hinrichten, wenn er nur den Namen des Schahs hörte. Keiner will im Nachhinein für die Massaker und Blutbäder der iranischen Revolution verantwortlich sein. Alle weisen die Anschuldigungen von sich und auf einen einzigen Mann: Khomeini. Aber, wie alle Diktatoren, brauchte auch Khomeini Mitläufer und Mittäter. Ohne sie hätte er dieses blutigste Kapitel der islamischen Religion in der modernen Zeit nicht schreiben können. Nachahmungen hat es gegeben und wird es geben. Ich sage hier und heute: diese Kreaturen, Khomeini und seine Nachahmer in Algerien, Afghanistan und im Nahen Osten, haben nicht nur der Religion und dem Glauben geschadet; nein, sie haben auch die Menschen enttäuscht und sie jeglicher spiritueller Lebensfreude beraubt."

Und Abraham: „Der moderne Mensch hat sich unter dem Begriff Revolution doch etwas anderes vorgestellt als allein Aufstand und Umwälzung. Eine Revolution sollte eine grundlegende Veränderung des politischen Systems und der Gesellschaftsordnung herbeiführen, also den Menschen eine bessere, neuere, modernere, auf humane Fundamente basierende Lebensweise bringen. Allein die Umwälzung eines Systems unter Verwendung aller Möglichkeiten der Gewalt und der Unterdrückung der Andersdenkenden ist keine Revolution. Hier würde ich eher von einer Wachablösung von einem Despoten durch einen anderen sprechen. Putsche, Staatsstreiche oder Palastrevolutionen sind nicht mit notwendigen Aufständen gegen das Unrecht zu verwechseln; Aufstände, die tatsächlich von Menschen für Menschen gemacht werden.
Auf jeden Fall würde ich empfehlen die islamische Umwälzung im Iran eher als *islamische Verblendung* denn als *Revolution* zu bezeichnen. Das iranische Volk hatte, in seiner Sehnsucht nach Freiheit und Demokratie, eine friedliche Bewegung der Versöhnung gewollt. Aber Deine Ayatollahs, Mohammed, haben die Menschen in Deinem Namen verführt, und sie haben die Reinheit des Glaubens missbraucht."

Mohammed: „Muss Chaos ein Bestandteil der menschlichen Existenz sein? Warum lernt der Mensch aus all diesen Katastrophen nicht?"

Und Zarathustra: „Ich kann Mohammeds Zorn gut nachvollziehen! Aber Enttäuschungen helfen uns und den Menschen insofern, als dass wir dann aufmerksamer und sensibler auf unsere Rechte achten. Die Menschen müssen besser aufgeklärt und von den Ängsten der Kirche und der Religion befreit werden. Oder, um noch einmal Kant zu zitieren: *Aufklärung ist der Ausgang des Menschen aus seiner selbst verschuldeten Unmündigkeit.*

Der moderne Mensch muss endlich dazu imstande sein, seinen Verstand zu verselbständigen. Er darf nicht, alles den anderen, den Priestern, Religionsführern, Politikern und Wissenschaftlern, überlassen. Er ist es, der die Bevormundung überwinden und die Initiative für seine Lebensform und seine Gesellschaft ergreifen muss. Wir können von Despoten und Tyrannen reden, so viel wir wollen; diese gibt es nur so lange, als es Untertanen gibt.

Keine Kirche hat es bis jetzt gewagt, die geistige Aufklärung vor Gottesbesinnung, religiöse Bedingungen und Fundamente zu stellen. Gott sei dafür gelobt, dass es Philosophen gab, die den Menschen mehr Aufklärung gebracht haben als alle Religionen zusammen. So hat Kants Denken mehr für die bürgerlichen Rechte und die humane Gesellschaft bewirkt als Jesus, Moses und Mohammed zusammen.

Ich hätte gerne ein Experiment gewagt und Jesus durch Erasmus von Rotterdam, Moses durch Schopenhauer, Mohammed durch Khayyam, Abraham durch Seneca, Buddha durch Kant und mich selbst durch Nietzsche ersetzen lassen. Dann hätte es auf der Welt keine Kriege, keine Sklaven, keine Unterdrückung und keine Ausbeutung gegeben.

Bei Abrahm a Santa Clara las ich einst: *Was ist schöneres als eine philosophische Wissenschaft? Wo mancher zuweilen Hundert Griffe versucht, um eine verwirrte Frage nicht zu erörtern und gleichwohl letztlich mit dem Verstand scheitert, alldort ohne Mühe, besser als ein mazedonischer Alexander, löst solchen Knopf (Knoten) auf der Philosophus.(...) Tausend der gleichen Wunderding veranlassen manchen Ungelehrten zu viel unruhigem*

Nachsinn, da unterdessen ein Philosoph (Naturforscher) den stillen Fußpfaden der Natur nachschleicht und dero (deren) heimliche Wirkungen erhascht. Deshalb sind solche Weise jederzeit zu großen Ehren gelangt und haben von den Verständigen allen gebührenden Respekt und verdiente Glorie eingezogen.(...) Lehr und Wissenschaft sind in dem Menschen wie in der Erde das Gold, in dem güldenen Ring der Edelstein, in dem Edelstein der Glanz.(...) O ihr eitlen Weltmenschen, tut euch wegen eurer Wissenschaft nit aufblähen, sondern gedenkt, dass derselbe (derjenige) der Gelehrteste ist, welcher in der Tugendschul studiert hat. Schutzbar, schätzbar und nutzbar ist wohl eine Wissenschaft; aber nur jene, die mit Tugend vermählt ist; sonst ist die Scienz (Wissen) ohne Conscienz (Gewissen) wie ein Pferd ohne Zaum, ein Spiegel ohne Rahm (Rahmen), ein Kleid ohne Bram (Saum) und ein Markt ohne Kram. Durch Buchstabenkunst wird uns im Leben viel Nutzen an die Hand gegeben, ja, gar ein Stab zu Gottes Thron. Doch muss man Gold von Schlacken scheiden und bei der Kunst den Missbrauch meiden, sonst wird verscherzt der Weisheit Kron.

So sprach ein Gott und die Menschen liebender Prediger, der die Menschen zu bewusster Verantwortung bewegen wollte. Er warnt und mahnt nicht, er gibt keine Ratschläge. Und nur der, der die Weisheit benötigt, hört ihn. Aber der Mensch, dieses großartige Wesen, lernt aus seiner Geschichte nicht. Er, dieser kurzsichtige und kurzlebige Mensch, geht und hinterlässt die Geschichte weniger guter Menschen.

Nur die Geschichte ist es, die zurück bleibt, meint auch Schiller, der Kosmopolit und Menschfreund: *Der Mensch verwandelt sich und flieht von der Bühne; seine Meinungen fliehen und verwandeln sich mit ihm: die Geschichte allein bleibt unausgesetzt auf dem Schauplatz, eine unsterbliche Bürgerin aller Nationen und Zeiten. Wie der homerische Zeus sieht sie mit gleich heiterem Blicke auf die blutigen Arbeiten des Kriegs und auf die friedlichen Völker herab, die sich von der Milch ihrer Herden schuldlos ernähren. Wie regellos auch die Freiheit des Menschen mit dem Weltlauf zu schalten scheine, ruhig sieht sie dem verworrenen Spiele zu: denn ihr weitreichender Blick entdeckt schon von Ferne, wo diese regellos schweifende Freiheit am Bande der Notwendigkeit geleitet wird. Was sie dem strafenden Gewissen eines*

Gregors und Cromwells geheim hält, eilt sie der Menschheit zu offenbaren: dass der selbstsüchtige Mensch niedrige Zwecke zwar verfolgen kann, aber unbewusst vortreffliche befördert."

DIE AUFTEILUNG IN EINE FORTSCHRITTLICHE UND EINE RÜCKSTÄNDIGE WELT IST EIN VERBRECHEN GEGEN DIE MENSCHLICHKEIT

Zarathustra: „Die Aufteilung der Welt wurde erst im Geist der Gelehrten inszeniert, und dann von Kolonialherren in die Tat umgesetzt. An der Aufteilung der Welt waren nicht nur die Kolonialherren, sondern auch viele Gelehrte, Wissenschaftler und Philosophen beteiligt, die die Menschen in Europa mit *fundiertem* Wissen darauf einstimmten. Einer von ihnen ist der deutsche Philosoph Georg Wilhelm Friedrich Hegel. Vor über einhundertfünfzig Jahren schrieb er folgendes über Afrika: *... denn Afrika ist kein geschichtlicher Weltteil, er hat keine Bewegung und Entwicklung aufzuweisen, und was .... in seinem Norden geschehen ist, gehört der asiatischen und europäischen Welt zu.(...) Was wir eigentlich unter Afrika verstehen, das ist das geschichtslose und unaufgeschlossene, das noch ganz im natürlichen Geiste befangen ist.* Hegel zeigt sich hier als ein wichtiger Vordenker für die Untermauerung der Idee der Herrenrasse. Und die Welt wird willkürlich in eine alte, eine neue, und eine ganz neue, weltgeschichtlich interessante Welt geteilt. Hegel geht davon aus, dass die Natur mit ihren geophysikalischen Eigenschaften den Geist bestimmt. *Die Natur ist gegen den Geist gehalten ein Quantitatives, dessen Gewalt nicht groß sein muss, sich allein als allmächtig zu setzen.* In den äußeren Zonen der Erde, wo die Natur extrem ist, kann der Mensch dem Geist keinen freien Lauf lassen, so Hegel. Hier ist der Mensch dauerhaft entweder mit glühender Sonne, wie in Afrika und Südamerika, oder mit eisigem Frost beschäftigt, anstatt den Geist geschichtlich und kulturell zu entwickeln. Hegel zitiert Aristoteles: *Wenn die Not des Bedürfnisses befriedigt ist, wendet* *sich der Mensch zum Allgemeinen und Höheren.* Es ist interessant, dass Hegel einen Griechen zitiert, der in einer Zone gelebt hat, wo im Sommer afrikanische Temperaturen herrschen und trotzdem eine Hochkultur entstanden ist. Hegel aber sieht Geistigkeit, Kultur und Geschichte nur im Norden, also in Europa.

Er schreibt: *Der wahre Schauplatz für die Weltgeschichte ist daher die gemäßigte Zone, und zwar ist es der nördliche Teil derselben, weil die Erde sich hier kontinental verhält und eine breite Brust hat, wie die Griechen sagen. Der Norden hat sehr viele Gattungen von Tieren und Pflanzen gemeinschaftlich; im Süden, wo das Land sich in Spitzen teilt, da individualisieren sich auch die Naturgestalten gegeneinander.* Hegel hat wahrscheinlich seine nördliche Vielfalt in Zoo und Botanischem Garten gesehen, wo die Armut an Tieren und Pflanzen des Nordens durch alle Gattungen an Tieren und Pflanzen aus dem Süden ausgeglichen wird. Hegel teilt die Welt in drei Hauptkontinente: Afrika, Asien und Europa. Und Afrika teilt er in drei Zonen: der südliche Teil der Wüste Sahara, das nördliche, *europäische* Afrika und das Afrika am Nil, das sich bis Asien erstreckt. Dort, wo die Europäer ihren Einfluss und ihre Kultur hinterlassen haben, da existieren noch Menschen. Es sind keine Hochkulturen, und alles, was es an Geist und Wissen gibt, stammt entweder aus Europa oder aus Asien; denn Afrikaner haben keine Kultur!

Der eigentümlich afrikanische Charakter ist darum schwer zu fassen, weil wir dabei ganz auf das Verzicht leisten müssen, was bei uns in jeder Vorstellung mit unterläuft, die Kategorie der Allgemeinheit. Hegel spricht ständig von *Negern.* Bei der Verteilung des Geistes sind wohl die Europäer von Gott gesegnet und übervorteilt worden. Hegel macht die Afrikaner, die *Neger,* nicht nur geist- sondern auch gottlos. *Gott donnert und wird nicht erkannt; für den Geist des Menschen muss Gott mehr als ein Donnerer sein, bei den Negern aber ist dies nicht der Fall.* Der Afrikaner ist also geist-, kultur- und gottlos. Dazu kommt, dass er auf Grund seiner Einfachheit ein Mensch in seiner natürlichen Wildheit, frei von jeglicher Moral, Sittlichkeit und Ehrfurcht ist. Der *Neger* ist außerdem polygam, er hat keine Instinkte und er glaubt nicht an die Unsterblichkeit der Seele. Es stellt sich die Frage, ob er überhaupt eine Seele hat.

Die Wertlosigkeit der Menschen geht ins Unglaubliche; die Tyran-
nei gilt für kein Unrecht, und es ist als etwas ganz verbreitetes und
erlaubtes betrachtet, Menschenfleisch zu essen. Wenn wir von
Menschen und ihren Instinkten sprechen, die sie wohl besitzen,
dann ist Hegel der instinktloseste und menschenfeindlichste
Gelehrte in der Geschichte der Philosophie überhaupt. Wie kann
es jemand wagen, auch im Namen seiner christlichen Weltanschauung, solche Thesen zu verbreiten, die bis heute noch an
Schulen und Universitäten vorgelesen werden. Der *Neger* hat kein
höheres Bewusstsein, weil bei ihm die Willkür das Absolute ist.
Die Neger besitzen daher diese vollkommene Verachtung der Men-
schen, welche eigentlich nach der Seite des Rechts und der Sitt-
lichkeit hin die Grundbestimmung bildet.
Charakteristisch für die *Neger* ist, dass sie als Sklaven besser dran
sind, als in der freien Wildnis. Den Europäern ist es zu verdanken,
dass sie in die Sklaverei geführt und nach Amerika verschifft worden sind. Denn die *Neger* haben weder ein Verständnis für Sittlichkeit noch für die Freiheit. Noch ein Charakteristikum, denn
von einer Eigenschaft darf, nach Hegel, hier nicht gesprochen werden. Die *Neger* sind fanatisch, und dadurch wild und gefährlich.
Diese Völker sind lange Zeit ruhig, aber plötzlich gären sie auf,
und dann sind sie ganz außer sich gesetzt.

Die Europäer sind im Besitz von Geist, Moral, Christentum und
Gott. Sie führen die Sklaverei und die Kolonialisierung nur durch,
um die wilden Menschen zu kultivieren! Die Welt wäre mit
Sicherheit ohne solche *Genies* friedlicher. Manch ein Denker hat
mit seinem Stift in der Hand mehr Unheil angerichtet als Tausende Kanonen. Ich kann solch hochnäsige Gedanken nicht akzeptieren, und Schopenhauer auch nicht: *Das Delirium verfälscht die*
Anschauung; der Wahnsinn die Gedanken."

Dazu Mohammed: „Zu Beginn des 21. Jahrhunderts geht es dem
schwarzen Kontinent schlechter denn je. Hier herrschen nicht nur
Hunger und Seuchen, hier sind Krieg, Chaos und Anarchie an der
Tagesordnung. Die Industriewelt beliefert Länder, die zahlen kön-
nen und Rohstoffe besitzen, mit Waffen. Und die einst einfachen
Nomaden und Bauern sind bis an die Zähne bewaffnet und tragen
Guerilla-, Freiheits- oder Unabhängigkeitskämpfe aus.

Eine Organisation wie die UNO ist unfähig und im Kampf gegen die Armut lahm und untätig. Eine Organisation, in der die reichen Nationen das Kommando haben und die Vertreter der Dritten Welt überrumpeln oder korrumpieren, bietet keine Perspektive auf eine bessere Zeit für die armen Völker. Die Berichte der Vereinten Nationen von der sozialen Ungleichheit der Völker dieser Welt sind verheerend. Noch nie ging es den Industriestaaten so gut wie heute, und noch nie waren die armen Länder so am Abgrund ihres existentiellen Daseins wie heute.

Es gibt bis heute noch kein durchdachtes Programm zur Armuts-bekämpfung. Im Afrika der Subsahara steigen Unterernährung und Kindersterblichkeit stetig an. Der Analphabetismus ist hoch, die Lebenserwartung gering. Seuchen wie Malaria und AIDS bedrohen die Menschen in Ost-, West- und vor allem Südafrika.

Bereits in den achtziger Jahren wuchsen die Investitionen der Industrienationen fünfmal schneller als der Welthandel, und das Kapital war noch nie so beweglich und so aktiv wie heute. Die Ergebnisse sind jedoch überwiegend auf den Konten der Ge-schäftsleute in den Industrieländern spürbar. Die wohlhabendsten zwanzig Prozent der Menschen genießen heute neunzig Prozent des Wohlstandes. Es gibt am Beginn des 21. Jahrhunderts zwei-hundert Weltbürger, die über ein Vermögen von über einer Billion Dollar verfügen.

Nach dem neuen Rezept der Globalisierung, wonach weltweit die Ungleichheit vermindert werden soll, sind die Reichen reicher und die Armen noch ärmer geworden. Hierbei spielen die hohe Verschuldung und der Protektionismus der Industrieländer gegen Produkte aus der Dritten Welt eine wesentliche Rolle. Gerade die-ses Dilemma stand bei den WTO-Gipfeln in Seattle Ende 1999, in Prag im Jahre 2000 und in Genua 2001 nicht einmal auf der Tages-ordnung. Vor allem nicht in Italien, in dem Land, wo ein Nationa-list und Faschist als Chef der Regierung für Ordnung sorgt und wo demonstrierende Bürger Europas von der Polizei krankenhausreif geprügelt wurden.

Das andere Dilemma ist, dass einige ehemalige Entwicklungslän-der, die so genannten *Schwellenländer,* die sich etwas industriali-siert haben, die katastrophale Menschenbewegung aus ländlichen Regionen in die Großstädte unterschätzt haben. Die Hälfte aller

Menschen der Metropolen Lateinamerikas, Asiens und Afrikas leben in Slums. In Blechhütten und selbst gezimmerten Behausungen. Riccardo Petrella beschreibt die Zukunft der Slums: *Die Machtzentren der Zukunft sind nicht mehr die Nationen, sondern von Mauern und Gräbern umgebene, mittelalterlich anmutende Städte.*

In diesen Metropolen der Armut leben arbeits-, aussichts- und zukunftslose Menschen, die zwischen dem Wohlstand und der Würde des Menschen nicht zu wählen haben, weil sie von keinem von beiden nicht einmal träumen dürfen. Es wäre unsachlich, hierbei nur den Industrieländern die Schuld zu geben. Die Hauptschuld am katastrophalen Zustand Afrikas tragen die Afrikaner selbst. Selten sieht und hört man, dass ein afrikanischer Politiker sich diesbezüglich äußert; außer Nelson Mandela, der sich mutig, mahnend und appellierend an die herrschende Gesellschaft gewandt hat, die die Früchte der Freiheit rauben.

Das Hauptproblem des afrikanischen Kontinentes sind nicht Armut, Seuchen oder Hunger, sondern Krieg, Chaos und Anarchie. Es vergeht kein Tag, an dem wir nicht von Massenmord oder von Greueltaten verfeindeter Stämme und Völkergruppen hören. Für Kuwait mobilisierte die westliche Welt unter Führung der USA die ganze Kriegsmaschinerie, um eine feudale Großfamilie und deren Milliarden Dollar zu schützen. Im Kosovo engagierten sich die Europäer, weil sie ihre Interessen gefährdet sahen. Aber in Sierra Leone, im Kongo, in Angola, in Burundi, in Somalia, im Sudan oder in der Zentralafrikanischen Republik, wo die Staatsgewalt aufgehört hat zu existieren, wo kein Gesetz, kein Recht oder irgendeine soziale Ordnung vorhanden sind, haben weder die Amerikaner noch die Europäer etwas für den Frieden unternommen.

Die Vereinten Nationen, an deren Spitze selbst ein Afrikaner steht, argumentieren, dass es sich um souveräne Staaten handelt, und dass sie sich nicht in die inneren Angelegenheiten dieser Staaten einmischen können."

Dazu Abraham: „Dieser Gentleman hat so lange im Westen in Wohlstand und Komfort gelebt, die Sorgen seiner Landsleute kennt er nicht. Und wenn er etwas unternehmen wollte, würde es ihm nicht gelingen, denn der Hebel der Macht in dieser Institution ist in der Hand der USA und anderer *Großmächte.*

Der einfache Afrikaner in Sierra Leone, Eritrea, Äthiopien oder Liberia hat eigentlich recht, wenn er frustriert sagt: *Um uns schert sich niemand. Wir sind schwarz. Die im Kosovo sind weiß und die im Kuwait haben dazu noch Öl.*

Doch die Blauhelme der UNO kommen auch nach Afrika, aber nur dorthin, wo es Edelsteine, Edelmetalle und vor allem Öl gibt. Da sind sie präsent und schützen die weißen Minderheiten. Ob in Ruanda oder anderswo in Afrika, wo Völkermord und Massenvernichtung auf der Tagesordnung stehen: den westlichen Politikern ist es nach dem Versagen der amerikanischen Intervention in Somalia 1993, eigentlich gleichgültig, was in Afrika geschieht.

Nach dem Debakel von Somalia, wo der Mob US-Soldaten lynchte und vor den Augen der Welt durch die Straßen von Mogadischu schleifte, meinen manche Politiker, dass sie es gerne besser machen würden, wenn sie erst an der Macht sind. So George W. Bush, der Präsidentschaftskandidat der Republikaner und jetzige Erste Mann der einzigen Weltmacht: *In Nationen außerhalb unserer strategischen Interessen sollten wir unsere Truppen nicht mehr schicken, um ethnische Säuberungen oder einen Genozid zu stoppen.* Deutlicher kann man es nicht sagen. Aber bereits 1994 beim Völkermord in Ruanda sahen die Amerikaner und die Europäer dem Genozid tatenlos zu.

Hungersnöte, Kriege, die Kriegsmaschinerie, die aus dem Westen kommt, und Seuchen, wie AIDS-Epidemien, sind afrikanische Probleme, Probleme der Schwarzen. Nie war Afrika so an den Rand der menschlichen Zivilisation gedrängt und mit allen seinen Problemen allein gelassen worden, wie im 21. Jahrhundert. Ein beschämendes Zeugnis für die Herrenrasse und die Nachkommen Hegels. Berthold Brecht sah diese Ungerechtigkeiten der Industrienationen voraus: *Da es eine Magna Charta der großen Nationen gibt, welche den Eroberernationen den Kampf angesagt haben, sollte es auch eine Magna Charta der unterdrückten Nationen selbst geben. Enthält die bestehende Charta, was mit ihnen geplant ist, sollte die zu entwerfende enthalten, was sie selbst planen. Ohne eine solche zweite Charta würde die erste so aufgefasst werden können, als sollten die unterdrückten Völker, anstatt wie bisher Tribute bezahlen zu müssen, als Sklaven nunmehr lediglich Geschenke empfangen als Bettler.*

Nein, weder Afrika, noch irgend ein Land anderswo in der Dritten Welt, kann erwarten, dass die westliche Welt irgendeine humane Verpflichtung übernimmt, dass ernsthaft die Armut und die bedrohte Existenz der Menschen bekämpft würden.

Die Menschen in der Dritten Welt sind es, und zwar nur sie selbst sind es, die sich helfen können. Mit einem geistigen und moralischen Aufstand, mit Arbeit und Fleiß, mit Vertrauen in menschlichen Geist und in kreative Energie, ohne Demagogie und abwartende Lethargie. Diese Völker sollten nicht mehr an die Führer und Despoten glauben, die sie verraten und an den Abgrund geführt haben."

Buddha ergreift das Wort: „Es gibt eine neue Religion, und die heißt: das Kapital. Dort, wo angeblich die moderne Zeit entstanden ist, und dort, wo der Keim der modernen Welt gesät wurde, wo Dichter, Denker, Philosophen und großartige Wissenschaftler zu Hause sind, wo wie Menschen auf ihre westliche Kultur, Denk- und Lebensweise so stolz sind, dort wurde die Teilung dieser Welt beschlossen. Eine Teilung in eine europäische und amerikanische Welt der Herrenrasse und in eine Welt der Übriggebliebenen, der Asiaten, Afrikaner und Südamerikaner. Vordenker wie der Philosoph Hegel haben zu dieser Religion der besseren und stärkeren Menschen beigetragen. Aber auch die Kirche Jesu und die Christen haben dabei mitgewirkt, dass gerade diese *Übermenschen* aus dem Westen diesen Zustand stabilisieren und den Status der Überlegenheit der christlichen Welt gegenüber der nichtchristlichen Welt festschreiben konnten.

Mohammed hatte mit seinen Eroberungen nichts anderes im Sinn gehabt, als die ganze Welt zu islamisieren. Doch war es schon nicht möglich mit der Weltanschauung des islamisierten Menschen das Mittelalter und die Renaissance zu überwinden, so ist es nun noch schwieriger, damit das Zeitalter der Moderne und der Globalisierung zu überleben.

Christentum und Islam, beide haben die Menschen versklavt. Aber einen Unterschied zwischen beiden hat es gegeben: die Christen überwanden das Mittelalter dank ihrer schöpferischen und begabten Genies. Die Mohammedaner hingegen haben die Überwindung dieser heiklen Phase der geschichtlichen Entwicklung verschlafen, und es scheint, als ob sich manche Regionen der islamischen Welt immer noch im Schlaf befänden. Der Islam hat verpasst sich, zu reformieren, obwohl der Prophet Mohammed dies ausdrücklich befürwortete: *Ihr solltet eure Kinder zeitgemäß erziehen.*

Befinden sich die Religionsführer der islamischen Welt in einer Fata Morgana oder in einer Geschichte aus Tausendundeiner Nacht? Dass die Zeit des objektiven Realismus mehr verlangt, als verschleierte Gesetze, die vor anderthalb Jahrtausenden proklamiert wurden, wollen sie nicht verstehen."

Dazu Jesus: „Der moderne Egoist, der westliche Mensch, hat auf Grund seines Dranges nach der Weltherrschaft die Welt für sich und die nachfolgenden Generationen in reich und arm und in unterentwickelt und modern eingeteilt.

Im Mittelalter ging es mit der Kultur und den Wissenschaften des Morgenlandes abwärts, während im Abendland eine revolutionäre Ära, ein Aufbruch der abendländischen Kultur entstand.

Weder Mohammed noch ich haben jemals die Menschen nach Herkunft, Rasse und Geschlecht unterteilt. Der moderne Mensch hingegen ist gierig; er lebt und arbeitet mit Tricks. Er hat diese Welt in unterschiedliche Einflusszonen aufgeteilt: Völker, die über Mittel und Methodik zur Entwicklung und Produktion von Wohlstand verfügen, also Industrieländer der Ersten Welt, üben Macht über diejenigen aus, die weder das eine haben, noch das andere zu tun in der Lage sind. Sie werden von den Industrieländern als Entwicklungsländer oder als Länder der Dritten Welt bezeichnet.

Nach der Oktoberrevolution 1917, und mit dem Aufstieg der kommunistischen Welt nach dem Zweiten Weltkrieg ins Reich der Industrieländer, sprach man von den kommunistischen Ostblockländern oder von Ländern der Zweiten Welt. So hat man sich die Erde in arm und reich geteilt.

Die Länder der Dritten Welt sind meist, auf Grund ihrer multikulturellen und religiösen Beschaffenheit ihrer Völker, nicht leicht zu differenzieren. Wenn man mit dem Begriff *Entwicklungsländer* wirklich gemeint hat, dass sich diese Länder langsam entwickeln und damit zu Industriestaaten werden, dann muss gesagt werden, dass es nur wenige Länder geschafft haben, sich an die Schwelle zur Industriegesellschaft heranzuarbeiten. Die Mehrheit dieser Länder ist nach wie vor arm, wenn sie nicht so gar dabei ist, immer noch ärmer zu werden."

DIE DRITTE WELT – ENTWICKLUNGSLÄNDER

Mohammed: „Mit dem Urknall entstand ein Chaos und damit auch der Raum. Und mit dem Raum entwickelte sich auch das Phänomen Zeit. So jedenfalls Einstein in seine Relativitätstheorie. Und nach dem Urknall scheint ein Teil der Welt sich noch im Chaos und im Raum der Zeitlosigkeit zu befinden. Ob es in dem Raum, den der moderne Mensch als Dritte Welt bezeichnet, noch einmal einen Nachknall, ähnlich einem Nachbeben geben wird, wissen wir nicht.

Charakteristika und Merkmale der Entwicklungsländer sind:

Erstes Merkmal: Die Länder der Dritten Welt sind arm.

Das zweite Merkmal der meisten Länder der Dritten Welt ist, dass sie auf der südlichen Halbkugel der Erde angesiedelt sind.

Der dritte Merkmal dieser Länder ist, dass viele bis zur Mitte dieses Jahrhunderts, und noch darüber hinaus, Kolonien der Industrieländer Europas waren.

Das vierte Merkmal der Länder der Dritten Welt ist ihre weiterhin bestehende Abhängigkeit von reichen Industrieländern, trotz ihrer politischen Unabhängigkeit, da sie weder über know how noch über technische Mittel verfügen, um sozial-gesellschaftlich tatsächlich weiterzukommen.

Durch finanzielle Hilfen in Form von Darlehen und Krediten unter den Bedingungen, die von den Industrieländern vertraglich vorgeschrieben sind, bleiben die Entwicklungsländer Hilfsempfänger, und damit sind sie wirtschaftlich und materiell von den Industrieländern abhängig. Diese wirtschaftliche Abhängigkeit hat auch ihre politischen Konsequenzen. Diese Länder sind meist hoch verschuldet.

Das fünfte Merkmal: Die Entwicklungsländer sind auf die Märkte der Industrieländer angewiesen, um ihre meist landwirtschaftlichen Produkte und vor allem ihre Rohstoffe zu verkaufen. Sie sind meist Rohstofflieferanten.

Das sechste Merkmal der Entwicklungsländer ist fehlende Erziehung und Schulbildung. Armut, sozial-gesellschaftliche Defizite und damit verbundene Probleme in Erziehung und Bildung sind für viele typisch gesellschaftspolitische Fehlentwicklungen in der Dritten Welt als Ursache anzusehen.

Die Armut eines Landes wird daran gemessen, wie hoch sich das Pro-Kopf-Einkommen beziffern lässt. Dem Weltentwicklungsbericht von 1987 ist zu entnehmen, dass die Länder der Dritten Welt in allen Bereichen der Entwicklung und der Produktion, ausgedrückt im Pro Kopf-Einkommen, teilweise an den untersten Grenzen des Existenzminimums leben. Diese Situation hat sich bis heute nur geringfügig geändert, in manchen Ländern hat sie sich eher verschlechtert.

Entwicklung des Pro-Kopf-Einkommens in US-Dollar

Jahr	Entwicklungs- länder (1)	westliche Industrieländer (2)	Verhältnis von (1):(2)
1960	339	4 116	1 : 12,1
1985	610	11 810	1 : 19,4

Das sechste Merkmal ist polymorph und polyvalent zu gleich. Es sind viele Faktoren, die zu hoher Kindersterblichkeit und zu einer geringen Lebenserwartung der Menschen führen. Armut, Hunger, Unterernährung und unzureichende medizinische Versorgung sind die Gründe für eine verminderte durchschnittliche Lebenserwartung und für erhöhte Säuglings- und Kindersterblichkeit.

Zu Hunger und Unterernährung: Nach einem Bereich der FAO, der Ernährungs- und Landwirtschaftsorganisationen der Vereinten Nationen waren 1987 eineinhalb Milliarden Menschen unzureichend ernährt, und bis zu sechshundert Millionen davon waren unterernährt, obwohl für die Ernährung der ganzen Weltbevölkerung die produzierten Nahrungsmittel gereicht hätten, und obwohl die Silos und Lagerhallen im Westen überfüllt waren und viele Nahrungsmittel vernichtet wurden.

Nahrungsmittelproduktion und Nahrungsmittelverbrauch sind ungleichmäßig verteilt. In den Ländern der Ersten und Zweiten Welt werden ständig mehr Nahrungsmittel produziert. In der Dritten Welt war jedoch das Tempo der Erhöhung der Nahrungsmittelproduktion im Verhältnis zum Wachstum der Bevölkerung nicht ausreichend. Hier kommt noch das, trotz hoher Kindersterblichkeit, explosive Bevölkerungswachstum hinzu.

Unzureichende medizinische Versorgung und das Fehlen von Hygiene und Prophylaxe zum Schutz vor Infektionskrankheiten sind in den Entwicklungsländern die Hauptursachen dafür, dass die durchschnittliche Lebenserwartung niedrig ist, und dass die Säuglings- und Kindersterblichkeit im Zeitalter der Raumfahrt- und Computertechnik immer noch sehr hoch ist. Die Durchschnittsfamilie hat hier vier bis sechs Kinder, in der Hoffnung, dass einige davon das Erwachsenenalter erreichen.

Durchschnittliche Lebenserwartung in Entwicklungs-(EL) und Industrieländern(IL)

Region	westl.IL	EL-niedriges Einkommen	EL-mittleres Einkommen	EL höheres Einkommen
Lebens- erwartung	79/73 Frauen/ Männer	61/60	64/60	69/64

Unter den Entwicklungsländern gibt es, aufgrund eines unterschiedlichen Entwicklungsstandes, zum Beispiel in Industrialisierung und Vorkommen von Bodenschätzen, Länder die an der Schwelle zu einem Übergang zum entwickelten Land stehen.

Die Länder, die am wenigsten entwickelt sind und keine Bodenschätze haben, werden als Länder der Vierten Welt bezeichnet.

Säuglingssterblichkeit pro 1 000 Geburten (Weltentwicklungsbericht 1987)

Industrieländer			Entwicklungsländer		
Schweden	Dänemark	BRD	Guatemala	Pakistan	Nigeria
6	7	10	65	115	109

Die Armut eines Entwicklungslandes spiegelt sich in den Bereichen der medizinischen Versorgung, wie Einrichtungen, Krankenhäuser, Personal und Ärzte, und auch im Schul- und Bildungswesen, und damit in der Alphabetisierungsrate, wider.

Ärztliche Versorgung: Anzahl der Personen, die von einem Arzt betreut werden müssen

Industrieländer			Entwicklungsländer					
westliche	östliche	arme				fortgeschrittene		
			Mali	Indonesien	Äthiopien	Kuba	Brasilien	Türkei u. Iran
530	330	26 450	12 300		88 120	720	1 300	1 600

Das siebente Merkmal der Dritten Welt ist die Zunahme der Bevölkerung. 1984 fand in Mexico City die zweite weltbevölkerungspolitische Konferenz der Vereinten Nationen statt. Neben dem lateinamerikanischen Schuldenberg und den afrikanischen Hungerkatastrophen, die immer wieder in den Medien Schlagzeilen machen, war das Hauptthema die explosive Zunahme der Weltbevölkerung, hauptsächlich in der Dritten Welt. Es wurde dokumentiert, dass
- die Weltbevölkerung alle fünf Tage um über eine Million zunimmt;
- die Weltbevölkerung von 4,8 Milliarden im Jahre 1984 bis zum Jahre 2000 auf 6,1 Milliarden anwachsen sein wird;
- neun Zehntel der Zuwachsrate auf die Länder der Dritten Welt entfallen.

Die Zunahme der Weltbevölkerung ist im Laufe der letzten hundert Jahre deutlich beschleunigt worden. Parallel zum technologi-

Die Weltbevölkerung 1985 in den Entwicklungsländern (in Milliarden Menschen) und ihre Entwicklung bis zum Jahre 2000 (Weltbankbericht 1987)

Jahr	1985	2000
westliche Industrieländer	0,74	0,78
ärmste Entwicklungsländer	2,44	3,18
EL, mittleres Einkommen	1,24	1,66
EL, höheres Einkommen	0,56	0,71

schen und wissenschaftlichen Fortschritt, und trotz katastrophaler Kriege, ist diese Tendenz des Bevölkerungswachstums unaufhaltsam. Um 1800 lebten ca. 800 Millionen auf der Welt, 1900 waren es 1,6 Milliarden und nach Schätzungen der Weltbank und anderer internationaler Institutionen werden zu Beginn des 21. Jahrhunderts etwa 7 Milliarden Menschen auf dieser Erde leben. Der besondere Aspekt dieser Entwicklung ist, dass die Bevölkerung in den Entwicklungsländern am stärksten zunimmt. Auffallend ist, dass die Bevölkerungswachstumsrate in den ärmsten Ländern am höchsten ist, trotz Hunger, hoher Säuglingssterblichkeit und anderen Katastrophen. Die Gründe für die Bevölkerungsexplosion in solchen Ländern sind Kinderliebe trotz Armut und die Funktion der Kinder als Alters- und Lebensversicherung. Eine äthiopische Familie mit ursprünglich dreizehn, aber nur sieben überlebenden Kindern, die, allen Katastrophen und Krankheiten zum Trotz, dem Vater zur Seite stehen, ist ein Zeichen sozialer Stärke und Sicherung. Viele Kinder werden in diesen Ländern nicht älter als fünf Jahre, und selbst wenn sie das kritische fünfte Lebensjahr überlebt haben, haben sie keinen Schutz den einfachsten Gesundheitsproblemen gegenüber. In einer Zeit, in der die Medizin die Möglichkeiten hat, alle diese Kinder zu schützen und gleichzeitig durch moderne Verhütungsmittel die Familienplanung zu beeinflussen, wird von den Industrieländern die eigentliche Hilfe verweigert.

Einerseits gibt es religiöse Einflüsse, – hier vor allem die Macht des Vatikans, zum Beispiel in Südamerika, mit dem Nein zur Antibabypille –; und andererseits ist die Finanzierung von anhaltenden Aufklärungskampanen, die in manchen Ländern wie in China und in Indien, zu Teilerfolgen geführt haben, nicht immer gewährleistet.

Das achte Merkmal der Entwicklungsländer ist der Analphabetismus. Die *UNESCO*, die Organisation der Vereinten Nationen für Erziehung, Wissenschaft und Kultur, gab 1990 bekannt, dass schätzungsweise immer noch etwa neunhundert Millionen Erwachsene in den Entwicklungsländern nicht lesen und nicht schreiben können.

Die Schulausbildung ist in vielen Ländern der Dritten Welt entweder nicht vorhanden, oder aber sie ist unzulänglich organisiert. In vielen afrikanischen Ländern wird eine Schulausbildung selbst in einfachster Form bei den zuständigen Behörden nicht als soziale Aufgabe und Pflicht sondern als Luxus angesehen. In einigen anderen Ländern Afrikas, Asiens und Südamerikas ist zwar die Grundschulausbildung wesentlich besser, aber diese Möglichkeiten stehen nicht jeder Familie zur Verfügung.

Die Herkunft der Rückständigkeit in den Ländern der Dritten Welt ist multifaktoriell. Neben der Armut und dem Mangel an Mitteln und Einrichtungen ist die verheerende, von der Kolonialpolitik gesteuerte Diskriminierung der Völker der Dritten Welt ein Grund. Die Hinterlassenschaft der Kolonialmächte in vielen Ländern, die bis in die Mitte des 20. Jahrhunderts unter direktem Einfluss der Weltherren standen, ist der Analphabetismus. Die Kolonialherren waren der Meinung, dass die einheimische Bevölkerung keine Schulausbildung brauchte, und sie erlaubten nur einer kleinen auserwählten Schicht eine Schulbildung, um sich dadurch eine noch bessere Kontrolle des Landes zu sichern.

Es wurde einfach ignoriert, dass viele Kulturen auf dieser Erde bereits Hochkulturen waren, als die neuen Herren allmählich begannen, lesen und schreiben zu lernen. Durch das Eindringen der Europäer wurden diese Kulturen zerstört. Vom Kulturerbe der Menschheit wollten die Kolonialherren nichts wissen.

Ist es nicht traurig, dass fast alle Länder, die einst eine Hochkultur besaßen, Länder die als Wiege der Zivilisation, als Mutterland der Menschheitskultur gelten, so misshandelt worden sind?"

Dazu Mohammed: „Es nutzt den Menschen dieser Länder wenig, dass im Nachhinein ihre Kulturstätten von der UNESCO zu erhaltungswürdigen Denkmalen der Menschheit erklärt werden. Die Industrieländer haben in der Dritten Welt nicht nur die Städte und Zentren der hochentwickelten Kulturen zerstört, die, wie zum Beispiel die Hinterlassenschaft der Inkas in Peru, heute von Touristen aus allen Ländern bewundert werden; nein, sie haben auch bewusst die psychosoziale Desorientierung und Diskriminierung dieser Völker durch den Zwang zur Rückständigkeit und zur Unwissenheit herbeigeführt. Nach dem Motto: ein naives, dumm gehaltenes Volk kann besser beherrscht und ausgebeutet werden. Die Diskriminierungs- und Unterdrückungspolitik der englischen Kolonialmacht in Afrika oder im Fernen Osten zum Beispiel ist so offensichtlich gewesen, das man heute, im 21. Jahrhundert, noch ihre Spuren und sozialen Narben erkennen kann. Viele dieser Staaten sind immer noch mit den Problemen der primären Schul- und Berufsausbildung ihrer Völker beschäftigt, weil die Hinterlassenschaft der Kolonialmacht dafür gesorgt hat, dass die Voraussetzungen der Entwicklung in diesen Ländern so lange erschwert und blockiert blieben, bis die Industrieländer einen Entwicklungsstand erreicht haben, von dem Länder der Dritten Welt nicht einmal träumen können.

In einer Zeit der gen- und biotechnischen Revolution, in der durch die Errungenschaften in Wissenschaft und Technologie fast alles machbar geworden ist, bangen die Länder der Dritten Welt um den täglichen Lebensunterhalt.

Die Gentechnik macht es möglich, Gene von einem Organismus auf einen anderen zu übertragen und die Grenzen der Spezies zu überschreiten. Klone und transgene Organismen sind in den Laboratorien der großen Industrienationen zur gängigen Routine geworden. Im Jahr 1973 gelang den amerikanischen Biochemikern Herbert Boyer und Stanley Cohen das erste gentechnische Experiment. Sie schleusten fremdes Erbgut in Bakterienzellen ein und vervielfältigten es dadurch. Bei diesem Vorgang wurde DNA geklont; es wurden also identische Kopien vom Erbgut hergestellt. Heute werden nach diesem Prinzip zahlreiche Arzneimittel, wie zum Beispiel Humaninsulin, Blutgerinnungsfaktoren, Impfstoffe gegen Hepatitis A und B hergestellt; und in der Diagnostik und Therapie vieler erblich bedingter Krankheiten wird damit die so genannte genetische Chirurgie oder Reparatur, und damit die Beseitigung der Gendefekte, durchgeführt.

In der Transplantationsmedizin wird die Industriewelt durch die Realisierung der Xenotransplantation von der Dritten Welt unabhängig. Die bisherige Praxis, der Import von Nieren-, Herz- und Lebertransplantaten aus Entwicklungsländern, wird dadurch überflüssig.

Unter Xenotransplantation versteht man die Übertragung von Gewebe solider Organe zwischen zwei verschiedenen Spezies. Hierbei wird grundsätzlich zwischen konkordanten und diskordanten Xenotransplantaten unterschieden. Bei der konkordanten Transplantation werden Organe stammesgeschichtlich nahestehender

Arten aufeinander übertragen, so zum Beispiel von der Maus auf die Ratte oder vom Affen auf den Menschen. Bei der diskordanten Transplantation findet hingegen eine Organübertragung zwischen phylogenetisch entfernten Arten statt, zum Beispiel vom Schwein auf den Menschen.

In den Industrieländern steigt, parallel zur Verbesserung der medizinischen Versorgung und parallel zur Entwicklung der Transplantationsmedizin, der Bedarf an Spenderorganen. Für Patienten mit terminalem Organversagen, bei Herz-, Leber-, Nieren- und Lungenerkrankungen, ist die Transplantation die letzte Behandlungsmöglichkeit. Durch die ständige Weiterentwicklung der chirurgischen Methoden wurde die Transplantation in den Industrieländern zu einer sicheren und erfolgreichen Therapie entwickelt. Entsprechend dem rapiden Anstieg des Bedarfs an Spenderorganen verlängert sich die Wartezeit für die hilfsbedürftigen Empfänger. Nach Angaben der DSO, der Deutschen Stiftung Organtransplantation, steigt der Bedarf an Spenderorganen von Jahr zu Jahr. Das allgemeine Problem in den Industrieländern ist die nicht vorhandene Bereitschaft zur Organspende. Um die hier entstandene Notsituation zu überwinden, wurden zunächst anderswo in der Welt nach Organspenden gesucht. Und die Dritte Welt ist gut genug dafür, den Bedarf von mehr als 15 000 kranken Menschen zu decken, die auf ein Organ warten. Ein gutes Beispiel ist Deutschland. Hier wurden im Jahr 1997 3839 Organe verpflanzt, 404 mehr als im Jahr zuvor. Im einzelnen waren das: 2 249 Nieren, 562 Herzen, 762 Lebern, 120 Lungen und 146 Bauchspeicheldrüsen. Die Zahl der gespendeten Organe erhöhte sich um 9 Prozent auf 3 526. 313 stammten aus Europa. Der „Rest" von 3 213 aus nicht-europäischen Ländern."

Moses: „*Die beste Religion ist die Humanitätsreligion*, so schrieb Goethe an Herder im Jahr 1788: Das Märchen von Christus sei schuld, dass die Menschheit nicht zu einem Ganzen werde.
Nun, wenn wir schon die Welt strategisch eigennützig und inhuman aufgeteilt haben, dann sollten wir wenigstens wissen, wie wir die Dritte Welt definieren.
Die Dritte Welt ist da, wo es Armut, Elend, Leiden, Not gibt, und vor allem da, wo es immer wieder Kriege gibt. Die Dritte Welt

beherbergt die Länder, die einmal von überheblichen, ignoranten und habgierigen Politkern des Westens als unterentwickelte Länder und später als Entwicklungsländer schlechthin bezeichnet worden sind. Die Dritte Welt ist das Resultat eines seit über vier Jahrhunderte andauernden Prozesses, in dessen Verlauf diese Länder ihre typischen Merkmale und Charakteristika bekommen haben. Die ehemals verfeindeten Kolonialmächte sind in vieler Hinsicht zu einer einheitlichen Gesellschaftsordnung mit einem intregalen wirtschaftlichen, politischen, sozioökonomischen, aber auch geopolitischen System geworden.

Versuchen wir doch einmal die Eigenschaften und Merkmale eines Entwicklungsland der Dritten Welt zu beschreiben:

- Die durchschnittliche Lebenserwartung ist im Vergleich zu den Industrieländern deutlich geringer.
- Die Säuglingssterblichkeit ist sehr groß.
- Das Pro-Kopf-Einkommen ist sehr gering.
- Die Lebensqualität ist sehr niedrig; Hunger und Unterernährung sind verbreitet.
- Die sozialgesellschaftliche Probleme sind multifaktorieller Herkunft.
- Die medizinische Versorgung ist unzureichend. Vorsorge- und Nachsorgesysteme fehlen. Die Situation bei Hygiene und Prävention ist katastrophal.
- Die Bevölkerung wächst sehr rasch.
- Es gibt zu wenig Schulen und eine schlechte Ausbildung.
- Es gibt zu wenig Arbeitsplätze. Die Infrastruktur fehlt.
- Die Auslandsschulden sind, bedingt durch teuere Importwaren bei gleichzeitigem von Kartellen und Konsortien vorgeschriebenem billigem Export von Rohstoffen, sehr hoch.
- Im Land besteht soziale Ungleichheit; es gibt eine kleine Oberschicht und eine große Unterschicht.
- Die politische Situation ist instabil. Politische Bildung und demokratische Strukturen gibt es nicht.

Zwischen den Entwicklungsländern bestehen von Region zu Region große Unterschiede, nicht nur in Mentalität, Kultur, Geschichte, Tradition, Religion und Sprache, sondern auch im sozialökonomischen Bereich.

Im Laufe der Zeit haben sich einige Länder, wie zum Beispiel Brasilien, so weit hochgearbeitet, dass sie an der Schwelle zu einem entwickelten Land stehen. Gleichzeitig gibt es Länder in Afrika und Asien, wie zum Beispiel Mali oder Birma, die noch nicht einmal die Schwelle des Existenzminimums überschritten haben. Diese Länder werden als Vierte Welt bezeichnet.

Wenn man Begriffe wie *unterentwickelt* oder *Entwicklungsländer,* und die kategorische Einteilung der Welt in *Erste, Zweite, Dritte* und *Vierte Welt* mit allen ihren Wesensmerkmalen verstehen will, dann muss man sich mit der Geschichte der heutigen Industrieländer befassen und die Ära der postindustriellen Politik dieser Länder studieren.

Nach einer Schätzung der *FAO,* der Ernährungs- und Landwirtschaftsorganisation der Vereinten Nationen sind heute eineinhalb Milliarden Menschen unzureichend ernährt, bis zu sechshundert Millionen davon sind unterernährt. Wenn man die gesamte Nahrungsmittelproduktion der Welt, vor allem die Erzeugung von Getreide, nimmt, könnte diese Menge ausreichen, um die Ernährung der ganzen Weltbevölkerung zu garantieren.

Die ungleiche Produktion und Verteilung verhindern jedoch jegliche ausgewogene Versorgung der Menschen. In Europa, in den USA, in Australien und Neuseeland hat die Erzeugung von Getreide und Nahrungsmitteln in den vergangenen Jahrzehnten ständig zugenommen. In den Entwicklungsländern konnte die Nahrungsmittelproduktion mit der schnellen Zunahme der Bevölkerung nicht standhalten. Diese Länder haben zwar mehr Nahrungsmittel erzeugt, aber die Kapazität der Produktion konnte die Defizite nicht kompensieren. Versorgungsengpässe und Hungersnöte treten nicht nur in den Gebieten auf, die von der Natur benachteiligt sind, sondern auch in Gegenden, die ehemals fruchtbares Land waren und, infolge der falschen Bewirtschaftung, zu kahlen, unfruchtbaren Wüsten verwandelt wurden."

DIE ETHIK IST DIE WISSENSCHAFT
VON DER MORAL

B uddha: „Wenn die Ethik die Wissenschaft von der Moral sein soll, dann muss man sagen, dass alle Wissenschaftler gerade dieses Fachgebiet sehr vernachlässigt haben; ja sie haben es geradezu boykottiert.

In vielen Ländern der Dritten Welt sind Organspenden, wie zum Beispiel die Lebendspende von Nieren, ein Mittel zum Überleben geworden. In diesen Ländern verkaufen manche Familienväter eine ihrer Nieren, um ihre Familie für eine Weile über die Runden zu bringen. Die Importländer sind meist reiche europäische oder nordamerikanische Länder. In vielen medizinischen Publikationen wird über die Errungenschaften der Medizin und Erfolge in der Gentechnologie und Transplantation berichtet, aber gleichzeitig auch über die aktuelle Lage der Welternährung: *840 Millionen Menschen leiden weltweit an Hunger. Das sind mehr als die Einwohner der EU, der USA, Kanadas und Japans zusammen. Unter den Hungernden befinden sich etwa 180 Millionen Kinder unter fünf Jahren, insgesamt 34 Prozent aller Vorschulkinder.*

Aus dem *UNICEF*-Jahresbericht 1997 geht hervor, dass jedes Jahr sechs Millionen Kinder unter fünf Jahren an den Folgen von Mangelernährung sterben. Rund zweihundert Millionen Kinder sind von chronischer Mangelernährung betroffen und leiden, aufgrund ihres Mangels an Vitaminen, Eiweiß und Eisen, an mehreren Erkrankungen gleichzeitig, und sind anfällig für Infektionen und parasitäre Erkrankungen, weshalb sie oft das fünfte Lebensjahr nicht überleben. Wenn diese Kinder doch diese Phase überstehen, dann leiden sie immer noch an den Folgen der Unterernährung und ihren Begleiterkrankungen. *UNICEF* spricht von einer *stillen Katastrophe,* die sich in den Entwicklungsländern vollzieht. Mehr als eine Katastrophe ist aber, dass die *Seuche Armut* in einem großen Teil dieser Erde die Existenz der Menschen bedroht, und dass die reichen Industrieländer hin und wieder aus Mitleid und zur Gewissensberuhigung mit Hilfsaktionen helfen."

Zarathustra: „Fairness, Solidarität und Zivilcourage beleben die zwischenmenschlichen Beziehungen!

Das Wort der modernen Zeit, das Karriere macht, heißt Toleranz. Die Menschen der Dritten Welt werden von den Industrieländern gerade noch toleriert. Das ist der moderne Ausdruck für Duldung. Sie werden nicht als gleichberechtigte Menschen anerkannt, sondern nur toleriert. Die Einseitigkeit der Nutzung von Wissenschaft und Technologie durch die reichen Nationen ist egoistisch und schamlos!

Die vergessenen Krankheiten in der Dritten Welt sind Lepra und Tuberkulose. In Zentralasien ist nach dem Zusammenbruch der Sowjetunion das Kontrollsystem zerfallen. Hier kann keine genaue Statistik erstellt werden.

Im Herbst 1999 versammelten sich in der kasachischen Hauptstadt Almaty die Leprologen aus allen zentralasiatischen Staaten, und aus Armenien und Aserbeidschan. Das *DAHW*, das Deutsche Aussätzigen Hilfswerk, hatte dieses Treffen unter Federführung der Internationalen Vereinigung der Leprahilfswerke (*ILEP*) koordiniert. Dieses Hilfswerk verfügt zwar über eine vierzigjährige Erfahrung und behandelt jährlich fünfundsiebzigtausend Lepra- und einhundervierzigtausend Tuberkulose-Kranke, verfügt aber über wenige Mittel, um all diesen Menschen zu helfen, und um die Krankheiten zu präventieren.

Noch immer erkranken weltweit jährlich siebenhunderttausend Menschen neu an Lepra, was wenig Beachtung bei den reichen Nationen der Industriewelt findet. Diese Infektionskrankheit, die wesentlich durch Tröpfchenkontamination übertragen wird, ist immer noch wenig erforscht. Maßnahmen zur Vorsorge und einen Impfstoff zur Prophylaxe gibt es nicht. In vielen Regionen der Dritten Welt ist eine intensive Therapie kaum möglich, und die Aussätzigen werden mit ihren Leidensgenossen für immer in für die Öffentlichkeit verbotenen Ghettos von jeglicher Zivilisation isoliert.

Ein schöpferischer Beweis, dass die Menschen gleicher Herkunft sind, und dass sogar die Affen das Recht auf Anerkennung für unsere Vorfahren bekommen, ist, dass die Affen den Menschen in der Not das geeignete Organ spenden können.

Der Import von Organen aus einigen Ländern Asiens und Südamerikas hilft die steigende Zahl der auf eine Organtransplantation wartenden Patienten gerecht zu werden.

Die Industriewelt findet immer Mittel und Wege, um die Probleme ihrer Bürger zu lösen. Und solange die Technik der Xenotransplantation noch nicht zur Routine geworden ist, müssen halt junge, gesunde Menschen in der Dritten Welt das Organspendendefizite ausgleichen.

Doch manche Industrienationen gehen schon einen Schritt weiter. Neue Felder für eine bessere und vor allem umfangreichere Produktion der Lebensgüter und Pharmaprodukte werden erobert. Das Zeitalter des Klonens und der Gen- und Biotechnologie ist angebrochen. Die Industriewelt erobert die Geheimnisse im molekularen Bereich. Die Ära der Ausbeutung umfangreicher Ressourcen der Mikro- und Makroorganismen der Tier- und Pflanzenwelt hat längst begonnen.

Die Frage ist, welchen Nutzen haben die Menschen der Dritten Welt von den Errungenschaften der Wissenschaften? Antwort: Bisher gar keine! Beispiel: Wenn es auch extrem aussehen mag, so ist dies doch kein Einzelfall eines aussichtslosen Kampfes gegen Armut und Verzweiflung: *Zug heilte Wundbrand. Neu Delhi: Weil der 45-jährige kein Geld für die nötige Amputation hatte, ließ er sich seinen von Wundbrand befallenen Fuß von einem fahrenden Zug abtrennen. Dafür legte der Vater von drei Kindern sein Bein auf die Schienen. Er wurde wegen starken Blutverlustes in ein Krankenhaus eingeliefert. Er habe keine andere Wahl gehabt, weil sich der Wundbrand sonst auf sein gesamtes Bein ausgebreitet hätte, sagte der arbeitslose Inder.* Sein nächster Zug ist, ein Organ zu *spenden*, damit die Familie über die Runden kommt."

Dazu Moses: „Meine Beweisführung, dass alle Menschen gleich sind und dass sie gleiche Rechte auf alles haben, was die Menschheit errungen, erfunden und erreicht hat, ist fundierter und wissenschaftlicher als Zarathustras Beispiel. In unserem Genom mit Namen DNA sind wir alle wirklich gleich. Fortschritt und Errungenschaften der Technik sollten allen Menschen zugute kommen und nicht nur den Privilegierten.

Der wissenssüchtige Mensch hat bisher die DNA fast ausgelöffelt und ist soweit gekommen, dass er sein Ebenbild herstellen kann.

Meilensteine der Gentechnik

1941	Beadle und Tatum belegen, dass ein Gen die Bauanleitung für ein einziges Protein enthält
1944	Avery weist nach, dass DNA das genetische Material ist
1949	Experimenteller Beweis für den Zusammenhang zwischen Genmutation und abweichender Proteinstruktur
1953	Watson und Crick entdecken die Doppelhelix-Struktur der DNA
1961	Nachweis, dass drei Nukleinsäure-Bausteine die Information für eine Aminosäure enthalten (Triplettcharakter des genetischen Codes)
1973	Erstmals wird fremde DNA in einen bakteriellen Chromosomenring, ein Plasmid, eingebaut, der dann in Bakterien eingeschleust wird
1974	Aufruf einiger Wissenschaftler zu einem weltweiten Moratorium für bestimmte Arbeiten mit der Gentechnik (Konferenz von Asilomar/USA)
1977	DNA-Sequenzierung wird möglich
	Gründung des ersten Gentechnik-Unternehmens (Genentech in den USA)
	Erstes rekombinantes DNA-Molekül, das DNA von einem Säugetier enthält
1978	Somatostatin als erstes menschliches Hormon mit Hilfe der Gentechnik hergestellt
1982	Gentechnisch hergestelltes Humaninsulin kommt auf den Markt
1985	Die Polymerase-Kettenreaktion wird entwickelt, mit der sich winzige Mengen DNA in kurzer Zeit millionenfach vermehren lassen
1988	Projekt zur Sequenzierung des menschlichen Genoms (Human Genome Project HUGO) wird vorbereitet
1989	Transgene Maus in den USA patentiert
1990	Erste somatische Gentherapie
1990	Start des Humangenom-Projektes
1994	Erstes gentechnisch verändertes Gemüse auf dem Markt (Tomaten in den USA)

1995	Erste vollständige Genom-Sequenz eines freilebenden
	Organismus entschlüsselt (Haemophilus influenzae)
1997	Klonen eines Säugetiers gelungen (Schaf Dolly)
1999	Erste Klon-Versuche mit humanen Embryonalzellen)
26.6.2000	Human-Genom fast vollständig sequenziert

(Ärzte Zeitung)

Die Entwicklung in den Industrieländern ist so rasant, dass die Entwicklungsländer nicht einmal in der Lage sind diese Geschehnisse zu verfolgen. Die Biotechnologie ist dabei, eine völlig neue Epoche der produktiven Maschinerie zu begehen, womit die Zukunftsversorgung der allmächtigen Industriewelt bis auf weiteres gesichert sein wird. Die Biotechnologie eröffnet Möglichkeiten, die noch vor wenigen Jahren kaum vorstellbar waren.

Was der englische Wissenschaftler und Philosoph Francis Bacon 1622 in seinem Werk *Nova Atlantis* phantasierte und als eine Vision seiner wissenschaftlichen und technischen Vorstellungen darstellte, in der alle biologischen Formen als Rohmaterial dienten, ist zur Tatsache geworden. Bacon beschrieb Designerpflanzen, die dann blühen sollten, wenn der Mensch es wünschte; Kulturen mit neuen Geschmacksrichtungen und Pflanzen, die schneller wachsen und mehr Früchte tragen würden als alle bisher bekannten Artgenossen.

Die Verwirklichung dieser Phantasie begann schon um 1865 mit Mendel und den Mendel´schen Regeln, mit denen der Grundstein zur modernen Genetik gelegt wurde. Das Gen ist eine Einheit, bestehend aus genetischem Material und erblichen Informationen. Und im Jahr 1945 begann die Ära der Molekularbiologie mit der Definition von Schrödinger: *wir werden die Struktur des Gens als die eines riesigen Moleküls betrachten, nur zu diskontinuierlicher Veränderung fähig, die in einer Neuordnung seiner Atome besteht und zu einem isomeren Molekül führt. Der Umbau (Mutation) betrifft vielleicht nur einen kleinen Teil des Gens, und es kann eine gewaltige Zahl verschiedener Anordnungen geben.*

Diese These hat gestimmt. Und wir wissen heute, dass das Gen tatsächich ein Riesenmolekül ist und nicht, wie vermutet, autonom ist; und dass es, in Abhängigkeit von anderen Bestandteilen der Zelle, bei der Vermehrung beteiligt ist. 1944 bereits hatte

Oswald Avery den Informationsspeicher des genetischen Materials, die DNA, in einer für unsere Vorstellungen einfachsten Art isoliert: *Wenn eine Alkoholkonzentration von ungefähr $^9/_{10}$ des Gesamtvolumens erreicht ist, dann scheidet sich eine fasrige Substanz ab, die sich während des Rührens von selbst um einen Glasstab wickelt – wie ein Faden um eine Spule – und die andere Unreinheiten als granuläres Präzipitat zurücklässt. Das faserige Material wird wieder aufgelöst und der Prozess mehrfach wiederholt. Kurz, die Substanz ist hochgradig reaktiv und zeigt in der Elementaranalyse nahezu die theoretischen Werte reiner DNA.*

So einfach kann ein riesiger Schritt in der Wissenschaft getan werden. In diesem Punkt, also im genetischen Bereich und in den Bausteinen unseres Erbguts, in der DNA, und somit in allen Basen und Sequenzen, sind wir Menschen alle gleich, ob wir in der Ersten, Zweiten oder Dritten Welt geboren sind, oder ob wir dort leben oder sterben werden. Was für ein Trost! 1953 wurde von Watson und Crick das Doppelhelix-Modell der DNA entdeckt. Die Bestandteile der DNA sind Basen, Nucleoside und Nucleotide. Das fast einzige genetische Material besteht aus fünf Basen – Adenin, Guanin, Cystosin, Thymin und Uracil – mit ihren jeweiligen Nucleosiden bzw. Nucleotiden:

Adenin	Adenosin	Adenylsäure
Guanin	Guanosin	Guanylsäure
Cystosin	Cytidin	Cytidysäure
Thymin	Thymidin	Thymidylsäure
Uracil	Uridin	Uridylsäure

Um einen Überblick über die wissenschaftliche Entwicklung im Bereich der Gentechnologie zu geben, ohne weiter die Genetik zu vertiefen, ist das Folgende erwähnenswert:

1970 entdeckte Hamilton Smith in den USA in Bakterien Proteine, mit denen diese Mikroorganismen sequenzspezifische DNA zerschneiden. Heute werden diese als Restriktionsenzyme bezeichnet und als wichtige Werkzeuge in der Gentechnologie eingesetzt. 1972 wurden, mit Hilfe von DNA-Lipasen, Restriktionsfragmente von DNA liquidiert. 1973 wurden Restriktionsfragmente von Fremd-DNA mit Plasmid-DNA zu einer chimären DNA liquiert und anschließend in funktionell aktiver Form in Escherischia coli-Zellen eingeschleust. Schon hier wurde in einer Konferenz (*Gordon Research Conference on Nucleic Acids*) über die Gefahren der in-vitro-DNA-Neukombination berichtet. 1975 erarbeitete eine internationale wissenschaftliche Konferenz in Asilomar (Kalifornien) neue Richtlinien zur Sicherheit bei der Produktion und Handhabung von Organismen, die in-vitro rekombinierte DNA enthalten, also in Laboratorien manipuliert sind. In dieser Konferenz wurde empfohlen, als Empfänger von Fremd-DNA nur solche Mikroorganismen zu verwenden, die außerhalb der Laborverhältnisse nicht lebensfähig sind. 1976 wurde dieser Beschluss in den USA als verbindliche Richtlinie anerkannt und in vielen andern Industrieländern akzeptiert. 1977 wurde die erste gentechnologische Firma gegründet, die die Produktion und den Einsatz künstlich rekombinierter DNA zur Synthese von Arzneimitteln in kommerziellem Maßstab einführte. Dieser Firma folgten zahlreiche andere, und aus einer wissenschaftlichen These entstand ein neuer Wirtschaftszweig, der bis heute einen gigantischen Umfang erreicht hat. 1979 wurden in Amerika die Richtlinien bezüglich der Rekombination viraler DNA gelockert, es wurde die Isolierung eines Krebsgens mit Hilfe der Gentechnologie gefordert. 1980 wurden die ersten Früchte der Gentechnologie vermarktet. Insulin wurde als erstes von einem rekombinanten Gen kodiertes Produkt im industriellen Maßstab erzeugt. 1981 wurden die Richtlinien des *NIH,* des Nationalen Institut of Health, hinsichtlich der Verwendung von gewöhnlichen Laborstämmen von Escherischia coli und Hefe als DNA-Rezipienten weiter gelockert, sofern nicht Gene für toxische Produkte transferiert werden. Dass diese Richtlinien, vor allem in der Produktion von Giftgas und anderen bakteriellen Kampfstoffen, nicht beachtet wurden, und dass sogar die Techniken verfeinert wurden, haben wir im Krieg zwischen Iran und Irak gesehen, wo diese Waffen von Saddam Hussein mit mörderische Wirkung gegen den Iran eingesetzt wurden. Saddam Hussein und seine Clique haben sich das technologische know how dafür im Westen, in Europa und Amerika, besorgen können.

Dass die Dritte Welt immer wieder zum Versuchsfeld für solch grausame Produkte wird, ist nichts Neues. Das ist nur ein Beispiel für die brutalen Wirtschaftsinteressen der Industrieländer. Wenn den Entwicklungsländern know how geliefert wird, dann das für modernste Waffen. In anderen Bereichen, zum Beispiel in der Nahrungsmittelproduktion, bekommen die Entwicklungsländer immer nur Almosen in Form von Nahrungsprodukten, die aus Restbeständen aus den Silos der Industrieländer stammen. Mittel und Methoden zur eigenen Produktion in ihren Ländern bekommen sie nicht.

Gibst Du einem Mann einen Fisch, nährt er sich einmal, lehrst Du ihn das Fischen, nährt er sich sein ganzes Leben (Kuant-Tzu)."

Dazu Abraham: „Dein Exkurs in die Welt der Wissenschaften, darf nicht darüber hinwegtäuschen, dass der intelligente Mensch sich mit seinen Errungenschaften zusätzlich Probleme schafft. Der moderne Mensch will länger und gesünder leben. Ja, er will unsterblich sein.

Die Suche nach Unsterblichkeit und Glück ist laut Bhaktivedand Swami Prabhupada berechtigt: *Jedes Lebewesen, ganz besonders aber der zivilisierte Mensch, hat das Verlangen für immer zu leben und glücklich zu sein. Dieser Wunsch ist natürlich, denn in seinem ursprünglichen Zustand ist das Lebewesen sowohl ewig als auch voller Freude. Im gegenwärtigen, bedingten Zustand des Lebens jedoch ist es in einem Kampf gegen sich ständig wiederholende Geburten und Tod verwickelt. Deshalb hat es bisher weder Glück noch Unsterblichkeit erlangen können.*

Im Westen verzeichnet die Gentechnologie weitere Erfolge, und ihre unaufhaltsame Karriere im Bereich der Diagnostik, der Therapie und der Produktion erreicht umfangreiche Dimensionen. Einige Krankheiten, wie zum Beispiel die Sichelzellanämie, können pränatal auf gentechnologischer Ebene diagnostiziert werden. Zur gleichen Zeit gibt UNICEF bekannt, dass etwa siebzig Prozent der Kinder in bestimmten Regionen der Dritten Welt, zum Beispiel in Eritrea und Äthiopien, nicht das Alter von fünf Jahren erreichen, dass Hunger und Infektionskrankheiten, wie Tbc, Masern, Polio und parasitäre Erkrankungen, wie Malaria, die Existenz vieler Völker in der Dritten Welt bedrohen. Krankheiten, die zum großen Teil zu behandeln oder im präventivmedizinischen Sinne vermeidbar wären, auch ohne den Einsatz von gentechnologischer

Methodik und Praxis. Mit nur einem US-Dollar kann das Leben eines Menschen gerettet werden, der das Pech hat in einem Land der Dritten Welt geboren zu sein und an irgendeiner Infektionskrankheit zu leiden, die ganz einfach mit einem Antibiotikum zu behandeln wäre.

Milliarden Dollar werden in die Forschung investiert, damit Krankheiten besser behandelt werden, und damit Menschen länger leben können. Ist es denn nicht möglich, auch etwas Geld zu investieren, damit Kinder in der Dritten Welt über das fünfte Lebensjahr hinaus leben können?

Im Jahr 1982 wurde festgestellt, dass bei der Krebsentstehung die Entgleisung der Basensequenz in der DNA zur Entartung der Zelle führt. Die gentechnologische Wissenschaft hat bis heute Umfangreiches geleistet. Und wir wissen inzwischen mehr über kanzerogene Stoffe. Auch die Möglichkeiten der Diagnostik werden immer besser und raffinierter. Aber bis heute können wir definitiv gegen Krebs nur in bestimmten Bereichen und Formen etwas tun. Ein endgültiges Rezept gegen Krebs gibt es noch nicht.

In der Krebsforschung und bei genetisch bedingten Krankheiten werden immer mehr transgene Tiere eingesetzt. Transgene Tiere sind Lebewesen, deren genetische Komposition künstlich verändert wird; diese Tiere dienen in der Forschung als Krankheitsmodelle. Embryologen, Genetiker und Physiologen erzeugen Tiere, die spezifische Symptome humaner Krankheiten entwickeln.

Weitere Bereiche der Gentransformation und der experimentellen Genmanipulation sind transgene Pflanzen, die zur Herstellung von Arzneimitteln herangezogen werden. Sie sind jedoch noch nicht für die Produktion ausgereift."

Buddha: „Der Egoismus ist keine genetische Krankheit! Noch schlimmer als diese ist die Krankheit der postmodernen Welt, deren Ursache im Geist und im Wesen der Zeit zu finden ist. Wir haben keinen Respekt vor solchen Errungenschaften, die die Existenz des homo sapiens bedrohen. Wer genetisch veränderte Nahrungsmittel produziert unter dem Vorwand, den hungernden Menschen in der Dritten Welt zu helfen, der ist ein Heuchler. Denn bisher hat keine Erfindung und keine Technik der Dritten Welt geholfen: Alles geschieht immer zuerst für die Menschen in den Industrienationen. Denn sonst würden vorhandene Nahrungs-mittel und Lebensgüter nicht aus wirtschaftlichen Gründen ver-nichtet werden.

Ein Beispiel dafür sind die transgenen Organismen in der Land-wirtschaft: Transgene Pflanzen und Tiere könnten auch in der Landwirtschaft von Nutzen sein, so behaupten die Wissenschaft-ler der Industriewelt. Von krankheitsresistenten und schnellwach-senden Organismen versprechen sich die Wissenschaftler höhere Erträge. Bis heute sind achtundzwanzig genetisch veränderte Sor-ten folgender Pflanzen zugelassen: Baumwolle, Chicorée, Kartof-feln, Kürbis, Mais, Papaya, Raps, Soja, Tabak und Tomate.

Doch stellt sich die Frage: was soll, in Gottes Namen, mit so viel Produktion geschehen? Die Erträge waren schon vor dieser revolu-tionären Technologie so groß, dass viele Millionen Dollar für die Vernichtung des Überflusses und für Deponien von Nahrungsmit-teln ausgegeben wurden. In einigen Publikationen der Industrie wird behauptet, dass die Ressourcen der Welt endlich seien, und dass aus der Endlichkeit der Ressourcen und dem unendlichen Wachstum der Weltbevölkerung eine unendliche Herausforderung resultiere: Immer mehr Menschen brauchten Nahrung. Es ginge darum, die Erträge in der Landwirtschaft zu erhöhen, indem der Ertrag pro Fläche erhöht würde: Das sei die Formel der Zukunft. Und mit dieser neuen Formel sind die Biotechnologie und die transgenen Pflanzen und Tiere in der Landwirtschaft gemeint.

Von 1970 bis 1990 haben die Industrieländer, angeführt von den USA, mit ihren Rekordernten *die Revolution auf den Feldern* pro-pagiert. Im gleichen Zeitraum stieg die Produktion der landwirt-schaftlichen Güter tatsächlich um ein Zigfaches; und parallel dazu auch die Summe der Gelder, die für die Vernichtung der Über-schüsse ausgegeben wurden. Die katastrophale Situation der hun-gernden Völker in der Dritten Welt hat sich jedoch nicht geändert: 1987 waren eineinhalb Milliarden Menschen unzureichend und bis sechshundert Millionen unterernährt. Und heute wird in der Industriewelt für neue Methoden und die Biotechnologie gewor-ben, um mehr zu produzieren, damit alle satt werden.

Gerade hatte die Gentechnik Anfang der siebziger Jahre ihre Kin-derkrankheiten überwunden und an praktischer Bedeutung ge-wonnen, da setzten sich Wirtschaftsverbände das Ziel, mit der neuen Methode *Kulturpflanzen* den Anforderungen der zukünftigen Weltmärkte entsprechend zu entwickeln. Eine Schlüsseltechnologie für das 21. Jahrhundert, die Biotechnologie, wurde als ein epochales Ereignis gefeiert.

In Nordamerika und Kanada sind biotechnisch erzeugte landwirtschaftliche Produkte nicht mehr nur Phantasie, sondern die Realität in den Lebensmittelmärkten. In Europa ist man etwas zögernder; aber auch hier werden nach und nach, trotz kontroverser Diskussionen, die Märkte von Produkten mit fremdem Erbgut erobert. Wenn behauptet wird, dass wir und die künftigen Generationen auf die Gentechnik in der Landwirtschaft nicht verzichten können, dann muss abgewartet werden, ob die Industriewelt diese Technik ohne wenn und aber in die Entwicklungsländer überträgt. Denn nur durch den Transfer von know how kann die Dritte Welt mit eigener Kraft die Probleme der Ernährung in den Griff bekommen, und nicht mit Lieferungen von Fertigprodukten.

In einigen entwickelten asiatischen Ländern, vor allem aber in Japan, boomt die Biotechnologie. Ob Japan aber daran Interesse hat, den asiatischen Nachbarländern Entwicklungshilfe durch know how zu leisten, diese Frage bleibt unbeantwortet. Denn alle Industrieländer setzen ihre wirtschaftliche Macht dafür ein, um sich die Zukunftsmärkte zu sichern. Ihr Motto ist: *Ohne die Biotechnologie ist an Erfolg auf den Märkten der Zukunft nicht zu denken.*

Einerseits wird behauptet, dass die Biotechnologie Chancen mit sich bringt, die noch vor wenigen Jahren kaum vorstellbar waren. Andererseits ist man mit Fragen der Verantwortung und mit ethischen Optionen konfrontiert. Wir müssen jederzeit in der Lage sein, für uns und für die nächsten Generationen, die Verantwortung für unsere Handlungen zu übernehmen."

Eine ernste Anmerkung von Zarathustra: „Wir werden sehen wie der Mensch mit den Folgen dieser farbenträchtigen Technolgie fertig wird. Ich glaube nicht, dass es nur eine *Büchse der Pandora* gibt, aus der immer neues Unglück kommt, aber der Fortschritt muss den Rahmen der Rationalität bewahren und zwar seinetwegen!"

Anwendungsgebiete der Gentechnik

Grüne Gentechnik (Landwirtschaft)

- Verstärkung der erwünschten Eigenschaften (mehr Ertrag, geringere Verderblichkeit, bessere Produkte) zum Beispiel bei der nicht mehr nachkeimenden Kartoffel.
- Krankheitsresistente und damit weniger chemieabhängige Pflanzen, zum Beispiel bei Mais und Futtermitteln.
- Optimierung der Fruchtbarkeit und damit Erhaltung der Artenvielfalt, zum Beispiel bei der In-vitro-Vermehrung von Bäumen.

Rote Gentechnik (Verfahrenstechnik, Pharma, Medizin)

- Eindeutige Identifizierung von Individuen, zum Beispiel bei der Verbrechensbekämpfung.
- Therapie: direkte Gentherapie bei erblich bedingten Krankheiten oder durch Stärkung des Immunsystems bei anderen Er-krankungen, zum Beispiel Malaria, Hepatitis, Mukoviszidose.
- Diagnose erblich bedingter Krankheiten wie Down-Syndrom (Trisomie 21), Ursachenforschung bei anderen Erkrankungen, Diagnoseverbesserungen (Biosensoren).

Graue Gentechnik

- Umwelttechnik: Abwasserreinigung durch Bioreaktoren oder Schadstofferkennung über Biosensoren (Algentoximeter).
- Energiegewinnung: Kohleentschwefelung durch genetisch optimierte Mikroben.
- Arzneimittel: Wirkstoffproduktion durch genetisch veränderte Mikroorganismen (zum Beispiel Insulin).

(Ministerium für Wissenschaft und Forschung NRW)

Buddha fährt fort: „Genetisch veränderte Nahrungsmittel, genetisch veränderte Mikroorganismen, Klone, transgene Lebewesen,

Xenotransplantationen, Keimbahneingriffe beim Menschen: alle diese gentechnologischen Methoden halten zur Zeit die Zentren der Industriewelt in Atem.

Tracy ist das erste transgene Nutztier; ein Schaf, das einen rekombinierten Arzneistoff (Alpha-1 Proteinasen-Inhibitor) in der Milch produziert. 1991 gelang mit Tracy der Versuch, einen Medikamentenproduzenten herzustellen. Die Wissenschaftler hatten in Edinburgh einem Spenderschaf eine Eizelle entnommen, die sie im Reagenzglas befruchteten und dann in einen der Vorkerne das menschliche Alpha-1-Proteinase-Inhibitor AAT-Gen eingepflanzt hatten. Nach der Kernverschmelzung, also der Befruchtung im Reagenzglas, entwickelte sich durch Zellteilung der Embryo, der anschließend von einem Leihmutterschaf ausgetragen wurde. Das neugeborene Nutztier wurde Tracy getauft. Obwohl das AAT-Gen durch den Eingriff in die Keimbahn in jeder Körperzelle von Tracy vorhanden war, wurde das Protein nur in der Milch gefunden. Dafür haben die Wissenschaftler eine regulative DNA-Sequenz, die sie vor der Mikroinjektion mit dem AAT-Gen verknüpft hatten, als Ursache gesehen. Die regulative DNA-Sequenz war in diesem Fall eine gewebsspezifische Mäuse-DNA gewesen, die nur in Milchdrüsenzellen aktiv ist und somit dafür gesorgt hat, dass das AAT ausschließlich in den Zellen dieses Organs bei Tracy gebildet wurde.“

Dazu Mohammed: „In Europa und in den USA leiden etwa einhunderttausend Menschen an erblichem AAT-Mangel. Bislang wurde AAT aus dem humanen Blutplasma hergestellt. Doch die so produzierte Menge reichte gerade um ein Drittel dieser Kranken zu versorgen. Außerdem sind solche Plasmaprodukte immer mit der Gefahr einer Kontamination oder der Übertragung von Infektionskrankheiten, wie zum Beispiel AIDS oder Hepatitis, verbunden. Eine Herde von fünfhundert bis tausend Tracy-Nachkommen könnte den Bedarf an AAT in den Industrieländern decken.
AAT hemmt normalerweise die Aktivität des Enzyms Elastase, das die Lungenzellen angreift. Beim Fehlen von AAT leiden die Menschen unter fortschreitender Verschleimung ihrer Lungen und sie werden selten älter als dreißig Jahre. Nach diesem Vorbild werden Blutgerinnungsfaktoren wie Antithrombin III und Gerinnungsfak-

tor VIII durch transgene Tiere produziert. Andere Produkte, wie Insulin zur Routine und einige Antibiotikaproduktionen, werden erprobt.

Die Herstellung von Impfstoffen gegen Infektionskrankheiten ist eine der wichtigsten Aufgaben der Gen- und Biotechnologie. Impfstoffe gegen Hepatitis A und B sind jedoch nur Beispiele dafür, wie eigennützig diese Produkte gedacht und auch hergestellt werden. Seit Jahren stehen diese Impfstoffe in den Industrieländern zur Verfügung; und jeder ist in der Lage sich durch mehrfache Impfungen, einzeln oder kombiniert, gegen Hepatitis A und B impfen zu lassen. Für Ärzte und medizinisches Personal ist dieser Impfschutz sogar vorgeschrieben. Die Situation der Vorsorge und der Schutzimpfung in der Dritten Welt hingegen bleibt, trotz dieser Fortschritte, katastrophal schlecht.

Bei einem internationalen Kongress in der nordäthiopischen Stadt Mekelle sollten die anwesenden Ärzte, die gegen Hepatitis A oder B geimpft sind, die Hand heben. Der Kongresspräsident, der diese Frage beantwortet haben wollte, stellte mit Erstaunen und Bedauern fest, dass alle erhobenen Hände weiß waren, und dass kein einziger schwarzafrikanischer Arzt geimpft war.

Wenn in diesen Regionen der Dritten Welt nicht einmal der Arzt und seine Mitarbeiter sich gegen Infektionskrankheiten schützen können, wie sollen sie sich dann für ihre Patienten effektiv einsetzen können. Impfstoffe sind für diese Menschen Luxusartikel. Kein Mensch kann sich einen Impfstoff, wie zum Beispiel den gegen Hepatitis B leisten, der ungefähr hundertfünfzig Euro kostet. Mit diesem Geld könnte sich eine zehnköpfige Familie fast ein Jahr lang ernähren.

Bitte, lasst doch die Heuchelei: die These, dass die neuen Chancen für die Verbesserung von Lebensqualität, Gesundheit und Wohlstand der Menschheit in der Biotechnologie liegen, ist verwerflich und egoistisch zugleich. Es sei denn, die Wissenschaftler und die Wirtschaftsmanager der Großkonzerne meinten mit der Menschheit nur die Menschen in der Industriewelt. Denn alle bisherigen Errungenschaften waren nur für die Industrienationen selbst gedacht. Und die späteren Nutznießer sind höchstens die Länder, die zwar unterentwickelt sind, aber zahlen können, wie zum Beispiel die neureichen Emirate am Persischen Golf.

Die Dritte Welt ist nicht in der Lage, in den Genuss solcher Produkte zu kommen."

Dazu Buddha: „Bhaktivedanta Swami ist jedoch sehr pessimistisch: *Die materialistische Wissenschaft wird vielleicht eines Tages die ewige, antimaterielle Welt entdecken, die den Streithähnen des eingefleischten Materialismus seit so langer Zeit unbekannt ist.*

Das Klonen von Tieren und Menschen?
Bereits 1938 wollte der deutsche Zoologe Hans Spemann den Kern einer Eizelle durch den einer Körperzelle ersetzen. Doch die Ereignisse dieser Zeit waren mehr politisch als wissenschaftlich. 1938 war ein ereignisreiches Jahr: Hitler hatte seine Macht gefestigt und mit seinem Besuch in Rom den faschistischen Freund Musolini für den Wahnsinnsplan einer Welteroberung gewonnen. Ein Pseudofriedensabkommen zwischen Hitler und dem britischen Premierminister Chamberlain hielt Hitler den Rücken frei für seinen Einmarsch in Osteuropa. Im Münchner Abkommen wurde, trotz Protesten der UdSSR, mit den Stimmen Englands, Frankreichs und Italiens die Sudetengebiete von der Tschechoslowakei getrennt und ins Deutsche Reich eingegliedert. Schon in dieser Zeit wurde versucht die Erste Welt durch hinterhältige Politik vom Rest der Welt abzutrennen. Die Politiker der Herrenrasse, insbesondere die Frankreichs und Englands, hatten sich jedoch gewaltig geirrt. Und das bemerkten sie erst, als sie selbst daran glauben mussten.
In dieser bewegten Zeit wurde der Nobelpreis für Physik an E. Fermi aus Italien für die Atomkernreaktionen mit Neutronen verliehen. Einstein und Infeld begründeten *Die Entwicklung der Physik*. O. Hahn entdeckte die Spaltbarkeit des Urankerns durch Neutronen. Die darauf beruhende Kettenreaktion führte später zur technischen Nutzung der Atomenergie. Damit begann eine neue Epoche der Wissenschaft und der Technologie, die die Industrienationen bis heute so geprägt hat, dass sie mit ihrer Macht den Rest der Welt beherrschen.
Im Jahr 1981 wurden in den USA zwei künstliche Zwillingskälber nach dem Prinzip der Zerteilung eines Embryos in sehr frühem Stadium und durch anschließende Einpflanzung in Ammentiere

erzeugt. 1986 wurden in England, durch den Austausch embryonaler Zellkerne, Schafe geklont. Das Klonen von Säugetieren wurde nach und nach zur Routine, und die Technik dieser Wissenschaft verfeinerte sich rapide. Im Embryonalstadium sind alle Gene einer Zelle aktivierbar. Im Laufe der Entwicklung des Organismus, in der Phase der Organogenese, spezialisieren sich die Zellen. Jetzt bleibt nur noch ein Bruchteil der Gene aktiv, der für spezielle Aufgaben der Zelle in ihrem Zellverband von vitaler Bedeutung ist.

1997 wurde bekannt, dass das Klonen eines Schafes aus einer Körperzelle gelungen war: englische Wissenschaftler schleusten den Zellkern einer Euterzelle in eine entkernte Eizelle ein, indem sie beide Zellen miteinander fusionierten. Der Euter-Zellkern erlangte im Plasma der Eizelle seine embryonale Aktivierbarkeit wieder und steuerte so die Entwicklung der Fusionszelle und damit des neuen Organismus. Das Schaf Dolly wurde geboren. Aber Dolly ist sehr empfindlich, sie erkrankt häufig und sie altert sehr schnell! Ist dies ein Beweis für den falschen Forschungsweg?

Doch mit dem Klonen von transgenen Tieren wird weiter experimentiert. Dass aus einer ausgereiften Körperzelle ein Säugetier geklont wurde, ermöglicht es, auch transgene Tiere identisch zu vermehren und dadurch den Verlust wichtiger Eigenschaften durch genetische Neukombinationen in der Zucht zu umgehen.

Mit Dolly ist der Traum mancher Wissenschaftler, von einem erwachsenen Tier eine genetisch identische Kopie zu erzeugen, in Erfüllung gegangen. Nun fragt man sich, warum Dolly nicht ganz in Ordnung ist?

Der Mensch ist dabei, sein eigener Schöpfer zu werden und den eigentlichen Schöpfer zu leugnen. Der US-Wissenschafter, der in der Lage sein will, in einer eigenen Klon-Klinik Babys durch Zellkernübertragung für kinderlose Paare zu erzeugen, heißt nicht etwa Dr. Frankenstein, sondern er heißt Richard Seed. Und der will und kann Menschen klonen. Seine Absicht ist es, aus einem befruchteten menschlichen Ei das Erbmaterial zu entfernen und durch die Gene eines unfruchtbaren Paares zu ersetzen.

In einer Zeit, in der die Reproduktionsmedizin in allen Industrienationen Hochkonjunktur hat, ist diese neue Methode für geschäftstüchtige Mediziner das Mittel, um *Herrgott* zu spielen.

Der Begriff Halbgott in Weiß ist längst überholt. Er müsste geändert werden in *Gott in Weiß*.

Welcher Wissenschaftler kann dies ethisch und moralisch noch verantworten? Darf der Mensch alles machbar machen, und darf er alles Machbare auch in die Praxis umsetzen? Die Errungenschaften dieser Epoche, die grenzenlos alles Erdenkliche in die Tat umsetzbar machen, veranlassen sogar viele, die Medizin und die menschliche Existenz neu zu definieren. Selbst die Befürworter der Bio- und Gentechnologie gliedern sich in unterschiedliche Lager: die einen, die optimistisch alles nur als Fortschritt in einer modernen demokratischen Kultur der westlichen Welt sehen wollen; und die anderen, die eher abwägen und, den Sinn und den Nutzen dieser Technologie überprüfend, die Grenzen der Möglichkeiten erkennen wollen.

Will man nun die Nutzen und Risiken der Gen- und Biotechnologie ethisch, sozial, kulturell, ökonomisch oder ökologisch diskutieren, dann ist es ratsam, dass hier die Entscheidungen für oder gegen den so genannten *ethisch-grünen Tisch* nicht über die Köpfe der Menschen der Dritten Welt hinweg getroffen werden. Die Menschen in der Dritten Welt haben nicht alle Eigenschaften der oben erwähnten Wohlstandsländer; aber sie sind im Besitz von Verstand und sie sind in der Lage, nicht nur bei Entscheidungen Verantwortung zu übernehmen, sondern auch sich aktiv an Disziplinen zu beteiligen, die für ihre Zukunft entscheidend positiven Einfluss haben können. Es wäre gut, wenn man anfinge, die Menschen in der Dritten Welt gleichberechtigt zu behandeln; und wenn man von einer Ethik sprechen würde, die für alle gilt, und nicht nur für bestimmte Populationen der Industriewelt."

Dazu Zarathustra: „Ja, wo bleibt die Ethik, die Wissenschaft von der Moral? Ein Mensch ohne Ethik ist verblendet und arrogant vor lauter Können und Wissen, und er ist blind vor seinem Schöpfer. Durch die Intrigen seiner Intelligenz ist der Mensch reich an materiellen Gütern geworden, aber arm an Glückseligkeit. Albert Schweitzer warnt vor diesem Missverhältnis: *Das Verhängnis unserer Kultur ist, dass sie sich materiell viel stärker entwickelt hat als geistig. Ihr Gleichgewicht ist gestört.*

Der Begriff *Ethik* kommt aus dem griechischen und bedeutet *die Lehre von Sitte und Verhalten der Menschen*. Demnach sollte der

Mensch durch sein Denkvermögen in der Lage sein, Verhalten und Entscheiden für oder gegen das Richtige durch sittliches Handeln zu beeinflussen. Hierbei können Grenzkonflikte entstehen, weil die Interessen der Menschen unterschiedlich sind.

In der Wissenschaft wird es auch darum gehen, inwiefern wir das Recht haben, über eine die Zukunft beeinflussende Technologie zu entscheiden, ohne zu wissen, ob die nächste Generation davon nur Nutzen hat oder auch mit Risiken konfrontiert werden wird, die wir bis jetzt noch nicht kennen. Den Menschen in der Industriewelt wird mit Recht vorgetragen, dass die neuen Möglichkeiten in der Medizin sowohl für die Diagnostik als auch für die Therapie von enormer Bedeutung sind. Und dass der Einsatz der Gen- und Biotechnologie in der landwirtschaftlichen Produktion, bei der Erschließung neuer Energiequellen aus regenerierbarer Biomasse und beim biotechnischen Schadstoffabbau, wie zum Beispiel der Verwendung von Methanbakterien zur Abwasserreinigung, eine positive, für die Menschen nützliche Wirkung hat. Aber gleichzeitig wird auf die möglichen Gefahren der Manipulation unserer, auf einer ethisch moralischen Schöpfungsvorstellung basierenden Lebenswelt zu wenig Rücksicht genommen.

Die Besonderheit des Lebens und die Eigenheit des Lebendigen liegen nicht darin, durch Intelligenz und Fleiß alle Grenzen zu überschreiten. Vielmehr sollte das Leben mit all seinen Besonderheiten, vor allem auch im ethisch moralischen Sinne, geschützt und geachtet werden. Wenn der moderne Mensch einseitig seinen Interessen für die Langlebigkeit und die Unfehlbarkeit des biologischen Systems *Leben* nachgeht und wenn er es dabei versäumt, andere wichtige, ja existentielle Probleme der Mehrheit der Menschen in der Dritten Welt zu berücksichtigen, dann ist er ein besessener Egoist, der gegen die biologische Natur der Schöpfung und damit gegen die Anfälligkeit und die Sterblichkeit Krieg führt.

Die Gen- und Biotechnologie kann befürwortet werden, wenn es sich um eine ausgewogene, durchdachte und menschengerechte Technologie handelt, die alle Vor- und Nachteile für die Menschen in den Industrieländern und in der Dritten Welt, für die jetzige und vor allem auch für die kommenden Generationen berücksichtigt; und sie kann nur befürwortet werden, wenn dabei zugleich die Kriterien der Verträglichkeit, Durchschaubarkeit und Gerechtigkeit in Verteilung und Nutzung im Sinne der Solidargemeinschaft bewahrt werden.

Wenn aber diese neue Technologie die Nutzen und Vorteile in den genannten Bereichen regional verteilt und somit die Bedürfnisse der Menschen in der Dritten Welt missachtet, dann ist sie für die ohnehin brennende soziale Situation ein neuer Zündstoff, was ethisch und moralisch nicht vertretbar ist und im Sinne der Gerechtigkeit und der Friedensverträglichkeit, nicht akzeptiert werden kann. Wenn man die Angst und das Misstrauen gegenüber der genetischen Revolution abbauen will, reichen Parolen wie *Kampf gegen Erbkrankheiten, Krebs, HIV und vor allem Bekämpfung des Hungers in der Dritten Welt durch die Gen-Biotechnologie* alleine nicht.

Fundamentale Ansätze müssen glaubhaft machen, dass die neuen Methoden auch neue Hoffnungen mit sich bringen, mit denen eine neue Ära der menschlichen Zusammenarbeit entstehen kann, in der das Leben auf dem Planeten Erde für alle Menschen lebenswert gemacht werden kann.

Der Mensch lebt nicht vom Brot allein. Menschen brauchen Liebe, Freiheit, soziale Bindungen und ein gesundes Maß an Wohlstand, damit sie sich physisch und psychisch wohl fühlen und sich geistig entfalten können. Dennoch lebt ein Teil der Welt im Überfluss und ein anderer, größerer Teil lebt in bitterer Armut.

Wenn die Gen- und Biotechnologie und die so genannte grüne Gentechnologie wirklich die Kluft zwischen Reich und Arm zu überwinden in der Lage ist, dann sollten die Industrieländer das gut machen, was sie seit mehr als hundert Jahren versäumt haben: sie sollten helfen, die Armut an der Wurzel zu packen und die Mehrheit der Mitmenschen aus psychosozialer Not zu retten.

In jener Zeit vor etwa hundert Jahren, als England unter sozialen Defiziten und Massenarmut litt, wagte es Seebohm Rowntree, ein Sozialreformer und Menschenrechtler, sich Gedanken über die angemessene Lebens- und Existenzversorgung zu machen. Die von ihm für die damalige Zeit zusammengestellte und berechnete Liste der Nährstoffe, die für den menschlichen Organismus täglich notwendig sind, setzte sich zusammen aus Brot, Fett, Milch und anderen Lebensmitteln, die er als Füllung oder Ballast sah.

Die so genannten psychosozialen Aspekte der Ernährung standen in jener Zeit, in Anbetracht der katastrophalen Zustände, nicht im Vordergrund. Die Hauptaufgabe war die Bekämpfung der Armut und die Sicherung des Existenzminimums. Die Sozialpolitiker sahen ihre Aufgabe darin, dieses Existenzminimum zu sichern und Arbeit für die Armen zu schaffen. Dadurch entstand das Modell des Lebensminimums: Die Menschen mussten in der Lage sein, einer Fabrikarbeit nachzugehen und ihre Kinder zur Sicherung gleicher Arbeit aufzuziehen. Für diese Menschen, die an der Armutsgrenze lebten, gab es keine andere Variante der Versorgung. Schon damals wurden die Grenzen deutlich zwischen Wohlstand und Armut, zwischen Luxus und Notwendigkeit, zwischen Verwertung und Verschwendung, zwischen Vergeudung und Ausbeutung."

Moses ergreift das Wort: „Die Existenz der Menschheit ist von den Menschen als globaler Einheit abhängig. Albert Schweitzers Gebot sollten die Menschen deshalb ernst nehmen: *Das Gebot der Liebe heißt im letzten Grunde: Es gibt für Dich keine Fremden, sondern nur Menschen, deren Wohl und Wehe Dir angelegen sein muss.*
Es gibt zu Beginn des 21. Jahrhunderts, nach Schätzungen von *UNICEF,* immer noch eineinhalb Milliarden Menschen, die in den gleichen Verhältnissen leben wie in der Zeit von Rowntree.
Wir haben uns heute daran gewöhnt, hin und wieder durch Schlagzeilen in den Medien auf das permanente Menschheitsproblem Armut und Hunger aufmerksam gemacht zu werden. Ryszard Kapuscinski analysiert mit Recht, dass durch diese Medienspektakel *das wahre Ausmaß des Hungers heruntergespielt wird und die zu lösende Aufgabe darauf beschränkt, Nahrung für die Hungernden zu finden. (...) Die volle Menschlichkeit jener, denen wir angeblich helfen wollen,* behauptet Kapuscinski, wird durch schlagzeilenhafte Formulierungen *aufs schlimmste degradiert, ja negiert.*

Wenn man unter Armut nur Hunger versteht und nun gegen dieses Phänomen angehen will und zum Beispiel Getreide zur Verfügung stellt, verkennt man viele andere Aspekte, die mit der Armut assoziiert sind: Krankheiten, unmenschliche Lebens- und Wohnbedingungen, Familien in der Perspektivlosigkeit, Aggression und

Lethargie, Mangel an allem, was eine soziale Wohn- und Lebensgemeinschaft benötigt, um existenzfähig zu sein.

Die rigorose internationale Weltwirtschaftsstruktur zerstört manche in der Entwicklung befindlichen Möglichkeiten in den Entwicklungsländern im Bereich der Produktion und damit der Beschäftigung. In vielen Regionen der Welt ist selbst die tägliche beschränkte und einseitige Versorgung, und damit das Überleben, ein Kampf auf Leben und Tod. Mancher Afrikaner geht täglich zwanzig bis dreißig Kilometer zu Fuß, um Wasser oder irgendetwas Essbares zu ergattern. Für fast vier Milliarden Menschen ist das Leben ein ständiger Kampf um das Überleben.

Aus der Sicht der modernen Wohlstands- und Konsumgesellschaft der Industriewelt wird diese ungleiche und ungerechte Verteilung der Lebensgüter und Überlebenschancen zu Ungunsten der Dritten Welt eher als Schicksalsphänomen und als selbstgemachte und selbstverschuldete Erscheinung angesehen und mit einfachen Erklärungen abgetan: *Diese Menschen kennen ja nichts anderes. Sie wollen auch nichts anderes. Sie sind das gewohnt, und sie sind glücklich, wenn sie nur ein wenig Brot finden.*

Wie steht es mit dem *glücklichen* Menschen in der Industriewelt, wo die Massen für körperliche Arbeit nicht mehr gebraucht werden, und wo trotzdem das Produktionspotential alle bisherigen Grenzen sprengt? In einer Welt, in der Automaten und Roboter die Hand- und Kopfarbeit von Menschen ersetzen, haben die Menschen anderen Tätigkeiten nachzugehen, aber in ihrem Konsumverhalten ändert sich nichts. Die heutige Konsumgesellschaft mit ihrem ständig zunehmenden Verbrauchspotential hat die Grenzen der Notwendigkeit und der Wunschvorstellungen schon längst überschritten. Die Menschen sind fast alle wunschlos, denn sie haben alles."

Und Mohammed: „Aber glücklich sind sie trotzdem nicht."

Moses: „Als die Industrieländer begannen, immer produktiver zu werden und ihren Wohlstand zu steigern, waren Ökonomen wie David Ricardo und John Stuart Mill der Meinung, dass alle menschlichen Bedürfnisse wie ein Hebel für die Ankurbelung der Wirtschaft sein könnten, und dass eine Antwort der Wirtschaft auf die Wünsche der Menschen gleichen Wohlstand für alle mit sich bringe. Das heißt, Wirtschaft und Industrie sollten alle Wünsche der Menschen erfüllen.

Die Industriegesellschaft ist die Gesellschaft der unbegrenzten Möglichkeiten geworden: Computerautobahnen für Ein- und Verkauf, für den Informationsaustausch. Handys, die die Kommunikation zwischen den Menschen perfektionieren, haben schon längst die zwischenmenschlichen Beziehungen und von sozialer Kommunikation übernommen. Der Mensch ist zum autistischen Einzellebewesen geworden. Wirtschaft und Industrie haben sich der Vielfalt menschlicher Bedürfnisse angepasst; und die Medien machen es möglich, dass die Menschen sich voneinander unabhängig machen können und jeder für sich allein ungestört sein perfektioniertes und maschinisiertes Leben genießen kann! Alle Güter dieser Welt, die die Menschen noch befriedigen können, stellt der Markt zur Verfügung. Und der Konsument kann sich in seinem Apartment im einhundertsten Stock des Panoramahochhauses per Handy alles Erdenkliche liefern lassen, ohne sich nach außen bemühen zu müssen. Menschliche Bedürfnisse wie Zuwendung, Anerkennung, Mitleid mit Leidenden, Freude mit Glücklichen, also alle sozialkulturellen oder gesellschaftlichen Komponenten werden durch Technik und Automatismus ersetzt. Ein Gespräch zwischen Menschen gleicher Bedürfnisse in einem Tante-Emma-Laden ist fast wie ein Märchen für Kinder, die ja nur Riesenwarenhäuser kennen, und die nun erfahren, dass selbst diese Einkaufszentren durch die moderne Bestellung per Computer überflüssig gemacht werden sollen.

Welche Gesellschaft steht uns bevor, wenn die Menschen sich ihres Wohlstandes bewusst sind, sich aber über die Folgen der Automatisierung und der Perfektionierung bei der Bewältigung ihrer Bedürfnisse nicht im Klaren sind? Eine autistische Gesellschaft, eine Gesellschaft, in der die Menschen als Einzelgänger in sich selbst zurückgezogen sind; eine Gesellschaft, die aus Mechanismen und automatischen Systemen besteht, die ohne Liebe, Angst, Trauer, menschliches Mitgefühl und zivilisierte Zusammengehörigkeit arbeiten, unabhängig von allem anderen, was wir menschliche, nicht materielle Ereignisse nennen.

Weder die Geburt noch der Tod eines Mitmenschen werden von der Gesellschaft inhaltlich wahrgenommen. Es ist keine Seltenheit, dass gerade diese Computergesellschaft den Tod eines Menschen erst nach jahrelanger Abwesenheit von seiner zivilisierten Umwelt aufgrund der nicht bestellten Bedürfnisse bemerkt."

Dazu Jesus: „Der moderne Mensch hat das Weinen und das Tränenvergießen verlernt. Er kann nicht einmal mehr ernsthaft lachen.

Nein, Bedürfnisse, wie Hunger, Durst, Behausung und Komfort, sind in der postmodernen Industriewelt kein Thema mehr. In der Welt des Wohlstandes sind Lebensmittel nicht mehr als biologische Notwendigkeit gegen Hunger und für das Leben zu definieren.

Während in Teilen der Dritten Welt die abgemagerten Kreaturen mit letzter Kraft um ihre Existenz kämpfen, können sich die Menschen in der Industriewelt nicht vor ihren drei- bis viertausend Kilokalorien täglich retten, bei gleichzeitiger permanenter Immobilität. Die postmoderne Zivilisation hat den Menschen ein in der Menschheitsgeschichte unbekanntes und unvorstellbares Konsumverhalten beschert. Auf der einen Seite wird grenzenlos und schamlos konsumiert, und auf der anderen Seite wird über Fitness und Gesundheit nachgedacht. Die beliebteste Beschäftigung der Menschen, das Essen, ist zur größten Bedrohung der Gesundheit geworden. Die Zivilisationskrankheiten sind hausgemachte, von postmodernen Menschen in Kauf genommene Krankheitsbilder, die in Teilen der Dritten Welt fast unbekannt sind.

Diese Maßlosigkeit und der notorische Sättigungsdrang kotzen mich an!

Die physischen und die psychischen Schäden als Folge einer unangemessenen Nutzung der Errungenschaften der Zivilisation, sind als Folgeerkrankungen, also als Zivilisationskrankheiten zu bezeichnen.

Die wesentlichen Faktoren sind im Wohlstand und im sozialen und kulturell-familiären Bereich zu finden. Diese Faktoren sind im Einzelnen:

1. Ernährung
Überernährung: zu viel an Kalorien, Fett, Fleisch, Salz, Zucker, Alkohol, was bei der Entstehung von Gefäßerkrankungen wie

Arteriosklerose, Hypertonie und Diabetes mellitus eine wesentliche Rolle spielt. Die Folgen sind Herzinfarkt und Schlaganfall.
Falsche Ernährung: ballaststoffarme, einseitige Ernährung; Fastfood; Störung des Quantität-/Qualitätsverhältnisses; fehlende Spurenelemente.
Kontaminierte Nahrungsmittel: Hormone, Nitrofen, Antibiotika, BSE.

2. Mangel an körperlicher Bewegung: Büroarbeit; Automaten- und Roboterindustrie; Mobilität nur durch Verkehrsmittel.

3. Übermäßige Strahlenbelastung und Strahlenexposition: Arbeit mit radioaktiven und kontaminierenden Strahlen; Sonnenstrahlen; Sonnenstrahlenbelastung vor allem im Süden und im Urlaub; häufige radiologische Untersuchungen; zu viele und zu lange Flüge.

4. Kontamination von Luft, Wasser und Boden: Umweltschäden, die durch die Industrie verursacht werden; Chemie und Düngemittel in der Landwirtschaft; Abgase von Autos, Flugzeugen und anderen Maschinen.

5. Beruflicher Stress bei gleichzeitig permanentem Erfolgszwang, Akkordarbeit, Überstunden und Konkurrenzkampf um den Arbeitsplatz: alle diese Komponenten führen zu Angstzuständen, zu Überdruss und zu psychosomatischen Entgleisungen und tragen dazu bei, die Volkskrankheiten in der Industriewelt, wie Herzinfarkt, Schlaganfall, Depressionen, Schlafstörungen, zu verursachen. Psychische Belastungen erhöhen das kardiale Ischämierisiko. Psychostress verdoppelt bei Menschen mit manifesten Herzgefäßerkrankungen das Risiko für das Auftreten einer Myokardischämie innerhalb der ersten Stunde nach emotionaler Belastung.

6. Zunahme der psychosozialen Probleme: Aufgrund der Automatisierung der Produktionsindustrie werden die Menschen in ihren bisherigen Arbeitsfeldern überflüssig, dadurch nimmt die Zahl der Arbeitslosen ständig zu. Gleichzeitig steigen aber Produktion und Gewinne. Diese offensichtliche Perversion wird sogar von vielen Politikern ohne Widerspruch hingenommen. Die Probleme, die durch den Verlust von Arbeit und sozialem Prestige entstehen sind: verstärkte Vereinsamung; finanzielle Not; Alkohol- oder

Medikamentenabhängigkeit (Schlafmittel, Beruhigungsmittel); Scheidung und Partnerverlust.

7. Schlankheits-, Fitnessideal und Essstörungen: Die Übersättigung der Gesellschaft mit Lebensgüter bringt es mit sich, dass viele Menschen ihre Gefühle und Instinkte im Bereich des psychosozialen Verhaltens der Ernährung verlieren. Vorgänge wie Durst, Hunger und Sättigung bekommen andere Definitionen. Mit exzessiver Diätetik und übertriebener körperlicher Ertüchtigung versuchen die Menschen sich von, durch Überfütterung entstandenen, Fettpolstern zu befreien. Hierbei kommt es zu pathologischen Entgleisungen, die zum typischen Krankheitsbild, wie asketischer Magersucht, also Anorexia nervosa, und Fressbrechattacken, also Bulimia nervosa, führen.

8. Konsuminduzierte Verhaltensstörungen: Neben Essstörungen, die zum größten Teil durch das Überangebot verursacht werden, gibt es Abhängigkeiten, die ebenfalls durch unbegrenzte Angebote ausgelöst werden. Medikamente, Alkohol, Drogen, Laxantien, Aufbau- und Aufputschmittel, Amphetamine, Vitamine und viele andere Derviate, die mit subtiler Psychologie in der Werbung Tag und Nacht angepriesen werden, führen zu unterschiedlichen Krankheitsbildern.

9. Überlastung der Seh- und Hörorgane: Der Konsum an audiovisuellen Industriegütern in Wohn-, Schlaf- und Sanitärräumen, im Büro, im Auto und in öffentlichen Verkehrsmitteln, vor allem aber im privaten Bereich, im Konzert und in Diskotheken, ist so perfektioniert und so grenzenlos gesteuert, dass viele Jugendliche auf Grund von vorzeitigen Hör- und Sehschäden, wie ihre Großeltern, Hör- und Sehhilfsgeräte benutzen müssen, um sich verständigen zu können. Diese vorzeitige audiovisuelle Alterung der Jugendlichen wird aber nicht als Warnsignal, sondern als Nebenerscheinung des modernen Lebens hingenommen.

Jährlich bringen sich weltweit etwa eine Million verzweifelter Menschen um. Die meisten von ihnen leben in den Industrieländern. In einem modern und demokratisch geführten Land wie Deutschland starben im Jahr 1998 11 644 Menschen von eigener Hand, mehr als durch Verkehrsunfälle und Drogen zusammen.

```
Suizide je 1 Million Einwohner

Russland:          140 Frauen und 730 Männer
Ungarn:            160 Frauen und 490 Männer
Frankreich:        110 Frauen und 300 Männer
Österreich:        100 Frauen und 300 Männer
Japan:             120 Frauen und 240 Männer
Deutschland:        70 Frauen und 210 Männer
USA:                40 Frauen und 190 Männer
Italien:            40 Frauen und 130 Männer
Großbritannien:     30 Frauen und 110 Männer
Griechenland:       10 Frauen und  60 Männer
```

```
Selbsttötungen je 1 000 Todesfälle

unter 15 Jahren:    80
      15 bis 25:   150
      26 bis 35:   180
      36 bis 45:   100
      46 bis 55:    50
      56 bis 65:    20
       über 65:     5
```

10. Soziale Phobie, Angststörungen und depressive Verstimmungen sind weitere Merkmale der Gesellschaftssysteme, die sich zwar alle materiellen Bedürfnisse befriedigen können, die aber die zwischenmenschlichen Beziehungen, die als soziale Notwendigkeit jeder Kultur angesehen werden, nicht mehr gewährleisten können.

Die katastrophale Situation der sozialen Probleme in der Dritten Welt ist sowohl in der Ätiologie, also in der Verursachung, als auch in der Pathogenese, also in der Entstehung, ganz anders. In der Dritten Welt, vor allem in Afrika, dominiert der ständige Kampf gegen Infektionskrankheiten.

Die WHO propagierte eine globale medizinische Versorgung für alle Menschen dieser Welt bis zum Jahr 2000. Das war eine Utopie. Eine angemessene und menschengerechte Versorgung der Patienten in der Dritten Welt, eine präventivmedizinische Vorsorge und die Prophylaxe der Infektionskrankheiten mittels Schutzimpfungen in diesen Regionen bleibt immer noch eine Vision. Das 21. Jahrhundert ist noch jung, und Wissenschaftler in den Industrieländern stellen übereinstimmend gute Prognosen für die Entwicklung der medizinischen Versorgung in den Industrieländern. Welche Chance haben aber die Entwicklungsländer? Länder, die weder im Besitz von know how noch von Kapital sind?

In der Dritten Welt werden unzählige Menschen an Infektionskrankheiten sterben müssen, da die Finanzierung der Schutz- und Therapiemöglichkeiten für diese Menschen nicht zur Verfügung stehen. Schätzungsweise 300 bis 500 Millionen Menschen erkranken jährlich an Malaria, und jährlich sterben 3 Millionen Menschen an dieser Krankheit. 70 % aller Kinder in Afrika erkranken vor Vollendung des ersten Lebensjahres an Malaria. Diese Kinder leiden alle an einer durch diese Krankheit verursachten Anämie und an einer Abwehrschwäche gegenüber anderen endemisch verlaufenden Infektionskrankheiten, wie zum Beispiel Tuberkulose, Masern, Polio, Cholera und anderen.

In vielen afrikanischen Ländern sind hingegen die Begriffe Herzinfarkt oder Schlaganfall medizinische Definitionen, mit denen es die Mediziner nicht oder nur sehr selten zu tun haben."

Dazu Mohammed: „Ich kann die Wut von Jesus gut nachvollziehen, denn er hat Genügsamkeit praktiziert und er hat vor Völlerei gewarnt! Ohne humanen Beistand kann die menschliche Gesellschaft nicht existieren.

An den Folgen von Infektionskrankheiten sind 1995 weltweit 17 Millionen Menschen gestorben, davon fast 90 % in den Entwicklungsländern. Fast 8,5 Millionen Menschen sind an Atemwegserkrankungen, 3,1 Millionen an Tuberkulose, 3 Millionen an Malaria, 1,2 Millionen an Hepatitis B, 1,1 Millionen an Masern, 1,1 Millionen an AIDS, 500 000 an Tetanus, 400 000 an Keuchhusten und 200 000 an parasitären Erkrankungen gestorben.

Für viele Infektionskrankheiten gibt es aktive Schutzimpfungen oder eine passive Prophylaxe, und vor allem gibt es gezielte Therapien. Von all diesen Möglichkeiten können die Menschen in der

Dritten Welt aber nur träumen. Einen Impfstoff gegen Malaria gibt es zwar nicht, aber auch die medikamentöse Prophylaxe können sich diese Menschen nicht leisten.

Die Fortschritte in Wissenschaft, Forschung und Technologie sind nur darauf gerichtet, die Probleme der Industriewelt zu bekämpfen. Malaria hingegen ist ein Problem der armen Länder. Nach Ansicht mehrerer großer internationaler Forschungsunternehmen ist die Entwicklung eines Impfstoffs gegen Malaria zwar kostspielig, aber machbar. Die Frage ist nur, wer die Abnehmer dieses Impfstoffes wären: eben die Entwicklungsländer, die aber keine solide Kundschaft sind, weil es ihnen an Kaufkraft fehlt.

Ein anderes Beispiel ist die Tuberkulose: Diese längst in der Industriewelt vergessene Infektionskrankheit bleibt in der Dritten Welt, vor allem in Afrika, nach der Malaria die heimtückischste Krankheit; sie kostet das Leben von Millionen Menschen. Auch hier hat es die internationale Solidargemeinschaft nicht geschafft, eine ernsthafte Schutzimpfung für alle Menschen zu ermöglichen. Halbherzige Programme der *WHO* haben eine nur unzulängliche Wirkung gehabt.

Jedes Jahr werden weltweit 1,4 Millionen Hepatitis A-Infektionen gemeldet, abgesehen von einer großen Zahl endemisch verlaufender Erkrankungen in Entwicklungsländern, die nicht registriert werden. Auch wird ein Anstieg der Hepatitis B-Infektion, wiederum vor allem in Afrika südlich der Sahara, und in Südostasien, registriert. Eine Organisation für Schutzimpfungen in diesen Ländern gibt es aber nicht. Mittel und Gelder für die Beschaffung der Impfstoffe stehen in den Haushaltsplänen dieser Länder nicht zur Verfügung. Wenn aber nicht bald etwas geschieht, wenn die notwendigen Schutzimpfungen nur den reichen Industrieländern zur Verfügung gestellt werden, dann dürfen wir uns nicht wundern, wenn in absehbarer Zeit pandemische Infektionskrankheiten die regionalen Grenzen überschreiten und global uns alle bedrohen. Die zeitweilige, weltweite Ausrottung einiger Infektionskrankheiten, wie zum Beispiel der Pocken, war nur durch internationale Intervention möglich.

Die Ausgaben eines einzigen Industrielandes nur für das Gesundheitssystem überschreiten um ein Mehrfaches das Haushaltsvolumen mehrerer Entwicklungsländer zusammen. Im Jahr 1995 wurden zum Beispiel in Deutschland insgesamt 507 Milliarden DM für die Gesundheit ausgegeben.

Für wen hat der große Philosoph Schopenhauer eigentlich die Gesundheit definiert? *Gesundheit ist nicht alles, ohne Gesundheit ist aber alles nichts.*"

APPELL AN DIE DRITTE WELT UND MAHNUNG AN DIE INDUSTRIELÄNDER

Zarathustra: „Geister der Dritten Welt erhebt Euch! Menschen dieser Welt, die Ihr jenseits von allen erdenklichen Vorteilen der Zivilisation lebt, wacht auf! Denn Ihr seid es Eurer glorreichen Vergangenheit, die von Hochkulturen geprägt war, schuldig.

Was die Dritte Welt braucht sind Geist und Dynamik. Sie braucht einen Aufstand gegen Lethargie und Bescheidenheit. Denn nur mit individueller geistiger Kreativität und dem Einsatz menschlicher Intelligenz sind die unmenschlichen Verhältnisse zu bekämpfen. Ein Kampf mit dem Ziel einer humaneren Lebensweise für alle!

Jeder hat auf diesem Planten das Recht auf ein menschengerechtes Dasein! Und Ihr habt ein besonderes Recht darauf, ob ihr nun Afrikaner, Südamerikaner, Chinesen, Iraner, Syrer, Griechen, Ägypter oder Türken seid!

Ihr alle tragt mit Euren Namen eine große Verantwortung gegenüber der Menschheitsgeschichte und gegenüber Euren Völkern. Denn Eure Vorfahren haben die Grundlagen für die heutige Zivilisation geschaffen. Ihr habt das Recht auf eine freie und humane Existenz! Auf faule Kompromisse, wie zu Zeiten des kalten Krieges, oder auf eine so genannte Koexistenz, solltet Ihr Euch nicht einlassen. Eine wirklich menschenwürdige Existenz für alle müsste heißen: Frieden, Freiheit und ein menschenwürdiges Leben für alle! Die Dritte Welt braucht eine geistig-moralische Revolution, einen Aufstand der Menschen gegen Lethargie und Gleichgültigkeit. Die gesellschaftliche Rückständigkeit ist die Folge der egoistischen Rechthaberei der Politiker, die zwar Führung und Verantwortung übernommen, aber geistig versagt haben. Auch mangelhafte Bildung, Korruption und Planlosigkeit in den Verwaltungen lassen keine positive Entwicklung zu. Aber die derzeitigen Konflikte in der Dritten Welt sind nur teilweise hausgemacht. Oft sind diese Konflikte von außen gesteuerte und im Interesse der Industriewelt organisierte Störungen.

In vielen Regionen der Welt drohen nicht nur Armut, Krankheiten, Unterernährung und Diskriminierung der Minderheiten; nein, auch Kriege zerstören die Existenz von Millionen von Menschen. Eine faire Friedenspolitik durch die Industriewelt, geprägt von zwischenmenschlicher Solidarität und ehrlicher Konfliktbekämpfung, ist bis jetzt unterlassen worden. Die meist symptomatisch durchgeführten Leistungen der Industrieländer wirken so, als wenn man den durch das Fieber entstandene Durst eines fiebrigen Patienten stillen würde, ihm aber gleichzeitig das heilende Antibiotikum verweigern würde. Nur wenn der Patient genügend eigene Abwehrkräfte hat, überlebt er, sonst ist seine Rettung vor der Qual des Leidens nur der Tod.

Der Weg aus dem Dilemma der Hoffnungslosigkeit ist die Einigkeit der Dritten Welt, als Antwort und als Alternative auf die Gewaltherrschaft und die Macht der westlichen Wirtschaftsallianz, angeführt von den USA, Japan und auch der Europäischen Union.

Warum bilden die Europäer überhaupt eine Wirtschaftsgemeinschaft? Weshalb werden neue Staaten aus Osteuropa wirtschaftlich und auch militärisch in Allianzen integriert? Warum wird aus dem so genannten atlantischen Bündnis eine Vereinigung aller Industrieländer aus West und Ost? Wie kommt es auf einmal zu dieser Waffenbruderschaft? Wovor haben diese Länder Angst, und wofür steht diese Strategie der Ausdehnungspolitik? Auf alle diese Fragen müssen wir eine Antwort suchen."

Dazu Buddha: „Die Kolonialherren sind bis heute für die Missachtung und die Vernichtung anderer Kulturen zur Verantwortung zu ziehen. Eine Wiedergutmachung wäre die beste Entschuldigung! Die Geschichte des Kolonialismus und der neokolonistischen Zeit muss gründlich aufgearbeitet werden, wenn man die Hintergründe und die Absichten der Eroberungspolitik der damals mächtigen

Europäer analysieren und verstehen will. Die Europäer haben sich erst auf dem amerikanischen Kontinent niedergelassen, um die Zukunft ihrer Expansion in andere Regionen der Welt zu sichern. In Nordamerika haben sie mit Mut, Fleiß und Pioniergeist die Grundsteine zu einer neuen Welt gelegt. Die Vereinigten Staaten von Amerika sind, als Musterbeispiel dafür, entstanden. Der südamerikanische Kontinent jedoch blieb die Reservekammer für Rohstoffe und war gleichzeitig die Ausgangsposition für die weiteren Eroberungen in Asien und in anderen Regionen der Welt.

In Nordamerika führten die Kriege zwischen den Nord- und den Südstaaten nicht nur zur Vereinigung sondern auch zu einer bis heute funktionierenden Demokratie. Die Eroberer waren sich einig und sie begannen einen erbarmungslosen Krieg gegen das einheimische Indianervolk. Die Heldentaten der weißen Emigranten, die sich bald stolz *Amerikaner* nannten, sind bis heute die Hauptthemen der Filmindustrie in den USA. Die Apachen, um nur einen Stamm der Ureinwohner zu nennen, mussten in ihrem eigenen Land in Reservate zurückweichen und sind heute als touristische Attraktion und lebende Denkmale zu besichtigen.

Nach dem Ende der innenpolitischen Auseinandersetzungen und mit der Verbesserung der infrastrukturellen Situation der beginnden Industrialisierung, setzte die tendenziöse Wirtschafts- und Finanzpolitik der USA ein. Die wichtigste These dieser Politik war und ist: Nur wer wirtschaftlich stark ist, ist lebensfähig. Dies stimmt fast überein mit der These Darwins: Es überlebt nur der, der stärker ist.

We hold these truths to be self-evident, that all men are created equal, that they are endowed by their creator with certain unalienable rights, that among these are Life, Liberty and the Pursuit of Happiness. That to secure these right, Governments are instituted among men, deriving their just powers from the consent of the governed, so beginnt der zweite Absatz der *Declaration of Independence* der USA vom 4. Juli 1776, die Begründung der amerikanischen Unabhängigkeitserklärung. Sie ist ein Manifest des Grundprinzips der Humanität. Sie ist die Anerkennung der Ebenbürdigkeit aller Menschen gleich nach der Geburt; und in Anerkennung dieser unveräußerlichen und unverletzlichen Würde des Menschen verlangt sie vom Staat und seiner Regierung, dass er die leibliche und geistige Integrität der Person gegen alle Beeinträchtigungen bewahre.

Mit dieser Unabhängigkeitserklärung wurde jegliche koloniale Beziehung mit den Herkunftsländern im Sinne einer Selbständigkeit und einer politischen Souveränität manifestiert. Damit wurde gleichzeitig dem imperialistischen Besitzanspruch der Herkunftsländer eine Absage erteilt, und die Gewaltanwendung nach innen und außen, mit Ausnahme jener Fälle, in welchen es gilt die Würde und die Freiheit der Menschen zu verteidigen, wurde untersagt. Am 4. März 1789, dem Tag der *Constitution of the United States*, haben die Vereinigten Staaten von Amerika die Demokratie als einzige und alleinige politische Form der Staatsführung als Grundprinzip der Humanität anerkannt.

Die Situation in Mittel- und Südamerika war prinzipiell anders. Hier waren die Seemächte Spanien, Portugal und England daran interessiert, mit allen Mitteln der zur Verfügung stehenden Waffenarsenale ihre Kolonialmacht zu etablieren, auch wenn das Erreichen dieses Ziels mit Völkermord und mit der Zerstörung der Kult- und Kulturstätten der eroberten Länder verbunden war. Diese Kulturvölker Südamerikas wurden beraubt, und die erbeuteten Schätze wurden nach Europa verschickt."

Mohammed: „Wer die Korruption fördert, der hat eigennützige Absichten! Es ist merkwürdig: Länder, die selbst nach demokratischen Prinzipien ihre Gesellschaftsordnung reguliert haben, unterstützen korrupte Diktatoren und Monarchien in der Welt. An der Spitze dieser Länder sind England und die USA, die fast immer mit korrupten Regimen in der Dritten Welt gute wirtschaftliche und diplomatische Beziehungen unterhalten.

Einige Länder der Dritten Welt waren nie Kolonien eines anderen Landes, und zahlreiche Länder sind nach und nach selbständig geworden. Inzwischen sind viele Länder der Dritten Welt aufgewacht und sie beteiligen sich aktiv an der internationalen Politik. Einige dieser Länder haben ihre Unabhängigkeit erst nach dem Zweiten Weltkrieg erlangt. Die existentielle Kluft trennt jedoch auch heute noch unverändert die Dritte Welt von der reichen Industriewelt, nur in anderem Maßstab. Die USA und die Länder Westeuropas haben sich, unter Beteiligung von Japan, Australien,

Kanada und Israel, sowohl die Märkte als auch die Rohstoffreserven in der Dritten Welt global zugeteilt.

Damit bleibt die Dritte Welt ein Lieferant für Rohstoffe. Über die Preise bestimmen die westlichen Konzerne, Kartelle und Konsortien. Der Beitrag der Dritten Welt zur Weltwirtschaft ist vorwiegend auf die Lieferung von Rohstoffen, wie zum Beispiel Erdöl, Gold, Silber, Kupfer, exotische Früchte oder handwerkliche Produkte beschränkt. Je reicher ein Land an Bodenschätzen ist, desto umschwärmter und umkämpfter ist dieses Land; und das Paradoxe dabei ist, dass die Kluft um so tiefer wird, zwischen diesem und dem ausbeutenden Industrieland, je mehr ein Entwicklungsland über Rohstoffe verfügt; und zwar dadurch, dass in dem rohstoffliefernden Land nur eine kleine Oberschicht Nutznießer dieser Entwicklung ist, während der Rest der Bevölkerung nocht stärker verarmt.

Dass ein Land mit reichen Bodenschätzen für die Industrieländer vitale Bedeutung hat, haben wir am Beispiel von Kuwait gesehen: Die Weltmacht Amerika und die verbündeten Europäer mobilisierten binnen kurzer Zeit eine Kriegsmaschinerie unvergleichbaren Umfangs, um Kuwait von der irakischen Armee zu befreien.

Ein anderes prototypisches Land mit reichen Bodenschätzen, vor allem Erdölvorkommen, ist Nigeria. Seit der Entdeckung seiner Ölressourcen kommt dieses Land nicht zur Ruhe. Eine Oberschicht, bestehend aus Militärs und Funktionären, die im Eifer der Kooperation mit ausländischen Konzernen und zum Erhalt der Macht über das große westafrikanische Volk zu jeder Kollaboration bereit sind, lebt in Wohlstand und Überfluss, während das Volk um sein Überleben kämpft.

Nach *UNO* und *WTO* stellen heute 120 Länder die Dritte Welt dar. Diese Länder exportieren, soweit sie dazu in der Lage sind und soweit sie über Bodenschätze verfügen, meist Rohstoffe zu Billigpreisen, und sie kaufen gleichzeitig fertige oder halbfertige Produkte, die in den Industrieländern meist aus den gleichen Rohstoffen produziert werden. Alle Versuche der Dritten Welt, diese Situation des Abnehmer- und Produzentenverhältnisses in kleinen bescheidenen Schritten zu ändern, wurden mit den unterschiedlichsten Mitteln und Methoden der Industrieländer bekämpft. Marionettenregime von korrupten Militärs und Politikern wurden durch Putschaktionen und Pseudorevolutionen eingesetzt; Konflikte im jeweiligen Land wurden ausgelöst; nationale demokratische Bewegungen wurden demontiert; Konflikte mit benachbarten Staaten wurden herbeigeführt, um das Land zu destabilisieren; Regime wurden gestürzt und neue wurden installiert.

Die idealistischen Politiker und Friedenskämpfer, wie zum Beispiel Allende in Chile, Lumbumba im Kongo und Che Guevara in Bolivien, um nur einige Vertreter der internationalen, antiimperialistischen Bewegung zu nennen, wurden ermordet."

Moses: „Wie ist es eigentlich mit dem Kommunismus? Warum hat diese Gesellschaftsform, die sozial und gerecht sein wollte, in der Praxis versagt? Waren wir etwa auch Kommunisten und haben wir deswegen unser Ziel verpasst?"

Dazu Buddha: „Der Kommunismus hat deswegen versagt, weil jegliche Ideologien, die den Menschen in seinem freiheitlich-individuellen Recht beeinträchtigen, auf die Dauer nicht existenzfähig sind. Das gilt auch für manche unserer Religionen."

Moses: „Und deswegen hat die westliche Welt solche Angst vor dem Kommunismus gehabt, dass alle linksgerichteten und national orientierten Bewegungen unter dem Vorwand *Gefahr für Freiheit und Demokratie* bekämpft wurden?

In den Zeiten des Kalten Krieges wurde jegliche intellektuelle Bewegung, ob sie nun linksgerichtete Vorstellungen und Ambitionen hatte oder nicht, unter den Verdacht, die Sicherheit des Westens zu gefährden, gestellt und in brutalster Weise bekämpft. Und in allen Ländern der Dritten Welt wurden nur Regierungen unterstützt, die bereit waren, demokratische Ideen und demokratische Bewegungen schon bei der Entstehung im Keim zu ersticken. Der Iran ist ein typisches Beispiel für die antikommunistische Interventionspolitik der westlichen Allianz unter der Federführung der USA. Als in diesem Land, nach Jahrzehnten des Demokratisierungsprozesses und des Kampfes gegen ungerechte Politik, Korruption und Ausbeutung der Bodenschätze, eine freigewählte Regierung unter Leitung von Dr. Mohammed Mossadegh die Führung des Landes übernahm, versuchten die Industrieländer diese Regierung zu stürzen: die Ölkonzerne und ihre jeweiligen Regierungen boykottierten den Iran in allen internationalen wirtschaftlichen und politischen Aktivitäten. Die nunmehr nationalisierte Ölindustrie fand keine Abnehmer mehr für ihre Produkte. Die angeblich nationalistische und linksgerichtete Politik Mossadeghs wurde zum Vorwand genommen, um das Land von der westlichen Welt zu isolieren und jede wirtschaftliche Aktivität zu sabotieren. Diese Allianz der Industrieländer führte fast zu einem wirtschaftlichen Stillstand im Iran, aber die Bevölkerung stand hinter der demokratisch gewählten Regierung. Sie unternahm eine Solidaritätsaktion und sammelte Geld. Dr. Mossadegh und sein Außenminister Dr. Fathemie, beide Juristen, wandten sich 1952 an den Internationalen Gerichtshof in Den Haag, um einen Rechtsspruch für den Iran zu erwirken. 1953 wurde Mossadegh, mit Unterstützung der CIA, durch einen Putsch des Militärs gestürzt. Und das diktatorische Regime von Schah Reza Pahlewi wurde mit allumfassender Macht ausgestattet. Dieses Regime wurde dann zum besten Kunde der Industrieländer, die mit ihren Waffenlieferungen von ungeheurem Ausmaß die Volksgüter dieses Landes ausbeuteten."

Und Zarathustra: „Warum vereinigen sich die Länder der Dritten Welt nicht zu einer Allianz der aktiven, fleißigen und standhaften Demokraten, um sich gegen die Übermacht der USA und Europas besser behaupten zu können?

Wenn die Industriewelt sich immer noch besser organisiert, auf militärischer, wirtschaftlicher und politischer Ebene, dann dürfen die Länder der Dritten Welt nicht schlafen wie bisher. Die Dritte Welt muss zu einer globalen Einheit und zu Einigkeit in allen lebenswichtigen Fragen und Problemen kommen. Sie ist in vielen politischen Fragen zerstritten und sie ist immer noch weit davon entfernt, eine einheitlich funktionierende Dritte Welt zu bilden. Vielleicht wird die Vision mancher Demokraten wahr und aus dem Ganzen wird eine Welt. Persönlichkeiten wie Gandhi und Nehru in Indien, Mossadegh im Iran, Nasser in Ägypten, Lumbumba in Zentralafrika, Che Guevara in Lateinamerika, Martin Luther King in den USA sollten sich nicht umsonst für diese Sache eingesetzt haben.

Erhebt Euch gegen Unrecht und für den Frieden! Gandhi hat Euch gezeigt, wie das auf friedlichem Wege möglich ist. Die Frustration und die Lethargie vieler intellektueller Friedenspolitiker und Geisteswissenschaftler in der Dritten Welt sind ein Spiegelbild der menschlichen Verfassung in dieser Region. Und die Erste Welt arbeitet beharrlich daran, dass dieser Zustand sich nicht ändert. Dafür stehen Länder wie Kuba, Nicaragua und Chile.

Vor allem Kuba ist ein Beispiel dafür, wie durch Wirtschaftsblockaden ein Land boykottiert wird, das, durch die friedliche Politik Fidel Castros und mit Standhaftigkeit, seinen Willen zur Selbstständigkeit beweist. Als in Zeiten des Kalten Krieges, die Sowjetunion noch Einfluss hatte, war die Politik der Zweiten Welt unter ihrer Führung genauso selbstherrlich wie die heutige Politik der USA. Gerade Kuba hatte aus den Fehlern der Vergangenheit gelernt und gezeigt, dass revolutionäre Ideen und Bewegungen nicht exportierbar sind. Nach den Misserfolgen Che Guevaras in Angola und Bolivien, und nach seiner Ermordung durch die CIA 1967 in Bolivien hat Kuba keine Aktivitäten in den internationalen und regionalen Freiheitsbewegungen mehr unternommen.

Jedes Land muss mit seinen eigenen geistigen und menschlichen Kräften selbst entscheiden, mit welchen Methoden Demokratie, Freiheit und ein menschenwürdiges Dasein für seine Bürger zu erreichen sind. Freiheit und Unabhängigkeit eines jeden Landes ist die Grundvoraussetzung für die Realisierung einer demokratischen Gesellschaft. Daher sind die Repressalien der Ersten Welt gegen Kuba unverständlich und sie sind als imperialistisch abzulehnen!

Viele Länder der Dritten Welt, die erst in den fünfziger und sechziger Jahren ihre Unabhängigkeit erlangt haben, wussten kaum etwas über die Palästinenserfrage und die Geschichte des arabisch-israelischen Konflikts. Mit dem Erreichen der Selbständigkeit in Denken und Handeln haben sich aber gerade diese Länder um die Probleme anderer unterdrückter Völker kümmern können, und spontan haben sie sich bei diesem Konflikt für die arabische Seite entschieden.

Von 1955 bis 1967 wurde durch politische Verhandlungen mehr für die Palästinenserfrage erreicht, als durch alle bis dahin durchgeführten terroristischen Aktionen. Ein Beweis dafür, dass Dialog und politische Vernunft mehr bewirken als terroristische Kampfaktionen. Allerdings scheint der Wille Israels zu einem endgültigen Frieden noch weit entfernt zu sein: in dieser Region wird bis heute Tag und Nacht gemordet, und die Welt schaut zu. Die Palästinenserbewegung wurde für die Dritte Welt trotzdem zu einem weiteren Befreiungssymbol, vergleichbar mit den Befreiungskämpfen in Vietnam und in Kuba und mit der Antiapartheidsbewegung in Südafrika.

Die Dritte Welt hat langsam begonnen die Dialektik der Befreiungsbewegungen und die Maßstäbe antikolonialistischer und antiimperialistischer Politik zu verstehen. Im Kern dieser Entwicklung war von Anfang an keine kommunistische Wurzel vorhanden, wie im Westen immer vermutet wurde. Eher waren es nationalistische Unabhängigkeitsbewegungen. Selbst der kubanische Revolutionärsführer Fidel Castro war nie ein kommunistischer Ideologe. Die westliche Allianz, angeführt von den USA, hat jedoch jedes Land mit Ambitionen zur Selbständigkeit kategorisch als kommunistisch verdammt, und Freiheitsbewegungen wurden unterdrückt. Kein Wunder, dass viele dieser Länder, wie zum Beispiel Kuba, Angola, Jemen oder Ägypten von der Sowjetunion unterstützt wurden.

Am Beispiel von Kuba hat man gesehen, wie solche Fehleinschätzungen die Lage eskalieren lassen. Die Machtspiele des Kalten Krieges haben die Welt in diesem Konflikt an den Rande eines Dritten Weltkrieges geführt. Waren es die Kühnheit und der Mut des Politikers John F. Kennedys, die einen atomaren Krieg verhindert haben, oder war es die kluge und nachgiebige Haltung Chruschtschows? Oder kamen die damals mächtigsten Männer der Welt beide rechtzeitig zur Besinnung, um die Welt vor einer atomaren Katastrophe zu bewahren?

Noch nie zuvor hatten sich die Nuklearmächte USA und Sowjetunion direkter bedroht als in der Kuba-Krise im Oktober 1962. Noch nie zuvor hatte die Menschheit größere Angst vor einem Atomkrieg. Dreizehn Tage lang stand der Frieden auf des Messers Schneide: Am 16. Oktober 1962 belegen Aufklärungsfotos dem amerikanischen Präsidenten John F. Kennedy, dass die Sowjets auf Kuba, ihrem einzigen Vorposten in der westlichen Hemisphäre, Stellungen für Mittelstreckenraketen aufbauen. Die Atomsprengköpfe könnten Washington in wenigen Minuten erreichen, noch bevor Amerika in der Lage gewesen wäre, seine 42 S-5-Raketen einzusetzen.

Kennedy stellt der Sowjetunion am 22. Oktober 1962 ein Ultimatum: Vollständiger Abzug des atomaren Arsenals aus Kuba oder ein Krieg, in dem *selbst die Früchte des Sieges nur Asche in unserem Munde wären.* Über die kubanische Insel verhängte er eine Seeblockade. Der sowjetische Parteichef Nikita Chruschtschow drohte seinerseits mit einem weltweiten nuklearen Raketenkrieg. Der amerikanische Justizminister, Robert Kennedy, beschrieb damals die Lage so: *Als würde uns allen die Schlinge zugezogen, der gesamten Menschheit...*

Die geheimen diplomatischen Aktivitäten laufen auf Hochtouren, um die Zeitbombe zu entschärfen. Als erstes Zeichen der politischen Vernunft drehen die russischen Schiffe im Atlantik mit dem neuen Raketenarsenal ab. Die Welt hält jedoch immer noch gespannt den Atem an. Die Lage wird brisanter, als am 27. Oktober 1962 ein U-2-Spionageflugzeug der USA von den Sowjets abgeschossen wird. Da wurden selbst die nüchternen Krisenmanager nervös. Am 28. Oktober 1962 lenkte Chruschtschow ein und beendete damit die Konfrontation der Weltmächte. Bei dieser Krise war der U-2-Pilot Major Rudolf Anderson das einzige Opfer. Die Atomraketen wurden vollständig aus Kuba entfernt. Im Gegenzug verspricht Kennedy, Castro in Ruhe zu lassen; und er verspricht, die dreißig Jupiter-Atomraketen, die in der Türkei, also praktisch vor der *Haustür* der Sowjetunion stationiert waren, abzuziehen.

Die Hintergründe dieser riskanten Manöver der Großmächte wurden erst nach und nach bekannt. Fehleinschätzungen und falsche Interpretationen hatten die Welt in die gefährlichste Krise der Nachkriegszeit gestürzt. Während Chruschtschow, der eine Invasion der Amerikaner auf Kuba befürchtete, den jungen amerikanischen Präsidenten auszutricksen versuchte, fürchtete Präsident Kennedy, die Russen wollten Amerika mit den Atomraketen vor der eigenen Haustür so bedrohen, dass sie dann ganz Berlin besetzen könnten.

Keiner der beiden Staatsmänner wollte einen Krieg. Hätte Chruschtschow nicht klein beigegeben, wäre auch Kennedy nicht zu weiteren Konzessionen bereit gewesen. Und in beiden Lagern hat es tatsächlich genug Scharfmacher gegeben, die einen Nuklearkrieg befürworteten. US-Luftwaffenchef Curtis LeMay zum Beispiel warf Kennedy vor, er habe *die größte Niederlage unserer Geschichte hingenommen.* Die beiden Supermächte zogen Lehren aus der Beinahekatastrophe: Sie schufen den *heißen Draht,* eine direkte Verbindung zwischen beiden Staatschefs, um bei künftigen Krisen ungewollte Zuspitzungen und gefährliche Missverständnisse vermeiden zu können. Und sie begannen, erste Schritte auf dem Weg zur nuklearen Rüstungskontrolle zu unternehmen. Chruschtschow und Kennedy war klar geworden, dass die Atomwaffenstrategien die gegenseitige Vernichtung bedeuten konnte. 1963 sagte Kennedy, wenige Monate vor seiner Ermordung, zu Studenten: *Es darf nie wieder nur die Wahl geben zwischen einer schmählichen Niederlage und einem nuklearen Krieg.*"

Also spricht Buddha: „Gelobt sei der, der Frieden herbeiführt und der die kleineren Länder dieser Welt nicht wie Schachfiguren dem Spiel der eigenen Interessen aussetzt!

Warum helfen die Amerikaner, die im eigenen Land eine multikulturelle Gesellschaft geschaffen haben, nicht dabei, dass in der Dritten Welt der multikulturellen Völker auch Frieden und Fortschritt entstehen. Dies war eine Vision von John F. Kennedy. Amerika hat es geschafft, dass seine multikulturelle Gesellschaft als führende Nation alle Krisen der Geschichte überlebt hat, und dass dies für viele andere Nationen nachahmenswert geworden ist.

Die Amerikaner setzen, je nach dem Bedarf ihrer Außenpolitik, entweder ihre Übermacht an Waffen oder ihre wirtschaftliche Macht ein, um ihre politischen Interessen durchzusetzen. Seit der Beendigung der Kubakrise hat sich an der amerikanische Politik des *Wirtschaftsembargos,* oder besser des *Wirtschaftskrieges,* gegen die kubanische Inselrepublik nichts geändert. Nach dem Untergang der kommunistischen Zweiten Welt und nach dem Ende des Kalten Krieges kann der normal denkende Mensch diese aggressive Doktrin nicht mehr verstehen."

IST DER ISLAM RÜCKSTÄNDIG?

J esus: „Wir haben nun viel über die politische, die wirtschaftliche und die kulturelle Entwicklung der Länder in der Dritten

Welt gehört. Ich glaube, dass es an der Zeit wäre, über eines der wichtigsten Fundamente der Entwicklungsgeschichte in der Dritten Welt, über die Rolle der Religion, zu sprechen. Und weil die überwiegende Zahl der Entwicklungsländer islamisch sind, bedarf diese Religion einer besonderen Behandlung.

Ist der Islam die Ursache der Rückständigkeit? Kann diese Religion, der eine zeitgerechte progressive Weltanschauung fehlt, überhaupt dem Menschen den Weg weisen? Ist all die Rückständigkeit in der Dritten Welt nur auf kolonialistische Politik und Ausbeutung zurückzuführen? Wird die neu entflammte fundamentalistische Einstellung einiger Gruppierungen in der islamischen Welt nicht den gesamten Weltfrieden gefährden?

Eines weiß ich auf jeden Fall: Der Islam ist zunächst einmal eine friedfertige und für Fortschritt und Entwicklung offene Religion."

Dazu Mohammed: „Was ist der Islam? Alle Behauptungen in der westlichen Welt, der Islam sei rückständig und er blockiere den Fortschritt, sind falsch und zynisch!

Wenn Fortschritt das ist, was Saudi-Arabien erreicht hat, und was die Scheichtümer am Persischen Golf in relativ kurzer Zeit erreicht haben, die sich als prowestliche Emporkömmmlinge präsentieren und doch Mohammedaner sein wollen, dann will ich behaupten, dass diese Art von Fortschritt den anderen Staaten und Völkern der islamischen Welt gestohlen bleiben kann. Das ist kein Fortschritt, sondern das ist die importierte Konsumkrankheit aus den Industrieländern.

Der Islam stellt die letzte Gottesbotschaft in der Reihe der monotheistischen Weltreligionen dar: eine Religion für Fortschritt und Erneuerung, aus eigener geistiger Dynamik, und nicht auf krummen Wegen und durch Korruption. Schon der Name Islam bedeutet *Hingabe an Gott* oder *Frieden in Gott*. Die zentrale Botschaft im Islam ist die Einzigkeit Gottes, die auch von Jesus und anderen Propheten verkündet wurde.

Die fünf Fundamente des Islams sind so einfach wie das gesamte Wesen dieses Glaubens:

1. Es gibt nur einen Gott und keinen anderen außer dem einen, und Mohammed ist der letzte Prophet und Gesandte Gottes.
2. Du sollst, um deine Seele und deinen Körper zu reinigen, fünfmal am Tag beten, am Morgen vor dem Sonnenaufgang, am

Mittag, am Nachmittag, am Abend vor dem Sonnenuntergang und bei Einbruch der Nacht.

Die Bedeutung von seelischer und körperlicher Reinigung hat, aus wissenschaftlich-medizinischer Sicht, auch für unsere Zeit eine Bedeutung, vor allem in der Hektik der zivilisierten Industriewelt, weil der Vorgang der Waschung und die Vorbereitung auf das eigentliche Gebet eine rituelle Form ist, die wie eine Art Yoga oder ein allgemeines Entspannungstraining wirkt. Jeder fühlt sich nach dem Gebet erleichtert und entspannt. Der Vorgang *Biofeedback* ist ein Nebenprozess nach jedem Gebet. Der Mensch fühlt sich erleichtert und erfrischt.

3. Fasten: Der Monat Ramadan ist für das dreißigtätige Fasten vorgeschrieben. Dabei ist die absolute Nüchternheit von Sonnenaufgang bis zum Sonnenuntergang Pflicht. Der Sinn und die Bedeutung dieser Vorschrift ist, ebenfalls aus wissenschaftlich-medizinischer Sicht, als ein Vorgang zur Körperertüchtigung, zur Reinigung, wie etwa eine Schrothkur, gedacht. Der Fastende soll außerdem seinen täglichen Verbrauch an Nahrungsmitteln den Bedürftigen zur Verfügung stellen.

4. Zakat: Jeder Gläubige ist verpflichtet, zwei bis zehn Prozent seines Einkommens für religiöse und sozial-kommunale Zwecke abzugeben. Diese Tat kann, moderner ausgedrückt, als ein Solidarbeitrag verstanden werden.

5. Wallfahrt nach Mekka: Jeder Gläubige soll mindestens einmal in seinem Leben die heilige Stadt Mekka besuchen.

Die islamische Rechts- und Soziallehre beinhaltet alle Aspekte der psychosozialen Strukturen des praktischen Lebens. So gesehen ist eigentlich der Islam in seiner Zeit eine sozial-rechtliche Revolution gegenüber Barberei und Tyrannei gewesen. Dass die Rechtslehre und die Gesetze für die gesellschaftlich-soziale Ordnung im 21. Jahrhundert genau so praktiziert werden müssen, habe ich nicht propagiert. Ein Grundsatz von mir war stets: *Erzieht Eure Kinder zeitgemäß*. Die beharrlich orthodoxe Durchführung der damaligen Gesetze im Zeitalter der Elektronik und der wissenschaftlichen Revolution ist absurd und falsch und wurde von mir nie befürwortet. Der Islam steht für geistig-moralische und künstlerische Entwicklung. Dass Avicenna nicht so berühmt ist wie

Hypokrates, oder dass Salieri nicht so bekannt ist wie Mozart, dafür können weder ich noch Jesus etwas. Der eine hat halt mehr Glück gehabt als der andere. Die Genialität steckt in jedem Menschen, aber nicht jeder kann sie umsetzen und damit der Menschheit Nutzen und Freude bringen.

Die Empfehlungen und Verbote des heiligen Buches Koran sind leider, wie auch die der Bibel, unterschiedlich interpretiert oder sogar verfälscht worden. Dem damaligen Menschen, der ohne Kenntnisse von Hygiene und Lebensphilosophie war, hat der Koran zum Beispiel verboten, mit Trichinen kontaminiertes und verseuchtes Schweinefleisch, tierisches Blut oder tote Tiere zu verzehren. Dass es auch Möglichkeiten der Hygiene gegeben hätte, um solche Probleme aus der Welt zu schaffen, ist zu jener Zeit für normale Menschen schwerer zu verstehen gewesen, als die Weisheiten des Propheten, die in einfachster Form artikuliert waren.

Jegliche die Stimmung beeinflussende Rauschmittel, wie Opium oder Alkohol, wurden verboten. Dieses Verbot ist verständlich, wenn man bedenkt, dass die modernen Gesellschaftssysteme gegen Alkohol- und Drogenabhängigkeit fast machtlos sind.

Glücksspiele, Wuchergeschäfte und die wirtschaftliche Ausbeutung nach dem Prinzip des heutigen Banken- und Wirtschaftswesens werden vom Islam verboten. In vielen islamischen Staaten sind in den letzten Jahren Banken entstanden, die zinslose Darlehen anbieten und dafür am Gewinn beteiligt sind. Für den Normalverbraucher ist dies ein einfaches und humanes Gesetz, aber ob im Zeitalter der wirtschaftlichen Revolution solch rückständige Praktiken zulässig sind, ist eine andere Frage.

Der Islam ist für das Privateigentum, also nicht gegen die kapitalistische Wirtschaftsordnung. Einige Vorbedingungen und Aspekte bei der Kapitalgewinnung sind jedoch auf jeden Fall zu berücksichtigen: Im Vordergrund der Wirtschaft steht der Grundsatz, dass alle Güter dieser Welt einzig und allein Gott gehören, und dass jeder durch Fleiß und Arbeit seinen Anteil daran verdienen kann. Die moralphilosophische Lehre von Wirtschaftlichkeit und Besitz ist damit weder kapitalistisch noch sozialistisch, aber, genauso wie die Lehre Christi *Du sollst mit deinem Nächsten teilen,* eher sozial.

Das islamische Recht, die Scharia, behandelt fast alle sozialen Probleme der Gesellschaft: von Eherecht und Erziehung bis zu den zivilen, militärischen und hoheitlichen Ordnungssystemen. Dass gerade das islamische Recht der Eheschließung und der Scheidung so dargelegt worden ist, dass Männer mehr Rechte haben als Frauen; dass also ein Mann mehrere Frauen heiraten und sich ohne Gütertrennung scheiden lassen kann, liegt daran, dass alle diese Rechte männliche Verfasser haben, eben die Mullahs. Diese Praxis hat mit der eigentlichen, sozial und human konzipierten islamischen Gesetzgebung nichts gemeinsam. Auch die Praxis der strafrechtlichen Ordnung ist anders vorgesehen, als es heute in vielen islamisch geführten Ländern üblich ist. Die barbarische Praxis in einigen Ländern, wie Saudi-Arabien oder Pakistan, wo Ehebrecher gesteinigt werden, wo Diebe durch Amputation einer Hand in der Öffentlichkeit bestraft werden, sind eigenwillige Modifizierungen der islamischen Gesetzgebung."

Dazu Abraham: „In vielen Ländern der Welt, auch in den fortschrittlichsten, werden Menschen misshandelt, vergewaltigt und ermordet. Hass und Fremdenfeindlichkeit nehmen zu: Auch in der reichen christlichen Welt nimmt die Gewalt zu. Die Missachtung von Menschenrechten ist überall in der Welt gang und gäbe.
Wie steht der Islam zu den individuellen Menschenrechten in der Gesellschaft? In der islamischen Gesetzgebung heißt es: Wer mit einer Frau eine verbotene Beziehung eingeht, muss damit rechnen, dass er sein Leben riskiert; er kann gesteinigt werden. Diese in den so genannten Gottesstaaten der islamischen Welt praktizierte Rechtsordnung ist inhuman und verwerflich.
Auch die Christen haben Defizite, was die Umsetzung der Menschenrechte betrifft. In der modernen christlichen Welt der Industriegesellschaft haben Minderheiten, Andersdenkende und Kinder weniger Rechte. Sie werden missbraucht, vergewaltigt, ermordet. Man hat den Eindruck die Gesetze schützen eher die Verbrecher, die unter dem Vorwand seelischer Störungen und gesellschaftlich-sozialer Enttäuschungen handeln. Und Verbrechen werden weniger präventiert.

Weder die radikale islamische Rechtsprechung noch die demokratisch christliche Gesetzgebung sind für die Probleme unserer Zeit in der Praxis der Bekämpfung krimineller Delikte zeitpassend. Menschenrechte sind für alle da, auch für Misshandelte und Ermordete, und nicht nur für so genannte seelisch gestörte Straftäter.

Im Mittelpunkt aller sozial-rechtlichen Proklamationen sollten Gerechtigkeit, Frieden und Friedfertigkeit, die soziale Gleichheit aller Menschen und die Nächstenliebe verankert sein. Dass dies heute, je nach der politischen Lage und der Opportunität der jeweiligen islamischen Machthaber eines Landes, anders praktiziert wird, bleibt ein Problem für die islamische Welt."

Und Zarathustra: „In den Weltfriedhof ging ich einst und begegnete den Genies der Menschheitsgeschichte, die darin ruhen. Und ich stellte ihnen die Frage: Wer ist an den Katastrophen der Welt schuld? Warum ist es der Menschheit nicht gelungen, die Erde in ein Paradies zu verwandeln? Waren die Religionen schuld oder gar die Propheten? Die Antwort der Genies der Menschheitsgeschichte, darunter Khayyam, Sokrates, Schiller, Beethoven, Kant, Schopenhauer und Nietzsche, war: Egoismus, Charakterlosigkeit und fehlende Zivilcourage haben die Menschheit dorthin geführt, wo sie sich heute, in der Zeit der Postmoderne, befindet.

Die Freiheit für Wissenschaft und Kunst, die Aufklärung und Eroberung von irdischen Geheimnissen und Naturschätzen, die Eröffnung neuer Wege für ein besseres Leben für alle, genauso wie andere Grundsätze für Meinungsfreiheit und Menschenrechte, sind in Form von Empfehlungen in der islamischen Rechtsordnung prinzipiell verankert. Warum nun alle diese Grundsätze im modernen Islam nicht zeitgerecht praktiziert werden, bleibt schleierhaft.

Das Problem der islamischen Religion, und damit der islamischen Welt, sind Dogmatismus, Dilettantismus, Egoismus und vor allem die Rechthaberei der islamischen Gelehrten; denn dies sind oft fanatisch-ketzerisch arbeitende Pseudo-Imame und Mullahs, die tagtäglich die Sätze des Korans den Gläubigen vorgaukeln, ohne sich die Mühe zu machen, Sinn und Inhalte des Korans und insbesondere den Unsinn ihrer eigenen Äußerungen verstehen zu wollen. Der gute Gläubige verlässt sich auf das, was sein vertrauter Mullah sagt: Denn er hat, wenn er überhaupt eine Schule besucht hat, als erstes die Suren des Korans in arabischer Sprache lernen und Tag für Tag, fast wie ein Papagei, auswendig wiederholen müssen. So ist die Situation in den orthodoxen Koranschulen, die als Kasernen der geistig-moralischen Vorschulung unschuldiger Kinder gerade zu dem Zeitpunkt intervenieren, wo die Kinder beginnen, ihre kindliche Phantasie für ihre Umwelt, für Kunst, Musik und viele andere kreative Eigenschaften zu entwickeln. Durch das Einbläuen von Vokabeln einer fremden arabischen Sprache werden die Kinder in der ganzen Welt zu *guten Mohammedanern* erzogen; und dabei wird nicht versäumt, die Feinde des Islams diesen unvoreingenommenen Kindern rechtzeitig einzuprägen. Niemals hat Mohammed solche erzieherischen Maßnahmen empfohlen. Keinesfalls hat er sich zu solch absurden Methoden geäußert. Die islamischen Gelehrten, die solche Methoden der Erziehung zulassen, sind seine Feinde, denn sie wissen nicht was sie anrichten.

Dass der Mensch in einer Gesellschaft des 21. Jahrhunderts andere Bedürfnisse hat, dass eine Religion wie der Islam dringend einer Reformation und einer zeitgerechten Erneuerung, der Erweiterung und der Verbesserung einiger seiner Grundsätze bedarf, wird leider nicht einmal als These zur Diskussion gestellt.

Der Islam will die Welt erobern und verbessern. Aber dass er selbst verbesserungs- und änderungsbedürftig ist, davon wollen die Mullahs nichts wissen. Die Bildungsstätten der islamischen Welt haben bisher keine sozial-gesellschaftliche Forschung betrieben, bei der die Bedürfnisse der Menschen untersucht worden wären. Einzig das, was die großen Zentren der islamischen Welt tun, ist als Interpretation des Korans gültig. Und das bedeutet einem unantastbaren Dogma der Gehorsamkeit, der Enthaltsamkeit des Einzelnen und der Vergänglichkeit des irdischen Lebens zu folgen. Dass das Individuum von seinem irdischen Leben etwas haben will, dass der Mensch, der ja entwicklungsfähig und evolutionär ist, gerade dieses irdische Leben durch geistig-kreative und künstlerische Kraft verbessern kann, und dass er erst dann an die Schönheit und die Besonderheit des Lebens nach dem Tod denken will, das wird überhaupt nicht berücksichtigt.

Der Mensch ist von Natur aus gutmütig und willig. Seine soziale und familiäre Umwelt, Gesellschaft und Erziehung, machen aus ihm entweder einen guten und kultivierten Menschen, der der Gesellschaft nützlich sein wird, oder einen bösartigen und charakterlosen Menschen, der die Mitmenschen und die Gesellschaft schamlos ausnutzen wird. Und dabei spielt die Religion eine sehr wichtige Rolle.

Schon kurz nach der Geburt bekommt der neugeborene Mensch Impulse, die ihn dazu veranlassen, sich mit angeborenen Eigenschaften und kognitiv-mentalen Elementen die Welt zu erobern: Doch bereits in der darauf folgenden Entwicklungsphase wird das Kind in der islamischen Welt durch die Religionslehre beeinflusst, mit der immer wiederkehrenden Beschwörung der Nichtigkeit des irdischen Lebens. Kinder, die Leichtigkeit und spielerische Freiheit nicht erfahren, weil sie tagtäglich in der Koranschule papageienhaft die Verse aus dem Koran in arabischer Sprache wiederholen, die sie inhaltlich nicht verstehen, werden zwar gehorsame Mohammedaner, aber keine frohen, glücklichen, kreativen und frei denkenden Erwachsenen. Diese Lebensphilosophie der Enthaltsamkeit ist zwar für die Therapie der macht- und geldsüchtigen Menschen heilsam; sie ist aber generell für das tägliche Leben des geistig und körperlich gesunden Menschen nicht empfehlenswert.

Die Förderung der Bildung im Bereich der geistigen, naturwissenschaftlichen, wirtschaftlich-ökologischen, politisch-sozialen und theologischen Fächer könnte für den Islam nur von Vorteil sein, weil nur durch Bildung die Probleme auf dieser Welt bekämpft werden können; und weil nur durch eine geistige Liberalisierung und eine Demokratisierung die islamische Welt der christlichen Welt gegenüber konkurrenzfähig werden würde.

Der Islam muss durch die Bereitschaft zu sozialen Erneuerung zeigen, dass diese Religion eine friedfertige und sozial-kämpferische Bewegung ist, die die Probleme der Dritten Welt lösen kann, und die den Menschen zu einer zukunftsgerechten Existenz verhelfen kann. Die Religion muss eine Lehre sein, die die Menschen informiert, die aber jegliche Entscheidungen über die Art und Weise, wie sie zu leben haben, den Menschen selbst überlässt."

Und Mohammed: „Die Industriewelt hat Angst um ihre Existenz und die Christen haben Angst vor dem Islam.

Um nun den Christen des Abendlandes etwas von ihrer Angst vor dem Islam zu nehmen, werden wir eine kleine Exkursion in die Geschichte des Mittelalters machen.

In der Sure 2, 124–129 des Korans wird erläutert, dass Abraham und Ismael von Gott berufen wurden, um das Haus der Kaaba in Mekka zu bauen und um daraus eine Gebetsstätte zur Huldigung und zur Verehrung von Gott durch seine Gläubigen zu machen. Abraham und Ismael tun dies, und sie bitten Gott, sie beide und ihre Nachkommen als Ergebene zu Juden, Christen und Muslimen zu machen. Ismael wird damit Vater der Ismaeliten und Muslime und zum Stammvater der Araber."

Dazu Abraham: „Als ich mit Hilfe meines Sohnes Ismael das Gotteshaus errichtete, hatte ich nur einen Gedanken: Hier sollen sich alle Menschen eines Tages Gott dem Schöpfer hingeben.

Nun kommen die Araber und sagen mit Recht, dass Ismael als erster Sohn Abrahams der legitime Erbe sei; die Juden hingegen möchten Isaak, den zweiten Sohn, als legitimen Erbe sehen. Schon hier sieht man, dass die Menschen Tatsachen, die legitim sind, nicht immer akzeptieren wollen. Jeder will recht haben, und keiner denkt daran, dass alle Rechte in Gottes Hand sind.

Ich, Abraham, ich habe mit meinem Sohn Ismael für Euch alle, Muslime, Ismaeliten, Sarazenen und Christen, und für den einzigen Gott, ein Haus gebaut. Und deshalb sollt Ihr Euch einigen in diesem Haus und nicht bis in Ewigkeit streiten. Recht hat der, der bereit ist das Unrecht zu unterlassen."

BERÜHRUNGSÄNGSTE DES ABENDLANDES

Mohammed: „Die abendländische Angst vor dem Islam hat ihre Wurzeln darin, dass gerade fundamentale Grundlagen der theologischen Geschichte immer wieder durch Thesen und Gegenthesen zerredet wurden. Die Araber waren, aus der Sicht der Christen, kein kultiviertes Volk wie die Assyrer, Ägypter, Perser oder Moabiter. Sie waren für das Bibelvolk Emporkömmlinge, bei denen man nicht wusste, ob sie als Muslime den selben Gott hatten, oder ob sie einfach Heiden waren. Man wollte nicht wahr haben, dass auch ich ein Prophet, Gottesdiener und Gesandter war, wie vor mir Jesus. Ob ich ein Erlöser war oder nicht, das ist nicht wichtig. Vielmehr ist wichtig, dass ich, in Verehrung meines Vorgängers Jesus Christus, die Aufgabe hatte, die Lehre Gottes, die durch Abraham verkündet worden war, in einer Region der Welt durchzusetzen, in der Unwissenheit und Barbarei die Existenz der Menschheit bedrohte.

Mein Ursprung war in Mekka und Medina, und mein damaliges kleines Volk war ein zivilisiertes, friedliches, freiheitsliebendes und gerechtes Volk, was auch heute für die große Mehrzahl meiner islamischen Brüder in der Welt gilt. Vor meinem Volk brauchen die Christen und die *modernen Menschen* also keine Angst zu haben.

Zur Zeit der Kreuzzüge kam es im Morgenland, trotz aller Konflikte, zu einem Kulturaustausch zwischen islamisch-arabischer und christlich-lateinischer Welt. Ich wurde von Anfang an unterschätzt und als Krieger und ungebildeter Mann verleugnet, der weder lesen noch schreiben konnte. Wenn das so ist, dann frage ich mich, wie es geschehen konnte, dass die ganze Welt, also auch die christliche Welt, vom Koran, meinem heiligen Buch, begeistert war.

Raimundus Lullus (1223–1315), ein Theologe und Mystiker, der neben der katalanischen und der lateinischen Sprache auch das Arabische beherrschte, schrieb ein Buch über drei Weise, – einen Juden, einen Christen und einen Sarazenen –, und einen Heiden. Erstaunlicherweise stellte er den Sarazenen in den Mittelpunkt aller Weisheit. Und so spricht der Sarazene zu dem Heiden: *Mohammed war ein ungebildeter Mann, der weder lesen noch schreiben konnte und gerade ihm offenbarte Gott den Koran, ein Buch von großer Weisheit und von den schönsten Kompositionen, die es gibt oder geben könnte; denn alle Menschen der Welt oder alle Engel und Teufel, können kein so schönes Werk verfassen wie den Koran, der unser Gesetz ist. Da nun jene Menschen, die die Weisheit stolz und großsprecherisch gemacht haben, gewöhnlich auf diejenigen herabblicken, die weniger weise sind, wünschte Gott Mohammed aufzuklären, der so große Weisheit hatte, dass er in der Lage war, den Koran bekannt zu machen, der das Wort Gott-*

es ist, ohne Stolz zu werden, um Hochmut und Prahlerei zu zerstören; dafür dient die Demut Gottes als Beispiel, der so die Weisheit und Demut in Mohammed zu erhöhen wünschte, und dass Mohammed an Weisheit und Demut groß war, ist mit dieser Größe kundgetan, dass er ein Prophet war."

Dazu Jesus: „Die Arroganz ist ein wesentlicher Bestandteil der Unwissenheit, und außerdem macht Unwissenheit ängstlich!"

Mohammed: „Ich bin um 570 nach Christus in Mekka geboren und gehörte dem bedeutungslosen Stamm der Quorais an. In sehr jungen Jahren habe ich Vater, Mutter und Großeltern verloren. Bei meinem Onkel Abu Talik fand ich Obdach und Erziehung. Ich lernte den Beruf des Handelskaufmanns und ich reiste mit Karawanen bis nach Syrien. Ich begegnete einer wohlhabenden Frau namens Chadidscha, die älter war als ich, und Witwe. Ich empfand Zuneigung zu ihr und heiratete sie. Wir lebten in Hochachtung voreinander und wir bekamen sieben Kinder, von denen leider nur eine Tochter, Fatima, am Leben blieb. Und sie war auch, nach dem Tode meiner Frau, der einzige Trost in meiner Einsamkeit.

Als ich auf das vierzigste Lebensjahr zuging, hörte ich Stimmen, die nicht irdisch waren. Anfangs war ich irritiert. Doch allmählich wurde mir klar, dass ich etwas zu verkünden hatte. Allah, der große Gott, hatte gerade mich ausersehen, um seine himmlischen Botschaften zu verbreiten. Ich meditierte mehrere Jahre lang und lernte, dass alles, was Gott uns sagen will, nur für uns etwas bedeutet, und nicht für ihn. Nach diesem Grundsatz begann ich zum wiederholten Male zu rufen *Allah o Akbar – Gott ist groß*.

Im Jahre 613 begann ich zu predigen. Ich predigte in kurzen, bewegenden Sätzen, die ganz von dem Gedanken an den göttlichen Zorn und das nahe Gericht erfüllt waren.

Wir Friedensstifter und Gottesdiener haben alle das gleiche Problem: wenn wir die Erde verlassen haben, wird vieles von dem, was wir vermitteln wollten, falsch aufgefasst und manipuliert weitergegeben, und auch zu Lebzeiten werden wir nicht immer gleich verstanden.

Mir ist es so ergangen, dass ich am Anfang in meiner nächsten Umgebung, bei meiner Familie und bei meinen Verwandten, und vor allem bei meiner Frau Chadidscha und bei meinem jungen Vetter Ali, großen Zuspruch fand. Bei meinem eigenen Stamm der Quorais hingegen erfuhr ich Widerstand; ich erfuhr Misstrauen und Verachtung. Mein Volk hatte Angst um seine Macht und seinen Status. Dass der Prophet im eigenen Dorf nichts gilt, das erfuhr ich leibhaftig.

Das bescheidene Leben war hart genug für meine kleine Gemeinde, und Streitigkeiten hätten keinen Sinn gehabt. Rechthaberische Proklamationen und Besserwisserei waren in meinem Programm nicht vorgesehen. Denn ich hatte einen anderen Plan: ich wollte meinen göttlichen Auftrag auf einfache Art und Weise verwirklichen und ich wollte diesen Auftrag tief in der Lebenspraxis verankern.

Einige von meinen Gemeinden wanderten aus in das äthiopische Hochland; andere, die bei mir geblieben waren, folgten mir nach Yatrib, wo ich unter den jüdischen und arabischen Stämme für Ruhe und Frieden sorgte. Diese Stadt meiner Wahl bekam später den Namen *al-Medina*, die Stadt des Propheten. Von dieser Zeit an galt ich in Medina als Staats- und Religionsoberhaupt.

Ich kümmerte mich um alle Belange des irdischen Lebens meiner Gemeinde. Mir ging es, neben der Bekehrung der Menschen zu religiösen Pflichten und zu sozialgesellschaftlichen Aufgaben, vor allem auch um Recht, Ordnung und Wohlergehen meines Volkes. Ich verstand die mir zugeteilte Offenbarung als eine weitere Aufgabe zur Vollendung der Weisheiten, die unser Gott einst Moses und vor ihm Abraham, dem Vater aller Propheten der Juden und Araber, zu verstehen gegeben hatte. Ich habe vergeblich versucht, alle Menschen, Juden wie Araber, für eine gemeinsame Gemeinschaft in Medina zu gewinnen. Es ist vieles geschehen, was ich nicht bezweckt hatte. Viele gingen ins Exil; aber viele verloren auch ihr Leben, weil sie eine Einigung nicht wollten. Das sollte nicht heißen, dass ich das von Anfang an geduldet und gebilligt habe. Ich wollte, dass Menschen unterschiedlicher Religion und Herkunft zusammen eine Gesellschaft bilden und dass sie nicht gegeneinander kämpfen.

Ich musste, als Mann Gottes, Frieden stiften und ich musste den Menschen soziale Rechte und Menschenrechte ins Bewusstsein bringen, wofür sie zunächst keine Bereitschaft zeigten. Also musste ich erst eine Gesellschaft formen, um dann die notwendigen irdischen Gesetze mit den religiösen Verordnungen zu vereinbaren. In diesem sozialpolitischen Gärungsprozess kam es zu Stammeskämpfen und es kam zu Kriegen; und es ging nicht immer mit Diplomatie und Verhandlungen voran. Den gottlosen Quoraisiten musste gezeigt werden, dass wehrlose Gläubige sich in meiner Gemeinde sicher fühlen können.

Durch die Stärke und die eindeutige Glaubenskraft der Muslime, meiner Anhängerschaft, entstand der Heilige Krieg, der Dschihad. Und es wurde mit den Juden in Haibar und in anderen Regionen und mit den Christen im Süden, in Nagran, Verträge abgeschlossen, um Kriege zu vermeiden. Nach und nach nahm die Bildung einer islamischen Gesellschaft Gestalt an, welche der Basis eines Staatswesens entsprach.

Im Jahre 630 kehrte ich nach Mekka zurück. Die Quoraisiten unterwarfen sich, und die alte Kult-, und Prinziplosigkeit wurde abgeschafft. Zwei Jahre später wurde ich zu Euch, in die Ewigkeit, abberufen, um mich heute diesem Tribunal Zarathustras zu stellen,"

Mohammed erhebt sich von seiner Bank und beugt sich mit ehrerbietiger Haltung zu Zarathustra und setzt dann seinen Beitrag fort.

„Wenn es um die Offenbarung und die Verbreitung der Gesetze Gottes ging, habe ich versucht, wie ein Mensch die anderen zu überzeugen und für eine gute, gerechte und anständige Lebensweise zu gewinnen. Und ich sage bewusst: *wie ein Mensch*, weil nur ein Mensch fehlbar ist. Und ich habe, wenn ich das heute so bedenke, viele Fehler gemacht, ohne die ich jedoch mein göttliches Ziel, die islamische Welt zu schaffen, nie erreicht hätte.

Ich habe nach dem Tode meiner Frau Chadidscha noch weitere neun Frauen geheiratet. Jede dieser Heiraten war im Dienste meines Volkes. Mal wollte ich durch eine Heirat einander feindlich gesonnene Stämme zum Frieden führen, mal wollte ich die Stabilität des inzwischen groß gewordenen islamischen Reiches festigen. Meine Ehen hatten eine politische Zweckmäßigkeit und keine leiblichen Motive. Dass meine Nachkommen dieses Verhalten, wie auch die Eroberungskriege, als Regeln der islamischen Religion weitergeführt und sogar als Gesetze instrumentalisiert haben, macht mich traurig.

Im Grunde genommen habe ich mit dem Koran nichts anderes verkündert und offenbart, als Jesus. Im Koran trage ich vor, dass ich in der Reihe der Propheten, von Abraham über Jesus bis hin zu mir, die letzte Position übernehme. Die Abweichungen, die zwischen den verwandten Überlieferungen der Bibel und dem Koran bestehen, gehen nach islamischer Auffassung auf Änderungen zurück, die Juden und Christen an ihren heiligen Schriften vorgenommen haben. Ich, Mohammed, bin jedoch *das Siegel der Propheten.* Auf mich wird keiner mehr folgen vor dem Ende der Welt. Die Offenbarung ist vollendet.

Allah ist schon vor dem Islam als der Name der mächtigsten Gottheit von Mekka bekannt gewesen und bedeutet: *der Einzige, unser gemeinsamer Gott, er ist absolut einzig, allmächtig und gerecht.* Er hat die Welt geschaffen und den Menschen, und die Tiere und Pflanzen, und alles was zum Leben gehört. Und er hat, wie wir in der Schöpfungsgeschichte gehört haben, das ganze Universum geschaffen. Gott verlangt Glaube, Gehorsam und Unterwerfung unter seinen Willen; denn nur er weiß, was für uns, für die Menschheit, gut oder schlecht ist. Und der Islam ist, im Sinne des Wortes, Unterwerfung unter seinen Willen. Diese Gehorsamkeit und diese Unterwerfung der Gläubigen wird heute von den falschen Imamen und Mallahs instrumentalisiert und missbraucht.

Ich habe fünf Orientierungsgesetze proklamiert:
1. Salát, das Gebet das zur Stärkung der Seele und zur Reinigung des psychosomatischen Daseins führt; ein Bekenntnis der Unterwerfung, das möglichst oft gemeinsam geleistet werden soll, das die soziale Hygiene und die Kommunikation stärken und das Konflikten vorbeugen soll.
2. Zakat: das Almosen, das ein Akt der Solidarität der Menschen untereinander ist und das grenzenlose Reichtümer für bestimmte gesellschaftliche Gruppierungen verhindern soll.
3. Haddsch: die Pilgerfahrt nach Mekka, die auch die weltliche Einheit prägen soll.
4. Saum: das auch im jüdischen Glauben praktizierte Fasten im Monat Ramadan, das auch heute, in der Zeit der Moderne, als körperliche Reinigung zur Gesundung des psychosomatischen

Wohlbefindens führen und Krankheiten und deren Folgen bekämpfen soll.

5. Shahada: das Glaubensbekenntnis: *Es gibt keinen Gott außer einem Gott (Allah) und Mohammed ist sein Prophet.*

Ich war genau wie Jesus, und alle meine Vorgänger, für soziale Gerechtigkeit und gegen Heuchelei, manipulatives Handeln und eine korrupte Gesellschaft. Ich würde aber nicht von mir behaupten, dass ich ein Kommunist oder Sozialist war. Ich wollte immer die menschliche Gesellschaft durch die Menschen selbst und durch die Solidarität unter ihnen stärken und bewahren. Ich musste gegen Barbarei, Sklaverei und Missstände im tagtäglichen Leben kämpfen; und um eine menschenwürdige Gesellschaftsordnung zu schaffen, habe ich die Rechte des Einzelnen, der Familie, der Gemeinde und schließlich des Staates miteinander verwoben, weil ich sie voneinander abhängig gesehen habe. Deshalb musste ich mich, neben meiner religiösen Aufgabe, auch an der Organisation des Staates beteiligen, damit sich überhaupt Form und Struktur einer kulturellen Gesellschaft herausbilden. Dass das Staatswesen in einem langsam größer werdenden Staat nicht allein durch Almosen und Solidarität finanziert werden können, war mir bewusst. Aber meine Nachkommen haben bis heute dieses Dilemma nicht richtig verstanden.

Man hat erst mich als Krieger und Diktator bezeichnet, der jeden, der sich nicht zum Islam bekehren lässt, umbringen ließ. Dann war ich angeblich ein Kriegsherr oder ein Kommunist. Alle diese Behauptungen sind falsch. Eines ist aber sicher: auch ich hatte immer moralische Sozialisierung und gesellschaftliche Gerechtigkeit gefordert, und ich wollte eine gesellschaftliche Ordnung, geprägt von Verantwortung für das Gemeinwohl und von Solidarität auf allen Ebenen, erreichen. Die Missachtung der Gemeinschaft sowie Eigennutz und Missbrauch des Gemeinwohls habe ich stets als Sünde apostrophiert.

Ich hatte keine revolutionären Vorstellungen von Gesellschaftsveränderungen, die man mit sozialistischen oder kommunistischen Ideen vergleichen könnte. Meine Vorstellung von einer gerechten Gesellschaftsordnung war die Gemeinschaft, die sich aus Einzelverantwortung und kooperativer Solidarität zusammenfügt und die sich dadurch lebensfähig macht. Die Stellung der

Familie, die Position der Frau in der Gesellschaft, die Abschaffung der Sklaverei, die Bekämpfung und Bestrafung von Korruption und die gerechte Durchführung der islamischen Rechte, das waren einige Wesensmerkmale meiner sozialen Politik. Aber ob ich überall und immer alles richtig gemacht habe, weiß ich nicht. Gott möge mir verzeihen.

Ich unterscheide mich von Euch, meine Brüder, in einem, und das sage ich ohne Überheblichkeit: Ich musste eine Religion verkünden und gleichzeitig musste ich auch einen Staat gründen; und dies in einem Gebiet der Welt, in dem bis dahin keine Gesellschaftsform und kein Staatswesen existierte. Dass mein Nachfolger nach meinem Tod Babylon und Persepolis, die blühenden Reiche der Kultur und der Wissenschaften, eroberten, die bereits über eine Staatsform verfügten, ist für mich im Nachhinein eine Genugtuung. Aber dass dabei vieles hier in Persepolis von Alexander und seiner Armee vernichtet wurde, schmerzt mich sehr.

Im Alter von vierzig Jahren habe ich durch den Engel Dschibril (Gabriel) meine ersten Offenbarungen vernommen. Und ich wurde genau wie Du, Jesus, als Gottesanbeter und Prediger gedemütigt und aus meiner Heimat vertrieben. Ich musste nicht nur meine Heimat Mekka, sondern auch das Gotteshaus Abrahams verlassen. Und erst nachdem ich über vierhundert Kilometer durch die Wüste geflohen war, konnte ich in der Oase Medina Rast machen. Diese Flucht, die *Hedschra*, fand nach der heutigen Zeitrechnung am 16. Juli 622 statt. Und damit begann auch die islamische Zeitrechnung.

Aus allem, was ich vom Engel Dschibril erfuhr, entstanden die Suren, die zusammengefasst das heilige Buch Koran darstellen. Mit dem Haupt- und Grundsatz: *Es gibt keinen Gott außer Allah und Mohammed ist sein Prophet.*

In aller Gottesfurcht muss ich heute vor diesem Tribunal, in Anwesenheit von Abraham, Moses, Jesus, Buddha und Zarathustra verkünden, dass ich mit Allah unseren gemeinsamen Gott gemeint habe. Keinen anderen, nur den einzigen Gott, den Gott von Abraham, Moses und Jesus Christus.

Meine Lehre ist sehr praktisch und einfach. Es gibt drei zentrale Aufgaben für jeden Gläubigen: Beten, Fasten und wohltätig sein. Ich habe das soziale System der Gemeinschaft an die vorderste

Stelle meiner Tätigkeit gestellt. Ob Buddha und Zarathustra mit meiner Arbeit und vor allem mit unserem Allmächtigen gleicher Meinung sind, steht nicht im Vordergrund; aber ich bin mir sicher, dass sie, und alle anderen Propheten auch, das Gleiche im Sinn hatten: in Gott eine zentrale Figur für Glauben, Freiheit, Gleichheit und Brüderlichkeit unter den Menschen zu schaffen."

Die fünf Weisen blicken anerkennend auf Mohammed und nicken ihm zu, als Zeichen der Zustimmung. Jesus ist von Mohammeds Rede begeistert. Er steht auf, geht auf Mohammed zu, umarmt ihn und sagt: „Am Kreuz hängend, von Todesangst gepackt und von Schmerz geplagt, konnte ich mir nicht vorstellen, dass Du nach mir kommen würdest, um die Menschheit auf den richtigen Weg zu führen. Du bist meiner Liebe und meiner Verehrung bis in die Ewigkeit sicher."

Und Jesus setzt sich wieder und fährt fort:

„Auch Deine Gefolgschaft, Mohammed, bestand aus Egoisten, die vom Eroberungsgeist durchdrungen waren. Macht und Einfluss waren für Deine Nachfolger wichtiger als Sittlichkeit und Frieden. Viele meinten, dass mit Predigten allein gegen Dummheit und Barbarei nichts zu erreichen wäre. Und teilweise haben Sie Recht gehabt. Mit passivem Widerstand, wie ich ihn gelebt habe, kommt man gegen Unvernunft und Gewalt nicht an, insbesondere wenn es um das Schicksal eines Volkes geht. Wenn Tyrannen am Werk sind, wird man dann zum tragischen Märtyrer. Man muss zwar bereit sein, für seine Ideale zu sterben; aber man sollte so weit wie möglich auch Widerstand leisten. Das ist meine Erkenntnis und das ist mein Vermächtnis.

Aber der Zusammenhalt in Deinem Volk und damit in der arabischen Welt war nach Deinem Tod nicht mehr gegeben. Viele Kalifen und Fürsten behaupteten Nachfolger des Propheten zu sein und sie führten in Deinem Namen Eroberungszüge. Und so entstanden die verschiedenen Glaubensrichtungen in der islamischen Welt: Ismaeliten, Saiditen, Schiiten und Sunniten, die sich bis heute streiten, genauso wie meine Christen, die sich Katholiken, Protes-tanten, Lutheraner oder Orthodoxe nennen, und die sich gegenseitig sogar mit Waffen bekämpften."

EIN GOTTESSTAAT LÖST DIE PROBLEME NICHT

Zarathustra: „Sowohl die Christen als auch die Muslime müssen begreifen, dass es höchste Zeit ist, den Weg zu Gott gemeinsam zu gehen. Wenn die Christen untereinander einig werden und wenn die Mohammedaner die islamische Einheit begreifen, erst dann sind sie alle imstande zu verstehen, dass Christen, Juden und Muslime den gleichen großartigen Gott verehren. Erst dann sind die Menschen in der Lage, Frieden zu schaffen. Wenn es soweit ist, dann reden wir nicht mehr von Atheismus, Abrahamismus, Judentum, Islam, Christentum, Buddhismus oder Hinduismus, sondern wir reden von einem einzigen Glauben, der all diese Vielfalt in kultivierten, geistig polymorphen Menschen unterschiedlicher Population beherbergt. Wir sprechen dann von *Monotheismus:* wir glauben alle an ein und den selben Gott!
Nun sage uns, Mohammed, warum lebt der Westen trotzdem in Angst vor Deinen Glaubensbrüdern?"

Mohammed antwortet: „Die Angst ist mit Unwissenheit verbunden: Wenn die Menschen einander näher kommen würden, wenn sie sich um die Sorgen der Fremden kümmern würden, dann würden sie erfahren, dass diese keine Feinde sind, vor denen man sich fürchten muss. Diese Antwort ist zwar einfach formuliert, aber sie besagt all das, was auch Kant mit seiner Erkenntnistheorie vermitteln wollte.
Ich fordere Frieden für alle. Friedfertig musst Du sein, bis Dein Nachbar diese gute Absicht erkennt. Suche Deine Freunde, bevor Du sie brauchst. Erzieht Eure Kinder zeitgerecht. Diese sind die wichtigen Fundamente meiner Botschaft. Terroranschläge, Hinrichtungen, Kriegshandlungen und Morddrohungen, die primitive, alttestamentarische Gesetzgebung im sozialen und kulturellen Bereich, die fehlenden Rechte der Frau in der Gesellschaft und der Schleier als Symbol der negativen Sonderstellung der Frau, all diese Merkmale des Islams sind Phänomene, die zum einen durch falsch verstandene Grundsätze des Islams und zum anderen durch falsche Interpretation durch die islamischen Gelehrten entstanden sind. Phänomene also, die dahin geführt haben, dass man heute

im Westen im gleichen Atemzug mit islamischem Terrorismus auch von einem islamischen Fundamentalismus spricht.

Wahr ist, dass ich keinen Hehl daraus gemacht habe, dass der Islam, als weltliche Macht und irdischer Wegweiser für die Lebensführung, eine Religion ist, die alle Lebensbereiche umfasst. Der Begriff Islam beschreibt nicht nur eine Glaubensgemeinschaft, sondern auch Herkunft, Geschichte und Kultur der Völker dieser Gemeinschaft. Es fehlt in Europa, Amerika und vielen anderen westlichen Ländern an Interesse für die islamische Geschichte. Einige beziehen ihre Informationen sozusagen aus den Geschichten aus *Tausendundeine Nacht*, andere sehen den Islam als eine religiöse Verkörperung des radikalen Fanatismus und der Gewalt. Dass der Islam in Wesen und Charakter Frieden und Brüderlichkeit predigt und seit seinen Anfängen eine fortschrittliche Religion ist, wird, aufgrund der desolaten Lage in der islamischen Welt, nicht verstanden.

Die islamische Welt des Mittelalters war, im Vergleich zum nachkarolingischen Europa, in voller Blüte: Handelsverkehr, Städtebau und kulturelles Leben waren weit verbreitet. Bagdad zählte damals mehrere Hunderttausend Einwohner; zu einer Zeit, als in den größten Städten Europas kaum zehntausend Menschen lebten. Jede islamische Stadt hatte, neben Moscheen und Zentren der religiöse Aktivitäten, Bibliotheken, Schulen und Hochschulen als Stätten der kulturellen und sozialen Bildung. Die Bedeutung des kulturellen und geistigen Einflusses des Islam auf den Westen, besonders auf dem Weg über Spanien, wo christliche und islamische Kulturen aufeinander trafen, ist unverkennbar. Was die Araber aus der persischen, griechischen und syrischen Wissenschaft, Kunst und Philosophie in die eigene Kultur integriert hatten, haben die Spanier sehr früh erkannt und übernommen.

Der Islam ist eine friedliche Religion, geprägt von fortschrittlichen Anstrengungen. Die Feindseligkeit der Mullahs und Ajatollahs gegenüber Forschung und Entwicklung erinnert an die Zeit des mittelalterlichen Christentums einerseits und andererseits an die Politik des Vatikans heute: Nein zur Schwangerschaftsverhütung trotz Hungersnot und Krankheiten, wie HIV und anderer viraler Erkrankungen; Nein zum Einsatz von Frauen in wichtigen Positionen in der Kirche; Ausweisung von reformwilligen Bischöfen,

Kardinälen und Gelehrten aus dem Vatikan; direkte und indirekte Einmischung in die Weltpolitik.

Die Kirche des von mir geliebten und verehrten Jesus ist, im Vergleich zu meiner Kirche, nicht schlechter aber auch nicht besser. Vergleicht man den Papst mit Khomeini, dann hat der Papst, als Kirchenoberhaupt, mehr Macht und Einfluss. Und weder der Papst noch Khomeini dürfen den Begriff *Heiligkeit* oder *Heiliger Vater* beanspruchen; denn heilig ist der, der die Menschen liebt und Kummer, Sorgen und Leid der Menschen bekämpft, und nicht der, der von Macht besessen ist.

Heilig ist der, der Frieden stiftet und selbstlos ist. Heilig ist Jesus Christus, der sich für den Frieden eingesetzt hat und mit seinem Leben dafür bezahlt hat. Heilig ist der, der die Wunden der Gesellschaft heilt."

Abraham: „Nein, die Menschen im Westen brauchen keine Angst vor meinen Glaubensbrüdern zu haben. Angst sollten sie eher vor dem egoistischen Vatikan haben. Dagegen sollten sie sich wehren! Mohammed spricht nicht nur mit Verstand, er spricht mit seinem Herzen und er spricht mit tiefster Verehrung für Jesus Christus!

Aber auch wir müssen neue Wege finden für die Menschen, die nicht mehr an uns glauben. Wir sind nur dann glaubwürdig, wenn wir uns um die Sorgen der Menschheit kümmern, die nicht nur materieller, sondern geistig-spiritueller Herkunft sind. Wir müssen den Geist des Lebendigen neu definieren, denn die modernen Menschen sind dabei, aufgrund ihrer materiellen Sorgen, ihre imaginären und psychointellektuellen Fähigkeiten zu verlieren. Der Mensch muss sich auf die humane Aura des homo sapiens besinnen, da er sonst nur noch ein Lebewesen mit biologischen Funktionen ist."

Zarathustra: „So wie im 15. Jahrhundert das christliche Abendland mit Sorge die Bewegungen des osmanischen Reiches beobachtete, so ist es heute die westliche Welt, die besorgt nach Südosten schaut. Aber die Angst der Christen im Westen vor dem Islam im Osten und die christlichen Vorurteile gegenüber den Mohammedanern sind unbegründet. Keine der Völkergemeinschaften, Christen oder Muslime, haben bis zum heutigen Tag begriffen, dass Gottes Worte, die in der Bibel und dem Koran verkündet werden, auch zeitgemäß in die Tat umgesetzt werden müssen."

Mohammed: „Einst hatte mein Volk verstanden, was Glaube in der Praxis heißt. Mit Leib und Seele praktizierte es die Grundsätze seiner Religion, und es stieg aus dem Nomadentum zu einem Volk auf, das mit Wohlstand, Wissenschaft und Kultur gesegnet war, und das gleichzeitig zu einer unvergleichbaren politischen Macht wurde.

Während im christlichen Abendland Literatur, Philosophie und Geisteswissenschaften nur privilegierten Kirchenvätern und Gelehrten zugänglich waren, und das auch nur in eingeschränktem Maß, waren im Islam alle diese Wissenschaften, wie Alchimie, Mathematik und Medizin, in voller Blüte. Der englische Historiker Southern hat es fast siebenhundert Jahre danach so formuliert: *Dies ist das erstaunlichste Ereignis in der Geistesgeschichte, ebenso wie der Aufstieg des Islams als politische Macht das erstaunlichste Faktum in der Geschichte der Institutionen darstellt. Der Islam schwelgte im Überfluss, während dem Abendland nur die Kirchenväter die klassischen und nachklassischen Dichter sowie die lateinischen Schulmeister blieben. Werke von beeindruckender Gediegenheit, die, zumindest im frühen Mittelalter, nicht gerade sehr aufregend waren. Ein Vergleich der Literaturkataloge des Abendlandes mit der Liste jener Bücher, die den muslimischen Gelehrten zur Verfügung standen, wirkt auf den Abendländer schmerzlich. Die lateinischen Gelehrten des zwölften Jahrhunderts, die diesen Unterschied als erste erkannten, traf diese Einsicht wie ein Schlag.*

Gerade weil der Islam eine für Erneuerungen aufgeschlossene Religion war, hat der Vorgang der Islamisierung im ganzen Orient, zumindest im Mittelalter, einen dynamischen Prozess auf allen Ebenen der Wissenschaften herbeigeführt.

Als indische Mathematiker damit begannen, das heutige Dezimalsystem zu entwerfen und die Zahl Null, und damit die notwendigen zehn Ziffern zu entwickeln, übernahmen die Araber diese Schreibweise, verbesserten sie und gaben dieses Wissen an andere Völker weiter. Und den Christen hat das islamische Wissen und die wissenschaftliche Erneuerung nicht geschadet. Weil dies so war und ist, holen sich die westlichen Länder im Jahr 2002 die Intelligenz gerade von der islamisch, hinduistisch oder buddhistischen Glaubensherkunft der Entwicklungsländer und geben ihnen eine greencard, damit sie die Probleme der Computergesellschaft lösen."

Jesus: „Bei all meiner Verehrung für Dich Mohammed: mit der expansiven Rolle Deiner Religion bin ich nicht einverstanden. Dein Volk und Deine Kirche haben sich mit militärischer Gewalt so schnell ausgebreitet, dass viele Völker, die zum Islam bekehrt worden sind, wohl keine andere Wahl gehabt haben."

Mohammed: „Einspruch: Der Islam hat versucht mit Gewalt gegen Despoten vorzugehen, um die Menschen vom Joch der Unwissenheit zu befreien. Die Christen hingegen haben so viele Kriege gegen Nichtchristen geführt, dass sie zum Schluss nicht mehr wussten, wofür und warum sie so viele Menschenleben vernichtet hatten. Die Christen haben unter Deinem Kreuz, Jesus, mehr Unheil angerichtet, als alle Anhänger anderer Religionen zusammen."

DEIN PAZIFISMUS WURDE GLEICH NACH DEM TODE BEGRABEN

Jesus: „Wir beide haben das gleiche Problem mit unseren Nachfolgern: sie haben Gott und die Kirche für ihre Kriege instrumentalisiert: Und sie haben bei der Ausdehnung der Macht der Kirche alles vergessen, was Gott und Glaube betrifft. Ajatollah Khomeini, der sich als Wortführer der Schwachen und als Kämpfer gegen das Unrecht und die Tyrannei in einem großen Kulturland wie dem Iran bis in die oberste Machtstelle des Staates durchgesetzt hat, wurde selbst zum absoluten Herrscher. Aus einem angeblichen Gottesdiener wurde ein Staatsmann mit unbegrenzter Macht, in dem die verführten und naiven Menschen den Erlöser sahen.

Aber die Päpste waren auch nicht besser. Der Vatikan ist keine Kirche mehr, und die Botschaft dieses multinationalen Konzerns ist keine Friedensbotschaft; hier herrscht die gerissene Politik machtsüchtiger Päpste, Bischöfe und Kardinäle. Zum Beispiel Papst Johannes II.: Er hat die Kirche zur Erhaltung der vatikanischen Macht instrumentalisiert. Er arbeitet lieber im Geheimen mit dem amerikanischen Präsidenten zusammen als mit Gott, wenn es darum geht in die Geschichte einzugehen. Er macht gemeinsame Sache mit dem CIA und will den Kommunismus nicht nur in seiner Heimat Polen, sondern im ganzen Ostblock bekämpfen.

Papst Johannes II. hat, im Rahmen seiner Möglichkeiten, versucht mit Khomeini zu konkurrieren: mit seinem Verbot der Pille und jeglicher Familienplanung. Millionen Kinder sterben entweder im Säuglingsalter oder sie werden nicht älter als fünf Jahre, weil Nahrungsmittel und medizinische Versorgung fehlen. Der Vatikan sagt trotzdem beharrlich Nein zu Verhütung und Familienplanung. Hat dieser Papst einmal die Slums der Christen in Südamerika oder in Afrika besucht?

Khomeini war nicht besser: er förderte das Bevölkerungswachstum, um seine eigene Machtbesessenheit zu organisieren, um Kriege führen zu können. Er ließ Kinder gebären und aufziehen, um sie dann als Minensucher und Kanonenfutter in den Krieg zu schicken.

Nein, wir haben wahrlich keinen Grund, mit unseren Kirchenmännern zufrieden zu sein. Auch ist es unverständlich, dass die Christen von all dem nichts wissen wollen. Vielleicht wollen sie ihre einzige irdische Identität nicht verlieren.

Die Christen sollten ihren Brüdern und Schwestern anderer Konfessionen entgegenkommen. Sie sollten Ängste und Barrieren jeglicher Art abbauen, um des Friedens und auch um unseres gemeinsamen Gottes willen. Sie sollten nicht schon beim Klang einer fremden Sprache eine Abwehrhaltung einnehmen und so tun, als ob sie etwas Besseres, Intelligenteres oder Höheres wären. Den Begriffen *Orient* und *Orientale* sollte nicht abwertend, sondern mit Achtung und Respekt begegnet werden; denn ich, Jesus Christus, bin selbst ein Orientale."

Moses: „Ich als Orientale sage Euch, nur durch Annäherung kann die Angst überwunden werden und Freundschaft entstehen.

Die Angst vor Fremden aus dem Orient, vor Muslimen oder Arabern, ist unbegründet. Dafür dass dort manche Schandtaten im Namen Gottes geschehen sind, dürfen nicht die Völker verantwortlich gemacht werden, sondern allein die Gottesdiener.

Die Araber und Muslime in der ganzen Welt haben keine Angst vor den Christen, im Gegenteil. Ein Orientale spricht gern, er ist warmherzig und offen, er ist vielseitig, spielerisch und manchmal geschwätzig. Aber er spricht; und wenn er spricht, dann schaut er den Christen mit warmen und strahlenden Augen an. Er bietet Freundschaft und Aufgeschlossenheit an. Als Verkäufer hat er Spaß daran, im Basar oder anderswo zu handeln. Er will Kontakt aufbauen. Ja, manchmal spricht er zu viel und manchmal macht er viel Lärm um nichts; aber er zeigt menschliche Wärme und bringt dem Partner menschliche Würde entgegen. Seine Gastfreundschaft ist übertrieben und großzügig, er versucht alle Grenzen der Möglichkeiten zu übertreffen. Ein Christ, vor allem ein mitteleuropäischer Christ ist knapp, nüchtern, sachlich und distanziert, und die kurze Konversation mit dem Fremden ist meist nicht durch die Sprachbarriere, sondern durch nicht vorhandene Freude an der Fremdheit und durch Voreingenommensein bedingt. Er kann der strahlenden Wärme aus den Augen des Orientalen nur einen eisig kalkulierenden Blicken entgegensetzen. Der Orientale ist unheimlich, unrealistisch und unglaublich für ihn, denn er kann sich mit seinem maschinisiert exakten Denken nicht mit solch sagenhaften Figuren aus den Geschichten aus *Tausendundeine Nacht* identifizieren. Einige sagen sogar: dass kann doch nicht wahr sein, so viel Selbstlosigkeit, Gastfreundschaft und menschliche Wärme muss einen Haken haben. Ich kann Euch, liebe Christen, sagen, wo ihr den Haken finden könnt. Ihr findet ihn in Eurem eigenen Herzen, das sich gegen Fremde verschlossen hält."

Abraham betont: „Die Angst gegenüber dem Islam ist nicht nur unbegründet, sondern sie ist sogar eine Sünde."

Mohammed: „Ich würde gerne etwas in der Geschichte wühlen und ich möchte damit manches zu erklären versuchen, was vielen Menschen unbekannt ist.
Die Angst der Christen vor dem Islam ist dadurch entstanden, dass die islamische Theologie die himmlischen und irdischen Positionen sehr plausibel darstellt. Allein die Tatsache, dass der christliche und der islamische Glaube eng miteinander verwandt sind, ist sogar für die heutigen Christen ein Dilemma. Denn diese

geschichtliche Verwandtschaft ist für die Christen mit der Angst um die eigene Identität verbunden. Die Christen denken: wir könnten bei Zugeständnissen an die islamischen Nachbarn unsere Eigentümlichkeit verlieren. Wenn die Christen sich über ihre Einheit Sorgen machen, dann sollten sie sich erst untereinander einigen. Weder Muslime noch Juden haben zum Streit der Christen beigetragen. Es sind die Christen selbst, die sich gegenseitig bekämpften. Alle islamischen Eroberungen, seien es die von den Arabern oder von den neu islamisierten Ländern der Perser und der Türken, verängstigten die Christen im Abendland. Und trotzdem zeigten sie wenig Interesse für ihre östlichen Glaubensbrüder. Denn die wurden verdächtigt mit den Muslimen gemeinsame Sache zu machen.

Im Jahr 1205 eroberten die Kreuzfahrer Konstantinopel. Für sie war das eine islamische Stadt und sie ignorierten, dass die Stadt nicht einmal während der türkisch-osmanischen Dynastie islamisiert wurde. Der Zerfall des byzantinischen Reiches war in vollem Gange und im Jahre 1361 war Konstantinopel als die einzige bedeutende Stadt des byzantinischen Reiches verblieben. Und wären die osmanischen Türken nicht in der Schlacht bei Ankara einem anderen fernöstlichen Volk, den Mongolen, unterlegen, wäre vielleicht um das Jahr 1400 diese Stadt schon in die Hände der islamischen Türken geraten.

Und so feierte Priester Johannes Timur Lenk, den Mongolenführer, der selbst ein Moslem und ein tollwütiger Mörder war, als Retter des Christentum des Abendlandes. Die Christen erkoren also einen Barbaren und Krieger, der alles, was ihm im Wege stand, vernichtete, zum Retter der christlichen Welt. Solche falschen Einschätzungen schürten und festigten die Fiktion *Angst vor dem Islam*. Das Gute, das bei anderen Völkern und Mächten gesehen wurde, hatte eine einzige Motivation: die Hauptsache ist, dass sie gegen Muslime waren!

Die Angst der Christen vor den Muslimen hat ihre Wurzeln im Altertum und im dogmatischen Priestertum der heutigen Kirchenführung.

Während die islamische Welt Jesus als Propheten des Friedens huldigt und verehrt, bringen die Christen meinen Namen nicht unbedingt über die Lippen. Die voreingenommene Haltung und die falsche Vorstellung der Christen dem Islam gegenüber bedarf einer Revision.

Ich glaube nicht, dass dies, im Sinne von Jesus Christus, der richtige Weg ist, um die Feindseeligkeiten zu überwinden. Nicht das Kreuz, sondern Jesus selbst ist das Fundament der Brüderlichkeit und der Friedfertigkeit."

Jesus: „Wahrlich, diese Priester haben den Sinn meiner Arbeit mehr manipuliert als verstanden. Mir wird bewusst, dass das osmanische Reich viel harmloser und menschenfreundlicher war als das dogmatische Reich der Christen im Vatikan.

Selbst heute suchen sich die westlichen Politiker ihren Timur Lenk jenseits des islamischen Nachbarn und versuchen mit ihm gemeinsame Sache zu machen, um den gemeinsamen Feind zu bekämpfen. Und dafür ist ihnen jedes Mittel recht und billig, wenn nur der Feind zerstört wird.

Um die Gefahren des panarabischen Nationalismus zu begegnen und um die christliche Welt zu schützen, feuerten die so genannten reichen christlichen Industrienationen den iranisch-irakischen Krieg an, sie manipulierten die Informationen und sie unterstützten die Ausdehnung dieser Katastrophe durch Waffenlieferungen an beide Kriegsparteien. Es wird lange dauern bis der Irak und der Iran sich von den Schäden dieses Krieges erholt haben werden. Währenddessen schreitet die christliche Industriewelt voran; sie wird reicher, moderner und gottloser.

Angst vor dem Islam ist eine Paranoia, die nicht nur den Verstand sondern auch die Herzen der Menschen belagert hat. Die Menschen müssen aus ihrer eigenen Geschichte lernen. Den Untergang eines Volkes beschwören heißt nicht, dass es mit einem selbst aufwärts geht."

Und Mohammed: „Ach diese Deine Päpste! Wenn es um den Orient ging, dann waren die Päpste in ihrem Vorgehen nicht zimperlich. Mehr als zehn Millionen Menschen kamen im Laufe der Kreuzzüge um, und Papst Urban II. sah dies trotzdem als Rettung des Christentums vor der islamischen Übermacht.

Nach der Übernahme von Jerusalem durch die islamische Armee unter der Führung von Omar, einem meiner Nachfolger, konnten die Juden, Christen und Muslime endlich nebeneinander und miteinander leben. Da wurde nicht von Toleranz, wie heute in der modernen Welt gesprochen, sondern von Anerkennung, Gleichheit und Brüderlichkeit. Aber Papst Urban II. ließ verbreiten, dass die Muslime verbrecherische Jagd auf Christen führten. Dies war, wie die meisten anderen Äußerungen und Handlungen des Papstes, wenn es um den Orient und die Muslime ging, erlogen. Wie konnte unter all diesen Menschen unterschiedlicher Herkunft und unterschiedlichen Glaubens eine Annäherung zustande kommen, wenn der Papst ein Ketzer und Aufwiegler war?

Denn eigentlich sollte nur eines gelten, damals wie heute: die Wahrheit. Nur mit der Wahrheit kann man die Menschen auf ehrliche Art und Weise für eine gerechtere Welt, eine Welt von Vertrauen zueinander gewinnen. Damals hat Deine Kirche, Jesus, die Christen grundlos gegen die Muslime aufgehetzt. Und heute werden die Türken in vielen christlichen Ländern mit Skepsis und Ignoranz behandelt. Viele Menschen dort machen sich Sorgen um die *Überfremdung* ihrer Kultur und Gesellschaft.

In vielen europäischen Ländern haben die Türken seit den sechziger Jahren Kraft und Geist für den Wiederaufbau dieser Länder eingesetzt. Doch je reicher und industriell fortschrittlicher diese Länder wurden, desto kritischer wurde die Lage für die türkischen Mitbürger. Schließlich wurden sogar Häuser und Moscheen angezündet. Zum Glück haben Verstand und Vernunft der Zivilgesellschaft, trotz aller nationalistischer Parolen, die Oberhand gewonnen. Die türkischen Bürger haben, wie in alten Zeiten, bewiesen, dass sie toleranter und standhafter sind, als mancher Christ es sich erträumt. Und sie haben in vielen Bereichen der Gesellschaft, mit der Beharrlichkeit ihrer Glaubensvorstellung, Nächstenliebe und Zusammengehörigkeit aller Menschen beispielhaft und friedlich vorgelebt.

Kein anderer Kirchendiener hat gegen die falsche Vorstellung des Vatikans von den osmanischen Muslime so heftig protestiert wie Martin Luther. Er ging sogar so weit, dass er eher die Tugend der Türken lobte, als die Macht des Papstes und der fremdenfeindlichen Christen. Die Christen, die in türkische Gefangenschaft geraten waren, seien besser behandelt worden als die, die unter dem Papst leben mussten.

Ja, Bruder Jesus, es gab auch Kirchendiener, die Deiner würdig sein wollten. Der Jurist, Theologieprofessor und Reformator Martin Luther suchte stets eines: wie der Mensch *gerecht* werden könne vor Gott; und er kam zu der revolutionären Anwort: *Allein durch den Glauben!*

In einer Zeit, da die Kirche Ablasszahlungen für Sünden anbot, und da auch das sonstige Treiben des Klerus nicht mehr den kirchlichen Lehren entsprach, vollzog Martin Luther den Bruch mit der Kirche. Am 31. 10. 1517 veröffentlichte er seine fünfundneunzig Thesen, die zur Rückkehr zum reinen Evangelium und zur Abkehr vom Götzendienst aufriefen. Daraufhin traf ihn der Bannstrahl Deiner Päpste, Jesus. Vom Kaiser wurde über ihn, nach dem Verhör auf dem Reichstag zu Worms 1521, wegen Verweigerung des Widerrufs, die Reichsacht verhängt; letztlich brachte ihn der Kurfürst Friedrich III. auf der Wartburg in Sicherheit, wo er mit der Übersetzung der Heiligen Schrift begann.

Luther gelangte immer deutlicher zu der Überzeugung, dass er auf der Erde nur einen Heiligen Vater habe, und dass es sich dabei um Jesus und nicht um den Papst handele. So löste er sich ganz von Rom und heiratete im Jahr 1525 die entflohene Nonne Katharina von Bora.

Die Ehrlichkeit und der Mut, mit denen Martin Luther die Probleme des Glaubens unter den Menschen zu klären und die Wahrheit Christi ans Tageslicht zu bringen versuchte, führten zu einem enormen Zulauf. Er gründete eine evangelische Glaubensgemeinschaft, für die er 1529 den *Kleinen Katechismus* schrieb.

Dies als Beweis dafür, dass es Menschen gibt, die nur eines im Sinne haben, nämlich die unverschleierte Wahrheit zu verkünden; denn Dein himmlischer Auftrag, Jesus, war und ist nichts anderes als die Wahrheit."

WIR SIND ALLE ORIENTALEN

Die Kerzen am Altar brennen noch. Und je dunkler die Nacht wird, desto näher scheint der sternenreiche Himmel. Die Weingläser wurden schon mehrere Male geleert und von Zarathustra immer wieder nachgefüllt, auch das Glas von Mohammed. Jesus nickt anerkennend; er ist beglückt von der Darstellung

Mohammeds, und er nimmt sein Glas und trinkt auf diese gelungene Nacht.

Zarathustra: „Bei Gott, ich sage Euch: die Menschen könnten so liebenswürdig sein, wenn sie nur jeden lieben würden, überall auf der Erde, und zu jeder Zeit.

Ein Teil Deiner Kirche, Jesus, begeht Tag für Tag Fehler und Sünden, indem er Menschen in einer Zeit der Hilflosigkeit gegenüber den Problemen und der Ignoranz gegenüber der Verantwortung in Fragen der Ethik und Moral allein lässt. Man stelle sich vor: eine Frau in Not geht in eine katholische Kirche und bittet um ein Gespräch, eine Beratung, eine humane Hilfe. Sie führt das Gespräch, aber Hilfe, eine formale und notwendige Bescheinigung für die Behörden, bekommt sie nicht. Und sie darf eine ungewollte Schwangerschaft auch im Krankheitsfall nicht abbrechen. Denn der Heilige Vater im Vatikan erlaubt es nicht. Und Pfarrern und Bischöfen, die sich für die Hilfe und gegen die Anordnung des Papstes einsetzen, droht die Exkommunikation.

Nein, diese Paläste der Macht, diese Gotteshäuser der Machenschaften, sind Deiner nicht würdig, Jesus!

Und wenn nun diese gleichen Christen ihre Angst vor fremden mit den Argumenten verbreiten, dass sie diese Kirche vor Orientalen, Türken, Arabern, Afrikanern oder sonstigen *Fremden* schützen wollen, dann kann ich nur sagen: Ihr seid im Unrecht!

Was Orient ist und wie ein Orientale lebt, denkt und handelt, sollte der gute Christ erst lernen und erfahren, und dann kann er sich vielleicht ein Urteil erlauben. Auch ich bin ein Orientale. Unser Vater Abraham und unser Bruder Moses sind Orientalen. Nicht umsonst hat Gott die Wiege der menschlichen Kultur und Zivilisation in den Orient gelegt; auch alle seine Propheten hat er hier berufen. Und auch Goethe wusste, wo das Gute beheimatet ist:

Gottes ist der Orient!

Gottes ist der Okzident!

Nord – und südliches Gelände

Ruht im Frieden seiner Hände.

Die Angst der Christen und der westlichen Industrieländer vor dem Islam, ist die Angst der Reichen vor den Entwicklungsländern. Denn es könnte ja sein, dass die reichen Länder etwas von ihrem Wohlstand abgeben müssten, oder dass die armen Länder es sich mit Gewalt holen könnten. Aber diese Angst und diese Unruhe verliert langsam an Intensität, weil die Menschen einander näher kommen, sich mehr vertrauen und einander Verständnis entgegenbringen.

Die Kirche hingegen hat diese seit dem Mittelalter existierende Angst noch nicht verloren. Die Kirche erklärt, dass es ihr Sorgen bereite, dass im Islam die geistige und weltliche Macht in einer Hand sind. Aber die Kirche selbst erkennt nicht, warum sie an Einfluss und Anhängern verliert. Wenn diese Fragen geklärt und die Antworten in die Tat umgesetzt sind, dann braucht sich die Kirche keine Sorgen um ihre Anhängerschaft zu machen und sie braucht auch keine Angst vor dem Islam zu haben.

Aber auch der Islam hat einiges gutzumachen. Er muss bereit sein für eine Verständigung zwischen den Menschen unterschiedlicher Religionen. Einen Gottesstaat konnte es vielleicht vor tausend Jahren geben, aber die heutige gesellschaftliche Führung bedarf eines anderen Stils, nämlich einer Trennung der Institutionen der Macht und der Geistlichkeit in der islamischen Welt. Das soll heißen, dass der Staat mit all seinen Institutionen für eine funktionierende liberale Demokratie und die soziale Ordnung sorgt, während die Kirche sich um die geistliche und moralische Kraft der Gesellschaft kümmert. Wenn gerade die christliche Kirche dafür plädieren würde, dass die Menschen aufeinander zugehen, dass sie teilen, wenn sie etwas zu teilen haben und dass sie die Fremden nicht mehr als Feinde sehen, sondern als zukünftige Freunde (*Suche dir Freunde bevor du sie brauchst!*), dann könnten die Christen auch an Worte wie *Du sollst Deinen Nächsten lieben* eher glauben; und damit könnten sie ihre eigene existentielle Angst abbauen. Und wenn eines Tages die Angst der Christen vor dem Islam verschwunden ist, und wenn die Muslime glaubhafter und liberaler geworden sind, dann haben wir Propheten auch nichts dagegen einzuwenden. Die Politiker schwören bei Gott, ihr Bestes für Vaterland und Menschen zu tun. Sie nehmen Jesus zum Vorbild. Kaum sind sie aber an der Macht, schon haben sie nicht nur Jesus, sondern alles, was dazu gehört, vergessen. Weder Moral, noch Solidargemeinschaft stehen im Vordergrund der Programmatik der Regierenden, sondern Macht und deren populistische Umwerbung.

Tatsache ist, dass das mächtigste Land der Welt ohne Krieg nicht leben kann. Eine Terroristenbande attackiert das *World Trade Center* in New York; und als Antwort darauf ziehen die USA in den Krieg, um den angeblichen Drahtzieher zu stellen. Und Afghanistan muss dafür büßen.

Der führende Industriestaat der Welt ist das beste Beispiel für das paradoxe Erscheinungsbild eines christlichen Landes. In manchen Regionen der USA herrschen so katastrophale soziale Verhältnisse wie in der Dritten Welt, trotz des ungeheuren Wohlstands, trotz des Booms der Wirtschaft. Das ist die innere Seite der Medaille der amerikanischen Demokratie.

Die andere, die nach außen gekehrte Seite ist die, dass die USA ihre potenzielle Macht nicht wirklich für Frieden und Demokratie in anderen Regionen der Welt einsetzen, sondern mit ihrer absoluten Macht nur ihren eigenen Wohlstand schützen. Dieses Land ist zum Beispiel stolz darauf, dass es seine Bomberpiloten mit bester Ausrüstung auf den Weg zu Kriegsschauplätzen schickt, wo diese ihre Bomben aus fünftausend Metern Höhe abwerfen und unversehrt wieder nach Hause zurückfliegen, um rechtzeitig mit ihren Kindern Football im Fernsehen anschauen zu können. Und es wird behauptet, dass etwas für Demokratie und Frieden getan wurde. Dass in Jugoslawien Zivilisten ihr Leben durch so genannte Kollateralschäden verloren haben, und dass dieses Land bis heute noch an den Folgen dieser Präzisionswaffen leidet, darüber wird nicht gesprochen.

Nein, diese reiche christliche Welt trägt nichts dazu bei, dass die Völker der Welt sich annähern und aufeinander zugehen. Im Gegenteil: neuer Hass wird geschürt, so dass keine Freundschaft zwischen den Menschen entstehen kann. Diese unselige Hegemonie der Neuzeit blockiert jeden Prozess des Zusammerückens der Völker und der freundschaftlichen Annäherung zwischen Muslimen, Christen und Juden.

Menschen aller Nationalitäten und Religionen, versucht Euch eine Welt zu schaffen, die eine neue Welt der Brüderlichkeit und der Solidarität ist, die eine Welt der Liebe und der grenzenlosen Anerkennung ist. Ich beschwöre Euch: zeigt Euren Glauben an

eine humane Verpflichtung und an ethnische Vielfalt mit der Neu-
gründung einer zivilisierten Gesellschaft, und glaubt nicht an
Eure charakterlosen Politiker."

OHNE NORD-SÜDDIALOG GIBT ES KEINEN FRIEDEN

Buddha: „Ein schicksalhafter Kampf hat lange Zeit die Dritte
Welt zwischen zwei ideologisch und gesellschaftspolitisch
gegensätzlichen Fronten zerrieben. Und nach dem Zusammenbruch der kommunistischen Welt waren die Länder der Dritten Welt
diejenigen, die für die Fehler des Kommunismus bezahlen mussten.
Von den Industrieländern sind sie im Stich gelassen und von der
kommunistischen Seite sind sie ausgeraubt und betrogen worden.
Während die Supermächte Sowjetunion und USA die Länder der
Dritten Welt wie Schachfiguren auf dem Brett der Weltpolitik hin-
und herschoben, hat es in der Dritten Welt freiheitlich-revolu-
tionäre Bewegungen und Umbrüche gegeben, die jedoch immer an
ihrer ideologischen Blockzugehörigkeit krankten. Es gab Länder,
die sich für die Abhängigkeit von der Sowjetunion entschieden
hatten, die zu *Bruderländern* der sozialistischen Sowjetunion
wurden. Andere Länder, die sich für die Gegenseite entschieden
hatten, wurden als *Marionetten des Imperialismus* bezeichnet.
Interessanterweise tendierten viele Länder mit alten Monarchien
eher zur kapitalistischen Ersten Welt, während einige, erst neu
von den Kolonialmächten befreite Länder, zum kommunistischen
Lager der Zweiten Welt tendierten. Der Fehler der Industriewelt
war, dass alle Bewegungen und Bestrebungen für Unabhängigkeit
und Freiheit in den Ländern der Dritten Welt vom Westen
bekämpft wurde, um *kommunistische* Revolutionen zu verhindern; wodurch solche Länder sich zwangsläufig im kommunistischen Lager Unterstützung holten."

Dazu Jesus: „Eigentlich waren wir auch Kommunisten, doch
weder im ideologischen noch im politischen Sinne, sondern einfach auf sozial-gesellschaftlicher Ebene.

Die Entstehung des Kommunismus und seine Verbreitung haben interessanterweise ihren Ursprung in der gerade entstandenen Industriewelt des Westens. Die Grundideen des Kommunismus sind verbunden mit primären Grundsätzen der Materie und mit den permanenten Veränderungen der Realität. In der Antike hatten Demokrit und Heraklit, wie einige andere ihrer Zeitgenossen, die Idee von der ständigen Veränderung der Realität, hervorgerufen durch den Kampf der Gegensätze, als Grundsätze von Dialektik und Materialismus definiert, was die Veränderungen der Welt als unabhängig vom menschlichen Willen erklärte. Diese Ideen, die die Grundlage des marxistischen Kommunismus bildeten, stammen also nicht von den kommunistischen Theoretikern wie Marx oder Engels. Marx und Engels, die auch von den französischen Materialisten des achtzehnten Jahrhunderts beeinflusst waren, verarbeiteten diese Thesen und Theorien zu einer neuen Weltanschauung, ohne jedoch die Wirkung ihrer Theorien bei der Umsetzung in die Politik zu erahnen.

Engels bezeichnete die Idee von der ständigen Veränderung der Realität, hervorgerufen durch den Kampf der Gegensätze, als ein Prinzip, die Dialektik, und er ergänzte, mit dem Konzept eines unveränderlichen obersten Gesetzes, die Idee des Absoluten.

Marx und Engels stellten fest, dass die Gesetze der objektiven oder materiellen Welt unveränderlich und von den Menschen unabhängig seien, obwohl sie die Idee von der ständigen Veränderung der Realität, also die marxistische Dialektik, akzeptierten. Vor allem Marx entwickelte dann aus den grundsätzlichen Ideen des marxistischen Materialismus und der marxistischen Dialektik Ideen und Grundsätze für das Leben und die Gesellschaft.

Marx analysierte einige soziale Zusammenhänge, die typisch für die Gesetze der frühkapitalistischen Gesellschaftsordnung waren. Er war überzeugt davon, dass die Ablösung dieser kapitalistischen Gesellschaft durch den revolutionären Kampf zwischen zwei Gruppierungen, nämlich der Bourgeoisie und dem Proletariat, zustande kommen würde. Und Marx war kein Theoretiker, der der Praxis der politischen Entwicklung einer Gesellschaft fernstand: in jungen Jahren hatte er aktiv an der Revolution von 1848 gewirkt. Engels dagegen entwarf und entwickelte nur theoretische Ideen für die Verbesserung der Gesellschaft. Von revolutionären

Bewegungen wollte er nichts wissen. Marx wiederum nahm die Ideen von Engels zur Kenntnis, zog aber gleichzeitig seine eigenen Schlüsse daraus.

Marx Vorstellungen von einer revolutionären Verbesserung der Gesellschaft beinhaltete auch den blutigen Klassenkampf. Er hielt alle philosophischen Systeme für überholt und bedeutungslos und er wandte sich den Wissenschaften zu, die objektivierbare Gesetze entwickelten, welche auf die Gesellschaft übertragbar waren. Marx wollte, als Pragmatiker und Wissenschaftler, den Menschen Wege zum Handeln weisen. In einigen wissenschaftlichen Bereichen wurden zu dieser Zeit die Grundlagen gelegt für den Aufbau einer modernen Industrie. In den Naturwissenschaften wurden fast täglich neue Gesetze entdeckt. Und es wurden neue Untersuchungsmethoden in fast allen Natur- und Geisteswissenschaften entwickelt; die Schule der politischen Ökonomie entstand. In dieser bewegten Zeit der Entwicklung des gerade erst entstandenen Kapitalismus beginnt der Kampf des Proletariats.

Karl Marx war Wissenschaftler, Soziologe und Ökonom. Er hatte nie beabsichtigt, ein ideologisches System zu errichten, um damit die Welt zu verändern. *Ich bin kein Marxist*, formulierte er einmal. Aber er wollte in der Praxis etwas gegen das soziale Unrecht tun. Und er tat es mit Leib und Seele, ohne zu wissen, dass aus seiner Lehre eine ideologisierte Bewegung unter dem Namen Marxismus-Leninismus entstehen würde. Er lieferte die ideologische Grundlage für die größten und wichtigsten politischen Bewegungen der modernen Geschichte, die sich erst in Europa und dann in Asien verbreiteten.

Die meisten seiner Schüler waren keine Wissenschaftler; sie waren Ideologen, die der Stärke und der Macht der Masse des Volkes vertrauten. Männer wie Plechanow, Laberiola, Lenin, Kautsky oder Stalin setzten auf ideologische Prinzipien als Grundlage für die Ergreifung der Macht des Proletariats. Diese Gruppierung entwickelte aus Marx Ideen das Manifest einer neuen Weltanschauung. Die soziologische und wissenschaftliche Vervollständigung der Lehre von Karl Marx aber interessierte sie nicht.

Die Parolen der neu entstandenen Bewegung um Marx Lehre waren dogmatische, für die Masse verständliche Instruktionen zu revolutionären Veränderungen der herrschenden kapitalistischen

Gesellschaft. Marx ökonomische und soziale Ideen wurden ideologisiert und für die politischen Bedürfnisse der Arbeiterbewegung umgesetzt. Die marxistische Philosophie war nicht mehr gefragt, vielmehr wurde aus ihr eine neue Ideologie für die Arbeiterklasse, die für die politische Bewegung instrumentalisiert wurde.

Aber auch Marx befürwortete Revolution und Aufstand gegen die kapitalistische Gesellschaft, den Kampf Proletariat gegen Bourgeoisie. Karl Marx glaubte an eine gesellschaftlich-soziale Revolution. In seinem Hauptwerk *Das Kapital* wird deutlich, wie wichtig für ihn die Bekämpfung von Armut und Unterdrückung der Arbeiterklasse war. Die industrielle Revolution und die Kraft des daraus entstandenen Kapitals wurden zwar mit Hilfe des Industrieproletariat erreicht; Armut und Elend der Massen der Arbeiterklasse blieben jedoch unverändert. Ein Zusammenstoß zwischen beiden Gesellschaftsschichten müsste heißen *Revolution* der Massen. Mit anderen Worten: die Marxschen Vorstellungen von sozialen Veränderungen unterliegen der Zwangsläufigkeit, und die einzige Lösung ist die Revolution.

Marx unterschied jedoch zwischen der Notwendigkeit einer Revolution und der Sinnlosigkeit solcher Bewegungen. Er ging davon aus, dass in einer funktionierenden Demokratie durch eine Verbesserung der Gesetze mehr zu erreichen sei als durch eine Revolution."

DEMOKRATIE IST DIE BESSERE ALTERNATIVE FÜR DIE DRITTE WELT

Mohammed: „Waren wir Propheten Kommunisten?
Um 1870 wurden in Ländern wie England, Deutschland und den Vereinigten Staaten von Amerika, wo die Industrialisierung auf Hochtouren lief, die ersten Konzerne gegründet. 1844 war Engels bei einem Englandbesuch Zeuge der unmenschlichen Ausbeutung der Arbeiterklasse in Manchester geworden. Er sah in Kohlengruben halbnackte Frauen, die wie Maultiere behandelt wurden. Kinder verbrachten den ganzen Tag in dunklen Schächten, um die primitiven Ventilationsklappen zu öffnen und zu

schließen, und um andere Arbeiten zu verrichten. Dreihundert-
fünfzigtausend Arbeiter lebten in feuchten, schmutzigen und ver-
fallenen Häusern, wo sie eine feuchte, vom Kohlenstaub verseuch-
te Luft atmeten. So beschreibt André Maurois in seinem Buch
Geschichte Englands die Situation und das wahre Gesicht des
Kapitalismus.

Marx und Engels wurden von solchen Ereignissen und der Armut
und dem Elend anderer Länder wie in Osteuropa, Asien und Afrika
nicht nur beeinflusst, sondern sie waren erschüttert über das, was
sie erfahren mussten. Sie sahen, dass die technischen Fortschritte
und die Verbesserung der Produktion nur dem Kapital zugute
kamen, während der Lebensstandard der arbeitenden Massen
unverändert blieb. So wurde die Marxsche Lehre von der industriellen Revolution beeinflusst; und diese wurde dann zur Leitlinie für
den Kampf des Industrieproletariats für ein besseres Leben.

Lenin übertrug die wissenschaftlich-theoretischen Ideen von
Marx und Engels über die Ideologisierung auf die praktische
Umwälzung der gesellschaftlichen Missverhältnisse. In seinem
Buch *Der Radikalismus – die Kinderkrankheiten des Kommunismus* werden die theoretischen revolutionären Ideen von Marx, die
nur bedingt und eingeschränkt für bestimmte Länder gedacht
waren, umgewandelt in ein generelles Prinzip für den Kampf der
Massen gegen die herrschende Ausbeutung der Arbeiterklasse in
der ganzen Welt. Lenin ging von seinen eigenen Erfahrungen in
Russland aus und er war überzeugt, dass seine ideologischen Prinzipien auf alle Länder anwendbar waren, während Marx davon
ausgegangen war, dass eine Revolution erst in den industrialisierten und kapitalistischen Ländern stattfinden müsse.

In den Ideen von Marx war die Revolution ein Mittel zur Errichtung einer sozialistischen Gesellschaft mit liberaler und freiheit-
lich-demokratischer Gesetzgebung, während Lenin in der Revolution ein Mittel zur Machtergreifung durch das Proletariat sah. Hier
deutete sich schon eine Aufteilung in zwei ideologische Wege an:
Die liberalen marxistischen Theorien wurden in einem Sozialismus mit kapitalistischer Terminologie bei Verankerung in der frei-
heitlich-demokratischen Gesellschaftsordnung zur Sozialdemokratie. Aus der marxistisch-leninistischen Richtung entwickelte
sich der Kommunismus.

Die Unterschiede dieser beiden Richtungen wurden in der Weiterentwicklung ihrer Praxis deutlicher. Demokratie, Freiheit, Menschenrechte, auch das Recht auf Wohlstand für jeden Menschen
wurden bei den Sozialdemokraten zu wichtigen Werten. Für den
Kommunismus wurde umgekehrt die Macht der Masse als Instrument der Partei gesehen, die mit allen Mitteln zu erhalten sei,
auch wenn dem Einzelnen keine persönlichen Rechte verbleiben.
Bessere Voraussetzungen für die kommunistische Machtergreifung durch Revolution bestanden in Ländern mit Rückständen in
Industrialisierung und politischer Bildung. Länder, in denen die
Arbeiterklasse keine Rolle in der Gesellschaft spielte. Russland
und China waren Prototypen dafür. Die Ausbeutung und die Herrschaft über die Menschen waren dem Einzelnen hier eher als
Schicksal und nicht als Willkür der Machthaber bewusst. Und der
Boden für eine Massenbewegung und damit für die Umsetzung
der von Lenin betriebenen marxistischen Revolution war fruchtbarer als die Ideologen selbst gedacht hatten. In Russland, und
später in China, verbreitete sich der Marxismus relativ schnell;
und mit dem Sieg der revolutionären Bewegungen in Russland
und in China wurde die Herrschaft der Partei über die Massen
institutionalisiert. Vom ursprünglichen Marxismus waren nur
kontroverse Reste von Ideen und Thesen, die nun für die so
genannte politische Bildung als Voraussetzung galten, geblieben.
Die beiden Richtungen der Praxis des Marxismus hatte sich von
ihrem Ursprung entfernt und weiterentwickelt. Im Westen etablierte sich eine sozialdemokratische Bewegung. Im Osten wurde
die kommunistische Herrschaft marxistisch-leninistischer Prä-
gung zur neuen Wirtschafts- und Gesellschaftsordnung. Freiheit
und Demokratie für den Einzelnen waren hier ohne Bedeutung.
Ein weiteres Dilemma des Kommunismus ist das Streben nach der
Macht. Ein Streben zum Erhalt der Macht des Proletariats ohne
Rücksicht auf das Individuum und die Gesellschaftsordnung.

Der zweite Grund für das funktionelle Versagen des Kommunismus war das Bestreben die ganze Welt zu verändern, ohne bereit
zu sein, sich selbst zu reformieren."

Zarathustra: „Will aber die Sozialdemokratie eine Alternative
sein, dann muss auch sie sich weltweit engagieren. Dazu Willy

Brandt, der langjährige Vorsitzende der deutschen Sozialdemokraten: *Ohne Nord-Süddialog, ohne Beseitigung der Armut im Süden, kann der Weltfrieden nicht auf Dauer gesichert sein.*

Im Gerangel der weltpolitischen Umwälzungen setzten sich die technischen Entwicklungen und Verbesserungen im Westen fort, und die Verbesserungen im wirtschaftlichen Sektor stärkten die Macht und das politische Bewusstsein der Industrieländer. So entstand eine ambivalente Situation: Die Industrieländer wurden zu Produzenten, die Rohstoffe benötigten und die Rohstofflieferanten wurden gleichzeitig zu Abnehmern, die von den Produkten der Industrie abhängig waren.

Das Ergebnis war eine Aufteilung in eine westliche Industriewelt, also die *Erste Welt,* in eine östliche Industriewelt, also die *Zweite Welt,* und schließlich die Dritte Welt der Abnehmer und der in der Entwicklung befindlichen Länder.

Im Westen wurde die Weltanschauung von Marx und Engels zu historisch-philosophischem Lehrmaterial, das für die Praxis von Politik und Wirtschaft nicht maßgebend war. Im Osten hingegen wurde der Marxismus zur neuen Lebensphilosophie und Religion. Dabei gewann der atheistische Charakter des marxistisch-leninistischen Kommunismus an Stärke, und Gott verlor seine himmlische Bedeutung.

Die Spannungen zwischen West und Ost und andere Konflikte unterschiedlicher Herkunft führten zum Ersten Weltkrieg und zur Oktoberrevolution."

Dazu Moses: „Bei der industriellen Revolution teilte sich die Welt in eine atheistisch kommunistische und eine christlich kapitalistische Welt. Während diese revolutionäre Welt dabei war, zu einer weltpolitischen Größe zu werden, in der Gott und die Kirche keine Rolle mehr spielten, wurde in der westlichen Industriewelt der Sinn der Christianisierung mit oder ohne Demokratie nach und nach verstanden; gesellschaftliche Strukturen wurden entsprechend geändert. Die Rolle der Kirche wurde dabei immer wichtiger, die Macht des Vatikans wurde uneingeschränkt und absolut. Eine Welt wurde gottlos und atheistisch, die andere fromm und christlich.

Die kommunistische Bewegung hat aus den vielen Misserfolgen in der Gesellschaftsordnung nicht gelernt. Sogar nach einer gewonnenen Revolution wurde nicht versucht, Humanität und Demokratie als Maßstab für die Gesellschaftsordnung durchzusetzen. Nein, das Ziel war die Weltherrschaft und nicht nur die Befreiung der Menschheit von Elend und Tyrannei. Das System hatte noch mit den Kinderkrankheiten der ideologischen Politik zu kämpfen, doch schon wurde die Eroberung der Welt propagiert.

Die Ausbeutung der Entwicklungsländer und die ständige Erschließung von Rohstoffquellen als Ergebnis der Kolonialpolitik veränderte die Situation der Arbeiterklasse in den Industrieländern. Marx war für eine Revolution in einer industrialisierten Welt, für Verbesserungen der sozialen Verhältnisse, und er war gleichzeitig für die Unterbindung des Kolonialismus und damit die einseitige Ausbeutung anderer, noch nicht entwickelter Länder. Lenin war der Meinung, dass überall dort, wo ein Proletariat existierte, die Revolution das einzige Mittel zur Bekämpfung der Missstände war, sowohl in den Industrieländern als auch in den unterentwickelten Ländern.

In der Industriewelt entstanden parallel zu den Fortschritten in der Technologie Demokratiebewegungen. Diese Ansätze führten nach und nach zu funktionierenden Regierungen. Es stellte sich heraus, dass dies der bessere Weg zu gesellschaftlichen Veränderungen war. In den nicht-industrialisierten Ländern, vor allem in Russland, war die Situation anders: Einerseits wollten diese Länder in der Weltpolitik mitmischen und mussten deshalb erst industrialisiert werden, um aus der dauerhaften Abhängigkeit der Industrieländer herauszukommen. Andererseits war die politische Entwicklung der Parteien, die die Interessen der Massen vertreten sollten, auf nationaler Ebene zu schwach; und es fehlte an Kapital, um eine schnelle Industrialisierung zu erreichen. In solchen Ländern fiel die Revolution auf fruchtbaren Boden und die Partei der Massen, das Proletariat, wurde zur revolutionären Partei. Mit der Revolution begann auch der Konkurrenzkampf gegen die kapitalistischen Staaten. Kommunisten gegen Kapitalisten. Die Produktivität der Arbeiterklasse stieg. Man begann, durch neue Methoden und Mittel, die industrielle Macht zu stärken, um damit zu beweisen, dass der Kommunismus der bessere Weg zur Bekämpfung des menschlichen Notstandes sei.

Die kapitalistischen Industrieländer blieben auch nicht untätig. Doch hier geschah etwas vollkommen anderes als in Russland und China. Je mehr Fortschritte erreicht wurden, desto mehr wurde das Bewusstsein der Menschen für Demokratie und Individualismus sensibilisiert.

Die sozialistische Bewegung hatte sich internationalisiert, und im Westen entstand eine mehr und mehr auf Reformen und Demokratie hin gesteuerte sozialdemokratische Bewegung. Karl Marx: *Von jedem gemäß seiner Fähigkeiten; an jeden gemäß seiner Bedürfnisse.*

Im Kommunismus soll die Gesellschafts- und Wirtschaftsordnung so gestaltet werden, dass es in ihr kein Privateigentum an Produktionsmitteln gibt, und dass alle Menschen wirtschaftlich und sozial gleichgestellt sind. Das Tauschprinzip des Marktes wird durch die freie und gleiche Bedarfsdeckung für alle ersetzt. In dieser Gesellschaftsform wird die Ausbeutung der Arbeiter durch die Kapita-listen unterbunden. Demzufolge gibt es keine Herrschaft von Menschen über Menschen mehr.

Die Voraussetzungen dieser gesellschafts- und sozialpolitischen Vorstellungen sind: genügend Arbeitskräfte und Rohstoffe und ein Mindestmaß an technologischer Entwicklung. In kommunistischen Wirtschaftssystemen sind diese Bedingungen nicht vorausgeplant. Daher wird beim Fehlen von Mitteln, Mensch und Material auf die Möglichkeiten der Zentralverwaltungswirtschaft, der so genannten Planwirtschaft, zurückgegriffen.

Dass Menschen Individuen sind, mit unterschiedlichen Interessen, Eigenschaften und Bedürfnissen, dass gerade in der Individualität die menschliche Energie zur Genialität steckt, dass erst die Freiheit des Einzelnen zur Meinungsäußerung, die Freiheit der Masse bedeutet, dass jeder Mensch selbst entscheiden will, wie und wo er leben möchte, und dass jeder Mensch von Natur aus geneigt ist, persönliche Erfolge als Erfüllung seines Lebens zu sehen, all dies wurde im kommunistischen Gesellschaftssystem nicht berücksichtigt. Der Zusammenbruch einer solch ideologisierten Gesellschaftsform war vorprogrammiert. Die Einheitspartei, die kommunistische Partei, versperrte jeden Weg zur Demokratie."

Dazu Abraham: „Die Frage ist: was kommt nach diesem Zusammenbruch? Werden die Industrieländer überheblich reagieren und werden sie die Menschen in den kommunistischen Ländern genauso im Stich lassen wie seinerzeit die Kolonialländer? Denken sie nur an neue Märkte und neue Geschäfte? Oder haben sie vielleicht aus der Geschichte gelernt und leisten mit Ehrlichkeit und politischer Vernunft diesen Völkern einen menschenwürdigen Beistand?

In allen Ländern, in denen eine kommunistische Revolution stattgefunden hatte, und in denen die Gesellschaft sich radikal verändert hatte, waren alle anderen nicht-kommunistischen politischen Gruppierungen, die sich auch der Revolution angeschlossen hatten, nicht mehr existenzberechtigt. Die Kommunistische Partei besaß die alleinige Gewalt über alle lebenswichtigen Bereiche in Gesellschaft und Politik. Es gab weder eine parlamentarische noch eine außerparlamentarische Opposition, die nach dem Zusammenbruch des alten Systems dem Weg zur Demokratisierung hätte bereiten können.

Dass gerade Russland zur Heimat des revolutionären Sozialismus wurde, kann so erklärt werden: Das zaristische Russland war feudal und kapitalistisch orientiert, bei gleichzeitiger Rückständigkeit der Industrie. In diesem Land hatte eine feudale und absolutistische Monarchie die Zeit der wirtschaftlichen Umwandlung verpasst. Und die industrialisierte Welt unterstützte diese Rückständigkeit, um sich die Rohstoffe und die Märkte zu sichern.

Im zaristischen Russland wurden die Menschen ausgebeutet und jegliche Menschenrechte wurden missachtet. Trotzki beschreibt dies im Buch *Geschichte der russischen Revolution* so: *Die bestehende Industrie der zaristischen Feudalen war bis über vierzig Prozent in der Hand ausländischer Besitzer und in der noch wichtigeren Schwerindustrie auch darüber. Die dadurch entstandene kapitalistische Gesellschaft geriet nach und nach in Abhängigkeit der größeren Bank- und Finanzmonopole der Industrieländer."*

Mohammed: „Auffallend ist, dass Völker, die eine atheistische Lebensform ablehnten, also Christen, Juden und Mohammedaner, dem Kommunismus gegenüber skeptisch waren, aber notgedrungen in das kommunistischen Lager hineinmanövriert wurden.

Lenin schreibt in seinem Werk *Der Imperialismus als letztes Stadium des Kapitalismus*: *Das Kapital der einflussreichen Banken in*

Russland war vor der Revolution zu drei Viertel in den Händen ausländischer Kapitalisten.

Lenin führte eine Revolution an zwei Fronten. Zum einen musste er innenpolitisch das Kapital und damit das Machtinstrument der Kapitalisten bekämpfen; und zum anderen musste er außenpolitisch die Hierarchie der internationalen Imperialisten zerstören. In dieser doppelgleisigen Strategie sah er die Chance für die Arbeiterklasse, sich ein für alle Mal vom Joch der feudalen Herrschaft zu befreien.

Die Industrialisierung hatte für Lenin eine doppelte Funktion: die Masse versammelt sich, um einer Beschäftigung nachzugehen, und die so versammelte Masse kann an diesem Ort gleichzeitig auch politisch weitergebildet werden. Nach diesem Prinzip wurde auch später gehandelt, um die kommunistische Ideologie zu internationalisieren: Großbau- und Industrieprojekte in Ländern der Dritten Welt als Bruderschaftsgeschenke, wie zum Beispiel der Assuan-Staudamm in Ägypten oder die Eisenhütten-Stahlwerke im Iran, in Korea und in China, sollten erst ein Proletariat entstehen lassen, um dann durch politische Bildung den Anschluss an die internationale Bewegungen des Proletariats zu ermöglichen. So haben die Kommunisten tatsächlich vieles in der Dritten Welt auf die Beine gebracht. Die Industrieländer hingegen haben viele Projekte, die sie den unterentwickelten Ländern versprochen haben, nicht ausgeführt.

Gerade in dieser weltpolitischen Phase war die Industriewelt nur daran interessiert, ihre Ausbeutung der Entwicklungsländer weiter auszubauen. Dies war auch der Grund dafür, dass viele Länder der Dritten Welt geneigt waren, sich von der kommunistischen Sowjetunion helfen zu lassen. Einige Beispiele dafür sind der Irak, Ägypten, Jemen, Äthiopien, Sudan oder Libyen.

Dadurch entstand eine sozialistische internationale Bewegung in der Dritten Welt, die mit Parolen wie *Erst Sozialismus, dann die Freiheit für den Einzelnen* oder *Nur mit Sozialismus werden die Rechte des Einzelnen erreicht*, die Bekämpfung der bestehenden Systeme, wie Monarchien oder Diktaturen, und die Gründung von kommunistisch-sozialistischen Parteien unter Mithilfe der Sowjetunion in Angriff nahmen.

Die revolutionären Bewegungen sollten die Führung des benachteiligten Volkes übernehmen und, im Sinne der antiimperialistischen, antikapitalistischen Revolution, die unterentwickelten Gesellschaften in die Industriewelt führen. Dass in vielen Ländern der Dritten Welt der geistige und politische Boden für eine solche Revolution nicht vorhanden, und dass die Bedingungen für eine Massenbewegung nicht gegeben waren, beweist die Wirkungslosigkeit der revolutionären kommunistischen Einflussversuche. Der ägyptische Präsident Nasser sagte einmal zu Kommunismus und Revolution: *Um die Mägen meines Volkes sattzukriegen, brauchen die Bauern Wasser, und wer mir dies ermöglicht, ist ein Revolutionär.* Der von den Russen gebaute Assuan-Staudamm war ihm wichtiger als alle Angebote der westlichen Welt für den Erhalt von Kulturerbe.

In der Geschichte der Revolutionen in der Menschheitsgeschichte begegnen wir einigen Gemeinsamkeiten: Alle Revolutionen wollten die alten politischen Systeme beseitigen und neue fortschrittliche Gesellschaftssysteme herbeiführen. In allen Revolutionen, die von der Bewegung der Masse als solche ausgingen, war die Macht und die Gewalt in den Händen der Aufständischen. Dass dabei gerade die Gewalt der Macht sich in Terror und Rache verwandelte, ist nicht zu leugnen.

Obwohl mit dem Begriff der Revolution immer die Befreiung, also etwas Positives, verbunden wird, erreicht der Revolutionär sein Ziel oft nicht ohne Gewalt. Alle früheren Revolutionen waren mörderisch und blutig. Ein repräsentatives Beispiel hierfür ist die Französische Revolution. Im Frankreich des 18. Jahrhunderts war eine gewisse Industrialisierung vorhanden, die Masse der Unterprivilegierten und Benachteiligten war sensibilisiert und die intellektuellen Bewegungen waren gegen die Hegemonie und die Macht der Monarchie. Das Ziel dieser Revolution war eine demokratische Republik. Die französische Revolution war ein bürgerlicher Aufstand der Masse gegen die Diktatur.

In Deutschland dagegen fand eine langsame Demokratisierung der oberen Schicht der Gesellschaft nach der Abschaffung der Monarchie statt. Die etablierte Gesellschaftsstruktur in Wirtschaft, Technologie, Politik und Wissenschaft erfuhr keine revolutionäre Umwälzung, sondern eine zwangsläufige Modernisierung der hierarchischen Strukturen.

Die Beispiele zeigen, wie wichtig die vorherrschende gesellschaftliche Ausgangsposition für eine Revolution ist.

Lenin hat die Wesensunterschiede zwischen bürgerlicher und sozialistischer Revolution immer wieder betont, und er war der Meinung, dass zum Beispiel in der Französischen Revolution ausgebildete Formen kapitalistischer Verhältnisse bestanden, während das Proletariat der sozialistischen Revolution in Russland solche Verhältnisse nicht vorfand und sich alles neu erarbeiten musste. Für Lenin waren Macht und Stärke des Proletariats wichtiger als eine vorherrschende kapitalistische Gesellschaftsordnung. Aber gerade diese These konnte, trotz einer erfolgreichen kommunistischen Revolution, nicht auf Dauer in die Praxis umgesetzt werden.

Die Vorbedingungen und die gesellschaftlich-soziale Voraussetzungen für die Errichtung einer neuen Gesellschaft sind die Faktoren, die eigentlich eine Revolution notwendig machen. Denn jede Revolution bedarf, vom Ursprung ihrer Entstehung bis zur Vollendung, einer Planung und Vorbereitung, um die bestehende Gesellschaftsordnung zu verändern. Mit anderen Worten: erst gibt es eine kommunistische Revolution und eine Umwälzung der bestehend Machtverhältnisse, dann wird, durch Industrialisierung und Entwicklung einer neuen Gesellschaft unter der Herrschaft des Proletariats, eine kommunistische Weltordnung aufgebaut.

Der Aufbau des Sozialismus hatte Vorrang vor der Berücksichtigung der vorrevolutionären Verhältnisse und der Struktur der Gesellschaft. Und gerade das war ein signifikanter Irrtum, im Hinblick auf die Internationalisierung und den Export der kommunistischen Revolution in die Dritte Welt, in Länder mit unterschiedlichen Gesellschaftsordnungen, Kulturen, Religionen und Mentalitäten. Jugoslawien, in dem tatsächlich eine kommunistische Revolution stattfand, war die Ausnahme. Die anderen osteuropäischen Länder, wie Polen, die Tschechoslowakei, Ungarn, Rumänien und Bulgarien, waren auf eine Revolution nicht vorbereitet. In diesen *Bruderländern* wurde das kommunistische System von der Sowjetmacht installiert. Diese Länder zeigten keine gesellschaftliche Eignung und Tendenz zur kommunistischen Revolution und damit die Bereitschaft zur Machtergreifung des Proletariats. In manchen dieser Länder, wie zum Beispiel der Tschechoslowakei, wo Industrie und Gesellschaft entwickelt waren, hat auch die kommunistische Bewegung eine Chance gehabt, nach dem Beispiel des Musterlandes Sowjetunion die Macht zu ergreifen.

Der Zweite Weltkrieg und die Gewaltherrschaft der Deutschen in Osteuropa führten zu der Entwicklung, dass fast alle osteuropäischen Länder in der sowjetischen Armee und im Mutterland des Kommunismus ihre Rettung sahen. In zwei Ländern Westeuropas, in Frankreich und in Italien, war die kommunistische Partei parallel zur Industrialisierung stark präsent; aber in keinem der beiden Länder hat der Kommunismus eine wirkliche Chance zur Revolution gehabt. Warum auch? Menschen, die benachteiligt waren, die in armen Verhältnissen lebten und die mit ihrem Fleiß den industriellen Fortschritt ermöglichten, hatten andere Vorstellungen von ihrem Leben, als es die kommunistische Revolution versprach. Weder durch ihre Kultur und Geschichte, noch durch ihr Bedürfnis nach einem freiheitlichen Leben waren sie dafür geeignet, ein kommunistisches System nach sowjetischem Muster zu akzeptieren.

Die kommunistische Bewegung auf der Basis der von Karl Marx gedachten Gesellschaftsreform konnte insofern nicht überall funktionieren und zum Erfolg führen, weil in dem Land, indem der Kommunismus real existierte, die Partei eine absolutistische Gewaltherrschaft über das Volk etabliert hatte. Die idealen Vorstellungen der Gesellschaftstheoretiker, Humanisten, Künstler und Wissenschaftler von einer freiheitlichen und demokratischen postrevolutionären Gesellschaft wurden gerade von den Revolutionären im Keim erstickt. Die kommunistische russische Revolution entwickelte sich, vor allem nach dem Tode Lenins und insbesondere in der Zeit der Stalinherrschaft, zu einem absolutistischen Terror- und Abhörstaat, der von der zentralisierten kommunistischen Partei dominiert wurde.

Der Zweite Weltkrieg und die daraus resultierende Zwangslage vieler Länder stärkte die Position Stalins, der mit großem Einsatz und durch die Mobilisierung des Patriotismus der Massen sich der Gewaltherrschaft und der Invasion der Deutschen widersetzte. Es entstand eine globale Bewunderung der Sowjetarmee, die mit hohem Kampfgeist und mit der Moral der Heimatliebe sich gegen den faschistischen Aggressor verteidigte.

Auch viele Länder der Dritten Welt waren direkt oder indirekt am Zweiten Weltkrieg beteiligt. Die Nordafrikanischen Länder wurden als Kriegsschauplätze für die wahnsinnigen Weltherrschaftsträume des Deutschen Reiches missbraucht, und dann von den Alliierten besetzt. Länder im Nahen und Fernen Osten gerieten, aufgrund ihrer geopolitischen Lage, in die Einflusszonen der jeweiligen Kriegsteilnehmer. Die Allianz der westlichen Staaten und der Einsatz der Sowjetunion führten, nach grausamen kriegerischen Auseinandersetzungen, zum Erfolg. Das Land der Arier wurde zum Trümmerhaufen, und die Illusion der Germanen von der Weltherrschaft verwandelten sich in eine der größten, abscheulichsten und barbarischsten Katastrophen der Menschheitsgeschichte."

Dazu Moses: „Spricht man von diesem dunkelsten aller Kapitel der Geschichte der Menschheit, dann muss man immer wieder feststellen, dass wir alle versagt haben; dass wir es unterlassen haben, unseren Geist und unsere menschliche Kraft für eine bessere und friedlichere Welt einzusetzen!
Kriege sind gesellschaftspolitische Krankheiten, die wir präventieren müssen. Denn die ausgebrochene Krankheit zu heilen, ist nicht immer mit Erfolg verbunden. Wir haben die Menschen enttäuscht und wir haben sie mit all ihren irdischen, ihren ideologischen, gesellschaftlichen und sozialen Problemen im Stich gelassen, weil wir immer nur forderten: glauben, gedulden und hoffen.
Die Menschen haben gesehen, dass es den Kirchenmännern und Hütern der Gotteshäuser zu jeder Zeit, in Frieden wie im Krieg, immer gleich gut ging, und dass sie, das Fußvolk, für alles büßen mussten. Menschen, die so vieles mitmachen und gleichzeitig von der reichen und übermächtigen Kirche nur mahnende Worte des Trostes und der Geduld hören, können nicht mehr an irgendeinen allmächtigen Gott glauben. Sie fragen sich: Wo ist die *himmlische Gerechtigkeit*?

Aber auch die Menschen selbst haben versagt. Denn sie haben aus allem, was sie durchgemacht haben, nichts gelernt, und sie werden auch in der Zukunft nichts lernen. Und die Kirche der Christen hat den Menschen, die in ihrem Glauben an Gott durch so viel Katastrophen und Kriege ins Schwanken geraten waren, den Rest an spiritueller Kraft genommen. Nicht der Kommunismus sondern die Kirche selbst hat die Menschen gottlos gemacht.
Kaum war die größte Katastrophe der Menschheitsgeschichte beendet, begann auch schon die Verteilung der Welt in Interessengebiete der Siegermächte.

Die Dritte Welt, die teilweise bereits während des Krieges viel Leid und Unrecht erlebt hatte, musste bis heute dafür zahlen: Einerseits dehnten die Vereinigten Staaten von Amerika und ihre Verbündeten ihren wirtschaftlichen und politischen Einfluss über den gesamten Nahen Osten und bis nach Ostasien aus; andererseits stabilisierte sich die Macht der Sowjetunion in Osteuropa und in den benachbarten Staaten. Die Welt wurde damit in zwei Blöcke geteilt. Keiner von diesen in der Weltpolitik konkurrierenden Rivalen hat die im Abseits stehende Dritte Welt besser behandelt als der andere. Die Sowjetunion hat mit der ideologischen Ausdehnung ihrer Politik versucht, in der Dritten Welt die kommunistische Revolution fortzusetzen, und sie hat in vielen Ländern tatsächlich eine Verbesserung der Lebensverhältnisse der Menschen erreicht. Es ist nicht zu leugnen, dass in einigen Ländern die Abschaffung der primitivsten Verhältnisse der Gesellschaft und die Ablösung absolutistischer Regime durch eine kommunistische Intervention erreicht wurde.

Die Sowjetunion hat in manchen Ländern, wie zum Beispiel Indien, das sich vom Joch der Kolonialherrschaft und des Kapitalismus befreite und neue Wege zur Demokratie suchte, mit aktiver materieller Hilfe und know how einen humanen Beistand geleistet.

In den Ländern in Osteuropa enstanden zwar kommunistische Länder nach sowjetischem Vorbild, aber keine Demokratien. Der Weg, den Lenin, Stalin, Trotzki und Bucharin in einer kommunistischen Revolution propagierten, bestand zunächst aus harter Arbeit und Disziplin unter der absolutistischer Herrschaft der Partei, um eine schnelle Industrialisierung zu erreichen. Dann sollte eine klassenlose Gesellschaft sich selbst demokratisch entwickeln und erneuern. Dass am Ende doch ein totalitäres Herrschaftssystem, dominiert von Parteifunktionären und Privilegierten entstand, war Stalin Recht. Seiner Meinung nach war das inzwischen entstandene Riesenreich ohne Gewalt nicht zu regieren.

Die Träume von Demokratie, Freiheit und Wohlstand wurden nie erfüllt. Und das russische Volk erfüllte Fünfjahresplan um Fünfjahresplan, und hoffte auf bessere Zeiten. Der Kommunismus hatte zwar in der Zeit der glorreichen Sowjetunion nach dem Zweiten Weltkrieg im Konkurrenzkampf mit den USA die Nase vorn, aber auf Kosten des Wohlstandes des Einzelnen.

Der Sowjetunion war es sogar gelungen, dass ihre Armee durch ihre unvorstellbare Menge an modernen Waffen die Amerikaner in Angst versetzte. Und der Konkurrenzkampf in Wissenschaft und Technologie zwischen den beiden Ländern führte zu gewaltigen Entwicklungen in der atomaren Industrie, in der Raumfahrt und in anderen Bereichen der Technologie, die überwiegend militärischen Zwecken und der Machtsicherung in beiden Blöcken diente.

Der Vergleich zwischen den unterschiedlichen Gesellschaftssystemen hat im Nachhinein gezeigt, dass in einem demokratisch und freiheitlich aufgebauten Gesellschaftssystem die Errungenschaften der Technologie eher allen Menschen zugute kamen als in totalitären Systemen.

Und doch wurde in der Sowjetunion einiges für die Allgemeinheit erreicht, das in der Geschichte der Menschheit einmalig war und das in keinem anderen Land jemals durch irgendeine Revolution erreicht worden war: soziale Sicherheit, Gesundheitsvorsorge und Prävention, das öffentliche Hochschulsystem, Beseitigung von Armut und Hunger, Verbesserung des Lebensstandards für alle, Stabilisierung der sozialen Verhältnisse, Bekämpfung und Prävention der Kriminalität, Abwesenheit von Arbeitslosigkeit.

Von diesen Errungenschaften träumt heute fast jeder in der Sowjetunion nach dem Zerfall des Riesenreichs, außer den oberen Zehntausend, den prowestlichen Funktionären, den Bankiers, den Autohändlern, den Immobilienspekulanten und den anderen Neureichen, die sich schnell an die westliche Lebensart angepasst haben. Dass Millionen von Arbeitern im Hinterland monatelang auf ihre Löhne gewartet haben und dass sie mit ihren Familien am Rande des Existenzminimums stehen, kümmert diese neue Gesellschaft nicht. Damals war es der Konkurrenzkampf zwischen zwei Weltmächten, heute ist es der Kampf zwischen den unterschiedlichen Klassen im nun demokratisch gewordenen Russland."

HAT DER KOMMUNISMUS VERSAGT?

M oses: „Der Kommunismus hat erst die Menschen aller gesellschaftlichen Schichten, vielleicht mit Ausnahme der feudalen Gutsbesitzer und des Adels, mit der Idee für eine bessere gemeinsame Zukunft mitgerissen. Jeder dachte, dass es nur besser werden könne, und keiner hat daran gezweifelt, dass das Proletariat die Demokratie verkörpern würde. Und alle wurden enttäuscht.

Der Kommunismus hat versagt! Das ist das Faktum. Er hat versagt, weil dieses System Demokratie nicht zugelassen hat, und weil jede individuelle Freiheit in der Gesellschaft durch die totalitäre Parteiführung unterbunden wurde.

Gerade in dem System, in dem die *klassenlose Gesellschaft* entstehen sollte und in dem die Macht des Proletariats die Politik lenken sollte, entstand eine Schicht von Funktionären, die über dem Volk stand und die in allen Bereichen der Gesellschaft besondere Rechte und Befugnisse genoss.

In der Gesellschaft der Klassenlosen war die Hierarchie nicht einmal larviert: Ein Arbeiter verdiente durchschnittlich eintausendachthundert Rubel, ein Sekretär des Bezirkskommitees der Partei dagegen fünfundvierzigtausend Rubel jährlich. Dieser Unterschied in der Bezahlung der Arbeiter und der Parteifunktionäre zeigt die Diskrepanz in Theorie und Praxis der kommunistischen Revolution.

Eine Gesellschaft, in der der Einzelne, wenn er mehr arbeitete, für seine Leistung keinen entsprechenden Gegenwert bekam; eine Gesellschaft, die durch Macht, Fleiß und Arbeit der Arbeiterklasse entstanden ist, und in der es doch unterschiedliche Klassen gibt; eine Gesellschaft, in der der Einzelne keine Rechte auf Meinungsfreiheit und Kritik an seiner Gesellschaft hat; eine Gesellschaft, in der nur die Rechte der Parteifunktionäre gelten; eine Gesellschaft, in der von der Arbeiterklasse disziplinierter Gehorsam verlangt wird, eine solche Gesellschaft kann der Mensch auf Dauer nicht aushalten."

Dazu Mohammed: „Trotzdem sehnen sich die hungernden Arbeiter in Sibirien, die monatelang auf ihren Lohn warten, nach den damaligen Verhältnissen zurück. Die neue Demokratie beruhigt die Mägen nicht.

Im kommunistischen System waren Macht und Regierungsgewalt in den Händen von hochrangigen Parteifunktionären, die sich selbst das Recht zugesprochen hatten, auch die Verfügungsgewalt über das gesamte Volkseigentum zu übernehmen. Vor der Revolution war die Parteimitgliedschaft von Ehrenamt und Opferbereitschaft bestimmt gewesen. Aber in der postrevolutionären Phase wurden aus diesen Kampfkameraden eine privilegierte Oberschicht.

Die jeweiligen Führer der kommunistischen Partei von Lenin über Stalin bis Chruschtschow, Breschnew und Gorbatschow hatten eine ungeheure Macht über die Gesellschaft."

Und Zarathustra: „Ich erinnere an Nietzsches Misstrauen gegen solche Systeme: *Ich misstraue allen Systematikern und gehe ihnen aus dem Wege. Der Wille zum System ist ein Mangel an Rechtschaffenheit.*
Ja, diese System- und Weltverbesserer wussten von den Menschen und ihren Nöten nichts. Nur Lenin war ein überzeugter Menschenfreund. Was er auch tat, das tat er für die Menschen, und nicht für seine Macht. Er war auch der intelligenteste unter diesen Führern der marxistisch-kommunistischen Revolutionäre. Er war, genauso wie Marx, für freie Meinungsäußerung und gegen die Alleinherrschaft des Parteichefs. Er übte sich in sozialistischer Demokratie. Aber er war auch für die Einheit seiner Partei. Alle anderen Gruppierungen, auch die sozialdemokratische, waren nicht erwünscht. Lenin baute die kommunistische Partei nach bolschewistischem Modell auf. Das heißt, dass Theorie und die Taktik des revolutionären marxistischen Flügels von der russischen Arbeiterbewegung in die Diktatur des Proletariats überführt wurden. Lenin war, trotz seiner revolutionären Beharrlichkeit und seines Machtbewusstseins, human und berechenbar; er war Humanist und Autorität zugleich. Er übte die Macht, die ihm zur Verfügung stand, bewusst und rationell aus; und er hat immer im Interesse des Volkes gehandelt. Lenin ist in der Menschheitsgeschichte eine einmalige und ungewöhnliche Erscheinung. Aber aus einer Rose allein wird kein Rosengarten entstehen. Er hat aber trotz allem den Weg zur freiheitlichen Gesellschaftsform nicht gefunden oder nicht danach gesucht.

Stalin hingegen, der Nachfolger Lenins, war von anderer Persönlichkeit: er wollte vor allem alles besser machen als Lenin. Doch Macht und Disziplin waren für ihn wichtiger als intellektuelle Programme. Aus seiner Sicht war die Zeit reif für eine Erneuerung der Gesellschaftsordnung, und er organisierte den Parteiapparat um, indem er neue Gremien schuf und neue Ziele vorgab. Die Partei der Bolschewiken spielte dann auch eine untergeordnete Rolle, die Masse der Partei entfernte sich nach und nach von den ursprünglichen ideologischen Prinzipien und eine neue privilegierte Schicht entstand.

Für Lenin waren die Menschen Träger von Ideen und Idealen. Lenin wollte die Menschen mit Leib und Seele für den Fortschritt ihrer Gesellschaft gewinnen. Für Stalin waren die Menschen entweder gehorsame Mitglieder seiner Gesellschaftsvorstellung, oder sie waren seine Feinde. Stalin baute mit aller Kraft an einem beispiellosen Macht- und Verwaltungsapparat und förderte gleichzeitig die revolutionäre Fortentwicklung der Industrie. Die Erneuerung, auch im sozialen Bereich, und die Verbesserung der Lohnverhältnisse der Arbeitnehmer führte nicht nur zu seiner Beliebtheit, die nach und nach fast göttliche Dimensionen erreichte, sondern auch zu einer raschen Zunahme der Zahl der Parteimitglieder. Er begann eine neue Ära mit neuer Gesellschaftsordnung. Parallel dazu sahen viele Revolutionäre, dass ihre idealen Vorstellungen durch privilegierte Kader und Funktionäre zunichte gemacht und jegliche kritische Äußerung mit aller Kraft bestraft wurde. Stalin hatte es geschafft, für den Sowjetmenschen alles zu sein: Religion, Glaube, Prophet und sogar Gott auf Erden."

Und Mohammed: „Was haben diese Pseudopropheten den Menschen alles zugemutet!"

Buddha: „Beide waren Patrioten, und sie haben ihr Volk und ihre Heimat geliebt!
Trotzki war ein Humanist und Idealist, ein Denker und Moralprediger, der aber nur bei den Intellektuellen Gehör fand. Stalin war ein Diktator, Macher und Machtmensch. Beide wollten dem Volk dienen, aber keiner fand den richtigen Weg.
Der Wortführer der idealistischen Revolutionäre war Trotzki. Je mehr die Industrialisierung Fortschritte machte, desto intensiver wurde der Konflikt zwischen einer neu entstandenen Opposition in der Partei und dem Machtapparat Stalins. Der kultivierte, intellektuelle Trotzki konnte zwar durch polemisch-argumentative

Reden die idealen Vorstellungen der Revolution hervorheben und die Massen der Partei begeistern, aber bessere praktischen Lösungen für die arbeitende Masse hatte er nicht anzubieten. Aber vor allem hatte er, im Gegensatz zu Stalin, den Machtapparat nicht hinter sich. Die Masse, die durch Krieg, Elend und Hunger bedroht war, benötigte einen Macher, wenn Stalin auch anstrebte ein absolutistischer Herrscher zu werden. Die Masse brauchte einen, der gegen die Lethargie und die Hilflosigkeit etwas unternahm. Sie brauchte keinen Humanphilosophen und keinen Despoten und Tyrannen.

Während also Trotzki versuchte, die Menschen an ihre Ideale und Zukunftsaufgaben zu erinnern und vor der Übermacht der Regierenden warnte, setzte Stalin alle Mittel und Anstrengungen des Machtapparates ein, um die Versorgungslage zu verbessern. Stalin war ein Patriot. Er stellte die Heimat und das Vaterland über die revolutionären und ideologisch wertvollen theoretischen Vorstellungen Trotzkis.

Der bittere Kampf des Moralisten Trotzki gegen Tyrannei, Missbrauch und die Hegemonie Stalins und für marxistisch-leninistische Ideale war sinnlos, da sich auch Stalin auf Lenin berief, um die eigenen Ziele zu verfolgen.

Stalin etablierte einen Teil der elitären und machtsüchtigen Klasse, die sich grausam und skrupellos gegen Andersdenkende und Gegner behauptete. Die neu entstandene Gesellschaftsordnung war die erste richtige Phase der Macht und der Gewaltherrschaft der Revolution, die sich dann, nach Josef Stalin, in der scheinbaren Liberalisierung mit Nikita Chruschtschow fortsetzte. Die Nachfolger Chruschtschows waren dann Repräsentanten eines kollektiven Machtapparates, der die Geschäftsführung der Regierung in Händen hielt.

Mit der Einführung eines Sekretariats wurde zwar der Parteiapparat modernisiert, aber die Inhalte waren dogmatische kommunistische Gesetze, die vom jeweiligen Mann an der Spitze, vom Generalsekretär der Partei als Regierungs- und Parteichef ausgeübt werden konnten. Das führte soweit, dass der Kommunismus in seinem Werdegang die Identität als Volkspartei und Volkstribunal verlor und die Chance für eine menschenfreundlichere Organisation verpasste. Mit Malenkow, Bulgarin, Schepilow,

Breschnew und Chruschtschow war die Partei und nicht das Volk repräsentiert."

Jesus: „Kam dann mit Gorbatschow eine neue Revolution im Reich des Sozialismus?

Die neue Ära, die so genannte Zweite Russische Revolution, begann mit Michael Gorbatschow, der im März 1985 zum neuen Generalsekretär der *KPdSU*, der Kommunistischen Partei der Sowjetunion, gewählt wurde. Es brach tatsächlich eine neue Zeit an, in der man versuchte, mit den verkrusteten Machtstrukturen und der maroden Wirtschaftslage des Landes fertig zu werden. Gorbatschow glaubte, dass er durch seine *Perestroika* die Sowjetunion zu Demokratie und Wohlstand führen könnte: *Perestroika ist eine unumgängliche Notwendigkeit, die aus den tiefer liegenden Entwicklungsprozessen in unserer sozialistischen Gesellschaft hervorgegangen ist. Diese Gesellschaft ist reif für eine Veränderung. Sie hat sich lange danach gesehnt. Jeder Aufschub der Perestroika hätte in naher Zukunft zu einer Verschlechterung der Situation im Inneren führen können, und um es unverblümt zu sagen, eine ernste soziale, wirtschaftliche und politische Krise heraufbeschworen.*

Im Gegensatz zur bisherigen Parteidoktrin unterschied Gorbatschow zwischen Russland, als einem alten geschichtsträchtigen Land, und der Sowjetunion, einem durch unterschiedliche politische und geschichtliche Ereignisse zustande gekommenen Staat, der zweihundertachtzig Millionen Menschen von hundert Nationalitäten und unterschiedlichsten Kulturen auf einem riesigen Territorium Sicherheit, Arbeit, soziale Gleichheit und ein menschenwürdiges Leben ermöglichte. Gorbatschow betonte die Errungenschaften der russischen Revolution und ihre geschichtliche Bedeutung. Der überzeugte Sozialist wollte auch ein Demokrat sein und, mit sozialdemokratischer Politik, die Sowjetunion in das zwanzigste Jahrhundert führen.

Gorbatschows politischer Wahrnehmung nach befand sich die Sowjetunion seit den siebziger Jahren in einem permanenten Rückstand gegenüber dem Westen, in fast allen Bereichen der menschlich-gesellschaftlichen Aktivitäten. Und die bisherigen Machthaber hatten nichts gegen die eigentlichen Ursachen dieses sozialgesellschaftlichen Verfalls und gegen den Verlust an ökonomischer Dynamik getan, so Gorbatschow. Sie hätten stattdessen nur scheinheilige, symptomatische Korrekturen durchgeführt.

Die Stagnation der Wirtschaft auf allen Ebenen, von der Entwicklung über die Produktion bis zur Effizienz, der Verlust von Arbeitsdynamik und die Frustration der Arbeiterklasse durch die soziale Diskriminierung gegenüber Funktionären in der Partei wären Warnsignale, die die Lage der Leistungskapazität der russischen Wirtschaft aufzeigten. Während die Rohstoffgewinnung schwerer und aufwendiger werde, steige der Verbrauch ständig an. Und die parteipolitischen Organe würden sich nicht die geringste Mühe geben, um, statt politisch-spekulative Propaganda zu betreiben, ihre Fehler einzugestehen und die notwendigen Korrekturen zur Verbesserung der Effizienz der Industrie durchzuführen. Dies würde man besonders in der Weltraumforschung, der Vorzeigedisziplin der sowjetischen Industrie sehen, so die Analyse Gorbatschows.

Das Reich der Sowjetunion war also ein verwurmter Apfel, der nur noch außen glänzte, während er innen schon total zerfressen war."

Und Moses: „Ein Indikator für die wirtschaftlich-industrielle Krise in der Sowjetunion war die Lage in der Atomindustrie. Diese Industrie nahm in der sowjetischen Wirtschaft eine Sonderstellung ein, sowohl in militärischer Hinsicht als auch zur Energiegewinnung. Die Exporte in dieser Industrie wie auch die Waffenexporte reichten trotzdem nicht für die Finanzierung der kostspieligen Prestigeobjekte Raumfahrt und Rakentenindustrie. So mussten in vielen anderen Bereichen die Mittel gekürzt werden, und manche dringend notwendigen Modernisierungen wurden verschoben, um die so genannten nationalen Pläne der Weltmacht Sowjetunion zu finanzieren. Und die Welt erfuhr nur von den Erfolgen sowjetischer Wissenschaft und Technologie. Die Katastrophen, die in vielen Bereichen der Wirtschaft geschahen, wurden kaschiert. Nur die Tschernobyl-Katastrophe war nicht zu leugnen, denn die alarmierenden Messungen der Nachbarstaaten bewiesen, dass in der Ukraine Radioaktivität freigesetzt worden war."

DEMOKRATIE IST KEINE
IMPORTWARE

M ohammed: „Ja, Gorbatschow hatte etwas Gutes im Sinne gehabt. Aber es reicht nicht, ein ideales Ziel zu verfolgen, ohne zu wissen wohin die Reise geht.

Gorbatschow hätte vorher Aristoteles lesen sollen: *Wenn es auch Ideen und eine Idee des Guten geben sollte, so erwächst daraus doch keinerlei Nutzen für ein gutes Leben und für das Handeln. Denn der Begriff „gut" wird in vielfacher Beziehung gebraucht, in ebenso vielfacher nämlich, als wir den des Seienden anwenden.*

Dass in den langen Jahren des Kalten Krieges die Wirtschaft immer maroder wurde, weil die Funktionäre eine korrumpierte Politik betrieben, war den Arbeitern, Bauern, und Intellektuellen zwar bekannt; doch keiner wagte Lösungen für die Probleme vorzuschlagen, denn dann hätte er ja die Funktionäre kritisieren und ihnen ihre Fehler aufzeigen müssen; und gerade dieses demokratische Recht gab es in einem kommunistischen System nicht.

Die Notwendigkeit der Veränderung der russisch-bolschewistischen Gesellschaft zu einer marktorientierten, konkurrenzfähigen, aber auch gerechteren Wirtschaft war seit mehr als fünfzig Jahren verpasst worden. Die kommunistischen Machthaber hatten es versäumt, aus dem Fleiß, der Intelligenz und dem Ehrgeiz der idealistischen russischen Massenmenschen das Richtige für die Zukunft des Volkes zu entwickeln. Wen wundert es also, dass die Mehrheit der Menschen in der Sowjetunion frustriert und desinteressiert war, und dass sie die Hoffnung auf einen endgültigen Erfolg des Kommunismus verloren hatte.

Das Volk hatte sich jahrzehntelang wie eine Schafherde von verschiedenen Generalsekretären führen lassen, doch plötzlich stand dieses Volk vor einem Abgrund, ohne auf eine wirkliche politische Führung vertrauen zu können. Und der neue Hirte Gorbatschow war überfordert und hat dann lediglich den Zusammenbruch des kommunistischen Kartenhauses Sowjetunion beschleunigt."

Und Jesus: „Seine Perestroika bescherte vielen Staaten in der Sowjetunion Souveränität und Selbständigkeit, sie bescherte dem

Osten die Freiheit, den Deutschen die Wiedervereinigung und der restlichen Welt das Ende des Kalten Krieges. Aber das russische Volk stand vor der Katastrophe, führungslos und mit sich, dem Elend und seinem sozialen Notstand allein gelassen.

Während Gorbatschow im Westen, vor allem in Deutschland, immer noch große Sympathien entgegenschlagen, ist er bei seinem Volk verhasst. In der ganzen Sowjetunion hat vor Gorbatschows Perestroika kein Mensch hungern müssen. Weder alte Menschen noch Kinder noch Jugendliche hatten, aufgrund der Armut in den Großstädten, betteln oder stehlen müssen. Und die in der ganzen Welt bekannte, vorbildliche medizinische Versorgung der ehemaligen UdSSR, also Grundversorgung, Hygiene, Schutzimpfungen und akute Patientenversorgung, befindet sich heute im Verfall. Die medizinische Versorgung der Menschen ist teilweise nun genau so wie in vielen Entwicklungsländern.

Die neureiche Schicht hingegen, die sich in jeder Gesellschaft schnell etabliert, hat alle diese Sorgen nicht. Im Gegenteil: gerade sie ist Gorbatschow dankbar.

Und Gorbatschow schreibt: *... lebt westlicher als der Westen in Wirklichkeit ist.*"

Dazu Mohammed: „Dieser Nachahmer, dieser Träumer! Er hat kein Gefühl für die Sorgen der Arbeiter in Sibirien oder in der Ukraine gehabt. Er hat nur vom goldenen Westen geträumt."

Abraham: „Der Weg von Gorbatschow war voller Hindernisse und sein Ziel war utopisch, weil er das Volk nicht hinter sich hatte.

Gorbatschow behauptet, dass die Umwälzung der Gesellschaft in der Sowjetunion durch die Perestroika Schritt für Schritt durchdacht und sorgfältig, nach den Maßstäben des sozialistischen Ziels von Lenin, mit objektivierbaren Plänen vorbereitet war. Ich frage mich aber, warum erstens diese Pläne bei Lenin selbst funktioniert haben, aber nicht bei seinen Nachfolgern; und zweitens frage ich mich, warum Gorbatschow seine eigene idealistische Phantasie nicht überwinden konnte, um die pragmatischen Modelle von Lenin, modernisiert für eine Erneuerung der Sowjetunion, anzubieten, wenn die Ideen von Lenin, von denen er in seinem Buch Perestroika so überzeugend spricht, analytisch-didaktisch und praktisch richtig waren?

Gorbatschow hat seine Heimat geliebt. Aber gerade diese Liebe hat ihn vom notwendigen politischen Kalkül entfernt. Gorbatschows politische Arbeit für die UdSSR war eher eine Sintflut, denn eine rettende demokratische Revolution.

Gorbatschow hat die größte Chance für eine wirkliche gesellschaftliche Revolution auf dem Boden einer langsamen Demokratisierung seine Landes vergeudet. Noch nie war das russische Volk so nahe an einer Verwirklichung der Demokratie in seiner Geschichte wie in der Ära von 1985 bis 1991. Diese Chance hat Gorbatschow tatsächlich, in seiner totalen Verblendung für den Westen, verspielt.

Gorbatschow schreibt: *Perestroika ist eine Revolution.* Und er wundert sich, dass die Menschen dieses Wort nicht mehr hören wollen. Er greift immer wieder zu den ideologischen Grundsätzen und Prinzipien Lenins, ohne zu erkennen, dass die Menschen in Russland an der Schwelle zum 21. Jahrhundert andere Reformen in Gesellschaft und Politik benötigen, als seine Idealvorstellungen von Marx und Lenin. Gorbatschow weist immer wieder darauf hin, dass Veränderungen auf allen Ebenen der Gesellschaft notwendig sind. Aber dass gerade seine Maßnahmen gegen die Missstände schon in der Theorie ideologisiert waren, nahm er nicht wahr.

Länder wie England, Deutschland und vor allem das Vorbild USA haben Jahrhunderte gebraucht, bis die Demokratie in ihren Ländern verankert war. Gorbatschow wollte in den sechs Jahren seiner Perestroika in der Sowjetunion die Demokratie einführen, ohne den Status der Welt- und Wirtschaftsmacht zu verlieren. Er schreibt: *Natürlich werden wir weder die Sowjetmacht ändern, noch werden wir ihre fundamentalen Prinzipien aufgeben.*

Gorbatschow hatte keine Beziehung zur Realität, sonst hätte er wissen müssen, dass von der ehemaligen Sowjetmacht nur eine marode und rückständige Armee mit einem riesigen schrottreifen Waffenarsenal und unzufriedenen Soldaten übrig geblieben war.

Von welchen fundamentalen Prinzipien der kommunistischen Revolution konnte ein Sowjetmensch noch träumen, wenn die Kinder und Enkelkinder dieser Revolution keine Perspektive mehr für ihre Zukunft sahen? *Revolution ist ein einmaliges Phänomen.* Wenn diese These wirklich stimmt, dann hatte Russland kein Bedürfnis mehr mit der Perestroika noch eine Revolution durchzuführen.

Wie Lenin und Stalin versucht der intellektuelle Demokrat Gorbatschow die Menschen mit Parolen auf die Veränderungen einzustimmen: *... daher müssen wir – wenn die Perestroika Erfolge bringen soll – unsere ganze Arbeit auf die politischen Aufgaben und Führungsmethoden abstimmen. Das wichtigste Element bei den Aktivitäten der Parteiorganisationen und ihrer Mitglieder ist die politische Arbeit unter den Massen, die politische Erziehung der Werktätigen und die Verstärkung der politische Aktivität des Volkes. Die ursprüngliche Bedeutung des Begriffs „Sozialismus" als einer ideologischen und politischen Bewegung der Massen, einer Bewegung der Basis, deren Stärke in erster Linie im Bewusstsein und in der Aktivität der Menschen liegt, tritt damit wieder in den Vordergrund.*

Auf der einen Seite träumt Gorbatschow von der Demokratie für sein Land und seine Landsleute, auf der anderen Seite beschwört er sie, sich aus der Lethargie und der Frustration des bisher erfolglosen Kampf der Revolution zu befreien und sich für einen neuen Kampf und eine neue Revolution bereitzustellen. Nur ein naiver, gutmütiger Mensch kann solche Ideen haben. Denn der Sowjetmensch braucht alles, nur keine Revolution mehr, auch wenn sie Perestroika hieß.

Im Gegenteil: durch die schnellen und ziellosen Demokratisierungsversuche hat der Sowjetmensch seine Identität und seinen menschlichen Stolz verloren. Das russische Volk war der unüberlegten und unvorbereiteten Demokratisierung nicht gewachsen. Vor allem die schnellen Veränderungen im osteuropäischen Raum, wie zum Beispiel die Wiedervereinigung Deutschlands, waren für die Sowjetunion ein Schock. Und Gorbatschow, der gefeierte Ermöglicher dieses Ereignisses, kam der russischen Bevölkerung wie ein Verräter der vaterländischen Heimat vor.

Gorbatschow hat mit der Befreiung von Osteuropa und mit seinem Beitrag zur deutschen Wiedervereinigung etwas Einmaliges in der Geschichte geleistet. Der Lohn dafür waren der Friedensnobelpreis und viele andere Ehrungen durch westliche Staaten. In seiner eigenen Heimat dagegen wurde er zum einsamsten Politiker seiner Zeit.

Mehr Licht für Glasnost! Die neue Atmosphäre kommt vielleicht am deutlichsten in Glasnost zum Ausdruck. Wir wollen Offenheit in allen öffentlichen Angelegenheiten und in allen Bereichen des Lebens.

Wie offen hat Gorbatschow mit seinem Volk über sein politisches Vorhaben gesprochen? Hat er nie daran gedacht, dass er, mit der Befreiung der Ostblockländer und der gleichzeitigen Entmachtung der russischen Soldaten in Osteuropa, die sich dadurch im Stich gelassen fühlten, die Seele der traditionsbewussten russischen Armee und auch das Herz der Russen verletzte, die die zwanzig Millionen Menschen, die sich für ihre Heimat im Zweiten Weltkrieg geopfert hatten, nicht einfach so vergessen konnten?

Nur ein Naiver konnte glauben, dass ein enttäuschtes und frustriertes Volk bereit wäre, für die Perestroika und unter seiner Führung, noch einmal ein Opfer zu bringen. Die politische Umgestaltung hin zur Demokratie hätte eine lange Phase des Übergangsprozesses vorausgesetzt. Eine vordemokratische Phase bedarf nicht nur politischer Aufklärung, sondern auch politischer Bildung von oben. Die Funktionäre hätten mit gutem Beispiel vorangehen müssen. Sie hätten das Volk überzeugen müssen, dass sie nun für das Volk arbeiten und nicht nur die eigene politische Arroganz befriedigen wollten. Wer sonst hätte dem Volk Demokratie beibringen können? Gorbatschow und seine paar Mitstreiter alleine konnten dies, wie wir gesehen haben, nicht leisten.

Im Jahre 1905 versuchte Lenin mit dem Buch *Zwei Taktiken in der demokratischen Revolution* die russische Gesellschaft zu mobilisieren. Russland befand sich seit 1904 mit Japan im Krieg. Japan eroberte Port Arthur und Südsachalin und sicherte sich die Vorherrschaft in Korea. Diese Ereignisse, die katastrophale Versorgungssituation des Volkes und die unbegrenzte Macht der zaristischen Monarchie, führten zur ersten Revolution in Russland, die mit dem Teilerfolg beendet wurde, gewisse Zugeständnisse von Zar Nikolaus II. erhalten zu haben. Der Zar erließ das *Manifest über Freiheiten* und gab gleichzeitig eine konstitutionellen Verfassung bekannt.

1917 kehrten Lenin und Trotzki aus der Schweiz beziehungsweise den USA zurück und bereiteten die Februarrevolution vor. Nach dem Sturz der Zarenmonarchie wurde die erste republikanische Regierung unter Alexander Kerenski gebildet. Im Oktober des gleichen Jahres kam es, infolge der weiteren Entwicklung der politischen Verhältnisse und des Bürgerkrieges, erneut zu einer Revolution. Das Ergebnis der *Oktoberrevolution* unter Führung von Lenin, Trotzki und Sinowjew war die Errichtung einer bolschewistischen Sowjetrepublik.

Nach der Einigung aller Regionen auf eine zentrale Regierung wurde die neue Republik *Sowjetunion* genannt. Die Bildung der Sowjetunion 1917 war eine fundamentale Notwendigkeit, um mit dem Bürgerkrieg fertig zu werden, und um das riesige Land zur Ruhe zu bringen."

Zarathustra: „Wahrlich, sage ich Euch: Völker der Erde vereinigt Euch. Proletariat der Welt, glaub an Deine menschliche Kraft und Kreativität. Völker der Erde hört auf diese Dame, auf Nelly Sachs:

Völker der Erde,
ihr, die ihr euch mit der Kraft der unbekannten
Gesteine umwickelt wie Garnrollen,
die ihr näht und wieder auftrennt des Genähte,
die ihr in die Sprachverwirrung steigt
wie in Bienenkörbe,
um im Süßen zu stechen
und gestochen zu werden –
Völker der Erde,
zerstört nicht das Weltall der Worte,
zerschneidet nicht mit den Messern des Hasses
den Laut, der mit dem Atem zugleich geboren wurde.
Völker der Erde,
o dass nicht einer Tod meine, wenn er Leben sagt –
und nicht einer Blut, wenn er Wiege spricht –
Völker der Erde,
lasset die Worte an ihrer Quelle,
denn sie sind es, die die Horizonte
in die wahren Himmel rücken können
und mit ihrer abgewandten Seite
wie eine Maske dahinter die Nacht gähnt
die Sterne gebären helfen –.

Völker und Industrieländer des Westens, lasst Russland nicht im Kampf gegen Armut und soziale Not verbluten, lasst dieses Volk nicht im Stich!

Die Veränderungen der Sowjetunion bekamen nicht nur Russland selbst, sondern auch allen anderen ehemals in die Sowjetunion eingegliederten Staaten nicht gut. Einige Staaten erholten sich erst nach fast einem Jahrzehnt, andere befinden sich immer noch in Kriege und Grenzkonflikte verwickelt. Und Russland selbst erstickt im Chaos der Disziplin- und Gesetzlosigkeit eines pseudo-demokratischen Staatssystems. Millionen von Arbeitern in den Provinzen bekommen keine Gehälter mehr. Rentner und ehemalige Helden der Nation können sich das Lebensnotwendigste nicht mehr leisten. Jugendliche haben keine Zukunft. Und der neureichen Oberschicht in Moskau und Sankt Petersburg geht es nur darum, mit westlichen Limousinen, Kleidern und Parfüms die nächtlichen postmodernen High Society Partys zu begehen.

Gorbatschow behauptete, dass die Zukunft dem russischen Volk gehöre. Was er aber damit gemeint hat, ist bis heute nicht geklärt. Er sprach von den Menschen, die ihn bei seiner Perestroika unterstützen wollten. Wo sind diese Menschen? Und was ist aus dem Ziel der Perestroika geworden, die russische Technologie an das Weltniveau heranzuführen?

Russland ist zur Zeit der beste Umsatzplatz für westliche Exportgüter. Für die Dritte Welt könnte das heißen: Bitte nicht nacheifern. Weder die kommunistische Revolution noch die postkommunistische Massenhysterie nach westlichen Gütern sind nachahmenswert.

In beiden Gesellschaftssystemen, im kapitalistischen und im postmodernen sozialistischen System, herrscht das Geld über alle Gesellschaftsinstitutionen. Es ist wahr, dass einige Entwicklungsländer sich noch in der mittelalterlichen Welt befinden; aber es ist auch wahr, dass der westliche Mensch, der die Welt des Mittelalters zerstörte und sich eine neue, moderne Welt mit vielen Visionen erstellte, heute mit vielen großen Problemen konfrontiert ist.

Der industrielle und fortschrittliche Mensch befreite sich von der Tyrannei der herrschenden Monarchien und von der Autorität der totalitären Kirche, und er eroberte fast mehr als die Hälfte des unbekannten Erdballs. Der *westliche Mensch* erfand wissenschaftliche Methoden, mit denen er auf fast allen Ebenen der Produktivität das Maximale erreicht hat und alles Erdenkliche machbar gemacht hat. Er verwandelte eine überschaubare mittelalterliche Gesellschaft in eine unsichere, vom Konsumrausch beherrschte Gesellschaft. Und es entstanden politische Systeme, die die freie schöpferische Natur des Menschen zu fördern versuchten. Die Arbeits- und Urlaubszeitregelung brachte diese Menschen in die glückliche Situation, ihr Leben auch zu genießen. Aber sind diese Menschen der westlichen Welt zu beneiden? Sind sie wirklich glücklich? Sicher, die Gefahr eines alles zerstörenden Krieges ist heute gebannt, und die Menschheit beginnt, nach dem Ende des Kalten Krieges, eine neue Epoche der Geschichte zu gestalten: die Epoche der technischen, wirtschaftlichen und wissenschaftlichen Entwicklungen. Doch die Frage ist: wo bleibt der Mensch als Individuum und Persönlichkeit?

Zwischen dem achtzehnten und neunzehnten Jahrhundert entstand eine neue Klasse in der Industriegesellschaft, die *Mittelschicht*. Diese Klasse machte sich die Ausbeutung der Arbeiter- und Bauernschicht zur Aufgabe, um durch Gewinne und das dadurch entstandene Kapital sich selbst einen guten Platz in der Gesellschaft zu sichern. Je mehr der Vorgang der Industrialisierung voranschritt und je mehr die Maschinen an Bedeutung gewannen, desto mehr wurden die Menschen passiv und autistisch, und in Wahrheit sind sie verloren und machtlos im eigenen wirtschaftlich-wissenschaftlichen Sumpf.

Der Mensch im einundzwanzigsten Jahrhundert ist ein zuverlässiger Konsument, der in völliger Passivität lebt. Seine gesellschaftliche Identität ist am Markt und damit an den Gütern orientiert. Am Arbeitsplatz ist er maschinisiert und in seiner Freizeit ist er ein Konsument. Seine Erwartungen und Bedürfnisse sind grenzenlos. Verbraucher, Verkäufer und Produzent gleichen sich in einer Eigenschaft: das ist die Begierde. Und solange diese vorhanden ist, funktioniert das System. Der Mensch in der westlichen Welt hat seine Ideale und Vorstellungen in den materiellen Aspekten des Lebens realisiert; er sucht in Umsätzen und Gewinnen Befriedigung; sein Selbstwertgefühl hängt vom Umfang seines Erfolges ab: sein soziales Prestige ist vom Urteil der von den gleichen Komponenten gestalteten Gesellschaft abhängig. Der Umfang der industriellen Produktion und die Macht der riesigen globalen Konzerne beeinflussen die Menschen in der Industriewelt, ohne dass das dem Individuum bewusst werden würde. Den Konzernen ist es gelungen, die Menschen dahin zu bringen, dass sie bereit sind, für Wohlstand und Konsum alles zu tun, was von ihnen verlangt wird.

Der Begriff *Arbeitsplatz* hat mit der Industrialisierung eine existenzielle Bedeutung bekommen. Die Industrie konnte ohne die Menschen nicht funktionieren. Da aber die modernen Menschen gelernt hatten, sich gegen Gewaltmaßnahmen zu wehren, mussten sie zu Arbeitsmenschen erzogen werden. Und diese Erziehung ist so erfolgreich gewesen, dass diese Menschen nie untätig sein können und, in Ländern wie Japan, auf Urlaub und Freizeit verzichten, um arbeiten zu können, ja um arbeiten zu dürfen.

Die Arbeit als Mittel zur Erfüllung der Wohlstandswünsche ist eine Art Sucht, ohne die die modernen Menschen nicht leben können. Sie sind zu Automaten geworden. Aber weil der Mensch mit seinem biologischen Gleichgewicht störanfällig ist und damit die dauerhafte Produktion nicht gesichert ist, werden diese biologischen Automaten durch technisch stabilere und auf die Dauer präzisere und zuverlässigere Maschinen ersetzt. Die von menschlicher Hand gebauten Roboter verrichten nun die menschliche Arbeit, nur mit dem Unterschied das diese weder Lohn noch Altersversorgung fordern. Sie sind die modernen, schweigenden Arbeiter in den Industrieländern, die ohne Gewerkschaften, Krankmeldungen oder urlaubsbedingten Arbeitsausfall auskommen. Menschen werden also durch Maschinen oder computerisierte Roboter ersetzt. Diesen Vorgang nennt man Rationalisierung, ein Prinzip, nach dem die Firmen und Fabriken zu Konzernen und globalen Unternehmen umgewandelt werden. Und die Umsätze steigen und das Kapital dieser neuen Konzerne bewegt sich in neuen Dimensionen.

Die Folge für die Menschen sind soziale Defizite und Arbeitslosigkeit. Der Mensch fühlt sich plötzlich als nutzloses Mitglied seiner Gesellschaft. Die Industriewelt ruiniert also die eigenen Menschen.

War dieser Weg, der Weg der Industrialisierung richtig? Ist das Modell Industriewelt auch ein Modell für die Dritte Welt?"

Abraham: „Einst hat der Mensch mit Fleiß, Intelligenz und Beharrlichkeit alles getan, um als Staatsbürger dem Staat zu dienen. Er war bereit, sein Leben zu opfern, damit der Wohlstand seines Landes für seine und die nächste Generation gesichert war.

Heute existiert der Mensch nicht mehr als Individuum. In der Industrieproduktion dient er nur noch dazu, die Roboter zu bedienen, die Hunderte Arbeitsplätze und damit Hunderte von Mitmenschen ersetzen. Das ist der einzige Grund, warum es noch Arbeiter gibt. Und es gibt Manager, die das Ganze organisieren. Sie sind es, die schlimmer sind als alle Automaten und Roboter. Manager sind Bürokraten, die, ausgestattet mit menschlichem Verstand, rücksichtsloser, gefühlloser und brutaler als Roboter mit dem Schicksal des einzelnen Arbeiternehmers umgehen. Im Mittelpunkt des Interesses des Management steht immer die objektivierbare Produktion und der damit verbundene Profit. Auf welche Weise die Produktion verbessert und mit welcher Rationalisierung der Umsatz und die Gewinne gesteigert werden, und mit welcher Methode die Märkte beherrscht werden, das ist egal. Das Individuum Arbeiter jedoch ist nicht mehr gefragt.

Trotz wachsender Produktion und steigender Umsätzen werden also die Arbeitsplätze durch Roboter ersetzt, wodurch immer mehr Menschen ihre Identität und die Verbindung zu ihrer Gesellschaft verlieren. Der Mensch verliert auch sein Selbstwertgefühl und sein psychosomatisches Gleichgewicht.

Die Kluft zwischen Reichen und Armen wird größer. Die Ungleichheit führt in manchen Ländern der Industriewelt zu Massenprotesten, die jedoch von Land zu Land, in Abhängigkeit von Mentalität, politischer Bildung und Temperament, von unterschiedlichem Umfang und unterschiedlicher Wirkung sind.

Die These von Aristoteles, *Ungleichheit ist die Hauptursache von Revolutionen*, dass also die Benachteiligten rebellieren, um gleiche Rechte zu bekommen, hat im zwanzigsten Jahrhundert keine Gültigkeit mehr, weil die Grundrechte in demokratisch geführten Ländern die Ungleichheit kompensieren.

Der moderne Mensch hat aus der Geschichte zumindest etwas gelernt: Revolutionen und Rebellionen im Sinne von Aufständen und Kriegen haben den Aufständischen immer nur Unheil gebracht. Was der Mensch bisher erreicht hat, ist eher eine evolutionäre Entwicklung seiner schöpferischen Fähigkeiten. Dass aber schließlich die Vorzüge der durch Fleiß und Arbeit erreichten modernen Welt nur einer ausgewählten Schicht zugute kommen, das war nicht das Ziel.

Der moderne Mensch der Industriewelt ist sehr anpassungsfähig. Gerade die Menschen, die am wenigsten von den bestehenden Vorteilen der Industrialisierung profitieren und die am stärksten unter Notsituationen leiden, passen sich an. In den USA zum Beispiel, einem der reichsten Industrieländer der Welt, sind zwanzig Millionen Menschen von Sozialhilfe abhängig. Diesen Menschen wird eingeprägt, dass sie an ihrer sozialen Situation selbst schuld sind und dass die, die den Wohlstand besitzen, dies durch Verstand und Fleiß errungen haben. In den modernen Industriestaaten werden Reichtum und Wohlstand als die Basis für Macht angesehen.

Wer wenig oder gar nichts hat, der hat auch nichts anderes verdient. Murray Edelmann schrieb 1976 in seinem Buch *Politik als Ritual: Den amerikanischen Armen müsste weniger staatliche Gewalt angedroht werden und weniger soziale Sicherheit als in anderen entwickelten Länder, einschließlich autoritärer Staaten wie Deutschland und extrem armer Nationen, wie Italien, denn ihr Schuldgefühl und ihr Selbstbild haben die Armen fügsam gemacht.*

Edelmanns Feststellung über die politischen Motive der Machthaber der Industrieländer trifft zu, obwohl es die autoritären Regime und armen Industrieländer nicht mehr gibt. In der modernen Industriewelt haben sich längst alle Schichten der Gesellschaft auf ein System geeinigt; und das sind die abwählbaren oder austauschbaren Regierungen und Parlamente. Diese Demokratie sichert allen Schichten der Gesellschaft die Existenz; und zwar der Oberschicht, alles was Wohlstand und Fortschritt ermöglicht, also die maximale Existenz; der Mittelschicht sichert sie eine gute und der Unterschicht eine angepasste Verbraucherexistenz; Teilen der Unterschicht sichert sie allerdings nur das Existenzminimum. In welcher Form der Mensch in der Industriewelt bereit ist, für seine Rechte politisch aktiv zu werden und zu protestieren, hängt wiederum von den kompensatorischen Mechanismen in der Industriewelt ab. Menschen, die ihre sozialpolitischen Rechte beeinträchtigt sehen und die ökonomischen Veränderungen zu ihrem Nachteil nicht hinnehmen wollen, zeigen ihre Proteste mit Massendemonstrationen, Streiks und Arbeitsniederlegungen.

Die historischen Massenbewegungen und Proteste im Jahr 1968 in Frankreich zum Beispiel waren nicht für Lohnerhöhungen und gegen Arbeitslosigkeit, sondern sie waren der Ausdruck einer gesellschaftlichen Frustration, in der Intellektuelle und Arbeiter die Rechte einer demokratischen Gesellschaftsordnung bedroht sahen. Die Menschen waren motiviert und solidarisch zugleich, und die Protestkundgebungen waren nicht nur eigennützig.
Die Industriewelt hat sich gegen die Frustration vieles einfallen lassen. Der Mensch in der Industriewelt heute ist weit davon entfernt, sich Gedanken zu machen über Interessen der Minderheiten. Jeder ist mit sich selbst und seinen Bedürfnissen so beschäftigt, dass er keine Zeit und keinen Raum für eine motivierte Aktion gegen die Missstände findet. Der Mensch gehört ganz seiner postmodernen, demokratischen Industriegesellschaft.
Aber wenn die westliche Welt den Untergang des Kommunismus mit Genugtuung feiert, muss sie wenigstens eine Alternative für die Weiterentwicklung und für das Bestehen des sozialen Friedens anbieten, sonst könnte auch der Kapitalismus eines Tages die Macht über die Menschheit verlieren. Auch nach einhundertfünfzig Jahren sollten wir Karl Marx nicht vergessen, anstatt euphorisch den Tod des Kommunismus zu feiern."

Buddha: „Im Jahr 1848 entstand ein Manifest mit dem Titel *Mögen die herrschenden Klassen vor einer kommunistischen Revolution zittern.* Auch heute sollte man die herrschenden Klassen der kapitalistischen Welt davor warnen, die Fehler zu begehen, die die kommunistische Sowjetunion begangen hat.
Karl Marx und Friedrich Engels waren keine Phantasten. Sie waren Idealisten und sie sahen in der Befreiung der Menschheit von Armut, Ausbeutung und Gewaltherrschaft eine globale Möglichkeit zu Frieden und Wohlstand. Engels schrieb über die Notwendigkeit des Kapitals für die Aufrechterhaltung der Produktivität der Industriegesellschaft, ohne die eine gleiche, menschenwürdige Entwicklung für alle nicht möglich sei. Also das Kapital als Garant dafür, *die Produktivkräfte der Gesellschaft auf einem*

höheren Grad zu entwickeln, der eine gleiche, menschenwürdige Entwicklung für alle Glieder der Gesellschaft möglich machen wird. Ohne Kapital kann die Industriegesellschaft die Probleme der Entwicklung der Produktivität nicht überwinden, und die Macht des Proletariats ist unwirksam, wenn ihr der Weg zum Kapital versperrt bleibt.

Und Marx hatte die heutige Situation in der kommunistischen Welt prognostiziert, indem er betonte, dass die Entwicklung und die Steigerung von Kapazität und Produktivität für den Sozialismus eine Notwendigkeit sei. Voraussetzung dafür sei wiederum das Kapital. Und im *Kommunistischen Manifest* wird gerade vor der Diktatur einer Schicht der privilegierten Politbürokraten gewarnt. Marx und Engels betonten immer wieder, dass die Errichtung einer sozialistischen Gesellschaft nur durch demokratische Prinzipien und durch die Anteilnahme des Einzelnen möglich sei.

Die Macht des Proletariats hat in England die parlamentarische Demokratie ermöglicht. Die politische Macht wurde in Russland und in der kommunistischen Welt von Anfang an, also schon im Oktober 1917, nur von Politfunktionären und Privilegierten ausgeübt, während das Proletariat über keine demokratischen Rechte verfügte.

In Deutschland und England entwickelte sich hingegen die parlamentarische Demokratie mit sozial-sozialistischer Grundordnung langsamer, aber ständiger und rationeller als in Russland. Gewerkschaftliche Organisationen erkämpften die sozialen Rechte der Arbeitnehmer, während gleichzeitig die Existenz des Kapitals und damit der Arbeitsplätze gesichert wurde. Diese sozialdemokratische Entwicklung wurde zur einzigen Hoffnung all derer, die von der Schreckensherrschaft und der Misswirtschaft des Kommunismus enttäuscht waren. Die sozialdemokratischen Prinzipien garantierten nicht nur das Kapital des Unternehmertums, sondern sie ermöglichten auch das Wohlergehen der Masse der Arbeitnehmer. Nur durch diese gleichzeitige Sicherung des Kapitals des Arbeitgebers und der Rechte des Arbeitnehmers konnte die Produktion von Gütern unterschiedlicher Herkunft durch neue Technologien, wie die Fließbandautomatik, gesteigert werden, was auch den steigenden Bedarf an Gütern reibungslos deckte.

Die eigentlichen Vollstrecker der marxistisch-kommunistischen Lehre sind also nicht die Kommunisten selbst, die die Lehre von

Marx eigentlich nur als Folie benutzt hatten, sondern die Sozial-demokraten, die die Macht des Proletariats in Demokratie und Parlamentarismus sahen. Siebzig Jahre nach der Veröffentlichung des *Kommunistischen Manifest* gewannen die Sozialdemokraten in Europa an Einfluss. Der Lohn wurde zum Gradmesser der Leistung, während in der kommunistischen Welt Lohn und Arbeitsplatz als ein von persönlicher Motivation und Einsatz unabhängiges Kontinuum fungierte. Der Arbeitnehmer wurde in der sozialdemokratischen Bewegung zu Eigenverantwortung und mehr Verantwortung für sich und für die Gesellschaft herangezogen. Diese Grundprinzipien stellten sich als fruchtbar heraus und bescherten dem Arbeitnehmer einen größeren individuellen Wohlstand als seinem Kollegen im kommunistischen Lager. Die sozialdemokratische Bewegung in Europa wurde somit zur einzigen Alternative zur kommunistischen Diktatur. Das entstandene sozialdemokratische Proletariat war ein Garant für eine moderne demokratische Gesellschaftsordnung. Es sicherte seine eigene Existenz, indem es dem Unternehmer den Unterhalt des Kapitals überließ.

Doch auch die Errungenschaften der Sozialdemokratie sind nicht mehr zeitgemäß und sollten reformiert werden.

Die Industriestaaten produzieren immer mehr, obwohl ihre Märkte gesättigt sind. Nationale Interessen sind immer noch vordergründig, und trotzdem ist eine Internationalisierung der Industrie in vollem Gange.

Die sozialdemokratischen Prinzipien dürfen also nicht nur national sein, sondern sie müssen internationalisiert werden, wenn man Politik für die ganze Menschheit und nicht nur die westlichen Menschen machen will.

Von globalem Wohlstand und globaler Versorgung der Welt sind wir heute noch weit entfernt. Die Mehrheit der Menschheit leidet unter Not und existentieller Bedrohung. Und während in den reichen Industriestaaten Arbeitsplätze abgebaut werden und die Industrie ihre Profite steigert, sind die Länder der Dritten Welt in einem katastrophalen ökonomischen Zustand.

In den Industrieländern wird künftig nur noch eine Minderheit das Sozialprodukt erwirtschaften. Die Produktion liegt in den Händen der Computer-Experten und Technikern, die für die weitere Automatisierung bezahlt werden. Die Profite werden größer und die

Gewinner sind immer kleinere Gruppierungen von Kapitaleigentümern. Es droht die Gefahr, dass eines Tages die Masse die Produkte nicht mehr kaufen kann. Und dort, wo die Masse auf der Strecke bleibt, kann das Kapital nicht mehr wachsen. Und eine Industriewelt ohne Wachstum des Kapitals führt zu Stagnation aller Wirtschaftszweige und zu Massenarbeitslosigkeit. Den Industriestaaten droht also ein Klassenkampf und die Dritte Welt bliebe dabei mit Sicherheit nicht nur Zuschauer, da die Spannungen und sozialen Unruhen zu regionalen Kriegen und Not, zu Flucht und Massenwanderungen führen würden, die dann wieder globale Auswirkungen hätten. Die Folge wäre eine globale Entgleisung der Zivilisation. Mit der rasanten Entwicklung der Technologie der Computerindustrie ist die Industriewelt also dabei, durch die Vernichtung von Arbeitsplätzen, Selbstmord zu begehen."

Zarathustra: „Auch wenn das pessimistisch, ja naiv klingen mag: ein Mensch ohne Würde und Zukunft ist zu allem fähig, auch zu Selbstmord und Terrorismus. Meine Lösung ist deshalb: Demokratie für alle. Das Wort Demokratie kommt aus dem griechischen und bedeutet *Herrschaft des Volkes*, im Gegensatz zur Diktatur, die die Herrschaft eines Einzigen oder weniger Auserwählter bedeutet. Dem ursprünglichen Sinne nach gibt es in der Tat in keinem Staat der Welt eine Demokratie, in der alle erwachsenen Bürger sich auf dem Marktplatz versammeln, um die politischen Fragen zu besprechen und über Vorschläge und Entscheidungen abzustimmen.

Das, was in den westlichen demokratischen Staaten real existiert, ist eine repräsentative Demokratie. Das heißt, dass das Volk Repräsentanten wählt, die für das Volk handeln. Der Auftrag, den das Volk seinen Repräsentanten, also den Abgeordneten gibt, kann entweder ein *gebundenes Mandat* für eine konkrete Aufgabe oder ein *freies Mandat* sein, das dem Repräsentanten die Freiheit lässt, nach seiner Einsicht und seinem Ermessen zu handeln und zu entscheiden. Diese demokratische Praxis hat sich im Laufe der Geschichte langsam entwickelt und etabliert.
Die Demokratie hat zwar in der Industriewelt ihre Kinderkrankheiten überstanden, aber einige schwerwiegende Volkskrankheiten belasten immer noch die Schutz- und Abwehrkraft ihres Bestehens. In keinem demokratisch geführten Land wird das Volk

wirklich vom Volk regiert. Die Institutionen, wie Parlamente oder Nationalversammlungen, in denen die politischen Entscheidungen gefällt werden, bestehen alle aus Menschen, die zwar meist vom Volk gewählt sind, aber das Volk nicht in der Tat vertreten können. Denn es sind Menschen, die eigene Machtbedürfnisse und Vorstellungen haben; Menschen, die Individuen sind, die anfällig und manipulierbar sind. Die Demokratie ist also anfällig und bedarf ständiger und aufmerksamer Pflege, und sie bedarf des Willens des Einzelnen, um sich zu behaupten. Wer frei sein will und seine demokratischen Grundrechte geschützt haben will, der muss sich auch dafür einsetzen.

Die Menschheitsgeschichte hat viele Formen an Gesellschaftsordnungen hervorgebracht. Von den Anfängen der soziokulturellen Entwicklung der Gesellschaft bis hin zum Mittelalter haben Herrschaftssysteme existiert, in denen die Masse maßlos unterdrückt und der Fortbestand der Tyrannei gesichert wurde. Der Mensch hingegen tendiert von Natur aus instinktiv zu freiheitlicher Lebensform. Unter dem Mantel der Demokratie werden oft, in verdeckter Form die Menschenrechte und demokratischen Prinzipien missbraucht, und die politischen Machtverhältnisse werden oft genauso manipuliert, wie in einer Diktatur, wo dieser Vorgang nicht verschleiert praktiziert wird und allen Menschen bekannt ist. Der Unterschied ist, dass in demokratisch regierten Ländern die Regierenden gewählt werden können, in Diktaturen dagegen nicht. Die mangelnde Wahrnehmung der demokratischen Rechte durch den Einzelnen und der Missbrauch der demokratischen Prinzipien durch einzelne Gruppierungen können das demokratische System aus dem Gleichgewicht bringen."

DEMOKRATIE SORGT FÜR KONSUM UND KRANKHEITEN

Mohammed: „Demokratie soll für das Wohlergehen der Seele und des Leibes sorgen. Alleinige Völlerei macht krank.

Die Volkskrankheiten, im medizinischen Sinne, werden in den Industrieländern hervorgerufen durch ein Überangebot an Produkten und Nahrungsmitteln: das sind physische und psychische

Krankheiten, wie kardiovaskuläre Erkrankungen, Herzinfarkt, Schlaganfall, Stoffwechselkrankheiten, Krebs, Autoimmunkrankheiten oder allergische Erkrankungen, die überwiegend somatischer Natur sind; und es sind somatoforme Erkrankungen, die fast überwiegend seelischer Natur sind, wie Angstsyndrome, psycho-pathologische Persönlichkeitsveränderungen, Depressionen, Zwangsneurosen oder soziale Phobien. Diese Krankheiten, die in den Ländern der Industriewelt riesige Kosten verursachen, werden in demokratisch regierten Ländern unterschiedlich bekämpft. Länder, in denen es eine Sozialversicherung gibt, sichern ihren Bürgern im Falle einer Erkrankung die Versorgung. Deutschland ist hier ein Musterland der sozialen Demokratie. In der Demokratie der USA hingegen ist kein Platz für diese soziale Sicherung der Bürger.

Die Volkskrankheiten im sozialpolitischen Sinne sind Verhaltensstörungen, die seit dem Beginn des Kapitalismus und der Demokratie bis in unsere Zeit beobachtet werden können. Im Einzelnen sind es Gier, Egoismus, Fanatismus, Fremdenhass, Nationalismus oder Faschismus, die eine Gesellschaft jeweils in eine bestimmte Richtung beeinflussen."

Buddha: „Die Menschen in der modernen Welt sind sich nicht bewusst, mit welchem Tempo ihr Fortschritt sie in eine ungewisse Zukunft treibt. Die Gesellschaft hat ihren autonomen Charakter verloren. Die Menschen der Industrieländer kommen den unbelasteten und ärmeren Menschen anderer Völker auf den ersten Blick autistisch vor. Die Perfektion der Technik imponiert ihnen nicht, sie verängstigt sie.

Wenn eine Gesellschaft automatisiert wird, kann sie nicht behaupten, dass sie selbständig sei; und wenn ein Volk seine Selbständigkeit an Maschinen und technologische Monopole verliert, dann ist dieses Volk nicht mehr unabhängig, und damit nicht mehr demokratisch. Vor über zweitausend Jahren hat Aristoteles in der Automatisierung der Arbeitsprozesse die Befreiung von der Sklaverei gesehen: *Denn freilich, wenn jedes Werkzeug auf erhaltene Weisung oder gar die Befehle im voraus erratend seine Verrichtung wahrnehmen könnte ... Wenn so auch das Weberschiff von selber webte und der Zitterschlegel von selber spielte, dann allerdings brauchen die Meister keine Gesellen und die Herren keine Knechte.*

Aber überall dort, wo der Mensch gearbeitet hat und in seiner Arbeit Spaß und Erfüllung gesehen hat, ist der Vorgang der Automation deutlich negativ spürbar. Die Menschen werden zu Zuschauern des Produktionsprozesses, da in fast allen Bereichen von Industrie und Wirtschaft die Automatisierungsprozesse auf dem Vormarsch sind. Deshalb steigt in allen Industrieländern die Zahl der arbeitslosen Menschen ständig, und die dadurch verursachten sozialen Probleme nehmen zu. Auch in den kommunistisch geführten Ländern der Zweiten Welt waren die Automatisierungsprozesse und ihre Folgen zu spüren, allerdings mit dem Unterschied, dass in den demokratischen Gesellschaftssystemen trotzdem die Wirtschaft funktioniert und dass hier der Staat noch in der Lage ist, die Arbeitslosigkeit zu begrenzen. Die nichtdemokratisch geführten Länder, vor allem die kommunistischen Länder hatten weder eine wirtschaftliche Überlebenschance noch das Potential, um diese Probleme zu lösen."

Jesus: „Der Mensch sollte für sich eine Gesellschaft gestalten, in der die Individuen lebendig und bewusst über ihre Zukunft entscheiden können!
Aber welche Form sollte diese Gesellschaft haben? Wenn die demokratische Gesellschaftsform die einzige existenzfähige Gesellschaftsform ist, warum sollten dann nicht alle Menschen davon profitieren, auch die Menschen in der Dritten Welt?
Friedensforscher arbeiten daran, Formen für das friedliche Zusammenleben der Menschen zu finden. Der Mensch muss nun also den Frieden erst ergründen und erforschen; denn alles, was er bisher entdeckt und erfunden hat, hat den Frieden eher unwahrscheinlicher gemacht. Der Mensch ist fern vom eigentlichen Frieden, obwohl die Sehnsucht der modernen Menschen nach Frieden eine nostalgische Ureigenschaft des Menschen ist. Das menschliche Wesen ist, sowohl strukturell als auch psychosozial, vielfältig und spirituell. Daher muss seine Gesellschaft geistig und moralisch friedfertig gestaltet sein; der Frieden muss praktiziert und sollte nicht nur verordnet werden.

Der Mensch hat in seiner Geschichte gezeigt, dass er in der Lage ist, sich zu zivilisieren und unterschiedliche Gellschaften zu bilden. Aber er hat sich noch nicht für die richtige, wirklich menschliche Gesellschaftsform entschieden. Er experimentiert noch damit; und in all seinen Bemühungen, in all seinen Denk- und Arbeitsmodellen ist das Bestreben nach einer idealen Form der Gesellschaft zu spüren.

Doch von einer humanen Gesellschaftsform ist der Mensch immer noch weit entfernt. Die Sozialwissenschaftler unterscheiden vier Typen von Gesellschaften, die aber nur Modellcharakter haben: eine kollektivistische Gesellschaft, wie in England im 19.Jahrhundert und im Japan von heute; die individualistische Gesellschaft, wie in den USA und Norwegen; die konservative kommunistische Gesellschaft, wie in China und Kuba; oder die liberale Gesellschaft. Doch für diese liberale Gesellschaftsform kenne ich kein Beispiel, denn der Mensch hat es noch nicht geschafft, die wahre Liberalität in einer funktionierenden Demokratie zu implantieren. Es hat Revolutionen gegeben, und es entstanden revolutionäre und postrevolutionäre Gesellschaftsformen, die eine vollkommene oder teilweise Umwälzung des Bisherigen bedeuteten. Kommu-nistische oder sozialistische Gesellschaftsformen haben es nicht geschafft, ihre Völker für sich zu gewinnen, denn diese wünschten sich demokratische Prinzipien, wie Freiheit, soziale Gerechtigkeit, Gewaltlosigkeit, freie Meinungsäußerung, freie Presse und wählbare Regierungen."

Und Zarathustra: „Ich warne Euch vor der herzlosen und unehrlichen Demokratie, die zu Maßlosigkeit und Anarchie führt. Ich warne Euch insbesondere vor dem Neoliberalismus, der mit dem verstärkten Einfluss der multinationalen Konzerne in Gesellschaft und Politik verbunden ist.

In Europa hat ein besonderes Ereignis unseres Jahrhunderts die Weltanschauung über die Demokratie und die demokratischen Grundsätze verändert: Es ist einerseits, nach dem Sieg der Demokratie über den Kommunismus, zu einer katastrophalen Planlosigkeit und Anarchie in den ehemals kommunistischen Ländern gekommen, andererseits geraten die nationalen Demokraten selbst ins Schwanken. Außerdem ist die Zukunft der Demokratie von neonationalistischen Tendenzen und Bewegungen geprägt, die nicht nur in kleineren Ländern, wie Österreich und der Schweiz, ihren Anspruch auf die politische Macht anmelden, indem sie ihre Nationen vor Fremden schützen wollen. Die rasante Entwicklung der modernen und postmodernen Staaten hatte dazu geführt, dass in diesen kleinen Ländern sich, mit dem Siegeszug der nationalen Idee der neuen Zeit, eine Demokratie und eine territoriale Identität etabliert haben. Gerade diese demokratischen Nationalstaaten sind in der Lage demokratisch zu funktionieren.

Ob nun die Globalisierung auf allen Ebenen des Lebens, wie Wirtschaft, Kunst, Kommunikation, Politik oder Handel, funktionieren kann, ist schwer zu beantworten. Wenn die Globalisierung von humanen, kulturellen und sozialen Maßnahmen begleitet wird, dann ist eine Globalisierung von Demokratie, Wirtschaft und Wissenschaft zu bejahen. Viele Menschen haben Angst, durch die Globalisierungsbewegung zu Bewohnern unbedeutender Bundesstaaten zu werden und dabei ihre Identität, Nationalität und Herkunft zu verlieren.

Die Meinungsverschiedenheit, ein Prinzip des demokratischen Denkens, erlaubt unterschiedliche Vorstellungen vom Weg der Globalisierung. Die einen wollen an Nationen und Nationalitäten festhalten, die anderen die Demokratie gesichert sehen, andere wiederum wollen den Sozialstaat gewährleistet haben. Im allgemeinen geht die Entwicklung in die richtige Richtung. Denn ethnologische Grundsätze, wie Herkunft, Hautfarbe, Religion, Sprache oder Nationalität, werden im Zuge der Globalisierung über Bord geworfen, was alle Menschen gleicher macht. Der moderne Mensch sollte dann den anderen nicht mehr bekämpfen, um ihn von seiner Kultur oder seiner Religion zu überzeugen. Vielmehr sollten die Menschen miteinander und nebeneinander leben, trotz ihrer Unterschiede. Das wäre die große Chance einer vernünftigen Globalisierung.

Schiller, Goethe und Beethoven wünschten für die Menschheit eine globale und humane Welt, in der alle Menschen Brüder und Schwestern sind. So eine gerechte Welt wünsche ich mir auch. Man stelle sich vor: neben Kirchen entstehen Moscheen; Synagogen die zerstört wurden, werden neu aufgebaut. Man könnte dann von einer Ära der globalisierten Demokratie sprechen, wenn die Gräber der jüdischen Friedhöfe nicht mehr geschändet, wenn Synagogen nicht angezündet, wenn Moscheen und Asylantenheime nicht in Brand gesteckt werden. Dann könnte man von einer toleranten und modernen multikulturellen Gesellschaft reden.

Die Menschen in den demokratisch geführten Staaten geben sich Mühe, das alles zu versuchen. Sie fürchten aber, dass in der postmodernen und transnationalen Gesellschaft der Staat, die Heimat, die Stadt nicht mehr den Bürgern gehören. Viele Menschen machen sich Sorgen um ihre Identität; sie fürchten, dass sie im Rahmen dieser Globalisierung und Internationalisierung staatenlos werden könnten.

Viele Staaten in Europa haben innerhalb dieses Prozesses größere Probleme mit dem Machtkampf zwischen Wirtschaft und Staat. Oft ist in diesem Kampf der Staat der Verlierer, weil die Wirtschaft das Kapital besitzt und deshalb auch den Staat lenken und beeinflussen kann. Aber dann kann die Demokratie nicht mehr selbständig funktionieren. Denn wenn die Demokratie vor dem Kapital kapituliert, dann gewinnen die materiellen Belange der Gesellschaft die Oberhand und die individuellen Werte der Demokratie, wie Freiheit, Gleichheit oder Menschenrechte, bleiben auf der Strecke.

In einem demokratischen System, in dem die Konkurrenz auf allen Ebenen der Gesellschaft, ob in Schulen, Universitäten, am Arbeitsplatz, auf der Straße oder in Einkaufszentren zur Tagesordnung gehört, wird ein Konkurrenzkampf geschürt, der zwar für die Wirtschaft potentielle Energie freisetzt, der aber die zwischenmenschlichen Beziehungen zerstört. Das Resultat ist, dass jeder Mensch von morgens bis abends nur einen Gedanken hat: überall der Erste zu sein, am Arbeitsplatz, in der Schlange vor dem Bus oder an der Kasse im Supermarkt. Dazu benutzt er nicht nur sein mentales Vermögen, sondern auch die Dynamik der physischen Kraft seiner Ellenbogen. Aus Individuen werden Egoisten, aus intelligenten Menschen werden clevere Menschen, die aus der Globalisierung auf allen Ebenen das Beste für sich selbst herausholen wollen. Die Demokratie aber verliert an Bedeutung, wenn sich der kultivierte Mensch, wie in der Steinzeit, nur an seinen eigenen Bedürfnissen und seinem intuitivem Verhalten orientiert. Die Gesellschaft der polyvalenten Eigenschaften und Verbindungen verliert ihre Individualität an die globale Wohngemeinschaft. Es entstehen multikulturelle Städte und Staaten, in denen die Menschen zwar nebeneinander leben, wenn im Rahmen der Globalisierung nur an Wirtschaftlichkeit und Konsum gedacht wird, aber gleichzeitig die Gesellschaft seelenlos wird.

Folgendes ist festzuhalten: Freiheit, Gerechtigkeit und Würde des Menschen können niemals genug gesichert sein. Sind diese elementaren Bestandteile der Demokratie geschützt, dann hat ein totalitäres System keine Chance, die Demokratie zu ersetzen. Besser ist es jedoch für jede Demokratie, wenn sie von Menschen und nicht von Organen, Parteien, und schon gar nicht von Wirtschaft und Industrie geprägt wird. Das Prinzip der Gegenseitigkeit in der Demokratie hat sich schon im Altertum bewährt. Der Bürger hat Rechte und Pflichten. Er steht im Dienst der Gesellschaft und damit auch in Diensten des Staates. Umgekehrt verpflichtet sein Staat sich, für Frieden, Freiheit, Gleichberechtigung, Menschenrechte und Toleranz zu sorgen."

Dazu Abraham: „Der Mensch muss reif für eine Demokratie sein! Und die Demokratie muss würdevoll gepflegt werden! Alle Institutionen der demokratischen Gesellschaftsordnung können nur dann gut funktionieren, wenn die Menschen nicht nur an Entstehung und Entwicklung sondern auch an den Abläufen beteiligt werden.
Viele republikanische Demokratien haben ein Zwei- oder Mehrparteiensystemen aufgebaut. Der Wähler hat zwar das Wahlrecht, aber trotzdem werden seine Vorstellungen und Rechte oft manipuliert und missachtet. Jean-Jacques Rousseau ging davon aus, dass der Einzelne sich emanzipiert, indem er seine Bürgerpflicht erfüllt. Die Erfüllung der Bürgerpflicht endet aber nicht damit, dass der Bürger zur Wahl geht. Nein, der Bürger muss sich dessen bewusst sein, dass er die politische Gesellschaftsordnung regiert und nicht die priviligierten Parteifunktionäre, die oft ihre Macht missbrauchen und der Demokratie schaden.

Die Entgleisungen der demokratisch gewählten Parteien können tatsächlich so weit führen, dass die Bürger nur noch ohnmächtig und teilnahmslos zuschauen, wie ihre Demokratie zerfällt. Auch der Protest kann, bei Bedarf, eine Bürgerpflicht sein. Eine friedliche Protestbewegung macht die Bürger seelisch und moralisch stark. Denn sie zeigen damit, dass es die Bürger sind, die die Demokratie garantieren und nicht die Parteien oder der Staat.
Wir sind das Volk, mit diesem einfachen Satz haben die Menschen in der DDR friedlich auf ihre demokratischen Rechte aufmerksam

gemacht. Das totalitäre System der DDR ist genauso verschwunden, wie manche mächtige Parteien, wie das Beispiel der korrupten *Demokratia Christiana* in Italien zeigt. Überall dort, wo die Demokratie funktioniert, werden die Menschen, die Bürger, der Garant für ihre Verfassung sein, und nicht die Parteien."

Und Moses: „Der Mensch kann sich durch Glaube, Moral und Achtung vor dem Nächsten eine politische Gesellschaftsordnung auf demokratischen Fundamenten aufbauen und er kann sich dieser auch sicher sein, wenn die Integrität institutionell verankert ist. Die Demokratie ist störanfällig. Die Störfaktoren sind in der Wirkung ähnlich wie Erreger und Parasiten, die den Organismus überfallen und lebensunfähig machen können. Der Unterschied ist der, dass man mit verschiedenen Gegenmaßnahmen, wie Prophylaxe, Impfschutzmaßnahmen oder Medikamenten, den Organismus vor vielen Krankheiten schützen kann. Aber einen Impfstoff gegen die uralten menschlichen Eigenschaften, wie Egoismus, Machtsucht, Intoleranz und Bestechlichkeit, gibt es nicht.
Das einzige Mittel zum Schutz der Demokratie ist die demokratische Zivilgesellschaft selbst, die durch eine ständige Erneuerung der demokratischen Kräfte gegen Entgleisungen immun machen kann. Auch die Schule könnte zu einer Stätte der demokratischen Erziehung werden.

Die Ereignisse in der zweiten Hälfte unseres Jahrhunderts haben gezeigt, dass in einer globalisierten Wirtschaft die ökonomischen Institutionen sich von nationalen Verpflichtungen lösen und sich damit auch den politischen Steuerungen entziehen können. In solch einer Situation wird die Demokratie vermarktet, sie droht käuflich und zum Gegenstand der Macht der Wirtschaft zu werden. Neue Entwicklungen in der Globalisierung der Wirtschaft in den Industrienationen bestätigen dies. Die Demokratie kann hier nicht problemlos existieren und funktionieren, weil ihr eine Übermacht der Parteien und wirtschaftlichen Institutionen gegenübersteht, die miteinander verwoben und voneinander abhängig sind. Es entstehen verborgene Machenschaften, die die Grundlagen und Fundamente der demokratischen Zivilgesellschaft aushöhlen. Wenn diese Machenschaften ans Tageslicht gelangen, verlieren die Menschen ihren Glauben an eine globale Demokratie. Wenn ich von den Fundamenten der Demokratie spreche, dann meine ich jene zivilen und sozialen Rechte, die unter der Diktatur des Proletariats ihren Untergang erleben mussten. Daher sind solche Systeme auch auf die Dauer nicht lebensfähig gewesen. Die kulturell-nationalen Rechte, die in manchen Systemen in den Vordergrund gestellt wurden, haben zu oft zu Intoleranz und Fundamentalismus geführt. Beispiele dafür gab es genug. Nur weil die Demokratie mit freiheitlichen Werten eng verbunden ist, hat sie sich zu einem Hauptbestandteil der menschlichen Zivilisation entwickelt, von dem sich der normal denkende Mensch nicht trennen will.

Die Demokratie garantiert die sozialen, kulturellen und individuellen Rechte, als Fundament für eine liberale Zivilgesellschaft. Wenn die Macht der Wirtschaft, die zunehmend über die Grenzen der Zivilgesellschaft hinausgeht, sich von den demokratischen Prinzipien entfernt und eigene Rechte für sich beansprucht, dann bleiben keine Barrieren mehr, die die Zivilgesellschaft vor dem manipulativen Einfluss des Kapitals auf die Politik schützen könnten, und dann ist die moderne globalisierte Gesellschaft gefährdet."

Jesus: „Die Kommunisten haben es durch Industrialisierung erreicht, dass die Masse der Arbeiterklasse für ihre eigenen Ideologien instrumentalisiert wurden, wobei auf den Menschheitstraum *Individualität* kein Wert gelegt wurde. Im Industriezeitalter der vergangenen Epoche hat man sich weder mit dem Vorgang der Demokratisierung noch mit irgendwelchen Rechten der Menschen tatsächlich beschäftigt. Man orientierte sich hauptsächlich an der ökonomischen Produktionskraft und den dafür notwendigen Bedingungen, ohne dass man sich über soziale oder zivilrechtliche Voraussetzungen Gedanken machte. Daher sprach man von *Industriegesellschaft* und *kapitalistischer Gesellschaft* in einem Atemzug, und meinte damit, dass dies ja das Gleiche wäre.
Die Industriegesellschaft aber ist eine multistrukturelle Einheit, die auf Leistung und Produktion hin konzipiert ist, und bei der sich alle produktiven Kräfte auf die Entwicklung und das Wachstum konzentrieren. Die kapitalistische Gesellschaft hingegen ist eine Institution, welche die Industriegesellschaft organisiert, um

sich selbst zu bereichern, um mit der Macht des Kapitals die Politik zu beeinflussen, um schließlich unbemerkt den Staat zu lenken. So sind die traditionellen republikanischen Demokratien, wie zum Beispiel die USA entstanden. Hier entzieht sich die Wirtschaft jeglicher demokratischer Kontrolle, weil der Hebel der Politik in der Hand des Kapitals liegt. Ohne Wirtschaft funktioniert hier die Politik nicht; ob die Wirtschaft ohne die Politik funktionieren würde, ist schwer zu beurteilen.

Alle Möglichkeiten, die Demokratie zu überrumpeln und die Gesellschaft sozialrechtlich zu umgehen, wurden immer wieder versucht. Aber die eigentliche, in der Gesellschaft verankerte Demokratie ist, unbeschadet davon, nur stabiler geworden. Doch auf die Dauer kann sich eine liberale Demokratie, die mit mehr zivilrechtlicher Courage ausgestattet ist, politisch und gesellschaftlich nur durchsetzen, wenn Wirtschaft und Politik streng voneinander getrennt werden. Die republikanischen Demokratien, denen eine liberale Inspiration fehlt, sind auf die Dauer kein Garant für die Menschen, denen an ihren individuellen Grundrechten gelegen ist. Die Menschen wollen als Individuen im Mittelpunkt der Zivilgesellschaft stehen und sie wollen ihre Rechte als unantastbar ansehen, souverän und ohne Einfluss von Wirtschaft und Parteipolitik."

Mohammed: „Es gibt keine Alternative zur Demokratie! Nach dem Ende des Kalten Krieges ist in der westlichen Welt eine enorme Lebendigkeit der postmodernen Industriegesellschaft spürbar, die sich mit allen Kräften in Richtung einer liberalen Demokratie bewegt und andere, bisher diktatorisch geführte Länder im ehemaligen Ostblock mitzieht.

Wenn auch die Vollendung dieses Demokratisierungsprozesses noch nicht absehbar ist und wenn auch eine vorsichtige und abwartende Haltung der Länder Osteuropas und Lateinamerikas angebracht wäre, so würde ich mir doch wünschen, dass die islamische Welt dieser Bewegung folgte. Es gibt keine Alternative zur liberalen Demokratie, wenn wir wollen, dass alle Menschen, bei all ihren Wesensunterschieden, friedlich miteinander leben können.

Der Demokratisierungsprozess begann im Griechenland der Antike. Vorreiter in Europa war Frankreich, wo bereits nach der Revolution, Ende des 18. Jahrhunderts, ein erster Versuch gestartet wurde.

Große Demokraten überall auf der Welt haben für ihren Glauben an die Demokratie gekämpft, und nicht selten haben sie mit dem Leben dafür bezahlt. Der Chilene Salvador Allende ist einer davon. Nachdem der Sozialist 1970 demokratisch gewählt worden war, mit dem Ziel, dem Land mehr soziale Gerechtigkeit zu bringen, wurde er 1973 durch einen vom CIA inszenierten Putsch gestürzt. Dabei wurde er getötet und von dem faschistischen General Pinochet ersetzt. Aber schließlich hat auch in Chile die Demokratie gesiegt. Und 1990 wurden die Verdienste Allendes mit einem Staatsbegräbnis gewürdigt.

Gerade in der Zeit, in der die Welle der Demokratisierung mitten in Europa mit dem Fall der Berliner Mauer und dem Zusammenbruch des DDR-Regimes angekündigt wurde, haben die Menschen in Osteuropa sich in die Reihe der Demokraten eingereiht.

Ein anderer großer Demokrat war der iranische Ministerpräsident Mohammed Mossadegh, der am 19. Dezember 1953 vom Teheraner Gerichtshof, auf Veranlassung von Schah Reza Pahlewi, *wegen Hochverrats und Verfassungsbruch* zu einer dreizehnjährigen Gefängnisstrafe verurteilt wurde. Damit wurde die Demokratiebewegung im Iran im Keim erstickt. Zu seiner Verteidigung gab Mossadegh folgende Erklärung ab: *Das einzige Verbrechen, das ich begangen habe, ist die Verstaatlichung der Ölindustrie. Ich habe gegen das größte Reich der Welt gekämpft. Ich habe diesen Kampf in Den Haag und vor den Vereinten Nationen ausgetragen. Auch habe ich gegen das größte Spionageunternehmen der Welt gekämpft und habe es aus dem Land gejagt. Diese Leute, die von mir geschlagen wurden, wollen aber den orientalischen Völkern zeigen, welches Schicksal sie dem Menschen bereiten, der ihnen zu trotzen wagt. Dieses Gericht ist nur geschaffen worden, um mich vor der Welt zu demütigen. Es ist für mich eine Ehre, für das Vaterland gedemütigt und als unschuldig verurteilt zu werden. Ich wollte die Neutralität Persiens zwischen den beiden Blöcken des Ostens und des Westens wahren, um weder dem einen, noch dem anderen die Gelegenheit zu geben, unser Land zu zerstören.*

Auch Mahatma Gandhi war, auf seine Art, ein großer Kämpfer für die Demokratie: er war ein Freiheitskämpfer, der sich mit seiner

Bewegung für eine friedliche Revolution in Indien einsetzte, um die Unabhängigkeit seines Landes von der imperialistischen Kolonialmacht England zu erlangen. Und er kämpfte gegen Kolonialismus, Rassismus und Gewalt in der ganzen Welt. Er entwickelte die Methode des gewaltlosen und passiven Widerstands, er verweigerte die Zusammenarbeit mit den britischen Behörden und er propagierte bürgerlichen Ungehorsam. Zwar wurde er deswegen öfters inhaftiert, aber letzten Endes gelang es ihm, Indien in die Unabhängigkeit und auf den Weg der Demokratisierung zu führen. Heute zählt Indien zu einer der ältesten Demokratien der Welt. Gandhi wurde zu Lebzeiten wie ein Heiliger verehrt; und doch wurde er von einem fanatischen Hindu erschossen.

Gandhi, Mossadegh oder Allende, sie hatten das gleiche Ziel: *Demokratie* und zwar für alle Menschen, also eine globale Demokratie."

Buddha: „Demokratie und Liberalität müssen mit der Transzendenz des Geistes versehen und in den Herzen der Menschen verankert sein.

Zu Beginn des dritten Jahrtausends ist der Demokratisierungsprozess zwar in Europa fast abgeschlossen, aber ähnliche Veränderungen in anderen Ländern der Welt, in Südafrika, Nigeria, Indonesien, Algerien, Tunesien, Libyen, Marokko, Ägypten, Äthiopien oder Kenia, sind oft mit kriegerischen Auseinandersetzungen verbunden.

Die Sonderstellung Russlands ist insofern erwähnenswert, weil dieses Riesenland durch die Welle der Demokratisierung in eine Anarchie der Banditen und korrupten Politikern geraten ist, so dass das Land um seine Grundversorgung mit Nahrungsmitteln und seine sozialen Grundstandards bangen muss. Viele Menschen sehnen sich nach den Zeiten der kommunistischen Herrschaft zurück, in der zumindest die soziale Ordnung und das Recht auf Grundversorgung gesichert waren.

Sicher ist der Weg zur Demokratie für Russland ein schwieriger Weg, aber eine Rückkehr zum totalitären System wäre keine Lösung.

Eine andere Sonderstellung nimmt auch die Volksrepublik China ein. Hier wird, wie es scheint, der Demokratisierungsprozess besser klappen, weil die überwiegend einsichtigen und vorsichtigen Politiker aus der Katastrophe Russlands gelernt haben. In China weht der Wind immer anders als anderswo, und das ist gut so."

Abraham: „Man muss nur hoffen, dass die Nachfahren von Mao bereit sind zu einem demokratischen Marsch, denn dieser Weg ist mühsam und führt erst nach einer langen Strecke zum Ziel. Die westlichen Demokratien sollen das zur Kenntnis nehmen und diesem Land helfen.
John Stuart Mill hatte die Sorgen, dass eine plötzliche Freigabe egalitärer politischer Rechte zu einem selbstzerstörerischen Klassenkampf mit dem Wahlzettel führen könnte. Und dies ist in Russland der Fall. Die Menschen gehen mit ungewissen Erwartungen zur Urne und geben mit ihrem Wahlzettel dem Demokratisierungsprozess ihre Zustimmung; aber auf wirkliche Demokratie, die Früchte für die Gesellschaft und den Einzelnen, müssen sie noch lange warten. Machtkämpfe zwischen Politikern und der Mafia müssen erst ausgetragen werden, bevor die Demokratie in Russland richtig funktionieren kann. In China muss dies alles nicht unbedingt wiederholt werden. China muss seinen eigenen Weg zur liberalen Demokratie gehen. Die Menschen haben überall in der Welt erfahren, dass eine liberale Demokratie ohne Alternative ist; aber der Weg dahin ist nicht überall gleich zu begehen."

Zarathustra: „Das Phänomen Demokratie ist, vom Ursprung der Menschheitsgeschichte bis heute, immer ein Prozess des menschlichen Verstandes und der kultivierten Zivilgesellschaft gewesen. Selbst Kyros und Dareios haben institutionelle Formen des politischen Lebens im demokratischen Sinne herbei geführt. Die freie Wahl der Religion, die Anerkennung Andersdenkender, die Gleichberechtigung der Frau in Familie und Gesellschaft, die Selbständigkeit der Gemeinden und Städte und Bundesstaaten im Sinne einer regionalen Autonomie, die Nutzung des Post-, Straßen- und Schulwesen für die Allgemeinheit, das waren bereits demokratische Ansätze. Auch haben wir gelernt, dass die so genannten Demokratien, die durch Gewalt und Krieg installiert wurden, nicht lebensfähig waren. Neue Demokratien können nur friedlich entstehen. Und dieser Prozess kann, wie wir gesehen haben, um der Friedfertigkeit und der Gerechtigkeit willen, Jahrtausende dauern. Wichtig ist, dass der Mensch, der sich dafür einsetzt, seine eigene Position und seine Zivilcourage nicht vergisst."

DIE DEMOKRATIE HEILT NICHT ALLE WUNDEN

Mohammed: „Allein die Befreiung der Gesellschaften von ungerechten Formen politischer Herrschaftssysteme durch die Demokratie ist ein Grund für die Menschen, diesen Weg mit Zuversicht und Vertrauen zueinander zu gehen!"

Jesus: „Wir Rebellen haben die Gleichberechtigung der Menschen auf allen Ebenen der Gesellschaft propagiert.
Ich selbst habe meine Hauptaufgabe darin gesehen, die Menschen für Nächstenliebe, Solidarität und Zivilcourage als Bausteine der Gesellschaft zu motivieren. Ich war es, der in Jerusalem rebellierte gegen das Herrschaftssystem der Römer, die mit barbarischen Mitteln Gewalt über die Menschen ausübten. Ja, ich war nicht nur ein Orientale, ich war der Che Guevara meiner Zeit. Ohne Waffe, aber rebellisch. Ich hatte nichts anderes im Sinn, als eine Gesellschaft zu schaffen, in der alle Menschen friedlich miteinander die irdischen Probleme überwinden und sich ein Dasein schaffen, das geprägt ist von Freiheit und Menschenrechten.
Seit zweitausend Jahren reden die Menschen von Gerechtigkeit, Freiheit und Solidarität, und sie meinen damit die Demokratie. Doch kaum haben sie diese erreicht, schon denken viele Pessimisten: was bringt uns die Demokratie denn? Worin übertrifft denn die Demokratie alle anderen Gesellschaftsformen? Was kommt, wenn der Demokratisierungsprozess vollendet ist? Wer garantiert den Fortbestand der Demokratie?"

Mohammed: „Damit die Menschen der Institution Demokratie vertrauen, müssen sie anfangen, an sich selbst zu glauben, an ihre innere Bereitschaft zu Liberalität, Humanität und Nächstenliebe. Denn die Gesellschaft besteht aus einzelnen, vom Unternehmungsgeist beseelten Individuen. Wenn diese gottlos, egoistisch und verlogen sind, dann kann die Demokratie nicht auf Dauer existieren. Noch schlimmer ist es, wenn in einem demokratischen Gesellschaftssystem die Träger von Funktionen und Ämtern korrupt und charakterlos sind; denn dann steht die Gefahr der Selbstzerstörung der Demokratie schon vor der Tür. Weder die Wirtschaft noch das Militär noch die Wohlstandsgesellschaft sind ein Garant für die Demokratie. Nur der Mensch kann mit Intelligenz und nüchternem Idealismus die Existenz der Demokratie sichern.

Die Vergangenheit hat uns gelehrt, dass alle bisherigen Gesellschaftsformen, die an die Stelle von Individualität und Freiheit des Einzelnen das Proletariat, die Macht des Staates und die Kraft der Streitkräfte setzten, zur Diktatur wurden und nicht lange existenzfähig waren. Das Römische Reich Caesars, das faschistische Deutsche Reich, das kommunistische Reich der Sowjetunion, das Reich der Mongolen und Osmanen, alle diese unberechenbaren und unmenschlichen Systeme waren auf die Dauer nicht lebensfähig, weil die tatsächliche Macht in der Hand der Diktatur lag, und weil der Einzelne keinen politischen Einfluss auf die Geschehnisse hatte. Der Einzelne war entmündigt, anstatt immer wieder auf seinen Pflichten aufmerksam gemacht zu werden: Genau auf Dich kommt es an, für Deinen Staat etwas zu tun! Denke an Deine Pflichten, für alles andere sorgt der Staat!

Alle nicht demokratischen Regime haben auf die Dauer keine Überlebenschance, wenn die Menschen wirklich den Sinn der Demokratie verstehen und wenn sie den Weg des Demokratisierungsprozesses friedlich begehen.

In den Trümmern der Tyrannei kann der Mensch nur sich selbst vertrauen; er ist es, der fähig ist, neu anzufangen. Und hier erscheint die Demokratie als einzige Option, die den Menschen eine Hoffnung gibt. Das hat auch Winston Churchill gemeint, als er sagte, die Demokratie wäre die schlechteste aller Regierungsformen, abgesehen von allen anderen bisher ausprobierten.

Eine überzeugende Politik, die sich mit allen Problemen der Vergangenheit und der Gegenwart auseinandersetzt, eine Politik, die eine Initiative für den Schutz der strukturellen Inhalte der Demokratie in der Zukunft entwickelt, das sind die Grundpfeiler für die Stabilität eines demokratisch geführten Staates. Und das Vertrauen der Bürger in ihre demokratisch gewählten Organe darf nicht durch Skandale der Politiker und Parteien, durch Lügen und Bestechungsaffären verspielt werden."

Moses: „Die Länder, die glauben den Demokratisierungsprozess hinter sich zu haben, müssen auf der Hut sein. Denn auch Demokraten sind Menschen und haben folglich ihre Schwächen. Die Demokratie muss ständig geschützt, gepflegt und erneuert werden. Nur so kann die Existenz einer demokratischen Zukunft gesichert werden. Denn in manchen demokratisch geführten Ländern in Europa zeigt sich eine Tendenz zu mehr Autorität und zu einer autoritäreren Staatsführung, weil viele Menschen von ihren Politikern und Parteien auf unterschiedliche Weise enttäuscht wurden. Aber in keinem dieser Länder gehen die Menschen für ihre Demokratie auf die Straße, um zu protestieren. Sie sind zu bequem geworden und warten bis zur nächsten Wahl, um dann, wenn sie es bis dahin nicht vergessen haben, das Scheusal abzuwählen, das sie betrogen hat, in der Hoffnung, dass sein Nachfolger sie nicht enttäuscht. Diese Art der Abrechnung ist ein Bestandteil des demokratischen Rechts, sicherlich, aber die Demokratie verlangt von den Bürgern, und zwar von jedem einzelnen, aktiv geschützt zu werden. Wenn dieses Engagement nicht stattfindet, dann ist die Demokratie gefährdet."

Abraham: „Kann eine Gesellschaft der Zukunft überhaupt ohne Demokratie existieren?"

Zarathustra: „Wenn eine Gesellschaft die individuellen Rechte über alle anderen parteipolitischen Interessen stellt und wenn eine Gesellschaft die Rechte des Individuums, die Würde des Menschen, Freiheit und Frieden gewährt, dann hat sie eine Chance, über alle Zukunftsprobleme hinweg, sich zu behaupten. Wenn also die Demokratie von den Menschen nicht nur verstanden und gewünscht wird, sondern von jedem einzelnen Individuum mit Überzeugung praktiziert wird, dann hat tatsächlich ein nichtdemokratisches Gesellschaftssystem kaum eine Chance sich auf die Dauer zu etablieren.

Es ist für die Menschheit wünschenswert, dass sie sich eine Gesellschaft der Zukunft schafft, die ohne Etikettierungen und Klischees, wie Christen, Muslime, Juden oder Buddhisten, die ohne

Nationalitäten, wie Araber, Afrikaner, Iraner, Deutsche oder Franzosen, die ohne Feindbilder und ohne Aufteilung der Welt in Reiche und Arme, in Arbeitnehmer und Arbeitgeber, in Rechte und Linke, in Gesunde und Behinderte, in Junge und Alte auskommen wird. Das darf aber nicht bedeuten, dass die geistigen und kreativen Leistungen einer Menschengruppe von anderen missbraucht werden dürfen. Nein, die menschlichen Aktivitäten und Talente sollten sich ergänzen. Jeder wirkt in seinem Bereich und hilft dem anderen. Jeder respektiert den anderen. Im Mittelpunkt der kosmopolitischen Gesellschaft steht der Mensch in seiner Individualität.

Wir haben gerade eine Ära der diktatorischen Gesellschaftssysteme hinter uns. Aber wir können die in Teilen der Welt funktionierenden Demokratien nicht nur erhalten, sondern wir können diese in andere Regionen exportieren, um sie auch dort wachsen und gedeihen zu lassen. Wir können ein globales Verhältnis zur Demokratie aufbauen, wenn die bewaffneten Interventionen, wie in Vietnam, Korea, Jugoslawien, im Nahen Osten, in Afghanistan und anderswo, unterlassen werden."

Dazu Mohammed: „Die USA sollten damit aufhören, sich als Gendarm durch die Welt zu bomben. Die Gelder, die für Waffen ausgegeben werden, sollten für die Demokratisierung aller Länder in der Welt eingesetzt werden, um dann ehrliche wirtschaftliche Beziehungen aufzubauen und damit die Demokratie zu stärken.

Ein friedfertiger Präsident, der von Weisheit und Sensibilität für den Weltfrieden geleitet wird, wäre ein tausendfach besserer Garant für die territoriale Sicherheit und die Demokratie der USA als alle Waffenarsenale der amerikanischen Armee. Wenn die Demokratie global funktionieren soll, dann darf die Ehrlichkeit und die Ernsthaftigkeit nicht in Frage gestellt werden. In manchen Regionen der Welt bedarf es eines Lernprozesses um Verständnis für die Demokratie zu wecken.

Hier müssen Prioritäten gesetzt werden. Erst sollte die UNO gestärkt werden durch eine Förderung der Internationalität der Demokratie. Dann müssten, mit allen Mitteln der internationalen Institutionen, Mord und Willkür der diktatorischen Systeme beseitigt werden. Nachdem dann die vorhandenen unparteiischen Institutionen gestärkt worden sind, um die Menschenrechte zu garantieren, sollten Instanzen, die die Demokratie für alle Menschen globalisierend propagieren, eingerichtet werden. Das setzt auch einen Kampf gegen Analphabetismus, Seuchen, Hunger und Not voraus.

Wir sind sicherlich noch weit entfernt von Kants Weltbürgertum und von der Einrichtung einer demokratischen Weltgesellschaft. Aber wir könnten uns anstatt unserer Weltraum- und Marspläne, die die kostspieligsten Projekte der Menschheitsgeschichte sind, auch das Projekt Weltdemokratie vornehmen.

In der Ära des Imperialismus und des Kolonialismus hat man für die Expansions- und Ausbeutungspolitik keinerlei Rechtfertigung benötigt. Der Einsatz von Macht und Einfluss im Eigeninteresse galt ganz selbstverständlich als Hauptmotiv. In der neoimperialistischen Ära hingegen diente die Verbreitung von Zivilisation als Rechtfertigung für Intervention und Fremdherrschaft. Unter dieser *Verbreiterung der Zivilisation* muss man sich vorstellen, dass eine *kultivierte und zivilisierte* weiße Rasse den *einfachen* und *ahnungslosen Eingeborenen* eine *höhere* und *bessere* Kultur beibringt, was immer auch mit dem kirchlichen Auftrag der Christianisierung versehen ist."

Jesus: „Die Ära der Entkolonialisierung, und damit die Befreiung der nunmehr *kultivierten* Staaten von den Kolonialmächten, ist selten ohne Brutalität und kriegerischer Auseinandersetzungen verlaufen. Viele Kolonialstaaten haben aber, wohl oder übel, diese Länder in die *Unabhängigkeit* entlassen. Das Erbe des Kolonialismus sind in diesen Ländern religiöse, kulturelle und politische Elemente, die mit dem Erlangen der Unabhängigkeit oft zur Spaltung der ureigenen Gesellschaftsform führten. Stammeskonflikte mit unglaublichen Verbrechen, vom Genozid über ethnische Säuberungen bis zur systemischen Vernichtung von Menschen, waren vorprogrammiert.

Einige dieser Kolonialherren schauen dem ganzen Dilemma mit Genugtuung zu und behaupten, dass solche Länder nichts anderes verdient hätten. Sie wären nicht in der Lage selbständig zu funktionieren. Schadenfroh abseits stehen und jegliche Intervention ablehnen, das ist ein neuer Akt der Barbarei."

Buddha: „Ich kann mich nicht entsinnen, dass der Mensch seine Konflikte je friedlich beigelegt hätte. Wenn ich die Geschichte betrachte, wird mir klar, dass die Konflikte meist vermeidbar gewesen wären, wenn der Mensch schon immer einen Sinn für die Demokratie gehabt hätte. Die Weltgemeinschaft darf es nicht zulassen, dass ihre Mitglieder, die Völker, Volksstämme und Minderheiten, sich gegenseitig vernichten. Juden und Araber im Nahen Osten, Christen und Muslime in Indonesien, die unterschiedlichen Volksstämme in Kolumbien, Eritrea oder Äthiopien, die Tutsi, Oromo, Kurden, Serben, Kroaten, Kosovaren, Muslime, Christen, Armenier und Juden, alle diese Menschen dürfen nicht der demütigenden Gewalt von Regimen ausgesetzt werden, nur weil sie Minderheiten darstellen.

Alle intervenierenden Maßnahmen der Völkergemeinschaft müssen solidarisch mobilisiert werden, um zu verhindern, dass Grausamkeiten und Gewalt die Existenz von Menschen bedroht, und dass die Würde des Menschen systematisch missachtet wird. Wir sind alle Menschen, und alle Menschen sind gleich. Es gibt keine besseren Menschen. Es gibt keine Herrenmenschen.

Wenn die globalisierte Welt von heute in der Lage wäre, auch die demokratische Verständigung zu globalisieren, dann wären wir in der Lage, sowohl präventiv als auch systematisch kurativ alle Vergehen gegen die Menschlichkeit zu bekämpfen. Erst dann können wir mit Zuversicht in die Zukunft blicken. Ja, dann könnten wir sogar auf unsere epochale Leistung einer *globalen Demokratisierung* stolz sein."

Zarathustra: „Mir fällt dazu Nietzsche ein, der folgendes schrieb: *Als ich zum ersten Male zu den Menschen kam, da tat ich die Einsiedlertorheit, die große Torheit: Ich stellte mich auf den Markt. Und als ich zu allen redete, redete ich zu keinem. Des Abends aber waren Seiltänzer meine Genossen und Leichname, und ich selber fast ein Leichnam. Mit dem neuen Morgen aber kam mir eine neue Wahrheit. Da lernte ich sprechen: Was geht mich Markt und Pöbel und Pöbel, Lärm und lange Pöbelohren an! Ihr höheren Menschen, dies lernt von mir: Auf dem Markt glaubt niemand an höhere Menschen und wollt ihr dort reden, wohlan! Der Pöbel aber blinzelt: Wir sind alle gleich. Ihr höheren Menschen – so blinzelt der Pöbel – Es gibt keine höheren Menschen, wir sind alle gleich, Mensch ist Mensch, vor Gott sind wir alle gleich! Vor Gott? – Nun aber starb dieser Gott.*

Vor dem Pöbel aber wollen wir nicht gleich sein. Ihr höheren Menschen, geht weg vom Markt! Vor Gott! – Nun aber starb dieser Gott! Ihr höheren Menschen, dieser Gott war eine größte Gefahr. Seit er im Grabe liegt, seid ihr erst wieder auferstanden. Nun erst kommt der große Mittag, nun erst wird der höhere Mensch – Herr! Verstandet ihr dies Wort, o meine Brüder? Ihr seid erschreckt: Wird euren Herzen schwindelig? Klafft euch hier der Abgrund? Klafft euch hier der Höllenhund? Wohlan! Wohlauf! Ihr höheren Menschen! Nun erst kreißt der Berg der Menschen Zukunft. Gott starb: Nun wollen wir dass der Übermensch lebe.

Gott lebt in uns, in uns höheren Wesen.

Bewahren wird den Geist und den Glauben an Gott, so vermeiden wird die Gottlosigkeit. Bewahren wir die Menschengleichheit, so fördern wir unser eigenes Dasein. Bewahren wir die Menschenrechte, so haben wir Recht auf eigene Rechte. Schützen wir die Minderheiten in unserer Gesellschaft, so verhindern wir die Entstehung irgendeiner Minderheit. Schützen wir alle demokratischen Prinzipien in unserer Gesellschaft, so sichern wird die Zukunft. Verhindern wir Korruption und Käuflichkeit der Politik, dann bleibt die Demokratie nicht auf der Strecke."

Nach diesem bewegenden Beitrag Zarathustras schweigen die Propheten für eine Weile. Danach entscheidet sich das Tribunal – Abraham, Buddha, Jesus, Moses, Mohammed und Zarathustra – einstimmig für die Demokratie in der Dritten Welt. Und sie plädieren für eine grundlegende Verbesserung der Verhältnisse in den Entwicklungsländern in allen Bereichen der Gesellschaft. Und sie plädieren für den weltweiten Demokratisierungsprozess.

Zarathustra: „Und trotzdem habe ich einige Einwände: So rosig wie es aussieht, ist es in den Industrieländern nicht. Auch die Demokratie hat ihre Schattenseiten.

Die Industrieländer führen im Zeitalter der Globalisierung einen Wirtschaftskrieg und behaupten trotzdem, dass sie demokratisch geführte Länder seien. Wie steht es eigentlich mit der Demokratie, und wie stabil ist das kapitalistische System und die davon abhängige Gesellschaft?

Der Fall des eisernen Vorhangs war ein triumphaler Sieg der westlichen Demokratie über den Kommunismus. Zu Beginn des neuen

Jahrtausends scheint es jedoch so, als ob die kapitalistische Gesellschaftsordnung, die ohne ethische Maßstäbe und Grundwerte auskommt, die Demokratie gefährden, ja sogar destabilisieren könnte. Noch nie waren die Errungenschaften der sozialpolitischen Entwicklung der westlichen Welt in einer so prekären Lage wie jetzt, zu Beginn des neuen Jahrhunderts. Unter dem Druck der globalen Ökonomie und durch die Übermacht der Wirtschaft scheint die Demokratie überflüssig zu werden.

In Seattle (USA) gab es Proteste und Krawalle, die so bedeutend waren, dass, in einem demokratischen Land wie den USA, ein Ausgangsverbot und der Einsatz von Nationaleinheiten angeordnet wurde, genau wie damals bei den Demonstrationen gegen den Vietnamkrieg. Die Demonstranten, ein Gemisch aus unterschiedlichen Schichten und Ländern, – Farmer, Schüler, Studenten, Arbeiter, Regenwaldschützer, Asiaten, Europäer –, wollten mit ihrem Protest die Welt auf die ungeheuerliche Macht des Kapitalismus aufmerksam machen.

Zum ersten Mal seit Jahren wurde hier das Schweigen über die negativen Folgen des Kapitalismus gebrochen. Die Demonstrierenden wollten ins Bewusstsein der Menschen bringen, dass die Macht des Kapitals seinen Interessen ohne Rücksicht auf das Individuum Mensch nachgeht, und dass dabei insbesondere die Völker in der Dritten Welt, vergessen werden.

Die Delegierten, die über künftige Spielregeln des Welthandels debattierten, mussten den Zornesausbruch der Demonstranten am eigenen Leib gespürt haben, da der amerikanische Präsident Clinton in seiner Rede davon sprach, dass diese Demonstranten *stellvertretend für Millionen Menschen die Fragen stellen*, und dass der globale Kommerz und die ökonomische Einheit *nicht länger eine Domäne für Minister, Staatchefs und Vorstandsvorsitzende* sein können.

Der Generalsekretär der UNO, Kofi Annan, mahnte, dass sich viele Menschen angesichts des rasanten Wandels im Welthandel und in der Informationstechnologie *verletzbar und verloren fühlen*. Doch diese Reaktion des Politikers ist mager und oberflächlich. Und auch die Organisation UNO hat in sensiblen Momenten der Weltpolitik nie richtig funktioniert. Man kann sogar behaupten, dass die UNO selbst die Grundregeln ihres Funktionierens von den großen kapitalistischen Staaten diktiert bekommt, und nicht von der Vollversammlung der Vereinten Nationen. Hier sind die Machenschaften der Vertreter der reichen Länder an der Tagesordnung, und der Generalsekretär hat zu folgen.

Nach wie vor können eine relativ kleine Zahl von Regierungen und Zentralbanken den Preis aller Waren, vom iranischen Öl und Kaviar bis zu Autos und Handys, entscheidend beeinflussen, indem sie an den Zinssätzen herumspielen und in den Währungsmärkten anderer Länder intervenieren."

Und Buddha: „Nur die Methoden, Mengen und Volumen haben sich geändert. Während noch vor einigen Jahren die Japaner das Verhältnis ihres Yen zum Dollar relativ leicht beeinflussen konnten, indem sie zehn bis zwanzig Milliarden Dollar aus dem Markt nahmen oder auf den Markt warfen, sind heute diese Summen unbedeutend geworden.

Heute wechseln Tag für Tag zweihundert Milliarden Dollar in Tokio, New York oder London den Besitzer, ohne dass eine wirklich existierende Person als Käufer oder Verkäufer präsent wäre.

Die drohende Zunahme der Kapitalmacht, die automatisch zur Kapitalherrschaft führt, gefährdet die Demokratie. Man bedenke, dass pro Woche 90 % von über eine Billion Dollar spekulativ gehandelt werden, um die Globalherrschaft der Banken, Konzerne, und damit die Herrschaft der Industrieländer über die Dritte Welt, zu bewahren. Nur ein Bruchteil von 10 % dieser Kapitalbewegung ist im Welthandel wirklich plaziert."

Mohammed: „Wie soll die westliche Demokratie, trotz ihrer Macken, in die Länder der Dritten Welt exportiert werden? Sind die westlichen Länder ehrlich genug, um den Ländern der Dritten Welt auf dem Weg der Befreiung von diktatorischen Systemen Beistand zu leisten?

Unter dem Deckmantel *Demokratie* sichert sich die Industriewelt die Zukunftsmärkte. Die westliche Industriewelt hat eine neue Strategie für ihre Wirtschaftsinteressen entwickelt, und das ist die bedingungslose Demokratie. Der Demokratisierungsprozess ist jedoch nicht mit Krieg und Waffengewalt zu implantieren.

Und doch: Krisenherde und regionale Kriege dienen der Ankurbelung der Wirtschaft, dadurch das die Produkte der Waffenindustrie uneingeschränkt in jede Ecke der Welt exportiert werden, ohne Rücksicht auf die demokratischen Prinzipien. Beispiele für diese wirtschaftlich bedingungslose Zusammenarbeit sind die Krisenherde der Welt, wo die immer gleichen Waffenbrüder präsent sind.

Das Riesenland China versucht einen eigenen Weg zur Demokratisierung zu gehen, um den fatalen Irrweg Russlands zu vermeiden. Nun wird China der *WTO*, der Welthandelsorganisation, beitreten. Dies bedeutet, dass das riesige Land seine Märkte öffnen und die Importzölle für alle Waren, auch für Getreide, senken muss. Nach vorsichtigen amtlichen Schätzungen werden dadurch aber in den nächsten sieben Jahren etwa zehn Millionen chinesische Bauern arbeitslos. Auch ist noch nicht absehbar, wie viele Staatsbetriebe in Wirtschaftszentren wie Peking und Schanghai schließen werden, wodurch mehrere Millionen Arbeiter in der Automobil- und Metallindustrie ihre Arbeitsplätze verlieren würden. Es ist auffallend, dass bereits in der ersten Hälfte des Jahres 1999 drei Millionen Menschen im Laufe der vom Westen beeinflussten Modernisierung entlassen werden mussten."

Jesus: „In China sind derzeit fünfzehn Millionen Arbeitslose registriert. Das ist das erste Merkmal einer kapitalistischen Reform, die die Industrieländer in China bewirkt haben.

Die Bedingungen für die Aufnahme in die WTO sind unter anderem, dass die Märkte für zahlreiche US-Produkte sowie für Banken, Versicherungen und Telekommunikationsfirmen geöffnet werden, und dass internationale Handelsregeln Anwendung finden. Damit wird für die Industrieländer das Tor zum gigantischsten Geschäft ihrer Geschichte geöffnet, wenn man bedenkt, dass 1,3 Milliarden neue Verbraucher zu versorgen sind. Es ist kein Wunder, dass seit einigen Jahren viele Industrieländer in allen wichtigen Regionen Chinas bereits aktiv geworden sind.

Den Chinesen wird es im Gegenzug erleichtert, ihre Waren, wie zum Beispiel die Erzeugnisse der Textilindustrie, in westliche Industrieländer zu exportieren."

Moses: „Mit der Industriegesellschaft sind Unterhaltung und Konversation auf präzise, moderne Technik aufgebaut. Die soziale Kommunikation ist auf das drahtlose Telefon namens Handy konzentriert. Die Menschen, die sich dieser Errungenschaft bedienen, haben nicht unbedingt das Bedürfnis nach direktem und physischem sozialen Kontakt. Sie bewegen sich scharenweise, in einer Hand das Handy, in der anderen irgend etwas Tragbares, wie Kaffee, Tasche oder Kind. In Metropolen und Großstädten wird ein Außenstehender von den Bienenschwärmen der Handyträger nicht beachtet. Er hört nur einen ständigen Chor, bestehend aus Flüstern, Schreien, Lachen, Weinen, Schimpfen, Bitten, Bedauern, Drohen, Mahnen, Attackieren, Verzeihen, sich Entschuldigen und selten auch aus Trösten...

Diese Apparate haben die Aura der sozialen Bindung zerstört. Die Menschen fühlen sich ja so hautnah miteinander verbunden. Beim Essen, Schlafen, Baden, im Kino, auf Kongressen, bei der Arbeit, beim Fliegen und sogar beim Tauchen im Meer. Überall können sie miteinander sprechen. Mit einem Handy sind sie nicht mehr allein. Und sie haben keine anderen Bedürfnisse. Wozu denn noch direkte Kommunikation, die mit menschlicher Wärme verbunden wäre?

Wenn die Gesprächspartner sich zufällig doch irgendwann treffen, dann haben sie sich nichts mehr zu sagen. Die technischen Möglichkeiten haben alle zwischenmenschlichen Beziehungen ersetzt. Die andere Telekommunikationstechnik, das Fernsehen, hat den Rest der sozialen Kontakte ersetzt. In allen Bereichen des Alltages stehen diese Medien zwischen Sender und Empfänger.

Nur diese Organe der Kommunikation unterhalten die Menschen noch, während die Menschen sich selber nicht mehr unterhalten. Selbst beim Vorbeigehen auf der Straße machen sie keinen Halt, um direkt voneinander zu erfahren. Entweder wird beim Weitergehen gerufen: *Ich rufe Dich an;* oder bei Gelegenheit wird angerufen und daran erinnert, dass man sich ja gesehen hat, aber keine Zeit für ein persönliches Gespräch hatte.

Auch in der Familie wird kaum noch gelesen oder diskutiert. Selbst beim Essen unterhält das Fernsehen die Familie, wenn die Mitglieder nicht zufällig mit dem Handy beschäftigt sind, um wichtige Gespräche zu führen.

Inzwischen gibt es sogar einen Handy-Krieg, bei dem die Konzerne versuchen, je nach dem Ausgangskapital und damit ihrer wirtschaftlichen Macht, andere Konzerne an sich zu reißen. Der Wirtschaftskrieg der Giganten ist für die arbeitenden Menschen so mörderisch und zerstörerisch, dass man tatsächlich von einem sozialen Krieg von Unternehmen gegen die Arbeitnehmerschaft sprechen kann. Wenn ein Großkonzern wie *Vodafone Airtouch*, der britisch-amerikanische Gigant, den anderen Giganten, also *Mannesmann* aus Deutschland, schluckt, spielt dabei mit Sicherheit das Schicksal des einzelnen Arbeitnehmers keine Rolle. Es wird solange taktiert und um Millionen US-Dollar gepokert, bis der kleinere nachgibt. Dass dabei, wie immer nach einer Übernahme, die Rationalisierung und damit die Sicherung des eingesetzten Kapitals im Vordergrund steht, ist genauso selbstverständlich wie die Entlassung von vielen Arbeitnehmern."

MACHT UND EINFLUSS DER MEDIEN UND DES KAPITALS IN DER DEMOKRATIE

Abraham: „Ich würde gern über die Machenschaften der Konzerne, insbesondere der Unterhaltungs- und Kommunikationskonzerne, sprechen. Dabei stellen sich einige Fragen, die zunächst einmal analysiert werden müssen: Was sind die Gründe, die die Europäer und Amerikaner veranlassen, dass sie, neben ihrem militärischen Pakt, ihre wirtschaftlichen Beziehungen miteinander verkoppeln? Wer sind die Nutznießer dieser Vereinigung, und wer profitiert von dem vorhandenen und weiter steigendem Reichtum dieses Gigantismus?

Die Weltwirtschaft wird immer globalisierter und reicher, auch wenn die Produktion und der Nutzen des Wohlstandes signifikant ungleich verteilt bleiben, auch wenn mehr als zwei Milliarden Menschen in Armut leben müssen. Die Absichten und Interessen der multinationalen Konzerne der Industrieländer sind für die Wirtschaft und den Profit dieser Länder konzipiert, unter der Bedingung, dass die Nutznießer dieser Entwicklung sich auch als moderne Konsumenten dieser Konzerne, als Aktionäre und Mittäter betätigen, damit der Kreislauf der Produktivität aufrecht erhalten bleibt.

Es ist verständlich, dass jene, die die neue Technologie geschaffen haben, auch das Recht haben, davon zu profitieren; und dies sind eben die großen multinationalen Unternehmen, die mehr an globalem Einfluss als an globaler Verantwortung interessiert sind. Dass dabei die Kluft zwischen Reichen und Armen, zwischen Übersättigten und Hungernden dieser Welt, negativ beeinflusst wird, steht nicht zur Debatte.

Die Globalisierung bestraft die Völker, die sich keine Technologie leisten können und die sich, wie immer, abseits des Wohlstandes befinden."

Buddha: „Für den Erhalt der Macht ist die Seele gut genug, wenn der Körper bereit ist, ohne sie auszukommen. Denn nur Seelenlose werden zu Egoisten und lassen die Menschen in der Dritten Welt im Stich.

Die gewaltige Ausdehnung der Macht der Wirtschaftsunternehmen in den letzten Jahren ist vom Protektionismus bestimmt. Nach den Verwüstungen des Zweiten Weltkriegs entstand, unter dem Einfluss der Leitwährung US-Dollar, zwischen 1953 und 1975, in den westlichen Ländern wirtschaftliche Stabilität, geprägt vom rasanten Wachstum der Industrieproduktion. Gleichzeitig wurden die Länder der Dritten Welt als Rohstofflieferanten, nach dem gleichen Maßstab wie bisher, ausgebeutet.

Schon damals wurde der Grundstein zur WTO gelegt. Während zwischen 1953 und 1975 die Produktion in den Industrieländern um mehr als sechs Prozent pro Jahr wuchs und damit der Wohlstand ein bis dahin unbekanntes Niveau erreichte, blieben die Länder der Dritten Welt mehr oder weniger Zuschauer dieser Entwicklung. Das Wachstum des Wohlstands für den durchschnittlichen Bürger der Industriewelt war gesichert, während die Situation in der Dritten Welt stagnierte. Und diese Tendenz besteht fort.

Bis zum Jahr 1991 war das Pro-Kopf-Bruttoninlandsprodukt der Schweiz auf 36 300 US-Dollar gestiegen, in Schweden auf 32 600, in Japan 29 000, in Deutschland auf 27 900 und in den USA auf 23 100 US-Dollar. Im Gegensatz zu dieser Entwicklung blieb das Pro-Kopf-Bruttoinlandsprodukt in den Ländern der Dritten Welt auf einem unbeweglichen Niveau von maximal 360 US-Dollar. Das heißt also, dass ein Bürger der Schweiz im Durchschnitt ein Einkommen genießt, das um das Hundertfache höher liegt als das eines priviligierten Einwohners eines afrikanischen Landes. So tief ist die Kluft zwischen den reichen und den armen Ländern dieser Welt.

Im Laufe der letzten fünfzig Jahre haben sich die Ziele der Industrieländer zur Umsetzung einer globalen Ökonomie nicht geändert, nur die Strategien wurden modernisiert. Die multinationalen Unternehmen haben zwar ein nationales Bewusstsein, aber in ihrer Konkurrenz mit rivalisierenden Firmen um Anteile am Weltmarkt sind sie ohne Hemmungen und Skrupel. Sie investieren in jedem Land, eher jedoch dort, wo es am meisten Profit bringt. Mit Hilfe der revolutionären Globalisierung der Kommunikations- und Finanzierungsstrategien installieren sie überall neue Märkte für ihre Güter und Produkte."

Jesus ergänzt: „Diese Unternehmen waren schon im frühen 20. Jahrhundert für ihre heutigen Ziele aktiv. Beispiele dafür gibt es genug. Die Banken und Erdölkonzerne haben es relativ früh geschafft, aus der Internationalität ihrer Strategien große Gewinne zu erzielen.

Die beiden Weltkriege haben die Banken und Wirtschaftszentren nicht erschüttert. Im Gegenteil: dort, wo der Krieg inszeniert wurde, hat man genauso Geschäfte abgewickelt, wie dort, wo alles durch kriegerische Auseinandersetzungen zerstört worden war und wieder aufgebaut werden musste. Die großen Ölfirmen haben die Erde in jeder Region nach neuen Ölquellen abgesucht; und dort, wo es sich rentierte, haben sie Raffinerien gebaut, ohne Rücksicht auf die eigentlichen Eigentümer dieser Produkte. In jener Zeit gab es Länder, die ihr Erdöl für wenig Geld verkauften, um sich zu ernähren. Sie selbst benutzten Wachskerzen, um Licht in ihren Wohnungen zu haben, während in der westlichen Welt Straßen und Sportstadien mit moderner Elektrizität versorgt wurden. Heute gehen die Staaten am Persischen Golf und anderswo mit ihren Bodenschätzen nicht klüger um. Sie leben zwar in modernem Komfort und benutzen keine Kerzen mehr, um ihre Häuser zu beleuchten, aber sie sind immer noch nicht in der Lage, sich selbst zu versorgen. Alles, was sie zum Leben brauchen, wird importiert. Die Konzerne der Industrieländer haben in diesen Ländern viel investiert; denn da wo Geld ist, müssen die Märkte aktiviert werden. Aus Beduinenzelten wurden Wohnhäuser, moderne Hotels und Wolkenkratzer. Und alle diese Fortschritte werden, im Sinne der Dienstleistungsindustrie, so weit perfektioniert, dass die Einheimischen beim geringsten Störfall auf weitere Leistungen der Wartung und des Kundendienstes der Konzerne angewiesen sind. Diese Menschen wissen zwar heute mehr als in den zwanziger Jahren, aber die Abhängigkeit hat sich im Prinzip nicht verändert.

Die unaufhaltsame Kapitalisierungsmaschinerie der Industrieländer ist eng mit zwei wesentlichen Prozessen verbunden: Erstens: die Konzentration der Geldmärkte der Welt in auserwählten Zentren in Industrieländern, was den *Zündstoff* für den politischen Einfluss auf die Dritte Welt sicher stellt. Zweitens: die Sicherung dieser globalen Macht durch revolutionäre Technologie in der Kommunikations-, Computer-, Elektronik- und Überwachungstechnik.

Es ist erstaunlich, dass trotz umfangreicher Fahndungserfolge gegen den Schwarzmarkthandel, die Zahl der Firmenpleiten in der Industriewelt eher zunimmt, dass trotz sensibelster Kommunikationssysteme Epidemie und Pandemie der Infektionskrankheiten in der Dritten Welt zunehmen.

Die Kapitalmärkte der Börsen von Tokio, Hongkong, Singapur, Zürich, Frankfurt, New York, Chicago und Toronto setzen schätzungsweise bis über 900 Milliarden, ja vielleicht mehr, um; Summen, die in keiner Relation mit den auf internationaler Ebene gehandelten Waren und Gütern stehen. Diese marktpolitische Allianz hat nur ein integratives Interesse auf die Macht des Kapitals und sie hat keineswegs, wie in der WTO gepriesen wird, ein Interesse an der Erleichterung des Welthandels.

Die Industrie sichert sich die Märkte auf unterschiedliche Weise. Viele Konzerne haben durch Diffusion und Globalisierung ihrer Produkte alle Risiken ausgeschaltet. Dabei ist es dann vollkommen egal, ob Automobile, Flugzeuge, Pharmazeutika, Computer oder Kommunikationsmittel hergestellt werden. Die Konzerne profitieren auf jeden Fall und mit jedem Produkt. Eine Pleite von einer Firma im Mutterland wird durch zunehmende Erfolge auf anderen Märkten, zum Beispiel in den ostasiatischen Ländern, ausgeglichen.

Wenn durch eine Wahlentscheidung eine demokratische Regierung gewechselt wurde und wenn neue Gesetze in irgendeinem Bereich der Industrie Verordnungen erbringen, die die Produktionsmärkte im Inland destabilisieren könnten, dann wird der kompensatorische Mechanismus durch Märkte außerhalb, zum Beispiel in der Dritten Welt, eingesetzt. Trotzdem kann keine politische Entwicklung und Erneuerung in den Industrieländern ohne Einfluss von Wirtschaft und Kapital entstehen."

Mohammed weiß wovon er spricht: „Die Wirtschaft hat mit legalen und illegalen Mitteln, fast in jedem Bereich des politischen Lebens, Einfluss und Mitsprache. Die Regierung ist von der Macht der Wirtschaft abhängig. Ein Multikonzern kann mit nationalen und internationalen Interessengruppen und durch Verlagerung einer Produktionsstätte die Beschäftigungspolitik eines Landes so sensibel beeinflussen, dass, zum Beispiel durch den Wegfall von 100 000 Arbeitsplätzen, die Arbeitslosenquote so stark ansteigt, dass eine Regierung ernsthaften Schaden nimmt. Der andere Einfluss der Wirtschaft auf die Politik und die Politiker ist dynamischer und krimineller: Politiker werden gekauft, mit dem Ziel, die Politik zu manipulieren. Die Bestechungsaffären werden dann von den Medien ausgeschlachtet, die ebenfalls zu den großen Wirtschaftskonzernen gehören."

Jesus: „Der Mensch hat nicht nur seine Seele an die Technologie und die Wirtschaft verkauft, er hat auch den Sinn für Solidarität und Nächstenliebe im Keim erstickt. Novalis sieht den Grund für die Stumpfsinnigkeit so: *Wie kann ein Mensch Sinn für etwas haben, wenn er nicht den Keim davon in sich hat. Was ich verstehen soll, muss sich in mir organisch entwickeln – und was ich zu lernen scheine ist nur Nahrung – Incitament des Organismus.*
Aus Politik und Ämtern geschiedene Staatsmänner, Kanzler, Präsidenten und Abgeordnete sitzen nach ihrem Abschied aus der Politik in den obersten Etagen der Wirtschaftskonzerne und dienen diesen Kapitalriesen mit ihrer Erfahrung und ihren internationalen Beziehungen als Repräsentanten und Lobbyisten. Als 1998 der deutsche Kanzler Helmut abgewählt wurde, bekam er prompt von dem Schweizer Bankfürsten Rainer Gut einen Vertrag als Finanz- und Wirtschaftsexperte für internationale Geldkonzerne

in der Schweiz. Weder die Spendenaffäre noch die intriganten Machenschaften seiner Regierung für den Erhalt seiner politischen Macht haben ihm geschadet. Im Gegenteil: er nutzt nun seine Bekanntheit aus, um sich zu bereichern. Nicht Kohl ist korrupt, sondern die Banken und Konzerne sind es, die mit jenen, die Rang und Namen in der Weltpolik hatten, ein populistisches Geschäft machen.

Skrupel hat kaum jemand. Bedenkenlos liefern die Waffenhändler der Industriestaaten, mit freundlicher Genehmigung ihrer Regierungen, gleichzeitig an alle beteiligten kriegführende Parteien, wie wir das zum Beispiel im Konflikt zwischen dem Iran und dem Irak gesehen haben.

Während die Globalisierung sich mit höchstem Tempo in der Welt fortsetzt, kämpfen die kleinen Bananen-, Baumwoll-, Kaffee- und Teepflanzer um ihre Existenz. Es gibt ungerechte Barrieren in den Handelsbeziehungen zwischen den reichen Abnehmern in den Industriestaaten und den Lieferanten in der Dritten Welt."

Buddha mit skeptischer Haltung: „Die Welthandelsorganisation WTO kann die Hoffnungen der Dritten Welt nicht annähernd erfüllen. Vielmehr kann man von einer folgenreichen Ausbeutung für die Entwicklungsländer sprechen, wenn man die Arbeitsweise der Kartelle in den Industrieländern durchleuchtet: Ecuador, der größte Bananenexporteur der Welt ist ein gutes Beispiel für die Diskriminierung dieser Länder durch die Abnehmerländer in Europa. Dieses Land produziert mehr als vier Millionen Tonnen Bananen pro Jahr, wovon 700 000 Tonnen in die europäische Union verkauft werden. Die Europäer zahlen für eine Kistenmenge von 18,14 Kilogramm genormten und intakten Bananen rund 28 Euro. Der Produzent bekommt aber nur 45 Cents dafür. Er ist gezwungen, auch unter dem Selbstkostenpreis zu verkaufen, sonst würde die Ernte verfaulen. Die europäische Union treibt mit ihrer Bananenmarktordnung Millionen von Bauern, die von dem Verkauf ihrer Produkte abhängig sind, in noch katastrophalere Lebensbedingungen. Seit Jahren kämpfen die Lieferländer, angeführt von Ecuador, ohne Erfolg um gerechtere Handelsbeziehung.

In Einfluss und Funktion ist die WTO mit der UNO vergleichbar. Alle sitzen wie Brüder und Schwestern miteinander unter einem Dach, aber das Sagen haben nur die Großen. Eine totale Abschaffung von Handelsbeschränkungen und Zollerleichterungen bleibt ein Traum für Kaffee-, Baumwoll- und Bananenpflanzer in der Dritten Welt.

Den leidtragenden Menschen in dieser Region der Welt steht die geballte Macht der Europäischen Gemeinschaft und der USA gegenüber, die mit allen Mitteln die Preise für Importwaren drücken. Noch schlimmer ist, dass durch die Entstehung von Kartellen die kleinen Bauern und Produzenten zugrunde gehen. Doch das scheint weder die demokratisch geführten Länder noch die WTO noch die internationalen Großhändler zu kümmern.

Im Laufe der Zeit haben die Industrieländer neue Methoden für die Sicherung ihrer Märkte entwickelt, zum Beispiel durch *nicht-tarifäre Handelshemmnisse,* wie technische Vorschriften genannt werden, um heimische Unternehmen trotz niedriger Tarife noch vor der Konkurrenz aus fremden Ländern zu schützen. Hin und wieder werden unter dem Deckmantel der WTO-Vereinbarungen manche Mitgliedsländer wirtschaftlich und politisch unter Druck gesetzt.

Ein Verbot von Hormonfleisch aus Amerika oder von BSE-kontaminiertem Fleisch aus England führt zwar zu politisch kontroversen Reaktionen zwischen den beteiligten Industrieländern, aber keiner wird dabei auf Grund der Verluste auf der Strecke bleiben. Denn da hilft der europäische Subventionstopf! Viele Entwicklungsländer wären froh darüber, selbst diese Produkte günstiger zu bekommen. Andere gehen bankrott, aufgrund fehlender Importgenehmigungen für ihre Waren in den Industrieländern.

Die WTO kann nicht funktionieren, weil die politische Bedeutung solch einer Organisation weder von den Industrieländern noch von den Mitgliedern aus der Dritten Welt verstanden und respektiert wird. Die Arbeit der WTO ist weder konstruktiv noch verbindlich. Die Ergebnisse der Verhandlungen sind keine sachlichen Entscheidungen, sie sind vielmehr das Spiegelbild der Machtpolitik der Großmächte. Das hat nicht nur in der Vergangenheit zu ungleichen Belastungen und zu Vorteilen für die reichen Länder geführt, sondern auch heute noch sichern diese Länder ihre Märkte und schwächen somit die Ärmsten dieser Welt.

Weder die EU noch Amerikaner und Japaner haben den Entwicklungsländern bisher eine wirklich funktionierende Zusammenarbeit vorgeschlagen. Der Freihandel wäre dann sinnvoll, wenn die Freiheit für den Warenaustausch für die Länder zur Geltung käme, die dadurch ihren Lebensstandard verbessern könnten. Die bisherigen Regeln sind aber nationalistisch und protektionistisch.

Die Machtkämpfe zwischen den Industrieländern um genetisch veränderte Nahrungsmittel und um hormonbelastete und kontaminierte Fleischwaren wirken auf die Entwicklungsländer eher destruktiv und hemmend für jegliche Zusammenarbeit. Sie sehen daher ihre Chance dadurch, dass sie die Industrieländert blockieren. Doch mit trickreichen Methoden versuchen die einflussreichen Mitglieder der WTO die Entwicklungsländer auf ihrem bisherigen Niveau zu halten. Die Aktivistengruppe der Industrieländer in den WTO-Ausschüssen sind die wirklichen Lobbyisten, die einen neuen Nord-Süd-Konflikt ansteuern. Dabei sind die Demonstrationen wie in Seattle nur ein Anstoß. Zur Wehr setzen müssen sich die Armen schon selbst."

Mohammed: „Die Industriewelt ist ungerecht und egoistisch organisiert. Schwache Menschen haben hier keine Chance. Nur wer stark ist, kann sich hier durchsetzen.
Auch Novalis Huldigung des Individuums hilft hier nicht: *Es gibt nur einen Tempel in der Welt und das ist der menschliche Körper. Nichts ist heiliger als diese hohe Gestalt. Das Bücken vor Menschen ist eine Huldigung dieser Offenbarung im Fleisch.*
Und Gott hat der menschlichen Gestalt eine Seele gegeben. Der Mensch sollte ihr treu bleiben. Denn nur ein Mensch mit einer Seele spürt das, was Not und Ungerechtigkeit ist.
Die neokapitalistische Ära der Industrieländer hat den Reichen die Früchte der Globalisierung gesichert. Dies führt in diesen Ländern für manchen zu unbegrenztem Reichtum und Wohlstand, aber auch gleichzeitig zu Manipulation und Korruption der mitwirkenden Politiker. Dass die Zahl der sozial Entwurzelten und von der Gesellschaft Ausgeschlossenen zunimmt, ist nur folgerichtig. Die USA sind das beste Beispiel für eine Politik der Ungleichheit und der Machenschaften der Wirtschaft. Deutschland ist ein Beispiel für Korruption und Bestechungsskandale. Die Wirtschafts- und Aktienmärkte haben während der Amtszeit von US-Präsident Bill Clinton einen beachtlichen Aufschwung erlebt.

Doch das Versprechen, *In Amerika wird es keine Armen mehr geben*, hat sich nicht realisiert. Denn die Gewinner dieses Aufschwungs waren die oberen Zehntausend.

Im Land der unbegrenzten Möglichkeiten, wo es heute 143 000 Dollarmillionäre gibt, leben mehr als 20 Millionen Menschen an der Grenze des Existenzminimums. Der Begriff Hunger, der für die Entwicklungsländer sehr exakt definiert wird, ist auch in Amerika präsent, und vor allem oft da, wo man ihn nicht vermutet. In der Nähe von Wolkenkratzern, Villen und Bürohochhäusern leben Menschen mit ihrem Hab und Gut: Mit Tüten und Tragetaschen stehen sie Schlange für eine warme Mahlzeit.
Viele arbeitende Familienväter können mit ihrem Lohn ihre Kinder nicht satt kriegen. Und es ist kein Wunder, dass die Zahl der Gefängnisinsassen zunimmt, und damit auch die erschreckende Zahl von zum Tode verurteilten Menschen. Diese Realität ist für die amerikanische Gesellschaft symptomatisch. Während für manche die vom Kapital geforderte Mobilität und Flexibilität eine Chance ist, weiter zu kommen, bleiben viele Menschen auf der Strecke.
Die Gurus des Neokapitalismus behaupten, dass es bei der globalen Wirtschaftsmacht um die Wahl zwischen ökonomischem Niedergang und Zerstörung des sozialen Netzes geht. Doch die Wirtschaftsmacht könnte Ökonomie und Sozialgefüge zugleich schützen. Aber das wird nicht getan. Gleichzeitig aber explodieren die Einkommen der Manager. Ja, von einer ehrlichen marktwirtschaftlichen Ökonomie mit einer sozialen Grundsicherung für alle sind die Industrieländer noch weit entfernt."

Zarathustra: „Reichtum als Symbol für Macht und Stärke ist nicht nur in den USA und in Japan die Doktrin der Industrieländer. Auch in den Ländern der Europäischen Union wird so gehandelt. Und gleichzeitig wird die erschreckende und katastrophale Situation der Arbeitslosen, Sozialempfänger und Obdachlosen ignoriert.
Die wachsende Ungleichheit in allen Industrieländern und Wirtschaftsmetropolen der Welt ist ein Syndrom, also ein Symptomenkomplex, der viele Ursachen hat, gegen den gerade die Wirtschafts- und Kapitalmacht nichts macht oder nichts machen will.

Aufgrund schlechter finanzieller Bedingungen sind die Armen nicht nur bei der täglichen Bewältigung ihres Lebensunterhaltes benachteiligt, sondern es fehlt überall an Geld: für den Gesundheitsschutz, für Vorsorge und Behandlung, für Berufs-, Schul- und Hochschulausbildung. Daher bleiben sie auch, wie zum Beispiel in den USA, ungebildete und ungelernte Arbeiter, die mit niedrigen Löhnen abgespeist werden, ohne Schutz vor Kündigung und ohne jegliche Sozialversicherung. Die Demokratie verliert hier gegenüber der Wirtschaft und dem Kapital an Beständigkeit und Effektivität."

Moses: „Es gibt für die *postmodernen* Menschen keine Alternative zur Zusammenarbeit und zum Zusammenleben aller Menschen. Die postmoderne Industriewelt darf im Rahmen der Globalisierung die Entwicklung der Dritten Welt nicht vergessen, sonst könnte die Katastrophe in der Dritten Welt zum Verhängnis und zum Untergang der Menschheit werden.
Willy Brand betonte, dass Entwicklungspolitik von heute die Friedenspolitik von morgen sei. Und Leonardo Bolt, der Befreiungstheologe, analysierte, dass in der Marktwirtschaft die Gesetze des Marktes dominieren, dass, nach dem Prinzip von Angebot und Nachfrage, mit allen Waren gehandelt würde, auch mit Drogen, Waffen und menschlichen Organen.

Die Gesetze des Marktes verdrängen die soziale Komponente auch in der Industriewelt. Solange wir unser Modell in den Industrieländern nicht geändert haben, können wir der Dritten Welt auch kein Modell vorschlagen oder aufzwingen. Oder sollen wir Ökonomie und Dynamik der Wirtschaft mit sechshundert Millionen Autos in Indien und achthundert Millionen Autos in China ankurbeln?
Wo führt das hin? Die Entwicklung der Zukunft muss die soziale, ökologische und menschliche Komponente berücksichtigen. Der Abbau der Verschuldung der Dritten Welt muss mit Befreiung und Friedenspolitik verbunden sein.
Die postmoderne Industriewelt steckt trotz der unberechenbaren Kapitallawine in der Klemme. Denn sie hat ein Defizit an geistig-kreativen Kräften. Und weil dies auf die Dauer die Wirtschaft gefährden wird, holt sich die Erste Welt die Intelligenz aus der Dritten Welt.

Gastarbeiter haben schon mal Ländern wie Deutschland aus der Not geholfen. Nun sollen die Computerspezialisten aus Asien den Deutschen und anderen Europäern aus der Patsche helfen.

Wer hat ein ernstes Interesse am Fortschritt der Dritten Welt? Wer hilft diesen Ländern, wo es offensichtlich an Intelligenz und Können nicht fehlt? Die Industriewelt mit Sicherheit nicht, und vor allem deren politische Parteien nicht, die aus allen Problemen ihre eigenes Kapital schlagen wollen."

Zarathustra: „Es ist höchste Zeit, über das Schicksal der Menschheit nachzudenken!

Der bisherige Weg der Industriewelt war erfolgreich, aber das Ziel ist nicht absehbar. Die Frage ist: wer hat in dieser mächtigen Welt ein humanes und moralisches Ziel? Die Industrie mit Sicherheit nicht. Man könnte meinen, dass die Menschen über keine realistische Denkweisen verfügen. Sind die Wissenschaftler eine Hoffnung? Oder manche kluge Politiker, die warnen und zur Umkehr appellieren? Auch Hans Magnus Enzensberger empfiehlt die Umkehr: *Wenn Euer Denken diese Grenzen erreicht hat, warum kehrt ihr dann nicht einfach um und probiert den nächsten unerforschten Weg aus?*

Der moderne und innovative Mensch ist es, der einsieht, dass der bisherige Weg zur Weltherrschaft der Wirtschaftsgiganten ein Irrweg ist. Er kehrt zurück und baut eine Welt, die Welt der Gerechtigkeit und Solidarität.

Um Wachstum und Produktivität zu erhalten, und um die Sozialsysteme zu entlasten, wird die Migration zunehmend ein Instrument zur Bekämpfung der Engpässe, die durch die Überalterung in den kommenden Jahrzehnten in den Industriestaaten entstehen. Die Zuwanderung wird als vitale Notwendigkeit für die ökonomische und soziale Sicherung angesehen. Die Industrieländer sind dabei, mit Unterstützung der UN, ihr Problem gesellschaftlich und politisch zu realisieren. Dabei geht es im Vordergrund darum, auf welche Weise und mit welchen Zuwanderern die Löcher in der Bevölkerungspyramide gestopft werden. Die Überalterung der Bevölkerung ist nicht nur für die Sozialversicherungen eine Herausforderung, sondern auch für die wirtschaftliche Entwicklung. Junge Arbeitskräfte werden knapp, und die Konsumenten werden immer älter. Die Volkswirtschaft kommt so auf der Angebots- wie auch auf der Nachfrageseite unter Druck. Die Spirale von Wachstum und Kapitalproduktivität ist gefährdet. Für Unternehmen wird es immer schwieriger, innovative Produkte und Dienstleistungen zu entwickeln und zu vermarkten.

Dieser typische Symptomenkomplex *alternde Gesellschaften* ist für alle Industrieländer charakteristisch. Je reicher eine Nation ist, desto ausgeprägter sind ihre demographischen Probleme. Eines dieser Länder ist Deutschland. Die Bevölkerung von heute rund 81 Millionen wird voraussichtlich bis zum Jahr 2050 auf 59 Millionen schrumpfen. Die Zahl der Kinder bis 14 Jahre wird von 12,5 auf 7,4 Millionen zurückgehen. Die Zahl der 15- bis 64-jährigen sinkt von 55 auf 32,7 Millionen. Die Gruppe der über 65-jährigen dagegen wächst von 13,4 auf 18,7 Millionen. Damit sinkt das Verhältnis von Menschen im arbeitsfähigen Alter zu den über 65-jährigen von 4,17 auf 1,75. Das heißt, dass einem Rentner rein rechnerisch 1,75 Menschen im erwerbsfähigen Alter gegenüberstehen. Um die aktuelle Unterstützungsrate von 4,17 auch im Jahre 2050 zu halten, müsste das Rentenalter auf 77 angehoben werden.

Die Lösung dieses Dilemmas sind qualifizierte Zuwanderer aus Entwicklungsländern. Es wird aber nicht daran gedacht, was aus der demographischen Situation in deren Heimatländern wird, wenn die qualifizierten Einwanderer nach Europa kommen. Werden diese Länder aufgrund der Auswanderung ihrer Intelligenz und gebildeten Mittelschicht noch ärmer an innovativen Kräften? Hat die UN-Planung auch daran gedacht, dass die Länder der Dritten Welt den größten Bevölkerungszuwachs haben, und dass sich die demographischen Zahlen genau umgekehrt bewegen, zugunsten einer Verjüngung dieser Länder? Eine Selektion der Qualifizierten aus diesen Ländern würde katastrophale Folgen für die Dritte Welt haben.

Nach Meinung des Instituts für Bevölkerungsforschung in Wiesbaden sind alle diese Zahlen der UN-Modellrechnung zum Thema *Zuwanderung und demographische Alterung* nur *Zahlenspielerei*, die nichts Neues bringt.

Wenn die Zahl der Personen im arbeitsfähigen Alter (15–64) konstant bleiben soll, müssten jährlich 487 000 Menschen nach Deutschland zuwandern. Bis zum Jahre 2050 also 24,4 Millionen

Menschen. Die Bevölkerungszahl würde um 11 auf rund 92 Millionen wachsen. Der potentielle Unterstützungsfaktor würde dann 2050 bei 2,44 liegen. Diese Modellrechnungen illustrieren die Dimension der Problematik. Sie sind aber keine Empfehlungen, sondern eher wissenschaftliche Einschätzungen, die sich nur auf die Interessen der Industriewelt beziehen.

Selbst eine gesteuerte Einwanderung von etwa 200 000 Menschen jährlich für Deutschland, wie sie die UN in einer mittleren Variante vorschlägt, lässt sich nicht realisieren, weil nicht so viele Zuwanderer gewillt sind, in einem Land zu leben, in dem sie auch noch nach zwanzig Jahren als Ausländer behandelt werden. Zuwanderer wollen sich eine neue Heimat und keine neue Identität suchen. Die Arroganz der Industrieländer ist mit der Idee verbunden, dass alle Menschen in der Welt der Armen darauf warten, dass sie von dem einen oder anderen Industrieland die Erlaubnis zur Einreise bekommen. Diese Vorstellung ist falsch. Viele Menschen in unterschiedlichen Regionen der Welt sind zwar arm, aber kultur- und heimatverbunden.

Außerdem wird es, weil alle Industrieländer vor dem selben Problem stehen wie die Deutschen, zu einem Wettlauf um *junge und hochqualifizierte* Menschen kommen. Diese werden dann die Wahl haben und sie werden dorthin gehen, wo sie die besten Bedingungen vorfinden.“

Moses: „Der naive und willige Mensch stellt sich die Frage ob er in die Vereinigten Staaten von Amerika oder in die Vereinigten Staaten von Europa gehen soll. In die USA würden die Menschen eher einwandern, weil die dortige Gesellschaft eine junge demokratische und multikulturelle Gemeinschaft ist; ob sie in die EU einwandern sollen, werden sich viele noch überlegen, da sie nicht wissen, ob sie sich in einer Staatengemeinschaft mit Nationalitäten und Nationalisten integrieren können; abgesehen von den vielen Barrieren, über die Besteuerung bis zur Ausländerfeindlichkeit, die in Europa bestehen. Es kann sogar soweit kommen, dass manche die es gewagt haben, nach Europa zu kommen, aufgrund dieser Probleme wieder auswandern und ihr Glück in anderen Kontinenten suchen, wo sie frei von physiognomischen und anthropologischen Vorurteilen leben können.

Wenn die Nachkommen des homo sapiens in der Industriewelt sich nicht ändern, dann wird, trotz aller gigantischen Anstrengungen der Modernisierung und Globalisierung, die soziale Situation sich verschärfen. Denn wo der kreative Mensch fehlt, da können ihn weder Computer noch Roboter ersetzen. Und die Rechnung der Industrie von Innovation, Wohlstand und Konsum wird nicht aufgehen.

Und weil dies die Realität ist, frage ich Euch: warum kehren wir nicht zurück zu einer anderen, humaneren Realität?

Umberto Eco ist da Realist: *Misstrauen wir denen, die sagen, dass nicht die Reden und Meinungen zählten, sondern allein die Realität. Sie wollen uns nur aufs Kreuz legen.*"

Und Mohammed: „Trotz allem, was wir für und gegen die Industriewelt sagen, darf nicht unerwähnt bleiben, dass diese Welt Probleme hat, die nicht minderwertig sind.

Nicht die Nahrungsmittel sind kontaminiert sondern die Politiker. Intermittierende hysterische Phasen in der Gesellschaft in der Sorge um die Gesundheit beim Verbraucher sind symptomatisch und auf die grenzenlose Macht der Produktionsindustrie zurückzuführen. BSE-Fleisch, Dioxin-Eier, Gen-Mais, Gen-Kartoffeln oder Hormon-Fleisch sind Merkmale einer nicht mehr überschaubaren Produktionsmaschinerie, die nur darauf konzipiert ist, eine äußerliche und optische Nahrungsmittelvielfalt zu sichern.

Am Beispiel Hormon-Fleisch wird deutlich, dass die Politik selbst verseucht ist, und dass das Interesse des Menschen missachtet wird. Seit mindestens einem Jahrzehnt führen die Europäer einen verlogenen Kampf gegen die Einfuhr von amerikanischem *Hormonfleisch*. Das Schiedsgericht der Weltgesundheitsorganisation, die WHO, hat wiederholt das Einfuhrverbot für Rindfleisch aus Nordamerika als nicht zulässig erklärt, weil Beweise für dessen Schädlichkeit fehlen.

Doch was ist gesünder? Das Fleisch von stallgemästeten deutschen Bullen oder das Steak von amerikanischen Ochsen, die auf großen Weiden aufwuchsen? Immerhin enthält amerikanisches Ochsenfleisch weit weniger Hormone als das Fleisch europäischer Bullen. Denn deren Hoden produzieren reichlich Sexualhormone. Bullen sind daher viel aggressiver als Ochsen und müssen angekettet im Stall gefüttert und gemästet werden.

Kein Politiker wagt es, die Wahrheit zu unterstützen, da die Interessenverbände und Lobbys sofort mit Gegenmaßnahmen reagieren. Noch schlimmer ist, dass die Grünen, die Hoffnungsträger vieler Menschen in Mitteleuropa, sich eher als machtgierig und opportunistisch entlarvt haben, und dass sie die Grundideen, saubere Umwelt, sozialere und humanere Politik und eine pazifistische Weltanschauung diplomatisch verkleidet haben und nun genau die Politik betreiben, die sie über zwanzig Jahre bekämpft haben. Sowohl im Gesundheitswesen als auch in der Umwelt- und Außenpolitik ist keine Spur von den idealen Vorstellungen der einst ideenreichen Umwelt- und Friedenspartei zu finden. Hier unterscheiden sich die politischen Neulinge nicht von ihren etablierten Kollegen in anderen demokratischen und nicht demokratischen Parteiprogrammen im In- und Ausland."

Jesus: „Die Wirtschaft setzt sich überall in der Industriewelt gerade mit Parteien durch, die regieren. Gesetze, die als angeblich verbraucherfreundlich angepriesen werden, sind halbherzige Kompromisse. Nichts anderes hat die neue Generation von demokratisch gewählten europäischen Politikern im Balkankrieg getan, opportunistisch, machtgierig und rechthaberisch.

Doch wieder zurück zur Heuchelei der Politik in der EU. Mit fadenscheinigen Argumenten können zwar die EU-Politiker die Verbraucher irritieren und schützen, aber laut der Experten der WHO und FAO sind die Barrieren der EU nur aus marktwirtschaftlichen Interessen aufgestellt worden, und nicht um ihre Bürger zum Beispiel vor Krebs zu schützen.

Die Europäische Union kann mit ihrem Krebsalarm noch eine Weile politischen Rückhalt beim Verbraucher finden. Auf die Dauer jedoch wird diese Pseudovorsorge den Verbrauchern nicht mehr standhalten. Denn träfe der Verdacht zu, dass die Östrogene in Fleisch, Eiern, Milch und Milchprodukten tatsächlich kanzerogen sind, dann trifft dies nicht nur auf die amerikanischen Produkte, sondern auch auf europäisches Rindfleisch zu.

Die EU treibt mit der Weltmacht USA hin und wieder durch Blockadepolitik und Handelsbarrieren Krieg, zum Beispiel gegen die Einfuhr von Fleisch und anderen Nahrungsprodukten. Gleichzeitig aber führt sie brav, unter der Federführung des Wirtschaftsfeindes, Krieg gegen die kleinen unbeugsamen Diktatoren wie Saddam Hussein und Milosevic. Während in diesen Kriegen Tag und Nacht die Infrastrukturen eines Landes kaputt bombardiert werden, streiten die EU-Minister über die *grüne Gentechnik*.

Das Brüsseler Defacto-Moratorium entscheidet über die Anwendung gentechnischer Verfahren in der Landwirtschaft und damit in der Nahrungsmittelproduktion. Die Wächter von Gesundheit und Umwelt spielen sich in langen Debatten als Spießer und Heißmacher auf, ohne dabei die tatsächlichen Risiken und Vorteile der Gentechnologie zu erklären. Dass Kartoffeln, in die gentechnisch ein Insektengift eingebaut wurde, möglicherweise ein Gesundheitsrisiko beherbergen, und dass nach Feststellung von US-Forschern eine Maissorte mit gentechnisch eingebautem Insektizid einer beliebten Schmetterlingsart, dem Monarchen, schaden könnte, wären richtige Argumente. Aber die Politiker missbrauchen die Wissenschaft und begründen Verdachtsmomente, wie es ihnen passt, um ihre eigenen parteipolitischen Vorstellungen durchzusetzen.

Weder die im EU-Parlament zuständigen Ressortleiter, noch die im Moratorium formulierten Argumente, vermitteln eine klare Vorstellung von dem, was man selbst will oder von dem was die anderen europäischen Nachbarn wollen. Ein Dialog ist bisher nicht entstanden. Zur Zeit ist eine blockierende, unsachliche und vor allem opportunistische Politik im Gange, die meist durch solche Politiker getragen wird, die in Zeiten der Opposition in den jeweiligen EU-Ländern am meisten für einen offenen Dialog plädiert haben.

Politiker sind nicht von Natur aus falsch und scheinheilig, ihnen fehlen nicht nur die Courage zur Erneuerung, sondern auch die Grundkenntnisse, die für den Kampf gegen den Missbrauch der politischen Doktrinen notwendig ist."

VON DER KOLONIALMACHT ZUR WELTMACHT

Zarathustra: „Die Herrenrasse baute nach der Industrialisierung der Industrieländer ihre Kolonien aus und ernannte sich zu Kolonialherren.

Die Europäer haben über zweihundert Jahre lang die Welt der Armen ausgebeutet. Zu Beginn des dritten Jahrtausends wird nun eine andere Macht und Größe geschaffen: die Europäische Union, die eine Gemeinschaft von Gleichwertigen werden soll; eine kleine Welt, die neben den USA zu einem Wirtschaftsgiganten werden soll. Die Wirtschaft der Mitglieder ist zwar noch sehr unterschiedlich, aber die Wirtschaftsgrößen sind zu Opfern bereit, wenn es um die Visionen der EU geht. Die Währung der EU heißt *EURO* und hat anfänglich Probleme gehabt mit dem Dollar Schritt zu halten. Nachdem der Abstand aber überwunden ist, rechnet man damit, dass die Europäer das schaffen, was die Vereinigten Staaten von Amerika erreicht haben. Sind denn die USA tatsächlich nachahmungswert? Ja, weil die USA stark sind. Und nein, weil sie im sozialen Bereich so viele Defizite und Probleme haben wie manche Entwicklungsländer.

Eurostatt, das Statistische Amt der EU, errechnet die wahren Kaufkraftstandards auf der Basis eines Warenkorbs von gleichwertigen Gütern und Dienstleistungen, der für alle Mitglieder repräsentativ ist und als Maßstab gilt. Bringt das Mitgliedsland diesen Korb vollwertig in die Gemeinschaft, dann ist es auch ein vollwertiges Mitglied. Tut das Land dies nicht, dann wird ihm, bis zur vollwertigen Mitgliedschaft, geholfen. So einfach kann es gehen, wenn diese Länder nur wollen.
Aber die Union ist, wie gesagt, nur für Europäer. Asiaten, Afrikaner oder Südamerikaner haben hier nichts zu suchen. Sie bleiben wie immer draußen. So war einst der Kolonialismus, so ist heute der Imperialismus."

Mohammed: „Die Dritte Welt hat ein Recht auf die Wiedergutmachung durch die Industrieländer!
Unter dem Begriff *Imperialismus* versteht man die Politik eines Staates, der bemüht ist, Macht und Kontrolle außerhalb der eigenen Staatsgrenzen und über Völker auszuüben, die nicht in der Lage sind, ihre hoheitlichen, kulturellen und vor allem politischen Rechte gegenüber der Industriewelt zu schützen.
Im Vordergrund der Außenpolitik der Industrieländer steht der imperiale Eroberungsdrang, wie zu Zeiten von Kolumbus, zur Sicherung von Rohstoffen und zur Unterwerfung der Völker der Dritten Welt. Hinter dem Deckmantel *Entdeckung*, *Entwicklung*,

Pseudoentwicklungshilfe und *Modernisierung* eines Entwicklungslandes versteckt sich die böswillige koloniale Absicht der Ausbeutung und Unterdrückung des jeweiligen Landes.

Viele Länder der Dritten Welt haben versucht sich zu erheben, aufgrund dieser teilweise barbarischen Einflüsse der Kolonialisierung auf ihre Kultur und Tradition. Einigen von ihnen ist es sogar gelungen, sich rasch von den imperialistischen Mächten zu befreien. Andere sind leider mit faulen Kompromissen und falschen Vereinbarungen aus dem Netz des Kolonialismus in die Falle des Neokolonialismus geführt worden.

Während die europäischen Länder schon vor dem Ersten Weltkrieg zu Kolonialmächten aufstiegen, begann die Industriewelt unter Führung der USA, und unter Mitwirkung der Europäer, nach dem Zweiten Weltkrieg die neue Form der Unterdrückung und Ausbeutung der Dritten Welt aufzubauen: der so genannte Neokolonialismus, der auch von der kommunistischen Welt in gleicher Form betrieben wurde.

Der imperialistische Wettlauf der großen europäischen Völker um den Erwerb der, nach ihrer Ansicht freien Territorien auf der Welt, fiel zusammen mit der expansiven Ausdehnung des politischen europäischen Einflusses.

In den Hauptstädten Europas wurden die großen weltpolitischen Entscheidungen getroffen, während sich die Vereinigten Staaten von Amerika zunächst im Hintergrund der weltpolitischen Bühne hielten. Europa war vor dem Ersten Weltkrieg wirtschaftlich noch führend, wurde aber bald von den USA überholt.

Der erste Weltkrieg führte zum Zusammenbruch der europäischen Führungsposition in der Welt und damit zur politisch-wirtschaftlichen Teilung in Interessenblöcke der USA und der UdSSR. Die imperialistische Politik der europäischen Mächte und die weltpolitische Bedeutung Europas wurde jedoch nach und nach wiederhergestellt.

Blickt man zurück in die Geschichte, dann ist festzustellen, dass in der Zeit nach der französischen Revolution verschiedene europäische Länder sich um eine neue, nicht unbedingt demokratische, aber liberale Gesellschaftsordnung bemüht haben.

Der Liberalismus, getragen vom Bürgertum, das die wirtschaftliche Aktivität und die industrielle Produktivität als Schwerpunkt ihrer Politik definierte, wurde modern und salonfähig. Die Ziele des Liberalismus, sich für Menschenrechte, demokratische Ansätze, eine moderne Gesellschaftsordnung, individuelle Freiheiten und die Beteiligung der Menschen in Gestaltung und Modernisierung des Staates einzusetzen, waren für die absoluten Monarchien und die adeligen Gesellschaften revolutionär. Die Folge war, dass die herrschenden Schichten sich mit aller Kraft dem Liberalismus und den gesellschaftlichen Erneuerungen widersetzten. Trotzdem hatte sich der Liberalismus mit seinen wesentlichen politischen Forderungen bis Ende der siebziger Jahre des 19. Jahrhunderts vor allem in west- und mitteleuropäischen Staaten weitgehendst durchgesetzt.

Von 1847 an wurde der Liberalismus nicht nur von Konservativen bekämpft, sondern auch durch die von Karl Marx beeinflussten frühsozialistischen Bewegungen. Die organisierten Proletariermassen wollten die liberale Doktrin, dass *Armut prinzipell inkurabel* sei, nicht hinnehmen. Der Sozialismus wollte alle wirtschaftlichen Missstände der Gesellschaft bekämpfen.
Der Liberalismus bekam noch einen anderen Widersacher und Konkurrenten; die radikal-demokratische Bewegung, die mit Volksentscheiden, Volkssouveränität, also damit mit praktizierter Demokratie, die halbherzige und pseudodemokratische Rechtsstaatlichkeit des Konstitutionalismus abschaffen wollte."

Moses: „Drei sozialgesellschaftliche Bewegungen – Liberalismus, Sozialismus und Demokratie – verursachten gleichzeitig nationale Tendenzen in fast allen Ländern Europas.
Bis 1885 erreichte der Liberalismus einige ursprünglich propagierten demokratischen Grundsätze. Gleichzeitig wurden die Arbeiterbewegung und der Sozialismus populärer; auch die konservativen nationalistischen Kräfte blieben nicht untätig. In vielen Ländern Europas wurde der Liberalismus durch die Uneinigkeit bei der Umsetzung seiner Ziele geschwächt.
Der liberale Einfluss in einigen Ländern ließ nach. So schrieb Bruce Smith 1887 in seiner politischen Publikation *Liberty und Liberalismus: Die aggressive Funktion des Liberalismus ist nun erschöpft, und es verbleibt ihm, von wenigen Ausnahmen abgesehen, nur noch die Aufgabe, allgemein über die gleichen Rechte*

der Bürger und deren Erhaltung zu wachen. Darin sehe ich in der Gegenwart die eigentliche Aufgabe des Liberalismus.

Das Scheitern der liberalen Regierung Gladstone über die Frage der Billigung der Selbständigkeit Irlands im Jahre 1885 war beispielsweise eine Folge der Flügelkämpfe zwischen der traditionalistischen Whigs Gruppe unter Lord Hartington und dem sozialreformerischen Flügel von Charles Dilke und Joseph Chamberlain. Trotzdem sind die Liberalen bis heute eine fundamentale politische Kraft in England geblieben.

In Ländern wie Frankreich und Italien hat der Liberalismus einen anderen Verlauf genommen. In Frankreich waren mit der Entstehung der Dritten Republik fast alle liberalen Prinzipien verwirklicht worden. In dem neu entstandenen Nationalstaat Italien beherrschte eine kleine Gruppe von Politikern die Regierung, ohne dass das Volk Einfluss auf das politische Geschehen bekam. Liberalismus und liberale Grundsätze verloren ihre Bedeutung im politischen Leben in Italien. In Deutschland war die Entwicklung des Liberalismus vom Einfluss der jeweiligen politischen Persönlichkeiten und Strömungen abhängig. Die gut funktionierende liberale Bewegung musste zum Beispiel unter Bismarck ihre Spaltung in zwei Flügel hinnehmen: in einen nationalliberalen, der sich mit der bismarckschen Reichsverfassung arrangierte und der dem Kanzler in seiner Politik gegen Arbeiterschaft und Katholizismus Rückendeckung gab; und in einen fortschrittlich-liberalen Flügel, der in Opposition zu dieser Politik war. Diese Flügelkämpfe, die wir bis heute bei den Liberalen beobachten, haben damals zur Schwächung des Liberalismus geführt.

Heute hat die liberale deutsche Partei, aufgrund ihrer vielen faulen Kompromisse, mit denen sie sich jeweils die Regierungsbeteiligung sicherte, viele Grundsätze des Liberalismus verletzt. Sie ist daher keine echte liberale Partei mehr, die für die Masse des Volkes von Bedeutung wäre.

Die Geschichte des Liberalismus und seiner Entstehung in den europäischen Staaten ist sehr uneinheitlich. Manche liberalen Tendenzen in Osteuropa sind nicht reif geworden, und manche Ansätze haben keine effektiven sozialgesellschaftlichen Früchte getragen. Der russische Liberalismus hat sich zum Beispiel in der Revolution von 1905 dem absolutistischen System der Zarendynastie widersetzen können, aber die breite Masse konnte oder wollte nicht folgen."

VOM LIBERALISMUS ÜBER NATIONA-
LISMUS UND IMPERIALISMUS ZUM
KOLONIALISMUS

Abraham: „Ob das Verständnis für Liberalismus und Demokratie von der Mentalität und den Eigentümlichkeiten eines Volkes abhängt oder nicht, kann hier nicht beantwortet werden. Aber es ist festzustellen, dass es Völker gibt, die für Liberalismus empfänglicher sind als andere.

Alle Nationen haben im Laufe ihre Geschichte unterschiedliche Neigungen zum Nationalismus gezeigt. Ob der Liberalismus ein Ventil für die überspannte innere Situation eines Volkes, das von einer nationalistischen Übermacht bedroht war, ist nicht leicht zu beantworten. Die Idee der Nation als gemeinsames Haus aller mündigen Staatsbürger gleicher Herkunft, Kultur und Sprache war mit den liberalen und demokratischen Vorstellungen des Liberalismus verknüpft, und vor allem der deutsche Liberalismus sah die nationale Einheit und die politische Freiheit als gleiche und selbstverständliche Bedingungen einer neuen modernen Gesellschaft an. Trotzdem wurden die Liberalen von Nationalisten bekämpft, die zwar in Fragen der nationalen Einheit keine Kompromisse duldeten, die aber Einschränkungen für politische Freiheit und Demokratie vorsahen.

Die konservativen und nationalistischen Kräfte in Europa haben innenpolitisch die nationalen Bewegungen von 1885 an in England, und nach und nach auch in Frankreich, Italien, Deutschland und Russland angefeuert, um auf der Basis nationalistischer Massenbewegungen ihre machtpolitische Lage zu stabilisieren. Dass sich die potentielle Macht des Nationalismus in eine gefährliche Gewalt verwandeln könnte, hatten einige liberale Demokraten prophezeit.

Der Nationalismus entwickelte sich innerhalb weniger Jahre tatsächlich zu einer imperialistischen Macht.

Die Europäer wollten sich nicht mehr nur mit ihren eigenen Staatensystemen zufrieden geben. Sie wollten ihre Macht auf andere Kontinente ausdehnen. Und so begann der gnadenlose Kampf der europäischen Staaten um koloniale Territorien außerhalb des europäischen Kontinents. Jeder Staat machte die Eroberung der *unterentwickelten* Gebiete auf der Erde zum Hauptthema seines politischen und wirtschaftlichen Handelns.

Mit der Entstehung dieses überheblichen Imperialismus begann eine neue Ära des europäischen Kolonialismus, den man mit den kolonialen Aktivitäten der vorangegangenen Jahrhunderte nicht verwechseln darf. Die explosive Kraft der neu entflammten, auf einzelne Staaten bezogene Kolonialpolitik beherbergte so eine massive Gewalt, dass jeglicher nur angedeutete Widerstand seitens der *unterentwickelten* Länder im Keim erstickt wurde. Während bis zum Jahr 1880 die Kolonialmächte die eroberten Gebiete in der Welt *nur* geplündert und Menschen und Kulturen maßlos ausgebeutet hatten, sahen die neuen Kolonialherren, unter anderem auch das neu gegründete Deutsche Reich, ihre Chance in der Weltpolitik mitzumischen und ihre Macht auszudehnen nun ausschließlich darin, dass sie ihr Hoheitsgebiet um fremde Territorien erweiterten. Die Kolonialmächte verwirklichten ihre wirtschaftliche und politische Zukunft in der Ausdehnung des eigenen Reiches zum Weltreich.

In Deutschland begann sich nach der bismarckschen Reichsgründung die imperialistische Politik zu beleben. So führte in der Zeit von 1885 bis 1918 eine extrem nationalistische Orientierung, unter dem Einfluss unterschiedlicher politisch-sozialer Faktoren in Europa, zum europäischem Imperialismus.

In einigen Ländern nahm der nationalistische Gedanke heroische und ideologische Formen an, und es entstanden sogar entwicklungsgeschichtliche und pseudowissenschaftliche Thesen. Kipling zum Beispiel formulierte mit *White man's burden* die Verpflichtung der weißen Nationen, den *unterentwickelten* Ländern mit ihrer europäischen Zivilisation zu helfen.

Erst war es der Kolonialismus, der diese Länder eroberte und plünderte, dann kam der Nationalismus, mit dem die Menschen der unterentwickelten Länder aufgrund ihrer Hautfarbe in so genannte nicht-europäische Länder, in schwarze, gelbe, rote Länder oder einfach in Drittländer eingeteilt wurden. Und mit dem Nationalismus kam dann die expansive Kraft des neu entstandenen Imperialismus, und die nächste Stufe der Aggressivität war dann auch der letzte Schritt hin zum Rassismus."

Moses: „In Deutschland, wo Liberalismus und Demokratie durch innenpolitische Auseinandersetzungen auf wackeligen Füßen standen, und wo die nationalistischen Kräfte immer mehr an politischem Boden gewannen, entwickelte sich eine der gefährlichsten Bewegungen der Menschheitsgeschichte: die nationalsozialistische Bewegung. Hierbei entstand die wahnwitzige Vorstellung der Herrenrasse. Aufgrund von Herkunft, Aussehen und Intelligenz sah man sich als die Erben der Menschheit und als die Retter der Zivilisation.

Das traurigste Kapitel dieser Epoche ist die Einmischung der Kirche in die imperialistische Politik und damit die *missionarische* Verbreitung des Christentums.

Bekannte zeitgenössische Politiker und Publizisten, wie Joseph Chamberlain, Jules Ferry oder Francesco Crispi, begründeten alle politischen und wirschaftlichen Aktivitäten in der Dritten Welt damit, dass eine nationale Wirtschaft dann existenzfähig ist, wenn durch Eroberungen neue Märkte und Abnehmerländer entstehen. Ohne diese Strategie wäre die europäische Expansionspolitik und damit die Weltmachtposition gefährdet.

Diese Machtbesessenheit des Imperialismus wurde, in Abhängigkeit von der Mentalität der jeweiligen europäischen Völker, auf unterschiedliche Weise faschistisch und militant. In allen Ländern Europas ging es dabei um einen existentiellen Kampf, und um den Erhalt der Zivilisation der Herrenrasse.

In England priesen Nationalisten wie K. Pearson und B. Kidd die imperialistischen Anschauungen und die gewaltsame europäische Weltpolitik in Asien, Afrika und Südamerika als eine Herausforderung für den Erhalt höherer Rassen gegenüber niederen und unterentwickelten Rassen. England wurde damit zum Mutterland der Doktrin des Imperialismus. Kein anderes Land hat in der Dritten Welt soviel Unheil und Unrecht verursacht wie England. Die sozialdarwinistische These, *der Stärkere überlebt*, drückte sich im Bewusstsein der englischen Mentalität durch das Hochstilisieren von Tugenden wie Kühnheit, Nüchternheit, Distanz, Brutalität, Überlegenheit, Eitelkeit, Arroganz oder Überheblichkeit aus. Beispiele im symbolischen Repertoire der Heldentaten dieses Volkes sind Laurence von Arabien und, in moderneren Zeiten, der Geheimagent James Bond. Beide Figuren sind nichts anderes als eine Art Pornogramm der Machtbesessenheit der englischen Politiker.

Um 1900 wurde von C.A. Conant und J. A. Hobson eine ökonomische Imperialismustheorie aufgestellt, die besagt, dass die finanzkapitalistische Gesellschaft mit allen Machtbefugnissen ausgestattet sein muss, um durch Auslandskapitalbereicherung die nationale Wirtschafts- und Finanzlage zu verbessern, unabhängig davon in welchem Land und mit welcher Politik das geschieht. Mit der Doktrin, dass der Staat diese Politik unterstützen muss, um profitable Investitionsmöglichkeiten in unterentwickelten Ländern in Übersee zu erleichtern, hat sich England ein Imperium aufgebaut, mit dem der Wohlstand des Inselstaates gesichert wurde.

Nur Bruchteile vom erwirtschafteten Kapital wurde in den Kolonien investiert. Der Großteil des erwirtschafteten Profits floss in die Kassen des Mutterlandes. Nutznießer waren also nur die Engländer. Die ökonomische Imperialismustheorie entpuppte sich als einseitige und diskriminierende imperialistische Wirtschaftspolitik der Industrieländer. Abgesehen von Marxisten, wie Lenin oder Rosa Luxemburg, die eine permanente Steigerung der Produktion und der Nachfrage der Konsumgüter auf Dauer nicht für realistisch hielten, wies niemand darauf hin, dass die Industrienationen ihre Zukunft nicht auf der Grundlage einer dauerhaften kolonialen Wirtschaftspolitik sichern durften.

Die Europäer sicherten ihre koloniale Wirtschaftspolitik mit starken Flottenverbänden. Engländer, Deutsche, Holländer und Italiener stützen ihre imperialistische Politik durch eine neue Form des Militarismus. Damit unterdrückten sie nicht nur die unterentwickelten Länder, sondern sie bereiteten sich auch darauf vor, untereinander die Machtverhältnisse zu klären.

Und jede europäische Nation wollte die Welt auf ihre Weise resozialisieren und ihre Kultur auf die Welt übertragen. So erklärte der englische Lord Roeberys 1893: *Es bildet einen Teil unserer Verant-*

wortung, dafür zu sorgen, dass die Welt, soweit sie noch geprägt werden kann, angelsächsischen und nicht einen anderen Charakter erhält.

In solchen Ideen äußert sich der Drang des Kolonialismus zu Umerziehung und Neukultivierung.

In Deutschland war die so genannte weltpolitische Aufgabe, unter Einsatz eines starken militärischen Potentials, an die Stelle von nationalliberalen Vorstellungen gerückt. Die Deutschen wollten bei der Plünderung der nichteuropäischen Welt auf jeden Fall zu den führenden europäischen Staaten gehören. Denn es hatte so ausgesehen, als ob Russland, Frankreich und England die Welt unter sich aufteilen würden. Die imperialistische Politik Frankreichs weist in der Geschichte der Kolonialisierung eine Sonderstellung auf. Einerseits stand die französische Überseepolitik unter dem Einfluss nationalistisch gesinnter Linker und andererseits unter der Doktrin der nationalliberalen Prinzipien der französischen Revolution. 1897 veröffentlichte Lavisseau die *Principes de Colonisation: Ausdehnung und Rassenmischung bilden unentbehrliche Bedingungen der Vitalität und der Lebensdauer der Nation.*

Demnach bekommen die Menschen in den französischen Kolonien alle Rechte eines französischen Bürgers. Diese Haltung war in England und Deutschland undenkbar."

MIT KRIEG WOLLEN DIE USA DIE WELT DEMOKRATISIEREN

Z arathustra: „Die Menschen hatten sich noch nicht vom Zweiten Weltkrieg und seiner katastrophalen Hinterlassenschaft erholt, da begannen die Industrienationen schon aufzurüsten, als Folge der Spannungen zwischen den zwei neu entstandenen Blöcken. Unter dem Vorwand, die Freie Welt und die Demokratie zu verteidigen, führten die USA, unter dem Einsatz riesiger Waffenarsenale, mehrere Kriege, in denen sinnlos Menschenleben geopfert wurden.

Der Kalte Krieg zwischen den USA und der UdSSR hat großes Leid unter den Menschen hinterlassen. Und die Politiker auf beiden Seiten scheuen sich bis heute nicht, die Menschheit mit Parolen wie *Krieg im Namen der Humanität und für den Schutz der Demokratie* einzustimmen, um ihre politischen Ziele zu verfolgen.

Der amerikanische Krieg gegen den Kommunismus in Südostasien war nur ein Beispiel für die rücksichtslosen und barbarischen Supermachtvisionen der USA. Hundertausende GIs und Millionen Bomben verwüsteten ein kleines, fernes Land von Fischern und Bauern. Die Amerikaner warfen auf Vietnam dreimal so viele Bomben, wie sie im Zweiten Weltkrieg abgeworfen hatten; sie verschossen bis zu 10 000 Granaten am Tag. *Den Vietkong in die Steinzeit zurückbomben*: die Vision des US-Luftwaffengeneral Curtis Le May ging trotzdem nicht in Erfüllung. Mehr als 300 000 GIs wurden verwundet, mehr als 58 000 Soldaten sind gefallen oder werden noch vermisst. Wie viele Vietnamesen in diesem grausamen Krieg, im direkten oder indirekten Kampf gegen die Supermacht, ihr Leben verloren haben, und wie viele Zivilisten, Kinder und Frauen in sinnlosen Aktionen von den GIs im Kampf gegen den Vietkong hingerichtet wurden, das wurde nie festgestellt. Die Zahl der Toten in beiden Teilen Vietnams wird aber auf 1,5 bis 3 Millionen geschätzt.

Der amerikanische Präsident Johnson glaubte, durch die Verstärkung der mehr als 500 000 GIs und durch ein Waffenarsenal eines bisher unbekannten Ausmaßes, die Vietkong in die Knie zwingen zu können.

Die Amerikaner haben nur an die Waffen geglaubt, und die Vietnamesen an ihren Kampf gegen die fremde Besatzungsmacht. (General Vo Nguyen Giap)

Ja, die Moral der Vietnamesen, die für Recht und Gerechtigkeit und für die Verteidigung ihrer Heimat gegen die Eindringlinge kämpften, war stärker als die Superübermacht USA. Während in der schwersten Phase des Krieges die Vietkong moralisch immer stärker wurden, sahen die meisten jungen US-Soldaten sich in einem fernen Land in einen nicht rechtmäßigen Kampf verwickelt. Sie verloren den Glauben an ihren Einsatz, an ihre eigenes Land und an dessen politische Führung. Viele litten unter seelischen Konflikten, andere versuchten zu desertieren, um das Ganze zu überleben. Einige aber waren Soldaten mit Leib und

Seele und wollten sich mit dem Massenmord an unschuldigen Frauen und Kindern, wie im Massaker von My Lai, ein Denkmal setzen.

Wenn diese unrühmliche Niederlage der USA in Vietnam wenigstens ein für alle Mal eine Lehre für die Zukunft der Menschheitsgeschichte gewesen wäre, dann würde man sagen, wir haben daraus etwas gelernt. Doch das Gegenteil ist der Fall. Die amerikanischen Medien, und vor allem die Filmindustrie, versuchten nach der Niederlage die Welt von den nicht stattgefundenen Heldentaten der GIs zu überzeugen.

Filme wie *Deer Hunter (Die durch die Hölle gehen)* stellen keine Tatsachen dar. Die Mörderbande der sadistischen Kommunisten und Partisanen mit Namen Vietkong, die aus den unterirdischen Kanälen und dem Dschungel auftauchten und gegen bis zu zehn bewaffnete GIs anstürmten, hat es nur in der amerikanischen Fantasie der Filmindustrie gegeben. Gegenteilige und Antikriegsfilme wie *Apokalypse Now, 4th of July, Birdy* haben eher die Grausamkeit des Kriegs dargestellt. Die Realität war völlig anders. Ein Vietkong war solange für die Amerikaner gefährlich, solange er unbehelligt im Untergrund taktieren konnte. Wurde er entdeckt, dann hatte der Vietkong aufgrund der überlegenen Feuerkraft der GIs keine Überlebenschance mehr.

Die große moralische Kraft der vietnamesischen Armee war der Ausdruck der patriotisch geprägten Lehre von Ho Chi Minh. Das mag pathetisch erscheinen, aber es hat auf jeden Fall funktioniert. Trotz starker Präsenz der Medien im Vietnamkrieg, später in Somalia und im Irak und eine annähernde Tatsachenberichterstattung per Fernsehen hat die USA aus ihrem Desaster nichts gelernt. Als die ersten US-Marines bei Da Nang in Südvietnam an Land gingen, wurden sie vor laufender Kamera von südvietnamesischen Mädchen mit Blumen empfangen. Die ganze Welt sollte sehen, wie sehnsüchtig die Amerikaner in Vietnam erwartet wurden. Im Westen wurde von einem kraftvollen Schlag der Supermacht Amerika gegen den Kommunismus und von einem schnellen Sieg gesprochen.

Die Einheit der amerikanischen Armee, die Präsident J. F. Kennedy zur Aufklärung und zur realen Einschätzung des Dschungelkriegs entsandt hatte, war anderer Meinung. Diese *Green Berets* bezweifelten aufgrund der geophysikalischen und soziokulturellen Beschaffenheit des Landes, dass ein schneller Sieg in Vietnam möglich sei. So spotteten sie von Anfang an: *man kann gegen Ameisen nicht mit Elefanten vorgehen.*

Ho Chi Minh wurde nicht nur für die Vietnamesen, sondern für alle jungen Menschen auf der Welt zur Symbolfigur für den Freiheitskampf der unterdrückten Völker.

Den Amerikanern stand, was Komfort und Versorgung betraf, fast alles zur Verfügung: Kompott und Konservennahrung, Lachs, Sandwich, Beef und Coca Cola wurden regelmäßig mit Versorgungsmaschinen und Hubschraubern eingeflogen. In einer der modernsten Armeen der Welt stand nur einer von zehn Uniformierten für Kampfeinsätze bereit. Der Rest kümmerte sich um das Wohlergehen der Mannschaften.

Auf der Gegnerseite, bei den Vietkong, war Komfort ein Fremdwort. Kampfgeist, Arbeitsmoral, Bescheidenheit und Patriotismus waren die Devisen des ameisenhaften Volkes, das Tag und Nacht unterirdisch neue Wohn-, Arbeits- und Bildungsstätten baute, Befehlszentralen organisierte und Krankenhäuser für verletzte Soldaten und kranke Zivilisten in Stand setzte.

Hier stellt sich die Frage, wer wohl durch die Hölle gegangen ist: der Vietkong, der in seiner Welt der unterirdischen Gänge und Behausungen lebte oder der GI, der perfekt versorgt im Tageslicht saß und eiskalte Coca Cola trank? In den USA reichte es schon, für einen Helden gehalten zu werden, wenn ein Veteran aus dem Vietnamkrieg behauptete, er sei durch die Hölle gegangen.

Die Vietnamesen kennen keine Helden, auch keine Märtyrer, sondern nur kühne aufmerksame Soldaten, die bereit waren, den solidarischen Kampf im Geiste von Ho Chi Minh unter Einsatz ihres Lebens zu führen.

Dieser Vergleich sollte uns zumindest das erklären, was wir unter dem Begriff Motivation verstehen. Das vietnamesische Volk war geistig, moralisch, psychisch und physisch motiviert. Die amerikanischen Soldaten dagegen waren höchstens physisch motiviert. Sie konnten trotz ihrer materiellen Überlegenheit ihre Seele und ihren Geist nicht für den Krieg mobilisieren.

Dass im Vietnamkrieg der menschliche Geist und die Willenskraft dem materiellen Einsatz überlegen waren, wurde deutlich, als der apokalyptische Aufwand der Bombenteppiche und der Verbrennung der Wälder durch Napalm, die dazu dienen sollte, den Nachschubverkehr und die Versorgungsplantagen zu vernichten, zu keiner nennenswerten Behinderung der vietnamesischen Aktivitäten und Gegenoffensiven führte. Dabei waren tatsächlich, wie der amerikanische General Curtis LeMay versprochen hatte, Teile von Nordvietnam und die Hauptschlagader der Vietkongbewegungsroute in die Steinzeit zurückgebombt worden.

1968 war das Jahr der Entscheidungen. *Das Jahr des Affen* stärkte die Moral der Vietnamesen und Ho Chi Minh wurde zum neuen Zarathustra, der Hoffnung und Frieden bringen sollte. Trotz vieler militärischer Niederlagen war Ho Chi Minh zuversichtlicher denn je. Moral und Kampfgeist der Truppe waren nie so stark, und das *Jahr der Affen* versprach, dass sich das gute Ende näherte.

Auf der amerikanischen Seite begann die Phase der Ernüchterung und der Besinnung. Die jungen und unerfahrenen GIs, denen man die Verteidigung der *demokratischen, freien Welt* übertragen hatte, konnten sich weder seelisch noch moralisch im aussichtslosen Kampf im Dschungel zurechtfinden. Durch massiven Drogenkonsum und die Flucht vor dem wahren Gesicht des schmutzigen Krieg schufen sich viele eine vorübergehende Scheinwelt von Ruhe und Ordnung. Dass dabei viel auf dem Spiel stand, und dass durch ihre Handlungen Schaden für die Truppe entstand, war ihnen nicht bewusst. Andererseits ging der Krieg in eine disziplinlose, barbarische Phase. Es kam zu Massakern an unbeteiligten Zivilisten, zu Racheakten oder zu Säuberungsaktionen, wie es die Kommandeure nannten. Es hat Dutzende von My Lais gegeben, die nicht mal von den Amerikanern selbst registriert worden sind.

Fern vom Kriegsschauplatz waren die Menschen in der ganzen Welt immer mehr davon überzeugt, dass die Amerikaner den Krieg beenden und Vietnam verlassen mussten. Die Medien, und vor allem die Fernsehstationen, brachten den ersten TV-Krieg der Geschichte ungeschminkt ins Haus. Die Menschen wurden Zeugen eines verbrecherischen Krieges. Die Massenbewegungen, vor allem der Studenten in der ganzen Welt, führten zu einer unvorstellbaren Sympathiekundgebung für das vietnamesische Volk und zu einer Stimmung, die sich gegen die USA richtete. Mit dem

Schlachtruf *Ho-Ho-Ho-Chi-Minh* drückte vor allem die junge Generation Achtung, Solidarität und Bewunderung aus für ein Volk, das es verstanden hat sich in der Not zusammenzuraffen.

Der große Cowboy L.B. Johnson hatte erst das getan, was die Waffenindustrie und die Generäle wollten, nämlich Vietnam total zu zerstören. Nachdem er dies erreicht hatte, ohne die Vietkong zu besiegen, hat er seinem eigenen Land den Gefallen getan, Waffenstillstandsgespräche mit Nordvietnam auf den Weg zu bringen. Bis zum Abzug des letzten Amerikaners aus Südvietnam im Jahre 1975 dauerte es aber noch sieben Jahre.

Nach den Vorstellungen von Ho Chi Minh, der 1969 verstarb, wurde das Land wiedervereinigt, und es entstand eine Nation, mit der Hauptstadt Hanoi im Norden und dem Wirtschaftszentrum Ho Chi Minh-Stadt (ehemals Saigon) im Süden.

Das wiedervereinigte Vietnam wurde mit all seinen sozialökonomischen und infrastrukturellen Problemen allein gelassen. Die Solidarität der ganzen Welt war auf einmal verschwunden. Selbst die großen kommunistischen Bruderländer China und Sowjetunion haben diesem Land nicht direkt unter die Arme greifen wollen. Einerseits war die kommunistische Welt selbst in schlechtem Zustand und andererseits wollte die westliche Welt einem kommunistischen Land keine Hilfe leisten. So brutal und einfach konstituiert ist leider unsere Solidargemeinschaft. Das Volk der Vietnamesen, das mit Tapferkeit und Standhaftigkeit der Weltmacht USA zum ersten Mal gezeigt hat, dass Waffenarsenale und materielle Überlegenheit allein nicht ausreichen, um ein Volk zu unterdrücken, hat als Unterstützung lediglich Lob und Sympathie geerntet. Doch in einigen Jahren wird das Land von den Industrieländern sicherlich als neuer, profitabler Markt entdeckt werden.

Die Vereinigten Staaten von Amerika haben seit dem verlorenen Krieg in Vietnam versucht, keine sinnlosen Kriege in der Welt zu führen. Aus dem Fiasko Vietnam haben sie aber noch nicht gelernt, wie man Kriege im voraus verhindern kann.

Vielmehr setzen sie ihre Kriegsmaschinerie dann ein, wenn andere Länder mit von der Partie sind. Sie sind immer noch bereit, als Weltgendarm ihre Kriegsmaschinerie, unter dem Deckmantel der Vereinten Nationen und zur angeblichen Sicherung des Weltfriedens, zu mobilisieren.

Einen, wenn auch makaberen, Lichtblick gibt es doch: Mehr als fünfundzwanzig Jahre nach dem Ende des Vietnamkrieges wollen die USA und ihr früherer Kriegsgegner gemeinsam die Spätfolgen des von der US-Armee eingesetzten Entlaubungsmittels *Agent Orange* untersuchen. Erst muss der Zusammenhang zwischen dem dioxinhaltigen Gift und den Schäden an Neugeborenen erforscht werden. Dann sollten die USA sich überlegen, was ihre Streitkräfte zwischen 1961 und 1971 mit dem Versprühen von über vierzig Millionen Liter des Entlaubungsmittels über dem Dschungel in Vietnam angerichtet haben. Das Rote Kreuz teilt mit, dass heute noch etwa eine Million Menschen an den Folgen leiden, ohne von den inzwischen Verstorbenen und dem sozioökonomischen Desaster zu sprechen."

KÖNNEN DIE USA OHNE KRIEG EXISTIEREN?

Abraham ergreift das Wort mit einem Zitat von Bernhard Shaw: *„Ich bin bekannt für meine Ironie. Aber auf den Gedanken, im Hafen von New York eine Freiheitsstatue zu errichten, wäre selbst ich nicht gekommen.*
Krieg hat nie die Probleme der Menschheit gelöst, im Gegenteil: Krieg schürt die Probleme! Wie der erste Golfkrieg zum zweiten Golfkrieg geführt hat, ist ein Beispiel dafür.
Der Irak und der Iran schickten fanatisierte Menschen in den Krieg. Und nachdem die beiden Länder Frieden geschlossen haben, greift der Tyrann von Bagdad das benachbarte Kuwait an, weil er vom Kuchen der Petrodollars etwas für sein Volk abzweigen will. Und weil er das nicht friedlich bekommt, will er es sich mit Gewalt holen.
Das alles haben die Amerikaner gewusst und darauf spekuliert, dass sie von ihren besten Kunden, Kuwait und Saudi-Arabien gerufen werden, um die Waffenbrüderschaft unter Beweis zu stellen.
Also: erst wird eine Katastrophe herbeigeführt, um dann, unter dem Vorwand der Befreiung eines befreundeten Landes, die Welt in einen beispiellosen Krieg hineinzumanövrieren. Und die Ame-

rikaner haben bewiesen, dass sie verlässlich sind, wenn es um das Geld von Neureichen und Ölscheichs geht. Im Krieg zwischen Eritrea und Äthiopien hatten sie kein Interesse zu intervenieren, denn diese Länder haben weder Öl noch andere Bodenschätze.

Am 8. August 1988 endete der achtjährige mörderische Krieg zwischen zwei benachbarten Ländern der Dritten Welt, dem Iran und dem Irak. Es gab keinen Gewinner und keinen Verlierer. Die eigentlichen Verlierer waren fast eine halbe Million Menschen, die ihr Leben für die Halluzinationen des Herrschers im Irak geopfert haben, der die innenpolitische Instabilität des Irans nach der Revolution ausnutzen wollte. Bagdad beendete diesen schmutzigen Krieg in einer Phase der menschlichen Erschöpfung. Doch das Waffenarsenal belief sich immer noch auf 55 Divisionen (statt 10 Divisionen vor dem Krieg), auf eine Million mit modernsten Waffen ausgerüstete Soldaten, auf 500 Flugzeuge und 5 500 Panzer.

Der Irak hatte im Laufe von acht Jahren mehr als 1 000 Milliarden Dollar für diese Ausrüstung bezahlt. Der Iran hat nach Schätzungen mindestens die gleiche Summe für Waffen ausgegeben.

Beide Länder befanden sich im Jahr 1980, also acht Jahre vor dem Ende des Krieges, auf dem Wege zu einer langsamen wirtschaftlichen Entwicklung.

Diese Länder haben die Waffen, die sie gegeneinander einsetzten nicht selbst produziert. Sie haben bei Waffenproduzenten und Industriestaaten gekauft, die damit selbst am Krieg beteiligt waren.

Das finanzielle Desaster machte sich in beiden Ländern zum Nachteil des Volkes bemerkbar. Nahrungsmittel, Energie und vor allem die sozialen Leistungen wurden rationiert. Die Reparationsarbeiten beschäftigten die leidgeprüften Menschen in beiden Ländern. Der einzige Unterschied war, dass Saddam Hussein seine leeren Staatskassen mit einem Appell der Solidarität an die arabischen Brüderstaaten, an die neureichen arabischen Emirate und an Kuwait retten wollte. Dieser Appell blieb jedoch ohne Wirkung. Wirkungsvoller und schicksalhafter war aber die Reaktion der Kuwaitis, die aus der Situation der wirtschaftlichen Schwäche des Nachbarlandes das Jahrhundertgeschäft machten.

Am 9. August 1988, also nur einen Tag nach dem Waffenstillstand, kündigte Kuwait den bisherigen OPEC-Vertrag und begann seine Erdölproduktion gerade im Rumeila-Feld zu erhöhen, wo es seit Jahren einen Grenzkonflikt zwischen Irak und Kuwait gab. Kuwait hätte diese provokative und diplomatisch unpassende Entscheidung ohne amerikanische Rückendeckung nicht gewagt. Es sei denn, die Herrscherfamilie in Kuwait wäre naiver, als man gedacht hatte. Die kuwaitische Überproduktion hatte für den Irak und für den Iran katastrophale Folgen, denn das Überangebot an Öl destabilisierte die Preise zu ungunsten dieser Erdöllieferanten. Dazu kam noch, dass die durch den Krieg beschädigten Häfen und Produktionsstätten beider Länder nicht in der Lage waren, die volle Förderung zu gewährleisten. Das Resultat war, dass die Einnahmen aus dem Erdölexport sanken und dass die Schulden des Staatshaushaltes astronomische Dimensionen erreichten.

Der Irak ist ein Land mit achtzehn Millionen Einwohnern, das von einem einzigen Mann regiert wird, der mit seinen Großmachtsträumen und seinem diktatorischen Regime sein Land an den Abgrund geführt hat. Der Irak befindet sich in der Nachbarschaft des Emirats Kuwait, dessen 700 000 Staatsbürger keine Not und keine Versorgungsschwierigkeiten kennen. Die 1,2 Millionen Gastarbeiter aus Ländern der Dritten Welt, die Ägypter, Pakistanis, Filipinos und Palästinenser sorgen dafür, dass die Bürger des Staates Kuwait unter Führung der Sabahs-Familie und ihrer Tausend Mitglieder paradiesisch leben können. Die Rechte der arbeitenden Ausländer sind beschränkt, genauso wie ihre Einnahmen. Die Kluft zwischen dem Irak, wo die Kindersterblichkeit aufgrund fehlender medizinischer Versorgung auf mehr als 70 % geschätzt wurde, und wo die Bevölkerung für die notwendigen Nahrungsmittel Schlange stehen musste, und den feudalen und arroganten Scheichs im kuwaitischen Emirat könnte nicht größer sein. Dass das einen Konflikt zwangsläufig provozieren musste, und dass die hungernden, arabischen Nachbarvölker dies nicht hinnehmen wollten, ist im Nachhinein verständlich.

In den neuen Scheichtümern und Emiraten am Persischen Golf lebt eine priviligierte Schicht im Reichtum, der aus Städten mit Wohn-, Bank- und Bürozentren besteht, die mit Hongkong, Singapur oder Frankfurt konkurrieren können und die die Macht des Kapitals demonstrieren. Mitten in diesen *Manhattans* sind kleine Moscheen, die neben den gigantischen Hochhäusern der Neureichen kaum zu erkennen sind. Sie repräsentieren das islamische Bekenntnis dieser Staaten. Diese Länder, die auf Petrodollars gebaut sind und geschichts- und traditionslos sind, haben weder ein Verständnis für die Armut der Nachbarländer, noch haben sie Respekt vor der Herkunft und Geschichte des irakischen Volkes. Von Humanität und Solidarität ist hier keine Spur. Diese Gefühle liegen diesen Menschen fern, und sie tun alles, um ihre Grenzen mit der Präsenz der amerikanischen Armee im Persischen Golf zu sichern, damit sie in Ruhe ihr himmlisches Leben im Überfluss genießen können."

Und Mohammed: „Mein Volk, meine Gemeinde in diesen Regionen der Welt besteht aus notorischen Verleumdern der eigenen Kultur und Sitten. Als Beduinen waren sie schuldlos, einfach und human. Der Fortschritt hat sie verdorben. Habgier, List und Feindseligkeit sind ihre Krankheiten.

Die Bewirtung anderer ist Teil des Glaubens. Das ist eine der Stärken des Glaubens. Ein Mann fragte mich einmal: *Wessen Glaube ist besonders gut?* Ich erwiderte: *Wenn Du den Menschen zu essen gibst, Deine Bekannten begrüßt und auch jenen gegenüber, die Du nicht kennst, den Gruß entrichtest.*

In keinem dieser Emirate gibt es Zeichen des Glaubenbekenntnisses oder Merkmale der traditionsreichen arabischen Völker. Die traditionelle arabische Bescheidenheit und die Solidarität in den Emiraten gehören der Vergangenheit an. Die Machenschaften der Händler und Kaufleute, besser gesagt der modernen Manager in arabischer Tracht, zeigen mir, dass diese Emporkömmlinge mit ihren schwarzen Taschen und großen Luxuslimousinen Tag für Tag nur ein Problem zu überwinden haben: wie kann ich mein Geld optimal investieren, und wie schnell kann ich meinen Reichtum verdoppeln. In einem Land, wo sozusagen Milch und Honig fließen, werden Menschen wegen kleiner Delikte, wie Diebstahl, die Hände abgehackt. Frauen, die verdächtigt werden, die Treue gebrochen zu haben, werden gesteinig. Aber wenn die wohlgenährten Männer ihre polygamen Gelüste befriedigen, dann hat die reiche Gesellschaft keine Einwände. Und die Mullahs billigen das.

Die USA stellen diesen diktatorisch regierten Ländern keine Bedingungen, was Demokratie und Menschenrechte anbelangt.

Wenn es um Öl geht, dann werden diese Länder von der Supermacht USA, mit Zustimmung der Europäischen Union, vorbehaltlos unterstützt.

Die geschichtliche Schuld für die heutigen Konflikte in der Region am Persischen Golf trifft aber die Engländer. Aus wirtschaftlichen und kolonialen Interessen haben sie dort eine Situation geschaffen, die zu den heutigen Problemen führen musste. Denn die Engländer waren traditionell immer dort präsent, wo Öl und andere Rohstoffreserven dieser Welt vorkommen. Und sie waren immer die Ersten, wenn es darum ging, die Reichtümer der Länder der Dritten Welt zu plündern.

Mehr als hundert Jahre lang betrachtete England den Persischen Golf als einen Teil des britischen Imperiums. England hatte durch den Golf auch die Kontrolle über den Weg zu den anderen Kolonien in Indien und im Fernen Osten.

Fast überall in der Welt, wo es heute noch Konflikte und Unruhen gibt, sind die Engländer in der Kolonialzeit aktiv gewesen. Mit ihrer diskriminierenden und gerissenen Diplomatie haben sie die Keime für heutige Konflikte gelegt.

Beispiele dafür sind: die Gründung von Israel; die Emirate am Persischen Golf wie Dubai, Bahrain, Abu Dhabi; und vor allem die Trennung von Kuwait und Irak. Denn bis zum Ersten Weltkrieg waren Kuwait und Irak Bestandteile des Osmanischen Reichs. Kuwait mit seinem relativ kleinen Umfang von 18 000 Quadratkilometern war dem irakischen Regierungsbezirk Basra zugeteilt. Ein kuwaitisches Territorium, Hoheitsgebiet oder Land hatte es nie gegeben.

Im Jahr 1913, kurz vor dem Ausbruch des Ersten Weltkrieges, schloss England mit den Türken ein Abkommen, das besagte, dass Kuwait zu einem autonomen Distrikt wird. Während das Osmanische Reich an der Seite Deutschlands in den Krieg verwickelt war, unternahm England den nächsten Schachzug und erklärte das Emirat zu einem selbständigen, von der Türkei und dem Hinterland des Irak unabhängigen Territorium. Diese neue Situation brachte den Engländern einen großen strategischen Vorteil. Der Irak wurde dadurch vom Persischen Golf abgeschnitten. Deshalb haben die Iraker diese Grenze bis heute nicht akzeptiert, geschweige denn anerkannt.

Noch schlimmer war, dass der Irak nach dem Ersten Weltkrieg unter britisches Mandat gestellt wurde. 1916 war ein Vertrag zwischen England und Frankreich geschlossen worden, das Sykes-Picot-Abkommen, das nach dem Untergang des Osmanischen Reiches die Provinzen Bagdad, Basra und Mossul zu einem Territorium *Irak* zusammenführte. Anstatt Frieden zu stiften und Konflikte zu präventieren, haben die ehemaligen Kolonialherren hier die Welt in Regionen ihrer Interessen geteilt.

Die Zeit der Ausbeutung begann 1925 mit dem Vertrag zwischen der *Irak Petroleum Company* und der Regierung in Bagdad: Ein Vertrag, der die Bedingungen enthielt, dass die erdölproduzierende Gesellschaft britisch sein musste, dass ihr Präsident nur ein Brite sein konnte und dass die Konzession bis zum Jahr 2000 Bestand hatte. Diese *Company* hatte später in allen anderen Ländern, wo die Engländer Erdöl gefunden hatten, Schwestergesellschaften, die nach dem selben Muster funktionierten. In jeder dieser Gesellschaften hatten die Engländer freie Hand, so viel zu fördern, wie sie nur wollten.

Mit der Gründung des Irak wurde allein durch die willkürliche Zusammenlegung in ein und dem selben Territorium von Kurden, Schiiten und Sunniten, also von drei in Wesen und Glaubensrichtung unterschiedlichen Volksgruppen, die dauerhafte Instabilität in dieser Region vorprogrammiert.

Ähnlich ungeschickt haben sich die Engländer bei der Gründung des Staates Israel verhalten, so dass auch in diesem Gebiet Frieden unmöglich scheint.

Diese englische Diplomatie ist in ganz Asien gefürchtet und gehasst worden; aber die naiven Machthaber der Dritten Welt brauchten mehr als sechzig Jahre, bis sich einige ihrer großen politischen Vorbilder, wie Mahatma Gandhi, Nehru und Mossadegh oder Nasser, gewagt haben, ihre Völker in den Kampf gegen die imperialistische Politik Englands zu führen.

Saddam Hussein, der selbsternannte Revolutionsführer, kann sich mit diesen Persönlichkeiten niemals vergleichen. Denn weiter als bis zum Diktator hat er es nie gebracht.

Erst wurde im Irak eine Monarchie installiert, um das Land weiter plündern zu können, bis von einigen Gruppierungen die Lage durchschaut wurde und es zu innenpolitischen Unruhen kam.

1958 wurde König Feisal umgebracht und sein Premierminister Nuri Said wurde öffentlich gelyncht. Nach dem Sturz der Monarchie übernahm General Kassim die Rolle des Staatschefs. Ein Jahr nach seiner Machtübernahme überlebte dieser ein Attentat nur knapp, an dem, unter anderem, ein vierundzwanzigjähriger Mann mit Namen Saddam Hussein beteiligt war, der nach der missglückten Mission nach Syrien geflüchtet war. 1963 wurde General Kassim doch noch auf grausame Weise ermordet. Damit begann im Irak die Ära der Baath-Partei, die Partei von Saddam Hussein, die das Land bis heute absolutistisch regiert.

Saddams politische Philosophie ist die Gewalt, die er, wenn es notwendig wird, auch eigenhändig gebraucht, zum Beispiel bei in Ungnade gefallenen Mitstreitern. Selbst Generäle und Minister, ja sogar Verwandte, riskieren bei abweichenden Meinungsäußerungen ihr Leben."

DIE INDUSTRIELÄNDER EXPORTIEREN WAFFEN STATT ENTWICKLUNGSHILFE

Jesus: „England war zu Hause des Mutterland des demokratischen Parlamentarismus. Im Rest der Welt setzte England auf eine unmenschliche und verbrecherische Politik zur Durchsetzung ökonomischer Interessen auf Kosten der Völker der Dritten Welt.

Der Irak ist der Prototyp für ein von allen Seiten missbrauchtes Land. 1990 publizierte Amnesty International, dass der Irak unter der Herrschaft der Baath-Partei eine Nation von Spitzeln geworden sei. Die gute Zusammenarbeit mit Ostdeutschland bescherte dem Irak das Instrument der Volksüberwachung, die auch in der DDR hervorragend funktioniert hatte.

Saddam Hussein ist auch einer der wichtigsten Stammkunden der Waffenhändler in den Industrieländern. 1984 gab der Irak, trotz katastrophaler Not im eigenen Land, 14 Milliarden Dollar für Waffen aus. Das entsprach der Hälfte seines Bruttosozialproduktes. Von 1982 bis 1985 importierte der Irak für 42,8 Milliarden Dollar

Waffen und belegte somit den ersten Platz unter den Waffenimporteuren der Welt. Gerade die Länder, die die besten Geschäfte mit diesem Land gemacht haben, indem sie es mit modernsten Waffen beliefert haben, bildeten die Allianz der *UNO-Sanktion gegen den irakischen Aggressor.*

Einem der unberechenbarsten Diktatoren dieser Welt wurde, neben den technologischen Möglichkeiten zur Herstellung biochemischer Waffen, sogar der Zugang zur Atomtechnologie und damit zur Herstellung von Atombomben ermöglicht.

86 westdeutsche Unternehmen, 18 amerikanische, 18 englische und 16 französische, 12 italienische, 11 schweizerische, 17 österreichische, 8 belgische und 4 spanische Firmen, also Unternehmen aus den westliche Industrienationen, und darüber hinaus die ehemalige Sowjetunion, haben mit ihren Waffengeschäften aus dem Diktator einen wahnsinnigen Tyrannen gemacht, der ohne Scheu und Furcht chemische Waffen im Krieg gegen den Iran, gegen unschuldige Zivilisten und gegen die Kurden einsetzte. Und wenn er in der Lage wäre, hätte er auch Atomwaffen zum Einsatz gebracht, um seine Ziele zu erreichen.

Natürlich ist Saddam Hussein der Übeltäter, die Mittäter aber kommen aus der Industriewelt. Ein Diktator und die habgierige Industriewelt legen also zusammen ein Feuer, dass dann von der internationalen Feuerwehr namens *UNO* gelöscht werden soll? Diese kritische Situation entwickelte sich am Persischen Golf, als die irakische Armee am 1. August 1988 die Grenze zum Emirat Kuwait überschritt und nach der Flucht der Sabahs-Familie das Emirat annektierte.

Vor, während und nach dieser Invasion haben die arabischen Politiker gezeigt, dass sie alle unfähig sind, sich für eine politische Lösung einzusetzen. Die arabischen Brüder haben bewiesen, wie immer in solchen Situationen, dass sie von diplomatischem Verstand und Können weit entfernt sind. Der korrupte Staat Ägypten, unter Führung von Mubarak, hat sich in allen Verhandlungen der arabischen Liga auf die Seite der Amerikaner gestellt, mit der Forderung, dass die Amerikaner 7,1 Milliarden Dollar Schulden für Waffenkäufe erlassen sollten. War das, in Gottes Namen, wichtiger als das Überleben des irakischen Volkes?

Die anderen arabischen Staaten stellten ähnliche Bedingungen. Auch die Türkei verlangte von den USA, dafür dass sie Militärbasen zur Verfügung stellte, den Verlust von 6 Milliarden Dollar zu ersetzen, die das Land vom Irak für die Ölpipeline durch die Türkei bekommen hätte.

Diese islamische Gemeinschaft kann man wahrlich nur als Schmarotzergemeinschaft bezeichnen. Während ein Volk am Abgrund steht, schachern die Politiker dieser Region um ihre Milliarden, die sie für die Sicherung ihrer Macht benutzen.

Pierre Salinger und Eric Laurent, die ehemaligen Sprecher des Weißen Hauses unter Präsident Kennedy, beschreiben in ihrem Buch vieles, was erst nach dem Krieg am Persischen Golf bekannt wurde. Sie vertreten die Meinung, dass *die Katastrophe hätte verhindert werden können*. Und Pierre Salinger antwortet auf die Frage, ob die Vereinigten Staaten denn aktiv die Krise heraufbeschworen und den Emir von Kuwait, Dschabir el-Sabah, dazu getrieben hätten, Saddam Hussein herauszufordern: *Ja, man kann sagen, dass die Amerikaner nichts getan haben, um den Konflikt zu verhindern, im Gegenteil.*

Keiner hat ein Interesse an der Prävention von Konflikten. Erasmus von Rotterdam wusste, wie man das Übel verhindern muss: *Wir wollen Heilmittel suchen für das Übel, wenn es im Entstehen begriffen ist!*

Auch die Politiker der Sowjetunion hatten in Zeiten des Kalten Krieges keinen geringeren Einfluss auf die Krisenherde in der Welt als die USA, wenn es darum ging, Waffen zu verkaufen. Die Supermächte teilten sich die Märkte. Und nun ist das neu entstandene Russland unberechenbar geworden. Die Wirtschaftsmafia verkauft Plutonium und mit Atomköpfen bestückte Raketen.

Nach der Unterzeichnung eines Freundschafts- und Kooperationsvertrages im Jahr 1972 zwischen der Sowjetunion und dem Irak begann die Phase des Waffenfiebers im Nahen Osten, vor allem in den arabischen Ölländern. Die Industriewelt lieferte das gewünschte Kriegsmaterial an die Diktatoren im Irak und Saudi-Arabien. Ohne zu bedenken, dass Saddam vielleicht eine Atomwaffe entwickeln könnte, lieferte Frankreich einen Atommeiler, der die Fabrikation von waffenfähigem Plutonium ermöglichte.

Zufällig wurden am 28. März 1990 auf dem Londoner Flughafen Heathrow elektrische Bausteine für Zünder von Atomwaffen gefunden, die, aus den USA kommend, an Bagdad adressiert waren. 1981 hatten israelische Flugzeuge mit der Bombardierung der irakischen Nuklearanlage von Osirak die Atommachtträume Saddam Husseins vorläufig zerstört. Was damals geheim und unter der Hand verkauft wurde, wird heute täglich auf den Waffenmärkten der Welt offen angeboten, aufgrund des Devisennotstandes vor allem im Osten. Es ist ein Wunder, dass bisher weder Saddam noch eine andere Diktatur die Atomwaffe produzieren konnte.

Nein, aus allen bisherigen hausgemachten Krisen und Konflikten haben auch die Länder der Dritten Welt nichts gelernt."

Buddha: „Saddam und seinesgleichen sind nicht die alleinigen Schuldigen an den Verbrechen an der Menschlichkeit. Nein, auch die demokratischen Regierungen in der Industriewelt, die bewusst solche Missetaten ermöglichten, haben große Schuld auf sich geladen.

Um die Ausbeutungspolitik der Industrieländer in der Dritten Welt verstehen zu können, müssen wir auf die Geschehnisse in der Zeit nach dem Zweiten Weltkrieg zurückblicken: Die weltpolitische Lage der Länder der Welt hat sich nach dem Zweiten Weltkrieg wesentlich geändert. Das patriarchische System der Kolonialmächte, das über Jahrhunderte unter dem Deckmantel des Erkundigungs- und Expeditionsinteresses der Europäer aufgebaut worden war, brach innerhalb von zwei Jahrzehnten zusammen. Die englischen und französischen Kolonialmächte mussten zwangsläufig dem Wunsch der von ihnen ausgebeuteten Länder nach Selbständigkeit nachkommen. Nachdem Indien und Indonesien sich befreit hatten, mussten die Kolonialmächte einsehen, dass auch anderswo in Afrika und Asien der Widerstand wachsen würde. Während in China nach dem Model der russischen Revolution eine Umwälzung der Gesellschaft stattfand, versuchten die afrikanischen Staaten sich von der Unterdrückung durch die englischen, französischen, belgischen und portugiesischen Besatzern zu befreien.

Auch Japan, das in den Jahren von 1940 bis 1945 eine Besatzungsmacht für über 450 Millionen Menschen in ganz Ostasien darstellte, musste sich in die ursprünglichen Grenzen vor den Eroberungen zurückziehen.

Aus allen diesen Veränderungen, vor allem auch aus den Veränderungen in Osteuropa nach dem Zweiten Weltkrieg, entstanden erst die beiden Supermächte."

Abraham: „In der neuen Klassifikation der Welt werden in der UNO moderne Kategorien installiert, aber im Wesen der Charakteristika *reich* und *arm* ändert sich nichts. 1985 zählten die Vereinten Nationen 159 Länder, deren Mitgliedsstaaten folgendermaßen eingeteilt wurden: 127 Entwicklungsländer, 20 westliche Industrieländer, also die *Erste Welt*, 12 Staatshandelsländer, besser bekannt als Ostblockländer oder *Zweite Welt*, von denen China und Kuba als Entwicklungsländer eingestuft waren.
Später hat man eine neue Kategorie der Klassifikation der Welt eingeführt.
A: afrikanische und asiatische Entwicklungsländer. B: westliche Industrieländer. C: lateinamerikanische Entwicklungsländer. D: östliche Staatshandelsländer und China als eigene, selbständige Gruppe.
Die Erste Welt hat sich diese Klassifikation der Weltordnung als ein Instrument für ihre politische Arbeit der postkolonialen Phase ausgedacht, und in vielen Ländern der Dritten Welt begann damit die Zeit des Neokolonialismus.
Die alten Industrieländer, die zum größten Teil die Unterentwicklung der Länder im Süden durch ihre Kolonialpolitik verursacht hatten, lehnten jegliche Wiedergutmachung ab, ohne ein Zeichen der Reue und Verantwortung.
Ein Drittel der Weltbevölkerung im Norden verfügt über vier Fünftel des Welteinkommens. Die reichen Nationen beherrschen dank ihrer fortgeschrittenen Wissenschaft und Technik fast die ganzen Märkte der Welt. Die armen Länder hingegen erwirtschaften insgesamt nur 12 % des Welteinkommens.
Zum *Norden* oder der Ersten Welt gehören die Vereinigten Staaten von Amerika, die westeuropäischen Staaten, Japan, Kanada, Australien und Neuseeland. Japan und Deutschland, die ehemaligen Verbündeten im Zweiten Weltkrieg, haben den stärksten wirtschaftlichen Aufschwung nach dem Zweiten Weltkrieg vollbracht. Sie sind fast in allen Entwicklungsländern vertreten. Vor allem dort, wo wertvolle Rohstoffe vorkommen. Ein gutes Beispiel für

die Machenschaften der Industrieländer und ihre Wirtschaftspolitik stellt Nigeria dar. In dem an Bodenschätzen und Erdöl reichen westafrikanischen Land herrscht Korruption in der Wirtschaft, in der Verwaltung und vor allem im Militär.

Die mächtigen internationalen Konzerne der Industrieländer nehmen mit Billigung und Unterstützung ihrer demokratisch geführten Regierungen in den jeweiligen Heimatländern Einfluss auf alle Ebenen der Gesellschaft und der Politik des Entwicklungslandes und stellen Mittel und Methoden zum Erhalt der Macht der ihnen gesonnenen Machthaber zur Verfügung."

Mohammed: „Die Industriestaaten, an der Spitze die USA und die Sowjetunion, haben mehr als eine Billion Dollar für militärische Zwecke ausgegeben. Im gleichen Tempo, wenn auch nicht gleichen Umfang, wurde die Dritte Welt durch umfangreiche Waffenexporte der Industrieländer so hochgerüstet, dass zwangsläufig Konflikte herbeigeführt wurden. Und wiederum mit den Waffenexporten der Industrieländer wurde die Kriegsmaschinerie der verfeindeten Kriegsteilnehmer aufrechterhalten.

Beispiele dafür sind: der Krieg zwischen Iran und Irak, und kurz danach der Krieg zwischen Irak und *dem Rest der Welt,* wegen der *demokratischen Regierung in Kuwait.* Wenn man die wahnsinnigen und gewaltigen Ausgaben der Industrieländer umrechnet, dann geben diese Länder jede Minute drei Millionen Euro für Rüstung aus. In der gleichen Zeit sterben dreißig Kinder, weil sie nichts zu Essen haben, weil es für sie kein sauberes Wasser gibt, oder weil keine medizinische Versorgung existiert.

In den täglichen Nachrichten wird nebenbei von 40 000 toten Kindern in Ostafrika und Bangladesh berichtet. Gleichgültigkeit und Ignoranz der Supermächte und deren Mitläufer in West und Ost führten zu einer der traurigsten Perioden des menschlichen Verhaltens in der Menschheitsgeschichte. Die Industrieländer investieren Milliarden Dollar für die Lagerung ihrer Nahrungsreserven und für die Vernichtung der Überproduktion von Getreide, Fleisch, Milch, Milchprodukten, Obst, Gemüse und anderer Lebensmittel, um ihre Märkte und Preise stabil zu halten. In der gleichen Zeit versuchen die großen bekannten Hilfsorganisationen mit Spendengeldern die Reste von Nahrungsmitteln für die Dritte

Welt und Katastrophenregionen zu ergattern. Wenn das keine Perversion ist, dann muss es wohl Sadismus heißen."

Abraham: „Die weltweiten Militärausgaben eines halben Tages würden ausreichen das Programm der WHO zur Ausrottung der Malaria zu finanzieren, an der 300 bis 500 Millionen Menschen jährlich erkranken, wovon 3 Millionen sterben. Das Geld, das ein moderner Panzer kostet, würde ausreichen, um tausend Klassenräume für 30 000 Schulkinder zu schaffen. Mit dem Gegenwert eines Kampfflugzeuges ließen sich 40 000 Dorfapotheken einrichten.

Für 50 Cent Entwicklungshilfe aus Berlin fließen 90 Cent an exportierende deutsche Unternehmen zurück. Pro Kopf und Jahr geben wir in Deutschland für Blumen einiges mehr aus, als die gesamte Summe für öffentliche Entwicklungshilfe.

Die Vereinigten Staaten von Amerika, die Staaten aus dem ehemaligen Ostblock, Deutschland, Frankreich, England und Israel sind wohl die wichtigsten Waffenlieferanten, die die Welt mit hochmoderner Waffentechnologie ausstatten. Ein Transfer von technologischem know how für friedliche Zwecke wird bewusst verhindert.

Die USA und die Sowjetunion waren traditionell die führenden Waffenlieferanten. Auch nach dem Fall der Sowjetunion rangiert Russland hier immer noch auf dem zweiten Platz. Sorgen bereiten vor allem die nicht-staatlichen russischen Waffenlieferanten, die neu entstandene Mafia, die sogar mit Atomköpfen bestückte Raketen in der Dritten Welt angeboten und sogar verkauft haben soll.

Die westeuropäischen Staaten Frankreich, England, die Bundesrepublik Deutschland und Italien sind am aktivsten im Waffenhandel mit der Dritten Welt. Die weiteren Waffenexporteure sind Tschechien und die Slowakei, Polen, Nordkorea, Brasilien, Spanien, Südkorea, die Schweiz und Israel. Israel, das kleinste Land im Nahen Osten, hat sich mit dem Waffenhandel ein Imperium aufgebaut. Damit hat Israel nicht nur wirtschaftliche Macht erlangt, sondern auch politischen Einfluss auf Länder der Dritten Welt, die meist nicht zum arabischen Lager gehören."

WIE FRIEDLICH IST DER DEMOKRATISCHE STAAT ISRAEL?

M oses: *„Du sollst nicht töten.* Du sollst auch das Werkzeug dazu nicht herstellen, und vor allem sollst Du nicht damit Handel treiben!"

Abraham: „Ach Moses, erzähl uns keine Märchen, wenn ich hier die traurigen Fakten darlege."

Moses: „Ich habe leider auch nichts Erfreuliches zu berichten. Jeder, der sich mit Israels Geschichte beschäftigt, der wird selbstverständlich mit den Besonderheiten des Staates Israel konfrontiert werden. Ein Staat als Zufluchtsstätte der Überlebenden des Holocaust. Ein Staat als Symbol der menschlichen Solidargemeinschaft gegenüber Nazideutschland. Ein Staat als Gedenkstätte menschlicher Intoleranz und Grausamkeit. Ein Staat, der Sympathie, Solidarität und Wiedergutmachung verdient. Aber gerade dieser Staat muss aus der Geschichte Lehren ziehen und friedfertig sein, und als Achtung und Mahnung für die Welt jegliche Gewalt ablehnen. Zu Ehren der sechs Millionen Juden im Holocaust. Dies gilt auch für die arabischen Staaten und vor allem für die Palästenenser. Auch sie sollten mit Frieden und nicht mit Gewalt, beharrlich, standhaft aber friedlich für ihre Rechte kämpfen, einen Dialog suchen und keinen hinterhältigen Krieg.

Israel müsste gerade aus dieser geschichtlichen Erfahrung heraus ein Mekka des Friedens und der Freiheit, ein Ort der Ehrfurcht vor dem Menschenleben, eine Stätte der Solidarität mit den benachteiligten Minderheiten und den unterentwickelten Ländern der Dritten Welt sein. Israel müsste die Kultstätte der Menschenrechte sein. Die Gedenkstätte für den Holocaust, Yad Vashem, scheint mir eher eine Repräsentationsstätte zur Erinnerung an die Greueltaten des Holocaust zu sein und nicht ein Mahnmal für die Respektlosigkeit gegenüber den Andersdenkenden. Denn was die Deutschen den Juden angetan haben, geht nicht nur diese beiden Völker, sondern die ganze Menschheit etwas an. Wir Menschen müssen immer wieder daran erinnern, dass wir alle versagt haben, als es darum ging, Menschenmögliches, Solidarisches zu tun, damit so etwas nicht geschehen konnte. Aber handeln wir alle so, dass so etwas nie wieder passieren kann?

Die israelische Politik ist unverwechselbar imperialistisch, wie die Politik der Industrieländer, wenn es darauf ankommt profitable Waffengeschäfte in der Dritten Welt zu machen.

Die Unterstützung von diktatorischen Regimen und die damit verbundene Unterdrückung von Völkern und Minderheiten ist ein elementarer Bestandteil in der israelischen Außenpolitik. Israelische Militärberater sind in fast allen Krisen- und Konfliktregionen der Welt präsent. Und die Israelis scheuen sich nicht, dies auch noch als Entwicklungshilfe zu deklarieren. In den folgenden Ländern waren und sind die Israelis offiziell oder inoffiziell mit Waffen und militärischer Ausrüstung, oder mit Beratern und Ausbildern engagiert: in Südafrika, im Iran, in Nicaragua, in El Salvador, in Guatemala, in Haiti, in Namibia, in Äthiopien, in Taiwan, in Indonesien, auf den Philippinen, in Chile und in Bolivien.

Benjamin Biet-Hallahmi beleuchtet in seinem Buch *Schmutzige Allianzen. Die geheimen Geschäfte Israels* die unbehelligt durchgeführten Waffengeschäfte der Israelis in der Dritten Welt: *Als vor einiger Zeit die an der Iran-Contra-Affäre Beteiligten bekannt wurden, geriet neben der Reagan-Administration und dem amerikanischen CIA auch Israel, als einer der Hauptakteure, in den Blickpunkt des Interesses. Die Weltöffentlichkeit registrierte voller Verblüffung mit welcher Skrupellosigkeit der Staat in Nahost sich selbst mit seinen Feinden verbündete, sofern nur irgendein Nutzen erkennbar wurde.*

Dem Iran wurden ebenfalls Waffen verkauft, um das Regime der Mullahs sowohl gegen Saddam Hussein als auch gegen die innere Gefahren der demokratischen Konterrevolutionäre zu unterstützen. Und mit Geldern aus diesem amerikanisch-israelischen Waffengeschäfts, wurden dann die *Contras* unterstützt, eine Organisation, die 1981 vom amerikanischen CIA gegen die sandinistische Freiheitsbewegung in Nicaragua aufgebaut wurde.

Israel ist im Besitz von Atomwaffen, und dies ist ein Grund für die Menschheit, sich Sorgen zu machen. Denn bisher hat Israel nicht gezeigt, dass seine Politik berechenbar wäre."

Jesus erinnert an die ungerechte Haltung der Demokraten in Europa: „Am 24. März 1999, am selben Tag als die NATO die Waffenarsenale gegen Jugoslawien mobilisierte und die militärischen Ziele in diesem Land bombardierte, entschieden die Lords in London, den ehemaligen chilenischen Diktator Augusto Pinochet an die spanische Justiz auszuliefern. Was für ein Zufall. Diese Entscheidung ist den Lords nicht leicht gefallen, wenn man bedenkt, dass seit Jahrhunderten gerade die Frage nach der wahren Gerechtigkeit von diesen ehrenwerten Demokraten mit Füßen getreten wurde. Menschenrechte und internationale Gesetze werden von den westlichen Ländern mit unterschiedlichen Maßstäben praktiziert. Wenn die Staaten der Industriewelt einen kleinen Taschendieb nach der Festnahme und Verurteilung einsperren, wie können sie dann gleichzeitig zulassen, dass Schwerverbrecher und Diktatoren nach der Erledigung der politischen und wirtschaftlichen Geschäfte in Palästen und Schlössern von gekrönten und nicht-gekrönten Staatsoberhäupter empfangen werden und diplomatische Immunität genießen?

Die noch bestehenden Königshäuser dienen als Marionetten ihrer demokratischen Regierungen. Die englische Königin Elisabeth ist ein Musterbeispiel für das Oberhaupt eines demokratisch regierten Landes, das fast alle Herrscher und Staatsoberhäupter der Welt mit offenen Armen empfängt; denn es geht um das Interesse des Königreiches. Mal gibt sie ein Essen zu Ehren von Elena und Nicolae Ceaucescu, mal einen Empfang für König Feisal von Saudi-Arabien. Und die Politiker der Bundesrepublik empfangen Staatsoberhäupter und Politiker, die in ihren Heimatländern terroristische Regime unterhalten, aus wirtschaftlichen Interessen.

Es war höchste Zeit, dass die englischen Lords mit ihrer Entscheidung ankündigten, dass Massenmörder und Diktatoren als Staatsoberhaupt nicht mehr Gäste des Britischen Empire sein können.

Die Befürworter jeglicher internationaler Intervention im Namen der UN fordern zu Recht, dass die Staaten von nun an auch innerhalb ihrer eigenen Grenzen nicht mehr mit ihren Bürgern machen können, was sie wollen. Nach Meinung der internationalen Gemeinschaft folgt aus der Definition von Souveränität nicht, dass Staaten das Recht haben, ihre Staatsbürger wegen ihrer Religion oder Abstammung zu diskriminieren. Einem Staatsoberhaupt ist es nicht gestattet, unter dem Mantel der inneren oder äußeren Sicherheit, Minderheiten zu schikanieren oder zu vertreiben, auch dann nicht, wenn diese Staatsoberhäupter von der Mehrheit des Volkes gewählt worden sind. Dort, wo die Menschenrechte des Einzelnen oder einer Minderheit missachtet werden, ist jedes Mittel recht, um das Unrecht zu verhindern. Hier auf Souveränität zu pochen ist absurd. Das darf nicht geduldet werden.

Das Dilemma der Menschenrechtssituation liegt darin, dass alle Institutionen, die diese Rechte garantieren sollen, entweder selbst eine fragwürdige Legitimität besitzen, wie zum Beispiel das Europäische Parlament, das durch die Korruption seiner Kommissare in Verruf gekommen sind, oder aber keine funktionelle Macht besitzen, wie die UNO. Also, wer hat das Recht, wen zu kontrollieren; oder wer gibt wem das Recht, ein Land auf militärischem Weg zu demokratisieren?

Gerade die einflussreichen Industrieländer sind es, die die Funktion und Machtbefugnisse der Vereinten Nationen durch ihr Vetorecht in Frage gestellt haben. Wenn heute irgendwo auf der Welt die Interessen der Industriewelt gefährdet werden, dann wird sofort mit militärischen Mitteln versucht, im Namen der UNO, die Rechte der Industrieländer zu verteidigen."

Abraham: „Die USA und Großbritannien sind sich immer einig. Frankreich beteiligt sich unter bestimmten Bedingungen. Und auch Deutschland hat, vor allem unter der rot-grünen Regierung, *militärische Verpflichtungen* übernommen.

Mehr als vierzig Jahre lang haben SPD-Politiker gerade solche Absichten der konservativen Unionspolitiker bekämpft. Aber die Neulinge, die ehemaligen Pazifisten von der Partei der Grünen, haben die Pläne von der Zusammenarbeit mit der Weltmacht nun verwirklicht. Jetzt diktiert eine Militärmacht unter Führung der USA und unter Mitwirkung ehemaliger Pazifisten aus Deutschland, wer in der Welt zu regieren hat und wer nicht. Zum Beispiel durch einen Angriff auf Jugoslawien.

Aber als die Kriegsmaschinerie der NATO mit ihren Präzisionswaffen die jugoslawische Armee nicht zerschlagen konnte und als die getroffenen Militärobjekte sich als Attrappen und Tarnelemente entpuppten, begann der Krieg gegen zivile Einrichtungen. Die Machdemonstrationen der alliierten Luftwaffe mit mehr als 36 000 Einsätzen an 78 Tagen hatte in Wirklichkeit Milosevic nicht ernsthaft gefährden können. Und warum er sich dann doch für den Rückzug entschieden hatte, konnten die Militärs auch nicht beantworten.

Das gesamte Waffenarsenal der Amerikaner und Europäer hat nur 15 Panzer der serbischen Armee vernichten können. Dagegen waren die Tag- und Nachteinsätze gegen die zivile Einrichtungen sehr erfolgreich. 115 Industrieanlagen, öffentliche Einrichtungen wie Funk und Fernsehen, die Strom- und Wasserversorgung, Krankenhäuser, Wohnhäuser, ja sogar Botschaftsgebäude, wie zum Beispiel das der chinesischen Botschaft, wurden dabei nicht verschont."

Dazu Buddha: „Dieser Krieg war, genauso wie der Krieg im Irak, eine schmutzige Kraftprobe, bei der alle Waffen eingesetzt wurden, die der Allianz zur Verfügung stehen.

Wasserstraßen, Boden und Ackerland wurden vergiftet. Die Industrie und die Wohnräume ziviler und unbeteiligter Menschen wurden vernichtet. Immer mehr Kinder leiden nun an Atemwegserkrankungen und Infektionskrankheiten, wegen der frei werdenden Gifte. Immunschwäche-Erkrankungen bis hin zu genetischen Schäden treten auf.

Doch hat der Angriff auch eine Schwächung des System Milosevic bewirkt, wie ein Auszug zeigt aus der Zeitung *Das unabhängige Licht,* die in der serbischen Stadt Kragujevac herausgegeben wird: *Unser Oberbefehlshaber hat beschlossen, die Nation aus dem Kosovo-Sieg nun in den allgemeinen Wiederaufbau zu führen, und zwar ohne das Geld aus der bösen Welt. Von allen Seiten werden wir sein liebes Lächeln zu sehen bekommen, und da man das nicht aufs Brot schmieren kann, werden wir unsere hungrigen und nackten Kinder mit Geschichten über seine glorreichen Siege ernähren.*

Ob Milosevic will oder nicht, die demokratischen Grundsätze sind auf die Dauer standhafter als nationalistische Träume. Ob allerdings diese Grundsätze mit der Überlegenheit der Macht der Kanonen und der Gewalt in der serbischen Republik implantiert werden können, ist zweifelhaft.

Hat die NATO das serbische Volk gefragt? Ist Milosevic nicht genauso vom Volk gewählt worden wie Clinton, Blair, Schröder und andere? Gibt es in allen diesen demokratischen Staaten keine Opposition? Ist es auch in diesen Ländern erlaubt, die Opposition aus dem Ausland zu finanzieren? Hatte Deutschland das Recht auf Wiedervereinigung, und darf Jugoslawien sich gegen die Zersplitterung des Landes nicht wehren? Sind nunmehr, nach dem Zerfall der UdSSR, nur noch die USA das Land der Doktrinen, das vorschreibt wie die anderen Nationen zu regieren sind? Haben Deutschland und der deutsche Politiker Schröder vergessen, dass gerade die serbische Nation unter dem Hitler-Regime am meisten unter den Völkern auf dem Balkan gelitten hat? Waren es nicht die Serben, die gegen das Unrecht des Naziregimes am meisten Widerstand geleistet haben?

Alle diese Fragen können mit *Ja* beantwortet werden, weil dies alles Tatsachen sind. Und die deutsche Politik ist revanchistisch, denn das opportunistische Kroatien, das im Zweiten Weltkrieg die faschistische Hitlermacht unterstützt hat, steht heute in der Gunst und unter dem Schutz der Deutschen. Es genießt nicht nur umfangreiche wirtschaftliche Hilfe, sondern profitiert auch von allen möglichen Mitteln und Programmen.

Der frühere deutsche Außenminister Genscher war der eigentliche Initiator der Selbständigkeit Kroatiens und Sloweniens. Der Balkankonflikt begann, nachdem erst die Deutschen und dann die Italiener die Unabhängigkeit von Kroatien und Slowenien anerkannt hatten.

Wenn der Balkankrieg *Friedenspolitik* ist, dann muss folgende Frage erlaubt sein: Warum werden die Kurden im Länderdreieck Türkei, Iran und Irak von der NATO in ihrem Streben nach Selbstständigkeit nicht unterstützt? Warum wird dieses Volk indirekt von der NATO, durch Waffenlieferungen Deutschlands an die Türkei zum Beispiel, bekämpft?

Die revolutionäre außerparlamentarische Opposition von 1968 ist heute an der Macht und praktiziert das, was sie damals bekämpfen wollte: Krieg und Unterdrückung von Minderheiten. Viele werfen der jungen Generation von heute vor, dass sie unpolitisch, ignorant und opportunistisch wäre. Die jungen Menschen würden nur an sich und ihren Konsum denken, sie hätten keinen Sinn für die Friedensbewegung. Doch wen wundert das, wenn man sieht, was aus ihren Vorbildern aus der älteren Generation geworden ist:

Heuchler, Profipolitiker und Genießer der Macht, die gerne in die Geschichtsbücher eingehen wollen.

Damals wollten sie alles besser machen. Sie wollten nie wieder Krieg, sie wollten sich für Frieden einsetzen und die Umwelt schützen. Doch nun machen sie alles schlimmer als die Konservativen. Daher bekommen sie von diesen auch viel Applaus, vor allem der grüne Außenminister, der sich in relativ kurzer Zeit zum Profi auf allen Bühnen der Politik herausgeputzt hat. Sie führen Krieg und engagieren sich nur verbal für den Frieden. Das Thema Umwelt ist das Hauptthema der Parteitage, aber nicht des politischen Handelns.

Im Kosovokrieg ist beim Einsatz von europäischen Armeen unter Führung der USA alles eingesetzt worden, was die Waffentechnologie hergibt. Erst ein Jahr nach diesem Krieg gab die NATO den Einsatz von uranhaltigen Geschossen während der Bombardierung von Serbien zu. In einem vom UN-Weltprogramm in Genf veröffentlichten Brief des NATO-Generalsekretärs Robertson teilte die NATO mit, dass insgesamt 31 000 Geschosse mit *angereichertem Uran* zur Bekämpfung von gepanzerten Fahrzeugen eingesetzt worden sind. Damit wurden etwa 10 Tonnen angreichertes Uran im Krieg freigesetzt. Die davon ausgehende Gefahr ist noch nicht abzuschätzen. Die Einwohner der betroffenen Regionen wurden erst ein Jahr nach dieser Katastrophe aufgefordert, Kindern den Zugang zu den betroffenen Gebieten zu untersagen."

Moses: „Wenn man sich wirklich für die Menschenrechte einsetzen will, dann muss man auch auf die Rechte der Unterlegenen Rücksicht nehmen.

Im Krieg gegen Jugoslawien wurde von den Europäern und den USA erklärt, dass die Menschenrechte nur durch die Bombardierung der Machtzentrale und der militärischen Einrichtungen zu verteidigen seien. Dabei hat man sich als Verbündeten eine fragwürdige Bande ausgesucht, die sich nicht davor scheute, noch brutaler und unmenschlicher mit der serbischen Bevölkerung umzugehen als die Serben gegen die Kosovo-Albaner. Unterschiedliche Banden und Gruppierungen unterhalten unter dem Namen *UCK* eine gut organisierte Drogen- und Waffenhandelsmafia in ganz Europa. Wenn man die Menschenrechte auf dem Balkan verteidigen will, dann muss man wohl mit solchen Verbrecherorganisationen zusammenarbeiten, denn jeder Krieg ist schmutzig. Aber wenn die Rechte der Kosovo-Albaner verteidigt werden müssen, dann haben auch die Serben das Recht von der NATO unterstützt zu werden.

Es wurde in Europa immer wieder zu Recht kritisiert, dass, jedes Mal wenn es um Entscheidungen über den militärischen Einsatz der UNO in einem Krisengebiet ging, die einzelnen Mitglieder des Sicherheitsrates mit ihrem Veto dagegen gestimmt haben. Daher sei die UNO keine für die neuen Sicherheitsmaßstäbe der Industrieländer effiziente Organisation.

China, auch ein Mitglied des Sicherheitsrates, darf man in diesem Zusammenhang nicht unterschätzen. Die Chinesen haben, trotz der Bombardierung ihrer Botschaft, bei der fünf Diplomaten getötet wurden, sehr gelassen reagiert. Denn China ist sich seiner neuen Aufgabe bewusst und wird in Zukunft die Rolle der zweiten Macht gelassen wahrnehmen. Dann aber werden sich die NATO und die USA fragen müssen, ob sie in Zukunft größere Probleme allein lösen können und ob sie regionale Kriege führen dürfen.

Der Sicherheitsrat der Vereinten Nationen wäre ein Garant für den Frieden und ein sicheres Instrument gegen den Krieg, vorausgesetzt, dass die Mitglieder dieser Einrichtung nicht korrupt und opportunistisch sind."

Zarathustra: „Durch die NATO-Luftangriffe ist nicht nur die Infrastruktur in Serbien zerschlagen, nein, auch die moralische Institution des internationalen Rechtes ist außer Kraft gesetzt worden. Schopenhauer weiß warum: *Die Geschichte zeigt uns das Leben der Völker, und findet nichts, als Kriege und Empörungen zu erzählen: die friedlichen Jahre erscheinen nur als kurze Pausen, Zwischenakte, dann und wann ein Mal. Und ebenso ist das Leben des Einzelnen ein fortwährender Kampf, nicht etwa bloß metaphorisch mit der Not, oder mit der Langeweile, sondern auch wirklich mit Andern. Er findet über-all den Widersacher, lebt in beständigem Kampf und stirbt, die Waffen in der Hand.*
Kein Land kann sich in der Zukunft gegen die NATO stellen, es sei denn dieses Land ist lebensmüde. Serbien hat sich aber nicht gegen die NATO gestellt, sondern es hat versucht, sich zu verteidi-

gen. Und allein dies ist ein riskantes Spiel gewesen. Außerdem wollte die NATO allen ehemaligen Ostblockstaaten, Russland eingeschlossen, zeigen, wer der Herr im Haus Europa ist.

Der Krieg ist nun beendet, das Land der Serben und Kosovaren ist zerstört. Doch schon beginnen die europäischen Großunternehmer sich ein Stück vom Kuchen der Aufbauhilfe abzuschneiden. Sie wollen helfen. Aber in erster Linie wollen sie auch verdienen.

Die NATO hat eine internationale Friedenstruppe namens KFOR gebildet, wobei auch russische Einheiten der Form halber die Blauhelme tragen. Die erste Aufgabe dieser Truppen war, neben der Sicherung der Ordnung, die schnelle Entwaffnung der UCK-Truppen.

Der deutschen KFOR-Gruppe wird vorgeworfen, mit der UCK in einer *freundschaftlichen Beziehung* zu stehen. Und, trotz Mahnungen der Beobachter, behielten die UCK-Einheiten noch lange Zeit ihre Waffen und versetzen mit Paraden die serbischen Minderheiten in Angst und Panik. Serbische Häuser wurden angezündet, Feldarbeiter wurden erschossen. Das alles geschah unter den Augen der so genannten Friedenstruppen der NATO.

Und Serbien? Jetzt, da alle anderen Bedingungen der NATO erfüllt sind, also da prowestliche Politiker in Belgrad die Macht übernommen haben und da Milosevic nach Den Haag ausgeliefert wurde, kommt die Hilfe von der NATO.

Wie viele Kinder, kranke Männer und Frauen während der Zeit der Bestrafung dafür zahlen mussten, wie viele Familien aufgrund der zerstörten Fabriken zugrunde gehen, wie viele Arbeitslose mit Almosen ihr Dasein fristen mussten, das bleibt unbekannt."

DIE INDUSTRIEWELT WILL SICH MODERNISIEREN, UM DEN ABSTAND ZUR DRITTEN WELT ZU VERGRÖSSERN

M ohammed: „Europa und die Industriewelt wollen sich um jeden Preis modernisieren, als ob sie alle anderen Probleme der Menschen überwunden und gelöst hätten. Und die Dritte Welt soll da bleiben wo sie ist, im Chaos.

Der Drang zum Modernisieren ist bei den Politikern zu einer neuen Ideologie geworden. Die Deutschen glauben, ihre Gesellschaft sei renovierungsbedürftig. Die Engländer planen neue Maßstäbe für eine moderne Welt. Die Franzosen haben diese Phase schon hinter sich. Es gibt weder Zweifel noch Abweichungen vom Programm der *high technologie*. Der überwiegende Teil dieser neuen Hysterie der Modernisierung entspringt einfach den Marktinteressen. Im Mittelpunkt aller modernen Vorstellungen steht die Wirtschaft. Was der Wirtschaft nützt, das ist modern. Was die Wirtschaft negativ beeinflusst, ist reformbedürftig. Fortschrittlich, innovativ, flexibel und anpassungsfähig soll die Gesellschaft werden. Ob die Menschen der europäischen Staaten die dauernden Veränderungen und Erneuerungen auf allen Ebenen nun haben wollen oder nicht, das steht nicht im Vordergrund der Debatten.

Man sieht, dass die Industriewelt aus den ideologisierten Gesellschaftsformen des Nationalismus und des Kommunismus nichts gelernt hat. Denn auch der Zwang zur Modernisierung wird zur Doktrin, der alles untergeordnet wird.

Im Jahr 1969 sagte Willy Brandt: *Wir schaffen das moderne Deutschland.* Er hat damit nicht gemeint, dass das Land und die Menschen sich nur auf ihre wirtschaftlichen Interessen konzentrieren sollen und den Weg zur Ausbeutung anderer Menschen und der Naturreserven gehen sollen. Er hat mit dem Satz den Doktrinen und diktatorischen Gesellschaftssystemen, wie Kommunismus und Nationalismus, eine Absage erteilt. Denn er hat mit seiner Friedenspolitik gezeigt, dass die individuelle Freiheit des Einzelnen und die demokratische Besinnung für die Zukunft der Menschheit wichtig sind. Als er in Warschau niederkniete, hat er die Menschen in Ost und West symbolisch zur Versöhnung und zum Frieden aufgerufen. Willy Brandt wollte eine Erneuerung der Individualität und eine Besinnung des Menschen auf seiner Geschichte. Sowohl die UdSSR als auch die DDR frönten dem Modernisierungswahn. Die Sowjetunion ist unter Stalin in das moderne Industriezeitalter vorgeprescht. Und die DDR, das Land der Arbeiter und Bauern, war nach der Sowjetunion der fortschrittlichste Industriestaat im Ostblock geworden."

Abraham: „Trotzdem waren die Systeme Nationalismus und Kommunismus nicht existenzfähig.

Manchmal, wenn ich mir einige Länder der Dritten Welt anschaue, denke ich, dass sogar das Unmoderne eine Bastion der Freiheit sein kann. Und wenn wir in der Dritten Welt diese positiven Aspekte beobachten, dann begreifen wir, warum der Kommunismus auch hier nicht funktionierte. Zwänge in der Gesellschaftshierarchie, die eine Berücksichtigung des Individuums und seiner Sehnsüchte nach Freiheit und Selbstbestimmung vernachlässigen, haben auf die Dauer keine Chance, eine Perspektive für die Zukunft darzustellen. Doch auch eine fortschrittliche, also moderne kapitalistische Gesellschaft kann aufgrund wirtschaftlicher Interessen ungerecht und unsozial werden.

Dass aber der Kapitalismus das richtige Rezept für die Welt der Zukunft ist und dass durch militärische Gewalt ein Land demokratisiert werden kann, das trifft sicherlich nicht zu.“

DIE SEHNSUCHT DER MENSCHHEIT NACH EINER GERECHTEN, FREIEN WELT

Zarathustra: „Was ist Gerechtigkeit? Seit den Perserkönigen Kyros und Dareios gibt es kein wichtigeres Thema in der politischen Geschichte eines Volkes als die Sehnsucht nach Gerechtigkeit.

Seit Platons Dialog über den Staat beschäftigen sich Philosophen und Gesellschaftswissenschaftler mit diesem Begriff und seiner Bedeutung für die Menschen. Fast zwei Jahrhunderte lang galt es als Symbol für moderne Menschen, dass der Staat sich um soziale Gerechtigkeit kümmerte. Die französische Revolution hat mit den fundamentalen Begriffen *Liberté, Egalité* und *Fraternité* gefordert, dass die Politik die Aufgabe habe, die Freiheit, Gleichheit und soziale Gerechtigkeit der Menschen zu sichern.

Die Gerechtigkeit kann jedoch in Gefahr sein. Die Gesellschaftssysteme der Industriewelt sind gut entwickelt; und je perfekter diese Systeme sind, desto größer ist die Gefahr von offensichtlichem oder kaschiertem Missbrauch. Es stellt sich also die Frage, ob die soziale Gerechtigkeit der Grundstein einer gerechten Gesellschaft ist, wenn man die Gerechtigkeit daran misst, dass alle Menschen auf allen Ebenen gleich sind? Wenn aber die moderne Industriegesellschaft ihre wirtschaftliche Dynamik beibehalten will, kann es eine Gleichheit, wie sie in den kommunistischen Systemen existierte, nicht geben. Eine soziale Gleichheit unter allen Umständen kann zum Hindernis für die vom Prestige der Modernisierung geprägten Welt der Industrieländer werden. Denn hier herrschen traditionell Konkurrenz, Ungleichheit und Differenz anstatt ebenbürtiger Solidarität. Gott ist nicht mit den Gerechteren, Gott ist mit den Tüchtigeren, Stärkeren, Gesünderen und Reicheren, sagt man.

Wenn die NATO-Länder von sich behaupten, sie seien demokratisch-parlamentarische Staaten mit gerechten Gesellschaftssystemen, dann sollten sie wissen, dass sie mit ihrem Krieg gegen Jugoslawien vielleicht ihre machtpolitischen Ziele erreicht haben, aber eine katastrophale Situation für die Menschen in dieser Region hinterlassen haben.

Im Mittelpunkt aller Anstrengungen der europäischen Staaten und der USA steht die Wirtschaft. Und gerade weil die wirtschaftlichen Fortschritte unter demokratischen Bedingungen möglich sind, darf man die anderen Wirtschaftssysteme in ärmeren Regionen der Welt, die in der Entwicklung sind, nicht boykottieren, sonst gefährdet man eine im Entstehen befindliche Demokratie.

Ehemalige Kolonialländer sind heute zu modernen Demokratien geworden. England und Frankreich sind stolz auf ihre Demokratien, aber sie haben keinen Skrupel, die von ihnen geplünderten Völker in ihrer Entwicklung im Stich zu lassen.

Auch andere Länder Europas waren nicht besser. Länder wie Portugal, Spanien, Italien und Holland haben die Missetaten ihrer Vergangenheit zum größten Teil vergessen.

Gerade diese Kolonialherren, die Großmachterfahrung haben, bilden den Kern der europäischen Gemeinschaft. Es ist dann auch kein Wunder, dass die Hauptakteure der europäischen Integration England und Frankreich sind, die mit aller Macht der Diplomatie die Einheit anstreben. Dass Deutschland als stärkster Wirtschaftskraft neue Aufgaben anvertraut werden, ist selbstverständlich und für die Deutschen schmeichelhaft."

Jesus: „Bevor ihr Eure Wirtschaft globalisiert, solltet Ihr wissen, dass die Probleme der Dritten Welt global sind, und dass diese Probleme auch die Industriewelt angehen.

Die Europäer vereinigten sich zu einer Großmacht, der Europäischen Union, und fördern die separatistischen Bestrebungen auf dem Balkan und in der ehemaligen Sowjetunion. Doch was verbirgt sich hinter dieser Strategie? Serbien bombardieren für Menschenrechte und Demokratie? Mit welcher Methode behandelt man die diktatorischen Regime, die jeglichen Demokratisierungsprozess unterbinden? Wer kümmert sich um weitere Krankheitsherde der Demokratie und der Menschenrechte in Russland, der Ukraine, in Rumänien und in Albanien. In allen diesen Ländern herrschen mehr oder minder diktatorische Verhältnisse. Und wenn man will, sind diese Länder alle mit Serbien vergleichbar, mit dem Unterschied, dass einige von ihnen selbständige Staaten sind, die aus dem Zersplitterungsprozess der Sowjetunion entstanden sind.

In Tschetschenien betreibt Russland Völkermord und die Demokraten in Europa lassen dies zu. Die Wirtschaftsinteressen von Russland an den Ölvorkommen in Tschetschenien verhindern die Unabhängigkeitsbestrebungen dieses Volkes. Die Europäer fanden Gefallen daran, den Vorgang dieses Separatismus zu fördern und zu beschleunigen. Mit der gleichen Taktik haben sie auf dem Balkan bisher Erfolg gehabt. Dass ein Land sich plötzlich gegen die weitere Zerlegung wehrt, können sie nicht dulden, denn eine Pufferzone zu Russland erfordert zuverlässige Partnerländer, wie Ungarn, Kroatien oder Bosnien. Staaten, die sich sowohl wirtschaftlich als auch politisch als NATO- und EU-Anwärter bis jetzt bewährt haben. Also: weder die NATO noch die USA, und damit die Industriewelt, können der Dritten Welt ein Beispiel geben."

Mohammed: „Das größte globale Problem ist das Wachstum der Weltbevölkerung!
Die Dritte Welt muss sich einen Weg zur Demokratie schaffen. Dieser Weg ist mit Sicherheit nicht der Weg den Indien und Pakistan gehen; Länder, die trotz ihrer Demokratie die Menschenrechte mit Füßen treten, aber gleichzeitig ihre atomaren Machtbedürfnisse mit spektakulärem materiellem Aufwand vorantreiben.

Dass von der einen Milliarde Inder 60–70 Prozent unter dem Existenzminimum leben, dass 60 Millionen Kinder in diesem Land als Arbeitsmaschinen missbraucht werden, interessiert dort keinen demokratisch gewählten Politiker. Dass der expansiven Zunahme der Bevölkerung nur durch Familienplanung und Vorsorgesysteme begegnet werden kann, kümmert die Verantwortlichen wenig. So wie sie sich auch nicht mit den allgemeinen sozialmedizinischen Vorsorgesystemen beschäftigen, die ja mit wenig Aufwand zu realisieren wären. Manchmal bekommt man gerade in diesen beiden Ländern den Eindruck, dass die hohe Kindersterblichkeitsrate von 115 pro 1 000 Geburten als eine Lösung für die katastrophalen Verhältnisse angesehen wird, dass das Bevölkerungswachstum als ein Ventil zur Selbstregulierung angesehen wird. Diese primitive und inhumane Rechnung geht aber nicht auf. Denn man sieht, dass Indien nun die Schwelle zur Milliarde Menschen überschritten hat und nun, nach China, die zweite Position der bevölkerungsreichsten Länder übernommen hat.

Während zu Beginn unseres Jahrhunderts 1,8 Milliarden Menschen die Erde bevölkerten, sind es heute bald 6 Milliarden, die auf diesem Planeten auf der Suche nach den für den Menschen notwendigen Lebensbedingungen sind. Der jährliche Zuwachs von 90 bis 100 Millionen Menschen gibt weiterhin Anlass zur Sorge. Das Bevölkerungswachstum ist ein gefährliches Problem, das zwar hauptsächlich durch die Bevölkerungsexplosion in der Dritten Welt verursacht wird, das aber durch ehrliche und humane Hilfe der Industrieländer lösbar wäre.

Das Ignorieren und Verdrängen dieses Problems durch die Industriewelt ist kurzsichtig. Hin und wieder sterben Hunderttausende Menschen in der Dritten Welt durch Naturkatastrophen wie Erdbeben und Überschwemmungen, oder durch Kriege. Millionen Menschen sterben an Infektionskrankheiten und wegen mangelnder medizinischer Versorgung. Genauso viele sterben durch Hunger und Unterernährung. Doch all dies scheint für die wohlhabenden Länder als *natürliche Gleichgewichtsregulierung* der Ansatz zur Lösung für die Bevölkerungsexplosion zu sein. Man darf jedoch nicht vergessen, dass trotz aller Katastrophen und Kriege, die Kurve der Bevölkerungszunahme immer noch steigende Tendenz aufweist, und dass die dadurch entstehenden Probleme globale Folgen haben und auch die Industrieländer angehen."

Buddha: „Die Industriewelt beutet mit rasanter Geschwindigkeit die Naturreserven von Boden, Wasser und Wäldern aus. Die Ausbeutung und Vernichtung von Naturressoursen in manchen Regionen der Welt ist katastrophal. Die ständige Vernichtung fruchtbarer Böden und die Zerstörung von Urwäldern durch Brand und industrielle Ausnutzung, was das Klima nachhaltig negativ beeinflusst, ist die eine Folge der Entwicklung, die durch die kapitalistischen Gesellschaftssysteme verursacht wird. Außerdem zerstört die Dritte Welt durch Unwissenheit, durch den großen Bedarf an Nahrung und Rohstoffen und durch den Überlebensdrang, der mit Ausbeutung und Vernichtung der Umwelt verbunden ist, zwangsläufig den eigenen Lebensraum. Die Folgen sind ökologische Katastrophen, Völkerwanderungen und politische Spannungen.

Die Europäer brauchen nicht weit zu gehen, um diese Auseinandersetzung in anderem Maßstab in Osteuropa zu betrachten. In den NATO-Staaten hat man sich kaum Gedanken darüber gemacht, dass der eigentliche Grund der Auseinandersetzung zwischen Serben und Albanern im Kosovo auch ein ökologischer Existenzkampf war, der durch das Bevölkerungswachstum der Albaner und die damit verbundene Einengung der Lebensräume und eine Verschlechterung der Versorgung entstanden ist. Die Serben im Kosovo beriefen sich auf historische Rechte und verdrängten die Albaner mit Duldung und Unterstützung der orthodoxen Kirche. Die ethnische Säuberung von der moslemischen Mehrheitsbevölkerung wurde als Lösung auch der ökologischen Probleme angesehen. Im Grunde hat die explosive Zunahme der Bevölkerung im Kosovo dazu beigetragen, dass der fruchtbare Boden, auch durch die Industrialisierung, nicht mehr für die Masse ausreichte. Die Folgen waren nicht nur der Konflikt, sondern auch die Auswanderung in andere Länder der Welt.

Die NATO hat den ethnischen Konflikt zu Lasten der Serben gestoppt, aber die ethnische Säuberung von den Serben durch die Kosovo-Albaner hat gerade erst begonnen."

Zarathustra: „Überall, in Europa, Afrika oder Asien, ist symptomatisch zu erkennen, dass Spannungen und Konflikte entstehen, wenn das Angebot der Wirtschaftsgüter den durch das Bevölkerungswachstum entstandenen Bedarf nicht decken kann.

Gerade weil 98 Prozent des Bevölkerungswachtums in den Entwicklungsländern stattfinden, und weil die Industriewelt noch nicht erkannt hat, dass die Globalität dieses Dilemmas ein Grund wäre, um zu helfen, muss die Dritte Welt sich selbst so schnell wie möglich mit neuen Strategien der Familienplanung vor dem Abrutschen in die Katastrophe bewahren.

In vielen Regionen der Dritten Welt hat der Mann als Familienoberhaupt die Funktion, dass er sowohl die Familienplanung als auch die religiöse und kulturelle Erziehung bestimmt. Er entscheidet über die Zahl der Kinder. Er sichert seine *Rente* mit der Anzahl der Kinder. Verluste infolge der hohen Kindersterblichkeit werden einkalkuliert.

Das UN-Kinderhilfswerk schätzt, dass weltweit fast eine Milliarde Mädchen nicht zur Schule gehen dürfen. In einigen nicht-islamischen Ländern, wie zum Beispiel in Thailand sichert manchmal sogar Kinderprostitution den Familienunterhalt.

Aufklärung und der Zugang zu Verhütungsmitteln werden in islamischen Ländern, gerade wegen der Rolle des Mannes als Pascha und Oberhaupt der Familie, und in den christlichen Ländern wegen der vatikanischen Verordnungen, verweigert. Die Folgen sind, dass Kinder selbst Kinder bekommen, dass Kinder ihre Kindheit mit dem Verkauf ihres Körpers nicht als Kind, sondern als lusterzeugendes Spielzeug perverser europäischer Touristen erleben. Weitere Folgen sind Infektionskrankheiten, die in Afrika, Ostasien und Südamerika zur katastrophalen Verschlechterung der sozialen Lage führen."

Dazu Moses: „Immer mehr Menschen brauchen immer mehr Vorräte auf dieser Erde. Immer mehr Menschen zerstören immer mehr Wälder. Viele internationale Studien weisen darauf hin, dass das Weltbevölkerungswachstum den Wohlstand auf der Erde gefährdet, was eine ernste Bedrohung für die lebenswichtige Versorgung des Menschen darstellt.

Hier sind zwei Aspekte, die einer Erörterung bedürfen. Zum einen: Wessen Wohlstand ist gefährdet? Und zum anderen: Wer zerstört die Wälder?

Nehmen wir als Beispiel ein erfolgreiches, wohlhabendes Land mit vernünftiger sozialökonomischer Politik wie Deutschland, das nicht nur waldreich, sondern auch bevölkerungsreich ist. In diesem Land ist nach dem Zweiten Weltkrieg durch Pflege und Aufforsten des Waldes vieles wieder aufgebaut worden. Die Waldfläche pro Kopf der Bevölkerung ist durch massiven Einsatz, trotz Umweltschäden und erhöhtem Holzverbrauch, nicht vermindert worden. Deutschland ist aber gleichzeitig einer der größten Holz- und Edelholzimporteure aus der Dritten Welt.

Neuen Untersuchungen nach ist die Waldfläche pro Kopf der Weltbevölkerung seit 1960 um die Hälfte auf heute 0,6 Hektar zurückgegangen. In manchen Regionen der ehemals waldreichen Dritten Welt gibt es überhaupt keine grünen Wälder mehr. Der Holzverbrauch auf der Welt ist von 1960 bis 1995 um 60 Prozent auf über 3,3 Milliarden Kubikmeter gestiegen."

Mohammed: „Von bald 6 Milliarden Menschen leben mehr als 1,7 Milliarden in Ländern der Dritten Welt, denen UN-Experten eine Waldfläche von weniger als 0,1 Hektar pro Kopf zurechnen. Länder wie Afghanistan, Indien, Algerien und Pakistan haben diesen Wert schon unterschritten und tun doch nichts dagegen.

Auch einige reiche wohlhabende Industrieländer, wie zum Beispiel England und Belgien, sind nahe der Katastrophe. Aber sie können, um eine Katastrophe im eigenen Land zu vermeiden, ihren Bedarf durch Holzimporte aus anderen Regionen der Welt decken; denn der hausgemachte Industrialisierungsprozess ist nicht mehr zu stoppen, und die vom Wohlstand Verwöhnten sind nicht anders zu versorgen. Noch kann nicht alles aus Metall und Edelmetall hergestellt werden. Jedoch vielleicht in der Zukunft!

Die Prognosen für die Entwicklungsländer sind düster. Durch das Wachstum der Bevölkerung und durch den ständigen Mehrverbrauch wird die Waldfläche extremer als bisher zurück gehen. Holz ist zum Beispiel für fast drei Milliarden Menschen die Hauptenergiequelle zum Heizen und Kochen. Holz wird als Baumaterial in allen Bereichen des Lebens eingesetzt, und gleichzeitig werden Wälder vernichtet, um Acker- und Weideland zu gewinnen.

Für die Industrieländer dagegen wird eine bessere Zukunft prognostiziert. So wird von der US-Organisation *Population Action*

International in Washington eine relative Zunahme des Waldbe-
standes von 0,1315 Hektar pro Kopf auf 0,134 Hektar geschätzt.
Auch die Abnahme der Bevölkerungszahl spielt hier als positiver
Effekt eine Rolle. Während die Industrieländer ihre Probleme
rechtzeitig erkennen und präventieren, meist auf Kosten der
Naturreserven der Entwicklungsländer, bleiben diese Länder in
dem Bereich untätig. Das Handeln der Industrieländer ist hierbei
unverantwortlich, denn Wälder sind wichtig zur Erhaltung des
Klimas auf unserer Erde. Sie geben Schutz vor Bodenerosion,
Überschwemmungen und Lawinen. Wälder regulieren unseren
Sauerstoffhaushalt, reinigen das Regenwasser und somit das
lebensnotwendige Grundwasser. Sie erhalten Biotope und schützen die Lebensräume für Pflanzen und Tiere. Wälder sind unsere
besten Wasser-, Klima- und Kläranlagen.
In vielen Entwicklungsländern wie Eritrea, Somalia, Haiti oder
Jemen wird wegen der Korruption der politischen Klasse nicht
einmal wahrgenommen, dass Naturkatastrophen die Zukunft und
die Existenz der kommenden Generationen bedrohen. Eine vernünftige Politik, die durch Verbesserung der Bildung, durch Familienplanung, Hygiene, Vorsorge und Verhütung bestimmt ist,
könnte in solchen Ländern einerseits die Geburtsrate kontrolliert
senken. Andererseits könnten durch Aufforsten und neue Ansätze
in der Rekultivierung der brachliegenden Wüstenlandschaften die
bisherigen Fehler wieder gut gemacht werden.
Hierbei wären die Industriestaaten gut beraten, wenn sie unver-
bindlich und ehrlich helfen würden. Denn dieses Dilemma ist ein
globales Dilemma, das uns alle angeht. Bevor wir versuchen, mit
dem Aufwand von Tausenden Milliarden Dollar, den Mars be-
wohnbar zu machen, sollten wir nicht zulassen, dass die Erde
unbewohnbar wird."
Jesus: „Die Demographen schätzen, das im Jahr 2050 8,6 Milliarden Menschen auf der Erde leben werden. Andere Prognosen
gehen von 11 Milliarden aus. Dies ist kein Grund zur Panik für die
Industrieländer, da sie sich einen anderen Planeten erobern wollen.
Es ist eine Menschheitspflicht, dass die Gelder, die für solch
phantastische Ziele verpulvert werden, hier auf der Erde eingesetzt werden, um der Menschheit eine Chance zur weiteren Exis-

tenz zu ermöglichen. Für eine wirksame Bevölkerungspolitik in den Entwicklungsländern ist viel Geld notwendig. Warum wollen wir nicht brüderlich sein, ob wir nun Christen, Juden, Mohammedaner oder Buddhisten sind, und für unseren Nächsten etwas tun? Die bisherigen Beiträge der Industriestaaten im Kampf gegen die Bevölkerungsexplosion sind dürftig. Und solange die Entwicklungsländer sich in ihrer sozioökonomischen und politischen Planung allein gelassen fühlen, solange müssen wir befürchten, dass sowohl das Bevölkerungswachstum als auch der Missbrauch von Naturressourcen nicht aufgehalten werden. Nur mit dem ernsthaften Beistand der Industriewelt können diese universalen Probleme bekämpft werden."

Moses: „Erasmus ist der Meinung: *Durch Einigkeit erhalten auch schwache Kräfte Verstärkung.*"

TERRORISMUS

A braham: „Kehren wir ins Mittelalter zurück? Mord und Terror sind keine neuen Methoden im Kampf gegen Unrecht. Selbstmordattentäter sind junge verzweifelte, überwiegend gebildete Menschen, die sich als Idealisten und sozioökonomische Soldaten im Krieg gegen Armut, Rückständigkeit und Diskriminierung sehen. Alle drei monotheistische Weltreligionen, Islam, Christentum und Judentum, lehnen die Gewalt in ihrer Morallehre ab, aber immer wieder greifen Gläubige aus religiösem Eifer, aufgehetzt von fanatischen Priestern, unter Einsatz des eigenen Lebens die Andersdenkenden an."

Buddha: „Wer verbreitet Hass und Feindseeligkeit?"

Zarathustra: „Es fehlt in der Welt an Moral, Ehre und Freundschaft! In Euren heiligen Büchern, der hebräischen Bibel, dem christlichen Neuen Testament und dem islamischen Koran, ist nicht nur von dem einzigen Gott und der Nächstenliebe die Rede, sondern auch von Gewalt. Im Koran und in der Bibel wird zwar von einem gütigen Gott und von Friedfertigkeit gesprochen. *Liebe deinen Nächsten wie dich selbst,* steht in der hebräischen Bibel. Doch gibt

es in der Bibel auch Aussagen, die unverhohlen zur Gewalt aufrufen. Wie sollen die Menschen mit Parolen umgehen, die von Intoleranz und Gewaltbereitschaft geprägt sind? Oder mit Sätzen wie: *Ich bin gekommen, um den Sohn mit seinem Vater zu entzweien und die Tochter mit ihrer Mutter.*
Ich bin nicht gekommen, Frieden zu bringen, sondern das Schwert. (Matthäus 10, 34)
Und der unfriedlichste Satz in der alttestamentarischen Bibel motiviert nicht gerade zum Frieden und lässt an der Friedfertigkeit der Kirchen zweifeln: *Auge um Auge, Zahn um Zahn. (2. Buch Mose 21, 24)*

Die blutigen Auseinandersetzungen, die seit mehr als vierzig Jahren zwischen Juden und Muslimen in Palästina stattfinden, sind mehr politischer Kampf der Palästinenser für ihre Heimat und Selbstbestimmung als ein religiöser Krieg. Doch gibt es Kriege zwischen Muslimen und Christen in Indonesien zum Beispiel, oder zwischen Katholiken und Protestanten in Nordirland, die von fanatischen religiösen Fundamentalisten geführt werden.
Die Fundamentalisten aller Religionen wollen die, ihrer Meinung nach, profanen und unsozialen, globalisierten Gesellschaftssysteme wieder auf sakrale Fundamente stellen."

Mohammed: „Nachdem die Industriewelt nur für eine Minderheit der Menschen auf der Erde ein menschenwürdiges Leben ermöglicht, könne nur ein Gottesstaat den Benachteiligten aus der Misere helfen. Je intelligenter und gebildeter diese Fundementalisten sind, desto präziser und gefährlicher können sie ihre Wut und ihre Frustation in zerstörerische Dynamik umsetzen.
Die Behauptung, dass die islamischen Fundamentalisten mit der Verkündung ihres Dschihad die Welt mit der Islamisierung vor den Bösen und Andersgläubigen retten wollen, ist falsch. Sie wollen vielmehr durch eine fundamentale Änderung der islamischen Gesellschaft oder durch eine Re-Islamisierung die Länder zur Umkehr zwingen, die ihre islamische Religion modernisiert sehen wollen. Dabei dulden sie keine Einmischung durch imperialistische Mächte.
Manche westliche Medien prophezeien einen Kampf der Kulturen und eine Rückkehr ins Mittelalter. Denn im Kampf gegen die Aus-

beutung und Unterdrückung der Völker der Dritten Welt ist Hass die Parole aller terroristischen Bewegungen. Armut und Rückstände im sozioökonomischen Bereich schüren den Hass zusätzlich.

Doch trotz der Geschehnisse und der vielen getöteten Menschen ist keiner bereit, darüber nachzudenken, warum dies alles geschieht. Warum bringen fast jeden Tag junge Menschen aus den palästinensischen Lagern sich selbst und andere Menschen um? Sind das alles Geistesgestörte oder sind es nur Fanatiker? Wer ist schon bereit, sich selbst für seine Lebensideale umzubringen, um die Welt auf sich und die Probleme der Dritten Welt aufmerksam zu machen?

Die Geschichte wird davon berichten, dass die, die am 11. September 2001 die USA attackierten, Terroristen waren, Selbstmordattentäter, Fanatiker und Islamisten. Wenn so berichtet wird, dann geschieht das, was bisher immer in der Geschichte der Menschheit geschah: sie wiederholt sich mit Wahrheiten, Irrtümern und Unwahrheiten. Eine Ursachenforschung, Aufklärung und Prävention findet nicht statt.

Weder die schweigende Mehrheit der Menschen in Europa, noch die patriotisch halluzinierenden Massen in den USA wissen, warum an diesem Tag, dem 11. September 2001, die Symbole des Kapitalismus wie ein Kartenhaus zusammenbrachen. Doch der Ruf nach Rache und Vergeltung hat dem amerikanischen Präsidenten politisches Profil verschafft. Die Regie der amerikanischen Politik hat aus einem nicht unbedingt intelligenten Präsidenten einen Weltverbesserer und bewunderten Star gemacht. G. W. Bush genießt nun seine Rolle und ist den Terroristen dankbar dafür, dass sie aus ihm einen beliebten Marshall der Gerechtigkeit gemacht haben.

Die Welt der Reichen hat sich schnell geeinigt und mit militärischer Kraft ein Land besiegt, das seit mehreren Jahrzehnten vom Krieg heimgesucht wurde. Die barfüßigen Taliban-Herrscher wurden davon gejagt, und ein Satellitenregime im Namen der Demokratie wurde installiert. Von Osama bin Laden aber, dem angeblichen Terroristenführer, gibt es keine Spur.

Osama bin Laden fühlt sich als Robin Hood der Unterdrückten, oder vielleicht auch als Samson unserer Zeit. Denn Samson war der erste Selbstmordattentäter der abrahamistischen Religionsgeschichte. Ein Jude, der sich 1200 Jahre vor Christus gegen die Herrschaft der Philister erhob. Auch in jener Zeit haben die Machthaber und Stärkeren nicht nach den Ursachen der Wut der aufständischen und verzweifelten Israeliten gesucht.

Der von Natur aus mit besonderen Kräften begnadete Samson wagte es, sich mit der Besatzungsmacht anzulegen. Er wäre unschlagbar gewesen, hätte Delila nicht das Geheimnis seiner Stärke verraten. Im Schlaf ließ sie Samson den Kopf scheren, damit er von den Philistern überwältigt werden konnte. Doch das war den Philistern noch nicht genug. Sie stachen ihm die Augen aus und zwangen ihn, den Gefangenen, in Gaza die Mühlräder zu drehen.
Doch Samson gab nicht auf. Seine Augen hatte er für immer verloren, aber nicht seine Kräfte: Denn die Haare wuchsen nach, und er wartete auf die Stunde der Rache. Bei einer Opferfeier für den Philistergott Dagon wurde der Blinde zur Belustigung des Volkes in die Arena geschickt.
Im *Buch der Richter* steht geschrieben: Der Attentäter ließ sich zu den Mittelsäulen des Tempels führen. Er betete: *Denk an mich, und gib mir noch einmal Kraft.* Er stellte sich zwischen die beiden Hauptträgersäulen des Gebäudes, als ob er wusste, dass statisch gesehen das Ganze nur so aus dem Gleichgewicht gebracht werden konnte: Er stemmte sich gegen die Säulen. Gegen die eine mit der rechten Hand, gegen die andere mit der linken. Er sagte: *So mag ich denn zusammen mit den Philistern sterben.* Er streckte sich mit aller Anstrengung, und das Haus stürzte über dem Fürsten und allen Leuten, die im Tempel waren, zusammen. Dabei starben etwa dreitausend Männer und Frauen. Der Selbstmordattentäter denkt nicht daran, ob er Unschuldige tötet."

Und Buddha: „Die globale Gerechtigkeit in der Welt könnte auch eine globale Sicherheit herbeiführen. Aber weil das nicht so ist, und weil die westliche Welt lieber einen symptomatischen Krieg führt, statt präventive Maßnahmen für den Frieden durchzuführen, gibt es auch im Zeitalter der Moderne das, was es im Mittelalter gegeben hat: Krieg.
Wer Menschenblut vergießt, dessen Blut wird durch Menschen vergossen. (1. Buch Mose 9, 6)

Selbstmordattentäter sind fanatische Selbstlose, die von diesen irreführenden Botschaften geprägt wurden.

Der jüdische Geschichtenschreiber Flavius Josephus beschreibt *unheimliche Leere* als die Römer am frühen Morgen die Schanzen mit Fallbrücken überwunden hatten. *Sie konnten sich nicht vorstellen, was geschehen war.* Die gespenstische Stimmung auf dem Felsplateau: neunhundertsechzig Männer, Frauen und Kinder hatten statt der Gefangenschaft den Freitod gewählt. Solche Rituale für einen gemeinsamen Freitod werden auch heute von modernen, irregeführten Sektenmitgliedern unterschiedlicher Glaubensrichtungen praktiziert.

In allen Religionen wird vom heroischen Widerstand gegen das Unrecht gesprochen. Wenn dies so ist, dann töten die Selbstmordattentäter immer noch im Namen Gottes."

Jesus: „Das Phänomen des Terrorismus wird heute geprägt von ideologischen Überzeugungen, und die Methoden sind viel intelligenter als vor über dreitausend Jahren.

Die Jünger Samsons sind heute moderne Intellektuelle, die erst denken und planen, um dann mit Hilfe von Meditation und Glauben sich auf ihre Aufgabe zu konzentrieren. Ihre geistigen und physischen Kräfte werden auf ein Ziel gesteuert. Dabei ist der Selbstmord, als Aggressionsumkehr gegen sich selbst, primär schon geschehen. Die zerstörerische Dynamik nach außen, und damit die Erfüllung des himmlischen Auftrags, erlangt im Affekthaushalt die Überhand. Nichts, keine Macht auf der Erde, kann die getroffene Entscheidung nun noch ändern. Ein Suizid für Gott und die benachteiligten Menschen kann selbst die erste Macht der Welt auch in der Zukunft nicht verhindern, vor allem nicht mit den bisherigen Mitteln.

Eine Parole hat bis heute nur Unheil und Tod gebracht, nicht nur für die Juden, auch für ihre Gegner:

Auge um Auge, Zahn um Zahn. (2. Buch Mose 21, 24)"

Zarathustra: „Das World Trade Center war für die Selbstmordattentäter eine Herausforderung, denn die Türme dieses Wolkenkratzers waren gewappnet dafür, gewaltigen Kräften Widerstand zu leisten."

Mohammed: „Auch hier ging es, wie damals bei Samson, darum, die Statik der 417 Meter hohen Türme aus dem Gleichgewicht zu

bringen, die 1973 als Macht- und Prestigezentrum der Industriewelt eingeweiht worden waren.

Diese insgesamt 900 Tonnen schweren Zwillinge der Kapitalmacht beherbergten je 110 Stockwerke und 104 Fahrstühle. 50 000
Menschen arbeiteten auf insgesamt 929 000 m² Büroflächen.

Als am 11. September um 8.45 Uhr Ortszeit eine Boeing 767 der
American Airlines in den Nordturm raste, etwa auf Höhe des
80. Stockwerks, erreichten die Attentäter ihr erstes Ziel: das Wahr-
zeichen New Yorks wurde getroffen. Doch es dauerte weitere 102
Minuten, bis das Gebäude wie ein Kartenhaus zusammenbrach.
Die durch den Aufprall der Boeing frei gewordene kinetische
Energie von rund 750 Millionen Joule, die Last der Masse des
Gebäudes und die Explosion der Flugzeugtanks von 50 Tonnen
Kerosin verwandelten sich in einen Feuerball von unmessbarer
zerstörerischer Kraft.

Ja, die Attentäter hatten alles berechnet, um ihren mörderischen
Plan durchzuführen. Erst schien es, dass die Architekten recht
hatten, die einst mit Stolz beteuerten, dass nur eine Atombombe
das Bauwerk zerstören könnte: Aber mit der Hitze, mit den mehr
als 1000 Grad Celsius, die durch das brennende Kerosin entstanden, hatten die Architekten nicht gerechnet. Bereits bei 400 Grad
Celsius verliert Baustahl an Festigkeit und bei 800 Grad wird er
weich wie Gummi. Haben die Attentäter das alles gewusst?

Der südliche Zwillingsturm wird 18 Minuten später, etwa im 60.
Stock, von dem zweiten Flugzeug getroffen und stürzt noch
schneller ein. Die Anschläge setzen sich im Pentagon in Washington fort. Das Zentrum der Kriegsmaschinerie der Supermacht wird
getroffen. Die Sicherheitssituation der USA, der geografisch bedingte Schutz durch zwei Ozeane, wird binnen kürzester Zeit ad
absurdum geführt.

In dieser Phase der amerikanischen Katastrophe denken die Menschen an Rache. Die Sprüche des Präsidenten scheinen aus dem
Western zu stammen: *Krieg gegen die islamische Welt; Tod oder
lebendig; Osama bin Laden wird dafür mit dem Leben zahlen.*

Auch hier, in dieser Phase der Verzweiflung, suchen die Amerikaner nach Rache und Vergeltung. Denn für die Supermacht ist es
ein neues Gefühl, angegriffen zu werden, nachdem man als Weltgendarm immer wieder in unterschiedlichen Regionen der Welt

Krieg im Namen der freien Welt geführt hatte. Jetzt muss man der Welt zeigen, wer hier der Herr der Lage ist.

Nachdem die Taliban in Afghanistan, die angeblichen Feinde, besiegt sind, dreht Bush durch und droht Ländern mit Krieg, die nichts gegen die Amerikaner, aber gegen ihre Politik haben.

Die USA rüsten sich gegen fiktive Gefahren, wie zum Beispiel gegen Raktenangriffe aus Nordkorea, dem Iran, dem Irak oder Indonesien, und sind dabei nicht imstande im eigenen Land den Terrorismus zu verhindern. Rund 3000 unschuldige Menschen wurden bei diesen Terroranschlägen getötet, die mit Achtung und Trauer bedacht werden müssen, anstatt mit der altjüdischen Parole: *Wer Menschenblut vergießt, dessen Blut wird durch Menschen vergossen.*

Wer darf nach diesem Spruch handeln? Die Terroristen oder der Weltgendarm? Keiner! Bush und seine Machtmaschinerie im Weißen Haus handeln nach Matthäus 10, 34: *Ich bin nicht gekommen, Frieden zu bringen, sondern das Schwert.*

Dadurch wird aber nur noch mehr Unruhe gestiftet und noch mehr Blut vergossen werden. Der Präsident, der sich mit der Bibel in der Hand in der Kathedrale Gott so nahe fühlt, handelt auch nach dem Satz: *Deus lo vult (Gott will es).*

So lautete einst das Losungswort für ein mörderisches Unternehmen namens Kreuzzüge. Will G. W. Bush also gegen die Dritte Welt in den Krieg ziehen?"

Zarathustra: „*Deus non vult*, müsste es heißen, wenn wir von einem friedfertigen Gott reden wollen.

Den Amerikanern wird von der westlichen Welt die volle Unterstützung zugesichert, und eine Anti-Terror-Koalition für den Schutz von Freiheit, Demokratie und Menschenrechten in der Welt wird gebildet. Und die Solidarität ist zunächst so uneingeschränkt, dass kein Staatsmann es wagen würde, die Weltmacht zu kritisieren. Also auch keine Kritik der NATO-Mitglieder gegen die globale Ausdehnung der amerikanischen Kriegsführung auf den Irak, Nordkorea, Indonesien und womöglich auch auf den Iran? Denn die zivilisierte Welt soll mit dem Einsatz militärischer Gewalt verteidigt werden. Mit Stolz wird von der Überlegenheit des Rechtsstaates gesprochen, aber es wird barbarisch gehandelt.

Im Krieg in Afghanistan wurden bisher 231 Taliban- und al-Quaida-Kämpfer gefangen genommen und nach *Guantánamo Bay* verschleppt, einer Bucht auf der kubanischen Insel, wo die US-Verfassung nicht gilt. Denn es ist ein Militärstützpunkt, den die Amerikaner 1903 der kubanischen Nation gegen ein Almosen von 4 085 Dollar jährlich abgeluchst haben. Hier ist Niemandsland, und die Amerikaner befinden sich im Krieg.

Wenn ein amerikanischer Soldat in Afghanistan oder sonstwo in Gefangenschaft gerät, gilt er sofort als Kriegsgefangener und muss nach internationalem Recht behandelt werden, aber die Gefangenen aus Afghanistan werden von den Amerikanern als *ungesetzliche Kämpfer* bezeichnet und nicht nur unmenschlich behandelt, sondern auch erniedrigt.

Die Genfer Konvention besagt: *Jeder, der bei Kampfhandlungen gefangengenommen wird, hat als POW (Kriegsgefangener) sofortigen und vollständigen Anspruch auf Schutz des internationalen Rechts.*

Die Gefangenen in Guantánamo Bay wurden im feucht-heißen Klima in offenen Käfigen einzeln eingeschlossen. Sie wurden angekettet, Kopf und Bart wurden den gläubigen Muslimen rasiert, und transportiert wurden sie ausschließlich mit Gesichtskaputzen auf dem Kopf. All dies widerspricht der Anti-Folter-Konvention von 1984.

Die Verbündeten müssen darauf gefasst sein, dass die USA in ihrer Schlacht gegen die Dritte Welt unter dem Deckmantel *Kampf gegen den Terrorismus* noch lange nicht am Ende ihrer Aktionen sind. Sie werden, ob sie nun wollen oder nicht, mit in den Feldzug gegen die *Terroristen* hineingezogen.

Gott, wenn es dich gibt, bewahre die Menschheit vor diesem Albtraum!

Vielleicht ist der moderne Mensch zu Beginn des 21. Jahrhunderts auf dem Gipfel seiner Genialität angelangt, aber sein Geist kehrt zurück auf das rückständigste Niveau des Mittelalters."

Jesus: „Übertriebene und einseitige Solidarität bringt keinen Frieden. Deutschland will solidarisch sein, zieht mit Amerika in den Krieg. Deutschland spendet der New Yorker Feuerwehr Millionen. Wo das Geld hinkommen soll, weiß nicht einmal der New Yorker Bürgermeister Guiliani.

Und die *uneingeschränkte Solidarität* treibt absurde Blüten: Der deutsche Bundeskanzler Schröder lädt Jugendliche und Kinder wohlbetuchter Familien zu einem Deutschlandbesuch ein, die ihre Hamburger und ihre Coke am 11. September nicht wie gewohnt verzehren konnten: *Wir haben in der Nähe des WTC immer nach der Schule unsere Cheeseburger gegessen, an diesem Tag war alles anders,* so eine Schülerin. Solche Probleme hätten auch die Jugendlichen in Gaza, Ramallah oder anderswo in Palästina gerne einmal gehabt, die, seitdem sie auf der Welt sind, Tag und Nacht den Panzer-, Raketen- und Flugzeugangriffen der Israelis ausgesetzt sind!"

FÜR EINE WELT DER GLOBALISIERTEN SOLIDARITÄT MIT ZIVILCOURAGE UND FAIRNESS

Zarathustra: „Als die Menschen an etwas glaubten, an den Dualismus von Körper und Seele, an Diesseits und Jenseits, an Tod und Auferstehung, da waren sie noch bescheiden und zufrieden!

Dann kamen *klügere Menschen,* die unser Weltbild aus den Angeln hoben. Kopernikus, der einer verblüfften Welt vorführt, dass sie nicht der Mittelpunkt des Universums ist. Darwin, der nachweist, dass der Mensch nur ein Wesen unter vielen ist. Nietzsche, der erklärt, dass es keine Fakten gibt, sondern nur Interpretationen. Freud, der darstellt, dass wir den Widerspruch in uns selbst tragen. Doch keiner von ihnen hat jemals daran gedacht, sich den Göttern gleich zustellen. Und alle großen Religionen dieser Erde verheißen dem Gläubigen nach wie vor Unsterblichkeit, denn der Mensch trägt schwer an seinem Wissen von der Endlichkeit alles Irdischen.

Der Sprung der Menschheit vom späten Mittelalter in die Moderne führte zu außergewöhnlichen Erkenntnissen, die die Wissenschaftler dazu brachten, optimistisch verlautbaren lassen, dass die Lebenszeit des Menschen sich nicht nur verlängern lasse, sondern dass sie, die Wissenschaftler, in der Lage sein werden, sogar den

Tod abzuschaffen, durch einen Stillstand im Prozess des Alterns. Was waren die Menschen für glückliche und zufriedene Wesen, als sie noch daran geglaubt haben, dass es nach dem Tode eine Auferstehung oder eine Wiedergeburt gibt!

Als der Vater des abendländischen Mönchtums den Tod in seinem Lebenswerdegang kommen sah, wollte er stehend sterben, mit dem Gesicht zur Morgenröte der aufgehenden Sonne. Bis zum letzten Atemzug hielten ihn seine Klosterbrüder aufrecht, bis er das irdische Leben verließ.

Ja, diese Mönche haben daran geglaubt, dass das Sterben nicht das Ende sei, vielmehr der Anfang der Unsterblichkeit der Seele. Der Beginn einer unendlichen Glückseligkeit im Paradies, ohne Wehmut, Schmerzen oder Leid, ohne Bedürfnisse wie Hunger und Durst, in einer Gemeinschaft mit Jesus und den Engeln.

Ja, das hat man den Gläubigen versprochen, und sie waren damit glücklich und zufrieden. Doch können wir dieses Versprechen aufrechterhalten? Auferstehung, Wiedergeburt, ewiges Leben?

Nein, im Zeitalter des Realismus und der Rationalität schenken diese Parolen dem Menschen keinen Trost. Die Menschen sehen den Tod als Ende und sie glauben nicht an irgendeine Auferstehung oder Wiedergeburt.

Will der Mensch aus dem Planeten Mars den Garten Eden erschaffen? Will er deshalb um jeden Preis dort hin? Auf dem Mond hatte er ja das, was er dafür brauchte, nicht vorgefunden."

Und Buddha: „Der Mensch arbeitet an seinen Unsterblichkeitsplänen. Die Lösung dieses Phänomens gehört zu den Urträumen des Menschen.

Kein Mensch stirbt gerne, und jeder möchte noch länger leben, und wenn es ginge, am besten für immer. Selbst Jesu Sterben war nicht freiwillig. Auch er starb nicht fröhlich und heiter, weil er ins Paradies ging, sondern mit *lauten Schreien und Tränen*, wie es im Hebräerbrief berichtet wird. Der *homo sapiens* von einst ist nicht mehr der, der für sein tägliches Mahl um sein Leben fürchten muss. Er greift zu den Sternen, wenn es hier auf der Erde kein Wasser und damit kein Leben mehr gibt. Er bereitet alles dafür vor. Er kann seine Sterblichkeit nicht hinnehmen, und er sieht nicht ein, dass die Götter unsterblich sein sollen.

Wir gehen der Vollendung des Nihilismus entgegen, lautete die Diagnose von Nietzsche für unser gerade zu Ende gegangenes Jahrhundert. Doch das Zeitalter der Computer, die sprechen, rechnen und zeichnen können und die ihm, dem Menschen, das Leben zur Hölle machen können, ist nicht das Zeitalter des vollendeten *Nihilismus*, es ist eher ein Zeitalter des *Übermenschen*. Wir sind nun da angelangt, wo wir uns eigentlich fragen müssen, ob sich die Nietzsches Prophezeiung, dass Gott tot sei, tatsächlich auf allen Ebenen der modernen Lebensführung realisiert hat.

Wenn wir nach den Plänen und Vorstellungen der modernen Gesellschaften urteilen, dann müssen wir sagen, dass der Mensch nicht nur den Glauben an einen Gott verloren hat, sondern dass er auch kein Interesse an irgendeiner spirituellen Wahrheitsfindung hat. Er ist zu seinem eigenen Schöpfer geworden. Und nun ist er, mit Hilfe seines Biolabors, auf dem Weg zu einer niemals endenden Glückseligkeit, zu einer Welt ohne Sorgen, Angst, Schmerzen, Hunger und Durst, er ist auf dem Weg zum Paradies.

Die *Übermenschperspektive* von Nietzsche ist verwirklicht im Übermenschen als personifizierte Technik, als Überwindung jeglicher Subjektivität und als Realisierung von objektivistischen Dimensionen. Der Übermensch ist keine Gestalt oder Figur. Er ist der produktive Arbeiter.

Man kann Nietzsches Übermenschen auch als Prototyp der Zeit im Zeitalter der Globalisierung definieren. Er ist eine Allegorie der technisierten Gesellschaft. Er ist der Techniker oder der Mensch im Zeitalter der Technik. Er ist der letzte Mensch.

Wenn nun dieser Techniker imstande ist, als Naturwissenschaftler, als Biologe, Mediziner oder Physiker, in absehbarer Zeit das Altern aufzuhalten, indem er die biologische Uhr zurückstellt, dann geschieht ein evolutionärer Sprung, der dahin führt, dass es unendlich langes Leben, ja sogar ewiges Leben auf der Erde geben wird."

Mohammed: „Der *Antichrist* Nietzsche hat mit seinem Übermenschen auch andere Dimensionen und Kategorien des menschlichen Werdegangs gemeint: Der Übermensch ist derjenige, der immer schenken kann. Es gibt bei Nietzsche die Dimension der *schenkenden Tugend.* Gerade Jesus wird bei Nietzsche zur Symbolfigur der Großzügigkeit und der Verständigung. Mit *schenkender Gerechtigkeit* zeichnet er sowohl Jesus, als auch den Übermenschen aus. Beide sollen sich Achtung und Anerkennung verschaffen, auch wenn sie nicht gleicher Meinung sind."

Zarathustra: „Die Sonne ist unsere einzige Zeugin, weder Zeit, noch Raum haben für uns eine Gültigkeit. Nach dieser zauberhaften Nacht warten wir auf einen hoffnungsvolleren Sonnenaufgang.
Hier und heute kündige ich Euch, meine Brüder, den Aufgang und die Auferstehung einer anderen Sonne an."

Mitten im Portal von Persepolis, im diffusen Strahlen der ersten Sonne, steht Nietzsche. In seinem langen weißen Kleid schreitet er würdevoll näher. Sein Gesichtsausdruck ist geprägt von Melancholie, und doch huscht ein glückliches Lächeln über seine Züge. Ein Murmeln ist zu hören, aus unsichtbarem Munde, der von einem überwuchernden weißen Lippenbart verdeckt ist: *„Es ist weder apollinisch, noch dionysisch, es negiert alle ästhetischen Werte...* "und er macht eine kurze Pause, um die letzten Treppen zum Altar des Tribunals emporzusteigen." *...die einzigen Werte, die die „Geburt der Tragödie" anerkennt: es ist im tiefsten Sinne nihilistisch, während im dionysischen Symbol die äußerste Grenze der Bejahung erreicht ist."*

Buddha: „Dein Erscheinen ist nicht nur vergleichbar mit der lebenserweckenden Sonne, sondern es ist ein Segen für die Menschheit. Nun ist er erschienen, der Prophet der modernen Welt, der Prophet der Welt der Übermenschen.
Wir begrüßen Dich, Du Prophet der Gegenwart, mit Achtung und Verehrung. Wir brauchen Dich, Deinen Scharfsinn und Deinen Rat für die Menschen der postmodernen Zeit, der Zeit der Gott- und Glaubenslosigkeit.
Was ist aus den Menschen geworden, die wir so geliebt haben und die wir immer noch lieben? Wohin führen den Menschen seine riskanten Pläne? Wohin geht er, dieser Übermensch, wie Du sagen würdest? Ist dies der Übermensch, den Du gemeint hast, diese Kopie, dieses Spiegelbild der technisierten Zeit?
Einmal schreibst Du, der Übermensch sei der freie Mensch, der sich aus der Gesellschaft der Zwänge gelöst und ihre Wertungen

über Bord geworfen hat, und dann sprichst Du vom *letzten Menschen*, dem *homo faber*, den Technik und Konsum glücklich machen. Wie kommt Du zu solch unversöhnlichen Gegensätzen und wie hast Du zu diesem Wesen ohne Vergangenheit und Zukunft den Zugang gefunden, um zu so einer Analyse zu gelangen?"

Nietzsche nickt, er wägt ab und antwortet: „Meine Hochachtung und Anerkennung vor diesem Tribunal.
Und bevor ich antworte, sage ich Euch: Meine Liebe zu Zarathustra war nicht umsonst. *Um die Handlungsweise gewöhnlicher Menschen im voraus zu erraten, muss man annehmen, dass sie immer den Mindestaufwand an Geist machen, um sich aus einer unangenehmen Lage zu befreien.*
Ja, mein Herz ist erfüllt von der göttlichen Liebe Zarathustras und meine Seele tanzt in der freien Natur, weil sie entbunden ist von allen Zwängen der vergangenen Zeit.
Der Mensch mag sich noch so weit mit seiner Erkenntnis ausstrecken, sich selbst noch so objektiv vorkommen: zuletzt trägt er doch nichts davon als seine eigene Biographie.
Doch nun zu Deiner Frage, verehrter Buddha: Wenn es einen Menschen gibt, der nichts anderes ist als seine eigene Biographie, versehen mit einem Nihilismus der technischen Werte, dann wollen wir wissen wohin, wohin der Mensch, mit all diesen technischen Möglichkeiten, seinen Werdegang transferieren wird, und wozu diese egoistische Transformation denn dient.
Aus dem *homo erectus* ist der *homo sapiens* entstanden, und der barmherzige und schuldlose Mensch der Antike schuf eine Zivilisation und gesellschaftliche Fundamente, und daraus ging dann der verwilderte und verwirrte Mensch des frühen Mittelalters und dann auch des aggressiven Spätmittelalters hervor.

Doch dann geschah etwas Besonderes. Die Nachkommen des *homo sapiens* entdeckten, dass es neben der Gewalt auch einen gewaltlosen Weg zur Macht gibt, nämlich das Wissen und die Wissenschaften. So gelangte der Mensch ins Zeitalter der Revolutionen und der technischen Industrie, und nun nennt er sich *homo democraticus*. Ja, er sieht sich sogar als die Krone der Schöpfung, obwohl er nicht so ganz davon überzeugt ist, dass es einen Schöpfer gibt. Denn dieser *homo modernicus* hat schon längst alle transzendentalen Werte abgeschafft.

Er hat sich für eine Zukunft entschieden, die von der grenzenlosen Freiheit in Konsum, Forschung und Entwicklung bestimmt ist. Er hat eine Gesellschaft aufgebaut, die von der Konkurrenz und der Herrschaft des Stärkeren geprägt ist, und die keine Rücksicht nimmt auf Grundwerte wie Gleichheit, Freiheit und Brüderlichkeit. Denn diese Werte wurden nach und nach abgeschafft und von Begriffen wie Innovation, Globalisierung, Modernisierung, und Institutionen wie Markt oder Börse ersetzt."

Abraham: „Der *homo faber*, das Wesen dieser Epoche, ist intensiv mit Technik und Konsum liiert. Dieser *Übermensch* baut darauf, sich vom Joch der Vergänglichkeit zu befreien. In wenigen Jahren werden sich Achtzigjährige wie Zwanzigjährige fühlen. Und einige Jahrzehnte darauf wird die wissenschaftliche Technik den Stillstand im Alterungsprozess verwirklicht haben. Dann ist der Mensch unsterblich. Aber was will er eigentlich mit dieser Unsterblichkeit anfangen?"

Darauf Nietzsche: „Ich glaube, Ihr versteht diese Übermenschen nicht. Und in der Tat, man wird auch Mühe haben, Euch zu verstehen. Wir suchen nach Worten, wir suchen vielleicht auch nach Ohren, die uns hören wollen.

Wer sind wir denn? Wollten wir uns einfach als *Gottlose* oder *Ungläubige* oder auch *Immoralisten* bezeichnen. Wir sind mehr, wie sind die *Nihilisten*, Menschen der modernen Zeit, und wir haben die Hemmschwelle des humanen Daseins längst hinter uns und die Toleranzgrenze der fassbaren Existenz schon lange überschritten. Wir befinden uns in der *postnihilistischen Zeit*. Wir sind schon lange *Übermenschen*. Wir sind alles, was Ihr nicht begreifen könnt, Ihr erhabenen, toleranten Propheten der alten Zeit, und Ihr neugierigen und verzweifelten Herren der neuen Zeit."

Mohammed: „Was heißt hier *wir Neugierigen!*
Lieber ein Neugieriger als ein Egozentriker oder ein Fundamentalist, der immer recht haben will. Wir wollen mehr wissen von dieser grenzenlosen Maßlosigkeit, die zum Beispiel in der Manipulation der menschlichen Keimbahn ihren Ausdruck findet.

In vielen Bereichen spielen die Menschen im Zeitalter des *homo demokraticus* Gott: sie wollen einen vollständigen Menschen herstellen, indem sie den Menschen, der aus gut hundert Billionen Zellen besteht, Zelle für Zelle erforschen und nachbauen. Und bald wird ihnen das gelingen."

Buddha: „Die Wissenschaftler, die sich damit beschäftigen Gott zu spielen, sehen im Nihilismus der technischen Möglichkeiten die unbegrenzte Machbarkeit ihrer Visionen. Dass es dabei nur um Physis und nicht um sentimentale Werte geht, darüber sollten sie sich im Klaren sein.

Aber ist der Mensch wirklich so weit, dass er seinen eigenen Untergang herbeiführen will? Kann er den Zellverband des menschlichen Organismus so fehlerlos reproduzieren wie das einzellige Pantoffeltierchen? Erreicht er damit Unsterblichkeit? Berücksichtigt er die *Verschleißtheorie*, die besagt, dass die Zellen verschleißen, durch Abfallprodukte der biochemischen Reaktionen, oder weil die Lebensspanne einer jeden lebendigen Zelle genetisch vorbestimmt ist? Oder bedenkt er die *Programmtheorie*, wonach im Erbgut eine Uhr die Zahl der Zellteilungen und damit die Neubildung im Sinne der Reparatur begrenzt? Ja, beide Mechanismen lassen sich manipulieren, genauso wie der Vorgang der Evolution. So lebt die Eintagsfliege nur einen Tag, und die Riesenschildkröte wird bis zu einhundertfünfzig Jahre alt.

Ist es nicht würdevoller, mit all den Unterschiedlichkeiten und scheinbaren Unzulänglichkeiten zu leben, als ein vorprogrammiertes und gleichgestelltes Lebewesen zu sein?
Doch es scheint, dass es keine Vision mehr ist, die Gene zu orten und zu manipulieren, die das Altern steuern.
Wer die Zellteilung beherrscht, der realisiert den Fortbestand des immergrünen Baumes. Der verwirklicht auch die Unsterblichkeit des Menschen.

Es ist inzwischen machbar geworden, in der Retorte das Notwendige kultivieren und nachwachsen zu lassen: Herzen, Nieren, Knochen zum Beispiel. Diese Bausteine dienen im Moment noch der Transplantationsmedizin. Aber der Weg zum ganzheitlich neu gezüchteten Menschen ist nicht mehr weit."

Darauf Nietzsche: „Und Ihr, meine lieben Herren Propheten, würdet Ihr nicht auch lieber noch jung, dynamisch und attraktiv sein? Seid Ihr nicht auch irgendwie *Übermenschen* gewesen?"

Moses ist besorgt über den Werdegang des Menschen und setzt fort: „Erst wollte der Mensch die absolute Freiheit und deren Schutz, also die Demokratie. Doch dann ist der *homo demokraticus* übergeschnappt und begann die Grundregeln der humanen Gesellschaft zu missbrauchen. Er schaffte die individuellen Bedingungen ab. Die Politik wurde kapitalisiert, und die Politiker orientierten sind infolge dessen am Kapital und nicht an der Moral. Und da kommt Ihr daher und beklagt Euch, wo doch das Ende dieser Klasse absehbar war.

Wenn die Stammzellen des ungeborenen Menschen in die falschen Hände geraten, dann werden plötzlich neue und produktivere Menschen geklont. Und die, die zu den fortschrittlichen Menschen des 21. Jahrhunderts zählen, haben schon längst die Würde des menschlichen Daseins verloren. In einer hochmodernen Industriegesellschaft ohne Gott und ohne Respekt vor der mythischen und transzendenten schöpferischen Ehrfurcht, ohne Respekt vor der Ethik und den imaginären Werten, kann der Mensch nichts anderes tun, als das, was er tut.
Der menschliche Klon ist ein perverses Produkt des Übermenschen. Er ist die Dublette des ursprünglich schöpferischen und evolutionären Individuums, das nun im Sinne des Kapitals als Substrat der Unsterblichkeit vermarktet wird.
Der *homo sapiens* hat erst die menschliche Würde, dann den Glauben und Gott vermarktet, und jetzt verkauft er seine Seele.
Die Lage ist ernst, denn die Gesellschaft des *homo faber* ist bestimmt von Herz- und Seelenlosigkeit. Geben wir es doch zu, dass die Welt dieser Menschen nicht von Gott, sondern vom Geld regiert wird.
Der heutige Mensch ist egoistisch und arrogant zugleich. In keiner menschlichen Epoche, war der Mensch so weit gekommen wie jetzt zu Beginn des 21. Jahrhunderts. Trotzdem ist der Mensch noch nie so armselig und so leer an Geist gewesen wie heute. Aber kaufkräftig muss er bleiben, um sich künftig alle Produkte der Menschenmaschinerie zu leisten. Es lebe der optimierte Mensch!

Es gibt viele Rezepte für fast alle Probleme, auch die Sinneserweiterung ist kein Problem mehr. Mit Laseroperationen lassen sich Sehfehler korrigieren und sogar die Sehkraft verbessern; Innenohrimplantate hören schärfer als das gesunde Ohr. Elektronische Sinnesorgane ermöglichen die Wahrnehmung bislang nicht erfasster Reize, etwa von UV- oder Infrarotstrahlung oder von Magnetfeldern."

Abraham: „Da ist die Frage erlaubt: was, in Gottes Namen, wollen sie, diese klugen Menschen? Wollen sie mehr sehen und hören, wenn sie nicht einmal in der Lage sind, sich selbst richtig anzusehen und die eigene innere Stimme zu hören?
Der moderne Mensch hat nicht nur die Seele verloren, er ist auch stumpfsinnig geworden. Er ist nicht mehr fähig dazu, seine eigenen menschlichen Sehnsüchte wie Heimweh, Not oder Leid wahrzunehmen; er sieht die Schmerzen seines Nächsten nicht mehr, aber er greift zu superlativen Wahrnehmungen, um sich von seinem sinnlosen Dasein abzulenken."

Buddha: „Das stimmt nicht ganz. Viele dieser Errungenschaften sind nützlich und haben humane Ziele. Beim Gendoping wird zum Beispiel durch genetische Manipulation die vermehrte Bildung von roten Blutkörperchen angeregt, was den Sauerstofftransport verbessert."

Nietzsche: „Ich habe nichts dagegen einzuwenden, wenn nicht manipuliert wird."

Buddha: „Mit Muskelgenen wird die Muskulatur des Bewegungsapparates gestärkt."

Nietzsche: „Ich bin weiß Gott nicht gegen jede Erneuerung. Aber warum haben sich diese Übermenschen denn gegen Doping im Sport so *moralisch* gewehrt und sogar Antidopinggesetze geschaffen, gedopt wird doch in allen Bereichen des Lebens?"

Dazu Zarathustra: „Ich weiß, dass der Mensch weder Evangelium noch Bibel noch Koran befolgt, sein *Heiliges Buch* ist das Kapital. Und er versucht möglichst viel davon zu haben, um als optimierter Mensch sehr lange oder sogar für immer zu leben."

Mohammed: „Der Mensch hat sich von seiner göttlichen Schöpfung schon längst abgenabelt. Mit der Landung auf dem Mond hat er den ersten Schritt getan. Erst schwebte er im All, nur mit einem Kabel für die lebensnotwendige Versorgung mit seiner Raumkapsel verbunden; dann schwebte er auf dem Mond mit einem Kasten auf den Rücken. Er hat sich von Gott und seinen Propheten losgesagt, und seither ist er gottlos und angeblich glücklich!

Er braucht keine Propheten oder Priester mehr. Dafür verschwendet er keine Zeit. Aber für seine verkabelte und drahtlose Lebensphilosophie Computerkommunikation hat er immer Zeit. Wenn es sein muss, sogar Tag und Nacht. Gott ist ganz überflüssig! Näheres unter www.persepolis/z/tribunal.

In der Zeit der Neo-Eugenik trennt der Übermensch den Sex von der Fortpflanzung. Die neue Kategorie des Lebens bedeutet, dass Spermien nicht nur für die Befruchtung und die Fortpflanzung da sind. Sie sind Mikroorganismen, die nach dem Orgasmus frei schwebend ihre Karriere zum Makroorganismus durchleben, mehr in Laboratorien als im menschlichen Leib."

Nietzsche: „In der postnihilistischen Zeit sind alle Mittel in Forschung und Produktion auf die Lustkarriere des langlebigen Menschen konzentriert. Lifestyle-Drugs nennt man die Medikamente, die den Menschen jeden Wunsch erfüllen. Potenzmittel erlauben Sex bis ins hohe Alter. Übergewicht lässt sich durch Stoffwechselmedikamente wirksam bekämpfen. Spezifische Enzym- und Hormonblocker stoppen den Haarverlust bei Mann und Frau, und Intelligenzpillen steigern Lern- und Gedächtnisleistung.

Alles dreht sich nur darum, dass dieser gottlose Mensch zeitgemäß funktioniert. Und keiner käme auf die Idee, die menschlichen Werte des Daseins zu erkunden."

Moses: „Was hat es den vergangenen Generationen, die vor diesen Übermenschen lebten, gebracht, so viel von Ethik, Moral und anderen Werten der humanen Gesellschaft zu sprechen und darüber zu philosophieren? Was hat es dem werten Nietzsche gebracht, dass er, mit all seiner Genialität, die Menschen erst liebte, um dann aus Verzweiflung die Hoffnung zu verlieren?"

Jesus: *„Der Glaube an den Wert des Lebens beruht auf unreinem Denken.*

Das ist nicht nur eine pessimistische Vorahnung von Nietzsche gewesen. Nein, Nietzsche hat den Werdegang des Übermenschen vorausgeahnt."

Mohammed ereifert sich: „Die Übermenschen der reichen Industrienationen wissen im Grunde nicht, was sie sich und den nächsten Generationen antun, falls es denn welche geben sollte. Alle Errungenschaften sind vorläufig dieser gottlosen und arroganten Herrenrasse vorbehalten. Vielleicht ist es ein Segen für die armen Nationen, dass sie von der Flut der Technik und dem Fluch der Maßlosigkeit verschont bleiben.

Während mehr als zwei Milliarden Menschen in Armut leben, optimieren die reichen Nationen ihre Impfstoffe und ihre Nahrungsmittel. Und weil viele von ihnen überfüttert sind, nehmen sie Pillen, um nicht an dieser Überfütterung zu sterben.

Ja, Nietzsche hat recht: *Der Glaube an den Wert des Lebens beruht auf unreinem Denken.*

Der Übermensch denkt unrein und er handelt apokalyptisch. Mit den embryonalen Stammzellen können alle zweihundert Zellarten des menschlichen Organismus gezüchtet werden. Knochen, Muskeln, Nerven, Haut und Einzelorgane können dadurch reproduziert werden. Und auch der umgekehrte Vorgang ist möglich: aus vollreifen erwachsenen Geweben können durch Umprogrammieren Stammzellen hergestellt werden. Hier behauptet der postmoderne Mensch, dass, um der Ethik Willen, diese Methode politisch und gesellschaftlich zulässiger wäre als die embryonale Reproduktion. Doch man müsste die Ethik als Wissenschaft der Moral erst einmal neu definieren! Impfstoffe in Obst und Gemüse sollen für den absoluten Schutz vor Krankheiten sorgen. Mit Vitaminen angereicherte Lebensmittel stabilisieren die geplante Langlebigkeit. Aber für eine uralte Krankheit, eine Infektionskrankheit wie Malaria, die die Menschen in der Dritten Welt millionenfach befällt und deren Tod verursacht, gibt es immer noch kein Heilmittel.

Nein, diese erbarmungslose und heuchlerische Einstellung verzeihe ich den Menschen nicht! Sie arbeiten egoistisch nur an ihrer eigenen Langlebigkeit!

In die Welt der mikromolekularen Lebensentstehung greift der Mensch mit seiner Technik so deutlich ein, dass ein Mensch, nein ein Übermensch, nach Muster und Plan der postmodernen Gesellschaft entsteht.

Seit Jahrtausenden, seitdem der Mensch die Erde kultiviert und mit seiner Reise in die Zivilisation begonnen hat, lebten die Wiederkäuer vegetarisch. Doch die Landwirtschaft wurde industrialisiert, und die Tiere werden nun in geschlossenen Räumen gezüchtet und gefüttert. Das Futter wird teilweise aus Restbeständen und Kadavern ihrer Artgenossen hergestellt und dem Vieh verabreicht, um für schnelleres Wachstum zu sorgen. Hiermit entstand eine Infektionsquelle kannibalischer Art. In bestimmten Regionen der Welt, in Neu Guinea zum Beispiel, wo Menschen andere Menschen verzehren, also kannibalisch leben, beobachtete man, dass diese Menschen an einer besonderen Art von Hirnatrophie zugrunde gingen. Nun, auf ähnliche Weise werden die Rinder mit eigenem Blut und Fleisch von den modernen Menschen gefüttert und in eine Infektionskette hineinmanöveriert. Die so entstandene BSE kann nun auch durch den Verzehr von Fleisch infizierter Tiere auf den Menschen übertragen werden und die Creuzfeld-Jakob-Krankheit verursachen. Und die Übermenschen werden hysterisch, wenn die Krankheit auch die menschliche Population heimsucht. Der *homo oeconomicus* tötet die Tiere um zu leben. Dabei isst er auch BSE-Prionen und wundert sich, dass auch er an einer Art BSE erkranken kann. Hat unser Herrgott das alles verdient, oder hat er das womöglich alles selbst so geplant? Wer in der Lage ist die Chromosomen der Herrenrasse zu schützen, der ist auch imstande, eine ganze Generation von Menschen in Afrika und anderswo vor HIV zu schützen! Doch wer tut etwas gegen das große Sterben in Afrika?"

Nietzsche: „Ich kann Mohammeds Zorn verstehen, aber er sollte auch versuchen, den Egoismus dieser Herrenrasse zu verstehen. *Die moderne Wissenschaft hat als Ziel: so wenig Schmerz wie möglich, so lange leben wie möglich – als eine Art von ewiger Seligkeit, freilich eine sehr bescheidene im Vergleich mit Verheißungen der Religionen.*

Ja, meine Herren Propheten, Ihr habt den Menschen vielleicht zu viel versprochen und wenig gegeben. Ihr habt zu viel verboten, und nur weniges belohnt. Nur Zarathustra und Buddha haben anders gehandelt.

Zarathustra hat nichts versprochen, was er nicht halten konnte. Er hat nichts verboten, um nicht zu belohnen. Er hat die Menschen so geliebt, wie sie sind. Er machte Gott als Schiedsrichter überflüssig. Und auch Buddha ging diesen Weg. Bescheiden, aufrecht und würdevoll, wenn es um die Liebe der Menschen ging.

Ihr wisst, dass ich das Christentum ganz besonders ins Visier genommen habe: *Was ich mit meiner Verurteilung des Christentums zu sagen habe, ist, dass der christliche Gottesbegriff – Gott als Krankengott, Gott als Spinne, Gott als Geist – einer der korruptesten Gottesbegriffe ist, der auf Erden erreicht worden ist; er stellt vielleicht selbst den Pegel des Tiefstandes in der absteigenden Entwicklung des Göttertypus dar. Gott zum Widerspruch des Lebens abgeartet, statt dessen Verklärung und ewiges Ja zu sein! Gott dem Leben, der Natur, dem Willen zum Leben die Feindschaft angesagt! Gott die Formel für jede Verleumdung des Diesseits, für jede Lüge vom Jenseits! In Gott das Nichts vergöttlicht, der Wille zum Nichts heilig gesprochen!*

Mit dieser und vielen anderen meiner Verurteilungen des Christentums möchte ich kein Unrecht gegen eine verwandte Religion begangen haben, die der Zahl der Bekenner nach sogar überwiegt. Ich wollte keineswegs etwas gegen den Buddhismus sagen.

Der Grundunterschied zwischen diesen beiden *décadence-Religionen* ist für mich zweifelsohne mehr ein fundamentaler moralischer Bestand, der den Menschen mehr gibt, als alle Versprechungen anderer Religionen zusammen, nämlich: *Der Buddhismus verspricht nicht, sondern hält, das Christentum verspricht alles, aber hält nichts.*

Der Übermensch der nihilistischen Zeit hat von Euch dreien, Moses, Jesus und Mohammed, nicht viel zu erwarten. Denn weder die Juden noch die Christen noch die Mohammedaner, sehen im Buddhismus die wahre, echte Alternative.

Eine Alternative wäre eine Religion, die in den Mittelpunkt den realen Weg des Menschen in einen Garten Eden auf der Erde stellt, und nicht die Androhung von Apokalypsen und Strafen. Denn bestraft werden die Menschen genug, und zwar tagtäglich mit ihrer, von eigener Unvernunft verschuldeten Hochnäsigkeit und Arroganz. Da müssen sie nicht zusätzlich immer wieder daran erinnert werden, wie gewaltvoll Gott ist, wenn man sündigt.

Wer von Euch kann diese einfache Religion der Liebe, der Barmherzigkeit und der Zuverlässigkeit verkünden, die für die maßlosen und orientierungslosen Menschen zum Licht der Hoffnung und der Ernüchterung werden kann?

Zarathustra führte die einfachste, aber idealste religiöse Philosophie ein, die leider von Euch allen mit rechthaberischem Egoismus verdrängt oder ignoriert worden ist.

Die drei Grundsätze Zarathustras: *gut zu denken, gut zu sagen und gut zu tun.*

Und deshalb werde ich Euch eine Geschichte erzählen, die vielen wie eine Sage klingt, die Lebensgeschichte Zarathustras: Mit Zarathustras Geburt im Jahre 630 vor unserer Zeitrechnung, mit seinem Leben und Denken, mit seiner Lehre begann nicht nur die Geschichte einer der aufregendsten und wichtigsten Kulturepochen der Menschheitsgeschichte, sondern es war auch eine Sternstunde der Religionsgeschichte angebrochen. Denn seine Religionsphilosophie beeinflusste Judentum, Christentum und Islam. Zarathustras Weltanschauung hat auf die Kultur in Persepolis, und darüber hinaus bis in die moderne Zeit Einfluss genommen.

Zarathustra war ein Erstling unter den Propheten mit neuen Ansichten und praktischen Methoden. *O meine Brüder, wer ein Erstling ist, der wird immer geopfert. Nun aber sind wir Erstlinge. Wir bluten alle an geheimen Opfertischen, wir brennen und braten alle zu Ehren alter Götzenbilder. Unser Bestes ist noch jung: das reizt alte Gaumen. Unser Fleisch ist zart, unser Fell ist nur ein Lammfell, wir sollten nicht alte Götzenpriester reizen! In uns selber wohnt er noch, der alte Götzenpriester, der unser Bestes sich zum Schmause brät. Ach, meine Brüder, wie sollten Erstlinge nicht Opfer sein! Aber so will es unsere Art; und ich liebe die, welche sich nicht bewahren wollen. Die Untergehenden liebe ich mit meiner ganzen Liebe: denn sie gehen hinüber.*

Zarathustra, der Verächter von Gewalt und unsittlichen Ritualen, hat im Grunde genommen die Einmaligkeit seiner Religion darin konzentriert, dass er weder sich noch Gott sondern den Menschen in den Mittelpunkt seiner Religionsphilosophie stellte. Er stellte am Fluss Daitya ihm erschienene Weisheiten der Engel Vohu Manu als Symbol und Thron des Gottes Ahura Mazda dar. Er begrüßte Gott mit einer Hymne, die mit den Worten ausklang *...ich erstrebe damit, Dich zu erkennen, Allweiser, den Schöpfer aller Dinge durch den Heiligen Geist.*

Ja, diese Menschen, die keinem von Euch Treue schenken, die waren es, die Zarathustra auch nicht folgten. Unwissende waren sie, während sie Zarathustra doch gerade deswegen so nötig gehabt hätten.

Zarathustras Vision vom kosmischen Kampf guter und böser Mächte, von Gott und Satan, von der Auferstehung der Toten am Tag des jüngsten Gerichts, vom Weiterleben nach dem Tod im Paradies oder in der Hölle, waren Ursprung aller philosophischen Gedanken.

Vom eigenen Volk verkannt und enttäuscht predigte er: *Fern von Adel und Pristerschaft hält man mich. (...) Wie soll ich nur Dich, Allweiser Herr zufrieden stellen?*

Nein, auch Zarathustra hat es nicht leicht gehabt. Von Baktrien im Norden wanderte er mit einigen seiner Schüler und Anhängern in das Königreich Chorasmien, das heutige Chorasan. Der weise König Vishtaspa nahm ihn auf und wurde zum Glauben Zarathustras bekehrt.

So erhielt die Menschheit ihre Erleuchtung und konnte nun mit dem Aufbau einer berechenbaren Gesellschaft mit Gesetzlichkeit, Gerechtigkeit und Sittlichkeit anfangen. Keine blutigen Opfertiere mehr, kein Aberglauben und keine unsauberen Sitten und Gebräuche mehr.

Nach den Geboten des *Allweisen Herrn*, des Ahura Mazda, sollten die Menschen Recht und Ordnung schaffen und mit Arbeit und Fleiß eine ehrliche Lebensgemeinschaft aufbauen. Gerade in Chorasan, einer Steppenlandschaft mit fruchtbaren Böden, wo Mohammeds Krieger und seine Imame später ihre Residenz und das Grabmahl von Imam Reza errichteten, was heute ein Heiligtum der Schiiten ist; dort hat Zarathustra, nicht weit entfernt von der heutigen Provinzhauptstadt Meshed, sein zentrales Heiligtum aufgebaut. Schon damals war Krieg die Lösung für Probleme. Und so schlossen sich die Priester und der Adel der Mehrgötterstaaten zusammen und führten Krieg gegen König Vishtaspa und die Zarathustragemeinde, also einen Religionskrieg.

Zarathustra blieb nicht stumm: *Keiner von Euch horche hinfort auf die Sprüche und Unterweisungen des Lügenknechtes! Denn dieser stürzt Haus und Dorf, Gau und Land in Elend und Verderben. Darum wehret ihm mit der Waffe!*

Zarathustra war kein Krieger. Seine Waffen waren seine Verspredigten und seine Lieder. Deshalb stand es für ihn schlecht, als die feindlichen Soldaten in die Hauptstadt der humanen Gesellschaft eindrangen. Sie erschlugen den Hauptfeind, den siebenundsiebzigjährigen Propheten. So verstarb Zarathustra im Jahr 553 vor unserer Zeitrechnung als Märtyrer, und für die Liebe zur Menschheit.

Er wollte aus menschlichen Gemeinden, aus Städten und Staaten, eine kultivierte und zivilisierte Gesellschaft machen. Das ist ihm anfänglich nicht gelungen. Aber als der Mensch begann, den Wert der Zivilisation zu verstehen, und als das Reich Persepolis sich etablierte, wurde seine Lehre schließlich praktiziert, die er noch zu seinen Lebzeiten mit goldener Schrift auf zwölftausend Ochsenhäute geschrieben hatte, die in der Königsbibliothek aufbewahrt wurden.

Im Jahr 330 vor unserer Zeit hat Alexander, der Eroberer und Krieger, Persepolis dann nicht nur geplündert, sondern auch in Brand gesetzt. So ist das Buch *Avesta* übrig geblieben, eine Sammlung von Abschriften der Originale, die Priester und Gelehrte im persischen Reich angefertigt haben.

Zarathustras Kampf gegen Unwissenheit, Aberglaube, Feindseeligkeit und Fremdenhass wurde in Persepolis Bestandteil der Staatsreligion und der Verfassung. Keiner von Euch Propheten hat es je geschafft, eine wirklich zivilisierte Gesellschaft aufzubauen und die Menschheit zu Einigkeit und Brüderlichkeit zu bewegen.

Seit Beginn ihrer Geschichte bekämpfen sich die Menschen aus ideologisch-religiösen Gründen. Heute beuten die reichen Industrienationen die Dritte Welt aus, die Juden bringen ihre moslemischen Nachbarn um und umgekehrt.

Nein, der Mensch ist noch nicht zivilisiert genug, und seine kulturellen Weltanschauungen sind unreif, sonst hätten sich die Völker unterschiedlichen Glaubens nicht gegenseitig des Leben zur Hölle gemacht."

Zarathustra: „*Unter friedlichen Umständen fällt der kriegerische Mensch über sich selbst her.* Das hast Du, mein lieber Nietzsche, sehr gut formuliert. Wie immer hast Du Recht. Wir haben den Übermenschen überschätzt. Er ist jähzornig und rechthaberisch. *Hier sitze ich und warte, alte zerbrochene Tafeln um mich und auch neue halb beschriebene Tafeln. Wann kommt meine Stunde? – die Stunde meines Niederganges, Unterganges: denn noch einmal will ich zu den Menschen gehen. Des warte ich nun: denn erst müssen mir die Zeichen kommen, dass es meine Stunde sei – nämlich der lachende Löwe mit dem Taubenschwarme. Inzwischen rede ich als einer, der Zeit hat, zu mir selber. Niemand erzählt mir neues: so erzähle ich mir selber.*"

Nietzsche: „Wir lauschen heute und hier Zarathustra. Und wenn der Mensch wirklich kultiviert und zivilisiert ist, dann wird man Zarathustras Predigten in der ganzen Welt hören. Denn Zarathustra hat gegen Gottlose und Abergläubige gekämpft. Er hat eine monotheistische Religion gegründet. Und er hat die Religionslehre von Vater Abrahm bestätigt, der um das Jahr 2100 vor unserer Zeitrechnung als hebräischer Stammesführer von Mesopotamien nach Kanaan einwanderte."

Abraham: „Ich habe eineinhalb Jahrtausende vor Zarathustra gelebt. Auch Moses und Jesaja haben vor Zarathustra den Glauben an einen Gott verkündet. Doch Zarathustra war der weiseste Prophet. Er sah die Religion nicht als Strafexpedition und ordnungschaffendes Instrument, sondern als eine philosophische Lehre für Leben und Dasein; eine Lehre, die ohne disziplinierende Prinzipien auskommt; eine Lehre, die von pragmatischen, aber gleichzeitig einfachen Grundsätzen bestimmt wird: *gut zu denken, gut zu sagen* und *gut zu tun.*
Zarathustra war zu der Überzeugung gelangt, dass alle Ereignisse unserer Welt auf Ursache und Wirkung beruhen. Zu dieser Erkenntnis kamen zwar viele Philosophen in der Menschheitsgeschichte, aber auf sie hören die Menschen immer noch nicht.
Die Menschheit könnte eigentlich auf den drei genannten Prinzipien ihre Zivilisation aufbauen. Doch Differenzen, Disharmonien und die Diskriminierungen Andersdenkender bringen Unruhe und Konflikte. Mich wundert keinesfalls, dass auch Nietzsche, der

Prophet des Übermenschen der modernen und postmodernen Zeit am Unverständnis der Menschen zugrunde ging."

Dazu Nietzsche: „Der Enttäuschte spricht: *Ich suchte nach großen Menschen, ich fand immer nur die Affen ihres Ideals.*

Ich habe trotz aller Enttäuschungen, Misshandlungen und Verleumdungen nie aufgehört, die Menschen zu lieben, und ich habe das Glück gehabt, Zarathustra, den großen Menschen, zu finden. Ich habe ihm meine Liebe und die Menschheit anvertraut, und deswegen bin ich heute bei Euch Propheten.

Ich habe gewagt, dies noch zu prophezeien, als man mich schon verlassen hatte und als ideopathisch Kranken, als verlorenen und geistig verwirrten Menschen, in eine Anstalt schaffte. Sollte ich mich dafür rächen? Nein, ich habe keine Ressentiments, und rachsüchtig bin ich auch nicht. Denn ich liebe diese Menschen.

Also höre ich auch auf, ein Dialektiker zu sein: *Man hat, als Dialektiker, ein schonungsloses Werkzeug in der Hand; man kann mit ihm den Tyrannen machen; man stellt bloß, indem man siegt. Der Dialektiker überlässt seinem Gegner den Nachweis, kein Idiot zu sein: er macht wütend, er macht zugleich hilflos. Der Dialektiker depotenziert den Intellekt seines Gegners. – wie? Ist Dialektik nur eine Form der Rache bei Sokrates?*

Ich riet den Menschen, sich selbst zu erkennen, um imstande zu sein, in anderen Dimensionen der Gedanken zu gelangen. Der moderne Mensch hat aber schon lange aufgehört, nach Selbsterkenntnis zu suchen. Er beherrscht zwar die Welt und das Universum, aber nicht sich selbst. Er denkt, er würde die Schöpfungsgeschichte aufklären, indem er sich zum Schöpfer macht.

Eine Sache, die sich aufklärt, hört auf, uns etwas anzugehen.

Die allererste Erkenntnis des Menschen ist seine Seele, also sein Transzendenzbezug zu Gott. Der *homo sapiens* hat mit seiner Religiosität den Weg zum Schöpfer gesucht. Dies ist auch beim Neandertaler nachweisbar: dass man schon zu jener Zeit bei Bestattungen Blumen und andere Gegenstände mit ins Grab des Verstorbenen gab, weist darauf hin, dass man an eine Seele glaubte, und dass diese Seele als Transzendenzbezug zu Gott diente oder dienen sollte.

Nun, wenn der wissenschaftliche Mensch diese Erkenntnis einfach ignoriert, ist ihm nicht mehr zu helfen. Wenn der Mensch das Wort Gottes einfach vergisst, dann ist er ein Lebewesen ohne

Transzendenz, ohne Gott. Dann ist er also wie ein Tier; denn ein Tier ist zwar ein göttliches Geschöpf, aber es sucht sich keinen Gott. Das heißt, der Übermensch selbst ist, nachdem sein Transzendenzbewusstsein und seine Religiosität verloren sind, als Krone der Schöpfung tot!

Bei Zarathustra habe ich Folgendes verstanden: Erst die Evolution und damit Menschwerdung, dann die Religiosität ohne Menschenversklavung, dann das Transzendenzbewusstsein und die damit verbundene evolutionäre seelische Menschwerdung mit dem individuellen Transzendenzbezug zu Gott."

Moses: „Es ist wahr, dass Abraham, Jesaja und ich Verkünder einer monotheistischen Religion waren. Zarathustra haben wir nicht ernst genommen, wir haben ihn nicht anerkannt.

Die arischen Inder und Iraner waren es, die an einen Gott glaubten und Zarathustra die erste irdische Anregung gaben. Baktra war das Zentrum der Annäherungen, eine Handelsstadt mit besten Verbindungen zur Karawanenstrasse, auf der Kaufleute mit ihren Waren von den Mittelmeerländern bis nach Indien und China zogen. Und es war eine Metropole für die Zusammenkunft von Menschen aus Ost und West. Die jüdische Religionslehre und das hebräische Gedankengut aber waren in jener Zeit kaum nach Baktra gedrungen. Die Inder hatten fast ein Jahrhundert vor Zarathustra im didaktisch-philosophischen Teil ihres heiligen *Weda* (Wissen), den *Upanischaden* (Geheimlehren), eine neue Form des Glaubens und der Religion entwickelt.

Zarathustra war der erste Prophet, der neben dem alleinigen und einzigen Gott, den Satan als eigenständige Macht des Bösen definierte. Doch wenn Zarathustra die irdische Welt als einen Kampfplatz von Gut und Böse ansieht und den Menschen freistellt, zwischen den beiden zu entscheiden, dann muss er sich nicht wundern, dass die Menschen sich bis heute nicht ausschließlich für das Gute entschieden haben."

Nietzsche: „*Zuerst im Kampf des Guten und des Bösen das eigentliche Rad im Getriebe der Dinge sehen – die Übersetzung der Moral ins Metaphysische.*
Was ich an Zarathustra kritisierte, war seine Philosophie von einer Auferstehung der Toten am Tag des Jüngsten Gerichts, wo

der Mensch sich vor dem Thron Gottes für seine guten und bösen Taten zu verantworten habe. Diese Gedanken vom Jenseits, vom Paradies für die Guten und von der Hölle für die Schlechten, haben die drei großen Religionen als Maßstab für ihre Theologie verwendet und als disziplinierende Religionslehre missbraucht. Die Juden hatten in der Zeit, in der Zarathustra lebte, bereits die *Zehn Gebote*, die Moses verkündet hatte. Und sie glaubten, dass ein Sünder, der Böses getan hat, zwar den Zorn Gottes heraufbeschwört, aber dass er seine Strafe hier auf der Erde, im Diesseits bekommen müsse. Das bedeutet: keine faulen Versprechungen, die die Menschen eher irre führen, als ihnen den Weg zu weisen. Sich auf eine ausgleichende Gerechtigkeit im Jenseits zu verlassen, das ist weder der Religion noch der Moral noch den Menschen dienlich. Mögen mir die Herren der Schöpfung, allen voran Zarathustra, mein Lebenselixier, verzeihen."

Jesus: „Dareios der Große, hat den Grundstein der monotheistischen Religon Zarathustras gelegt und nannte ihn *Zardoscht, der Friedensprediger.*
Vierzehn Jahre nach Zarathustras Tod begründete der Perserkönig Kyros II. im Jahr 539 vor meiner Geburt, nach der Eroberung des babylonischen Reiches, eine neue Form der Staatsführung und der Zivilisation. Doch weder Kyros II. noch sein Nachfolger Kambses II. waren von Zarathustras Lehre begeistert.
Darios I. sah Zarathustra als den Stern der Friedfertigkeit und der geistig-moralischen Erneuerung. An seinem Grab, der Felswand von Naksch-i-Rustam, und im Osttor des Tripylon lesen wir: *Ein großer Gott ist Ahura Mazda, der die Erde hier schuf, der den Himmel dort schuf, der den Dareios zum König machte, den Einen zum König über viele.*
Er war kein Übermensch und kein Selbstsüchtiger. Er war weise und klug genug, um Frieden und Fortschritt für die Menschen zu stiften."

Und die sieben Weisen schlendern diskutierend vom Hundertsäulensaal am Südtor des Tripylon zum Osttor, wo Ahura Mazdas Relief gerade vom ersten Sonnenlicht angestrahlt wird. Jesus bittet Zarathustra, die in den Felsen eingemeißelte Schrift vorzulesen.

Zarathustra: „*So sagt der König Dareios: Was von mir getan wurde, das alles tat ich nach Ahura Mazdas Willen. Ahura Mazda gab mir Beistand bis ich es ausführte. Möge mich Ahura Mazda schützen vor dem, was widerwärtig ist, ebenso mein Geschlecht und dieses Land.*

Alle Könige, auch Kyros II. und Kambyses II, haben meine Glaubenslehre angenommen. Doch nur Dareios der Große, der Gründer von Persepolis, hat nicht sich selbst, sondern den einzigen Gott durch mich gehuldigt und für alle Ewigkeiten gefeiert.

Doch möchte ich noch davon sprechen, wie die Juden von meiner Lehre beeindruckt und beeinflusst wurden: Im Jahr 587 vor unserer Zeitrechnung hatte Nebukadnezar, der König von Babylon, die jüdische Hauptstadt Jerusalem bis auf die Grundmauern zerstört. Er hat dann die Bevölkerung gezwungen, in die Region zwischen Euphrat und Tigris auszuwandern. Gelehrte, Priester, Kaufleute und Verwaltungsbeamte mussten den Weg ins Exil gehen, und damit hatte der Staat Israel aufgehört zu existieren. Doch dann kam Kyros, beendete die babylonische Gewaltherrschaft und veranlasste die Rückkehr der Juden in ihre Heimat.

Dieses kultivierte Volk hatte durch den Zwang der Deportation, den Heimatverlust und die Zerstörung seiner zivilisierten Gesellschaft seine Identität nicht verloren, und es wurde durch die Berührung mit einer entwickelten Kultur und dem nunmehr einzigen großen Staat beeinflusst. Für die Priester und Gelehrten war es eine epochale Herausforderung und eine Zeit des Nachdenkens und der Erneuerung. In dieser Zeit entstanden große Teile des Alten Testaments, inspiriert auch durch die Mythen Babylons. Die These von der Erschaffung des ersten Menschenpaares aus Lehm und die Sintflutsage haben hier ihren Ursprung.

Da Nebukadnezar unter den gefangenen Juden die fähigsten Köpfe ausgesucht hatte, um sie in die babylonische Verwaltung zu integrieren, war der jüngste Gelehrte, Daniel, zum Berater des Königs geworden. Als Kyros dann Babylon eroberte und den Juden die Heimreise ermöglichte, zog Daniel aus Dankbarkeit nach Susa, um im Dienst der Perserkönige mehrere Jahrzehnte lang als Berater von Kyros und dann von Dareios dem Großen zu wirken. In Susa ist er dann auch gestorben, und dort ist er auch begraben.

Mehrere Jahrhunderte nach dem Tod des jüdischen Propheten Daniel wird ein Buch unter diesem Namen verfasst, in dem, neben Leben und Werdegang des Propheten, auch über die jüdischen Sitten und Gebräuche und über die Religionslehre berichtet wird. Im zwölften Kapitel dieses Buches steht geschrieben: *Und viele, so unter der Erde schlafen liegen, werden aufwachen, etliche zum ewigen Leben, etliche zu ewiger Schmach und Schande.(...) Du aber, Daniel (spricht Gott), gehe hin, bis dass das Ende komme; und ruhe, dass du aufstehst zu deinem Erbteil am Ende der Tage.* Der Einfluss meiner Lehre auf das Judentum durch Daniel ist eben durch diese Erkenntnisse, wie die Auferstehung der Toten am Tag des jüngsten Gerichts und den Ablauf der Geschichte auf ein Ende hin und damit den Untergang der unvollkommenen Welt und die Entstehung eines ewigen Gottesreiches zu ersehen. Diese Deutungen hatte man in den Schriften des Alten Testaments zuvor nicht gefunden. Sie sind allein zoroastrisches Gedankengut.

Auch die Lehre von den Engeln und den Dämonen, von Gott und Satan, ist ursprünglich gleicher Herkunft. Und ähnlich verlief es bei Jesus, der weitgehend die jüdische Religion und Lehre annahm. So hat er, überzeugt vom fundierten Wissen Zarathustras und der Lehre Moses, seine Weltanschauung in der christlichen Religion zusammengefasst.

Sechshundert Jahre nach Jesus kam Mohammed und schuf aus allen Religionen, aus jüdischem und christlichem Glaubensgut, den Islam. Mohammed predigte eigentlich auch meine Lehre: Die Menschen haben in dieser Welt zwischen Gott und dem Satan zu wählen. Es wird der Tag der Auferstehung der Toten, und damit des Jüngsten Gerichts, kommen. Und er predigte das Paradies als Lohn für die Rechtschaffenen und die Hölle als Strafe für die Sündigen und die Bösewichte.

Ist es nicht merkwürdig, dass die Lehren von Moses, Jesus und Mohammed heute fast die halbe Welt beherrschen, während meine kleine Anhängerschaft nicht einmal mehr Zweihunderttausend Mitglieder zählt."

DER ÜBERMENSCH VON HEUTE
BRAUCHT FRIEDEN

Mohammed: „Edel und makellos ist Zarathustra. Und Zarathustras Weisheit ist das ewige Licht im Himmel aller Göttlichkeiten.

Wir besseren und klügeren Propheten, wir sind die großen Egoisten. Manche unserer Irrtümer sind so trefflich als Wahrheit maskiert, dass die Menschen schlecht urteilen, wenn sie sich von ihnen nicht täuschen lassen.

Die Missachtung von Zarathustras Lehre war nach dem Untergang von Persepolis deutlich spürbar, und wir können bei der Besichtigung der Palastruine von Susa an den Einmeißelungen an der Wand erkennen, dass Zarathustra, genauso wie wir, viele Enttäuschungen hinnehmen musste.

Großkönig Artexerxes II. hinterließ an dieser Wand folgende Botschaft: *Mögen mich Ahura Mazda, Anahita und Mithras vor allem Bösen bewahren!*

Die blühendste Zeit des Glaubensbekenntnisses für Zarathustra war um 225 nach Jesu Geburt, als die Dynastie der Sassaniden im Iran für Ordnung sorgte und das neue persische Reich gründete. König Ardaschir I. machte aus Zarathustras Lehre nicht nur seine Staatsreglion, sondern auch seine Lebensphilosophie. Aus Texten von *Avesta* wurden Regeln für die gesellschaftliche Ordnung abgeleitet. Sprache und Schrift wurde nun das Pahlevi, eine aus dem Altpersischen des Achämenidenreiches abgeleitete Sprache. Zarathustra hieß da, wie heute, *Zardoscht* und Ahura Mazda *Ormazd*.

Das Allerwichtigste aber war der monotheistische Glauben wie im Judentum und Christentum, und später auch im Islam. Was mir außerdem nennenswert erscheint, ist der uns allen vertraute Mythos des Erlösers, der durch eine Jungfrau geboren wird. Für die Zoroastrier ist diese Botschaft die eigentümlichste und ursprünglichste Vision ihres Propheten."

Zarathustra: „Nun, Jesus, Du siehst, dass Deine Geburt ein gewünschtes und prophezeites Ereignis war!

Was meine Nachfahren und Priester aus meinem Gedankengut gemacht haben, ist heute unwichtig. Wichtig ist, dass der Mensch nicht mehr zwischen mehreren Göttern zu entscheiden hat, sondern dass er sich an einem einzigen vertrauensvoll orientieren kann.

Übrigens, was aus unserem Glauben gemacht wird, ist überwiegend jenseits des Guten. Die gotteswürdigste aller Weisheiten ist am Eingang des Tempels in Delphi angebracht: *Erkenne dich selbst!*
Denn ich sage Euch, wer sich selbst findet, der findet auch seine beste Religion."

Buddha: „Das Schicksal von Zarathustras Religion war in der Hand von Mohammed. Nur er konnte diese Religion schützen oder, durch seine Krieger und den Kalifen Omar, hinwegfegen lassen. Und dies geschah im Jahr 641 nach Christus, als die Araber das Sassanidenreich zerstörten. Die neue Blütezeit von *Avesta* und der Lehre Zarathustras wurde durch die Zwangsislamisierung bis heute zerstört. Und dies ist ein Unrecht, das wir nie wieder gutmachen können."

Dazu Nietzsche: „*Wo der Baum der Erkenntnis steht, ist immer das Paradies: so reden die ältesten und jüngsten Schlangen.*"

Mohammed: „Ich habe mich in der vergangenen Nacht schon für die Schandtaten meiner Nachfolger entschuldigt. Doch muss ich hier hinzufügen, dass der Islam nicht imstande gewesen wäre, diese Tragödie herbeizuführen, wenn die Priester sich wirklich nur an Zarathustras Lehre gehalten hätten. Aber die Priesterkaste war machtgeil und habgierig geworden. Sie spendeten dem einfachen Volk keinen Segen mehr, sondern sie wandten sich nur an den König und die Höflinge. Die gewöhnlichen Gläubigen hatten zu gehorchen und zu glauben. Und nur die Priester waren es, die über Glück oder Unglück zu entscheiden hatten; die zu entscheiden hatten, wer nach dem Tod ins Paradies oder in die Hölle kam. Aberglauben und rituelle Zeremonien waren den Priestern wichtiger als Moral und Sittlichkeit. Das heilige Feuer wurde zu einem Symbol der Gehorsamkeit vor dem jede Familie in ihrem Haus zu bestimmten Tages- und Nachtzeiten zu beten hatte. Und die Zarathustratempel wurden wohl durch die Überfälle der Mohammedaner zerstört. Doch die innere Zerrissenheit und der Verlust der eigentlichen moralischen Kraft der Religion war schon seit langem auf dem Vormarsch gewesen.

Persische Priester und Könige hatten nichts Besseres zu tun gehabt, als Andersgläubige wie Juden, Christen und Buddhisten als Heiden zu bezeichnen, die am Tag des Jüngsten Gerichts für das Höllenfeuer vorgesehen waren. Die Zeiten, in denen im Persischen Reich die viele Völker mit eigenständigen Religionen nebeneinander gelebt hatten, waren endgültig vorbei.

Ähnlich wie im christlichen Römischen Reich, wo die christliche Kirche Staatskirche war und diktierte, wie mit Gott und der Religion zu leben war, hatte im Persischen Reich die zoroastrische Religion die Funktion einer allmächtigen Staats- und Regierungskirche gehabt. Die vielen Gelehrten, Philosophen und gewöhnliche Gläubigen, die diesen Verfall sahen und dagegen protestierten, mussten für ihren Glauben mit dem Leben bezahlen. Sie wurden oft auf grausame Weise vor den Augen anderer Menschen hingerichtet.

Zwei von diesen rebellierenden Märtyrern, die Zarathustras Religion reformieren und schützen wollten, hießen Mani und Mazdak. Mani war ein gelehrter Mystiker aus adeliger Familie, der durch sein philosophisches Wissen und seine gewandte Sprache in der Lage war, mit jedem, vom einfachen Menschen über den Minister bis hin zum König, über die Bedeutung der Religion und über die Notwendigkeit ihrer Erneuerung zu reden.

Mani sah in Zarathustra den Propheten, der für Sittlichkeit, Gerechtigkeit und Brüderlichkeit eingetreten war. Aber Zarathustra war seiner Meinung nach nur ein bedeutender Vorläufer seiner eigenen Lehre gewesen, genauso wie Jesus und Buddha. Alle diese Propheten seien keine universellen Erscheinungen. Sie hätten nicht die ganze Wahrheit verkündet. Er, Mani, sei nun gekommen, der Prophet der eigentlichen und *letzten Offenbarung.* Der persische König Schapur I. war von Manis Predigten und Argumenten so begeistert, dass er ihm erlaubte, seine Lehre zu verbreiten.

Und so entstand tatsächlich eine Mischreligion aus zoroastrischen, christlichen und buddhistischen Glaubensinhalten. Doch auch dieser Prophet wurde durch Intrigen entmachtet. Im Jahr 277 fand Mani den Märtyrertod, als er, wie Jesus, auf einem Berg vor der Stadt ans Kreuz gehängt wurde.

Zweihundertfünfzig Jahre nach Manis Tod trat Mazdak auf, eine neue Gestalt und religiöse Erscheinung. Er war von Zarathustras Vision überzeugt, nahm aber gleichzeitig zur Kenntnis, dass Zarathustras Lehre durch Magie, Aberglaube und Intrigen der königstreuen Priester manipuliert wurde. Mazdak bevorzugte es, mit dem Volk zu reden, anstatt mit Adeligen und Priestern zu diskutieren. Er predigte in armseligen Dörfern und Gemeinden bis hinunter in das Tal von Tigris und Euphrat. Er war der erste Volksprophet, der, im Sinne Zarathustras, für die Schwachen sprach, und nicht nur für die Obrigkeit predigte.

Aber auch der Idealist Mazdak musste für seine Predigten und Tugenden bezahlen. Mit seinen Reden und Ideen löste er eine der ersten sozialistischen Revolutionen der Menschheitsgeschichte aus, so dass Bauern- und Sklavenaufstände das Leben der Reichen bedrohten. Mazda hatte das Volk hinter sich, aber die Autoritäten gegen sich. Nachdem er von König Kvad einige Zeit geduldet worden war, ließ dessen Sohn und Nachfolger, Chosru I., Mazda und dreitausend seiner Anhänger vor dem Haupttor der Reichshauptstadt Ktesiphon gefangen nehmen und lebendig begraben."

Die Weisen gehen nun zum Osttor des Tripylons, wo Dareios, auf seinem Thron sitzend, von achtundzwanzig Nationen getragen wird. Hinter ihm steht Xerxes, der Kronprinz. Über den Thron spannt sich ein reich verzierter Baldachin. Darüber schwebt das Symbol des Geistes Faravahar, der Dareios I. schützen sollte.

NICHT DIE PROPHETEN, SONDERN DIE MENSCHEN MACHEN DEN FRIEDEN

Dazu Zarathustra: „Diese symbolische Darstellung nannten wir Faravahar, ein Abbild unseres Geistes, der bereits vor unserer Geburt existierte, und auch nach unserem Tode weiter existiert. Dieses Symbol ist aber nicht, wie im Westen irrtümlicher Weise geglaubt wird, ein Bild des Gottes *Ahura Mazda*. Denn von *Ahura Mazda* gab es kein Bildnis. Für ihn wurde das Symbol des Lichts oder des Feuers gewählt.

Im Mittelpunkt dieser geistig-philosophischen Symbolik steht die Gegensätzlichkeit der Kräfte, mit *Ahura Mazda* (Gott) auf der einen und *Ahriman* (Teufel) auf der anderen Seite, die im ständigen Kampf dargestellt werden. Bei diesem Kampf geht es eigentlich darum, dass im Geist des Menschen sich diese beiden gegensätzlichen Kräfte so lange bekämpfen, bis letztlich der volle Reifungsprozess des Geistes beendet ist. Diese ständige mentale Dynamik des Menschen ist die Voraussetzung für sein vorläufiges Ziel, das Erlangen der geistigen Würde, die er beim Verlassen des diesseitigen Körpers braucht, um sich dann von einer höheren Ebene aus seiner späteren Existenz, dem Endziel zu nähern. Und das wäre: friedlich leben und Frieden auf der Erde hinterlassen.

So seht ihr hier auf dem Symbol Faravahar, dass das Gesicht von Faravahar dem eines Menschen gleicht. So wird die Verbindung zu den Menschen hergestellt. Die beiden Flügel des Bildnisses haben drei Hauptfedern und stehen als Symbol für meine Grundsätze *gut zu denken, gut zu sagen* und *gut zu tun*."

Nietzsche: „Ich gebe zu, ich bin frustriert und enttäuscht, aber ich gebe die Hoffnung nicht auf. Ihr, meine Gelehrten, Ihr sollt die Hoffnungsbringer sein und keine Schiedsrichter.

Solche Sprüche hörte ich fromme Hinterwäldler zu ihrem Gewissen reden; und wahrlich, ohne Arg und Falsch – ob es schon nichts Falscheres in der Welt gibt, noch Ärgeres. „Lass doch die Welt sein! Hebe dawider auch nicht einen Finger auf!" „Lass, wer da wolle, die Leute würgen und stechen und schneiden und schaben: hebe dawider auch nicht einen Finger auf! Darob lernen sie noch der Welt absagen." „Und deine eigene Vernunft – die sollst du selber görgeln und würgen; denn es ist eine Vernunft von dieser Welt, – darob lernst du selber die Welt absagen." – Zerbrecht, zerbrecht mir, o meine Brüder, diese alten Tafeln der Frommen! Zerbrecht mir die Sprüche der Welt – Verleumder!

Wer ist unter Euch so rein wie er scheint, wer ist unter Euch so tadellos wie er behauptet? Lassen wir doch alle unsere Klagen und fangen wir an, uns nicht mehr zu plagen. Denn der Mensch ist, wie er ist; darauf ist Verlass, aber nur darauf. Also meine Gelehrten und verehrten Brüder, verlangt nicht mehr, dass der Mensch rein werden soll und sogar tadellos. *Dem Reinen ist alles rein*, so spricht das Volk.

Ich aber sage Euch: den Schweinen wird alles zum Schwein!

Ich sage Euch heute hier in meiner Traumwelt der gut gemeinten, mit Sittlichkeit und Besonnenheit geschaffenen Fundamente der neuen Welt des Dareios: Warum zerstörte einst der Mensch seine Weltordnung samt seiner erhabenen zivilisierten Weltanschauung, warum wohl? Die Welt ist nicht krank geboren. Der Mensch ist eine Missgeburt.

Regt Euch, meine Brüder, nicht mehr auf: Denn der Mensch soll noch eine Chance bekommen, für sich und seine von Gott verlassene Welt. Was der Mensch braucht, ist eine geistige Revolution! Und was er nicht braucht, ist die Genmanipulation!

Denn diese alle sind unsäuberlichen Geistes; sonderlich aber jene, es sei denn, sie sehen die Welt von hinten – die Hinterweltler!

Denen sage ich ins Gesicht, ob es gleich nicht lieblich klingt: die Welt gleicht darin dem Menschen, dass sie einen Hintern hat – so viel ist wahr! Es gibt in der Welt viel Kot: so viel ist wahr! Aber darum ist die Welt selber noch kein kotiges Ungeheuer! Es ist Weisheit darin, dass vieles in der Welt übel riecht: der Ekel selber schafft Flügel und quellenahnende Kräfte! An dem Besten ist noch etwas, das überwunden werden muss! – O meine Brüder, es ist viel Weisheit darin, dass viel Kot in der Welt ist!

Nie habe ich mich so wohl und frei gefühlt wie heute unter Euch. Darum verderbt mir diesen meinen Traumtag nicht, verderbt ihn mir nicht mit Euren Klagen.

Gebt den Menschen noch eine Chance! Gebt die Hoffnung nicht auf, denn in dieser Stunde, bei den ersten morgendlichen Sonnenstrahlen, kann nur Gutes dem Dareios verkündet werden: sein Traum von unendlicher Menschenfreiheit und Gerechtigkeit, sein Traum von einer würdevollen und zivilisierten Gesellschaft.

Bedenkt Ihr denn, Ihr meine gleichgesinnten pessimistischen Brüder, dass viele für Recht und Ordnung gekämpft haben, für Brüderlichkeit und Menschenrechte. Sie haben zwar nichts erreicht, aber sie haben auch nicht aufgegeben, um zu erreichen, was wir heute vermissen. Hat Gotthold Ephraim Lessing Euch nicht gezeigt, wie ein Einzelner um die Wahrheit kämpfen kann. Er, der Normalsterbliche schreibt: *Bei den Göttern – bei Gott! Du bist ein außerordentlicher Mann! Das bist du, Spartacus! Spartacus: Da seht, wie weit ihr seid ihr Römer! Dass ihr einen schlichten, simplen Menschen müsst für einen außerordentlichen Mann erkennen. Ich bin sehr stolz; und dennoch überzeugt, dass ich kein besserer Mensch bin, als wie sie die Natur zu Hunderten – täglich, stündlich aus den Händen wirft!*

Habt ihr Beethoven und Mozart vergessen, wie kämpferisch sie für die Würde des Menschen, für Freiheit und Liebe unter den Menschen gearbeitet haben? Lessing, mit seinem Toleranzdrama *Nathan der Weise*, Mozart mit seiner *Zauberflöte*, in der Zarathus-tra als Oberpriester die Liebe und Freiheit predigt? Waren Schiller und Goethe keine menschlichen Signale der Hoffnung?

Und auch mich dürft Ihr nicht vergessen: Ich habe Dich, Zarathustra, als eines der größten Genies der Religionsgeschichte der Menschheit dargestellt, weil Deine selbstlose Philosophie alle geistigen Koordinaten besitzt, nach denen alle anderen Religionen und die gesamte menschliche Zivilisation bis heute leben. Aber ich habe auch von Dir verlangt, manche Deiner Thesen und Gedanken zu überprüfen: Du solltest wieder mit Dir und Deinem Glauben an den universalen Kampf zwischen Gut und Böse, an das Jenseits mit ausgleichender Gerechtigkeit, ins Reine kommen. Wenn Du erkennst, dass Deine schöpferischen Kräfte ausreichen, das Imperium aus Wagemut, Versprechungen und taktischen Unwahrheiten zu zerstören, das Du aufgebaut hast, dann kannst Du wieder der Hoffnungsträger, nicht nur für mich, sondern für die ganze Menschheit werden.

Wartet nicht auf irgendein Paradies! Träumt nicht von irgendeinem Garten Eden, sondern baut Eure Paradiese hier auf der Erde, macht daraus eine Realität und keine Vision!"

Nach Nietzsches Appell heben die sechs Weisen Nietzsche vom Boden empor und recken ihn himmelwärts, um damit den Respekt vor seiner erhabenen und einmaligen Weisheit zu bekunden.

Dann schreiten sie gemeinsam zu den Königsgräbern Nagschi-Rustam, wo achaimenidische und sassanidische Könige ruhen. Das Ziel ist die Ruhestätte von Dareios dem Großen. Hier versammeln sich die sieben Weisen in aller Stille. Nietzsche, immer noch in der Mitte, als ob sie ihn alle schützen wollten.

Nietzsche fährt fort: „Ich kenne einen wahren *Übermenschen:* Hafiz, den Dichter. Er hat diese Welt besser gekannt als wir alle zusammen: *Die Welt, diese Hexe, hat schon hunderte Bräutigame unter die Erde gebracht.*

Ja, meine erhabenen Brüder, auch Hafiz liebte die Wahrhaftigkeit wie Ihr. Er wollte lieber ein ehrlicher Weintrinker sein, als ein verlogener Frömmling.

Die Frömmigkeit und Moral als Eintrittskarte für ewiges Leben im Paradies, das war ihm zuwider. Er war überhaupt nicht dazu fähig, moralisch und dazu auch noch fromm zu sein.

Falls wir alle, wie auch Hafiz, von Adam abstammen sollten, hat auch er diese frommen Fähigkeiten nicht besessen, die Ihr frommen Propheten als Voraussetzung für paradiesisches Wesen verlangt. Und warum sollten Hafiz und die anderen Menschen dies wollen? Sein Urvater Adam verzichtete auch auf das Paradies. Hafiz ignorierte den Ausschluss aus dem Paradies, diese Vorstellung in den abrahamischen Religionen, im Judentum, im Christentum und im Islam.

Hafiz geht Zarathustras Weg, der weniger heuschlerisch und ketzerisch ist, weil es in der zoroastrischen Religion die Geschichte von Adam, Eva, Apfel, Schlange und Ausschluss aus dem Paradies nicht gibt. Hafiz ist aber gleichzeitig auch betroffen und entsetzt darüber, dass der Mensch, der ein göttliches Geschöpf ist mit Herz und Seele, so egoistisch, ja so irdisch und materialistisch geworden ist. Wir hätten uns gut verstehen können, Hafiz und ich, denn auch er war zuletzt von diesem unserem *Urmenschen* enttäuscht.

Ich war ein Engel und mein Wohnort war das Paradies. Adam verfrachtete mich in dieses Jammertal Erde.

Und Hafiz und ich haben noch etwas gemeinsam: wir sind, trotz allem, unmissverständliche Optimisten. Wir geben nicht auf, wir glauben an die Menschen.

Der Odem des Windes wird Düfte spenden, die alte Welt wird wieder jung werden.

Wir haben beide aus diesem arroganten Geschöpf den *Übermenschen* gemacht, und wir waren fasziniert von seinen Fähigkeiten, die ihn zu dem gemacht haben, was er heute ist: Zum postmodernen, gottlosen Menschen. Nun, vor dem haben wir Angst. Ja, ich

sage Angst, und damit meine ich nicht Respekt: *Wacht auf, ihr meine Augen, ich fühle mich nicht in Sicherheit vor den dauernden Überschwemmungen des Traumes in meinem Schlafgemach.*
Ja, wir sind unverbesserliche Optimisten und wir glauben an Menschen. Nun, der Weg zum subjektiven Gedankengut war lang. Der Weg zum objektiven Handeln ist beschwerlicher.
Jede Tugend hat ihre Zeit. Die Tugend der modernen Zeit wird die Redlichkeit sein.
Es ist niemals zu spät, um vernünftig und weise zu werden."

Mit diesem Satz von Kant geht Zarathustras Tribunal zu Ende.

Die sieben Weisen wenden sich von Dareios Grabmahl ab und begeben sich zurück auf ihre ferne Reise. Sie scheinen zufrieden und zuversichtlich, wie nach einem langen Gebet.

Die Nomaden, die in dieser Region leben, sehen aus der Ferne in der Jahrmillionen alten Salzwüste leuchtende Figuren, die von der Erde emportanzen, die zum Horizont schweben, die sich langsam vernebeln, die sich zusammenringeln und zu winzigen kleinen Tupfen werden, die davonfliegen, wie von der Erde zum Himmel aufsteigende Vögel.
Für die Nomaden ist das nur ein Schauspiel: eine Fata Morgana. Und so sagen sie spontan: „Friede sei mit Euch und mit uns Menschen."

BIBLIOGRAFIE

Aufgeführt sind die zitierte Literatur, Nachschlag- und Dokumentationswerke

Abraham, a Sancta Clara: In der Arche waren nicht nur Tauben. J. F. Steinkopf Verlag Stuttgart

Adamy, Wilhelm; Steffen, Johannes: Abseits des Wohlstandes. Wissenschaftliche Buchgesellschaft Darmstadt 1998

Ardjah, Hassan: Äthiopien Gestern – Heute – Morgen – Ethiopia yesterday – today – tomorrow. Institut für angewandte Präventivmedizin und Epidemiologie e.v. Arbeitsgruppe medizinische Hilfe für die Dritte Welt, 1995.

Ardjah, Hassan: Tilbert Leitsch – Ein erfülltes Leben. Eine Biografie. Göppingen 1999.

Baba Taher: The Rubaiyat. Translated by Elizabeth Curtis Brenton. Farahng Sara Teheran

Bahr, Egon: Zu meiner Zeit. Karl Blessing Verlag GmbH, München 1996

Barens, Julian: Das Stachelschwein. Haffmanns Verlag AG Zürich 1992

Beit-Hallahmi, Benjamin: Schmutzige Allianzen. Die geheimen Geschäfte Israels. Kindler Verlag GmbH, München 1988

Beuys, Barbara: Vergesst uns nicht. Menschen im Widerstand 1935–1945. Rowolt Taschenbuch Verlag GmbH 1990

Bhagavad-Gita: Wie sie ist. Vollständige Ausgabe. The Bhaktivendanta Book Turst New York, Los Angeles, London, Bombay, Hamburg 1974

Bilz, Rudolf: Wie frei ist der Mensch? Paläoanthropologie Band 1. Suhrkamp Taschenbuch. Wissenschaft (17) Verlag Frankfurt/Main 1973

Binder, Gerhard: Geschichte im Zeitalter der Weltkriege in zwei Bänden. Seewald Verlag Stuttgart 1977

Block, Ernst: Atheismus im Christentum. Zur Religion des Exodus und des Reichs. Suhrkamp Taschenbuch Wissenschaft 254. Erste Auflage 1980/Suhrkamp Verlag Frankfurt/Main 1968

Böll, Heinrich: Aufsätze – Kritiken – Reden I und II. Dtv. Verlag Kiepenheuer u. Witsch. Köln, Berlin 1975

Bracher, Karl Dietrich; Funke, Manfred; Schwarz, Hans-Peter (Hrsg): Deutschland zwischen Krieg und Frieden. Bundeszentrale für politische Bildung. Band 295, Bonn 1990

Brandt, Willy: Der organisierte Wahnsinn, Wettrüsten und Welthunger. Kiepenheuer und Witsch, Köln 1985

Brandt, Willy: Friedenspolitik in Europa. Fischer Verlag GmbH, Frankfurt/M 1968

Brandt, Willy: Erinnerungen. Prophyläen Verlag und Ferenzy Verlag AG, Zürich 1989

Brandt, Willy: Links und Frei. Mein Weg 1930 – 1950. Hoffmann und Campe, Hamburg 1982

Brecht, Bertolt: Gesammelte Werke II. Werkausgabe Edition Suhrkamp Verlag Frankfurt/Main 1973

Brock, Hermann: Politische Schriften (Band 11). Suhrkamp Taschenbuch 445, Frankfurt/Main 1978

Buchholz, Arnold: Die Große Transformation. Deutsche Verlags-Anstalt GmbH Stuttgart 1968

Buddha. Auswahl aus dem Palikanon. Übersetzt von Paul Dahlke. Meco Verlags GmbH, Dreieich 1979. 2. Auflage 1994. Lizenzausgabe für Founier Verlag GmbH. Wiesbaden

Buruma, Ian: Erbschaft der Schuld. Vergangenheitsbewältigung in Deutschland und Japan. Hanser Verlag München, Wien 1994

571

Christus, Krischto, Krsna: Seine Göttliche Gnade. A. C. Bhaktivedanta Swami Prabhupada. Herausgeber: Internationale Gesellschaft für Krsna-Bewusstsein e.v. 6241 Schloss Rettershof/i.Ts.

Claussen, Bernhard: Politische Bildung. Lernen für die ökologische Demokratie. Wissenschaftliche Buchgesellschaft Darmstadt 1997

Colpe, Carsten: Problem Islam. 2.Auflage, Beltz Athenäum Verlag Weinheim 1994

Confucius: As a Teacher. Philosophy of Confucius with special Reference to is Educational Implications. Foreign Languages Press Beijing China. First Edition 1990. Second Printing 1994

Das Buch Mormon. Ein Bericht, geschrieben von der Hand Mormons auf Platten. 20. unveränderte Auflage. President of the Church of Jesus. Christ of hatter-day saints 1978

Das Neue Testament. Übertragen von Jörg Zink. Kreuz-Verlag Stuttgart, Berlin 4.Auflage 1968

Davidmann, Joy: Rauch über dem Berg. Eine Auslegung der 10 Gebote. Verlag Ernst Frank Metzingen/Württemberg 1971

Der neue Mythologieführer. Götter, Helden, Heilige. Seehamer Verlag GmbH 1996

Deschner, Karlheinz: Der Moloch „sprecht sanft und tragt immer einen Knüppel bei euch!" Eine kritische Geschichte der USA. Wilhelm Heyne Verlag GmbH & Co. KG München 1992

Dietel, Wilhelm: Heiliger Krieg für Allah. Kindler Verlag GmbH München 1983

Diwald, Hellmut: Geschichte der Deutschen. Verlag Ullstein GmbH, Frankfurt/ Main, Berlin, Wien. Propyläen Verlag 1978

Drössler, Rudolf: Mensch-Werdung. Funde und Rätsel. Urania-Verlagsgesellschaft mbH Leipzig, Jena, Berlin 1991

Eckart, Wolfgang U.: Medizin und Kolonialimperialismus. Deutschland 1884–1945. Schöningh Verlag Paderborn 1997

Eick, Jürgen: Als noch Milch und Honig flossen. Erinnerungen an die Marktwirtschaft. DVA (Deutsche Verlagsanstalt GmbH, Stuttgart 1982)

Eisen, George: Spielen im Schatten des Todes. Kinder und Holocaust. R. Piper GmbH & Co. KG 1993

Eppler, Erhard: Komplettes Stückwerk Erfahrungen aus fünfzig Jahren Politik. Insel Verlag Frankfurt/Main und Leipzig 1996

Eppler, Erhard: Wege aus der Gefahr. 1. Auflage. Rowohlt Verlag 1981

Erasmus, Desiderius: Ausgewählte Schriften in acht Bänden. Lateinisch und deutsch/ Erasmus von Rotterdam. Wissenschaftliche Buchgesellschaft Darmstadt 1995

Ferencz, Benjamin B.: Lohn des Grauens. Campus Verlag Frankfurt, New York 1981

Flucht und Asyl. Berichte über Flüchtlingsgruppen. Edition Parabolis Verlagsabteilung des Berliner Institut für vergleichende Sozialforschung e.v. 1988

Fox Piven, Frances; Cloward, Richard A.: Aufstand der Armen. Edition Suhrkamp Verlag, Frankfurt/Main 1986

Friedensbewegung zwischen Gewalt und Gewaltfreiheit – Argumente und Erfahrungen. An der Gasse 1, 6121 Sensbachtal 1983

Friedrich, Ernst: Krieg dem Kriege. Das „Ebenbild Gottes" mit Gasmaske. 25. Auflage, Zweitausendeins, Frankfurt/Main 1994

Fromm, Erich: Gesamtausgabe. Band I–X. Deutscher Taschenbuch Verlag GmbH und Co. KG, München 1989

Ghirshman, Roman: Iran, Protoiranier, Meder und Achämeniden. C. H. Beck'sche Verlagsbuchhandlung München 1964

Giesecke, Hermann: Didaktik der politischen Bildung. Juventa Verlag München. 5. Auflage 1970

Gilbert, Martin: The Holocaust an Owl Book, Henry Holt and Company New York 1985

Glotz, Peter: Die Jahre der Verdrossenheit. Deutsche Verlags-Anstalt Stuttgart 1993/94

Goethe Werke. Band 1–6. Lizenzausgabe für die wissenschaftliche Buchgesellschaft. Erste Ausgabe. Insel Verlag Frankfurt/Main und Leipzig 1998

Goldhagen, Daniel Jonah: Hitlers willige Vollstrecker. Ganz gewöhnliche Deutsche und der Holocaust. Siedler Verlag

Golther, Wolfgang: Germanische Mythologie. Handbuch. Phaidon Verlag GmbH Essen

Gorbatschow, Michail: Perestrooika. Die zweite russische Revolution. Eine neue Politik für Europa und die Welt. Droemersche Verlagsanstalt Th. Knaur Nachf. München 1989

Grass, Günter: Mein Jahrhundert. 6. Auflage, Steidl Verlag Göttingen 1999

Grass, Günter: Unkenrufe. Eine Erzählung. Steidl Verlag Göttingen 1992

Grass, Günter: Die Blechtrommel. Luchterhand Verlag GmbH & Co. KG Darmstadt 1987

Green, Julien: Tagebücher in fünf Bänden. Paul List Verlag in Südwest Verlag GmbH & Co. KG München 1995

Grotzky, Johannes: Herausforderung Sowjetunion. Eine Weltmacht sucht ihren Weg. R. Piper GmbH & Co. KG, München 1991

Gruhl, Herbert: Ein Planet wird geplündert. S. Fischer Verlag GmbH Frankfurt/Main 1975

Hackett, Sir John: Der Dritte Weltkrieg. Hauptschauplatz Deutschland. C. Bertelsmann Verlag GmbH München 1978

Haffner, Sebastian: Von Bismarck zu Hitler. Ein Rückblick. Kindler Verlag GmbH München 1987

Hafiz: From the Divan. Translated by Gertrud L. Bell. Teheran Books Friends Society 1962

Hahn, Anny: Es gibt einen lebendigen Gott. Brunquell Verlag der Bibel- und Mission Stiftung Metzingen/Württemberg 1968

Haig, Alexander: Geisterschiff USA. Klett-Cotta Stuttgart 1984

Hawking, Stephen W.: Eine kurze Geschichte der Zeit. Die Suche nach der Urkraft des Universums. Rowohlt Verlag GmbH Reinbek Hamburg 1993

Hegel, Georg Wilhelm Friedrich: Hauptwerke Band 1–6. Lizenzausgabe für wissenschaftliche Buchgesellschaft Darmstadt, Felix Meiner Verlag GmbH, Hamburg 1999

Herr, Hannes; Neumann, Klaus (Hg.): Vernichtungskrieg. Verbrechen der Wehrmacht 1941–1944, Hamburger Edition HIS Verlag mbH, Lizenzausgabe Zweitausendeins 1995

Hochhuth, Rolf: Eine Liebe in Deutschland. Rowohlt Verlag GmbH 1978

Huf, Hans-Christian: Sphinx – Geheimnisse der Geschichte. Von Marco Polo bis Rasputin. Gustav Lübbe Verlag GmbH, Bergisch Gladbach 1996

Illies, Joachim: Der Mensch in der Schöpfung. Ein Naturwissenschaftler liest die Bibel. Edition Interform AG. Zürich 1977

Illies, Joachim: Schöpfung oder Evolution. Ein Naturwissenschaftler zur Menschwerdung. Edition Interform Zürich 1979

Imhof, Michael: Die heutige Medizin ist krank, weil die Welt krank ist. Ärzte Zeitung. Das neue Jahrtausend. Reflexionen, Visionen. 2000

Jaspers, Karl: Philosophie I–III. I. Philosophische Weltorientierung, II. Existenzerhellung, III. Metaphysik. Vierte Auflage. Springer Verlag Berlin, Heidelberg, New York 1973

Jenseits von Raum und Zeit. The Bhaktivedanta Book Trust BBT Verlagsgesellschaft 1973

Kant, Immanuel: Werke in Sechs Bänden. Herausgeber Wilhelm Weischedel. 5. erneuert überprüfter reprographischer Nachdruck 1983 der Ausgabe. Darmstadt 1960, Insel Verlag Wiesbaden 1960

Keller, Otto: Wilhelm Heinses Entwicklung zur Humanität. A Francke Verlag AG Bern, 1972

Kennedy, Paul: In Vorbereitung auf das 21.Jahrhundert. Fischer Taschenbuch Verlag GmbH, Frankfurt/Main 1997

Kimbrell, Andrew: Ersatzteillager Mensch. Die Vermarktung des Körpers

Kirsch, Leo: Jüdische Glaubenswelt. Bertelsmann Verlag, Gütersloh 1962

Kissinger, Henry, A.: Memorien 1968–1974. C. Bertelsmann Verlag GmbH München

Kissinger, Henry, and A.: Memories 1973–1974. C. Bertelsmann Verlag GmbH München

Kissinger, Henry, A.: Die weltpolitische Lage. Reden und Aufsätze. C. Bertelsmann Verlag München

Klassiker des politischen Denkes. Erster Band. Von Plato bis Hobbes. Herausgegeben von: Hans Maier, Heinz Rausch, Horst Denzer. Verlag C. H. Beck München 1968

Knopp, Guido: Hitlers Helfer. Vollstrecker der Macht. Bertelsmann Verlag GmbH München 1996

Koch, Joachim: Abschied von der Realität. Das illusionistische Zeitalter. Rowohlt Verlag GmbH, Reinbeck Hamburg 1988

Komitee für Grundrechte und Demokratie: Jahrbuch 83, 84, 85 und 86. An der Gasse 1, 6121 Sensbachtal

Konfuzius: Gespräche. Reclam Verlag Leipzig 1982

Koran. Der heilige Qur-An. Ahmadiyya Muslim Jamaat in der Bundesrepublik Deutschland. The Oriental and Religious Publishing Corporation Ltd. Rabwah, Pakistan 1993

Kraushaar, Wolfgang: Die Protestchronik 1949 bis 1959. Rogner und Bernhard GmbH bei Zweitausendeins Frankfurt/Main 1996

Kurzweil, Ray: Der Mensch ist out, der Cyborg ist in. Ärztliche Zeitung. Reflexionen, Visionen. 2000

Lafontaine, Oskar: Die Gesellschaft der Zukunft. Hoffmann und Campe Hamburg 1988

Lafontaine, Oskar: Deutsche Wahrheiten. Die nationale und die soziale Frage. Hofmann und Campe Hamburg 1990

Lafontaine, Oskar: Das Herz schlägt links. Econ Verlag München 1999

Lem, Stanislaw: Wir stehen vor immer neuen Abgründen des Nichtwissens. Ärzte Zeitung. Das neue Jahrtausend. Reflexionen, Visionen. 2000

Mehnert, Klaus: China nach dem Sturm. Bericht und Kommentar. Deutsche Verlags Anstalt Stuttgart 1971

Mehnert, Klaus: Der deutsche Standort. Deutsche Verlags Anstalt Stuttgart 1967

Meillassoux, Claude: Anthropologie der Sklaverei. Campus Verlag Frankfurt, New York, Paris 1989

Milovan, Djilas: Die neue Klasse. Eine Analyse des kommunistischen Systems. Kindler Verlag München 1958

Morrison, Philip und Phylis Zehn Hoch: Dimensionen zwischen Quarks und Galaxien. Lizenzausgabe Zweitausendeins Frankfurt/Main 1994

574

Müller, Günter: Grundwissen Politik. Ernst Klett Verlag 2. Auflage 1990

Nietzsche Friedrich. Band 1–15. Studienausgabe von Giorgio Colli und Mazzino Montinari. Deutscher Taschenbuch Verlag GmbH und Co.KG, München 1999, Walter de Gruyter

Nirumand, Bahram (Hrsg.): Im Namen Allahs. Aktuell/Politik Dreisam-Verlag Köln 1990

Nizami: Das Alexanderbuch. Skandarname. Aus dem persischen übersetzt von J. Christoph Bürgel. Manesse Verlag Zürich 1991

Nohlen, Dieter (Hsg.): Lexikon der Dritten Welt. Rowolt Taschenbuch Verlag GmbH, Hamburg 1998

Novalis: Werke Band 1–3, Tagebücher und Briefe. Friedrich von Hardenbergs. Herausgegeben von: Hans-Joachim Mähl und Richard Samuel. Carl Hanser Verlag München, Wien 1978. Lizenzausgabe für die wissenschaftliche Buchgesellschaft 1999

Owen, David: Balkan-Odyssee. Carl Hanser Verlag München, Wien 1996

Pagels, Elaine: Adam, Eva und die Schlange. Die Theologie der Sünde. Rowohlt Verlag GmbH, Hamburg 1991

Panikkar, Kavalam Madhava: Asien und die Herrschaft des Westens. Steinberg Verlag Zürich 1955

Pascal, Blaise: Über die Religion (Pensees). Übertragen von Ewald Wasmuth. Verlag Lambert Schneider. Heidelberg, 6. Auflage 1963

Pascal, Blaise: De Kunst zu überzeugen. Übertragen und mit Erklärungen von Ewald Wasmuth. Verlag Lambert Schneider, Heidelberg 1963

Pestalozzi, Johann Heinrich: Fabeln. Manesse Verlag Zürich 1992

Piekalkiewicz, Janusz: Der Erste Weltkrieg und der Zweite Weltkrieg in zwei Bänden. Genehmigte Lizenzausgabe für Weltbild Verlag GmbH, Augsburg 1995. Econ Verlag Düsseldorf, Wien und New York 1998

Reich, Wilhelm: Christusmord. Die emotionale Pest der Menschen. Zweitausendeins

Revel, Jean Francois: Die totalitäre Versuchung. Ulstein, Frankfurt/Main, Berlin 1976

Ruge, Gerd: Zwischen Washington und Moskau. S. Fischer Verlag GmbH Frankfurt/Main

Sachs, Nelly: Wie leicht wird die Erde sein. Ausgewählte Gedichte. Suhrkamp Verlag, Frankfurt/Main, Reinhard Mohn OGH, Gütersloh. Buch Nr. 1593/2

Sahih A-Buhari: Nachrichten von Taten und Aussprüchen des Propheten Muhammad. Philipp Reclam Jun. Stuttgart 1991

Salinger Pierre, Laurent Eric: Krieg am Golf. Die Katastrophe hätte verhindert werden können. Carl Hanser Verlag München, Wien 1991

Senghaas, Dieter: Kritische Friedensforschung. Edition Suhrkamp Verlag (478) Frankfurt/Main 1971

Servan-Schreiber, Jean-Jacques: Die amerikanische Herausforderung. Hoffmann und Campe Verlag Hamburg 1968

Siegmund, Georg: Buddhismus und Christentum. Vorbereitung eines Dialog. Josef Knecht Verlag 1968

Simmons, Michael: Harvel Vaclav. Staatsmann mit Idealen. Benziger Verlag AG, Zürich

Sophokles: Werke in zwei Bänden. Bibliothek der Antike. Aufbau-Verlag Berlin 1995

Sri Isopanis ad: Seine Göttliche Gnade. A.C. Bhaktiveanta Swami Prabhupada The Bhahtivedanta Book Turst 1971

Schmidt, Helmut: Eine Strategie für den Westen. Siedler Verlag Berlin 1986

Schoeps, Julius H.; Schlör Joachim: Antisemitismus. Vorurteile und Mythen. Piper Verlag München, Lizenzausgabe Zweitausendeins Frankfurt/Main

Scholl-Latour, Peter: Aufruhr in der Kasbah. Krisenherd Algerien. Deutsche Verlags-Anstalt Stuttgart 1992

Schröder, Burkhard: Spuren der Macht. Memmen, Macker, Muskelmänner. Rowohlt Taschenbuch Verlag GmbH, Reinbek Hamburg 1990

Schweizer, Gerhard: Persien, Drehscheibe der Kulturen. Von Zarathustra bis Khomeini. Econ Verlag GmbH, Düsseldorf und Wien 1983

Stern, Alfred; Lükwedt, Friedrich; Herkner, Heinrich; Götz, Walter: Liberalismus und Nationalsozialismus 1848–1890. Propyläen Verlag GmbH Berlin. Ulstein Verlag Berlin

Storm, Theodor: Sämtliche Werke in 4 Bänden. Deutscher Klassiker Verlag 1998

Tarnas, Richard: Idee und Leidenschaft. Die Wege des westlichen Denkens. Zweitausendeins 5. Auflage 1998

Toffler, Alvin: Machtbeben, Powershift, Wissen, Wohlstand und Macht im 21. Jahrhundert. 2. Auflage, Econ Verlag Düsseldorf, Wien, New York 1991

Townshend, George: Christus und Bahá'U'lláh. Bahá,i-Verlag Frankfurt/Main 1970

Trommer, Gerd: Wahn der Macht. Ein Roman um Trajan. Prisma Verlag Zenner und Gürchott, Leipzig 1987, 3. Auflage 1990

Universal Lexikon: Das moderne Nachschlagwerk in fünf Bänden. Lingen Verlag Bergisch Gladbach und Graphia, Klagenfurt 1993

V. Ditfurth, Hoimar: Am Anfang war der Wasserstoff. Linzenzausgabe für Weltbild Verlag GmbH, Augsburg 1990. Hoffmann und Campe Verlag Hamburg

V. Ditfurth, Hoimar: Der Geist fiel nicht vom Himmel. Lizenzausgabe für Weltbild Verlag GmbH, Augsburg 1990. Hoffmann und Campe Verlag Hamburg

V. Weizsäcker, Richard: Die deutsche Geschichte geht weiter. Siedler Verlag GmbH Berlin 1983

Vollmer, Gerhard: Evolutionäre Erkenntnistheorie. 4. Auflage. S. Hirzel Verlag Stuttgart 1987

Vollmer, Gerhard: Was können wir Wissen. Band 1. Die Natur der Erkenntnis. Band 2. Die Erkenntnis der Natur. S. Hirzel Verlag Stuttgart 1988

Von Ranke, Leopold: Weltgeschichte Band 1–14/ Die Päpste Band 1–2/ Die römische Republik und ihre Weltherrschaft Band 3–4/ Zwölf Bücher preußischer Geschichte Band 3–6/ Hoffmann und Campe Verlag Hamburg

Wallraff, Günter: Ganz unten. Kiepenheuer & Witsch, Köln 1985

Weltgeschichte. Band 1–36. Genehmigte Lizenzausgabe für Weltbild Verlag GmbH, Augsburg 1998. Fischer Taschenbuch Verlag GmbH, Frankfurt am Main

Weltgeschichte der Gegenwart. I: Die Staaten, II: Die Erscheinungen und Kräfte der modernen Welt. A. Francke AG-Verlag Bern, 1963

Wördemann, Franz: Terrorismus. Motive, Täter, Strategien. R.Piper & Co. Verlag München, Zürich 1977

Wucher, Albert: Eichmann gab es viele. Droemersche Verlagsanstalt, Th. Knaur Nachfolger, München-Zürich, 1961

Zierer, Otto: Weltgeschichte. Bild der Jahrhunderte. Sebastian Lux Verlag, Marna. Bertelsmann Reinhard Mohn OHG, Gütersloh. Buch 1 bis 37

Zudeick, Peter: Der Hintern des Teufels. Ernst Block. Leben und Werke. Elster Verlag Moos, Baden-Baden 1987

Zwerenz, Gerhard: Vergiss die Träume deiner Jugend nicht. Rasch und Röhrig. Hamburg 1989